Mathematikdidaktik im Fokus

In dieser Reihe werden theoretische und empirische Arbeiten zum Lehren und Lernen von Mathematik publiziert. Dazu gehören auch qualitative, quantitative und erkenntnistheoretische Arbeiten aus den Bezugsdisziplinen der Mathematikdidaktik, wie der Pädagogischen Psychologie, der Erziehungswissenschaft und hier insbesondere aus dem Bereich der Schul- und Unterrichtsforschung, wenn der Forschungsgegenstand die Mathematik ist.
Die Reihe bietet damit ein Forum für wissenschaftliche Erkenntnisse mit einem Fokus auf aktuelle theoretische oder empirische Fragen der Mathematikdidaktik.

Weitere Bände in der Reihe http://www.springer.com/series/16000

Thomas Hahn

Schülerlösungen in Lehrerfortbildungen

Eine empirische Studie zur Entwicklung der professionellen Kompetenz von Mathematiklehrkräften

Thomas Hahn
Bad Hersfeld, Deutschland

Dissertation an der Universität Kassel, Fachbereich 10 Mathematik und Naturwissenschaften, 2018

Tag der Disputation: 26. Juni 2018

Erstgutachter: Prof. Dr. Andreas Eichler
Zweitgutachterin: Prof. Dr. Bärbel Barzel

Mathematikdidaktik im Fokus
ISBN 978-3-658-24450-7 ISBN 978-3-658-24451-4 (eBook)
https://doi.org/10.1007/978-3-658-24451-4

Die Deutsche Nationalbibliothek verzeichnet diese Publikation in der Deutschen Nationalbibliografie; detaillierte bibliografische Daten sind im Internet über http://dnb.d-nb.de abrufbar.

Springer Spektrum

Springer Spektrum ist ein Imprint der eingetragenen Gesellschaft Springer Fachmedien Wiesbaden GmbH und ist ein Teil von Springer Nature
Die Anschrift der Gesellschaft ist: Abraham-Lincoln-Str. 46, 65189 Wiesbaden, Germany

Danksagung

Das Ende einer umfassenden Arbeit ist auch das Ende eines langen Prozesses, an dem viele Personen ihren Anteil hatten. Daher möchte ich mich an dieser Stelle bei allen bedanken, die mich im Erstellungsprozess begleitet und untersützt haben.

An erster Stelle bedanke ich mich bei meinem Betreuer, Herrn Prof. Dr. Andreas Eichler, der es mir ermöglicht hat, diese Arbeit anzufertigen. Dabei hat mich die immer sachkundige und kritisch nachfragende Unterstützung in meinen Gedankengängen und Entscheidungen an den wichtigen Stellen vorangebracht und die Arbeit insgesamt enorm bereichert.

Darüber hinaus gilt mein Dank der Arbeitsgruppe an der Universität Kassel, die mir geholfen hat, wenn ich auf Fragen oder Probleme gestoßen bin. Durch sie habe ich auch in schwierigen Phasen eine neue Perspektive auf meine Daten gewinnen können, sodass ich aus den Daten dann neue Erkenntnisse ziehen konnte.

Ein ganz besonderer Dank gilt meiner Familie, die mich von Anfang an in meiner Entscheidung, diese Arbeit anzufertigen, bekräftigt hat. Hier möchte ich vor allem die vielseitige Hilfe meiner Frau hervorheben. Sie hat mir auch in den schwierigen Momenten zur Seite gestanden und mir Mut gemacht.

Bad Hersfeld, September 2018 Thomas Hahn

Inhaltsverzeichnis

Anhang

Der vollständige Anhang der Arbeit kann auf Anfrage vom Autor bezogen werden.

1 Einleitung

„Wenn Lehrer das Lernen durch die Augen ihrer Schüler SEHEN", dann hat das nach Hattie (2014, S. 281) positive Auswirkungen auf das Lernen von Schülern[1]. Demnach ist es für die Lehrkräfte zentral, zu wissen, welche Bedürfnisse und Vorstellungen ihre Schüler haben und wie sie im Unterricht mit diesen umgehen müssen. Speziell betrifft es die Vorstellungen der Lernenden zu mathematischen Inhalten, deren Ermittlung Aufgabe der Mathematiklehrkräfte ist. Die Diagnose ist eine Möglichkeit, dies umzusetzen. Wird sie schriftlich durchgeführt, dann werden in der Regel Aufgaben eingesetzt, mit denen spezielle Vorstellungen von Schülern erhoben werden können. Die von den Lernenden ausgefüllten Aufgaben analysiert die Lehrkraft anschließend hinsichtlich der Vorstellungen zu den betreffenden mathematischen Themen, um anhand der Erkenntnisse pädagogische und didaktische Entscheidungen zu treffen. Zur Bewältigung benötigt der Lehrkraft zum einen diagnostische Fähigkeiten und zum anderen spezielles Wissen. Beides ist Teil der professionellen Kompetenz (Baumert & Kunter, 2006), welche eine Determinante der Leistungsfähigkeit von Lehrkräften ist.

Die Leistungen und Handlungen von Lehrkräften sind nach Hattie (2009) eines der wesentlichen Einflüsse auf den Lernerfolg von Schülern. Dabei sind es aber bestimmte Lehrkräfte, die hocherfolgreich sind. Hattie (2011, S. 26) charakterisiert sie wie folgt:

> „[…] some teachers doing some things with a certain attitude or belief system that truly makes the difference."

Vor diesem Hintergrund ist es wichtig, dass möglichst viele der Merkmale hocherfolgreicher Lehrkräfte an andere weitergegeben werden. Dies erfolgt zuerst durch die Ausbildung. Obwohl auf das Wissen und zumindest mittelbar auch auf die Beliefs in dieser Phase Einfluss genommen wird (Eichler, 2007; Land Hessen, 2012), ist es Konsens, dass die Ausbildung nicht für ein erfolgreiches Berufsleben ausreicht (Mayr & Neuweg, 2009, S. 115). Daher müssen die Lehrkräfte über diese beiden Phasen hinaus ihr Wissen aktualisieren und ihre Überzeugungen hinterfragen, um sich so an die neuen Bedingungen anzupassen

---

1 Für die Arbeit ist wegen der Lesbarkeit im Singular sowie im Plural die maskuline Form gewählt worden. Dabei sind aber immer dann beide Geschlechter gemeint, sofern nicht explizit zwischen den beiden getrennt wird. Dies trifft vor allem auf das Wort Schüler zu.

T. Hahn, *Schülerlösungen in Lehrerfortbildungen*, Mathematikdidaktik im Fokus,
https://doi.org/10.1007/978-3-658-24451-4_1

(Hildebrandt, 2008, S. 33). Dies wird in einem lebenslangen Lernen realisiert, indem Fort- und Weiterbildungen angeboten werden. International wird dies unter dem Begriff „professional development" gefasst. Er wird in der vorliegenden Studie als organsierte Lerngelegenheiten – wie Fort- und Weiterbildungsmaßnahmen – verstanden, die den individuellen, alltäglich und lebenslang stattfindenden Lernprozess von Lehrkräften anregen.

In Deutschland werden jährlich etwa 0,1 Mrd. Euro durch den Bund (Fussangel, Rürup & Gräsel, 2010; Statistisches Bundesamt, 2014) und speziell über 14 Mio. Euro vom Land Hessen (Land Hessen, 2016, 2017) für professional development ausgegeben. Zu den durch die Mittel realisierten Angebote kommen noch Veranstaltungen anderer Anbieter. Insgesamt ist es daher wichtig, dass die mit dem Geld gestalteten Angebote anhand bestimmter Merkmale, die effektives professional development charakterisieren, durchgeführt werden. Im Bereich der Mathematikdidaktik gibt es beispielsweise das „deutsche Zentrum für Lehrerbildung Mathematik (DZLM)", welches auf Initiative der deutschen Telekomstiftung systematisch professional development (Lehrerfortbildungen) gestaltet und evaluiert (Barzel & Selter, 2015). Darüber hinaus startete 2014 das Promotionskolleg „Professionalisierung im Lehrerberuf (PROFIL)" in Baden-Württemberg mit der Zielsetzung, die Wirkungsweisen von professional development (hier speziell Lehrerfortbildungen) vertieft zu erforschen. Diese Arbeit gliedert sich in die Zielsetzung dieses Projektes mit ein und vertieft die bisherige Forschung zum Fokus auf das Lernen der Schüler als Thematik in professional development, indem das Analysieren von Schülerarbeiten hinsichtlich des Einflusses auf die Lehrkräfte untersucht wird.

Die Analyse von Schülerdokumenten führen die Lehrkräfte während der alltäglichen Arbeit in der Regel alleine aus (Little, Gearhart, Curry & Kafka, 2003). Die gemeinsame Ausführung scheint auf Basis der bisherigen Literatur außerdem positiven Einfluss auf das Lernen von Lehrkräften zu haben (beispielsweise Bas et al., 2013; Vescio, Ross & Adams, 2008). Welchen genauen Einfluss es hat, ist Ausgangspunkt für diese Forschungsarbeit gewesen. Dazu ist es das Ziel, anhand quantitativer und qualitativer Methoden weitere Erkenntnisse über die Wirkung zu ermitteln. Thematisch ist zur Untersuchung anfangs die Differentialrechnung gewählt worden, weil bisher kaum Forschung zu professional development zur Sekundarstufe II vorhanden ist. Da sich zusätzlich die Möglichkeit ergeben hat, eine Veranstaltung zu den Bildungsstandards der Sekundarstufe I zu evaluieren, ist das Thema Funktionen als inhaltlicher Schwerpunkt dieser ergänzenden Untersuchung gewählt worden. Aufgrund der geringen Stichprobe im ersten Durchgang (Sekundarstufe I) sind die quantitativen Untersuchungen durch vertiefende qualitative Interviews mit ausgewählten Lehrkräften im

Anschluss an das professional development erweitert worden. Dies erfolgte ebenfalls für die evaluierten Veranstaltungen zu den Bildungsstandards der Sekundarstufe II. Zu Beginn und zum Ende jedes professional developments sind fachdidaktisches Wissen, Beliefs und motivationale Faktoren erhoben worden, wobei die Ausprägung der professionellen Kompetenz im Sinne der drei Facetten im Pretest als Ausgangslage im Rahmen der Arbeit näher untersucht wird.

In der Einleitung wird dargelegt, wie der bisherige Forschungsstand bezüglich der genannten Ziele ist, welche Forschungsfragen sich aus den bestehenden Lücken ergeben und wie die Arbeit aufgebaut ist. In Kapitel 1.1 wird dazu die Ausgangslage skizziert. Dabei werden die Forschungsfragen, die in dieser Arbeit untersucht werden, an den passenden Stellen dargelegt und begründet. Anschließend werden methodische Überlegungen zu Durchführung in Kapitel 1.2 beschrieben. Zum Abschluss wird in Kapitel 1.3 der Einleitung der Aufbau der Arbeit erläutert.

1.1 Forschungsstand

Der Unterrichtsalltag von Lehrkräften besteht aus vielen unterschiedlichen Aufgaben, die zum Teil gleichzeitig erledigt werden müssen. Darunter fallen inhaltliche (Themen- und Methodenwahl, Diagnose und Bewertung von Schülerleistungen), schülerunterstützende (Entwicklung von Moral und Werten, Aufbau einer Schüler-Lehrerbeziehung, usw.), professionsethische Aufgaben sowie Schulentwicklungsaufgaben (Blömeke, Felbrich & Müller, 2008; Bromme, 2014). Zur Bewältigung dieser Anforderungen benötigen Lehrkräfte die professionelle Kompetenz (Baumert & Kunter, 2006), welche meist anhand des Kompetenzbegriffs von Weinert (2002, S. 27f.) modelliert wird:

> „Dabei versteht man unter Kompetenzen die bei Individuen verfügbaren oder durch sie erlernbaren kognitiven Fähigkeiten und Fertigkeiten, um bestimmte Probleme zu lösen, sowie die damit verbundenen motivationalen, volitionalen und sozialen Bereitschaften und Fähigkeiten um die Problemlösung in variablen Situationen erfolgreich und verantwortungsvoll nutzen zu können."

Die Festlegung des Kompetenzbegriffs berücksichtigt im Wesentlichen drei Konstrukte: professionsbezogenes Wissen, Beliefs und Motivation. Diese Modellierung ist in der Studie COACTIV verwendet worden, um die professionelle Kompetenz von Mathematiklehrkräften der Sekundarstufe I zu erforschen (Baumert & Kunter, 2006, 2011a). In einem anderen Ansatz hat die Forschungsgruppe um Ball und Kollegen (Ball, Hill & Bass, 2005; Hill, Ball & Schilling, 2008;

Hill, Blunk et al., 2008), auch Michigan-Group genannt, das Modell „Mathematical Knowledge for Teaching“ anhand des Wissens von Primarstufenlehrkräften der Mathematik entwickelt und mittels entsprechender Operationalisierungen einen Fragebogen zur Messung des fachlichen und des fachdidaktischen Wissens erstellt. Des Weiteren ist durch die Forschergruppe um die Projekte „Mathematics Teaching in the 21st century (MT21)“ (Blömeke, Kaiser & Lehmann, 2008b) und „Teacher Education and Development Study Mathematics (TEDS-M)“ (Blömeke, Kaiser & Lehmann, 2010) die professionelle Kompetenz von Studierenden auf internationaler Ebene zum Vergleich erhoben worden.

Die Festlegung des professionsbezogenen Wissens ist in allen drei Projekten an der Aufteilung von Shulman (1986) in fachliches, fachdidaktisches und pädagogisches Wissen angelehnt worden, wobei beispielsweise beim fachdidaktischen Wissen ähnliche aber nicht identische Definitionen gewählt worden sind (Hillje, 2012). Einig sind sich die Modelle jedoch hinsichtlich der theoretischen Trennung in das fachdidaktische Wissen zu Schülern und zum Lehren. Dieses Wissen ist in den drei Projekten jeweils für die gesamte Primar- bzw. Sekundarstufe ohne speziellen Fokus auf Themen erfasst worden. Dabei erfolgte aber keine inhaltliche Analyse des Wissens zu speziellen Themengebieten. COACTIV wertete beispielsweise ausschließlich hinsichtlich der Anzahl unterschiedlicher richtiger Lösungen aus. Im Gegensatz dazu haben unter anderem Hadjidemetriou und Williams (2002) qualitativ das fachdidaktische Wissen zu Funktionen untersucht. Dabei haben sie den Fokus auf das inhaltliche Wissen der Lehrkräfte über Schülervorstellungen gelegt. Für die Sekundarstufe II gibt es dagegen in der bestehenden Literatur noch keine breite Forschung. An diesem Punkt setzt ein Teil dieser Studie an.

Die Motivation als Teil der professionellen Kompetenz von Mathematiklehrkräften rückt zwar in den letzten Jahren immer mehr in den Fokus, jedoch besteht weiterer Forschungsbedarf. In der bisherigen Literatur finden sich unter anderem Beiträge zur Studienwahl (beispielsweise Pohlmann & Möller, 2010), zum Enthusiasmus für das Fach und das Unterrichten von Mathematik (Kunter, 2011b) sowie zum fachlichen, didaktischen und pädagogischem Interesse (Schiefele & Schaffner, 2015b; Schiefele, Streblow & Retelsdorf, 2013), das fachunabhängig erhoben worden ist. Diese Studie zielt darauf ab, die Motivation zu untersuchen, fachdidaktische Handlungen ausführen zu wollen. Diese Motivationsform wird im Folgenden als fachdidaktische Motivation bezeichnet.

Insgesamt wird die anschließend dargestellte Fragestellung bezüglich der Ausprägung professioneller Kompetenz (modelliert als fachdidaktisches Wissen, Beliefs über das Lehren und Lernen sowie fachdidaktische Motivation) – speziell von Gymnasiallehrkräften – verfolgt. Die Ausprägung ist zwar in der Historie der Studie als letztes in den Fokus gerückt. Die Daten zur Beantwortung sind im Studienablauf aber als erstes erhoben worden.

Welche Ausprägung und welche Struktur hat die professionelle Kompetenz von Mathematiklehrkräften zu Beginn einer professional development Maßnahme?

Die Beantwortung dieser Frage ermöglicht weitere Einblicke in die professionelle Kompetenz von Lehrkräften. Dies zeigt zum einen, welche Kenntnisse die Lehrkräfte besitzen, und ermöglicht zum anderen eine Abschätzung, welche Aspekte der professionellen Kompetenz beispielsweise durch professional development weiter gefördert werden sollten. Zudem hilft es, die Frage zu beantworten, was Lehrkräfte inhaltlich zu Aspekten des fachdidaktischen Wissens über das Lehren und über Schüler hinsichtlich Funktionen bzw. Differentialrechnung nennen und wie homogen es zwischen Lehrkräften ausgeprägt ist. Daraus können dann Schlussfolgerungen für die Entwicklung der professionellen Kompetenz gezogen werden, da sie die Ausgangsbasis für professional development darstellt (Lipowsky, 2014). Die Erforschung der fachdidaktischen Motivation als bisher noch nicht untersuchte Facette gibt schließlich einen Einblick in die Motive und deren Ausprägung. Dies hilft, besser zu verstehen, warum Mathematiklehrkräfte bestimmte Herangehensweisen an mathematische Inhalte wählen oder Schülervorstellungen im Unterricht einbinden.

Die Entwicklung der professionellen Kompetenz von Lehrkräften fängt in der universitären und praktischen Ausbildung (Vorbereitungsdienst) an und wird anschließend mit dem professional development (in Deutschland Fortbildung) in einem lebenslangen Lernprozess weitergeführt (Richter, 2011; Terhart, 2000), da die ersten beiden Ausbildungsphasen nicht ausreichen, um die Lehrkräfte für die sich beständig verändernden Anforderungen zu qualifizieren (Mayr & Neuweg, 2009). Das professional development dient dann zur Aktualisierung des Wissens und dem Hinterfragen von Beliefs (Hildebrandt, 2008). Beispielsweise können so neue Reformen wie die Bildungsstandards (Blum, Drüke-Noe, Hartung & Köller, 2010; Blum, Vogel, Drüke-Noe & Roppelt, 2015) für die bereits im Berufsleben stehenden Lehrkräfte eingeführt werden. Damit dies optimal gelingt, ist es notwendig, dass die Lerngelegenheiten des professional development möglichst optimal für das Lernen der Lehrkräfte gestaltet sind. Früher ist man davon ausgegangen, dass lange dauernde Veranstaltungen den Erfolg bringen:

> „For many years educators have operated under the premise that professional development is good by definition and, therefore, more is always better. If you want to

improve, your professional development program, simply add a day or two" (Guskey, 1998, S. 36).

Die Forschung zu Merkmalen effektiven professional developments hat gezeigt, dass die Dauer zwar ein Qualitätskriterium für das Lernen der Lehrkräfte ist (Dagen & Bean, 2014; Desimone, 2009; Lipowsky, 2014; Timperley, Wilson, Barrar & Fung, 2007; Yoon, Duncan, Lee, Scarloss & Shapley, 2007), es als alleiniges Merkmal jedoch nicht ausreicht. Die internationale Literatur hat auf dieser Basis weitere Merkmale identifizieren können, die erfolgreiches professional development charakterisieren. Beispielsweise werden an dieser Stelle sogenannte „core features" angeführt (Blank & las Alas, 2009; Desimone, 2009; Garet, Porter, Desimone, Birman & Yoon, 2001): Inhaltsfokussierung, aktives Lernen, Kohärenz, Dauer und kollektive Teilnahme. Darüber hinaus finden sich noch weitere Merkmale effektiven professional developments (beispielsweise Timperley, 2008; Wei, Darling-Hammond, Andree, Richardson & Orphanos, 2009). Es fehlt jedoch noch an vertiefenden Studien zur Klärung der Wirkung sowie der Einflüsse der Merkmale hinsichtlich des Lernens der Lehrkräfte. Dies trifft nach Daschner (2009) sowie Lipowsky und Rzejak (2012) speziell auf Deutschland zu. Besonders bezüglich Themen der Sekundarstufe II sind noch kaum Studien vorhanden. Der große Teil der Forschung findet sich zu Inhalten der Primarstufe und der Sekundarstufe I. Dies verdeutlichen unter anderem die Studien von McClain & Cobb (2001), (first grade), Saxe, Gearhart & Nasir (2001), (grade 4/5), Schorr (2000), (elementary school), Wood und Sellers (1996), (second and third grade), Young-Loveridge, Sharma, Taylor & Hawera (2006), (Schuljahr 2-8) sowie Reinold (2016), (Grundschule).

Der Fokus auf das Lernen von Schülern, wie zu Beginn der Einleitung durch das Zitat von Hattie (2014) dargelegt, ist ein spezielles Kriterium für effektives professional development. Speziell die Analyse und Interpretation von Schülerleistungen erleichtert das Erkennen der Beziehungen zwischen dem didaktischen Handeln und den Leistungen der Schüler. Zudem können Lehrkräfte mittels dieser Methode mehr über das Lernen ihrer Schüler erfahren (Lipowsky & Rzejak, 2012). Zur Umsetzung im professional development gibt es unterschiedliche Methoden. Dies sind beispielsweise das Beobachten von Schülern beim Lösen mathematischer Aufgaben in Videos, das Durchführen von Interviews mit Lernenden (Carpenter, Fennema, Peterson, Chiang & Loef, 1989) oder das Analysieren von Schülerarbeiten (Little et al., 2003). Letzteres ist ein wichtiger Teil der täglichen Arbeit von Lehrkräften, die nach der Analyse der Dokumente den Lernenden Feedback geben. Daher müssen Mathematiklehrkräfte wissen, wie sie Schülerarbeiten analysieren und interpretieren können (Kuhlemann, 2013).

Im Zusammenhang mit dem Analysieren von Schülerarbeiten interviewten Little et al. (2003) Lehrkräfte, welche die Methode in einer Gruppe durchgeführt haben. Ein Lehrer berichtete beispielweise von der folgenden Erfahrung, die er während der Phase gemacht hat:

> „[…] looking at student work "made me more aware of the work I was looking at. Before, if I looked at something, I would say, `Oh, that's good`, or `Yeah, that meets the standard.` But now, I can go into more detail with it, and I learned that through this." " (Little et al., 2003, S. 188).

Der Lehrer kann aus seiner Sicht von Lernenden angefertigte Arbeiten besser beurteilen, nachdem er mit anderen Lehrkräften gemeinsam die Analyse von Schülerlösungen zu mathematischen Aufgaben durchgeführt hat. Andere Studien zeigen, neben den subjektiv berichteten Erkenntnissen von Lehrkräften, dass diese Methode sowie der Fokus auf das Lernen der Schüler insgesamt positive Auswirkungen auf das professionelle Wissen (fachliches und fachdidaktisches Wissen), (Bas et al., 2013; Vescio et al., 2008), Beliefs zum Lehren und Lernen (Franke, Carpenter, Levi & Fennema, 2001; Schorr & Lesh, 1998), Handlungen im Unterricht (Carpenter et al., 1989; Franke, Carpenter, Fennema, Ansell & Behrend, 1998) und die Schülerleistungen (Saxe et al., 2001; Schorr, 2000; Vescio et al., 2008) hat. Das Merkmal ist in den bisherigen Studien jedoch entweder hinsichtlich der Wirkung auf die Schülerleistungen bzw. das Lehrerhandeln oder in Kombination mit anderen Methoden bezüglich der Wirkung auf die professionelle Kompetenz untersucht worden. An dieser Stelle setzt die Studie an und rückt den Einfluss der Analyse von Schülerarbeiten in professional development in den Fokus, wobei genau dieses eine Merkmal betrachtet wird. Dazu wird folgender Forschungsfrage explorativ (Aufstellen von Hypothesen anhand zusammengefasster Stichproben) nachgegangen:

Welche Auswirkungen hat die Analyse von Schülerdokumenten in professional development auf die professionelle Kompetenz von Lehrkräften?

Die Beantwortung dieser Fragestellung gibt weitere Einblicke in die Wirkung der Analyse von Schülerarbeiten in professional development. Dabei werden Veranstaltungen betrachtet, bei denen Lehrkräfte unterschiedlicher Schulen zusammenkommen und nicht bereits eine professional community wie bei Vescio et al. (2008) bilden. Zudem werden Erkenntnisse über den Einfluss der Methode auf bestimmte Aspekte der professionellen Kompetenz gewonnen. Dabei werden die Wirkweisen (Warum hat das Merkmal einen Einfluss auf bestimmte Facetten der professionellen Kompetenz?) näher betrachtet. Dies kann dann bei der Gestaltung weiterer Veranstaltungen berücksichtigt werden, die den Fokus auf das Lernen von Schülern legen.

Zudem können aus den Wirkweisen Hinweise für die Fortbildner abgeleitet werden, sodass sie Aufgaben für diese Phase nach bestimmten Kriterien gestalten. Dies könnten beispielsweise Aspekte sein, auf die Lehrkräfte besonders in den Schülerdokumenten achten sollen. Insgesamt hilft es weiter, Gestaltungskriterien für effektives professional development zu erarbeiten. Solche hat beispielsweise das Projekt „Deutsches Zentrum für Lehrerbildung Mathematik (DZLM)" für seine Veranstaltungen entworfen (Barzel & Selter, 2015).

Die Untersuchungen zum Fokus auf das Lernen der Schüler in professional development sind sowohl quantitativ (beispielsweise Fennema et al., 1996) als auch qualitativ (u. a. Bas et al., 2013) durchgeführt worden. Sie haben zu einigen Erkenntnissen des Einflusses der Schülerorientierung (Lernen der Schüler) geführt. Welchen Einfluss dabei die Analyse von Schülerarbeiten gehabt hat, deutet beispielsweise das Zitat des Lehrers aus der Studie von Little et al. (2003) an. Welche subjektiven Erfahrungen über die Wirkung die Lehrkräfte aus diesen Phasen genau mitnehmen, wird bisher nicht hinsichtlich der gemeinsamen Analyse von Schülerarbeiten, die von unterschiedlichen Schulen stammen, beschrieben. Zudem ist nicht abschließend geklärt, auf welche Aspekte der professionellen Kompetenz diese Phase im professional development einen Einfluss hat, da bisher überwiegend auf die Schülerleistung sowie das Lehrerhandeln eingegangen worden ist. Studien zu Beliefs zum Lehren und Lernen der Mathematik konnten zwar zeigen, dass sich der Fokus auf das Lernen der Schüler positiv auf konstruktivistische Beliefs auswirkt, haben aber die Analyse von Schülerarbeiten als einziges Merkmal, sondern auch Interviews von den Lehrkräften mit Schülern und die Analyse von Videos (Schüler beim Problemlösen) eingesetzt (Fennema, Franke, Carpenter & Carey, 1993; Franke et al., 1998). Diese Studie setzt hier mit einem professional development zu den neuen Bildungsstandards der Sekundarstufe II sowie Diagnose von Schülervorstellungen an. Dabei steht in diesem Zusammenhang die folgende, übergeordnete Forschungsfrage im Fokus:

Wie beurteilen Lehrkräfte die Auswirkungen eines professional development zum kompetenzorientierten Unterricht und zur Diagnose?

Die Beantwortung der Forschungsfrage ermöglicht es, mehr über die subjektiven Erfahrungen über die Wirkung der Analyse von Schülerarbeiten als Teil der Diagnose herauszufinden. Schließlich kann in diesem Zusammenhang herausgearbeitet werden, welche Aspekte der professionellen Kompetenz tatsächlich durch die Methode angesprochen werden. Dies ermöglicht folglich einen Vergleich mit den bisherigen Erkenntnissen der Literatur und die Identifizierung möglicher Kompetenzaspekte, hinsichtlich derer weitere Wirkungsforschung durchgeführt werden kann.

1.2 Methodisches Vorgehen

Der erste Teil der Studie zielt auf die Beschreibung der Ausprägung der professionellen Kompetenz von Mathematiklehrkräften unterschiedlicher Facetten ab. Dazu wird in dieser Studie eine quantitative Herangehensweise gewählt, die es ermöglicht, eine große Anzahl an Fällen ökonomisch hinsichtlich ihrer durchschnittlichen Ausprägung der professionellen Kompetenz zu untersuchen. Diese Methode hat sich zur Identifikation größerer Strukturen bewährt (Ball, Thames & Phelps, 2008; Baumert, 2009; Blömeke et al., 2010). Neben dem Einsatz der quantitativen Herangehensweise hat sich auch die qualitative Form zur Bestimmung der professionellen Kompetenz als geeignet herausgestellt. Dies zeigen unter anderem die Reviewergebnisse von Depaepe, Verschaffel und Kelchtermans (2013). Die Autoren gehen darauf ein, dass besonders Studien, die fachdidaktisches Wissen während der Anwendung messen wollten, Interviews, Klassenraumbeobachtungen und Dokumentenanalyse eingesetzt haben. Aus den genannten Gründen wird wie in den anderen Studien die professionelle Kompetenz durch einen Test ermittelt. Damit werden dann das fachdidaktische Wissen zu Funktionen bzw. zur Differentialrechnung, Beliefs über das Lehren und Lernen sowie fachdidaktische Motivation erhoben, um entsprechende Forschungslücken zu schließen und weitere Fragen bzw. Hypothesen zu generieren.

Der zweite Teil der Studie hat das Ziel, die Entwicklung der Lehrkräfte mit dem Fokus auf das Analysieren von Schülerarbeiten zu untersuchen. Dies erfolgt anhand quantitativer und qualitativer Herangehensweisen, um den Einfluss der Analyse von Schülerarbeiten herauszuarbeiten. Dazu werden zum einen Tests eingesetzt. Zum anderen werden mittels qualitativer Interviews die Wirkweisen anhand der subjektiv durch die Lehrkräfte berichteten Veränderungen nachvollzogen und beschrieben.

Die Herausarbeitung der Einflüsse der Analyse von Schülerarbeiten in professional development erfolgt mittels zweier Gruppen. Eine Gruppe erstellt Diagnosebögen und reflektiert über diese in der Distanzphase (Zeit zwischen zwei Veranstaltungen) hinsichtlich der weiteren Optimierung (wird als „Diagnosegruppe“ bezeichnet). Die andere Gruppe erstellt ebenfalls Diagnosebögen und setzt sie im eigenen Unterricht ein, um die Lösungen der Schüler zu den Aufgaben in der folgenden Veranstaltung zu analysieren (wird als „Schülerarbeitengruppe" bezeichnet).

1.3 Aufbau dieser Arbeit

Die Arbeit untergliedert sich in vier Bereiche. Im ersten werden die theoretischen Grundlagen beschrieben. Dazu werden in Kapitel 2 die professionelle Kompetenz von Mathematiklehrkräften und speziell die in dieser Studie adressierten Facetten erläutert. Abgeleitet von dem Kompetenzbegriff nach Weinert werden fachdidaktisches Wissen, Beliefs über das Lehren und Lernen sowie Motivation thematisiert. Dabei wird jeweils festgelegt, was unter den drei Facetten in dieser Studie verstanden wird und welche Forschung es bisher gibt. Speziell zu Beliefs und zur Motivation wird zudem erläutert, inwiefern die Teilkompetenzen veränderbar sind. Dies dient zur späteren Einordnung der Ergebnisse in die bisherige Literatur. In Kapitel 3 wird anschließend erläutert, was unter professional development verstanden wird. Dazu wird geklärt, welche Definition dieser Arbeit zugrunde liegt und welches Modell zur Wirkung von professional development auf Lehrkräfte und das Lernen von Schülern betrachtet wird. Zudem wird die bisherige Forschung zu Merkmalen effektiven professional developments zusammengefasst und anhand schulkontextbezogener, struktureller und methodisch-didaktischer Einflüsse kategorisiert. Diese sind Bestandteil des professional development, das im Rahmen der Studie evaluiert wird. Da in den Veranstaltungen der Fokus auf methodisch-didaktische Merkmale gelegt wird, die das Schülerlernen berücksichtigen, wird in Kapitel 3 die bisherige Literatur zum Fokus auf das Lernen von Schülern zusammengefasst, indem Studien anhand der Wirkungsreichweite (Akzeptanz, professionelle Kompetenz, Lehrerhandeln, Schülerleistungen) geordnet werden. In Kapitel 4 werden Aspekte des fachdidaktischen Wissens zu den mathematischen Themen Funktionen und Differentialrechnung erläutert. Dazu wird zu jedem Thema zusammengefasst, welche zentralen Schülervorstellungen es gibt. Die Darstellungen zu Funktionen orientieren sich an der Arbeit von Nitsch (2015) und konzentrieren sich auf die für die Studie relevanten Schülervorstellungen. Die Schülervorstellungen zur Differentialrechnung werden dagegen nach zwei Kriterien geordnet, da eine aktuelle Zusammenfassung der inhaltlichen Schülervorstellungen in der Literatur nicht vorhanden ist. Die Ordnung erfolgt zuerst thematisch nach den Aspekten „Definition der Ableitung", „Veranschaulichung der Ableitung durch die Steigung der Tangenten", „grafisches Verständnis" und „Verwendung von Rechenregeln". Innerhalb der inhaltlichen Kategorien werden die Schülervorstellungen noch einmal anhand eines Fehlerkategoriesystems (Übergeneralisierungen, globale Regelmissachtung, lokale Regelmissachtung, Vorverständnisfehler) nach Eichler, Hahn, Isaev und Gradwohl (2017) strukturiert, sofern dies möglich ist. Das fünfte Kapitel fasst abschließend die Erkenntnisse des ersten Bereichs zusammen und zeigt auf, welche Forschungslücken durch diese Studie geschlossen werden sollen. Dazu werden die Forschungsfragen, die der empirischen Arbeit zugrunde liegen, benannt.

Der zweite Bereich umfasst die zur Erforschung der Fragestellungen eingesetzten Methoden. In Kapitel 6 werden die theoretischen Überlegungen zur Studie erläutert. Dazu wird auf das Design eingegangen, wobei beschrieben wird, an welchen Stellen die Daten zur Beantwortung der Forschungsfragen erhoben werden. Darauf aufbauend werden die Konstruktion bzw. die Auswahl sowie die Testung der Instrumente zur Messung der betrachteten Facetten der professionellen Kompetenz dargelegt. Dabei wird der Einsatz der jeweiligen Skalen bzw. Items begründet. Zudem wird das problemzentrierte Interview erläutert, welches als Erhebungsinstrument im qualitativen Teil der Arbeit eingesetzt wird. In diesem Zusammenhang wird dargelegt, wie der Interviewleitfaden gestaltet worden ist, der den Interviews zugrunde liegt. Anschließend wird in Kapitel 7 auf die Durchführung der empirischen Studie eingegangen. Dazu wird zuerst die Gestaltung der Veranstaltungen des professional development beschrieben, welche sich an den Effektivitätsmerkmalen orientiert. In diesem Zusammenhang wird auf die Stichproben eingegangen. Nach der Klärung der Gegebenheiten der Datenerhebung wird die Inhaltsanalyse als Auswertungsverfahren theoretisch erläutert, wobei anschließend auf die praktische Umsetzung in dieser Studie hinsichtlich der Auswertung offener Items zum fachdidaktischen Wissen sowie der Transkripte der Interviews eingegangen wird. Abschließend wird beschrieben, wie die quantitativen und die qualitativen Ergebnisse zusammengeführt werden. Zudem wird begründet, warum es sich bei dieser Studie um eine Mixed-Methods-Studie im Sinne der Vertiefung handelt und welchen Stellenwert die beiden Teile einnehmen.

Der dritte Bereich umfasst die Ergebnisse der drei Forschungsteile, die in den jeweiligen Unterkapiteln zuerst dargestellt und aufgrund der besseren Lesbarkeit direkt interpretiert und diskutiert werden. Dieser Teil wird passend zu den Forschungsfragen in drei Kapitel unterteilt. Diese sind chronologisch zur Datenerhebung angeordnet. In Kapitel 8 erfolgt die Darstellung der Ergebnisse der professionellen Kompetenz zu Beginn des professional development. Zur Ergänzung der bisherigen Literatur werden die Resultate der Items zum fachdidaktischen Wissen hinsichtlich Funktionen und Differentialrechnung sowohl inhaltlich (Was nennen die Lehrkräfte?) als auch quantitativ (Wie viele unterschiedliche Aspekte nennen die Lehrkräfte?) dargestellt. Des Weiteren werden diese durch die Ausprägung der Beliefs zum Lehren und Lernen der Mathematik und der fachdidaktischen Motivation sowie die Zusammenhänge zwischen den drei Dimensionen ergänzt. Anschließend wird in Kapitel 9 die Entwicklung durch das professional development explorativ, quantitativ beschrieben, wobei die jeweiligen Untersuchungsgruppen jeweils eine Zusammenfassung unterschiedlicher Stichproben (Besuch unterschiedlicher professional developments, jedoch jeweils getrennt nach Schülerarbeiten analysieren und Diagnoseaufgaben optimieren) bestehend aus Lehrkräften der Sekundarstufe II (Thema Differentialrechnung) darstellen. Dabei wird speziell auf Unterschiede zwischen den beiden Gruppen „Diagnose“ und „Schülerarbeiten“ eingegangen (Lehrkräfte sind zu den beiden Gruppen zusammengefasst worden). Ziel ist es, sich aus der Literatur ergebende Hypothesen bezüglich des Fokus auf Schülerlernen explorativ zu testen, um sie anzupassen oder neue Vermutungen aufzustellen. Dies wird im folgenden Kapitel 10 anhand der Ergebnisse des qualitativen Studienteils vertieft. Dort wird zuerst beschrieben, welche subjektiven Erfahrungen (Beliefs) die Lehrkräfte über die Wirkung der Analyse von Schülerarbeiten erwähnen. Im Anschluss werden die Beliefs der Lehrkräfte über Veränderungen der professionellen Kompetenz durch die Teilnahme am professional development anhand der Interviews abgeleitet, welches einen Vergleich zu den quantitativen Daten erlaubt.

Der vierte Bereich der Arbeit beschäftigt sich in Kapitel 11 mit der Gesamtdiskussion aller Ergebnisse. Dabei werden die Resultate zum fachdidaktischen Wissen, Beliefs zum Lehren und Lernen sowie fachdidaktischer Motivation aus dem dritten Bereich aufeinander bezogen. Des Weiteren werden die in dieser Arbeit eingesetzten Forschungsmethoden auf ihre Passung reflektiert. Abschließend wird ausgehend von den Ergebnissen dieser Arbeit in Kapitel 12 dargestellt, an welchen Stellen weitere Forschung zur Schließung noch vorhandener bzw. sich neu eröffnender Lücken sinnvoll ist. Zudem werden praktische Implikationen hinsichtlich der Wirkung der Analyse von Schülerarbeiten beschrieben.

I. Theorie

Im Teil I werden die theoretischen Grundlagen sowie die bisherigen Forschungsergebnisse, die für die Studie relevant sind dargelegt. Dazu wird in Kapitel 2 die professionelle Kompetenz von Mathematiklehrkräfte anhand des fachdidaktischen Wissens, der Beliefs und der Motivation beschrieben. In Kapitel 3 wird professional development als Bezugsrahmen für die Forschung erläutert. Anschließend wird im vierten Kapitel der inhaltliche Bezug zur Mathematik hergestellt, indem Aspekte des fachdidaktischen Wissens zu Funktionen und zur Differentialrechnung erläutert werden. Abschließend werden im fünften Kapitel die Ergebnisse des theoretischen Teils zusammengefasst, Forschungslücken aufgezeigt und die Forschungsfragen formuliert.

2 Professionelle Kompetenz von Lehrkräften

Kognitionen und Affekte sind wichtige Eigenschaften jeder Lehrperson, die das Handeln dieser beeinflussen. Sie sind dementsprechend Teil der professionellen Kompetenz, die Lehrkräfte für die Ausübung ihres Berufs benötigen (Baumert & Kunter, 2006; Kunter et al., 2011). Zudem beeinflussen sie, wie Lehrkräfte im Unterricht handeln und welche Entscheidungen sie treffen. Dies legt maßgeblich fest, welche Lerngelegenheiten den Schülern zur Verfügung gestellt werden und wie der Unterricht verläuft. Nach Hattie, Beywl und Zierer (2014) wirken sich so die Eigenschaften des Lehrers auf die Leistungen der Schüler aus. Sie stellen die Lehrperson in den Mittelpunkt, da sie aus ihren Daten schlussfolgern, dass eines der wirkungsvollsten Einflussfaktoren auf das Lernen der Schüler die Lehrenden sind (Hattie, 2014). In ihrer Analyse der Daten gehen sie auch darauf ein, dass nur Lehrkräfte mit bestimmten Eigenschaften hoch erfolgreich sind. Für sie ergeben sich die Leistungsunterschiede zwischen den Lehrkräften, weil „[...] some teachers doing some things with a certain attitude or belief system that truly makes the difference" (Hattie, 2011, S. 26). Um entsprechend Änderungen im Unterricht und Verbesserungen der Schülerleistungen zu erreichen, sind die Kognitionen und die affektiven Komponenten der Lehrer demnach ein Ansatzpunkt.

In diesem Kapitel werden daher auf der Basis der Professionsforschung die für die Studie relevanten Aspekte der professionellen Kompetenz dargestellt. Davon ausgehend wird zuerst dargestellt, warum der wissensorientierte Ansatz der professionellen Kompetenz in dieser Studie verwendet wird (2.1). Darauf aufbauend werden anschließend Aspekte der professionellen Kompetenz näher erläutert. Zuerst wird dazu auf das professionelle Wissen der Lehrkräfte eingegangen. Dabei wird das fachdidaktische Wissen näher erläutert wird, da es für die Studie zentral ist. Zudem wird in diesem Zusammenhang festgelegt, was unter fachdidaktischem Wissen zu fassen ist (2.2). Im Anschluss werden Beliefs als weitere Dimension der professionellen Kompetenz mit speziellem Fokus auf solche zum Lehren und Lernen der Mathematik dargestellt (2.3). Abschließend wird in diesem Kapitel das Konstrukt der Motivation beschrieben (2.4) und die für die Studie spezielle Form der fachdidaktischen Motivation definiert.

T. Hahn, *Schülerlösungen in Lehrerfortbildungen*, Mathematikdidaktik im Fokus,
https://doi.org/10.1007/978-3-658-24451-4_2

2.1 Forschungsrichtungen der professionellen Kompetenz

Die Anforderungen an den Lehrerberuf sind hoch, werden immer komplexer und unterliegen einem stetigen Wandel (Hascher, 2011; Miller, 1995). Dies zeigt unter anderem die Unterscheidung verschiedener Aufgaben der Lehrkräfte von Blömeke und Felbrich et al. (2008). Neben den inhaltlichen Aufgaben (Themen- und Methodenwahl, Diagnose und Bewertung von Schülerleistungen) müssen Lehrer noch schülerunterstützende Aufgaben (Entwicklung von Moral und Werten, Aufbau einer Schüler-Lehrerbeziehung, usw.), Schulentwicklungsaufgaben und professionsethische Aufgaben übernehmen[2].

Baumert und Kunter (2006) weisen darauf hin, dass das Handeln der Lehrkräfte nicht standardisierbar ist und unter gewisser Unsicherheit abläuft. Dies geht unter anderem auf die Berufsaufgabe zurück, die bei Professionellen weder operativ noch normativ eindeutig ist. Stattdessen sind die Gegebenheiten jedes Einzelfalls zu berücksichtigen und müssen in der Situation ausgedeutet und konkretisiert werden. Darüber hinaus ist das Lehrerhandeln mit zwei Unsicherheiten bezogen auf das Schülerlernen verbunden. Zum einen ist die Differenz zwischen dem, was der Lehrer zeigt, und dem, was die Schüler lernen, nicht aufhebbar. Zum anderen sind Lerngelegenheiten im Unterricht immer das Ergebnis einer sozialen Ko-Konstruktion durch Schüler und Lehrer.

Die Theorie der professionellen Kompetenz der Lehrkräfte setzt genau an diesem Punkt an, indem sie die Bewältigung zentraler beruflicher Anforderungen in den Mittelpunkt stellt (Blömeke, Felbrich et al., 2008). Ausgangspunkt solcher Theorien bildet die Lehrerexpertiseforschung. Beim Experten-Paradigma steht wieder die Lehrerperson im Zentrum der Untersuchung. In dieser wird das berufsbezogene Wissen und Können der Lehrkräfte als Lehrerexpertise definiert. Die Grundlage dieses Konstrukts bildet die Annahme, dass Tätigkeiten von Lehrkräften auf Wissen und Können beruhen. Beides wird in einer sowohl theoretischen als auch praktischen Ausbildung angeeignet und während der Ausübung des Berufs weiterentwickelt (Bromme, 2008; Krauss, 2011). Das Wissen der Lehrkräfte als Teil ihrer professionellen Kompetenz steht neben den Beliefs und der Motivation im Fokus dieser Arbeit.

Experten werden im Alltag sowie in der psychologischen Forschung generell entweder als Spitzenkönner (leistungsorientiert) oder als Fachleute

2 Bromme (2014) hat andere aber ähnliche Kategorien unterschieden. Dazu differenziert er zwischen Organisation und Aufrechterhaltung von Schüler- und Lehreraktivitäten, der gemeinsamen Entwicklung des Unterrichtsstoffs und die Organisation der Unterrichtszeit.

(wissensorientiert) bezeichnet[3]. Der Ausgangspunkt des Ansatzes der Lehrerexpertiseforschung bildet die zweite Form, dabei sind die Lehrkräfte Fachleute für das Lehren und Lernen in der Schule (Bromme, 2008), da die Definition von Höchstleistungen im Bereich des Lehren und Lernens wegen nicht klar definierbarer Probleme und Ziele komplex ist (Krauss, 2011). Zudem gibt es kein einfaches Merkmal zur Identifikation von Spitzenkönnern. Daher wird ein Lehrerexperte als eine Person identifiziert, die eine spezialisierte Aufgabe, das Unterrichten, erfolgreich löst (Bausch, 2014). Dies entspricht dem wissensorientierten Expertiseansatz, in dem eine Lehrkraft als Experte Mitglied einer Profession ist. Er löst komplexe Aufgaben, die aus unterschiedlichen Teilaufgaben bestehen und keine eindeutige Lösung besitzen. Das dazu benötigte Wissen wird Professionswissen genannt (Krauss, 2011). Bei diesem Ansatz bilden die Anforderungen an die Profession die Basis für eine Schlussfolgerung auf das zur Bewältigung notwendige Wissen. Im Folgenden soll der wissensorientierte Ansatz der Experten leitend sein. Mit dem Ansatz der Lehrerexpertise, die sich auf das Wissen und Können fokussiert, stehen Konstrukte und Forschungsmethoden zur Verfügung, die eine analytische Aufgliederung der Lehrerfähigkeiten ermöglichen[4].

Bei dem Wissen und Können der Lehrkräfte spielt das fachbezogene Wissen eine entscheidende Rolle. Die Studie von Leinhardt und Smith (1985) zeigt, dass Lehrekräfte mit ähnlichem Fachwissen, deren Schüler Aufgaben zu Brüchen gut lösen, verschiedene didaktische Zugänge benutzen. In einer weiteren Studie zeigten Leinhardt und Greeno (1986), dass sich Experten und Novizen[5] von im Fach aufgebauten Routinen, die mehr Flexibilität ermöglichen, unterscheiden. Daher schließt Bromme (2008), dass die Ergebnisse ein Hinweis auf ein hochgradig individualisiertes und fachbezogenes Wissen sind, welches durch zunehmende Integration subjektiver Unterrichtserfahrungen sowie allgemeinpädagogischen, didaktischen und psychologischen Wissens entsteht. Insgesamt fasst Bromme

3 In diesem Zusammenhang weisen jedoch Bromme und Haag (2008) darauf hin, dass eine solche Festlegung von Experten in der Forschung nicht eindeutig gemacht wird. Es gibt auch Ansätze, die zwischen Novizen und Experten unterscheiden und Merkmale der beiden Gruppen untersuchen Helmke und Weinert (1997). Hierbei werden Experten allgemein auf der Basis von hohen Leistungen identifiziert und Wissen, Persönlichkeit und Kompetenzen werden zur Erklärung von Expertentum herangezogen.
Einen Überblick über die Forschung zum Experten-Novizen-Ansatz gibt beispielsweise Berliner (2001). Er zeigt wie Bromme (2014) Kriterien auf, anhand derer Experten und Novizen unterschieden werden kann. Zusammengefasst finden sich diese bei Bausch (2014, S. 37).

4 Einen umfassenderen Blick auf die Entwicklung der Expertiseforschung gibt Blömeke (2002).

5 Experten haben sie anhand der Entwicklungen der Schüler identifiziert, indem die Schülerentwicklung über 5 Jahre beobachtet worden ist. Die besten der Betrachtungsgruppe sind als Experten identifiziert worden. Novizen sind dagegen Studenten des letzten Jahres des Lehramtsstudiums gewesen.

(2008, S. 163-164) die Notwendigkeit zur Entwicklung von Konstrukten zur Beschreibung des Expertenwissens wie folgt zusammen:

> „Die in der Lehrerausbildung unterrichteten Fachdidaktiken der Unterrichtsfächer liefern dem Lehrer zwar Muster für eine derartige Wissensintegration, gleichwohl muss diese von jedem Lehrer eigenständig vorgenommen und weiterentwickelt werden. Man kann also die Inhaltsbereiche des Expertenwissens nicht einfach aus der Studienordnung für Lehrer ablesen. Es ist notwendig, Konstrukte zu entwickeln, die die Inhaltsbereiche des Expertenwissens beschreiben."

Ausgehend von den formulierten Anforderungen an die Lehrkraft untersuchten die Studien MT-21 (Blömeke et al., 2008b), TEDS-M (Blömeke et al., 2010) und COACTIV (Kunter et al., 2011) die professionelle Kompetenz von (angehenden) Mathematiklehrkräften. Dabei fassen sie das Wissen und Können der Lehrenden als professionelle Kompetenz zusammen und beziehen affektive Komponenten in Modellierung mit ein. Die drei Forschungsprogramme gehen dabei auf die durch Weinert (2002, S. 27f.) geprägte Definition des Begriffs der Kompetenz zurück:

> „Dabei versteht man unter Kompetenzen die bei Individuen verfügbaren oder durch sie erlernbaren kognitiven Fähigkeiten und Fertigkeiten, um bestimmte Probleme zu lösen, sowie die damit verbundenen motivationalen und volitionalen und sozialen Bereitschaften und Fähigkeiten um die Problemlösung in variablen Situationen erfolgreich und verantwortungsvoll nutzen zu können."

Die professionelle Kompetenz lässt sich anhand der Definition von Weinert in eine kognitive Komponente, dem Wissen und die Fertigkeiten (bezogen auf die Expertenforschung „Professionswissen), persönliche Überzeugungen (im Sinne der Beliefs) sowie motivationale Faktoren unterteilen[6]. Die Berücksichtigung affektiver Konstrukte (Beliefs, Motivation) scheint an dieser Stelle sinnvoll, da das mathematische Denken nicht rein logisch ist (Hannula, 2014). Diese Modellierung findet sich in den Operationalisierungen der professionellen Kompetenz bei TEDS-M (ebenfalls MT21) und COACTIV. Die Forscher der Michigan Group konzentrieren sich dagegen auf die Operationalisierung des Wissens der Mathematiklehrer für das Lehren. Im Folgenden werden die Operationalisierungen der professionellen Kompetenz in TEDS-M und COACTIV kurz vorgestellt. Im anschließenden Kapitel wird näher auf die Kategorisierungen des professionellen

6 Eine ähnliche Unterteilung findet sich bei Hannula, Op't Eynde, Schlöglmann und Wedege (2007), die Kognitionen, Motivation und Affekt als Eigenschaften der Lehrkräfte betrachten. Dort sortieren sie Beliefsysteme als Überschneidung der drei Konstrukte ein.

Wissens mit dem Fokus auf das fachdidaktische Wissen eingegangen, da diese zentral für die Studie sind.

In der Studie MT21 (Blömeke et al., 2008b), welche die Grundlage (Vorstudie) für das Projekt TEDS-M (Blömeke et al., 2010) ist, wird die professionelle Kompetenz der angehenden Mathematiklehrkräfte durch das Professionswissen und Überzeugungen modelliert (Blömeke, Felbrich et al., 2008). Diese untergliedern sich in Subdimensionen. Das Wissen besteht aus dem mathematischen, dem mathematikdidaktischen und dem erziehungswissenschaftlichen Wissen. Die Überzeugungen teilen sie in epistemologische Überzeugungen zur Mathematik, Überzeugungen zum Lehren und Lernen der Mathematik sowie schul- und professionstheoretische Überzeugungen auf[7].

Im Projekt COACTIV (Kunter et al., 2011) wird die professionelle Kompetenz auf der Basis der Kompetenzliteratur als ein Zusammenspiel von

- „spezifischem, erfahrungsgesättigten deklarativen und prozeduralen Wissen (Kompetenzen im engeren Sinne: Wissen und Können);
- professionellen Werten, Überzeugungen, subjektiven Theorien, normativen Präferenzen und Zielen;
- motivationalen Orientierungen sowie
- Fähigkeiten der professionellen Selbstregulation“

modelliert (Baumert & Kunter, 2011a, S. 33)[8].

Die Modellierung der professionellen Kompetenz bei COACTIV deckt die wesentlichen Aspekte des Kompetenzbegriffs von Weinert (2002) ab. Die vier Facetten der professionellen Kompetenz setzen sich aus unterschiedlichen Kompetenzbereichen zusammen. Das Professionswissen unterteilen sie ähnlich wie in MT21 in Fachwissen, fachdidaktisches Wissen und pädagogisch-psychologisches Wissen. Hierbei betten sie die diagnostischen Fähigkeiten von Mathematiklehrkräften als Teil des fachdidaktischen Wissens und des pädagogisch-psychologischen Wissens ein (Brunner, Anders, Hachfeld & Krauss, 2011). Zudem ergänzen sie Organisationswissen und Beratungswissen (Baumert & Kunter, 2011a). Die Überzeugungen werden inhaltlich in Natur des Wissens sowie das Lernen und Lehren von Mathematik differenziert, welche jeweils eine Komponente der transmissiven oder konstruktivistischen lerntheoretischen Fundierung

---

7 Im Forschungsprojekt MT21 bzw. TEDS-M wird der Begriff der Überzeugungen als Übersetzung des Begriffs Beliefs verwendet. Daher treten an dieser Stelle Überzeugungen auf. In der Arbeit wird dazu aber der Begriff der Beliefs verwendet.

8 Wie in MT21 bzw. TEDS-M verwenden die Forscher in COACTIV den Begriff Überzeugungen anstatt des englischen Begriffs Beliefs. Daher soll er zur Beschreibung des von COACTIV vorgeschlagenen Modells in diesem Zusammenhang verwendet werden.

enthalten (Voss, Kleickmann, Kunter & Hachfeld, 2011). Die Motivation wird in COACTIV durch den Lehrerenthusiasmus für das Fach oder das Unterrichten modelliert (Kunter, 2011b). Zudem wird die vierte Facette der professionellen Kompetenz, die Selbstregulation, anhand von vier Typen der Selbstregulation (Schontyp, Gesundheitstyp, Risikotyp A, Risikotyp B) operationalisiert, welche jeweils die Komponente Engagement und Widerstandsfähigkeit enthalten (Klusmann, 2011).

Im Folgenden Teil der theoretischen Grundlagen werden die unterschiedlichen Aspekte der professionellen Kompetenz – fachdidaktisches Wissen, Beliefs zum Lehren und Lernen und Motivation – erläutert, welche Grundlage dieser Studie sind. Dabei wird jeweils herausgestellt, welche Aspekte des Wissens, der Beliefs und der Motivation für die Studie relevant sind.

2.2 Fachdidaktisches Wissen von Mathematiklehrkräften

Das Wissen der Lehrkräfte ist ein Teil der professionellen Kompetenz, welches Ansätze zur Erklärung von Unterschieden zwischen dem Handeln verschiedener Lehrkräfte liefert. Es deckt einen Teil der Fachkompetenz ebenso wie didaktisch-methodische und pädagogisch-erzieherische Fähigkeiten ab, die zu den Eigenschaften eines guten Lehrers gehören (Terhart, 2006). Wie bei anderen Professionen bildet das Wissen die Basis für das Handeln. Speziell bei Lehrkräften bildet es die Grundlage für das Unterrichten (Schoenfeld, 2008). Baumert und Kunter (2011b) beschreiben aus diesem Grund die Notwendigkeit einer soliden Wissensbasis in der jeweiligen Unterrichtsdomäne, welche ein zentraler Aspekt der professionellen Kompetenz von Lehrkräften ist. Dies unterstreichen Phelps und Schilling (2004, S. 32) mit der folgenden Aussage über die Bedeutung des Konstrukts für Lehrkräfte der Mathematik und Naturwissenschaften:

> "In areas such as mathematics and science, developing teacher content knowledge has been a major concern because it is generally accepted that teachers who know these subjects are better able to teach them."

In diesem Kapitel wird der Fokus auf das Wissen von Mathematiklehrkräften, speziell das fachdidaktische Wissen, und dessen Konzeptualisierung gelegt. Zuerst werden dazu in Kapitel 2.2.1 die unterschiedlichen Kategorisierungen (MT21, COACTIV und Michigan Group) vorgestellt und die Konzeptualisierungen des fachdidaktischen Wissens erläutert. Anschließend wird in Kapitel 2.2.2 und 2.2.3 herausgearbeitet, welche Aspekte in dieser Studie unter das fachdidaktische Wissen fallen und welche Subfacetten es besitzt. Dies dient der Darstellung des Verständnisses des fachdidaktischen Wissens in dieser Studie. Die inhaltlichen Aspekte werden im abschließenden Kapitel des theoretischen Teils der Arbeit erläutert (Kapitel 4).

2.2.1 Konzeptualisierungen des fachbezogenen Wissens der Mathematiklehrkräfte

Das Wissen der Lehrkräfte als Teil der professionellen Kompetenz beschreiben Baumert und Kunter (2006) als Expertenwissen. Mit diesem können die Lehrenden Feinabstimmungen in den Lektionen, die Koordination von Unterrichtszielen bzw. übergeordneten Zielen und Unterrichtsplanungen durchführen. Zudem fasst es Wissen über das Vorwissen und die Motivation der Schüler, die Dynamik sozialer Interaktionen im Unterricht, usw. Die Autoren erwähnen auch, dass neben dem Wissen methodische, fachliche und fachdidaktische Fähigkeiten notwendig sind, um den Unterricht erfolgreich zu gestalten.
Ausgangspunkt für die Konzeptualisierung des Wissens der Mathematiklehrkräfte ist die im vorherigen Unterkapitel erläuterte Expertiseforschung im Sinne der wissensorientierten Expertise. Die aktuellen Modelle der großen Studien beinhalten auf dieser Basis jeweils eine Operationalisierung des Professionswissens. Diese Operationalisierung geht in der Regel auf Shulman (1986) zurück. Er unterteilte das Lehrerwissen fachunabhängig ursprünglich in:

- Fachwissen (content knowledge)
- fachdidaktisches Wissen (pedagogical content knowledge)
- curriculares Wissen (curricular knowledge).

Zu diesen drei Hauptkategorien bezieht Shulman (1987) noch das Wissen über die Lerner und deren Eigenschaften, Wissen über Bildungskontexte sowie das Wissen über Bildungsangelegenheiten und –werte mit ein. Viele Forscher verwenden die Kategorisierung von Shulman (1986, 1987) als Grundlage und spezialisieren sie, um sie an ihre Forschungsvorhaben anzupassen (beispielsweise Bromme, 2008; Bromme & Haag, 2008; Ernest, 1989).

Im Wesentlichen stimmen die meisten Kategorisierungen in der Beachtung der Dimensionen Fachwissen, fachdidaktisches Wissen und allgemein pädagogisches Wissen überein (vgl. beispielsweise Baumert & Kunter, 2006; Blömeke, Felbrich et al., 2008). Die Festlegungen und die Operationalisierungen der Dimensionen sind in den Studien jedoch nicht deckungsgleich. Dies zeigt sich unter anderem in den im vorherigen Unterkapitel vorgestellten Modellen der professionellen Kompetenz.

Eine wesentliche Komponente des Lehrerwissens, die in dieser Arbeit im Fokus steht, ist das fachdidaktische Wissen. Dieses kommt in allen genannten

Unterteilungen vor. Shulman (1987, S. 8) definiert es als „that special amalgam of content and pedagogy that is uniquely the province of teachers, their own special form of professional understanding". Dementsprechend unterscheidet es den Fachwissenschaftler vom Pädagogen. In diese Wissensdimension fasst Shulman unter anderem nützliche Analogien für mathematische Inhalte, Veranschaulichungen, passende Beispiele, Erklärungen und Demonstrationen. Mit dem Wissen ist der Lehrer in der Lage, das Fach so darzustellen, dass es für Schüler verständlich wird. Dieser Ansatz wurde jedoch aufgrund der fehlenden theoretischen und empirischen Basis kritisiert (Ball et al., 2008)[9]. Die Kritik an der Konzeptualisierung von Shulman zeigt, dass viele Wissenschaftler durch die Arbeit von Shulman dazu angeregt worden sind, über fachdidaktisches Wissen nachzudenken und es in der Folge weiter zu erkunden und festzulegen. Eine Übersicht geben Depaepe et al. (2013) in ihrem Review.

In ihrer Zusammenstellung verfolgen Depaepe et al. (2013) das Ziel, darzustellen, wie das fachdidaktische Wissen (PCK) in der empirischen Forschung der mathematischen Bildung charakterisiert wird und mit welchen Methoden das Konstrukt erforscht wird. Diese beiden Schwerpunkte wählen Depaepe et al. zur Gliederung ihrer Reviewergebnisse.

Depaepe et al. (2013) fanden heraus, dass die untersuchten Studien einem Kern, bestehend aus vier Aspekten des fachdidaktischen Wissens, zustimmen:

- PCK ist eine Verbindung zwischen fachwissenschaftlichem und pädagogischem Wissen.
- PCK ist ein Wissen, das notwendig ist, um die Lehrziele zu erreichen.
- PCK ist spezifisch für das jeweilige Fach und stellt eine lehreigene Übersetzung des Fachwissens dar.
- Fachwissen ist die notwendige Voraussetzung für PCK.

Über diese vier gemeinsamen Komponenten hinaus gibt es jedoch einige Unterschiede. Beispielsweise wird PCK einmal statisch wie bei den Forschern von COACTIV (Baumert & Kunter, 2011b; Krauss, Baumert & Blum, 2008) oder

9 Depaepe, Verschaffel und Kelchtermans (2013) benennen fünf wesentliche Kritikpunkte zu der Konzeptualisierung Shulmans. Zuerst weisen sie auf den oben genannten Grund der fehlenden theoretischen und empirischen Fundierung der Existenz des PCK als eine unabhängige Kategorie des Lehrerwissens hin. Zweites kritisieren die Autoren, dass Shulman PCK als statisch ansieht, indem PCK Faktenwissen beinhaltet, das unabhängig von dem Unterrichtskontext angeeignet und angewandt werden kann. Drittes zweifelten Forschergruppen, ob das PCK von dem Fachwissen theoretisch und empirisch unterschieden werden kann. Viertes weisen Depape et al. (2013) darauf hin, dass PCK von Shulman zu eng gefasst wurde und noch weitere Inhalte hinzuzuzählen sind. Abschließend ist der normative Charakter der Aussagen, wie PCK in unterschiedlichen Gebieten der Mathematik auszusehen hat, ein weiterer Kritikpunkt gewesen.

dynamisch als „Wissen während der Handlung“ wie bei Seymour und Lehrer (2006) festgelegt[10]. Bezüglich der Subkomponenten des fachdidaktischen Wissens werden die beiden Hauptkomponenten von Shulman (1986, 1987), das Wissen über die (Miss)Konzepte und die Schwierigkeiten von Schülern sowie das Wissen über Unterrichtsmethoden und Repräsentationen, als wesentlich betrachtet. Sie tauchen in fast allen Konzeptualisierungen auf. Daneben beziehen die Forschergruppen weitere Subkomponenten je nach Verständnis (Breite der Definition) des PCK mit ein. Auf der Basis der Festlegung des fachdidaktischen Wissens untersuchen die unterschiedlichen Forschergruppen die Ausprägung des PCK. In den großen quantitativen Studien werden dazu Tests eingesetzt. Die kleineren erfassen das PCK mit qualitativen Methoden, wie beispielsweise Interviews, Unterrichtsbeobachtungen, usw. (Depaepe et al., 2013).

Als weiteres Ergebnis des Reviews fassen Depaepe et al. unterschiedliche Stränge der Forschung zum fachdidaktischen Wissen zusammen. Dazu zählen unter anderem die Beziehungen zwischen dem PCK und dem Fachwissen, der Unterrichtspraxis und dem Lernerfolg der Schüler. Die Entwicklung des fachdidaktischen Wissens wird ebenfalls betrachtet. So konnten Krauss et al. (2011) zeigen, dass in ihrer Stichprobe das Fachwissen und das fachdidaktische Wissen zwar sehr hoch korrelieren, jedoch eine konfirmatorische Faktoranalyse zeigte, dass es zwei verschiedene Dimensionen sind.

Bezüglich der Auswirkungen auf die Unterrichtspraxis fassen Depaepe et al. (2013) zusammen, dass das PCK mit der Unterrichtspraxis verbunden ist und gut ausgeprägt sein muss, um effektiv unterrichten zu können. Darauf aufbauend ist das Ausmaß an fachdidaktischem Wissen positiv mit dem Lernerfolg der Schüler verbunden (Baumert & Kunter, 2011b). Dieser Zusammenhang ist ebenfalls deutlich höher als der zwischen Fachwissen und dem Lernerfolg der Schüler. Bezogen auf den letzten Forschungsstrang „Entwicklung des PCK“ zeigen sich Methoden wie kooperatives Lernen, Mentoring sowie das Arbeiten in einer professionellen Gemeinschaft als effektiv. Die Steigerung ist zudem durch viele Lernformate wie Diskussion videographierter Fälle, der Gebrauch spezieller Literatur, Feldexperimente, usw. möglich (Depaepe et al., 2013).

Die bereits erwähnten Ansätze der professionellen Kompetenz der Michigan Group, von TEDS-M bzw. MT21 und von COACTIV besitzen jeweils

10 In neueren Entwicklungen zur Erfassung der professionellen Kompetenz der Lehrer werden verstärkt auf situationsspezifische Fähigkeiten in den Fokus gerückt. Dies zeigt sich unter anderem bei Blömeke, Gustafsson und Shavelson (2015), die die Wahrnehmung, die Interpretation und das Treffen von Entscheidungen als situationsspezifsche Fähigkeiten modellieren, die zwischen den Dispositionen (cognition; affect – motivation) und dem beobachtbaren Verhalten vermitteln.

Kategorisierungen des fachspezifischen Wissens. Ihre Charakterisierungen werden im Folgenden getrennt voneinander vorgestellt. Dabei werden die unterschiedlichen Subfacetten des fachdidaktischen Wissens erläutert. Anschließend werden Aspekte des fachdidaktischen Wissens über die Schüler und des fachdidaktischen Wissens über das Lehren näher erläutert und festgelegt, welche Facetten zu den beiden Wissensdimensionen in der vorliegenden Studie gezählt werden.

Michigan Group

Ball et al. (2008) entwickelten auf Basis der Konzeptualisierung des fachdidaktischen Wissens nach Shulman (1986) eine Theorie des Inhaltswissens für das Lehren der Mathematik, die sie aus der Praxis herleiteten. Ziel ihrer Studien war es, das mathematische Wissen, das notwendig für das Unterrichten ist, zu identifizieren (Hill, Schilling & Ball, 2004). Dazu erstellten sie eine Theorie. Im Gegensatz zu anderen Ansätzen sind die Forscher nicht von einer „Sicht von oben“, bei der das Curriculum, Lehrerausbilder und ähnliches zur Erstellung eines Modells herangezogen werden, vorgegangen. Sie wählten den gegenläufigen Weg und setzten dort an, wo die Lehrer arbeiten und das Wissen anwenden müssen. Dazu waren die Forscher direkt in den Klassenräumen und führten Analysen durch. Sie sammelten Daten während eines ganzen Jahres in einer dritten Klasse. Dies umfasst Videos, Kopien von Schülerdokumenten, Hausaufgaben sowie Pläne der Lehrer, ihre Notizen zur Unterrichtsplanung und Durchführung und deren Reflexion des Unterrichts. Als weitere Quelle verwendeten sie die Erfahrung der Mitarbeiter und als dritte die analytischen Werkzeuge zur Kodierung der mathematischen und pädagogischen Sichtweisen. Aus der Analyse leiteten sie Aufgaben ab, die Lehrer während ihrer täglichen Arbeit erledigen müssen. Auf deren Basis entwickelten die Forscher ein Modell, das die Wissensbereiche der Mathematiklehrer zusammenfasst (Ball et al., 2008; Ball, Lubienski & Mewborn, 2001). Sie veranschaulichen das Modell mit dem Namen „Mathematical knowledge for teaching (MKT)“ wie in der folgenden Abbildung dargestellt:

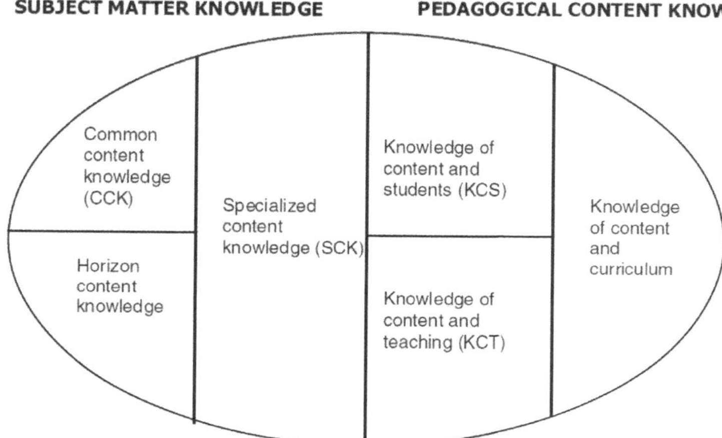

Abbildung 1: Darstellung des Mathematical Knowledge for Teaching (MKT) nach Ball et al. (2008, S. 403)

Wie bereits Shulman (1986, 1987) unterscheiden sie zwischen mathematischem Fachwissen und fachdidaktischem Wissen[11].

Im Bereich des fachdidaktischen Wissens differenzieren die Autoren zwischen „knowledge of content and students (KCS)“, „knowledge of content and teaching (KCT)“ und „knowledge of content and curriculum“. Die letztgenannte Dimension beschreibt das Wissen über den curricularen Aufbau der Mathematik in der Schule. Das KCS kombiniert das Wissen über den Inhalt und die Schüler. Dabei umfasst es Wissen über die Gedankengänge von Schülern, Schwierigkeiten von Lernenden im Umgang mit der Mathematik sowie Konzepte und Fehlkonzepte zu mathematischen Inhalten (Hill, Ball et al., 2008). Die Forscher der Michigan Group grenzen davon das Wissen vom Lehren und der Mathematik ab. Es beinhaltet das Wissen über das Instruktionsdesign, das Wählen geeigneter Beispiele, das Überdenken der Vor- und Nachteile von Herangehensweisen an mathematische Inhalte sowie die passenden Metaphern und adäquate Sprache (Ball et al., 2008). Insgesamt konzentrierte sich die Forschergruppe auf das Wissen von Primarschullehrkräften.

---

11 Ausführungen zum fachlichen Wissen und dessen Komponenten finden sich bei Ball, Thames und Phelps (2008) bzw. Ball, Hill und Bass (2005). Sie werden nicht thematisiert, da das Fachwissen in der Studie nicht erhoben wird.

TEDS-M und MT21

Die Studie TEDS-M (Teacher Education Development Studie – Mathematics) basiert auf den Erkenntnissen der Studie MT21. Beide befassen sich mit der professionellen Kompetenz von angehenden Mathematiklehrkräften (Blömeke et al., 2010). Ausgehend von den beruflichen Anforderungen an Mathematiklehrkräfte legen die Forscher das für deren Bewältigung benötigte Wissen fest. Dieses unterscheiden Blömeke und Felbrich et al. (2008) in mathematisches, mathematikdidaktisches und erziehungswissenschaftliches Wissen. Dabei sind die Inhaltsgebiete „Arithmetik", „Geometrie", „Algebra" und „Stochastik" zur konkreten Bestimmung des fachbezogenen Wissens verwendet worden.

Das mathematikdidaktische Wissen teilen Blömeke, Seeber et al. (2008) in die Subfacetten „lernprozessbezogene Anforderungen" und „lehrbezogene Anforderungen" auf. Lernprozessbezogene Anforderungen finden sich in der Interaktion der Lehrkraft mit dem Schüler. Dort hat der Lehrende die Aufgabe, Schülerantworten (verbal oder schriftlich) bezüglich des kognitiven Niveaus sowie Fehler oder Fehlermuster zu analysieren und eine Rückmeldung zu geben. Zusätzlich sollen die Lehrkräfte die Schüler motivieren bzw. die Motivation aufrechterhalten. In TEDS-M fassen Döhrmann, Kaiser und Blömeke (2010) in diese Kategorie die Analyse- und Diagnosefähigkeiten. Diese sind notwendig, um Schülerlösungen und –antworten zu beurteilen sowie ein passendes Feedback geben zu können. Außerdem fassen Döhrmann et al. Fähigkeiten in der Leitung von Unterrichtsgesprächen, dem Erklären mathematischer Inhalte und Herangehensweisen in diese Kategorie des fachdidaktischen Wissens. Diese Dimension bezeichnen sie daher als interaktionsbezogenes Wissen. Sie modellieren diese durch Aufgaben, in denen schülertypische Skizzen zu geometrischen Abbildungen, verschiedene Beweismöglichkeiten zu Winkelgrößen im Dreieck, usw. zu beurteilen sind (Blömeke, Seeber et al., 2008). Daher beziehen sich die Aufgaben allgemein auf das Analysieren von Schülerantworten und Schülerlösungen.

Die lehrbezogenen Anforderungen an den Lehrer sind unterrichtsplanerischer und curricularer Art. Dazu müssen die fachlichen Inhalte zur Planung des Unterrichts ausgewählt, begründet, angemessen vereinfacht und mit Repräsentationen aufbereitet werden. Curricular muss der Lehrer wissen, wie die Unterrichtsinhalte zwischen den verschiedenen Schuljahren zusammenhängen (Blömeke, Seeber et al., 2008). In TEDS-M fassen Döhrmann et al. (2010) dies in der Subdimension „Curriculares und planungsbezogenes Wissen" zusammen. Zu den von Blömeke und Seeber et al. (2008) genannten Aspekten ergänzen sie das Formulieren von Lernzielen und das Kennen unterschiedlicher Bewertungsmethoden. Speziell im Bereich der Vorbereitung auf den Unterricht fokussieren

Döhrmann et al. (2010) auf die Auswahl angemessener Einstiege in mathematische Inhalte sowie die Wahl einer zu den mathematischen Inhalten passenden Unterrichtsmethode. Im Prozess der Planung soll der Lehrer unterschiedliche Lösungsstrategien und mögliche Schülerreaktionen antizipieren können. Zudem ist die Auswahl von geeigneten Bewertungsmethoden ein Teil dieser Wissensdimension. Dazu erstellten die Autoren Aufgaben zum kumulativen Aufbau der Inhalte der Algebra, Veranschaulichungen von Brüchen usw. in MT21 (Blömeke, Seeber et al., 2008). Damit sollte getestet werden, inwiefern Lehrer in der Lage sind, notwendige Vorkenntnisse der Lernenden sowie den Schwierigkeitsgrad von Aufgaben zu antizipieren. In einer anderen Aufgabenform sind die Befragten dazu aufgefordert, mögliche Verstehenshürden und Schülerreaktionen zu analysieren. Außerdem wird Wissen über angemessene Zugänge zu mathematischen Themen sowie Darstellungen und Erklärungen getestet (Döhrmann et al., 2010).

Die Forschung des Projekts MT21 ergab, dass ein dreidimensionales Modell die beste Passung an die erhaltenen Werte liefert. Somit kann das fachbezogene Wissen, das durch den Fragebogen erhoben wird, in drei Subfacetten unterteilt werden. Diese entsprechen den theoretisch hergeleiteten Facetten „mathematisches Wissen“, „lehrbezogenes mathematikdidaktisches Wissen“ und „lernprozessbezogenes mathematikdidaktisches Wissen“ (Blömeke, Seeber et al., 2008).

COACTIV

Die COACTIV-Studie schließt an die Expertiseforschung sowie deren Übertragung auf Professionen an, welche im vorherigen Unterkapitel dargestellt worden ist. Dabei gehen die Forscher davon aus, dass die professionelle Kompetenz erlernbar bzw. veränderbar ist. Speziell ist sie abhängig von der Ausbildung der Lehrkräfte (Baumert et al., 2011). Das Modell zur Beschreibung der professionellen Kompetenz der Lehrkräfte basiert in COACTIV wie in TEDS-M bzw. MT21 und im Gegensatz zur Michigan Group auf einer theoriebasierten Herleitung einzelner Facetten. Dabei stützen sich Baumert und Kunter (2011a) auf die Definition der Kompetenz nach Weinert (2002). Im Bereich des professionellen Wissens gehen sie von der Unterscheidung der Wissensfacetten durch Shulman (1987) aus. Dementsprechend sind das Fachwissen, das fachdidaktische Wissen und das pädagogische Wissen Kern der Wissenskomponenten in COACTIV. Zu diesen drei wird das Organisationswissen und Beratungswissen ergänzt (Baumert & Kunter, 2006).

Das fachdidaktische Wissen unterteilen Krauss, Brunner et al. (2008) in die Komponenten „Potenzial mathematischer Aufgaben für das Lernen“, „Wissen über das mathematische Denken von Schülern“ und „multiple Repräsentationen und Erklärungen mathematischer Inhalte“ (siehe auch Baumert & Kunter, 2011b). Das Wissen über das didaktische Potential von Aufgaben stuften die Forscher als wesentlich für den Unterricht ein. Der Grund ist die Bedeutung der Aufgaben für den Mathematikunterricht. Sie sind ein zentraler Aspekt und bestimmen das Lernen im Fach Mathematik (Leuders, 2009). Zur Erfassung des Wissens setzten die Forscher von COACTIV Aufgaben ein, in denen die Lehrer multiple Lösungsmöglichkeiten darstellen sollen (Krauss, Brunner et al., 2008). Beispielsweise sollten die Lehrkräfte zu der Aufgabe, wie sich der Flächeninhalt eines Quadrats ändert, wenn man die Grundseite verdreifacht, möglichst viele unterschiedliche Lösungen angeben (Krauss et al., 2011).

Das Wissen über das mathematische Denken der Schüler ist eine weitere Komponente des fachdidaktischen Wissens der Lehrer. Es umfasst nach COACTIV das Vorwissen der Schüler zu mathematischen Inhalten sowie die Vorstellungen und Beliefs, die Schüler von mathematischen Sachverhalten haben. Dazu zählen auch typische Fehlermuster, Fehlvorstellungen und Strategien (Baumert & Kunter, 2006). Die richtige Diagnose dieser ist ebenfalls ein zentraler Aspekt des Wissens und Könnens der Lehrer. Zudem zählt auch das Wissen über mögliche Schwierigkeiten, die Schüler im Umgang und in der Anwendung mathematischer Konzepte haben können, dazu. Die Forscher operationalisieren diesen Teil des fachdidaktischen Wissens durch Aufgaben, in denen der Lehrer beispielsweise angeben soll, bei welchem Parallelogramm ein Schüler bei der Berechnung der Fläche Schwierigkeiten haben könnte, die allgemeine Berechnungsformel anzuwenden (Krauss et al., 2011).

Als dritte Komponente des fachdidaktischen Wissens werden multiple Repräsentationen und Erklärungsmöglichkeiten mathematischer Inhalte festgelegt. Sie sind wichtige Werkzeuge des Lehrers, um Schüler beim Verstehen mathematischer Inhalte zu unterstützen. Sie können die Schüler mit diesen führen, da insbesondere in Situationen, in denen die Lernenden auf Verständnisprobleme treffen, eine solche Unterstützung notwendig ist (Baumert & Kunter, 2011b). Zur Erfassung dieses Wissens beziehen sich die Forscher auf spezielle mathematische Inhalte aus der Sekundarstufe I, die für Schüler schwer sind. Eine Aufgabenstellung forderte, dass Lehrer auf möglichst vielen unterschiedlichen Wegen erklären sollen, warum $(-1) \cdot (-1) = +1$ ist (Krauss et al., 2011). Diese Aufgabe ist ein Beispiel für das Wissen über multiple Erklärungen.

Das allgemein pädagogische Wissen stellt bei COACTIV eine weitere Wissensfacette des Professionswissens dar. Ein Teil dieser Wissenskomponente, die Leistungsbeurteilung, wird mit den beiden fachdidaktischen Wissensfacetten „Wissen über das mathematische Denken von Schülern“ sowie „Wissen über das

Potential mathematischer Aufgaben“ zu diagnostischen Fähigkeiten zusammengefasst (Brunner et al., 2011). Diese Fähigkeiten setzen Lehrkräfte vor allem in Situationen ein, in denen sie Unterricht vorbereiten oder die Lernprozesse von Schülern während des Unterrichts überprüfen. Dazu schätzen die Lehrenden die kognitiven Anforderungen und Schwierigkeiten von Aufgaben ein und berücksichtigen das Vorwissen der Schüler sowie deren Verständnisprobleme. Dies betrifft die individuelle Ebene der diagnostischen Aufgaben der Lehrkräfte, auf der er die individuellen Voraussetzungen der Schüler beurteilen muss, um sie entsprechend zu fördern (Hesse & Latzko, 2011).

Auf der Basis der Daten zum fachlichen und fachdidaktischen Wissen der 198 in COACTIV teilnehmenden Lehrkräfte können die Forscher die Annahme von Shulman (1986, 1987) bestätigen, nach der Fachwissen und fachdidaktisches Wissen zwei getrennte Facetten des Lehrerwissens sind, die sich überlappen (Krauss et al., 2011). Die Autoren zeigen aber auf, dass das fachdidaktische Wissen den Entwicklungsraum des fachdidaktischen Wissens festlegt (Baumert & Kunter, 2011b). In einer Teilstudie konnten Krauss, Neubrand et al. (2008) zudem zeigen, dass das fachdidaktische Wissen nicht mit der Anzahl der Unterrichtsjahre einer Lehrkraft zusammenhängt. Es zeigt sich entgegen der Annahme der Autoren eine leicht negative Korrelation (-0.15) zwischen der Lehrerfahrung im Sinne der Anzahl der bisher unterrichteten Jahre und dem fachdidaktischen Wissen, wobei dies in der Studie auf die neuen Bundesländer zurückgeführt wird. Die Autoren vermuten daher, dass das fachdidaktische Wissen der Mathematiklehrkräfte im Wesentlichen während der Ausbildung erlernt wird.

Hillje (2012) hat aufgrund einer Analyse den Zusammenhang zwischen den drei fachdidaktischen Komponenten der Modelle des professionellen Wissens in einer Tabelle zusammengefasst. Diese ist in der Abbildung 2 dargestellt. Die Abbildung zeigt auch, dass die drei Bereiche des Wissens nicht identisch sind, sondern teilweise Komponenten einer Dimension enthalten, die ein anderes Modell zu einer anderen zählt. Dies können beispielsweise Erklärungen sein, die sich bei TEDS-M im lernprozessbezogenen Wissen befinden, wogegen sie bei COACTIV in der Kategorie des Verständlichmachens angesiedelt sind.

<table>
<tr><td></td><td>Schülerbezogenes Wissen</td><td>Wissen über das Verständlichmachen mathematischer Inhalte</td><td colspan="2">Inhaltsbezogenes Wissen</td></tr>
<tr><td>COACTIV</td><td>Mathematikbezogene Schülerkognitinen
Fehlkonzeptionen, typische Fehler, Strategien</td><td>Verständlichmachen von mathematischen Inhalten
Multiple Repräsentationsformen und Erklärungsmöglichkeiten</td><td colspan="2">Potential von Mathematikaufgaben
Kognitive Anforderungen und implizite Wissensvoraussetzungen, didaktische Sequenzierung und langfristige curriculare Anordnung von Stoffen</td></tr>
<tr><td>Michigan-Group</td><td>Knowlege of Content and Students
Verbreitete Schülerkonzepte und Fehlvorstellungen, mögliche Schülerlösungen und den Schwierigkeitsgrad einschätzen</td><td>Knowledge of Content and Teaching
math. Inhalte in Reihenfolge für den Unterricht bringen, Beispiele auswählen, geeignete Repräsentationsformen, instruktionelle Entscheidungen</td><td colspan="2">Knowlege of Content and Curriculum
Bildungsziele / Standards / Staatliche Vorgaben, Klassenstufen, in denen bestimmte Inhalte normalerweise unterrichtet werden</td></tr>
<tr><td rowspan="2">TEDS-M</td><td rowspan="2">Lernprozessbezogene Anforderungen
Schülerantworten bezüglich kognitiver Niveaus, Komplexität der Struktur sowie Fehler und Fehlermuster einordnen, Rückmeldungen geben, Interventionsstrategien anwenden</td><td colspan="3">Lehrbezogene Anforderungen</td></tr>
<tr><td colspan="2">Unterrichtsplanerische Komponente
Fachliche Inhalte auswählen, begründen, angemessen vereinfachen und unter Gebrauch verschiedener Repräsentationsformen aufbereiten</td><td>Curriculare Komponente
Wissen über den Kompetenzaufbau über die Schuljahre hinweg</td></tr>
</table>

Abbildung 2: Vergleich PCK der Studien der Michigan Group, COACTIV und TEDS-M nach Hillje (2012, S. 48)

In diesem Unterkapitel sind die drei Konzepte der Forschungsgruppen „Michigan Group", „COACTIV" und „TEDS-M" schwerpunktmäßig erläutert und analysiert worden. Neben diesen Konzepten gibt es noch weitere wie das Modell „Mathematic Teachers' Specialist Knowledge (MTSK)" von Carrillo, Climent,

Contreras und Munoz-Catalán (2013). Diese sind aber nicht zentral für die Studie.

In den beiden folgenden Unterkapiteln wird das fachdidaktische Wissen über Schüler und das Lehren, die bereits Shulman (1986, 1987) unterscheidet und die sich in allen drei Modellen im Bereich des fachdidaktischen Wissens wiederfinden, fokussiert. Dabei wird herausgearbeitet, welches Verständnis jeweils zum fachdidaktischen Wissen über die Schüler sowie zum fachdidaktischen Wissen über das Lehren festgelegt wird, da die drei Modellierungen keine einheitliche Festlegung liefern (vgl. Abbildung 2). Diese Definitionen dienen dann der Operationalisierung der jeweiligen Wissensdimensionen.

2.2.2 *Fachdidaktisches Wissen über die Schüler*

Die Darstellung der Modellierungen der professionellen Kompetenz zeigt, dass im Bereich des Wissens über Schüler in den drei Studien eine ähnliche Konzeptualisierung vorliegt (vgl. auch Hillje, 2012). Der Bereich ist zentral, da effektive Lehrkräfte das Lernen durch die Augen der Schüler sehen (Hattie, 2014). Nach Hattie sollen sie sich über das Denken der Schüler sowie deren Vorwissen, das sie zu bestimmten mathematischen Inhalten mit in den Unterricht bringen, bewusst sein. Hierzu sollen die Lehrkräfte den Schülern Feedback über ihre Fehler und Irrwege geben können sowie sich um die Schüler kümmern, damit diese die Ziele des Unterrichts erreichen. Damit die Lehrenden diese Aufgaben bewältigen können, müssen sie Wissen über mögliche Schülerfehler, -vorstellungen und -fehlvorstellungen besitzen (Ball et al., 2005; Döhrmann et al., 2010; Hill, Ball et al., 2008). Zudem zeigen Fennema et al. (1993) auf, dass Lehrkräfte, die Wissen und passende Beliefs über das Denken von Kindern haben, im Vergleich zu solchen mit wenig Wissen und unpassenden Beliefs anders unterrichten und die Schüler bei ihnen mehr lernen. Krauss et al. (2011) betonen in diesem Kontext, dass eine Lehrkraft Wissen über typische inhaltliche Schülerkognitionen verfügen muss, damit sie ihren Unterricht adaptiv gestalten kann (siehe auch Ostermann, Leuders & Nückles, 2015). Sie verweisen in diesem Zusammenhang unter anderem auf Malle (1993), der aufzeigt, dass erst Probleme und Fehler zeigen, welches implizite Wissen die Lerner (Problemlöser) haben und welche kognitiven Prozesse bei der Problemlösung ablaufen. Damit eine Lehrkraft den Unterricht durch die Schülervorstellungen im Sinne eines verständlichen Lernens voranbringen kann, muss sie sie analysieren und konzeptuell einordnen können (Krauss et al., 2011).

Im Folgenden soll näher auf die verschiedenen Aspekte des fachdidaktischen Wissens über die Schüler eingegangen werden. Dies bezieht sich sowohl auf das Wissen über Fähigkeiten und Schwierigkeiten, die sich in einer Lerngruppe und bei bestimmten mathematischen Aufgaben finden, als auch auf Wissen, das unabhängig von der Lerngruppe bzw. von Aufgaben ist. Im übergreifenden Fall bezieht es sich auf Merkmale von Anforderungssituationen, die Schwierigkeiten generieren, oder typische konzeptuelle Verstehenshürden (Ostermann et al., 2015).

Besitzen Mathematiklehrer die Fähigkeiten, Schülervorstellungen zu erkennen, sie zu analysieren und sie einzuordnen, dann können sie diese als didaktische Chance nutzen, um verständnisvolles Lernen mit diesen zu ermöglichen (Kraus et al., 2011). Im Folgenden werden daher Schwierigkeiten, Vorstellungen und Fehlvorstellungen näher betrachtet. Zudem wird aufgezeigt, dass diagnostische Fähigkeiten ein Teil des hier konzeptualisierten Wissens über Schüler sind.

Schwierigkeiten, Vorstellungen und Fehlvorstellungen von Schülern

Im Bereich der Lernschwierigkeiten von Schülern können sowohl allgemeine als auch spezielle unterschieden werden[12]. In Bezug zu speziellen zum Wissen wird angenommen, dass Schüler nicht als „Tabula rasa"[13] in den Unterricht kommen. Sie bringen bereits Konzepte mit, die einige mathematische Phänomene erklären (Smith, diSessa & Roschelle, 1993). Diese können schon den mathematischen Konzepten entsprechen. Es ist ebenfalls möglich, dass die Vorstellungen der Schüler eine Vorstufe der mathematischen Vorstellungen darstellen oder von den allgemein in der Mathematik akzeptierten abweichen. Liegt der letzte Fall vor, dann geht man heute allgemein davon aus, „dass sie [die Fehler] überwiegend regelhaft verlaufen. Die Schüler konstruieren auf dem Hintergrund von Vorstellungen, die zum Teil erheblich von den intendierten Vorstellungen der Unterrichtenden abweichen, ihr eigenes Regelwerk" (Vollrath & Weigand, 2007,

12 Allgemeine Lernschwierigkeiten werden in der Schule im Zusammenhang mit Leistungszielen betrachtet, die Schüler nicht erreichen (Orthmann Bless, 2010). Dies können schwerwiegende Beeinträchtigungen sein, wie Legasthenie, Dyskalkulie sowie psychische Beeinträchtigungen wie Depression, ADHS oder Burn out sein (Gold, 2011). Diese sollen ebenfalls vom Lehrer berücksichtigt werden, zählen aber eher in den allgemein pädagogischen Bereich. Ausführlicher finden sich Darstellungen zu möglichen Lernschwierigkeiten allgemeiner Art bzw. Lernstörungen in dem Sammelwerk von Lauth, Grünke und Brunstein (2014). Insgesamt werden sie im Folgenden aber nicht näher betrachtet.

13 Tabula rasa wird oft in Verbindung mit dem Behaviorismus verwendet. Dabei wird davon ausgegangen, dass Lerner als „leere Tafeln" beginnen, die im Lernprozess beschrieben werden (Blömeke, Müller, Felbrich & Kaiser, 2008).

S. 92). In diesem Zusammenhang weisen Hahn und Prediger (2008) darauf hin, dass solche Konzepte bzw. vorunterrichtliche Vorstellungen und die zu erlernenden meist im Konflikt stehen. Diese Sichtweise ist vor allem in den naturwissenschaftlichen Fächern vertreten (vgl. in der Physikdidaktik Wiesner, 2009).

Zu der Charakterisierung der Schülerkonzepte gibt es bereits viele Ausdrücke, wie Präkonzepte, naive Beliefs, naive Theorien und den meist gebrauchten Term der „misconceptions". Zudem gibt es in der Forschung einige Kategorisierungen der Schwierigkeiten (beispielsweise Donaldson, 1963; Luneta & Makonye, 2010; Nesher, 1987; Siyepu, 2013). In den Systematiken ist immer eine Kategorie zu finden, die sich mit Fehlern beschäftigt, die struktureller bzw. systematischer Natur sind. Diese werden unter dem Aspekt der „misconceptions" (Fehlkonzepte) betrachtet (beispielsweise Hammer, 1996; Leinhardt, Zaslavksy & Stein, 1990; Makonye, 2012). Nesher (1987) zeigt auf, dass misconceptions eine Richtung des Denkens markieren, welche eine Reihe von Fehlern aufgrund einer falschen Grundannahme zur Folge haben. Diese Fehler sind miteinander verbunden. Zudem sind sie nicht zufällig und kein Ergebnis von Unvorsichtigkeit oder Unaufmerksamkeit. Daher kann ein falsches Prinzip, wenn es entdeckt wird, nicht nur einen, sondern eine Ansammlung von Fehlern erklären. Solche Regeln, die die Fehler leiten, nennt sie eine „misconception". Sie sind konzeptuelle Strukturen, die vom Lerner konstruiert worden sind und in seiner Wissensstruktur Sinn ergeben (Siyepu, 2013). Leinhardt et al. (1990, S. 5) definieren sie wie folgt:

> "Misconceptions are features of a student's knowledge about a specific piece of mathematics knowledge that may or may not have been instructed. A misconception may develop as a result of overgeneralizing an essentially correct conception, or may be due to interference from everyday knowledge. To qualify, a misconception must have a reasonably well-formulated system of ideas, not simply a justification for an error. So, although misconception does not need to be an entire theory, it should be repeatable and/or explicit rather than random and tacit."

Speziell in der Mathematik weist Stern (1997) darauf hin, dass eine Vernachlässigung bestimmter mathematischer Prinzipien zu solchen systematischen Fehlern bzw. misconceptions führen kann. Nesher (1987) zeigt in diesem Zusammenhang auf, dass viele misconceptions Übergeneralisierungen des vorher Gelernten sind, wobei die Schüler ein begrenztes Wissen haben und dieses falsch (auf unpassende Kontexte) anwenden (vgl. auch Leinhardt et al., 1990). Eine Übergeneralisierung einer mathematischen Regel auf einen anderen mathematischen Inhalt ist ein Beispiel hierfür, bei dem der Lernende die Voraussetzungen der Anwendung der Regel missachtet. Hier diskutiert unter anderem Kersten (2015) einige Beispiele zu Übergeneralsierungen aus einer Studie mit 361 Studierenden. Sie stellt heraus, dass Linearität oftmals auf ähnlich aussehende mathematischer Ausdrücke übergeneralisiert angewendet wird. Dies ist beispielsweise bei binomischen Formeln der Fall, wie die Übergeneralisierung „$(x + c)^2 = x^2 + c^2$" verdeutlicht. Passt der Lehrer daher den Unterricht nicht an, so sind die misconceptions über die Zeit beständig bzw. relativ stabil gegenüber Änderungen (Smith et al., 1993).

Einen Ansatz zur Unterteilung von misconceptions liefert die Arbeit von Eichler et al. (2017), die Fehlvorstellungen von Schülern in der Differentialrechnung untersuchten. Sie teilen die misconceptions in lokale Regelmissachtungen, globale Regelmissachtungen und Übergeneralisierungen auf. Unter lokalen Regelmissachtungen verstehen sie Vorgehensweisen, die auf Fehlvorstellungen basieren, bei denen Regeln überwiegend angewendet werden können, jedoch die Anwendung in spezifischen Situationen nicht gelingt. Dies betrifft beispielsweise das Erhalten eines konstanten Summanden beim algebraischen Ableiten einer Funktion. Treten bestimmte, auf Fehlvorstellungen basierende, Bearbeitungen in allen Situationen auf, in denen eine Regel angewendet wird, dann sprechen Eichler, Hahn, Isaev und Gradwohl von einer globalen Regelmissachtung. Dies ist beispielsweise der Fall, wenn bei der Verwendung der Kettenregel immer die innere Ableitung weggelassen wird. Schließlich verstehen sie Übergeneralisierungen als Anwendung einer Regel über deren Geltungsbereich hinaus. Dies tritt unter anderem auf, wenn die Produktregel linearisiert wird und sich die falsche Regel $(u \cdot v)' = u' \cdot v'$ ergibt. Diese drei Formen der misconceptions werten die Autoren mit zunehmender Stärke. Das bedeutet, dass lokale Regelmissachtungen leichter zu überwinden sind als Übergeneralisierungen, welche aus Sicht der Autoren die schwerwiegendste Form der misconceptions darstellen. Neben den Misconceptions betrachten Eichler, Hahn, Isaev und Gradwohl (2017) noch Ausführungsfehler im Sinne von slips[14] bei Siyepu (2013) bzw. executive errrors[15] bei Donaldson (1963). Dazu fassen sie noch Vorverständnisfehler. Diese sind misconceptions vorheriger Themengebiete, auf dem das aktuelle Themengebiet aufbaut, oder Schwierigkeiten bei der Anwendung vorhergehender Inhalte. Analog zu Donaldson (1963) bezogen auf arbitrary errors[16] fassen sie die Kategorie der

14 Slips versteht Siyepu (2013) als Flüchtigkeitsfehler, die im Sinne von Fehlern bei der Ausführung. Sie werden sowohl von Anfängern als auch von Experten gemacht, sind leicht zu finden und zu korrigieren.

15 Donaldson (1963) versteht unter Ausführungsfehlern solche, die die durch falsche Manipulationen des aktuellen Gegenstands entstehen. Die Ursache für die diese Form können mangelnde Konzentration, Aufmerksamkeit usw. sein.

16 Donaldson (1963) fasst unter arbitraty errors solche, bei denen sich der Lernende willkürlich bezüglich des Problems verhält und die Beschränkungen des Gegebenen nicht beachtet.

unerklärten Fehler. Bei diesen kann die Grundlage für die fehlerhafte Bearbeitung nicht ermittelt werden. Teilweise bestehen diese aus der Überlagerung mehrerer Fehlvorstellungen, die nicht mehr getrennt werden können.

In dieser Arbeit soll der Fokus auf strukturelle Fehler im Sinne der Unterteilung der misconceptions in Übergeneralisierungen, globale Regelmissachtungen und lokale Regelmissachtungen gelegt werden. Dementsprechend sollen unter typischen Schülerfehlern vorrangig Fehler der drei Kategorien verstanden werden. Der Begriff Schülerschwierigkeiten beinhaltet diese Fehler, wird aber weiter gefasst. Er beschreibt dementsprechend Schülerfehler sowie Hürden, die das Lernen für Schüler behindern. Dies kann beispielsweise die Anwendung von Potenzgesetzen bei Exponentialfunktionen sein. Die Bereiche der unerklärten Fehler sowie die Ausführungsfehler sollen im Folgenden nicht weiter betrachtet werden, da sie aus didaktischer Sicht schwer zu systematisieren sind.

Zur Erfassung der typischen Schülerfehler und zum Umgang mit diesen zählt noch der Bereich der Diagnose. Dieser wird speziell unter dem Aspekt des Erkennens und Antizipierens typischer Schülerfehler betrachtet.

Diagnostische Kompetenz

Die Diagnosekompetenz stellt einen Teil der fachdidaktischen Kompetenz der Lehrkräfte dar (Ostermann et al., 2015). Diese Sichtweise wird jedoch nicht einheitlich verfolgt (Depaepe et al., 2013), wird in dieser Studie aber als Grundlage des fachdidaktischen Wissens über Schüler betrachtet. Im Kern beschreibt sie die Fähigkeiten von Lehrkräften, lern- und leistungsrelevante Merkmale von Schülern treffend beurteilen zu können (Lorenz, 2012). Dies trifft unter anderem auf das Verständnis von Schrader (2010) zu, der in diagnostischen Kompetenzen die Fähigkeiten eines Urteilers versteht, Personen zutreffend zu bewerten. Mit den genannten Aspekten wurde sein Verständnis auf Lehrkräfte fokussiert. Abweichend von Schraders Verständnis sollen die Lehrenden ebenso in der Lage sein, Lern- und Aufgabenanforderungen passend einschätzen zu können (Artelt & Gräsel, 2009; Brunner et al., 2011). Die Voraussetzungen, die Lehrer zur Bewältigung dieser Aufgaben mitbringen müssen, sind ebenfalls ein Teil der diagnostischen Kompetenz (Schrader, 2010).

Die Lehrkräfte verwenden im Idealfall ihre diagnostischen Kompetenzen nicht nur bei der Beurteilung von Tests, sondern auch bei der Bewertung des Schülerverständnisses während des Lernprozesses (Baumert & Kunter, 2006; Brunner et al., 2011). In Vorbereitung auf die Lernprozesse sowie in der Durchführung von Unterricht sollen die Lehrkräfte daher in der Lage sein, die notwendige Bearbeitungszeit (Ostermann et al., 2015) und die Anforderungen sowie mögliche spezifische Schwierigkeiten passend einschätzen zu können (Artelt & Gräsel, 2009). Aus diesem Grund sehen Ostermann et al. (2015) die diagnostischen Kompetenzen als notwendige Bedingung für adaptive Unterrichtsgestaltung an, welche die Voraussetzung für gezielte individuelle Förderung der Schüler und pädagogische Entscheidungen im Unterricht ist (Artelt & Gräsel, 2009).

Im Fach Mathematik erhalten die diagnostischen Kompetenzen der Lehrer durch den Bezug auf die spezifischen mathematischen Inhalte und Gegenstände den fachlichen Rahmen. Da Aufgaben in der Mathematik eine hervorgehobene Rolle spielen (Leuders, 2009), stehen sie auch bei der Diagnose im Zentrum. Hierbei unterscheiden Ostermann et al. (2015) zwischen zwei aufgabenbezogenen diagnostischen Kompetenzen. Zum einen soll eine Lehrkraft die Aufgabenanforderungen einschätzen können, bevor sie die Aufgabe im Unterricht einsetzt. Zum anderen soll sie Urteile über die konkreten Schülerlösungen abgeben können. Dies ist aus Sicht von Ostermann et al. relevant für den Unterricht, da die eingesetzten Aufgaben inhaltlich und bezogen auf den Grad der Schwierigkeit zu der Schülergruppe passen muss. Damit Lehrkräfte dies erfolgreich meistern können, benötigen sie theoretisches und praktisches Wissen über die Anforderungen der Aufgaben. Ostermann et al. (2015) konnten zeigen, dass die Berufspraxis einen positiven Einfluss auf die Diagnose, die Einschätzung des Wissenstands sowie möglichen typischen Schwierigkeiten von Schülern hat.

Zur Messung der diagnostischen Kompetenz gilt unter anderem die Urteilsgenauigkeit als ein (möglicher) Indikator. Meist wird dazu der Zusammenhang zwischen dem Urteil des Lehrers und der Ausprägung von Merkmalen (beispielsweise Leistung) seiner Schüler betrachtet (Brunner et al., 2011; Heinrichs, 2015; Helmke, 2014; Ostermann et al., 2015). Dieser Zusammenhang wird in der Forschung unter der Vertikalität von Urteilen gefasst. Er wird aber nicht weiter in der vorliegenden Studie betrachtet. In dieser Arbeit soll dagegen unter diagnostischer Kompetenz im Sinne des Wissens über die Schüler nicht der komplette Ansatz der diagnostischen Kompetenz verstanden werden. Vielmehr stehen die Diagnose von Schülerlösungen sowie die Antizipation möglicher Aufgabenschwierigkeiten im Vordergrund. Es wird eine fehlerdiagnostische Kompetenz der Lehrkräfte betrachtet. Dies lehnt sich an Heinrichs (2015, 60f.) an, die darunter diejenigen Kompetenzen versteht,

> „die notwendig sind, um basierend auf einer Prozessdiagnostik in Unterrichtssituationen mit informellen bis semi-formellen Methoden zu impliziten Urteilen über Schülerfehler zu kommen und hierzu geeignete Modifikationsentscheidungen auf der Mirkoebene zu treffen."

Davon ausgehend steht der Teil der Analyse in dieser Arbeit im Fokus. Diagnostische Kompetenz ist daher die Kompetenz von Lehrkräften, Fehler in

Schülerlösungen und mögliche Schwierigkeiten für Schüler bei der Bearbeitung mathematischer Aufgabenstellungen erkennen, nennen und erläutern zu können. Dies dient dazu, Schülerleistungen zu verstehen und einschätzen zu können, um auf dieser Basis angemessene pädagogische und didaktische Entscheidungen treffen zu können (vgl. Hußmann, Leuders & Prediger, 2007).

Nachdem in diesem Unterkapitel das Wissen der Lehrer über den Inhalt und die Schüler näher betrachtet worden ist, soll im folgenden Unterkapitel das Wissen über den Inhalt und das Lehren im Vordergrund stehen. Dazu werden die in den drei Studien der professionellen Kompetenz genannten Aspekte zum einen näher dargestellt und verdeutlicht, welches Verständnis zu diesen in der Studie vorliegt. Zum anderen werden sie um weitere Aspekte ergänzt.

2.2.3 Fachdidaktisches Wissen über das Lehren

Für Lehrkräfte ist es nicht nur wichtig, Wissen über ihre Schüler zu besitzen, sondern auch Wissen über die Gestaltung des Unterrichts. Die Studien zur professionellen Kompetenz machen deutlich, dass es theoretisch eine eigene Wissensfacette für diesen Bereich gibt. Diese umfasst das Wissen über den Inhalt und das Lehren wie es Ball et al. (2008) unter KCT fassen. Mit dieser Form des Wissens bereitet die Lehrkraft die mathematischen Inhalte für die Schüler so auf, dass ein erfolgreiches Lernen stattfinden kann. Mit dieser Fähigkeit der Lehrkräfte sind verschiedene Aufgaben im Unterrichtsalltag verbunden. Die Lehrenden müssen sich Gedanken über den Einsatz von Herangehensweisen machen, passende Repräsentationen zu den mathematischen Inhalten wählen, wissen, welche Aufgaben an welcher Stelle des Unterrichts eingesetzt werden können, sowie Erklärungen zu mathematischen Inhalten geben können (Ball et al., 2008; Baumert & Kunter, 2011a; Blömeke, Felbrich et al., 2008; Krauss et al., 2011). Dazu wird in der vorliegenden Studie das Wissen über Vorstellungen zu mathematischen Inhalten, wie sie in der Forschung als Grundvorstellungen verstanden werden (vom Hofe, 1992), sowie deren Aufbau im Unterricht gezählt. Zudem fällt die Kenntnis über Realkontexte mathematischer Inhalte in diesen Wissensbereich, da die Schüler mit diesen während ihres alltäglichen Lebens in Kontakt treten und Wissen über diese mit in die Schule bringen, welches als Ausgangspunkt für das Lernen dienen kann. Im Folgenden werden die vier Bereiche (Darstellungen, Grundvorstellungen, Erklärungen zu mathematischen Inhalten und Kontexten mathematischer Inhalte) näher erläutert.

Darstellungen mathematischer Inhalte

Mathematische Objekte sind in der Regel nicht so einfach fassbar. Erst Darstellungen ermöglichen den Zugang zu ihnen (Duval, 2006), sodass man mit ihnen arbeiten kann. Die Darstellungen machen verschiedene Aspekte mathematischer Objekte sichtbar, weswegen es wichtig ist, sie in vielfältiger Weise zu nutzen. Besonders im Rahmen des Erkenntnisgewinns ist das Nutzen unterschiedlicher Darstellungen mathematischer Inhalte bzw. Begriffe hilfreich, da aufgrund anderer Blickwinkel auf die mathematischen Inhalte andere Perspektiven auf ein Problem eingenommen werden können. Die Beziehungen zwischen den unterschiedlichen Darstellungen können ebenfalls dazu beitragen und werden von den Mathematikern betrachtet. Für die Lernenden sollen die Darstellungen den Zugang zu mathematischen Inhalten erleichtern. Somit enthalten sie didaktische Elemente (Scherrmann, 2013)[17].

Grundsätzlich kann man unter Darstellung das Medium, das verwendet wird, oder das Ziel verstehen. Bei ersterem unterscheidet Bruner (1988) zwischen einer auf Handlung (enaktiv), einer auf Bildern (ikonisch) und einer auf Symbolen (symbolisch) basierenden Form. Die enaktive Darstellungsform beschreibt die Handlungen, die ausgeführt werden, wenn sich ein Individuum mit einem Medium beschäftigt. Dabei ist die Handlung von einem Schema geleitet, das durch die gesamte Handlung führt und die Darstellung im gesamten ergibt. Diese Handlungen können konkret ausgeführt werden oder in der Vorstellung durchgespielt werden. Die sich aus den Handlungen ergebenden Festlegungen einer Darstellung werden dann repräsentiert und in einem speziellen Bild zusammengefasst (ikonisch). Zuletzt versteht der Lerner die formalen und abstrakten Aspekte der Sachen auf einer symbolischen Ebene (symbolisch). Die symbolische Ebene ist in der Mathematik noch in eine sprachlich-symbolische Ebene (liegt in der Umgangssprache vor und kann einen Kontextbezug aufweisen) und in eine mathematisch-symbolische Ebene trennbar (Kuhnke, 2013). Diese ist unabhängig von der Transformation in ein bestimmtes Bild, das der Lerner hat (Bruner & Kenney, 1965). Auf diese Reihenfolge verweist Bruner (1988) im Zusammenhang mit der kognitiven Entwicklung des Menschen. Diese Dar-

17 Der Begriff selbst hat viele unterschiedliche Synonyme wie Repräsentationen, Veranschaulichungen, Rekonstruktionen, Zeichen, Visualisierungen, Anschauungsmittel u. a. Die jeweiligen Begriffe wurden jeweils fokussiert von bestimmten Forschergruppen betrachtet und stehen in Verbindung mit der hinter der Forschung liegenden Theorie Kuhnke (2013). Wie bei Kuhnke (2013) wird ebenfalls in dieser Arbeit auf eine Erläuterung der verschiedenen Bereiche verzichtet. Es wird stattdessen im Folgenden der Begriff „Darstellung" verwendet werden.

stellungen können im Unterricht zudem als gleichberechtigt betrachtet werden (Kuhnke, 2013).

In Anlehnung an die Forschung von Bruner (Bruner, 1988; Bruner & Kenney, 1965) sowie das Verständnis von Kuhnke (2013) und Wessel (2015) wird in dieser Arbeit der Begriff der Darstellungen als Handlungen (mit Material), Bilder sowie mathematische und sprachliche Symbole mathematischer Objekte verstanden. Speziell stehen die Darstellungen für etwas Anderes – in der Mathematik sind es mathematische Inhalte bzw. Begriffe wie Funktionen – und repräsentieren diese Objekte für den Menschen.

Beim Verwenden von Darstellungen ist es wichtig, sich nicht nur auf eine spezielle zu begrenzen, da unterschiedliche Darstellungen jeweils andere Aspekte eines mathematischen Begriffs betonen. Vor diesem Hintergrund ist es wichtig, dass ein Lehrer mehrere Darstellungen zu einem mathematischen Objekt sowie deren Vor- und Nachteile kennt (Ball et al., 2008; Baumert & Kunter, 2011a). Die Bildungsstandards in der Mathematik weisen zudem in der Kompetenz „Darstellungen verwenden“ darauf hin, dass der Wechsel zwischen verschiedenen Darstellungen sowie das Verwenden unterschiedlicher Darstellungen eine zu erlernende Kompetenz ist (Dedekind, 2012; Hessisches Kultusministerium, 2016; Leiß & Blum, 2010)[18]. Die Darstellungswechsel können unter anderem zwischen den Formen nach Bruner (Bruner & Kenney, 1965) erfolgen. Sie können dann sowohl innerhalb einer Darstellungsform – enaktiv, ikonisch, symbolisch – als auch zwischen verschiedenen Formen erfolgen.

Lehrende müssen sich der Chancen und Risiken während der Planung, der Durchführung und der Reflexion von Unterricht bewusst sein, da Darstellungen sowohl lernförderlich als auch hinderlich sind. Dabei können Schwierigkeiten mit der Erstellung, der Interpretation oder dem Wechsel von Darstellungen verbunden sein, weil sie ein Lernstoff eigener Art sind (Ainsworth, 2006; Duval, 2006). Zudem sollten sie Darstellungen kennen, die Schülern helfen Verständnis, von mathematischen Inhalten aufzubauen. Dies sollte über die symbolische Ebene hinausgehen, da enaktive und ikonische Darstellungen andere Aspekte in den Fokus rücken. Insgesamt zeigt sich, dass das Wissen über Darstellungen ein Teil der professionellen Kompetenz der Lehrer ist (Ball et al., 2008; Baumert & Kunter, 2006; Blömeke, Felbrich et al., 2008).

18 Den Prozess des Wechsels zwischen Darstellungen kann man nach Janvier (1987) durch die psychologischen Prozesse beschreiben, die beim Wechsel beteiligt sind, wobei die Wechsel direkt von einer Darstellung in eine andere oder indirekt über eine andere Darstellung erfolgen können. Von der Formel zur Tabelle einer Funktion ist es beispielsweise der psychologische Prozess des Berechnens (direkter Wechsel).

Grundvorstellungen

Zum Umgang und zur Interpretation von Darstellungen mathematischer Inhalte, ist es für Lernende wichtig, eine Vorstellung und eine Bedeutung der verschiedenen Konstrukte aufzubauen, um sie in ihr bestehendes Wissensnetz integrieren zu können. Besonders für die Vermittlung zwischen der Realität und der Mathematik werden tragfähige mentale Modelle für mathematische Begriffe benötigt (vom Hofe, 2003). Die Aspekte dieser mentalen Modelle beschreibt vom Hofe (1992) als erstes durch die *Sinnkonstituierung eines Begriffs*. Diese vollzieht sich, indem eine Person den Begriff an ihr bekannte Sach- und Handlungszusammenhänge bzw. Handlungsvorstellungen anknüpft. Als zweiten Aspekt nennt er den *Aufbau entsprechender (visueller) Repräsentationen.* Sie ermöglichen es dem Individuum, operatives Handeln auf der Ebene der Vorstellungen durchführen zu können. Als dritten Aspekt führt vom Hofe (1992) die *Fähigkeit zur Anwendung eines Begriffs* an. Dieser soll in der Wirklichkeit (realen Welt) dann angewandt werden, wenn das Individuum erkennt, dass eine passende Struktur im Sachzusammenhang oder durch die Modellierung mit Hilfe der Mathematik vorhanden ist. Den Begriff der Grundvorstellungen versteht vom Hofe im Sinne der drei erwähnten Aspekte. Somit beschreibt der Begriff die Beziehungen zwischen der Realität, der Mathematik und dem Individuum (vom Hofe, 1996).

Als fachlich erwünschte Interpretationen zentraler Inhalte der Mathematik aus der Erfahrungswelt der Schüler bilden die Grundvorstellungen eine Brücke zwischen der realen Welt und der Mathematik. Somit schaffen Grundvorstellungen eine Verbindung zwischen der individuellen Begriffsbildung und der Mathematik (vom Hofe, 2003). Übersetzungsprozesse zwischen diesen beiden Welten werden durch die Grundvorstellungen erst ermöglicht. Dies ist besonders bei Aufgaben zur Kompetenz „Modellieren" sehr wichtig, da sowohl von der realen Welt in die mathematische als auch von dieser in die reale Welt übersetzt werden muss (Hessisches Kultusministerium, 2016; Leiß & Blum, 2010).

Allgemein kann man mit den Grundvorstellung somit die Übersetzung zwischen Darstellungen verstehen (Wessel, 2015). Dies ist unter anderem bei Wartha und Schulz (2011) zu finden, die nicht mehr zwischen den beiden Welten unterscheiden. Stattdessen trennen sie zwischen verschiedenen Darstellungsebenen. Die Grundvorstellungen übersetzen zwischen den Darstellungsebenen. Diese Darstellungen können – wie im vorherigen Teil zu Darstellungen erläutert – ikonischer, symbolischer sowie speziell algebraischer und geometrischer Natur sein, wobei über diese vier hinaus noch andere möglich sind (Wessel, 2015). Grundvorstellungen in dem Sinne der Übersetzung fasst vom Hofe (1995) als normative Leitlinien auf, die vermittelnden Charakter zwischen den Ebenen haben. Sie entwickeln sich im Laufe der Zeit, wachsen und ergänzen sich gegenseitig. Daher sind sie nicht statisch, sondern haben einen dynamischen Charakter.

Mathematische Begriffe werden in den meisten Fällen nicht durch eine Grundvorstellung erfasst. Vielmehr sind mehrere Grundvorstellungen notwendig. Aus der Ausbildung und der Vernetzung dieser unterschiedlichen Grundvorstellung entsteht dann ein Grundverständnis. Dabei ist die Struktur der Grundvorstellungen nicht immer stabil. Vielmehr wird das vorhandene Netzwerk immer wieder durch Neues ergänzt und vorhandene Vorstellungen erweitert, sodass sich ein System mentaler mathematischer Modelle entwickelt (vom Hofe, 2003).

Erklärungen

Für das Lernen von Mathematik benötigt ein Schüler Hilfestellungen, da die Mathematik ein kulturelles Gut ist. Keine mathematische Darstellung kann ein Verstehen erzwingen (Schlöglmann, 2015). Insbesondere ist die Mathematik keine selbsterklärende Disziplin (Hefendehl-Hebeker, 1996). Zwar ist sie logisch aufgebaut, jedoch gehen alle Schlüsse auf Festlegungen zurück, die ein Lerner erst einmal erfassen muss. Nur dann ist er in der Lage, den Aufbau der Mathematik zu verstehen. Besonders wichtig ist dies, da Schwierigkeiten entstehen können, wenn ein Lerner die Inhalte nicht verstanden hat, die Voraussetzung für das Verständnis eines anderen mathematischen Inhalts sind (Hefendehl-Hebeker, 1996). Aus diesen Gründen sind Erklärungen der Lehrer über das zur Verfügung gestellte Material hinaus notwendig (Schlöglmann, 2015), um Schüler beim Verstehensprozess zu unterstützen. Dementsprechend benennt Pauli (2015) das Erklären als eine Basiskompetenz, die Lehrer besitzen müssen.

Der Begriff „Erklärungen“ kann nach Kulgemeyer und Tomczyszyn (2015) zum einen als Zurückführen eines Phänomens auf ein zugrundeliegendes Prinzip verstanden werden (wissenschaftliche Erklärungen)[19]. Zum anderen gibt es didaktische Erklärungen, die Lehrer im Unterricht präsentieren. Sie dienen u. a. der Darstellung mathematischer Inhalte, indem der Unterrichtsstoff so aufbereitet worden ist, dass er für die Schüler als Adressaten verstehbar ist. Didaktische Erklärungen haben dementsprechend einen kommunikativen Kern. Entscheidend sind dabei Überlegungen, die beinhalten, was der Schüler benötigt, um einen mathematischen Inhalt zu verstehen. In diesem Sinne verläuft eine Erklärung meist – im Vergleich zur Erkenntnisgewinnung – im umgekehrten Sinne, da sie das Gesetz durch etwas Konkretes veranschaulicht und nicht von etwas Konkretem

19 Diese sollen nicht weiter betrachtet werden, da Erklärungen von Lehrern zu mathematischen Inhalten im Fokus dieser Arbeit stehen.

auf etwas Allgemeines schließt. Dementsprechend veranschaulichen didaktische Erklärungen Sachverhalte (Kulgemeyer & Tomczyszyn, 2015)[20]. Dazu können Sie als Was-Erklärungen auf mathematische Begriffe und Definitionen fokussieren, als Wie-Erklärungen spezielle Prozeduren und Algorithmen darlegen und als Warum-Erklärungen Zusammenhänge und Strukturen aufzeigen (Wagner & Wörn, 2011)[21].

Die Erklärungen treten immer dann auf, wenn ein akutes Wissensdefizit erkannt wird, welches das weitere Fortschreiten im Unterricht behindern würde (Pauli, 2015). Die Lehrkraft sollte daher in der Lage sein, einem Schüler zu einer bestimmten Frage geeignete Erklärungen anbieten zu können (Krauss et al., 2011). Ein Teil dieser Kompetenz ist die Fähigkeit, Erklärungen variieren zu können, damit ein Schüler einen Gegenstand noch einmal auf eine andere Art und Weise aufarbeiten kann (Krauss et al., 2011; Wagner & Wörn, 2011). Vor dem Hintergrund der Bedeutung des Verstehens der Mathematik betont Schlöglmann (2015), dass Erklärungen von Lehrkräften als Mittel eingesetzt werden können, die Lernenden zu einer adäquaten Begriffsbildung zu führen. Insgesamt soll in dieser Arbeit unter Erklären das didaktische Erklären verstanden werden. Speziell sollen die Lehrer in der Lage sein, unterschiedliche Erklärungsvarianten zu mathematischen Inhalten geben zu können.

Sachkontexte

Aus konstruktivistischer Sicht wird Wissen situiert gelernt. Dementsprechend ist die Einbettung von Unterrichtsinhalten in passende Sachkontexte zentral für die Gestaltung des Unterrichts und das Lernen der Schüler. Dies ermöglicht ebenfalls das Einbeziehen des Vorwissens der Schüler, das sie aus bestimmten Sachkontexten mit in den Unterricht nehmen (beispielsweise Leuders, 2009; Woolfolk, 2014). Bereits in der Studie TEDS-M ist das Wissen über Kontexte zu mathematischen Inhalten ein Teil des fachdidaktischen Wissens (unterrichtsplanerische Komponente des der lehrbezogenen Anforderungen). Dort ist beispielsweise das Wissen über Anwendungskontexte von Exponentialfunktionen enthalten (Döhrmann et al., 2010).

20 Eine ähnliche Form des Erklärens benennen Wagner und Wörn (2011) mit dem unterrichtlichen Erklären.

21 Erklärungen konnten zudem geplant sein, wenn der Lehrer sich aktiv auf Erklärungen im Unterricht vorbereitet oder spontan während des Unterrichtsverlaufs erfolgen, wenn die Lernenden Schwierigkeiten mit mathematischen Inhalten haben. Weitere Ausführungen zu den geplanten und ungeplanten Erklärungen sowie zum Ablauf von Erklärungen im Unterricht finden sich bei Wagner und Wörn (2011, 22f.)

Im Unterricht ist das Wissen über passende Sachkontexte speziell bei der Auswahl passender Modellierungsaufgaben erforderlich, da sich diese an Realsituationen anlehnen (Greefrath, Kaiser, Blum & Borromeo Ferri, 2013). Nur wenn der Lehrer weiß, welche mathematischen Inhalte in den Sachkontexten angesprochen werden bzw. welche Sachkontexte er für spezielle mathematische Inhalte verwenden kann, ist er in der Lage, passende Aufgaben auszuwählen.

Ähnlich wie beim Erklären soll an dieser Stelle das Wissen über multiple Sachkontexte zu mathematischen Inhalten als Teil des fachdidaktischen Wissens über das Lehren betrachtet werden. Inhaltlich werden mögliche Sachkontexte zur Anwendung von Funktionen und der Differentialrechnung im Kapitel 4.1.1 bzw. 4.2.1 dargelegt.

Die vier erläuterten Unterpunkte zum fachdidaktischen Wissen über das Lehren von Mathematik sind nicht eindeutig trennbar. Zwischen ihnen gibt es verschiedene Verbindungen, sodass sie als überlappende Teile dieser Subdimension fachdidaktischen Wissens betrachtet werden. Besonders deutlich zeigt sich dies bei den Grundvorstellungen und den Erklärungen in Bezug auf Darstellungen. Beide Teilpunkte enthalten Wissen über Darstellungen mathematischer Inhalte. Entweder werden sie verwendet, um mathematische Begriffe zu erklären, oder sollen für das Verständnis mathematischer Begriffe vom Individuum aufgebaut werden. Obwohl die Darstellungen in den anderen Subfacetten implizit enthalten sind, sind sie zur Klärung getrennt erläutert worden, da ihr Verwenden ein wichtiger Teil mathematischen Arbeitens ist. Ein profundes Wissen über sie dient als Basis für Erklärung mathematischer Inhalte (Krauss et al., 2011). Schließlich finden sich Sachkontexte in Erklärungen, Darstellungen zu Realsituationen und bei der Anwendung von Grundvorstellungen wieder, sodass dies auch überlappend ist.

Im Folgenden werden die wichtigsten Aspekte der bisherigen Darstellungen zum Wissen der Lehrkräfte mit speziellem Bezug zum fachdidaktischen Wissen sowie der Konzeptualisierung in dieser Studie zusammengefasst.

2.2.4 Zusammenfassung

Es wird unter dem fachdidaktischen Wissen allgemein eine Vermischung aus Fachwissen und pädagogischem Wissen verstanden (Depaepe et al., 2013; Shulman, 1986, 1987). Es ist fachspezifisch die lehreigene Übersetzung des Fachwissens für den Unterricht, wobei das Fachwissen eine notwendige Voraussetzung ist. In dieser Studie wird speziell das fachdidaktische Wissen als Teil des Professionswissens mit den Komponenten „Wissen über die Schüler“ und „Wissen über das Lehren“ betrachtet, wobei sich dies an das Modell von COACTIV anlehnt.

Die folgende Abbildung zeigt die Konzeptualisierung des fachdidaktischen Wissens der Studie:

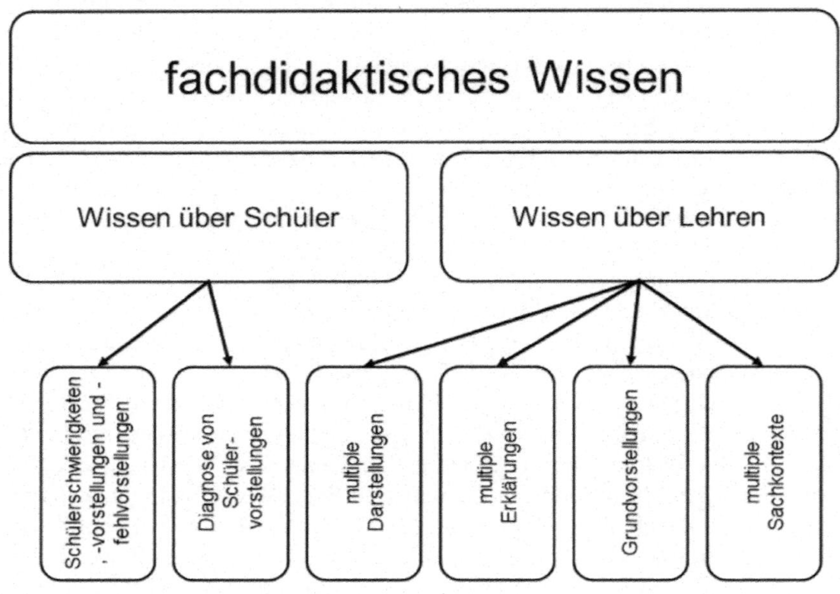

Abbildung 3: Modellierung des fachdidaktischen Wissens in der Studie

Das Wissen über den mathematischen Inhalt und die Schüler wird durch typische Lernschwierigkeiten und die diagnostische Kompetenz festgelegt. In diesem Zusammenhang werden misconceptions als typische Lernschwierigkeiten betrachtet. Diese lassen sich weiter in lokale Regelmissachtung, globale Regelmissachtung und Übergeneralisierungen unterteilen. Die diagnostische Kompetenz als Teil des Wissens über Schüler ermöglicht es den Lehrkräften, die genannten misconceptions bzw. mögliche Schwierigkeiten in Schülerlösungen oder zu Aufgaben zu benennen, erkennen und beschreiben zu können (Kap. 2.2.2).

Das Wissen über den Inhalt und das Lehren wird im Wesentlichen durch die Subfacetten, „Darstellungen“, „Grundvorstellungen“, „Erklärungen“ und „Kontexte“ definiert. In Anlehnung an Bruner sollen unter Darstellungen Handlungen (mit Material), Bilder sowie mathematische und sprachliche Symbole verstanden werden. Grundvorstellungen sind im Sinne fachlich gewünschter Interpretationen zentraler Inhalte der Mathematik aus der Erfahrungswelt der Schüler

Brücken zwischen der realen Welt und der Mathematik bzw. allgemeiner Übersetzungsmöglichkeiten zwischen Darstellungen. Erklärungen als dritte Komponente können beispielsweise als „Warum-Erklärungen“ oder „Was-Erklärungen“ dargelegt werden. Sie dienen im Sinne didaktischer Erklärungen als Mittel Schülern unter anderem Begründungen und Definitionen zu erklären. Sachkontexte werden als Bezugspunkt aus der realen Welt als vierte Komponente des Wissens über das Lehren betrachtet. Bezüglich der Darstellungen, der Erklärungen und der Sachkontexte wird jeweils die Kenntnis über multiple Möglichkeiten in den Fokus genommen.

Im Folgenden werden affektive Komponenten der professionellen Kompetenz erläutert, wie sie unter anderem in COACTIV mit Beliefs und motivationalen Orientierungen betrachtet wurden.

2.3 Beliefs

Zwei Lehrkräfte, die über einen ähnlichen Wissensstand verfügen, können dennoch völlig unterschiedlich unterrichten. Beispielsweise geht die eine Lehrkraft generell mehr problemorientiert und die andere mehr didaktisch an den Unterricht heran (Ernest, 1989). Dazu könnte die erste Lehrkraft Problemlöseaufgaben einsetzen, um die Problemlösekompetenzen der Schüler zu fördern. Dagegen könnte die andere Lehrkraft ihren Unterricht auf die Prävention von Schülerfehlvorstellungen mit passenden Grundvorstellungen fokussieren. Daher ist es notwendig neben dem Wissen noch die Beliefs der Lehrkräfte zu beachten. Dies basiert auf der Annahme, dass sie die besten Indikatoren für Entscheidungen der Lehrkräfte sind (Pajares, 1992). Zudem ist es möglich das beobachtbare Verhalten von Lehrenden unter Beachtung der beiden Konstrukte besser zu erklären (Cooney, 1999; Gates, 2006).

Die Beliefs der Lehrer sind u. a. aus oben genannten Gründen als ein möglicher Faktor der professionellen Kompetenz der Lehrer identifiziert worden, auf den eine passend gestaltete Intervention Auswirkungen haben kann. Sie werden unter anderem als Brücke zwischen dem Wissen und dem Lehrerhandeln gesehen (Rolka, 2006). Beispielsweise beschreiben Beliefs der Lehrkräfte über das Lehren und Lernen der Mathematik einen Einflussfaktor auf die Gestaltung des Mathematikunterrichts. Dementsprechend werden sie ebenfalls als Einflussfaktor auf die Handlungen der Lehrkräfte im Unterricht angesehen. Sie beeinflussen auch, wie Lehrende die Unterrichtssituationen interpretieren und welche Entscheidungen sie treffen. Daher würden sich Veränderungen in den Beliefs auf den Unterricht auswirken können.

In diesem Kapitel wird die für die Studie relevante Forschung zu Beliefs erläutert. Dazu wird zu Beginn festgelegt, welches Verständnis von Beliefs dieser Arbeit zugrunde liegt. In diesem Zusammenhang werden Eigenschaften und Funktionen erläutert, um aufzuzeigen, welche Bedeutung Beliefs im Unterrichtsgeschehen haben. Zudem werden epistemologische Überzeugungen als Teil des Konstrukts Beliefs betrachtet (2.3.1). In Kapitel 2.3.2 werden die mathematikbezogene Beliefs mit dem Fokus auf das Lehren und Lernen sowie Studien zu diesen inhaltlich erläutert. In Kapitel 2.3.3 Möglichkeiten zur Veränderung der Beliefs aufgezeigt. Dazu wird zum einen auf die Stabilität eingegangen und zum anderen auf die Veränderung durch Reflexion. Abschließend wird in Kapitel 2.3.4 das epistemologische Menschenbild erläutert, das Beliefs als ein möglicher Faktor für die Ausübung von Handlungen betrachtet. Dabei wird das Konzept der Handlung erläutert, welches ebenso für die im folgenden Kapitel betrachtete Motivation relevant ist. Das epistemologische Menschenbild wird in den Analysen als Grundlage der Interpretation der Handlungen genutzt.

2.3.1 Begriffsklärung

In der Sprache des alltäglichen Lebens wird der Begriff der Beliefs[22] sehr vage verwendet. Er wird dementsprechend teilweise synonym mit anderen Begriffen wie Meinung, Wahrnehmung, Wert und Einstellung gebraucht (Leder & Forgasz, 2002). Ebenso ist in der Wissenschaft keine klare Trennung zwischen den genannten Konstrukten vorhanden (Grigutsch, Raatz & Törner, 1998). Pajares (1992, S. 309) hebt in diesem Zusammenhang hervor, dass Beliefs oft unter anderen Begriffen wie

> „attitudes, values, judgments, axioms, opinions, ideology, perceptions, conceptions, conceptual systems, preconceptions, dispositions, implicit theories, explicit theories, personal theories, internal mental processes, action strategies, rules of practice, practical principles, perspectives, repertories of understanding, and social strategy"

untersucht wurden. Dies kann unter anderem auf die breite Forschung im Bereich der Beliefs zurückgehen, die in den Gebieten der Sozialpsychologie, der Psychologie, der pädagogischen Psychologie usw. zu finden ist (Leder, Pehkonen & Törner, 2002). Hierbei legt jede Disziplin ihre eigenen Schwerpunkte. Aus diesem Grund sind jeweils andere Aspekte für die Festlegung des Begriffs der

22 Der Begriff der Beliefs kommt aus der englischsprachigen Literatur und ist dort weit verbreitet. „Überzeugungen" als Übersetzung des Begriffs in die deutsche Sprache setzt sich immer mehr durch (Reussner, Pauli & Elmer, 2011), jedoch ist das Verständnis nicht exakt deckungsgleich mit dem englischen Begriff (Blömeke, Müller, Felbrich & Kaiser, 2008).

Beliefs und dessen Eigenschaften in der jeweiligen Disziplin relevant. Aber auch innerhalb einer wissenschaftlichen Disziplin ist keine einheitliche Definition des Begriffs vorhanden (vgl. Pehkonen, 1994; Philipp, 2007). Dies zeigt sich in der breiten Literatur zu Beliefs in der Mathematikdidaktik. Bis heute ist hier noch nicht geklärt, wie Beliefs von Wissen, Werten, motivationalen Orientierungen, Einstellungen und Haltungen eindeutig abgegrenzt werden können (Reussner & Pauli, 2014)[23].

Viele Forscher verwenden in ihren Studien ihre eigene für den Zweck passende Definition. Die resultierenden Festlegungen können sich je nach Untersuchungsschwerpunkt widersprechen. Zudem geben viele auch keine Definition an oder definieren Beliefs implizit bzw. während sie die Beliefs im Forschungskontext gebrauchen (Skott, 2015). Furinghetti und Pehkonen (2002) erwähnen in diesem Zusammenhang, dass Beliefs beispielsweise unter dem Begriff Einstellungen oder der „mathematischen Weltanschauungen" (Grigutsch et al., 1998) untersucht wurden. Aufgrund der Unklarheit führten Furinghetti und Pehkonen (2002) im vergangenen Jahrzehnt eine Studie durch, in der sie einige Definitionen des Konstrukts[24] auf ihre Konsensfähigkeit untersuchten. Dabei zeigte sich keine eindeutige Präferenz.

Besondere Schwierigkeiten sehen die Autoren in der Unterscheidung zwischen Beliefs und Wissen, welche in der Literatur oft diskutiert wird (beispielsweise Ernest, 1989; Furinghetti & Pehkonen, 2002; Pajares, 1992). In diesem Zusammenhang erwähnen Blömeke, Müller, Felbrich und Kaiser (2008), dass besonders die Abgrenzung zu fachdidaktischem und pädagogischem Wissen unscharf ist. In der vorliegenden Arbeit sollen ähnlich zu Decker (2015) sowie den Studien zur professionellen Kompetenz von Lehrkräften Wissen und Beliefs als getrennte Dimensionen betrachtet werden. Dies erscheint notwendig, da eine Trennung zwischen den beiden Dimensionen nicht eindeutig ist (vgl. beispielsweise Baumert & Kunter, 2006; Furinghetti & Pehkonen, 2002; Pajares, 1992; Philipp, 2007; Wilson & Cooney, 2002).

Philipp (2007, S. 259) liefert in seinem Review eine umfangreiche Festlegung des Konstrukts, die im Folgenden leitend sein soll:

---

23 Im Sinne eins kumulativen Wissensaufbaus ist es wichtig, einen Konsens der Definition eines Konstrukts zu haben, damit der Wissensaufbau möglichst systematisch verläuft (McLeod & McLeod, 2002). Dies trifft wie beschrieben nicht auf das Konstrukt der Beliefs zu, sodass beim Vergleich der Forschung immer wieder die gewählte Definition des Konstrukts beachtet werden muss.

24 Furinghetti und Pehkonen (2002) haben dazu zentrale Definitionen, die in der Literatur bis zu diesem Zeitpunkt zu finden gewesen sind und oft zitiert worden sind, verwendet. Für die verschiedenen Definitionen sei an dieser Stelle auf das Kapitel der Autoren im Buch von Leder, Pehkonen und Törner (2002) verwiesen.

> “Psychologically held understandings, premises, or propositions about the world that are thought to be true. Beliefs are more cognitive, are felt less intensely, and are harder to change than attitudes. Beliefs might be thought of as lenses that affect one’s view of some aspect of the world or as dispositions toward action. Beliefs, unlike knowledge, may be held with varying degrees of conviction and are not consensual. Beliefs are more cognitive than emotions and attitudes.“

In dieser Definition werden einige Eigenschaften von Beliefs festgelegt. Diese beziehen sich auf die Subjektivität, Stabilität und die Informationsfilterung. Zudem beschreibt Skott (2015, S. 5), dass es einen Kern der Beliefs bezogen auf ihre Eigenschaften gibt, der in vielen Defintionen vorhanden ist:

> „It may be implied that there is a core or an essence to the notion of beliefs that is generally accepted, even though it is difficult to phrase a definition that captures all aspects of the concept and delineates its borders sufficiently clearly vis-á-vis related ones.”

Er fasst vier Kerneigenschaften zusammen. Erstens sind Beliefs mentale Konstrukte, die für eine Person subjektiv wahr sind, wobei sie durch einen individuellen Grad der Überzeugung charakterisiert sind (Kirkpatrick & Kirkpatrick, 2006). Die haltende Person kann aber auch andere dazu nicht exakt passende oder konträre Beliefs für begründet und gerechtfertigt halten. Zweitens sind sie affektiv aufgeladen. Drittens besteht ein hoher Grad an Stabilität, der sich über Situationen und Erfahrungen ausdehnt[25]. Schließlich beeinflussen Beliefs viertens die Interpretation und die Wahrnehmung des Individuums (Skott, 2015).

Vertiefende Betrachtungen der Eigenschaften und Ergänzungen

Die Kerneigenschaften, die Skott (2015) betrachtet, finden sich in vielen Studien zu Beliefs in der Mathematik. Passend dazu sehen Forscher die affektive Aufladung (beispielsweise Blömeke & Kaiser, 2015; Reussner, Pauli & Elmer, 2011), die Subjektivität (Pehkonen & Törner, 1996; Philippou & Christou, 2002) und die Stabilität (Fives & Buehl, 2012; Pajares, 1992) als Kerneigenschaften der Beliefs an. Die Stabilität wird im Unterkapitel „Veränderung von Beliefs“ ausführlicher betrachtet.

25 Bezüglich der Stabilität von Beliefs gibt es in der Forschung sowohl Studien, die davon ausgehen, dass sich Beliefs ändern. Zudem gibt es Studien, die von einer relativen Stabilität ausgehen. Daher ist dies nicht eindeutig in der Literatur untersucht. Der Eigenschaft der Stabilität wird aufgrund der Annahme in der Studie, dass Beliefs änderbar sind, im Kapitel 2.2.4 zu Veränderung von Beliefs noch einmal ausführlicher nachgegangen.

Der Aneignungsprozess der Beliefs bestimmt unter anderem, wie Beliefs die Handlungen von Menschen beeinflussen können. Dieser ist lang, da Beliefs nur langsam – meist unbewusst – aufgebaut werden (Schoenfeld, 2011a). Sie prägen sich während der gesamten gegenstandsbezogenen Sozialisation und beziehen sich auf Kognitionen des Individuums zu einem Gegenstandsbereich (Eichler, 2005b). Daher sind sie immer auf etwas gerichtet und im Sinne einer Anordnung um ein Objekt oder eine Situation kontextgebunden (Philippou & Christou, 2002). Das Objekt oder die Situation können ein Gegenstand, ein Prozess (Lernen der Mathematik), das Unterrichtsfach eines Lehrers usw. sein. Aus diesem Grund sind Beliefs stark in den vergangenen und aktuellen Erfahrungen der Individuen mit dem Objekt begründet (Opfer & Pedder, 2011). Speziell haben Kultur und soziales Umfeld einen großen Einfluss auf den Entstehungsprozess, da sich die Beliefs im Rahmen der Kulturalisierung und der sozialen Konstruktion des Individuums bilden (McLeod, 1992; Pajares, 1992; Pehkonen, 1994; Schmotz, Felbrich & Kaiser, 2010).

Der Einfluss der Kultur, der Erfahrungen und der lange Aneignungsprozess bedeuten, speziell auf die Lehrkräfte bezogen, dass sich ihre Beliefs bereits während der Schulzeit entwickeln (Gates, 2006; Handal, 2003; Opfer & Pedder, 2011). Die Erfahrungen, die sie im Unterricht als Schüler gemacht haben, bilden dabei die Basis der Entwicklung der späteren Ausprägung der Beliefs. Speziell bei angehenden Lehrkräften scheinen die Beliefs über das Lehren und Lernen Verallgemeinerungen der eigenen Erfahrungen als Schüler zu sein (Vacc & Bright, 1999). Die Lehrer haben während ihrer Schulzeit bereits mehr als 10.000 Unterrichtsstunden erlebt und dabei nicht nur den fachlichen Inhalt gelernt, sondern auch Erfahrungen mit Unterrichtsmethoden und Verhaltensweisen gesammelt (Handal, 2003). Daher beeinflussen die berufstätigen Lehrkräfte die Formung der Beliefs der neuen Generationen von Lehrern. Zudem beeinflussen die Umwelt (Elternhaus, Bekanntenkreis, etc.), die Formungsversuche der Ausbilder an der Universität oder im Vorbereitungsdienst sowie die Erfahrungen im Lehrerberuf (Praktika) jeweils das Maß der Ausprägung der Beliefs (Eichler, 2007).

Fives und Buehl (2012) erwähnen als weitere Eigenschaft der Beliefs die Unterscheidung zwischen ihrer impliziten und expliziten Natur. Dies bezieht sich auf die bewusste und unbewusste Wahrnehmung der eigenen Beliefs durch das Individuum. Allgemein werden Beliefs oft als implizit betrachtet, sodass sie das Handeln der Lehrkräfte leiten können und die Interpretation der Erfahrungen filtern, die die Lehrkräfte während des Unterrichts machen. Dessen ist sich die Lehrkraft aber nicht bewusst. Es können aber auch explizite Beliefs bestehen, die der Lehrkraft bewusst sind. Die explizite Natur benötigt dabei eine Rechtfertigung für das Halten der Beliefs.

Die Unterscheidung zwischen expliziten und impliziten Beliefs wirkt sich folglich auf die Methoden zu Erfassung dieser aus. Gehen die Forscher davon aus, dass Beliefs explizit sind, dann können Interviews und Fragebögen zur Erfassung eingesetzt werden, in denen die Beliefs der Lehrer durch Verbalisierung explizit gemacht werden. Diese Verfahren wurden nach Fives und Buehl (2012, S. 474) vor allem durch drei Gründe kritisiert:

> „(a) Teachers will give the desired answer and may not differentiate across beliefs [..]; (b) teachers do not have the language to articulate what they believe, nor do they share the same language as the researchers […]; and (c) teachers are not aware of what they belief […]."

Daher entstand ein zweiter Ansatz, der auf die von den Lehrern umgesetzten Beliefs fokussiert. Dabei werden die geplanten und tatsächlichen Handlungen der Lehrkräfte sowie die Gespräche analysiert. Ein weiterer Ansatz ist die Analyse von Metaphern, die angehende und praktizierende Lehrkräfte für das Lehren verwenden (Fives & Buehl, 2012).

Die Beliefs existieren jedoch nicht lose nebeneinander. Vielmehr sind sie in größeren Einheiten, den Belief-systems, zusammengefasst (Philipp, 2007), welche als Metapher für die Untersuchung und Beschreibung der Zusammenhänge der Beliefs verwendet wird (Thompson, 1992). Eigenschaften solcher Belief-systems sind die quasi-logische Struktur, die psychologische Zentralität und die Clusterstruktur (Green, 1971). Die quasi-logische Struktur beschreibt, dass die Beliefs eines Individuums nach seiner subjektiven Logik angeordnet sind. Diese Logik bestimmt ebenso die Verbindungen zwischen den Beliefs (Eichler, 2005b; Furinghetti & Pehkonen, 2002). Die psychologische Zentralität verwendet Green (1971) als Maß für die Wichtigkeit der Beliefs, d. h. wichtigere sind zentral und unwichtigere sind eher peripher. Hierbei sind zentrale nicht so leicht zu ändern wie periphere[26]. Die Beliefs tauchen nicht in Isolation, sondern in Gruppen, sogenannten Clustern, auf. Nach Green können zwischen diesen Inkonsistenzen bestehen, weil die Cluster untereinander abgeschirmt sind, sodass sie sich nicht gegenseitig beeinflussen bzw. konkurrieren. Solche Inkonsistenzen können zudem zwischen den Beliefs und den Handlungen auftreten, wobei soziale Umstände, Priorisierungen der Beliefs oder Handlungen, institutionelle Grenzen,

26 Ähnlich beschreibt Rokeach (1968) diese Eigenschaft der Beliefs mit seinen drei Annahmen über die Zentralität "First, not all beliefs are equally important to the individual; beliefs vary along a central-peripheral dimension. Second, the more central a belief, the more it will resist change. Third, the more central the belief changed, the more widespread the repercusions in the rest of the belief system" Rokeach (1968, S. 3).

Umstände der Situation usw. als Gründe dieser angeführt werden können (beispielsweise Maaß, 2011; Skott, 2001).

Funktionen der Beliefs

Fives und Buehl (2012) unterscheiden in ihrem Review zwischen drei verschiedenen Funktionen der Beliefs: Filter der Interpretation, Rahmen für die Definition von Problemen und Leiter für die Handlungen. Ähnlich hat das bereits Schoenfeld (1998, S. 19) betrachtet:

> "People' s beliefs shape what they perceive in any set of circumstances, what they consider to be possible or appropriate in those circumstances, the goals they might establish in those circumstances, and the knowledge they might bring to bear in them."

In der Funktion der Beliefs als Filter, wie es bereits Skott (2015) in seinen vier Kerneigenschaften beschreibt, beeinflussen die Beliefs die Art der Interpretation und Wahrnehmung (Pajares, 1992; Philipp, 2007). Unter anderem vergleicht Philipp (2007) Beliefs mit Linsen, unter denen man die Wirklichkeit betrachtet. Abhängig vom Fokus nimmt das Individuum die Welt wahr. Dies wirkt sich vor allem auf das Lernen und den Lernerfolg der Menschen aus. Wenn sie neue Informationen aufnehmen oder neue Erfahrungen machen, entscheiden als ein Einflussfaktor die Beliefs, was wichtig ist[27]. Die Beliefs beeinflussen nicht nur, was Menschen aus dem Gedächtnis abrufen, sondern auch wie sie es tun. Falls es notwendig ist, wird ein Ereignis völlig verzehrt bzw. verfälscht abgerufen, um die bestehenden Beliefs zu erhalten (Pajares, 1992).

Beliefs beeinflussen die Definition und Gestaltung von Aufgaben und Problemen in der Funktion als „frame" (Fives & Buehl, 2012; Schoenfeld, 1983). Besonders in schlecht strukturierten[28] Problemsituationen bzw. -kontexten, wie dies während der Arbeit der Lehrkräfte der Fall ist, ist es die Funktion der Beliefs, Aufgaben zu definieren. Nespor (1987, S. 324) argumentiert in diesem Zusam-

---

27 Dies zeigt die Studie von Suk Lee, Baik und Charlesworth (2006), in der die Autoren zeigen konnten, dass die Beliefs die Wissensaufnahme durch setzen eines Fokus beeinflusst hat.

28 Schlechte Strukturierung grenzt sich zu guter nicht streng ab. Stattdessen unterscheiden sich beide Extrema auf einem Kontinuum bezüglich vier Dimensionen. Erstens unterscheiden sie sich bezüglich der Natur der Ziele. Zweitens werden die Prozesse betrachtet, indem abgeklärt wird, wie gut die Methoden festgelegt sind, um ein Ziel zu erreichen. Drittens bezieht man den Grad der Notwendigkeit von Hintergrundinformationen oder Annahmen ein. Und als letztes bemerkt Nespor (1987), dass es nicht möglich ist, alle möglichen Verhaltensweisen an einem Punkt der Interaktion festzulegen oder zu identifizieren.

menhang, „that teachers‘ beliefs play a major role in defining teaching tasks and organizing the knowledge and information relevant to those tasks".

Die letzte der drei Funktionen beschreibt, dass Beliefs beeinflussen, wie ein Individuum handelt, indem die Beliefs unter anderem die Ziele formen (vgl. u. a. Calderhead, 1996; Ernest, 1989; Philipp, 2007; Schoenfeld, 2015; Staub & Stern, 2002; Thompson, 1992)[29]. Fives und Buehl (2012, S. 479) verstärken dies, indem sie anführen, dass die „sense-of-efficacy beliefs" als motivationales Konstrukt die Ziele der Lehrer, die Anstrengung, sie zu erreichen, die Beständigkeit bei Widerständen und die Art und Weise, wie sie sich bei der Ausübung der Ziele fühlen, beeinflussen. Die handlungsleitende Funktion besteht dann in der motivationalen Möglichkeit der Beliefs, Lehrer zu bestimmten Handlungen zu bewegen. In der Forschung ist es aber noch nicht endgültig geklärt, ob die Beliefs die Handlungen oder die Handlungen die Beliefs formen (Eichler & Erens, 2015).

Epistemologische Überzeugungen

Ein Teil dieser Beliefforschung beschäftigt sich mit solchen, die sich explizit auf das Wissen, dessen Struktur und Genese beziehen (Helmke, 2007). Zudem sind es Annahmen einer Person über die Herkunft, Gewissheit und Rechtfertigung von Wissen (Wegner & Nückles, 2014). Diese Beliefs werden unter dem Begriff der epistemologischen Überzeugungen (Beliefs) geführt[30]. Sie wurden in einigen großen Studien zur Lehrerprofessionalität bzw. zur professionellen Kompetenz angehender Lehrerkräfte im internationalen Vergleich untersucht (Blömeke et al., 2010; Kunter et al., 2011).

Schommer (1994) nimmt an, dass die epistemologischen Überzeugungen ein vielschichtiges Konstrukt mit mehr oder weniger unabhängigen Beliefs als ein einheitliches sind. Sie begründet dies, indem sie anmerkt, dass die epistemologischen Überzeugungen ein zu komplexes System sind, um es eindimensional auszudrücken. Daher unterscheidet sie fünf verschiedene Dimensionen. Diese

29 In dieser Studie werden Beliefs als einer von mehreren möglichen Einflussfaktoren auf das Verhalten von Lehrkräften betrachtet, da das Verhalten neben den Beliefs durch Motivation, Emotionen oder ähnliches beeinflusst werden kann.

30 Der Begriff Epistemologie kommt von dem griechischen Wort „episteme=Erkenntnis, Wissen" und dem Wort „logos=Lehre" und bedeutet daher Wissenschaftslehre oder Erkenntnistheorie (Flammer, 2014). Sie ist ein Teilgebiet der Philosophie. Die sich auf diese Lehre beziehenden Beliefs, die epistemologischen Überzeugungen, sind subjektive Überzeugungssysteme. Sie beziehen sich entweder auf die Struktur des Wissens oder die Wissenserzeugung (Helmke, 2007). Trotz dieses Fokus handelt es sich nicht um ein einheitlich definiertes Konstrukt. Beispielsweise weist Klopp (2014) auf unterschiedliche Bezeichnungen wie *epistemological beliefs*, *personal epistemology* und *reflective judgements* hin.

Ausprägungen fasst sie in den Kategorien „Beliefs über das Wissen" und „Beliefs über den Prozess des Wissenserwerbs" zusammen. In der Kategorie „Beliefs über das Wissen" finden sich drei der fünf angenommenen Dimensionen:

- SICHERHEIT des Wissens: Skala von „Wissen ist absolut" bis „Wissen ist vorläufig"
- STRUKTUR des Wissens: Skala von „Wissen besteht in einzelnen isolierten Teilen" bis „Wissen ist als stark verflochtenes Konzept organisiert"
- QUELLE des Wissens: Skala von „Wissen wird von Autoritäten weitergegeben" bis „Wissen wird durch Begründungen abgeleitet"

Bezüglich des Prozesses des Wissenserwerbs unterscheidet sie folgende Dimensionen:

- KONTROLLE der Wissensaneignung: Skala von „Fähigkeit des Lernens ist bereits mit der Geburt genetisch festgelegt" bis „das Lernen kann durch Üben erlernt werden"
- GESCHWINDIGKEIT der Wissensaneignung: Skala von „Wissen wird entweder schnell oder überhaupt nicht angeeignet" bis „Wissen wird mit der Zeit angeeignet"

In diesem Modell sind damit Beliefs zum Lernen ein fester Bestandteil epistemologischer Überzeugungen. Schommer-Aikins (2004) begründet dies durch die Forschungen von Schoenfeld (1983). In der Forschung zum mathematischen Lösen geometrischer Probleme identifizierte Schoenfeld (1983) die Beliefs von Lernenden, die beinhalten, dass nur begabte Autoritäten Mathematik verstehen können, mathematisches Problemlösen sehr schnell oder überhaupt nicht stattfindet sowie mathematische Beweise nur von allwissenden Autoritäten weitergegeben werden. Aus diesen leitete Schommer-Aikins (2004) die Dimensionen „Kontrolle", „Geschwindigkeit" und „Quelle" ab. Damit ergänzt sie die bisherigen Ansätze in der Forschung zu epistemologischen Beliefs (besteht aus den Beliefs in der Kategorie „Beliefs über das Wissen") um die Dimensionen Kontrolle und Geschwindigkeit, welche sich auf das Lernen beziehen. Bezüglich der „Beliefs über das Wissen" sieht sie die Dimension Quelle des Wissens als nächste Verbindung zum Lernen an. Dies begründet sie mit den von Schoenfeld (1983) identifizierten Beliefs zum Problemlösen, die die Weitergabe von Wissen durch allwissende Autoritäten betreffen.

Zudem sind die epistemologischen Überzeugungen zur Struktur des Wissens (Sicherheit, Struktur), zum Prozess des Wissenserwerbs (Quelle) und zum Lernen (Kontrolle, Geschwindigkeit) voneinander getrennt zu betrachten. Diese bilden ein System aus „mehr oder weniger" unabhängigen Dimensionen, sodass asynchrone Entwicklungen der epistemologischen Überzeugungen möglich sind. Sie können als orthogonale Dimensionen vorliegen, sodass sie sich voneinander unabhängig entwickeln können. Es besteht ebenso die Möglichkeit, dass zwischen den Dimensionen Korrelationen vorhanden sind, sodass sich die entsprechenden Teile gemeinsam entwickeln. Dies wird durch die Annahme der „mehr oder weniger" unabhängigen Dimensionen deutlich (Klopp, 2014).

Hofer und Pintrich (1997) fanden heraus, dass die Schnittmenge der von ihnen untersuchten Modelle zu epistemologischen Überzeugungen aus den Aspekten „Natur des Wissens" und „Prozess der Wissensgenese" besteht. Ersterer bezieht sich auf die Beliefs eines Individuums zu dem Bereich, was Wissen ist. Der „Prozess der Wissensgenese" als zweite Dimension bezieht sich auf den Prozess, wie die Individuen wissend werden. Sie nehmen in ihrem Modell diese beiden Dimensionen als Kernstruktur der epistemologischen Überzeugungen. Diese beiden unterteilen Hofer und Pintrich (1997) nochmals in jeweils zwei Unterdimensionen. Somit gliedert sich die „Natur des Wissens" in „Sicherheit des Wissens" und „Einfachheit des Wissens". Den Aspekt „Prozess der Wissensgenese" unterteilen die Autoren in „Quelle des Wissens" und „Rechtfertigung des Wissens". Die Subdimension „Quelle des Wissens" im Bereich des „Prozess der Wissensgenese" kann als ein Kontinuum zwischen zwei Extremen angesehen werden. Auf der einen Seite entsteht das Wissen außerhalb des Individuums und ist übertragbar. Dagegen wird auf der anderen Seite die Rolle des Konstrukteurs in den Mittelpunkt gesetzt. Aus Sicht der Entwicklung verläuft ein Wandel von einem Zuschauer zum aktiven Konstrukteur des Wissens (Hofer & Pintrich, 1997)[31]. Die anderen Subdimensionen sind für die Studie nicht relevant, da ausschließlich Beliefs zum Lehren und Lernen untersucht werden.

Im Gegensatz zu Schommer-Aikins (2004) sind sich Hofer und Pintrich (1997) nicht sicher, ob epistemologische Überzeugungen über das Lernen, die Intelligenz und das Lehren als zentrale Komponente angeführt werden sollen. Dazu bemerken die Autoren, dass sie sich einerseits nicht mit der Natur des Wissens und dem Prozess der Wissensgenese beschäftigen. Daher beziehen sie diese nicht in die Hauptstruktur mit ein und begründen dies folgendermaßen:

> „In terms of conceptual clarity, it seems to us that the domain of epistemological beliefs should be limited to individuals' beliefs about knowledge as well as

31 Diese Beliefs ähneln den beiden Theorien zum Lehren und Lernen, die auf der einen Seite transmissiv und auf der anderen Seite konstruktivistisch geprägt sind. Diese beiden Theorien und Beliefs zu diesen werden im Kapitel zu Beliefs bezogen auf die Mathematik näher erläutert werden.

reasoning and justification processes regarding knowledge" (Hofer und Pintrich, 1997, S. 116).

Jedoch bedenken die Autoren auch, dass Beliefs im Bereich des Lehrens und Lernens mit den vier Kerneigenschaften verbunden sind. Daher sehen sie diese als periphere Dimensionen an.

Schommer-Aikins (2004) sowie Hofer und Pintrich (1997) beziehen die Dimension Quelle des Wissens in ihre Betrachtungen mit ein, welche in beiden Modellen die Extrema „Weitergabe von Wissen durch externe Autoritäten" und „Ableitung bzw. Konstruktion des Wissens" beinhaltet. Diese Dimension der epistemologischen Überzeugungen soll in dieser Studie als „epistemologische Überzeugungen zum Lehren und Lernen der Mathematik" untersucht werden. Zudem wird die Dimension Kontrolle der Wissensaneignung im Modell von Schommer-Aikens (Schommer, 1994; Schommer-Aikins, 2004) mathematikbezogen untersucht. Im folgenden Kapitel werden dazu die Beliefs zum Lehren und Lernen der Mathematik sowie zur Natur mathematischer Leistungen näher erläutert[32].

2.3.2 Mathematikbezogene Beliefs

Beliefs können sich auf eine spezielle Subdomäne der Mathematik (beispielsweise Eichler & Erens, 2015 für die Analysis der Sekundarstufe II), auf Mathematik selbst, das Lehren und Lernen von Mathematik oder eine übergreifende Orientierung, die unabhängig von der Domäne ist, beziehen (Staub & Stern, 2002). Fachunabhängig zeigt Calderhead (1996) auf, dass Lehrer Beliefs in fünf verschiedenen Dimensionen halten können. Diese sind Beliefs über

(1) die Lerner und das Lernen,
(2) das Lehren,
(3) das Fach,
(4) das Lernen zu Lehren und
(5) sich selbst und die Lehrerrolle.

Eine ähnliche Unterteilung der Beliefs findet sich auch in der Mathematik. Dort unterscheiden beispielsweise Pehkonen und Törner (1996, S. 102) zwischen vier Hauptkategorien:

(1) „Beliefs about mathematics,
(2) beliefs about oneself in mathematics,

32 Für eine ausführlichere Studie von epistemologischen Überzeugungen sei hier auf die Arbeiten von Klopp (2014) und Muis (2004) verwiesen.

(3) beliefs about mathematics teaching,
(4) beliefs about mathematics learning."

Diese vier Hauptkategorien bestehen wiederrum aus verschiedenen Unterkategorien. Beispielsweise enthalten die Beliefs über die Mathematik Überzeugungen zum Fach selbst sowie zur Natur der Mathematik. Kategorisierungen der Beliefs zur Mathematik finden sich bei Ernest (1989) im Sinne von Mathematikphilosophien oder Grigutsch et al. (1998) mit mathematischen Weltbildern.

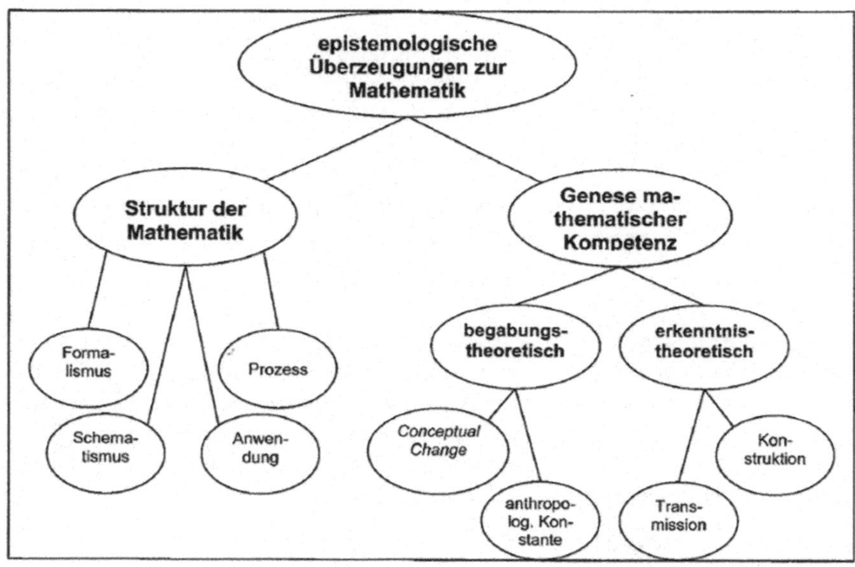

Abbildung 4: Modell der epistemologischen Überzeugungen bei MT21 (Blömeke, Müller, Felbrich & Kaiser, 2008, S. 222)

Mit der Studie MT21 (Mathematics Teaching in the 21st Century) führten Forscher erstmals eine internationale Studie zum Vergleich der professionellen Kompetenz von angehenden Lehrern durch (Blömeke, Kaiser & Lehmann, 2008a). Als ein Teil der professionellen Kompetenz erhoben die Forscher epistemologische Überzeugungen der Lehrer zur Mathematik. Dazu unterteilten sie die epistemologischen Überzeugungen theoretisch in die Dimensionen *Struktur der Mathematik* und *Genese mathematischer Kompetenz* (siehe Abbildung 4). Innerhalb der Dimension Struktur wurde die Operationalisierung von Grigutsch et al. (1998) übernommen. Die zweite Dimension *Genese mathematischer*

Kompetenz wurde in eine begabungs- (conceptual change vs. anthropologische Konstante) und eine erkenntnistheoretische (Transmission vs. Konstruktion) Komponente unterteilt (Blömeke, Müller et al., 2008). Das in Abbildung vier dargestellte Modell entspricht der Unterteilung und wird nachfolgend für die Dimension „Genese mathematischer Kompetenz" erläutert[33].

Beliefs zur Natur mathematischer Leistungen

Die Unterdimension *begabungstheoretisch* geht auf die Frage ein, ob mathematische Kompetenz von Geburt an festgelegt oder im Laufe der Zeit erlernbar ist. Anthropologisch gesehen sind „mathematische Fähigkeiten [...] angeboren, zeitlich stabil sowie durch demographische Merkmale determiniert" (Blömeke, Müller et al., 2008, S. 225). Aufgrund der geringeren Leistungserwartungen der Lehrkräfte und Eltern im Fach Mathematik bezogen auf die Mädchen, operationalisieren die Autoren diese Skala geschlechtsspezifisch. Die Unterschiede zeigen sich beispielsweise in der Studie von Fennema, Peterson, Carpenter und Lubinski (1990), in der 31 Lehrkräfte der ersten Klasse zu Eigenschaften ihrer besten bzw. schlechtesten Jungen und Mädchen befragt wurden. Hier sehen die Lehrenden die Leistungen der Jungen als Ursache der Fähigkeiten und der Mädchen als Ursache von Anstrengung an (Blömeke, Müller et al., 2008).

Der Ansatz des Conceptual change wird als zweiter Aspekt der Subdimension begabungstheoretisch kontrastierend zur Mathematik als anthropologische Konstante festgelegt. Hierbei wird davon ausgegangen, dass Schüler bereits vor Beginn der schulischen Ausbildung Erfahrungen mit Konzepten aus dem unterrichteten Fach, hier speziell Mathematik, haben (Biza, Souyoul & Zachariades, 2005; Duit & Treagust, 2003). Daher müssen die fachwissenschaftlichen Begriffe und Konzepte ausgehend von den bestehenden angepasst werden. Dabei müssen die Schüler meist eine Veränderung ihrer Konzepte (conceptual change) von einer naiven zu einer wissenschaftlich präzisen Vorstellung vollziehen (Blömeke, Müller et al., 2008).

Die Ergebnisse in MT21 zeigen eine deutliche Tendenz, dass die 139 befragten Referendare von der Erlernbarkeit mathematischer Kompetenz überzeugt

33 Die epistemologischen Überzeugungen zur Struktur der Mathematik wurden in der Studie MT21 von Grigutsch, Raatz und Törner (1998) theoretisch übernommen und in einer verkürzten Skala eingesetzt. Über die Erläuterungen aus dem vorherigen Abschnitt werden an dieser Stelle keine weiteren Erläuterungen gegeben, da die Genese mathematischer Kompetenz im Fokus dieser Studie steht. Ausführlichere Erläuterungen finden sich in dem Artikel von Grigutsch et al. (1998) oder dem Kapitel zu epistemologischen Überzeugungen aus dem Sammelband zu MT21 von Blömeke und Müller et al. (2008) gelesen werden.

sind (anthropologische Konstante 2.18 sowie Conceptual Change 4.86 bezogen jeweils auf eine sechsstufige Likertskala), (Blömeke, Müller et al., 2008). Ähnliche Tendenzen zeigen sich im internationalen Vergleich (Studie TEDS-M) von angehenden Primar- und Sekundarstufen-I-Lehrern (Laschke & Felbrich, 2013; Laschke & Schmotz, 2013).

In der Unterdimension „*erkenntnistheoretisch*" unterscheidet das Modell von MT21 bzw. TEDS-M zwischen dem *Transmissions-Paradigma* und *kognitiv-konstruktivistischen Ansätzen*. Diese Unterscheidung können Fives, Lacatena und Gerard (2015) auf der Basis eines Reviews zu Lehrerbeliefs über das Lehren bestätigen. Sie erwähnen dazu:

> „While there are many conceptions of teachers' beliefs about teaching, much of the literature has evolved to focus on two broad categories: (a) student-centered models, typically reflecting constructivist views of teaching and (b) teacher-centered models, typically a transmission model of teaching" (Fives et al., 2015, S. 253-254).

Diese beiden Ansätze lehnen sich an lerntheoretische Beliefs der Lehrkräfte an. Sie „beschreiben die Annahmen und Wertvorstellungen, die Lehrende über Lehr-Lern-Prozesse haben; sie beziehen sich spezifisch auf das Fach oder auf Lehren und Lernen i. Allg." (Kunter & Pohlmann, 2015, S. 271) Meist wird dabei das Transmissions-Paradigma als traditionelle Beliefs angesehen (Blömeke, Müller et al., 2008). Dagegen wird das Konstruktions-Paradigma meist mit reformorientierten Beliefs verbunden. Im Folgenden sollen diese beiden Paradigmen erläutert werden.

Traditionelle, transmissive Beliefs

Traditionelle Beliefs über das Lehren und Lernen der Mathematik sehen den Lehrenden im Mittelpunkt des Unterrichts. Dabei wird angenommen, dass der Lehrer sachlich richtiges Wissen und die Fähigkeiten an die Schüler – im Sinne des Wissenstransfers – weitergibt. Die Lernenden stellen dabei passive Empfänger dar und lernen die Inhalte durch Zuhören (Perry, Tracey & Howard, 1999). Beim Zuhören versuchen die Lernenden, die Inhalte zu verstehen, schreiben Inhalte während des Mitdenkens auf oder einfach von der Tafel ab (Reiss & Hammer, 2013). In diesem Zusammenhang wird der „Nürnberger Trichter" als Metapher verwendet (Blömeke, Müller et al., 2008), bei dem den Schülern das Wissen durch die Lehrkraft eingetrichtert wird. Folglich besitzt die Lehrkraft den größten Anteil an Redezeit während des Unterrichts. Die Lernumgebungen sollen nach diesem Modell durch den Lehrenden derart kontrolliert werden, dass der Lerner dazu geführt wird, Stimuli oder Stimulus-Antwortkombinationen in zeitlicher

Kontingenz zu erfahren, um die gewünschten Verbindungen zu formen (Staub & Stern, 2002, S. 345). Die Aufgabe der Lehrkraft ist es, die Informationen für eine effektive Aufnahme, Speicherung und Abrufbarkeit aufzuarbeiten. Die so aufbereiteten Inhalte werden den Lernenden präsentiert. Optimalerweise ist dann die Aufbereitung und Präsentation gelungen, hat eine innere Systematik und ist fehlerfrei (Reiss & Hammer, 2013). Kunter und Pohlmann (2015) erläutern dazu, dass man zur praktischen Anwendung komplexe Sachverhalte in kleinere Einheiten unterteilt. Dies zeigt sich beispielsweise in Situationen, in denen ein Algorithmus oder ähnliches in möglichst kleine Schritte zergliedert wird. Diese Schritte sollen dann nacheinander gelernt und deren korrekte Ausführung immer wieder verstärkt werden. Dadurch soll eine Assoziationskette entstehen. Um zu überprüfen, welche Assoziationen schon gelernt worden sind und welche noch nicht, werden häufige Abfragen und Tests eingesetzt (Wellenreuther, 2008). Für ein solches Vorgehen eignen sich besonders Wissensgebiete, die gut teilbar sind, wie es bei den meisten Algorithmen möglich ist. Insgesamt ist der Lernbegriff stark begrenzt, da der Fokus auf Begriffs- und Konzeptwissen liegt, das sich gut operationalisieren lässt und kontextfrei ist. Prozessbezogenes Wissen steht dagegen im Hintergrund. Eine Ausnahme bildet dabei das Üben von Routinen (Blömeke, Müller et al., 2008).

Neue Themen, die durch die Lehrkraft vorher zergliedert und vorbereitet worden sind, werden vom ihr vorgestellt. Zudem zeigt sie anhand von Beispielen, wie die Inhalte zu verstehen sind. Anschließend sollten die Schüler genügend Zeit haben, die Informationen zu speichern. Dies erfolgt durch eine Vielzahl von Aufgaben zur Wiederholung des präsentierten Inhalts. Diese Aufgaben zeichnen sich durch die Anwendung zu lernender Algorithmen in sehr ähnlichen Beispielen aus, sodass die Schüler wiederholend üben. Werden durch die vielen Abfragen Fehler entdeckt, sollen sie sofort korrigiert werden, damit diese Assoziationen nicht verstärkt werden. Damit wird im Lernprozess vor allem Wiederholung, Einschleifen und das Vorrechnen von Beispielen betont (Voss et al., 2011). Zudem ist die Form des Unterrichts durch einen Gleichschritt aller Schüler charakterisiert, da die Inhalte allen Schülern gleichzeitig präsentiert werden und alle Schüler die gleichen Übungen in der gleichen Zeit bearbeiten.

Lehren und Lernen nach dem Konstruktivismus

An den traditionellen transmissiven Lehr- und Lernansätzen wird kritisiert, dass vor allem träges Wissen bestehend aus Begriffen, Fakten und Routinen in Isolation von anderem Wissen gefördert wird, weil die Einbettung in authentische Kontexte fehlt. Hauptsächlich steht die Anwendbarkeit in Frage, da das Wissen nicht mit dem Vorwissen in Verbindung gebracht wird und zu wenig mit anderen Wissensstrukturen vernetzt ist (Blömeke, Müller et al., 2008). Auf diese Kritik geht die Theorie des Konstruktivismus ein, die heute weit verbreitet ist.

Aus konstruktivistischer Perspektive beachten die Lehrkräfte die aktiv konstruierende Rolle des Lerners (Decker, Kunter & Voss, 2015). Hier bauen die Lernenden neues Wissen aktiv auf, indem sie das Vorwissen und ihre Beliefs als Ausgangspunkt des Lernprozesses verwenden (Borko & Putnam, 1996). Dadurch wird das neue Wissen mit dem alten vernetzt. Der Aufbau geschieht dabei im gemeinsamen Diskurs zwischen Lehrenden und Lernenden (Kunter & Pohlmann, 2015). Im Diskurs der Schüler untereinander und der Schüler mit dem Lehrer werden Bedeutungen ausgehandelt oder Wissen im Sinne der Ko-Konstruktion konstruiert, sodass das Lernen als sozialer Prozess stattfindet. Als Konsequenz sollte im Unterricht hervorgehoben werden, dass neue Inhalte nicht als abgeschlossene Erkenntnisse vorliegen. Vielmehr sollen Lernende ihre eigenen Wege finden, Probleme zu lösen. Daher spielen im Lernprozesses Problemlöseaufgaben eine besondere Rolle. Bei diesen erhalten die Schüler die Möglichkeit, während des Lösungsprozesses Bedeutungen neuer Inhalte auszuhandeln, mit dem Vorwissen zu arbeiten und Wissen aktiv zu konstruieren (Blömeke, Müller et al., 2008).

Das Vorwissen wird durch den kommunikativen Austausch untereinander aktiviert. Zudem werden kognitive Modelle durch das Beobachten der anderen beim Denken bereitgestellt. Während dieses Prozesses können die Lernenden einerseits ihr Verständnis vertiefen, da sie im Diskurs gefordert sind, Begründungen für eigene Positionen zu liefern (Blömeke, Müller et al., 2008) und die Sichtweisen der anderen akzeptieren (Woolfolk, 2014). Andererseits können kognitive Konflikte entstehen, deren Lösung folglich Veränderungen in der kognitiven Struktur erfordern (Blömeke, Müller et al., 2008).

Die Lehrkraft nimmt im Vergleich zum Transmissionsparadigma eine andere Rolle ein. Er ist nun nicht mehr der Vermittler des Wissens, sondern gestaltet Lernumgebungen für die Schüler. Dabei stellt der Lehrende Informationen für die Schüler bereit und strukturieret die Kommunikation (Blömeke, Müller et al., 2008). Die Voraussetzungen für die Erstellung von Lernumgebungen, in denen Lerner Wissen konstruieren können, ist die individuell erworbene kognitive Struktur des Lerners. Davon ausgehend sind die Lernumgebungen hinsichtlich eines individualisierten Lernens zu gestalten. Dazu kann die Binnendifferenzierung eingesetzt werden, um den Lernenden nach ihren Anforderungen und Bedürfnissen Lernangebote bereit zu stellen (Leuders, 2009). Möglichkeiten der Differenzierung sind Aufgaben mit unterschiedlichen Schwierigkeitsgraden, unterschiedlichen Kontexten – Orientierung an den Interessen der Schüler – und

Aufgaben mit unterschiedlichen Zugangsformen (Scholz, 2010). In den Lernumgebungen haben die Schüler die Möglichkeit, autonom zu arbeiten, ihr Vorwissen einzubringen, Bedeutungen auszuhandeln und persönlich als schwierig empfundene Aufgaben zu lösen (Leuders, 2009).

Während des Lernprozesses erhält die Lehrkraft zudem die Rolle des Unterstützers, indem er die Lernprozesse durch geeignete Materialien initiiert und den Lernenden beim inhaltsspezifischen Konstruktionsprozess hilft (Staub & Stern, 2002). In dieser Rolle ist es ebenfalls die Aufgabe des Lehrers, die Vorstellungen der Schüler zu diagnostizieren und konstruktiv mit diesen umzugehen. Da Fehler das Ergebnis einer vorangegangen erfolgreichen Konstruktion sind, stellen sie keine falschen Anpassungen an eine Situation dar. Dementsprechend sind Fehler eine natürliche Begleiterscheinung eines stattfindenden Lernprozesses. Als solche muss der Lehrer sie behandeln, indem er eine positive Fehlerkultur aufbaut, in der Fehler als Teil des Lernens angesehen werden. Dies kann er mit offenen Aufgaben, Austausch der Schüler über Fehler in Partner- oder Gruppenphasen und dem Trennen vom Leisten und Lernen erreichen (Leuders, 2009). Insgesamt wird damit ein schülerzentrierter Unterricht aufgebaut, in dem Verständnis im Mittelpunkt steht (Ernest, 1989).

Die Schüler- und Verständnisorientierung setzt voraus, dass die Lehrkraft das Wissen und die Konzepte der Schüler mit einbezieht. Dieses fachdidaktische Wissen findet sich beispielsweise im Bereich des Wissens über die Inhalte und der Schüler wieder (Kapitel 2.2.2). Mit diesem können sie im konstruktivistischen Sinne den Unterricht adaptiv an die Bedürfnisse der Schüler anpassen und die Konzepte der Schüler nutzen, um das Lernen zu verbessern. Dabei werden Fehler bzw. Misconceptions als Chance für das Lernen aufgefasst. Dies verdeutlicht unter anderem Caspary (2008) in seinem Sammelwerk, da dort Fehler als notwendige Voraussetzungen für den Entwicklungs- und Lernprozess hervorgehoben werden. Als Lernchance muss den Fehlern der Schüler aber auch Raum gegeben werden. Kennen Lehrkräfte durch die Diagnose und ihrem Wissen über Schülerfehler und Konzepte die Ausgangslage in ihrer Klasse, so können sie auf Basis ihres Wissens und der Fähigkeiten den Unterricht auf die diagnostizierten Aspekte ausrichten (Hußmann et al., 2007).

Erfassung und bisherige Forschung zu Beliefs zum Lehren und Lernen

Bereits in den 90er Jahren des vergangen Jahrhunderts beschäftigten sich Peterson, Fennema, Carpenter und Loef (1989) mit der Erfassung von fachdidaktischen Beliefs. Auf der Basis der bis zu diesem Zeitpunkt existenten Literatur identifizierten sie vier Konstrukte, „that represent fundamental assumptions underlying much of the contemporary cognitive research on children's learning" (Peterson et al., 1989, S. 4):

1. *„Children construct their own mathematical knowledge."* Dieses Konstrukt reflektiert die aktive Rolle der Lerner beim Lernprozess. Die Annahmen werden von Peterson et al. auf einem Kontinuum zwischen den beiden folgenden Punkten gesehen: Kinder konstruieren ihr eigenes Wissen aktiv; die Schüler erhalten das Wissen von den Lehrern als passive Rezipienten.
2. *"Mathematics instruction should be organized to facilitate children's construction of knowledge."* Dieses Konstrukt bezieht sich auf die Gestaltung des Unterrichts mit den beiden folgenden Skalenendpunkten: Mathematikunterricht muss passend für die Konstruktion des Wissens durch die Lernenden gestaltet sein; Mathematikunterricht ist für die klare Präsentation des Wissens des Lehrers gestaltet.
3. *"Children's development of mathematical ideas should provide the basis for sequencing topics for instruction."* In diesem Zusammenhang soll die Entwicklung der Kinder bei der Planung des Unterrichts berücksichtigt werden. Dementsprechend finden sich die beiden folgenden Endpunkte einer solchen Skala: Die Entwicklung der Kinder ist der Ausgangspunkt für die Planung des Unterrichts; die Struktur der Mathematik ist der Ausgangspunkt für die Planung des Unterrichts.
4. *"Mathematical skills should be taught in relation to understanding and problem solving."* In diesem Konstrukt gibt es die beiden folgenden Skalenpunkte: Die mathematischen Fähigkeiten sollen in Verbindung mit Verständnis und Problemlösen gelehrt werden; mathematische Fähigkeiten sollen isoliert vom Verständnis und dem Problemlösen als diskrete Komponenten unterrichtet werden.

Aus diesen Dimensionen ist ein Fragebogen mit insgesamt 48 Items – zwölf Items für jede Dimension – entwickelt worden. Diese werden in der ursprünglichen Fassung auf einer fünfstufigen Likertskala eingeschätzt. Die Testung der internen Konsistenz des Fragebogens ergab für die Skalen Werte von 0.86, 0.75, 0.86 und 0.81 (Chronbachs's alpha; in der Reihenfolge der vier Skalen). Der Gesamtwert für alle 48 Items ergab einen Wert von 0.93 für Chronbach's alpha, sodass der Fragebogen den Gütekriterien der internen Konsistenz entspricht. Diesen Fragebogen übersetzen Staub und Stern (2002) für ihre Studien zu Beliefs in die deutsche Sprache.

Die Forschungsgruppe um MT21 sowie TEDS-M übernahm den von Peterson et al. (1989) entwickelten Fragebogen in weiten Teilen. In der Unterdimension *„erkenntnistheoretisch"* sind die beiden Paradigmen Konstruktivismus und Transmission durch zwei Skalen vertreten, die auf den Skalen von Peterson et al basieren. Die Ergebnisse der ausgewerteten Fragebögen zeigen in MT21, dass Referendare einer konstruktivistischen Sichtweise auf das Lehren und Lernen der Mathematik deutlich zustimmen. Bezüglich der Transmissionsorientierung verhalten sie sich neutral. Zudem sind keine bedeutsamen Unterschiede zwischen den Schulformen (HR sowie Gym und Gesamtschule) zu erkennen (Blömeke, Müller et al., 2008). In TEDS-M zeigen sich ähnliche Ergebnisse (Schmotz et al., 2010).

In der Studie COACTIV wurden im Rahmen der Erfassung der professionellen Kompetenz von unterrichtenden Sekundarstufen-I-Lehrern ebenfalls Beliefs erhoben. Bezogen auf die Dimensionalität der Beliefs zur Mathematik unterscheiden die Forscher übergreifend zwischen konstruktivistischen und transmissiven / behavioristischen Beliefs. In beiden Dimensionen werden dann epistemologische Überzeugungen sowie Beliefs über das Lehren und Lernen der Mathematik einsortiert. Dort operationalisieren die Forscher im Bereich des Lehrens und Lernens der Mathematik die Transmissionsorientierung durch *Einschleifen von technischem Wissen*, *Eindeutigkeit des Lösungswegs* und *Rezeptives Lernen durch Beispiele und Vormachen*. Die konstruktivistischen Beliefs charakterisieren sie durch *Selbstständiges und verständnisvolles diskursives Lernen* und *Vertrauen auf mathematische Selbstständigkeit der Schüler*. Ähnlich wie bei TEDS-M und MT21 stimmen die 328 Lehrkräfte den konstruktivistischen Beliefs eher zu und Verhalten sich bezüglich der transmissiven neutral (Voss et al., 2011). Statistische Analysen der Daten zeigen zusätzlich, dass die beiden Dimensionen getrennte negativ zusammenhänge Kategorien darstellen (Korrelation -0.67) und nicht die Endpunkte einer Skala beschreiben. Daher ist es auch möglich, dass sich Lehrkräfte mit beiden Lerntheorien identifizieren können (Voss et al., 2011). Ursache hierfür kann die Clusterstruktur der Beliefs sein, welche Inkonsistenzen ermöglicht (Green, 1971). Zudem können dabei andere Faktoren, wie Anzahl der Schüler, Budget der Schule, Anzahl der Stunden der Lehrer, usw. zu bestimmten Ausprägungen der Beliefs führen.

Reiss und Hammer (2013) erwähnen im Vergleich der beiden Perspektiven auf das Lehren und Lernen, dass es unmöglich ist, eine der beiden Formen als ideal anzusehen. Sie schlagen auf der Grundlage von Reinmann und Mandl (2006) vor, eine integrierte Perspektive einzunehmen, die Instruktion und Konstruktion einschließt. Beide Perspektiven können dann im Unterricht nebeneinanderstehen. Vorteile beider Formen des Lehren und Lernens können so kombiniert werden, indem die Rolle des Lernenden im Konstruktivismus beachtet wird und das Lehren aktiv gestaltet wird, um Anleitungen zu geben, Inhalte darzubieten und Erklärungen zu liefern (Reiss & Hammer, 2013). Dementsprechend kann eine Lehrkraft, die ihren Unterricht nach diesen Prinzipien gestaltet, unabhängig voneinander Beliefs über beide Formen des Lehrens und Lernens halten.

Der Zusammenhang zwischen den konstruktivistischen und transmissiv orientierten Beliefs zu dem fachlichen und dem fachdidaktischen Wissen ist ebenfalls in COACTIV analysiert worden. Krauss und Neubrand et al. (2008) berichten, dass es in der Studie eine positive Korrelation von 0,30 (signifikant bei $p < 0{,}05$) zwischen dem fachdidaktischen Wissen und konstruktivistischen Beliefs gibt. Zudem zeigt sich ein negativer Zusammenhang von -0,34 (signifikant bei $p < 0{,}05$) zu rezeptiven Beliefs. Ähnliche Ergebnisse fand Besser (2014) in seiner Analyse der COACTIV-Daten. Seine Untersuchungen zeigen jedoch noch stärke Ausprägungen der Zusammenhänge: $0{,}369 < r < 0{,}371$ für konstruktivistische Beliefs und fachdidaktisches Wissen sowie $-0{,}560 < r < -0{,}476$ für transmissive Beliefs und fachdidaktisches Wissen.

Die Messung der Beliefs zu den beiden Lernorientierungen wurden unter anderem mit dem Fragebogen von Peterson et al. (1989) gemessen (beispielsweise TEDS-M). Ziel der Fragebogenentwicklung war es, ebenso Änderungen der Beliefs der Lehrkräfte zu messen. Dies soll in der vorliegenden Studie ebenfalls erfolgen. Daher wird im folgenden Unterkapitel die Stabilität der Beliefs thematisiert. Anschließend wird Reflexion über Beliefs und Praxis als ein möglicher Ansatzpunkt für Belief-change erläutert.

2.3.3 Veränderung von Beliefs

In der älteren Literatur galt vor allem das Charakteristikum der Stabilität als eine zentrale Eigenschaft der Beliefs. In diesem Zusammenhang wurde angenommen, dass Beliefs relativ stabil im Sinne von lang anhaltend und resistent gegenüber Änderungen sind (Pajares, 1992; Philippou & Christou, 2002; Skott, 2015). Ursache ist häufig die frühe und lang andauernde Entwicklung der Beliefs. Beispielsweise bilden sich die Beliefs von Lehrkräften bereits während der eigenen Schulzeit aus (Handal, 2003). Zur Stabilität der Beliefs fasst Schommer-Aikins (2004) einen Vergleich von Abelson (1986), der Beliefs mit Kleidung vergleicht, wie folgt zusammen:

> "They are like old clothes; once acquired and worn for a while, they become comfortable. It does not make any difference if the clothes are out of style or ragged. Letting go is painful and new clothes require adjustment" (S. 22).

Die Stabilität der Beliefs ist jedoch nicht festgeschrieben, sondern variiert aufgrund unterschiedlicher Eigenschaften. Green (1971) erwähnt als eines seiner drei Merkmale von Belief systems die psychologische Zentralität. Hier führt er an, dass einige Beliefs für das Individuum wichtiger sind als andere. Er geht davon aus, dass es sogenannte Core Beliefs gibt, die fundamental für den Menschen sind, da sie die Kerneigenschaften der Persönlichkeit beschreiben. Bis zu diesen nimmt er an, dass es von der Wichtigkeit abgestufte Beliefs gibt. Auf dieser Annahme sind dann wichtige Beliefs psychologisch zentral. Dagegen sind unwichtigere peripher. Die Resistenz gegen Änderungen variiert nun abhängig vom Grad der Zentralität, wobei die zentralsten Beliefs nur sehr schwer zu ändern sind. Diese Idee deckt sich mit den drei Annahmen von Rokeach (1968) über das Konzept der Zentralität[34].

In Studien zu Beliefs wird trotz der Stabilitätsannahme nach Bedingungen gesucht, die Änderungen dieser hervorrufen (Liljedahl, Oesterle & Bernèche, 2012). In diesem Zusammenhang berichten einige Studien von Änderungen der Beliefs durch die Intervention (Decker et al., 2015; Decker, 2015; Kleickmann, Möller & Jonen, 2006; Vacc & Bright, 1999). Die Fallstudie zur Änderung von Beliefs durch einen Problemlösekurs von Bernack-Schüler, Leuders und Holzäpfel (2015) zeigt dagegen, dass Änderungen der Beliefs nicht immer mit einer Intervention einhergehen. In der Studie besitzt eine Studentin den Belief „Lösung von Aufgaben durch bekannte Algorithmen“, welcher trotz der Intervention in Form eines Problemlösekurses stabil blieb. Zu diesen Beispielen finden sich bei Fives und Buehl (2012) weitere, die Stabilität oder Veränderung zeigen.

Trotz der gewollten Änderung von Beliefs wird in den theoretischen Teilen der Studien von der Stabilität ausgegangen. Die Ursache für unterschiedliche Annahmen bezüglich der Stabilität und der durchgeführten Forschung scheint dabei in dem Verständnis des Worts „stabil“ zu liegen (Liljedahl et al., 2012), „since in the case of beliefs it can be understood in different ways“ (Furinghetti & Pehkonen, 2002, S. 50).

Mit dem Verständnis der Stabilität von Beliefs sowie Studien zu Veränderungen von Beliefs setzten sich Liljedahl et al. (2012) in einem Review auseinander. Sie kodierten die untersuchten Studien hinsichtlich unterschiedlicher Eigenschaften der Stabilität von Beliefs. Die Kodierungen und die anschließenden Analysen zeigen, dass acht unterschiedliche Themen bezüglich der Stabilität identifizierbar sind. Zuerst scheinen stabile Beliefs und die Annahme, dass Veränderungen der Beliefs unmöglich sind, nicht übereinzustimmen. Dies haben sie in zwölf Studien gefunden, die anfänglich annehmen, dass Beliefs stabil sind, aber dennoch eine Intervention durchführten. Die Unterschiede führen Liljedahl

34 Die drei Annahmen formuliert Rokeach (1968, S. 3) wie folgt: „First, not all beliefs are equally important to the individual; beliefs vary along a central-peripheral dimension. Second, the more central a belief, the more it will resist change. Third, the more central the belief changed, the more widespread the repercussions in the rest of the belief system.“

et al. (2012) auf unterschiedliche Interpretationen der Stabilität zurück. Darüber hinaus werden zweitens manche Beliefs als stabil angesehen, andere wiederum als änderbar. Beispielsweise sind neu angeeignete Beliefs veränderbar, weil sie sich erst noch entwickeln. Ältere sind dagegen stabiler, da sie eine lange Entwicklungsphase durchlaufen haben (Liljedahl et al., 2012). Ebenso verhält es sich mit peripheren im Vergleich zu zentralen Beliefs (Green, 1971). Als drittes führen Liljedahl et al. (2012) an, dass Beliefs schwer zu ändern sind. Veränderungen bedeuten für ein Individuum, das Vertraute für Neues zu verlassen. Dies ist meist ein komplexer Prozess. Speziell unter dem Aspekt der Zeit wird „schwer veränderbar“ als „braucht lange Zeit für die Veränderung“ verstanden. Viertens sehen die Autoren Beliefs als relativ stabil im Vergleich zu anderen Beliefs, anderen Konstrukten (Kognitionen) o. ä. an. Dies zeigt sich unter anderem in der älteren Unterscheidung zwischen Beliefs, attitudes und emotions bei McLeod (1992). Als fünftes zeigen die Autoren auf, dass Beliefs sich nicht von selbst ändern, sondern eine Intervention stattfinden muss. Das Stattfinden einer Intervention führt jedoch nicht zwangsläufig zu Beliefänderungen (vgl. Bernack-Schüler et al., 2015). Sechstens existieren die Beliefs nicht im Vakuum, sondern entstehen in der sozialen Auseinandersetzung mit der Umwelt, die als Quelle der Entwicklung angesehen wird. Als siebtes können sich Beliefs ändern. Und als letztes erwähnen Liljedahl et al. (2012), dass die Beliefs situiert sind.

Ausgehend von den Ergebnissen von Liljedahl et al. (2012) werden Beliefs in dieser Studie als relativ stabil und schwer änderbar angesehen. Jedoch wird angenommen, dass Veränderungen durch Interventionen stattfinden können. Dabei werden Veränderungen der Beliefs im Sinne von Liljedahl et al. (2012, S. 113) als ein natürlich stattfindender Prozess betrachtet:

“Difficult, or slow, or resistant to change does not mean unable to change. Relatively stable beliefs are not unwavering. Core beliefs, or old beliefs, do not exist *ex nihilo*. Each of these conceptions is predicated on the fact that change is not only possible, but is a natural part of the development of beliefs and the reaction of beliefs in the face of experiences. Thus, even stable beliefs (by whichever definition of stability is used) can change.”

Liljedahl et al. (2012) kommen am Ende ihrer Analyse zu dem Schluss, die Stabilitätseigenschaft im Prozess der Definition des Konstrukts nicht mehr zu verwenden, weil die Veränderung von Beliefs nicht nur möglich ist, sondern auch einen natürlichen Prozess der Entwicklung darstellt. „Thus, even stable beliefs (by whichever definition of stability is used) can change" (Liljedahl, Oesterle und Bernéche, 2012, S. 113).[35]

Als mögliche Methoden zur Intervention nennen Fussangel et al. (2010) den Ansatz des *conceptual change*, die *Reflexion der Praxis* sowie die *Reflexion der Bedeutung des intuitiven Wissens in der Praxis* als theoretische Stränge für Veränderungen bei Lehrkräften. Dabei wird im Folgenden auf die Reflexion der Praxis als Ansatz eingegangen, da die Studienteilnehmer selbst erhobene Schülerlösungen analysieren und reflektieren sollen.

Reflexion zur Veränderung von Beliefs

Eine anhaltende Änderung der Beliefs entsteht nur, wenn neue Ansätze auf einem systematischen statt auf einem heuristischen Weg bearbeitet werden. Arbeitet eine Lehrkraft mit hohem kognitivem Aufwand und denkt dabei intensiv nach, ist solch eine systematische Bearbeitung gegeben. Zudem wird die Verarbeitung durch die situationellen Gegebenheiten und die Ressourcen der Lehrkraft (Zeit, Wissen, Motivation und Unterstützung) beeinflusst. Die Reflexion durch den Lehrenden über das Unterrichtsverhalten ist ein Beispiel für eine derart systematische Arbeit. Durch sie ist es für die Lehrkräfte möglich, Situationen unter einem anderen Blickwinkel zu betrachten und Aspekte zu beachten, die vorher unwichtig gewesen sind (Decker et al., 2015). Dies kann zu substantiellen neuen Erfahrungen führen, die wichtig für die Änderung der Beliefs sind (Skott, 2015). Speziell ist die Verbindung zwischen der Theorie und der Praxis dabei entscheidend (Kagan, 1992).

Ausgangspunkt sind die bewussten und unbewussten Beliefs der Lehrkräfte. Die meisten Beliefs liegen in der Regel jedoch nicht explizit vor, sondern sind den Individuen unbewusst (Schoenfeld, 2011b). Daher müssen sich Lehrkräfte bewusstwerden, welche Beliefs sie halten, da eine Änderung eher möglich ist, wenn die Beliefs explizit vorliegen. Dazu kann die Methode der Reflexion verwendet werden. Sie „bezeichnet insbes. die Fähigkeit, eigenes Verhalten, mentale Konzepte, Gefühle und Haltungen wahrzunehmen und in Bezug zur Umwelt kritisch zu hinterfragen. Sie ist notwendige Voraussetzung, um aus gemachten Erfahrungen zu lernen, vor, während oder nach dem Ereignis" (Lutz, 2014, S. 1398).

35 Eine vertiefende Analyse der Stabilität und der Veränderung von Beliefs findet sich im vierten Teil des Unterkapitels „Beliefs". Dort werden unter anderem die Analysen über den Grad der Stabilität fortgesetzt und Möglichkeiten aufgezeigt, wie Beliefs geändert werden können.

Lehrkräfte sollen mittels der Reflexion erkennen, welche bewussten und unbewussten Beliefs sie besitzen. Nur so können sie Probleme bzw. Konflikte zu anderen Beliefs identifizieren und sie kritisch durchdenken. Sofern die Lehrkräfte durch Adaption den Konflikt nicht lösen können, stellt der Belief change die letzte Alternative dar (Pajares, 1992). Realisieren, verstehen und internalisieren sie demnach, dass eine Änderung notwendig ist, werden sie Veränderungen vornehmen. Notwendigkeiten entstehen beispielsweise durch Störungen im Lernprozess. Dazu erwähnt Pehkonen (1994, S. 193):

„In order to affect a successful and positive change, Teachers need to be perturbed in their thinking and actions, and they need to commit or do something about the perturbance. In addition, they should have a vision of what they would like to see in their classrooms, and develop a plan to realize their vision."

Quellen können dabei Zeitschriftenartikel, Bücher, Selbstreflexion oder andere Situationen sein, auf deren Basis die Lehrkräfte die eigene Praxis reflektieren. Pehkonen (1994) betont dabei, dass im Prozess der Änderung Unterstützung wichtig ist, damit die Lehrkräfte bei der Lösung von Konflikten zwischen ihren Beliefs nicht alleine gelassen werden.

Reflexion ist ein wichtiges Thema in dem Review von Wilson und Cooney (2002) zu den Änderungen und der Entwicklung von Mathematiklehrkräften. Die betrachteten Studien aus dem Primar- sowie dem Sekundarbereich legen den Fokus auf die Lehrerreflexion ihrer eigenen Beliefs und das Unterrichtshandeln. Sie schlussfolgern aus ihren Analysen, dass die Fähigkeit zur Reflexion mit den Änderungen der Beliefs verbunden ist. Reflektieren als reines Abrufen von Erinnerungen aus der Vergangenheit reicht dabei nicht aus. Stattdessen braucht es neue Erfahrungen, die die Sichtweise der Lehrer erweitert. Dies kann beispielsweise das Arbeiten in innovativen Lernumgebungen (hier kann die Gestaltung von Lernumgebungen nach dem neuen Kerncurriculum als Beispiel angeführt werden) sein. Die neuen Erfahrungen müssen die Lehrkräfte dann reflektieren. Dabei sollte der Fokus auf spezielle (zentralen) Situationen gelenkt werden, weil die Reflexion über Beliefs bezüglich des Lehrens allgemein zwar periphere Beliefs ändern kann aber nicht die zentralen. Die Bedeutung der Reflexion heben Fives et al. (2015) als Ergebnis ihres Reviews ebenfalls hervor. Sie erläutern, dass das aktive Reflektieren und Zusammenarbeiten mit anderen Lehrkräften oder Professoren bzw. Fortbildern wichtig für eine Änderung sind. Die Bedeutung von Reflexion in professional development ist ebenfalls groß, da sie ein Merkmal beschreibt, das das professional development für Lehrkräfte effektiv werden lässt (näher erläutertet in Kapitel 3.4).

Auswirkungen der Reflexion auf Beliefs erforschten Decker und andere (Decker et al., 2015; Decker, 2015) in ihren Studien. Die Autoren untersuchten den Einfluss des Vorbereitungsdiensts (zweite Phase der Lehrerbildung in Deutschland) sowie Lehrerfortbildungen (in dieser Arbeit allgemeiner als professional development bezeichnet) auf ihre Wirkung. Dazu führten sie unterschiedliche Interventionen durch. Neben den Auswirkungen auf die Beliefs wurden motivationale Faktoren mit einbezogen. In der Studie von Decker et al. (2015) nahmen insgesamt 536 Lehrer im Vorbereitungsdienst von 100 Studienseminaren teil, die in zwei Gruppen unterteilt wurden. Die erste bestand aus Lehrern, die sich am Beginn des Vorbereitungsdiensts befinden bzw. wenig praktische Erfahrung haben. Die zweite befand sich bereits ein Jahr in der Ausbildung. In der Studie erfassten Decker et al. (2015) motivationale Variablen (Selbstefektivität, Enthusiasmus und emotionale Erschöpfung) sowie Beliefs über das Lehren und Lernen an unterschiedlichen Messzeitpunkten. Die Ergebnisse zeigen einen positiven Zusammenhang zwischen der Reflexion und der Änderung der Beliefs[36]. Dabei zeigte sich höhere Reflexionsfähigkeit bei den angehenden Lehrkräften, wenn sie verschiedene Standpunkte in den Seminaren diskutierten, im Vergleich zu Sitzungen, in denen dies nicht vorkam. Dies sagte in der Studie wiederum Änderungen der Beliefs vorher. Der Effekt war in der Studie jedoch nicht signifikant. Im Vergleich dazu bewirkte das Teilen der Erfahrungen keine Änderungen. Decker (2015) berichtet in ihrer Arbeit von zwei weiteren Studien, in denen die Änderungen der Beliefs der Lehrer in professional development untersucht worden sind. Beide Studien sind mit Lehrkräften aus der Primarstufe durchgeführt worden. In ihnen hat sich gezeigt, dass die Lehrkräfte durch das professional development zum „Schwimmen und Sinken" (Studie 1) ihre Beliefs in Richtung konstruktivistische Orientierung und conceptual change geändert haben. In der zweiten Studie hat das Ausmaß an systematischer Verarbeitung der Inhalte vorhergesagt, wie stark sich die Beliefs der Lehrkräfte geändert haben. Im gleichen Themengebiet der Grundschule haben Kleickmann et al. (2006) herausgefunden, dass sich durch eine am Konstruktivismus und conceptual change orientiertes professional development einige Beliefs zum Lehren und Lernen der Lehrpersonen verändern kann. Dies hat sich auch positiv auf die Leistungen der Schüler ausgewirkt (Kleickmann & Möller, 2007).

Zusammenfassend lässt sich festhalten, dass Beliefveränderungen ein komplexer, mühevoller und langer Prozess sind. Besonders wenn Beliefs in ein

36 Das Ausmaß der Reflexion wurde in der Studie von Decker, Kunter und Voss (2015) durch ein Testinstrument mit vier Items erhoben, dass im Rahmen der Studie entwickelt wurde. Die Items sollten auf einer sechsstufigen Likertskala mit den Endpunkten „disagree" und „agree" eingeschätzt werden. Dort fanden sich Items wie „In our seminar, we regularly speak about what we have experienced recently during our own teaching at school" (Decker, Kunter & Voss, 2015, S. 49).

System eingebettet sind, ist es schwerer, sie zu verändern, als wenn sie isoliert vorliegen (Blömeke, Müller et al., 2008). Falls jedoch Änderungen stattfinden, dann vollziehen sich diese speziell bei unbewussten Beliefs langsam (Schoenfeld, 2011b). Selbst wenn die Beliefs mit denen der Reform übereinstimmen oder sich dorthin geändert haben, kommt das Unterrichtsverhalten dem nicht notwendigerweise nach (Skott, 2015).

In dieser Studie werden Beliefs der Lehrkräfte aus ihrer Sicht analysiert. Dazu werden unter anderem Interviews geführt, in denen die Lehrkräfte über Handlungen berichten, die sie im Unterricht durchführen. Dabei sind Beliefs aus Sicht des epistemologischen Menschenbilds ein möglicher Faktor, der Handlungen festlegt. Daher soll das Menschenbild im Folgenden erläutert werden.

2.3.4 Epistemologisches Menschenbild

Das epistemologische Bild des Menschen wird im Forschungsprogramm Subjektive Theorie (FST) als zentrale Grundannahme gesetzt. Die Forscher stützen dieses Bild des Menschen auf den Begriff der Handlung statt auf dem Verhaltensbegriff. Dazu grenzen sie die beiden Begriffe voneinander ab (Schlee, 1988). Dies soll an dieser Stelle ebenfalls geschehen, da es sowohl für die Darstellung des epistemologischen Menschenbilds als auch zur Klärung der Konstrukte der Motivationsforschung verwendet wird.

Das Verhalten bezieht Schlee (1988) auf das unmittelbar beobachtbare am Menschen. Dementsprechend wird beim Verhalten auf die motorische Bewegung des Körpers fokussiert, wobei der Mensch unter der Kontrolle seiner Umwelt steht. Ähnlich beschreibt Kaiser (2014, S. 1741) Verhalten als einen aus der Alltagssprache stammenden Begriff, der „üblicherweise jede Form motorischer Aktivität […] der Skelettmuskulatur eines Organismus“ bezeichnet. Dementsprechend werden mit diesem Verständnis von Verhalten – im Sinne des Behaviorismus – interne Prozesse wie Absichten, Bewusstsein oder Ziele ausgeblendet. Zudem kann ein solcher Ansatz der menschlichen Intentionalität nicht gerecht werden, weil Autonomie, Reflexivität und kognitives Konstruieren nicht thematisiert und dem Menschen implizit oder explizit abgesprochen werden.

Demgegenüber sind Handlungen ein Phänomen der Geisteswelt, welches nicht nur auf das Beobachtbare zurückgeführt werden kann. Entgegen des behavioristischen Ansatzes, der die Analyse des Verhaltens nur auf das automatische Reagieren und Ausführen gelernter Gewohnheiten begrenzt, bezeichnen Handlungen selektiv menschliches Verhalten, dem ein Sinn innewohnt. Dementsprechend können Handlungen als zielgerichtetes Verhalten verstanden werden (Achtziger & Gollwitzer, 2010). Die Handlung kann ebenso als absichtsvolles

Verhalten angesehen werden, das auf die Beseitigung einer Ist-Soll-Diskrepanz ausgerichtet ist (Eichler, 2005b). Im FST fasst Schlee (1988, S. 12) dies wie folgt auf:

> „Handlungen lassen sich als absichtsvolle und sinnhafte Verhaltensweisen beschreiben; sie werden konstruktiv geplant und als Mittel zur Erreichung von (selbstgewählten) Zielen eingesetzt."

Neben den Eigenschaften absichtsvoll und zielgerichtet gehören die Merkmale *willentlich, zweckbestimmt, intendiert* und ähnliche zu den Kerncharakteristika von Handlungen. Uneinheitlich werden die Eigenschaften wissentlich, besonnen, bewusst, reflektiert, oder ähnliche zur Festlegung von Handlungen verwendet. Dabei wird immer betont, dass die Einschätzung über die Situation Ausgangspunkt der Handlungen ist (Eichler, 2005b mit Verweis auf Lauken (1999)). Girnat (2017, S. 32) fasst in diesem Zusammenhang zusammen, dass der Begriff der Handlung vage ist, da zur Abgrenzung zwischen dem Handeln und dem Verhalten unterschiedliche Merkmale verwendet wurden: „Bewusstheit, Absichtlichkeit, Willentlichkeit, Freiheit, Autonomie, Verantwortlichkeit, Regelhaftigkeit, Konventionalität, Rationalität, Einbettung in seinen sozialen oder sprachlichen Kontext usw." Er verweist zudem darauf, dass die Merkmale „Absichtlichkeit" und „Intentionalität" als Minimalkriterien angesehen werden. Dies entspricht dem Handeln als zielgerichtetes Verhalten.

Handlungen lassen sich aufgrund der genannten Eigenschaften nicht direkt beobachten, da sich Teilaspekte wie die Bedeutungszuschreibung, die Sinnkonstruktion und Absichtsverfolgung nicht sichtbar im Handeln der Person zeigen. Es ist möglich, die Innenaspekte interpretativ zu erschließen oder im Dialog zu rekonstruieren. Dazu wird der Handelnde nach seiner persönlichen Interpretation der Handlung befragt (Schlee, 1988).

Aus der Perspektive des Behaviorismus wird dem Menschen Autonomie, Reflexivität und kognitives Konstruieren abgesprochen. Der Mensch reagiert in diesem Sinne mechanistisch und sein Verhalten wird durch Umweltreize determiniert[37]. Entgegen dieser Annahmen gehen die Forscher im FST davon aus, dass der Mensch potentiell autonom, aktiv konstruierend und reflexiv ist. Dementsprechend bilden und verwerfen Menschen ihre eigenen Hypothesen und entwickeln Konzepte sowie Schemata, welche als interne Strukturen ihr Handeln steuern. In diesem Sinne beschreibt Schlee (1988, S. 15) das Modell des Menschen wie folgt:

37 Auf das behavioristische Modell des Lernens wird im folgenden Unterkapitel im Rahmen der Beliefs zum Lehren und Lernen der Mathematik näher eingegangen.

> „Das Subjektmodell des handlungsfähigen Menschen enthält daher Merkmale wie Intentionalität, Entscheidungsfähigkeit zwischen Handlungsalternativen, Planung von Handlungsabläufen, Sprach- und Kommunikationsfähigkeit nicht nur als Beschreibungs- und Zieldimensionen des Erkenntnisgegenstandes, sondern versucht diese Merkmale auch im Forschungsprozeß [sic] zu realisieren, das heißt die Sprach- und Kommunikationsfähigkeit des menschlichen Erkenntnis-Objekts in der Psychologie nicht zu eliminieren bzw. zu vernachlässigen, sondern als Ausgangspunkt und Grundlage der Forschungsstruktur einzuführen."

Aufbauend auf diesem Verständnis des Menschen verfolgen die Forscher im FST ein epistemologisches Menschenbild als zentrale Grundannahme, welches auf dem Handlungs- statt dem Verhaltensbegriff basiert. Der Mensch wird in diesem Sinne parallel zum Wissenschaftler modelliert, sodass er ebenfalls Theoriekonstrukteur und Theorienutzer ist (Schlee, 1988). In diesem Sinne wird der Unterschied zwischen den Rollen als Erkenntnissubjekt und -objekt aufgehoben. Der Mensch stellt Fragen, entwirft und überprüft Hypothesen, gewinnt Erkenntnisse und bildet Vorstellungen, die die Grundlage für sein Handeln sind. Zudem hat der Mensch im Planen und Handeln Wahlmöglichkeiten, sodass er für seine Entscheidungen und Handlungen eigene Verantwortung trägt. Über die internen Prozesse, die mit den beschriebenen Merkmalen zusammenhängen, sowie über die Sinn- und Bedeutungsstrukturen kann der Mensch Auskunft geben.

Girnat (2017, S. 34) beschreibt auf der Basis des Grundmodells der kausalen Handlungserklärung, dass die Voraussetzung für Handlungen Kognitionen sind (in dem Modell sind es Wünsche und Überzeugungen[38]), die als Ursachen des Handelns angesehen werden können und eine sprachliche Struktur besitzen. Er verweist in diesem Zusammenhang wörtlich auf Beckermann (1986, S. 77), wobei unter x das Verhalten verstanden wird:

> „x ist eine absichtliche Handlung, wenn (a) der Handelnde den Wunsch hat, eine Handlung auszuführen, die die Eigenschaft F hat, (b) der Handelnde davon überzeugt ist, daß x unter den gegebenen Umständen die Eigenschaft F hat, (c) der in (a) angeführte Wunsch und die in (b) ausgeführte Überzeugung die Ursachen von x sind."

38 Der Begriff Überzeugungen wird in dieser Arbeit nicht zentral verwandt. Dagegen wird der Begriff der Beliefs verwendet. An dieser Stelle ist jedoch der Begriff Überzeugungen in Anlehnung an das Zitat von Beckermann (1986) verwendet worden, um den Inhalt des Originals nicht zu verfälschen.

Ähnlich sieht Schlee (1988, S. 17) subjektive Theorien[39], indem diese die „komplexeste Form der für Handlungen zentralen Merkmale von Intentionalität, über Reflexivität, sprachliche Kommunikationsfähigkeit bis hin zur potentiellen Rationalität“ darstellen.

Die Beliefs liegen auf Basis des epistemologischen Bildes des Menschen den Handlungen zugrunde und können in Kombination mit den Absichten und Intentionen als intentionaler Sinn einer Handlung verstanden werden (Girnat, 2017). Sie beschreiben den nicht beobachtbaren Teil von Handlungen, die das beobachtbare Verhalten steuern (Eichler, 2005a). In diesem Sinne sollen Beliefs und Motivation (siehe Unterkapitel 2.3) auf Basis des epistemologischen Bildes des Menschen als eine mögliche Ursache von Handlungen angesehen werden.

Die relevanten Aspekte der Beliefs sollen im folgenden Kapitel zusammengefasst werden.

2.3.5 Zusammenfassung

In dieser Studie sollen Beliefs nach Philipp (2007, S. 259) wie folgt festgelegt werden:

> “Psychologically held understandings, premises, or propositions about the world that are thought to be true. [...] Beliefs might be thought of as lenses that affect one's view of some aspect of the world or as dispositions toward action. Beliefs, unlike knowledge, may be held with varying degrees of conviction and are not consensual.“

Sie haben einen subjektiven bzw. affektiven Charakter und können dem Individuum bewusst oder unbewusst sein. Zudem können werden sie als möglicher Einflussfaktor auf Handlungen betrachtet (vgl. epistemologischer Menschenbild). Ein Teil der Beliefs sind epistemologischen Überzeugungen. Sie beziehen sich auf die Natur des Wissens und die Natur der Wissensgenese. In dieser Studie werden speziell die epistemologischen Überzeugungen zur Quelle des Wissens

39 Unter subjektiven Theorie im weiten Sinne versteht Groeben (1988, S. 19) „*Kognitionen der Selbst- und Weltsicht, als komplexes Aggregat mit (zumindest impliziter) Argumentationsstruktur, als auch die zu objektiven (wissenschaftlichen) Theorien parallelen Funktionen der Erklärung, Prognose und Technologie erfüllt* [im Original ist dies in aufzählender Form dargestellt]. “ Im engen Sinne versteht Groeben (1988, S. 22) die subjektive Theorie als „*Kognitionen des Selbst- und Weltsicht, die im Dialog-Konsens aktualisiert- und rekonstruierbar sind,, als komplexes Aggregat mit (zumindest impliziter) Argumentationsstruktur, als auch die zu objektiven (wissenschaftlichen) Theorien parallelen Funktionen der Erklärung, Prognose und Technologie erfüllt, deren Akzeptierbarkeit als „ objektive“ Erkenntnis zu prüfen ist* [im Original ist dies in aufzählender Form dargestellt].Der Begriff der subjektiven Theorien soll an dieser Stelle nicht weiter vertieft werden, da in dieser Arbeit der Begriff der Beliefs zentral ist. Für eine Vertiefung kann der Begriff bei Groeben (1988) nachgeschlagen werden.

(Hofer & Pintrich, 1997) sowie zur Kontrolle (Schommer-Aikins 2004) als solche zum Lehren und Lernen betrachtet.

Beliefs zum Lehren und Lernen werden in eine traditionelle, transmissive und eine reformierte, konstruktivistische Sichtweise unterschieden. Die transmissive Sichtweise zeichnet sich dabei unter anderem durch die Wissensvermittlung durch den Lehrer, Lerner als passiven Rezipienten, Lehrerzentrierung, exakte Instruktion im Sinne des Vormachens an Beispielen und Einschleifen des Wissens aus. Dagegen wird die Perspektive des Konstruktivismus durch den aktiven Lerner, Ko-Konstruktion von Wissen, Einsatz authentischer Kontexte, kooperative Lernformen, Lehrkraft als Gestalter von Lernumgebungen und Akzeptanz der Fehler als natürliches Phänomen des Lernprozesses charakterisiert. Wurden die beiden Ansichten bei Peterson et al. noch als Skalenendpunkte festgelegt, zeigen die Ergebnisse von COACTIV, dass es zwei unabhängige, negativ korrelierte Dimensionen sind. Lehrkräfte stimmen konstruktivistischen eher zu und verhalten sich zu transmissiven Beliefs neutral. Das fachdidaktische Wissen korrelierte bei COACTIV zudem positiv mit konstruktivistischen und negativ mit transmissiven. Zu diesen beiden Aspekten des Lehrens und Lernens werden in dieser Studie noch epistemologische Beliefs zur Genese mathematischer Leistungen betrachtet, die bei TEDS-M erhoben worden sind.

In der Forschung wurden neben der Erfassung Änderungen betrachtet. Dabei ist entscheidend, welches Verständnis der Stabilität von Beliefs zur späteren Interpretation verwendet wird. In dieser Studie sollen Beliefs zwar als relativ stabil charakterisiert werden. Belief change wird jedoch als ein natürlicher Prozess angesehen, der sich aus der Erfahrung der Lehrkräfte ergeben kann. Zum anderen gibt es Evidenzen, dass sich Reflexion auf die Beliefs auswirkt. Diese Möglichkeit der Änderung von Beliefs soll in dieser Studie im Fokus stehen, da die Lehrkräfte über Materialien aus ihrem eigenen Unterricht reflektieren. Studien haben zudem gezeigt, dass motivationale Faktoren bei der Veränderung von Beliefs beteiligt sind (beispielsweise Decker et al., 2015; Decker, 2015), welche im Folgenden erläutert werden.

2.4 Motivation

Motivation wird von Weinert (2002) als Teil von Kompetenz betrachtet und dementsprechend als Aspekt der professionellen Lehrerkompetenz aufgefasst. Sie wird als zentrales Konstrukt zur Erklärung von zielgerichteten, ausdauernden und intensiven Handlungen angesehen (Rheinberg & Vollmeyer, 2012). Das motivierte Handeln der Menschen wird dabei durch das Streben nach Wirksamkeit und die Organisation von Zielengagement und Zieldistanzierung bestimmt (Heckhausen & Heckhausen, 2010). Insbesondere werden die Zielrichtung, Ausdauer und Intensität einer Handlung anhand der Motivation festgelegt (Schiefele & Schaffner, 2015a). Sie entscheidet beispielsweise darüber, ob eine Lehrkraft sich hinsetzt und den Unterricht für die kommenden Stunden plant oder ob er einfach nur ein Blatt kopiert (Zielrichtung), wie lange er die Planung durchführt (Ausdauer) und wie sehr er sich dabei anstrengt (Intensität). Unterschiede in diesen oder anderen Verhaltensweisen zwischen den Personen (hier speziell Lehrkräfte) geben aus Sicht der Motivationspsychologie Anlass zur Suche nach Erklärungen. Neben den Unterschieden zählen auch Kontinuität und Wechsel von beobachtbaren Verhaltensweisen in Längsschnittbetrachtungen zu den Anlässen (Vollmeyer, 2005).

Die Anforderungen an die Lehrkräfte im Berufsalltag sind hoch (Mayr & Neuweg, 2009). Aus diesem Grund ist es notwendig, dass sie ihre Aufgaben mit hoher Konzentration und Aufmerksamkeit angehen. Dabei müssen sie ebenfalls die Fähigkeit zur Bewältigung von Misserfolgen und die Bereitschaft, sich langfristig für die beruflichen Tätigkeiten zu engagieren und Lerngelegenheiten zu nutzen, haben (Kunter, 2011b). Aus diesen Gründen und wegen der Initiierung und Aufrechterhaltung von Handlungen wird die Motivation in der Professionsforschung von COACTIV als Teil der professionellen Kompetenz modelliert (Baumert & Kunter, 2006). In diesem Zusammenhang wurde vor allem intrinsische Motivation in der Form des Enthusiasmus sowie die Selbstregulation erfasst und verglichen (Baumert & Kunter, 2011a). In dieser Studie wird zur Ergänzung der bisherigen Forschung eine noch nicht untersuchte Form der Motivation, die fachdidaktische Motivation, erforscht.

Das vorliegende Unterkapitel legt die für die Arbeit relevanten Aspekte der Motivationsforschung dar. Dazu werden in Kapitel 2.4.1 wesentliche Begriffe geklärt und festgelegt. Anschließend wird die Leistungsmotivation als eine Motivationsform betrachtet, bei der zentral Erfolg und Misserfolg sowie deren Erwartungen beschrieben werden (2.4.2). In Kapitel 2.4.3 wird das Interesse ausgehend von der intrinsischen Motivation im Sinne der Person-Gegenstands-Theorie näher erläutert. Daran anschließend wird in Kapitel 2.4.4 der aktuelle Stand der Forschung dargelegt. Zudem werden Möglichkeiten zur Erfassung von Motivation erläutert. In Kapitel 2.4.5 wird das in dieser Studie untersuchte Konstrukt "fachdidaktische Motivation definiert. Abschließend wird in Kapitel 2.4.6 beschrieben wie die Motivation verändert werden kann.

2.4.1 Motive, Motivation und Ziele

Der Begriff Motivation geht auf das lateinische Wort *movere* zurück. Es wird in der Regel mit *bewegen* übersetzt. Dies ist passend, da die Motivation das bezeichnet, was die Menschen veranlasst, Handlungen durchzuführen (Rudolph, 2009b). Die Motivation wird somit als eine Ursache für die Aktivitäten der Menschen angenommen und gibt die Antwort auf die Frage nach dem „Warum?“ von beobachtbaren Verhaltensweisen (Wagner, 2014). Dies unterstreicht auch Mook (1996, S. 4) mit seinen Ausführungen zur Motivation: „The study of motivation is the search for principles that will help us understand *why people and animals initiate, choose, or persist in, specific actions in specific circumstances.*”

In der Alltagssprache wird die Motivation meist mit Leistungsbereitschaft in Verbindung gebracht. Die wissenschaftliche Psychologie fasst den Begriff aber weiter (Brandstätter, Achtziger & Gollwitzer, 2015). Dazu finden sich in der Literatur unterschiedliche Möglichkeiten der Definition des Konzepts[40], wobei beispielhaft fünf dargestellt werden:

- „**Motivation** is the concept we use when we describe the forces acting on or within an organism to **initiate** and **direct** behaviour. We also use the concept of motivation to explain differences in the **intensity** of behaviour. [...] Additionally, we often use the concept of motivation to indicate the **direction** of behaviour” (Petri, 1991, S. 3).
- „Die Motivationspsychologie versucht die Richtung, Persistenz und Intensität von zielgerichtetem Verhalten zu erklären“ (Heckhausen & Heckhausen, 2010, S. 3).
- „Motivation ist ein psychischer Prozess, der die Initiierung, Steuerung, Aufrechterhaltung und Evaluation zielgerichteten Handelns leistet“ (Dresel & Lämmle, 2011, S. 81).
- Motivationsphänomenen ist „die Komponente einer *aktivierenden Ausrichtung des momentanen Lebensvollzugs auf einen positiv bewerteten Zielzustand*“ gemeinsam (Rheinberg & Vollmeyer, 2012, S. 15).
- Motivation ist „ein Bedürfnis oder ein Wunsch, der unser Verhalten antreibt und lenkt“ (Myers, 2014, S. 439).

Betrachtet man alle fünf aufgelisteten Definitionen, so erklärt die Motivation zielgerichtete (lenkt, aktive Ausrichtung) und ausdauernde (Persistenz, Aufrechterhaltung) Handlungen (siehe auch Brandstätter et al., 2015). Zudem initiiert sie Handlungen, die für das Erreichen der Ziele notwendig sind, und bestimmt die

40 Dies ist nur eine Auswahl an Definition zur Motivation. Weitere finden sich unter anderem bei Keller (1981), der vor allem ältere Definitionen zusammenfasst.

Intensität dieser. Die Prozesse der Initiierung oder des Antriebs beziehen sich dabei auf die Aktivierung[41] (beispielsweise einer Handlung). Die Eigenschaften dienen als indirekte Indikatoren für Motivation, da man das Konstrukt nicht „sehen“ kann, sondern nur anhand des beobachtbaren Verhaltens, Denkens und emotionalen Erlebens erschließen kann (Dresel & Lämmle, 2011).

Menschen leben mit anderen Menschen in der Gesellschaft zusammen. Dabei lösen sie gemeinsam Probleme und erringen Erfolge. Um dies zu erreichen, ist es aber notwendig, dass der Mensch sein Gegenüber kennt und versteht, was ihn antreibt. Der Antrieb des Gegenübers wird vor allem durch die Ziele, Bedürfnisse und Motive bestimmt (Krug & Kuhl, 2006). Diese drei gehören zu den Personenmerkmalen, die die Motivation festlegen (Heckhausen & Heckhausen, 2010). „Universelle Verhaltenstendenzen und Bedürfnisse […] [sind hier] elementare physische Bedürfnisse und das Streben nach Wirksamkeit, das den verschiedenen Motiven zugrunde liegt“ (ebd., S. 3). Vor allem elementare Bedürfnisse wie Hunger oder Durst, welche biologisch basiert Antriebe des Handelns sind, stehen im Mittelpunkt. Motive und Ziele werden im Folgenden näher betrachtet.

Motive

Für die Entstehung aktueller Motivation eines Menschen sind die Motive Bedingungen, welche durch spezielle Situationsmerkmale aktiviert werden (Schiefele, 2008). Dabei wird unter Motiven „überdauernde Vorlieben der Person“ (Rheinberg & Vollmeyer, 2012, S. 20) verstanden. Dresel und Lämmle (2011, S. 94) definieren dies ausführlicher:

> „*Motive* sind zeitlich überdauernde und interindividuell unterschiedliche Präferenzen für bestimmte Verhaltensklassen und die mit diesen Verhaltensklassen einhergehenden subjektiven Anreize, insbesondere das Erleben emotionaler Befriedigung.“

Die Festlegung des Begriffs „Motiv“ geht auf Atkinson (1964) zurück. Motivation hat er als Prozess aufgefasst, welcher zustande kommt, wenn ein Motiv ausgelöst wird. Dies geschieht, wenn Menschen in Situationen auf Zielklassen und

41 Unter **Aktivierung** wird „der (An-)Trieb beziehungsweise die Energie verstanden, die Handlungen auslöst“ Kirchler und Walenta (2010, S. 11). Sie ist ein Zustand, der durch erhöhte neuronale Aktivität charakterisiert ist und sich physisch auswirkt, indem die Aufmerksamkeit erhöht ist oder die Person angespannt, unruhig bzw. nervös ist. Die Aktivierung selbst sowie deren Ausmaß lassen sich anhand biochemischer Prozesse im Körper bestimmen Köhler (2014).

Anreize[42] treffen, die mit dem Motiv verbunden sind. Dann reagieren sie emotional auf diese (Puca, 2014). Nach der Anregung erfüllen Motive die Funktion der Energetisierung, der Orientierung und der Selektion der Handlungen, welche für die Erreichung motivbasierter Ziele notwendig sind (McClelland, 1987). Dazu bewerten Motive potenzielle Zielzustände und lenken die Aufmerksamkeit (Langens, Schmalt & Sokolowski, 2005). Motive werden nach der Art der Repräsentation unterschieden. Zum einen können sie implizit (unbewusst) und zum anderen explizit (bewusst) gehalten werden (Heckhausen & Heckhausen, 2010). Die Unterteilung geht auf McClelland, Koestner und Weinberger (1989) zurück. Sie unterscheiden ursprünglich zwischen „implicit“ und „self-attributed motives“ (McClelland et al., 1989, S. 690). Die Autoren erachteten eine Unterscheidung für notwendig, weil die Entwicklung von Fragebögen aufgrund geringer Korrelationen mit dem TAT[43] sehr schwierig war (Brandstätter et al., 2015). Davon ausgehend definieren Heckhausen und Heckhausen (2010, S. 4) **implizite Motive** wie folgt:

> „Überdauernde individuelle Motivdispositionen, die in neuerer Zeit in Abgrenzung von expliziten Motiven (d. h. Zielen) als implizite Motive bezeichnet werden, sind in der frühen Kindheit gelernte, emotional getönte Präferenzen (habituelle Bereitschaften) sich immer wieder mit bestimmten Arten von Anreizen auseinander zu setzen.“

Diese Definition ähnelt inhaltlich solchen, die sich auf Motive allgemein beziehen (vgl. Dresel & Lämmle, 2011; Rheinberg & Vollmeyer, 2012)[44]. Die

---

42 Anreiz kann hier nach Schmalt (2014, S. 162) „als ein antizipierter Affekt verstanden [werden], der bei Zielerreichung entsteht“. In der Psychologie ist eine Sache dann ein Anreiz, wenn die Merkmale dieser mit den Bedürfnissen und Motiven einer Person zusammenpassen. Anreiz und Wert werden hier synonym verwendet (Rudolph, 2009a). Der Anreiz besitzt einen Aufforderungscharakter für eine Handlung und kann mit der Handlung selbst, dem Ergebnis oder den Folgen eines Ergebnisses verbunden sein (Heckhausen & Heckhausen, 2010).

43 TAT ist der thematische Auffassungstest, mit dem individuelle Motivausprägungen gemessen werden können. Den Probandenden werden mehrdeutige Bilder gegeben. Zu diesen sollen sie Geschichten erzählen. Basis für die Motivmessung ist hier die Annahme, dass die Interpretationen und Phantasien der Probanden durch momentane Bedürfnisse beeinflusst werden. Die Güte des Messverfahrens wird vor allem durch die Qualität des Auswertungsschlüssels festgelegt (Rheinberg & Vollmeyer, 2012). Hinsichtlich der Reliabilität und der Objektivität ist dieses Messverfahren nicht optimal (Mempel, 2013). Jedoch weist McClelland (1987) darauf hin, dass man den Aussagen der Menschen über ihre Motive nicht trauen kann, weil sie über ihre Selbstbilder bezüglich der Motive berichten würden. Aus Validitätsgründen sollte man eher die Träume, Fantasien und freien Assoziationen untersuchen. Dabei sich wiederholende Aspekte stellen dann die tatsächlichen Motive dar.

44 Dresel und Lämmle (2011, S. 94) definieren Motive wie folgt: „*Motive* sind zeitlich überdauernde und interindividuell unterschiedliche Präferenzen für bestimmte Verhaltensklassen und

impliziten Motive basieren auf früheren vorsprachlichen Erfahrungen (McClelland, 1987) und entziehen sich weitgehend der Selbstbetrachtung. Ihre Stabilität geht auf biologische und soziale Faktoren zurück. Das sind zum einen die genetischen Voraussetzungen, bestimmte Hormone zu produzieren („Machtmotiv: Testosteron, [Norepinephrin]; Leistungsmotiv: Vasopressin; Anschlussmotiv: Dopamin") und zum anderen unterschiedliche Interaktionsmöglichkeiten mit der Umwelt im Kleinkindalter (Mempel, 2013, S. 5; Rheinberg & Vollmeyer, 2012). Daher kann man sie nur indirekt, beispielsweise mit dem TAT, messen. Dieser Test misst das Leistungsmotiv, das Machtmotiv und das Anschlussmotiv (Brunstein, 2010).

Anreize für das **Machtmotiv** stellen Möglichkeiten zu sozialer Wirksamkeit dar. Insbesondere die Ausübung von Einfluss und Kontrolle auf andere bildet die Basis für das Motiv (Brandstätter, Schüler, Puca & Lozo, 2013; Heckhausen & Heckhausen, 2010). Anreize für das **Anschlussmotiv** sind Gelegenheiten zu sozialer Nähe und Bindung. Bei dem Motiv verfolgt das Individuum darauf aufbauend das Ziel, anderen nahe zu sein, mit anderen zu kooperieren, sich auszutauschen und sich mit anderen anzufreunden (Heckhausen & Heckhausen, 2010; Krug & Kuhl, 2006; Sokolowski & Heckhausen, 2010). Das **Leistungsmotiv** wird durch „Herausforderungen der eigenen Wirksamkeit in Aufgabensituationen" aktiviert (Heckhausen & Heckhausen, 2010, S. 4). Das Individuum, das nach diesem Motiv handelt, strebt danach, Erfolg zu erreichen und Misserfolg zu vermeiden (Atkinson, 1964; Mempel, 2013; Rudolph, 2009b). Dieses Motiv wir im folgenden Unterkapitel noch ausführlicher dargestellt.

Die drei großen Motive gehören zu den soziogenen Motiven, welche von den Menschen erlernt werden und nicht angeboren sind. Sie werden als stabile Dispositionen verstanden, die zwischen den Individuen bezogen auf die Stärke der Ausprägung variieren. Bei dieser Form von Motiven lässt sich eine Annährungs- und eine Vermeidungskomponente[45] unterscheiden (Puca, 2014). Beispielsweise sind dies die Hoffnung auf Erfolg und die Furcht vor Misserfolg bei der Leistungsmotivation.

Zu den bisher thematisierten impliziten Motiven gibt es die expliziten Motive. Diese beschäftigen sich mit der Zielorientierung und dem Setzen von Zielen. Ausgehend von McClelland et al. (1989), die das Konstrukt der self-

die mit diesen Verhaltensklassen einhergehenden subjektiven Anreize, insbesondere das Erleben emotionaler Befriedigung [...]."

45 Bei der Annährung wird das Verhalten und die Motivation auf positive Stimuli ausgerichtet, sodass bestimmte Zustände erreicht werden, die sich ein Individuum wünscht. Bei der Vermeidung ist dies gegenteilig. Hier will das Individuum Zustände vermeiden, die es sich nicht wünscht, weil es negative Stimuli auslöst (Ebner & Freund, 2009).

attributed motives entwickelten, beziehen sich die expliziten Motive auf das Bild, das eine Person von sich selbst besitzt. Dies beinhaltet Werte, Wünsche, Vorlieben sowie überdauernde Ziele (Rheinberg & Vollmeyer, 2012). In der Definition von Heckhausen und Heckhausen (2010, S. 5)

> „sind **explizite Motive** bewusste, sprachlich repräsentierte (oder zumindest repräsentierbare) Selbstbilder, Werte und Ziele, die sich eine Person selbst zuschreibt".

Hier geben die Menschen Auskunft über den persönlichen Eindruck der Ausprägung verschiedener Motive. Dies beruht unter anderem auf der Selbstwahrnehmung, bei der sie auf ihre Einstellungen schließen, indem sie ihr eigenes Handeln sowie die Situationen, in denen es auftritt, retrospektiv beobachten (Glaser, 2014). Die zurückschauende Perspektive betrifft vor allem das Wissen über die eigenen Kognitionen (Wissen- und Gedächtnisrepräsentationen) und Affekte (Bewertungen im Sinne des Selbstwerts), welche sich auf das Selbst[46] beziehen. Die Dimensionen des Selbst liegen dabei in hochstrukturierter Form als Selbstkonzept vor (Mößle & Loepthien, 2014). Das **Selbstkonzept** beschreibt in diesem Zusammenhang ein Netzwerk aus aufeinander bezogener Begriffe (Kuhl, 2001), mit Hilfe derer eine Person beschrieben werden kann (Merkmale, Fähigkeiten, kognitives Wissen über sich selbst). Ein umfangreicheres Bild einer Person beschreibt das **Selbstbild**, welches sowohl Kognitionen als auch Gefühle über sich selbst beinhaltet. Es entsteht aus Selbstbeobachtungen eigener Handlungen und Erlebnisse sowie durch Beurteilung durch andere Personen in Form von Lob, Tadel oder ähnlichem (Bergius, 2014). Personen geben durch die Selbsteinschätzung Auskunft über ihre motivationalen Selbstbilder. Diese sind kognitive Schemata. Die Selbstbilder werden dann bevorzugt aktiviert, wenn statt spontaner Tätigkeitsaufnahmen reflexive Handlungsentscheidungen durch Vorgaben der Situation, wesentliche Konsequenzen oder soziale Erwartungen begünstigt werden (Rheinberg, 2009).

Ein weiterer Aspekt expliziter Motive sind **Ziele**. Sie können nach Heckhausen und Heckhausen (2010b) wie folgt definiert werden:

> „Ziele sind Vorwegnahmen von Handlungsfolgen, die mehr oder weniger bewusst zustande kommen. Sie beziehen sich auf zukünftige, angestrebte Handlungsergebnisse und beinhalten zugleich eine kognitive Repräsentation dieser Handlungsergebnisse" (Kleinbeck, 2010, S. 386).

46 Nach Mößle und Loepthien (2014, S. 1489) besteht das Selbst „aus einem sematischen System, das alle selbstbezogenen Wissens- und Gedächtnisrepräsentationen in hochstrukturierter Form sowie deren Bewertungen durch dir Person beinhaltet. Es unterscheidet sich von allgemeinen Wissensstrukturen ausschließlich durch seine Reichhaltigkeit und seine S.bezogenheit […]."

Sie können durch das Individuum selbst gesetzt, gemeinsam mit anderen Personen vereinbart oder von anderen Personen vorgegeben sein (Wegge & Schmidt Klaus-Helmut, 2009). Sie bestimmen die Richtung des Handelns, indem sie zur Zielerreichung passende Handlungen veranlassen und dem Einsatz von Fähigkeiten und Wissen eine Struktur geben. Außerdem ermöglichen sie die Überwachung des Fortschritts. Dafür charakterisieren sie einen Maßstab, der den Soll-Zustand zu einem bestimmten Zeitpunkt beinhaltet (Dresel & Lämmle, 2011; Kleinbeck, 2010). Auf Basis der Ziele richtet der Mensch seine Aufmerksamkeit auf zielrelevante Handlungen und für diese die notwendige Energie bereit, um die Anstrengungen zur Zielerreichung meistern zu können (Woolfolk, 2014). Bemerkt das Individuum Abweichungen zum angestrebten Soll-Zustand, dann nimmt es Änderungen vor oder priorisiert die Ziele neu (Austin & Vancouver, 1996)[47].

Motivationsentstehung

Die bisherigen Ausführungen betrafen Personeneigenschaften in Form von Motiven, Bedürfnissen und Zielen. Diese reichen nicht aus, um intraindividuelle Unterschiede im beobachtbaren Verhalten der Menschen zu erklären, sodass ergänzend Situationsmerkmale betrachtet werden müssen (Heckhausen & Heckhausen, 2010). Das Zusammenwirken der Personen- und Situationsmerkmale werden dann als Ausgangsbasis für Motivation gesehen (Lewin, 1946). Insgesamt wird das Verhalten (V) einer Person als Funktion von der Person (P) und der Umwelt (U) aufgefasst (Rheinberg & Vollmeyer, 2012):

$$V = f(P, U)$$

Personenmerkmale beeinflussen dann eine Handlung, wenn die Situation passende Anreize, die mit den Motiven, Bedürfnissen oder Zielen vereinbar sind, bietet (Puca, 2009). Die Umweltbedingungen erhalten damit einen Aufforderungscharakter (Schneider & Schmalt, 2000).

47 Eine Zieltheorie ist die Zielorientierungstheorie, in der Forscher nach Gründen suchen, warum sich Menschen für bestimmte Aufgaben engagieren. Zielorietierung kann in diesem Zusammenhang als Präferenz für bestimmte Ziele, die gewohnheitsmäßig oder überdauernd sind und in Lern- und Leistungssituationen von einem Individuum verfolgt werden, verstanden werden (Dresel & Lämmle, 2011; Pekrun, 1988). In dieser Forschungsrichtung werden zum einen übergeordnete Ziele und Leistungsziele sowie Zielsetzungen mit einer Annährungs- und einer Vermeidungskomponente untersucht Anderman und Wolters (2006).

Darüber hinaus werden Anreize und Werte im Rahmen von Erwartungs-Mal-Wert-Modellen miteinbezogen (Beckmann & Heckhausen, 2010)[48]. Dort werden vor allem Erwartungen hinsichtlich der Auswirkung einer bestimmten Handlung auf ein Ergebnis und den daraus resultierenden Folgenden betrachtet (Heckhausen & Rheinberg, 1980). Die Autoren beziehen sich im Rahmen von Erwartungs-mal-Wert-Modellen auf die Theorie der resultierenden Valenz (vgl. Lewin, Dembo, Festinger & Sears, 1944)[49], bei der sich diese als Produkt aus Valenz und der subjektiven Wahrscheinlichkeit aus Erfolg bzw. Misserfolg ergibt. Die Summe aller dieser Produkte entscheidet dann, ob das Individuum eine Handlung vollzieht. Bestehen Alternativen, so wählt das Individuum im Sinne des Nutzenmaximierungsprinzips diejenige, welche die größte Summe besitzt (Kirchler & Walenta, 2010). Dort werden neben den Erwartungen auch Ergebnisse und deren Folgen betrachtet, die für Handelnde wertvoll sein können. Diese Folgen können extrinsische Anreize (langfristige Ziele, Fremdbewertungen, Selbstbewertungen, materielle Vorteile) für bestimmte Handlungen darstellen (Heckhausen & Heckhausen, 2010). Sie können dann das Handeln in zukünftigen Situationen oder das Setzen von Zielen beeinflussen, indem sie das subjektive Wahrnehmen der Anreize in Situationen verändern (Urhahne, 2008).

Erwartungs-Mal-Wert-Modelle sind vor allem in der Leistungsmotivationsforschung zu finden. Das Konstrukt der Leistungsmotivation wird als Erwartungskomponente in der Studie erhoben und dazu im folgenden Unterkapitel näher erläutert.

2.4.2 Leistungsmotivation

Ein Personenmerkmal, das die Motivation und damit auch das Handeln einer Person bestimmt, ist die Ausprägung des Leistungsmotivs. Dieses stellt eines der drei zentralen Motive dar (Atkinson & Buchroithner, 1975; Dresel & Lämmle, 2011; Krug & Kuhl, 2006). Bei der Festlegung, was unter Leistungsmotivation verstanden werden kann, sind die Selbstbewertung der eigenen Tüchtigkeit und der Vergleich mit einem externen Gütemaßstab entscheidend (Atkinson, 1957; Langens et al., 2005; Rheinberg & Vollmeyer, 2012). Eine Handlung ist dann leistungsmotiviert, wenn sie auf der Auseinandersetzung mit einem Maßstab basiert. Zudem muss sie aus eigener Initiative der Person durchgeführt werden

48 Erwartungen können als „die subjektive Vorwegnahme eines Ereignisses“ verstanden werden (Rudolph, 2009a, S. 21).

49 Objekte können eine Valenz besitzen, also einen positiven oder negativen Wert (Rudolph, 2009b). Die Valenz ist die Wertigkeit. Lewin hat sie im Sinne eines Aufforderungscharakters eines Objekts eingeführt.

(Brunstein & Heckhausen, 2010). Eine ausführliche Definition, die die genannten Aspekte vereint, liefert Heckhausen (1965, S. 604):

> „Leistungsmotivation läßt [sic] sich [...] definieren als das Bestreben, die eigene Tüchtigkeit in allen jenen Tätigkeiten zu steigern oder möglichst hoch zu halten, in denen man einen Gütemaßstab für verbindlich hält und deren Ausführung deshalb gelingen oder mißlingen [sic] kann."

Für die Einordnung einer Handlung als Leistung bedarf es aus oben genannten Gründen eines Gütemaßes. Zum einen kann sich eine Person an sich selbst messen. Das bedeutet, sie ordnet ihr Handeln im Bezug zu früheren Handlungen ein. Zum anderen kann es einen externen Maßstab geben. Hier schätzt sich die Person im Vergleich zu anderen ein und beurteilt somit ihr Handeln. Heckhausen (1974) unterscheidet insgesamt vier unterschiedliche Bezugsnormen. Diese sind die individuelle (frühere eigene Leistungen), die soziale (Vergleich zu anderen), die sachliche (Vergleich mit den Anforderungen) und die fremdgesetzte Bezugsnorm (von anderen Personen gesetzt), (vgl. auch Dresel & Lämmle, 2011).

Als Ursache der Leistung kann das Zusammenwirken von Anstrengung (zeitlich variabel) und Fähigkeiten (zeitlich stabil) gesehen werden. Bezüglich der Leistungsmotivation finden sich einige Ansätze in der Literatur, die im Folgenden darstellt werden. Dazu wird speziell auf das Risiko-Wahl-Modell von Atkinson sowie eine Erweiterung durch das erweiterte Erwartungs-mal-Wert Modell von Eccles eingegangen.

Risiko-Wahl-Modell von Atkinson

Atkinson (1957) entwickelte die Ideen von Lewin et al. (1944) weiter, indem er den Situationskomponenten Erwartung und Wert die individuelle Motivausprägung als Personenkomponente gegenüberstellte. Atkinson (1957) modelliert zudem die Valenz als Produkt aus einer Situationskomponente, dem Anreiz (A), welche abhängig von der wahrgenommenen Schwierigkeit der Aufgabe ist, und der Ausprägung des Motivs (M), (Beckmann & Heckhausen, 2010). An dieser Stelle unterscheidet er in eine Annäherungskomponente, Erfolg aufzusuchen, und eine Vermeidungskomponente, Misserfolg zu vermeiden. Entsprechend gibt es für die Valenz (V) jeweils eine Ausrichtung für jede Komponente ($V_e = M_e \cdot A_e$ und $V_m = M_m \cdot A_m$; e: Erfolg und m: Misserfolg). Wenn zu der Valenz noch die subjektive Wahrscheinlichkeit (W), Erfolg zu erzielen bzw. Misserfolg zu erleben, hinzugefügt wird, dann ergibt sich als Produkt aus Valenz und Wahrscheinlichkeit die Tendenz, Erfolg aufzusuchen bzw. Misserfolg zu meiden (Beckmann & Heckhausen, 2010). Die subjektiven Wahrscheinlichkeiten ergeben in der Summe genau 1 (Atkinson, 1957, 1964; Atkinson & Buchroithner, 1975) und sind als Komplementärwahrscheinlichkeiten modelliert.

Die Summe aus beiden Tendenzen ist die resultierende Tendenz. Die Erfolgstendenz wird dabei als positiv und die Misserfolgstendenz als negativ angenommen. Ist die resultierende Tendenz negativ, dann hemmt sie die Wahl der Aufgabe, die Ausdauer und die Anstrengung. Bei einer positiven werden die drei Aspekte befördert (Beckmann & Heckhausen, 2010). Außerdem wird die Beziehung zwischen der subjektiven Wahrscheinlichkeit und dem Anreiz als invers linear angenommen. Da es aufgrund der bisherigen Modellannahmen zur Situation kommen kann, dass ein Individuum alle Aufgaben meiden würde, wenn die Misserfolgsorientierung überwiegt, ergänzte Atkinson noch externe Tendenzen wie Machttendenz oder Anschlusstendenz (Atkinson & Buchroithner, 1975).

Die Annahmen im Risiko-Wahl-Modell führen dazu, dass Individuen, bei denen die Hoffnung auf Erfolg (M_e) überwiegt, eher mittelschwere Aufgaben wählen, da die resultierende Tendenz dort am größten ist. Dies entspricht Aufgaben, die anspruchsvoll aber dennoch durch Tüchtigkeit lösbar sind. Überwiegt die Furcht vor Misserfolg (M_m), so müssten nach der Theorie die mittelschweren Aufgaben gemieden werden. Stattessen würde das Individuum Aufgaben wählen, die es mit großer Sicherheit lösen kann, oder Aufgaben, deren Lösungswahrscheinlichkeit gering ist (Mook, 1996; Rheinberg & Vollmeyer, 2012).

Eine wesentliche Verbesserung erreicht das Risiko-Wahl-Modell im Vergleich zum Modell der resultierenden Valenz, da es Situation und Person aufeinander bezieht. Damit wird die Vorhersage verbessert, welche Wahl Personen treffen, wenn sie zwischen Aufgaben unterschiedlichen Schwierigkeitsgrads wählen können. Besonders wichtig für die Forschung ist die Annahme, dass es die Komponenten Hoffnung auf Erfolg und Furcht vor Misserfolg gibt, die durch eine Auseinandersetzung mit einem Gütemaßstab angeregt werden. Ebenfalls die Bevorzugung der mittelschweren Aufgaben durch die Erfolgsmotivierten ist wegweisend gewesen (Langens, 2009)[50].

Erfolgsmotivierte Menschen streben danach, ihre Tüchtigkeit zu steigern, ihre Fähigkeiten zu verbessern und Kompetenzen zu erwerben. Die Zuversicht,

50 Weiterentwicklungen der Theorie zur Leistungsmotivation wurden durch die Attribuierung nach Weiner (1985), bei dem die Person den Erfolg bzw. Misserfolg intern oder extern auf stabile oder instabile Ursachen verortet, erreicht. Aufgrund der beiden Funktionen der Dimensionen erfolgen die Affekte. Demnach ist ein Mensch stolz und zufrieden, wenn er Erfolg auf die eigenen Fähigkeiten oder Anstrengung zurückführen kann. Führt man Misserfolg auf diese zurück, wird dies negativer erlebt, als wenn er auf Zufall zurückgeführt werden kann (Brandstätter, Achtziger & Gollwitzer, 2015). Misserfolgsorientierte verorten in diesem Zusammenhang Erfolg meist extern und Misserfolg intern, wobei dies Erfolgsorientierte umgekehrt verorten (Weiner, 1985).

Erfolg zu erzielen (positive Erwartungsemotionen), trägt das Streben des Menschen und nimmt die affektiven Handlungsziele (beispielsweise Stolz auf die Tüchtigkeit) in reduzierter Form vorweg (Brunstein & Heckhausen, 2010). Leistungsbedingte Freude über die eigene Tüchtigkeit stellt sich dann ein, wenn sie auf die eigenen Fähigkeiten oder die Anstrengung aber nicht auf Zufall, geringe Schwierigkeit oder andere externe Faktoren zurückgeführt werden kann. Die Erfolgszuversicht beeinflusst die Wahl der Aufgabenstellungen, indem anspruchsvolle Aufgaben ausgesucht und ehrgeizige Ziele gesetzt werden. Die Erfolgsmotivierten wählen in diesem Zusammenhang Aufgaben eines mittleren Schwierigkeitsgrads (vgl. Risiko-Wahl-Modell), die etwas über ihrem Leistungsniveau liegen und mit Anstrengung noch zu schaffen sind. Diese werden als herausfordernd empfunden (Rheinberg & Vollmeyer, 2012). Die Aufgaben stellen eine optimale Möglichkeit dar, die Tüchtigkeit unter Beweis zu stellen, da der Grad der Anstrengung über den Erfolg entscheidet (Rheinberg, Vollmeyer & Burns, 2001). In diesem Zusammenhang sucht das Individuum Leistungssituationen mit den entsprechenden Gegebenheiten auf und ist dementsprechend erfolgsmotiviert. Ob ein Individuum eine Aufgabe als herausfordernd empfindet, hängt außerdem von dem Leistungsstand ab. Durch ihn wird die Aufgabenschwierigkeit bestimmt, da sie nur relativ zum Leistungsstand eingestuft werden kann. Es ergeben sich dann für das Individuum einfache, mittelschwere oder schwere Aufgaben, die es je nach Ausprägung der Leistungsmotivation aufsucht oder meidet (Atkinson, 1957; Atkinson, Bastian, Earl & Litwin, 1960)[51].

Erweitertes Erwartungs-mal-Wert Modell von Eccles

Das Risiko-Wahl-Modell von Atkinson (1957) wurde von Eccles und Kollegen erweitert (Eccles et al., 1983; Eccles, 2005; Eccles & Wigfield, 2002). Dieses Modell nimmt eine differenzierte Betrachtung der Motivation vor und sieht sie nicht nur in direkter Abhängigkeit zur Aufgabenschwierigkeit. Konkret bedeutet dies, dass die Erwartungs- und Wertkomponenten elaborierter sind und in einem breiten soziokulturellen und psychologischen Rahmen betrachtet werden. Zudem wird eine positive statt einer negativen Beziehung zwischen Erwartung und Wert angenommen (Eccles & Wigfield, 2002). Leistungsrelevante Entscheidungen

51 Weitere Forschung im kognitiven Bereich der Motivation sind die Ansätze der Zielorientierungstheorie (vgl. eispielsweise Locke & Latham, 2002), der Selbstregulationsprozessen und der PSI-Theorie Kuhl (2001) sowie der Willensleistungen Achtziger und Gollwitzer (2009), (2010); Brandstätter et al. (2015). Letztere werden unter anderem durch das Rubikon-Modell dargestellt (vgl. Achtziger & Gollwitzer, 2009).

sowie Handlungen ergeben sich in diesem Modell wie in den anderen direkt aus der Erfolgserwartung und dem subjektiven Aufgabenwert. In diesem Zusammenhang verstehen Eccles und Wigfield (2002, S. 119) unter der Erfolgserwartung „individuals‘ beliefs about how well they will do on upcoming tasks, either in the immediate or longerterm future“. Die Erwartungen erheben sie im Sinne der persönlichen Effektivitätserwartungen nach Banduras (1977). Den subjektiven Aufgabenwert unterteilt Eccles (2005) in Interesse, Wichtigkeit, Nützlichkeit und relative Kosten. Zudem bezieht das Modell den kulturelle Rahmen, Sozialisationspersonen (speziell deren Beliefs und Verhalten), Wahrnehmung des Individuums dieser Sozialisationspersonen, Eigenschaften des Individuums, vorherige leistungsthematische Erfahrungen, Interpretation der Erfahrungen, Ziele und Selbstschemata des Individuums sowie affektive Reaktionen und Erinnerungen (Eccles, 2005; Eccles & Wigfield, 2002) als Einflussfaktoren auf die Erfolgserwartung und den subjektiven Aufgabenwert mit ein.

Das komplexe Beziehungsgeflecht zwischen den genannten Einflüssen wird in Studien meist in Auszügen untersucht (beispielsweise Eccles et al., 1983; Rossi, 2015). In der vorliegenden Studie wird die Beziehung zwischen Erfolgserwartung und subjektivem Aufgabenwert als Teil betrachtet. Letzterer wird über das Interesse untersucht. Eccles (2005) betrachtet in diesem Zusammenhang den intrinsischen Wert in Bezug auf den „Genuss“, den ein Individuum durch das Ausführen einer Aufgabe hat bzw. den es für das Ausüben der Aufgabe antizipiert. Er orientiert sich dabei an das Flow-Erleben von Csikszentmihalyi (1985). Ebenfalls bezieht Eccles (2005) die Ansätze des Interesses mit ein. Weiterhin bezeichnet er den Nützlichkeitswert als die Passung zwischen den Aufgaben und den zukünftigen Plänen eines Individuums. Beispielsweise kann hier das Durchführen einer Eingangsdiagnose betrachtet werden, welche nützliche Informationen über die weitere Unterrichtsplanung liefern wird. Mit den Ergebnissen dieser kann die Lehrkraft im folgenden Unterricht auf verschiedene Schwierigkeiten der Schüler eingehen. Die relativen Kosten beschreiben Eccles und Wigfield (2002) als negativen Teil beim Ausüben der Tätigkeit, wie die Furcht, Misserfolg zu haben.

Zusammenhang zwischen der der Ausprägung des Leistungsmotivs und der Leistung

Untersuchungen zur Wirkung des Leistungsmotivs auf die Leistung einer Gesellschaft zeigen, dass vor einem wirtschaftlichen Aufschwung eines Landes immer der Leistungsmotivindex hoch war. Diesen untersuchte zuerst McClelland mit Kennwerten des TAT. Dazu analysierte er Geschichten aus Schulbüchern auf

Merkmale des Leistungsmotivs (Rheinberg & Vollmeyer, 2012). Dies ist ein Indiz für den Zusammenhang zwischen der Ausprägung des Leistungsmotivs und der Leistung.

Weitere Studien untersuchten den Zusammenhang zwischen der Leistungsmotivation und der Leistung bei Schülern und fanden heraus, dass positive Korrelationen zu finden sind (beispielsweise Steinmayr & Spinath, 2007; Uguroglu & Walberg, 1979; Vollmeyer & Rheinberg, 2000). Die Zusammenhänge waren mittelmäßig ausgeprägt. Beispielsweise ergaben sich folgende Korrelationen: 0,331 bei einer Varianzaufklärung von 11,4% (Uguroglu & Walberg, 1979) und zwischen 0,22 und 0,37 (Steinmayr & Spinath, 2007). Im Zusammenhang mit der Studienleistung konnte Rossi (2015) zudem zeigen, dass motivationale Komponenten (beispielsweise Leistungsmotivation als Erwartung und Handlungsanreize als situative Anreize) trotz der Kontrollierung von Schulabschlussnote, Intelligenz, emotionaler Stabilität und Gewissenhaftigkeit einen mittleren Effekt bei einer Varianzaufklärung von 17% haben.

Insgesamt ergab sich in der Forschung ein Konsens, dass sich die Motivation allgemein bzw. die Leistungsmotivation im Speziellen positiv auf die Leistungen der Menschen auswirkt (u. a. Brunstein & Heckhausen, 2010; Rheinberg & Vollmeyer, 2012; Schiefele & Schaffner, 2015a; Steinmayr & Spinath, 2007). Die Studien zeigen aber keine deutlichen Einflüsse der Motivation auf die Leistung. Daher gehen neuere Modelle davon aus, dass zwischen der Motivation und der Leistung bestimmte Mediatoren oder Moderatoren existieren (Vollmeyer, 2009b).

Ein Beispiel für ein Mediatormodell zwischen Motivation und Leistung ist das **kognitiv-motivationale Prozessmodell** (Abbildung 5) nach Vollmeyer und Rheinberg (1998, 1999). Die Grundannahme ist, dass die aktuelle Motivation beim Beginn der Bearbeitung einer Lernaufgabe die Lernleistung positiv beeinflusst. Zwischen der Motivation und der Leistung stehen in der Theorie Mediatoren, die den Unterschied zwischen Niedrigmotivierten und Hochmotivierten erklären sollen. Ausgangspunkt für die Erfassung der aktuellen Motivation sind die Motive, da angenommen wird, dass sie das Verhalten in einer Lernsituation mitbestimmen. Daher wird der Lerner vor Erfassung der aktuellen Motivation mit der Situation vertraut gemacht, sodass u. a. das Leistungsmotiv durch entsprechende Hinweisreize aktiviert wird. Der Lerner ist dabei leistungsmotiviert, wenn er angibt, Leistungsziele zu verfolgen (Vollmeyer, 2009b).

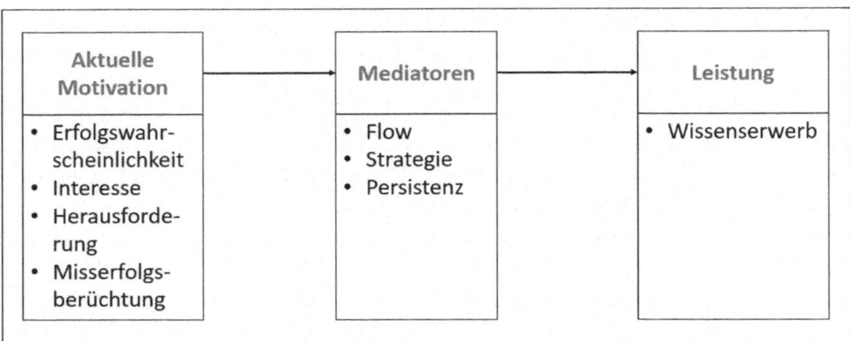

Abbildung 5: Das kognitiv-motivationale Prozessmodell nach Vollmeyer (2009b, S. 342)

Zur Erfassung der aktuellen Motivation wurden die Dimensionen „Interesse“ und „Herausforderung“ (Wertkomponente) sowie „Erfolgswahrscheinlichkeit“ und „Misserfolgsbefürchtung“ (Erwartungskomponente) identifiziert (Rheinberg et al., 2001). Interesse wird im Sinne der Person-Objekt-Theorie verstanden. Die Herausforderung zeigt an, ob der Lerner die Situation als Leistungssituation wahrnimmt. In der Dimension Erfolgswahrscheinlichkeit geben die Lerner an, wie gut sie die Aufgabe bewältigen können. Die sozialen Folgen eines Misserfolgs betont die Misserfolgsbefürchtung. Lernförderlich sind gute Ausprägungen der leistungsbezogenen Dimensionen (Vollmeyer, 2009b).

Ausgehend von der aktuellen Motivation sollten die Lerner nach dem kognitiv-motivationalen Prozessmodell effektivere Strategien wählen, sich länger mit einer Aufgabe beschäftigen und eher Flow (Zustand eines „völligen Aufgehens in einer Handlung“) empfinden. Hierbei beziehen sich Vollmeyer und Rheinberg auf die Flow-Theorie von Csikszentmihalyi (1975, 1985). Die drei Empfindungen wirken in dem Modell als Mediatoren zwischen der aktuellen Motivation und der Leistung in Form des Wissenserwerbs.

Die aktuelle Motivation enthält zu den Leistungsmotivationskomponenten noch das Interesse, welches im folgenden Kapitel näher erläutert wird. Dabei wird vor allem intrinsische Motivation und Interesse als Person-Gegenstands-Beziehung dargestellt.

2.4.3 Interesse

In den bisherigen Ausführungen ist motiviertes Handeln dargestellt worden, das sich aus Anreizen in Situationen, den Ergebnissen und den Folgen ergibt. Untersuchungen haben ergeben, dass Menschen aber auch Tätigkeiten ausführen, die sich nicht an den genannten Merkmalen orientieren. Vielmehr bereitet die Ausübung der Tätigkeit selbst einen Genuss. Der Anreiz geht hier von der Handlung selbst aus (Rheinberg & Vollmeyer, 2012). Eine Freude an der Aktivität selbst wird als intrinsisch motiviert bezeichnet (Schlag, 2013). Den intrinsischen Wert kann man in den Erwartungs-mal-Wert-Modellen bei der Handlung finden und wird bei Eccles und Wigfield (2002) im Rahmen des subjektiven Aufgabenwerts verortet (vgl. auch Urhahne, 2008).

Die Dimension, in der Menschen Handlungen als frei gewählt, selbstbestimmt und autonom erleben, bezeichnen Ryan und Deci (2000) als intrinsisch motiviert. Die Tätigkeit wird als spannend, herausfordernd, zufriedenstellend, interessant oder ähnliches empfunden. Deci und Ryan (1985; 2000) verstehen unter intrinsischer Motivation interessensbestimmte Handlungen, die Neugier, Spontanität, Entdeckung und Interessen beinhalten und sich an den Gegebenheiten der Umwelt orientieren. Dabei nehmen sie an, dass die Grundbedürfnisse nach Selbstbestimmung (Autonomie) und Kompetenzerleben die Basis für intrinsische Motivation sind. Zu den beiden Bedürfnissen wird noch die soziale Eingebundenheit als maßgebend für die Entwicklung intrinsischer Motivation postuliert (Ryan & Deci, 2000). Im Gegensatz zu Tätigkeit als Ursache intrinsischer Motivation kann ebenfalls der Gegenstand, der Bestandteil der Handlung ist, intrinsische Motivation hervorrufen. Die beiden Aspekte unterscheidet Schiefele (1996, 2008) in tätigkeitszentrierte und gegenstandsspezifische intrinsische Motivation.

Während der systematischen Erforschung der intrinsischen Motivation hat Csikszentmihalyi (1975, 1985) eine Komponente von Handlungen entdeckt, die den Anreiz beschreibt, Tätigkeiten auszuführen, die selbst als attraktiv erlebt werden. Den Zustand, den die Probanden bei den Aktivitäten erlebt haben, beschreibt er als Flow-Erleben. Er beschreibt den Zustand im Sinne eines „völligen Aufgehens des Handelnden in einer Aktivität" (Csikszentmihalyi, 1985, S. 58). Ängste und Sorgen treten in der Handlung nicht hervor, da die Handlung immer wieder Herausforderungen bietet. Dies wird als ein „Fließen" von einem Augenblick in den nächsten empfunden. Merkmale dieses Zustands sind das *Verschmelzen des Bewusstseins und der Handlung*, die *Fokussierung der Aufmerksamkeit auf die momentan ausgeführte Handlung*, die *Selbstvergessenheit* und das *Ausüben von Kontrolle über die Handlung und die Umwelt* (Csikszentmihalyi, 1975, 1985; Wagner, 2014). Diese Empfindungen gehen mit intrinsischer Motivation einher (Csikszentmihalyi, 1985).

Interesse als besondere Person-Gegenstands-Beziehung

In der Selbstbestimmungstheorie findet der Gegenstand bezüglich der intrinsischen Motivation sowie die mit ihm verbundene Bedeutsamkeit für das Individuum wenig Beachtung (Willems, 2011). Dies ist bereits bei der im vorherigen Kapitel beschriebenen Leistungsmotivation der Fall gewesen (Schiefele, 1996). Janetzko (2007) macht in diesem Zusammenhang deutlich, dass extrinsische und intrinsische Motivation nicht in Erwartungs-mal-Wert-Modellen untergebracht werden können. Zudem wirft er die Frage auf, wie Handlungen, die um ihrer selbst willen ausgeführt werden, einem zweckrationalen Kalkül folgen können. Aus diesem Grund richtet die Münchner Interessensgruppe (Krapp, 1999a, 1999b; Prenzel, 1988) ihre Erklärung intrinsischer Motivation am Interesse aus. Dies wird im Folgenden erläutert.

Interessen werden in Bezug zu Gegenständen als ein relationales Konstrukt aufgefasst, da sie auf der Auseinandersetzung des Individuums mit seiner Umwelt basieren. Dazu werden Interessen als Person-Gegenstands-Beziehung konzeptualisiert. Hierbei ist ein Gegenstand aus konstruktivistischer Sicht Teil der Umgebung, den ein Individuum für sich subjektiv festgelegt. Eine Person kann diesen von anderen innerhalb der Umgebung unterscheiden. Zudem repräsentiert sie den Gegenstand als eine strukturelle Einheit innerhalb ihres Repräsentationssystems (Krapp, 1993). Krapp (1993) versteht daher unter Objekt Fakten der Umgebung einer Person, über welche eine Aneignung und ein Austausch von Wissen stattfinden können. Dementsprechend kann alles ein Interessensgegenstand sein, mit dem sich ein Individuum manipulativ oder geistig auseinandersetzen kann. Diese Objekte können konkrete Gegenstände, Aufgaben, thematische Bereiche des Weltwissens oder Aktivitäten sein. Es ist auch möglich, dass es abstrakte Ideen und Wissensbestände über Themen der materiellen und sozialen Umwelt sind (Krapp, 1999b). Insgesamt versteht Krapp unter Interesse eine Person-Objekt-Beziehung von außerordentlicher Bedeutung, die von anderen derartigen Beziehungen durch eine Anzahl an Eigenschaften abgegrenzt werden kann. Diese Eigenschaften werden im Folgenden erläutert.

Das Interesse kann in eine emotionale und eine wertbezogene Komponente ausdifferenziert werden (Krapp, 1993; Schiefele, 2009). Nach Krapp (1999b) sind Interessen bei ihrer Realisierung von positiven Emotionen und Erlebnisqualitäten begleitet. Diese Verknüpfungen und Erfahrungen sind im Gedächtnis gespeichert und stellen emotionale Wertigkeiten des Interesses dar. Daher wird angenommen, dass eine Person Befriedigung, Freude, Aktivierung oder Spannung empfindet, wenn sie sich mit dem Gegenstand des Interesses auseinandersetzt (Willems, 2011). Dabei ist wichtig, dass die positiven Emotionen direkt mit der

Handlung verbunden sind und nicht als Folge dieser auftreten (Prenzel, 1988). Als Erklärung, warum interessensbezogene Erfahrungen als befriedigend erlebt werden, führt Krapp (1993) die drei Grundbedürfnisse der Selbstbestimmungstheorie an.

Wertbezogen besitzt der Interessengegenstand für eine Person eine herausragende subjektive Bedeutung. Diese Bedeutung ist im Gedächtnis gespeichert (Krapp, 1999b). Aufgrund der hohen subjektiven Relevanz setzt sich das Individuum aktiv und wiederholt mit dem Interessensgegenstand auseinander, um eine Ausdifferenzierung bzw. Erweiterung des Wissens vom Gegenstand zu erzielen (Prenzel, 1988; Schiefele, 1996; Willems, 2011). Über die wertbezogene Komponente können die Personen leichter Auskunft geben, da Wertentscheidungen in der Regel auf rationalen Überlegungen basieren. Wie bereits in der Selbstbestimmungstheorie wird auch in der Interessenstheorie ein positiver Zusammenhang zwischen der Identifikation mit Interessensgegenständen und dem Erleben subjektiver Bedeutung postuliert (Krapp, 1999b). Neben der Unterscheidung in eine emotionale und eine wertbezogene Komponente hat das Interesse kognitive Eigenschaften (Krapp, 1999a). Obwohl Schiefele (1996) vorschlägt, affektive und kognitive Aspekte zu trennen und nur die affektiven in das Interessenskonzept einfließen zu lassen, betrachten Hidi und Harackiewicz (2000) sowie Renninger (2000) die beiden als separate aber wechselwirkende Systeme, welche biologische Ursachen haben (ausführlicher in Hidi & Renninger, 2006).

Das Interesse kann zum einen auf aktuelle Situationen der Erfahrung und der Handlungen einer Person bezogen sein. In diesem Fall ist es auch zeitlich gebunden. Zum anderen kann es als habituelle bzw. dispositionale Personeneigenschaften vorliegen, die zeitlich stabil und transsituativ konsistent sind (Willems, 2011). Aus diesem Grund wird das Interesse in das situationale und das individuelle Interesse unterteilt.

Das situationale Interesse ergibt sich aus speziellen Aspekten der Umgebung, auf die die Aufmerksamkeit gerichtet ist. Dabei repräsentiert es eine affektive Reaktion, die andauern kann, es aber nicht muss (Hidi, Renninger & Krapp, 2004). Diese in der Situation entstehende Form des Interesses ist an diese gebunden. Ursache für das situationale Interesse sind äußere Anreize in der Situation (Krapp, 2010; Schiefele, 1996; Schiefele & Schaffner, 2015a). Wie Objekte können die äußeren Reize konkret als Gegenstand (beispielsweise eine neue Software) vorhanden sein oder in Merkmalen der Situation vorliegen (Willems, 2011). Letztere können unter anderem in Lehr- und Lernsituationen durch die eingesetzten Methoden zur Wissensaneignung bestimmt werden (Hidi & Renninger, 2006). Aufgrund des situationalen Interesses erlebt der Mensch ein Zustand des Interessiertseins. In diesem ist die Aufmerksamkeit gesteigert und er erlebt Gefühle der Neugier sowie der Faszination (Schiefele & Schaffner, 2015a). Zudem ist der Zustand durch erhöhte kognitive Funktion, Ausdauer oder Freude gekennzeichnet (Schiefele, 2009). Der Zustand ist immer motivierend und kann durch unterschiedliche situative Gegebenheiten hervorgerufen werden. Dies kann beispielsweise ein Mathematikprogramm sein, das ein Schüler mit geringem Interesse an der Mathematik entdecken will (Hidi & Renninger, 2006). Aufgrund der Eigenschaften des Zustands tendieren situationale Interessen dazu, zwischen verschiedenen Menschen in einer Situation geteilt zu werden. Dabei kann das Mathematikprogramm für die Schüler interessant sein, weil es neue Medien in den Unterricht einbindet (Krapp, Hidi & Renninger, 1992).

Das bisher beschriebene situationale Interesse, das aus der Interaktion des Menschen mit der Umgebung entsteht, kann auch zur Entwicklung eines länger anhaltenden individuellen Interesses führen (Hidi & Anderson, 1992). Im Gegensatz zum situationalen fokussiert das individuelle Interesse Präferenzen einer Person (Hidi & Harackiewicz, 2000). Es bezieht sich auf Merkmale eines Individuums, die relativ dauerhaft und dispositional sind. Das individuelle Interesse entwickelt sich durch die Auseinandersetzung mit einem Gegenstandsbereich und drückt sich in einer im Grad variierenden Wertschätzung des Gegenstandsbereichs aus (Schiefele & Schaffner, 2015a). Zudem beschreibt es die Tendenz, sich mit dem Gegenstand des Interesses zu beschäftigen. Diese Form des Interesses ist nah mit dem Selbstsystem eines Menschen verbunden, sodass sich das Individuum subjektiv durch die relativ stabile Beziehung zum Selbstempfinden berührt fühlt. Aus dieser Sicht entstehen die positiven Evaluationen durch den Grad der erlebten Relevanz und der Identifikation der Person mit dem Interessensgegenstand. Dementsprechend passt die wertbezogene Komponente des individuellen Interesses zu den Einstellungen, Erwartungen und Werten einer Person, mit denen sie sich identifiziert (Krapp, 2002). Daher sind individuelle Interessen auch personenspezifisch und beschreiben eine lang anhaltende Beziehung zwischen der Person und einer Klasse von Interessensobjekten, welche Bestandteil des Selbstkonzepts sind. Es ist aber auch möglich, dass individuelle Interessen in Form von Person-Gegenstands-Beziehungen sowohl Wissen als auch Werte beinhalten, die der Person nicht notwendigerweise metakognitiv bewusst sind (Krapp et al., 1992). Damit individuelles Interesse entstehen kann, muss das Individuum genug Wissen über den Gegenstand des Interesses besitzen. Dann kann es das Wissen derart organisieren, dass es ihm möglich ist, neugierige

Fragen zu stellen (Renninger, 2000). Hobbys, die Menschen dauerhaft ausüben, sind Beispiele solcher Interessen (Dresel & Lämmle, 2011)[52].

Das individuelle Interesse kann zudem Auslöser von situationalem Interesse sein, da es durch bestimmte Eigenschaften der Situation (z. B. Vorhandensein eines Interessensgegenstands) aktiviert werden kann. Dies nennt Schiefele (2009) das aktivierte individuelle Interesse. Beispielsweise kann ein Schüler mit hohem mathematischen Interesse an einer Software interessiert sein, die es ihm erlaubt, vertiefende mathematische Fragen zu beantworten (Hidi & Renninger, 2006). Aufgrund fehlender empirischer Evidenz zur Trennung zwischen den beiden Dimensionen des situationalen Interesses fasst Schiefele (2009) beide Formen zu situationalem Interesse zusammen.

Das situationale und das individuelle Interesse unterscheiden sich in der Ausprägung der emotionalen und der wertbezogenen Komponente. Situationales ist eher emotional und weniger wertbezogen. Beim individuellen Interesse ist dies umgekehrt (Willems, 2011). Trotz der Unterschiede beeinflussen beide Formen die Leistung eines Individuums. Hidi und Renninger (2006) fassen einige Ergebnisse aus Studien zusammen, die einen positiven Zusammenhang zwischen dem Grad des Interesses und der Leistung gefunden haben. So haben Alexander und Jetton (1996) in ihrem Review zeigen können, dass situationales Interesse und Textverständnis zusammenhängen. Zudem kann situationales Interesse die Aufmerksamkeit fokussieren und das Level des Lernens erhöhen. In ihrem Review bestehend aus 21 Untersuchungsberichten mit insgesamt 127 Korrelationen fanden Schiefele, Krapp und Schreyer (1993) heraus, dass eine Korrelation von 0,3 (mittlerer Zusammenhang) zwischen dem Interesse und der Leistung von Schülern existiert. Neuere Ergebnisse zu diesem Aspekt fasst Willems (2011) zusammen. Sie zeigt auf, dass die Forschung die Befunde von Schiefele et al. (1993) unterstützen[53].

In den beiden folgenden Unterkapiteln werden aktuelle Forschungen zu der Motivation von Lehrkräften sowie mögliche Ansätze zur Förderung von Motivation zusammengefasst. Diese bilden die Grundlage für die Gestaltung des Messinstruments zur Erfassung der aktuellen Motivation in bestimmten didaktischen und pädagogischen Bereichen.

52 Klassifikationen von Persönlichkeitstypen hat Holland (1997) durchgeführt, die auf die zentralen Interessensausrichtungen (überdauernd) von Menschen eingehen.

53 In der bisherigen Forschung zum Interesse ist vor allem der Bereich des Lesens stark in den Fokus genommen worden (Alexander & Jetton, 1996; Hidi & Anderson, 1992; Schaffner, 2009; Schaffner & Schiefele, 2013; Schiefele, 1996).

2.4.4 Forschung zur (Lehrkräfte-)Motivation und deren Erfassung

Die bisherigen Darstellungen zeigen auf, dass die Motivation ein Merkmal zur Erklärung des beobachtbaren Verhaltens der Menschen ist. Daher wurde die motivationale Dimension als ein Teil der professionellen Kompetenz modelliert, wie es unter anderem von Baumert und Kunter (2011a) durch „Motivationale Orientierungen" repräsentiert wird. Sie unterscheiden diese Dimension auf Basis der Literatur in Selbstwirksamkeitsüberzeugungen, intrinsische motivationale Orientierungen in der Form von Enthusiasmus und professionelle Selbstregulation. Kunter (2011b) legt motivationale Merkmale in diesem Zusammenhang als „habituelle individuelle Unterschiede in Zielen, Präferenzen, Motiven oder affektivbewertenden Merkmalen" fest[54].

Wie in den Ausführungen zu den Modellen der Leistungsmotivation werden aus theoretischer Sicht die Motivation und das Handeln der Lehrkräfte leistungsthematisch interpretiert, wobei der Fokus auf dem instruktionalen Handeln im Unterricht liegt. In diesem Zusammenhang wird aus theoretischer Sicht zwischen Erwartungs- und Wertkomponenten unterschieden. Die Erwartung bezieht sich dabei auf die Selbstwirksamkeit und der Wert auf intrinsische vs. extrinsische Motivation, Enthusiasmus, Zielorientierung sowie Interesse am Unterricht und Fach (Dresel & Lämmle, 2011).

Im Forschungsbereich der Leistungsmotivation als Teil der Forschung zu Erwartung und Wert liegen bisher einige Studien zur Zielorientierung der Lehrkräfte vor. Dazu hat Butler (2007) die Theorie der Leistungszielorientierung auf das Lehren angewendet. Dabei gibt es Lehrkräfte, die erstens professionelle Fähigkeiten erlernen, entwickeln und sich aneignen wollen (mastery goal orientation), zweitens überlegene Unterrichtsfähigkeiten zeigen (ability aproach), drittens vermeiden, schwache Lehrfähigkeiten zu zeigen (ability avoidence) und viertens ohne viel Aufwand den Alltag schaffen wollen (work avoidence). Eine fachdidaktische Komponente von Leistungsmotivation von Lehrkräften ist jedoch noch nicht verstärkt untersucht worden.

Im Forschungsbereich zu Studieneingangsmotivation ist unter anderem pädagogische und fachliche Motivation sowie deren Zusammenhänge mit den gewählten Lehrämtern untersucht worden (Billich-Knapp, Künsting & Lipowsky, 2012; Retelsdorf & Möller, 2012). Damit sind zwei der drei Dimensionen des professionellen Lehrerwissens, wie es Shulman (1986) unterteilt, bezüglich der

54 Ausgangspunkt der Forschung zur Lehrermotivation sind die Studien zu Berufswahlmotiven gewesen. Hierbei wird zwischen intrinsischen und extrinsischen Faktoren unterschieden. Die Forschungen zur Lehrermotivation erfolgten dabei meist in einen multidimensionalen Ansatz, wie er zu Beginn dieses Jahrtausend oft gewählt wurde zusammenfassend Kunter (2011a).

Motivation abgedeckt. Fachdidaktische Motivation wurde in den Studien nicht erhoben.

Die Forscher in COACTIV haben sowohl fachliche als auch unterrichtliche Motivation jeweils in Form des Enthusiasmus für das Fach bzw. das Unterrichten erhoben (Kunter, 2011b). Dabei wurden die beiden Dimensionen allgemein ohne Bezug auf spezielle Unterrichtstätigkeiten operationalisiert (fachlich: „Ich bin selbst immer noch vom Fach Mathematik begeistert"; Unterricht: „Mir macht Unterrichten von Mathematik in dieser Klasse großen Spaß" (Kunter, 2011b, S. 263)). Kunter konnte anhand der COACTIV-Stichprobe zeigen, dass sich diese beiden Dimensionen empirisch trennen lassen. Zudem erfüllen Lehrkräfte mit hoher Begeisterung für die Ausübung ihres Berufs die Aufgaben des Unterrichtens mit höherer Qualität. Anhand der Ergebnisse rechtfertigt Kunter (2011b) die Position der Motivation als Teil der professionellen Kompetenz von Lehrkräften, die in Form des Enthusiasmus keineswegs unveränderlich ist.

Eine Unterteilung der des Interesses, die auch eine didaktische Komponente enthält, findet sich bei Schiefele et al. (2013). Dies wird im Folgenden näher erläutert.

Lehrerinteresse

Schiefele et al. (2013) bzw. Schiefele und Schaffner (2015b) unterteilen das Interesse ähnlich zur Konzeptualisierung des professionellen Wissens von Lehrkräften in eine fachliche, in eine didaktische und eine allgemein pädagogische Komponente. Dabei verstehen die Autoren unter dem *Fachinteresse*, das Interesse an dem Fachwissen, das unterrichtet wird, und dem darüberhinausgehenden Wissen (bsp.: universitäre Mathematik). Das *fachdidaktische* Interesse bezieht sich auf das Interesse der Lehrkräfte, den Unterricht bestmöglich vorzubereiten, sich Unterrichtsmethoden zu erarbeiten und didaktische Fachliteratur zu lesen. Unter dem *pädagogischen* Interesse werden alle Aspekte zusammengefasst, die pädagogischer Natur sind und zum Lehrerberuf gehören. Als Beispiele führen die Autoren pädagogische Diskussionen über die Entwicklung der Kinder, soziale Werte und Kompetenzen, Umgang mit schwierigen Schülern und das Management in der Klasse an. Die Unterscheidung in die drei Dimensionen passt auch zu früheren Arbeiten von Fernet, Senecal, Guay, Marsh und Dowson (2008), auf die Schiefele et al. (2013) verweisen. In ihrer Studie teilen sie die Motivation, bezogen auf die Arbeit von Lehrkräften, in sechs Aufgabenbereiche auf. Diese sind: (a) Unterrichtsvorbereitung, (b) Unterrichten, (c) Bewertung der Schüler, (d) Management im Klassenraum, (e) Verwaltungsaufgaben und (f) ergänzende Aufgaben. Schiefele et al. (2013) fassen die ersten drei unter das didaktische Interesse und den vierten Punkt unter pädagogisches Interesse. Das didaktische Interesse operationalisieren Schiefele et al. (2013, S. 21) allgemein mit der Informierung und dem Nachdenken über Lehrmethoden, indem sie beispielsweise „I like to read up on new teaching methods even in my spare time." oder „I like to think about ways of making my teaching more effective and motivating." als Items verwendet haben. Zur Verifizierung der drei Interessensdimensionen führten Schiefele et al. eine konfirmatorische Faktoranalyse durch, welche die dreidimensionale Struktur bestätigt hat.

Die Ergebnisse von Schiefele et al. (2013) zeigen, dass in der Gruppe mit 281 Lehrkräften die drei Interessen tendenziell hoch ausgeprägt sind. Es ergaben sich Werte von 3,22 für fachliches Interesse, 3,07 für didaktisches Interesse und 3,24 für pädagogisches Interesse gemessen auf einer vierstufigen Likert-Skala. Eine Analyse der Einflüsse von Geschlecht und Schulform ergab, dass das Geschlecht keinen signifikanten Einfluss auf die Interessensausprägungen besaß. Dagegen beeinflusste die Schulform der Lehrkräfte sowohl das fachliche als auch das pädagogische Interesse signifikant. Das fachliche Interesse war bei Grundschullehrkräften am geringsten und bei Sekundarstufen II Lehrkräften am höchsten ausgeprägt. Lehrkräfte der Sekundarstufe I lagen dazwischen. Beim pädagogischen Interesse war es umgekehrt. Das didaktische Interesse war bei allen drei Gruppen etwa gleich stark ausgeprägt (3,13 für Grundschule, 3,06 für Sekundarstufe I und 3,04 für Sekundarstufe II).

Die Forschung zu Motivation von Lehrkräften bezieht sich zwar auf einige Bereiche der Motivation, ist aber ein Forschungsfeld, das noch nicht stark untersucht worden ist. Dies zeigen die bisher benannten Studien zur Effektivität, Motivation für das Unterrichten, den Lehrerenthusiasmus, die Berufs- bzw. Studienwahl und die Leistungsmotivation im Sinne der Zielorientierung. Dies unterstreicht Keller (2011, S. 38) wie folgt:

> „Even though motivation has been identified as an important factor in student learning and outcomes, it is all but overlooked in research on teachers."

Ansätze zur Erfassung von Motivation

Im ersten Teil dieses Unterkapitels ist eine Unterscheidung in implizite und explizite Motive getroffen worden, die auf geringe Übereinstimmung zwischen den beiden Formen zurückgeht (McClelland et al., 1989). Dieser Punkt wird auch durch die jüngere Forschung unterstützt. Brunstein (2010) hebt in diesem Zusammenhang hervor, dass zwischen der Erhebung der TAT-Motive und der Erhebung über Fragebögen zur Erfassung motivationaler Selbstbeschreibungen kaum eine Korrelation vorhanden ist. Dabei bezieht er sich auf die Ergebnisse von Schultheiss und Brunstein (2001), die anhand von 468 studentischen Versuchsteilnehmern herausfanden, dass die Messung mit dem TAT und dazu passenden Fragebögen keine signifikanten Überschneidungen zeigten. Dennoch weist Brunstein (2010, S. 241) auf die entscheidende Bedeutung der Frage, „ob sich die betreffenden Instrumente auch in der Vorhersage relevanter Verhaltensmerkmale voneinander unterscheiden lassen", hin. So geht er auch davon aus, dass die beiden Formen der Motive getrennt voneinander existieren können. Jedoch schließt Brunstein eine gemeinschaftliche Auswirkung auf das Handeln und das Situationserleben von Individuen nicht aus.

Zur Erfassung der Motivation gibt es bisher unterschiedliche Ansätze, da es von den Merkmalen abhängt, die erfasst werden sollen. Implizite Motive können über den TAT (Brandstätter et al., 2015; Rheinberg & Vollmeyer, 2012) und dessen Weiterentwicklungen (Schüler, Brandstätter, Wegner & Baumann, 2015) relativ genau erfasst werden. Die Erhebung der impliziten Motive über den TAT erfüllten die Gütekriterien der Objektivität und der Reliabilität jedoch nicht optimal (Lundy, 1985; Reuman, 1982). Zudem ist die Erhebung größerer Stichproben aufgrund der Durchführung des TAT sehr aufwendig. Daher entschlossen sich Forscher dazu, Motive über Fragebögen zu erheben. Im Gegensatz zum TAT erfassen diese explizite Motive der Menschen (beispielsweise Mehrabian, 1969; Mikula, Uray & Schwinger, 1974). Dies ist ökonomischer sowie effizienter und erfüllt die Gütekriterien besser.

Im Zusammenhang mit der Entwicklung des kognitiv-motivationalen Prozessmodells entwickelten Rheinberg et al. (2001) ein Instrument zur Erfassung der aktuellen Motivation. In der Entwicklungsphase des Fragebogens wurde nicht von etablierten Motivkonzepten ausgegangen. Im Gegensatz dazu wurden Items des Fragebogens aus Erlebniskomponenten zusammengestellt, die motivational bedeutsam sind und sich in Vorversuchen nach Erkundung und Selbsterfahrung zeigten. Davon ausgehend entstanden zwei Faktoren: „Interesse bzw. Spaß an der Aufgabe" und „Erfolgszuversicht gegen Misserfolgsbefürchtung". Dies ergab 19 Items (Vollmeyer & Rheinberg, 1998). In einer Studie zum Lernen mit einer computergestützten Simulation (BioLab) ermittelten Vollmeyer & Rheinberg (ebd.) anhand von 48 Studierenden die beiden Faktoren, die etwa 40% der Varianz aufklären. Der Faktor „Erfolgszuversicht vs. Misserfolgsbefürchtung" zeigte in der Untersuchung einen relativ hohen Einfluss auf die Leistung in Form von explizitem Wissen am Ende der Lernphase mit einer Korrelation von 0,4. Insgesamt stellten sie damit das kognitiv-motivationale Prozessmodell auf (siehe Kapitel 2.4.2), das zeigt, dass die Motivation die Leistung über Mediatorvariablen (Konzentration, Strategiesystematik) beeinflusst. In einer weiteren

Studie konnten die Autoren einige Ergebnisse replizieren. Unter anderem stand die Dimension der Leistungsmotivation mit der motivationalen Lage in Beziehung. Außerdem ergab sich eine Korrelation zwischen der Zielerreichung und der Leistungsmotivation zu Beginn in Höhe von 0,35. Insgesamt konnte das kognitiv-motivationale Prozessmodell sowohl unter Laborbedingungen (Vollmeyer & Rheinberg, 1999) als auch unter realen Bedingungen (Engeser, Rheinberg, Vollmeyer & Bischoff, 2005) repliziert werden.

Der Fragebogen, der aus den bisherigen Forschungen hervorgegangen ist umfasst 18 Items. Rheinberg et al. (2001) wollten herausfinden, wie viele Dimensionen in dem Fragebogen enthalten sind. Dazu ließen sie das Instrument von 321 Probanden (Studierende sowie Schüler der Sekundarstufe II) ausfüllen. Die Daten unterzogen sie einer Faktoranalyse. Als Ergebnis extrahierten sie vier unterschiedliche Faktoren, die 58,5% der Gesamtvarianz erklären konnten: Misserfolgsbefürchtung (negativer Anreiz von Misserfolg; schlechtes Lernen durch Druck in Situation), Erfolgswahrscheinlichkeit (Annahme über Erfolgswahrscheinlichkeit), Interesse (Wertschätzung des Aufgabeninhalts) und Herausforderung (leistungsbezogene Interpretation der Aufgabe). Damit spricht der Fragebogen zwei motivationale Konstrukte an. Zum einen beziehen sich Misserfolgsbefürchtung, Erfolgswahrscheinlichkeit und Herausforderung auf die Leistungsmotivation. Zum anderen thematisiert das Interesse die gleichnamige Dimension der aktuellen Motivation.

Der Fragebogen zeigte sich in den Forschungen als sensibel gegenüber unterschiedlichen Situationen. Das bedeutet, dass er bezogen auf die jeweilige Situation die entsprechende aktuelle Motivation erfassen konnte, welche sich von Aufgabe zu Aufgabe unterschied. Zudem zeigt der Fragebogen relativ hohe Werte der internen Konsistenz, da die Reliabilität, gemessen mit Cronbachs-α zwischen .66 und .90 liegen (Rheinberg et al., 2001). Aufgrund der guten Testkennwerte wird der Fragebogen in dieser Studie nach Adaption auf das entsprechende Themengebiet zur Erfassung der fachdidaktischen Motivation von Lehrkräften eingesetzt[55].

55 Einen weiteren quantitativen Ansatz zur Messung der Motivation von Lehrern verfolgen Visser-Wijnveen, Stes und van Petegem (2012). Sie modellieren die Lehrermotivation mit den Unterdimensionen Effektivität, Interesse und Anstrengung, wobei sie die Effektivität in persönliche Effektivität, Lehr- und Leistungseffektivität unterteilen. Ausgehend davon haben die Autoren einen Fragebogen mit 34 Items gestaltet, die auf bestehende Fragebögen zurückgehen und die Dimensionen allgemein erheben. Ausgehend von dem Fragebogen haben Visser-Wijnveen et al. (2012) durch eine Faktoranalyse der Daten von 231 Lehrern herausgefunden, dass das Modell zur Konstruktion des Fragebogens nicht die beste Passung lieferte. Weitere Analysen ergaben, dass fünf Dimensionen den besten Fit lieferten. Diese bestehen aus den

Zusammenhänge zu anderen Konstrukten

Die Forschung zum kognitiv-motivationalen Prozessmodell hat unter anderem die Verbindung zwischen der Motivation zu Beginn einer Lernphase mit der Leistung in einem Wissenstest am Ende einer Lernphase betrachtet. Es zeigte sich, dass die beiden Konstrukte (Wissen und Motivation) direkt bzw. über Mediatoren zusammenhängen. Zudem zeigen Studien zur Leistungsmotivation, dass dort ebenfalls ein Zusammenhang mittlerer Ausprägung zwischen Motivation und Leistung vorhanden ist (vgl. Kapitel 2.4.2). Im Folgenden sollen zudem Verbindungen zwischen Beliefs und der Motivation betrachtet werden.

Im Zusammenhang mit der Motivation, dem Selbstkonzept und den Lernstrategien[56] weist Urhahne (2006) auf die besondere Bedeutung der epistemologischen Überzeugungen hin. Im theoretischen Teil zeigt er anhand einiger Studien Zusammenhänge zwischen den psychologischen Konstrukten und den epistemologischen Beliefs auf. In seiner Studie mit 120 Studierenden des Lehramts Biologie konnte er zudem die Ergebnisse seiner Pilotstudie bestätigen. Demnach sind die domänenspezifischen epistemologischen Überzeugungen für die Motivation, das fachspezifische Selbstkonzept und die Lernstrategien von Bedeutung. Speziell zeigte sich, dass „ein epistemologischer Relativismus mit günstigeren Lerndispositionen als ein epistemologischer Konservatismus einhergeht“ (Urhahne, 2006, S. 195)[57]. Bereits Hofer und Pintrich (1997) weisen hier auf Forschungen bezüglich des Zusammenhangs zwischen der Motivation und den epistemologischen Überzeugungen hin. Hier erwähnen sie die Erforschung von Zusammenhängen zwischen der Motivation und den epistemologischen Überzeugungen. So nehmen Studenten eher ein Gesamtziel für das Lernen an und studieren das Material tiefer, wenn sie eine reifere Vorstellung[58] von Wissen haben. Zudem fand Hofer (1994) heraus, dass Schüler mit einer höheren intrinsischen

---

Ausgangsdimensionen, wobei die Unterkategorien der Effektivität als eigene Dimensionen auftreten.

56 Auf die Begriffe Motivation und Selbstkonzept wird im Kapitel über Motivation noch ausführlicher eingegang-en, sodass dort die Eigenschaften der psychologischen Konstrukte nachgelesen werden können. An dieser Stelle sollen nur Zusammenhänge, die sich in den Studien ergaben betrachtet werden.

57 Die Gruppe der epistemologischen Relativisten charakterisiert Urhahne (2006) durch Personen, die von der Veränderung und der Entwicklung des naturwissenschaftlichen Wissens überzeugt sind. Sie wissen um die Rolle von Experimenten im Wissenserwerb und vertrauen nur wenig allwissenden Autoritäten. Dagegen zeigt die Gruppe der Konservativen Beliefs, dass naturwissenschaftliches Wissen von Sicherheit und Konstanz geprägt ist. Autoritäten stehen für sie als Wissensvermittler.

58 Reifere Vorstellungen meinen solche, die darauf eingehen, dass das Wissen veränderbar, komplex verbunden, konstruierbar usw. ist.

Motivation eher die isolierte Sicht auf mathematische Aktivitäten (wie „Math is a solitary activity done by individuals in isolation" (ebd, S. 12)) ablehnen.

Aufgrund der zu Beginn des Unterkapitels erwähnten Lücken zur Motivationsforschung im Bereich der Mathematikdidaktik wird im folgenden Unterkapitel, die in dieser Studie betrachtete fachdidaktische Motivation festgelegt.

2.4.5 Festlegung fachdidaktische Motivation

Die Erläuterungen aus dem vorherigen Unterkapitel zur Forschung bezüglich der Motivation von Lehrkräften zeigen auf, dass es zwar Ansätze zur Erfassung der Motivation von Lehrkräften gibt, diese aber keine spezielle fachdidaktische Komponente enthalten. Dies wird speziell deutlich, da Motivation zum Fach im Forschungsfeld der Studienwahl (Billich-Knapp et al., 2012; Retelsdorf & Möller, 2012), des Enthusiasmus (Kunter, 2011b) oder dem Interesse abgedeckt wird (Schiefele et al., 2013; Schiefele & Schaffner, 2015b). Dies trifft ebenso auf pädagogische Motivation zu. Didaktische Motivation findet sich, wie im letzten Unterkapitel dargestellt, bisher nicht fach- bzw. mathematikbezogen in den Studien wieder. Dies zeigt beispielsweise die Forschung von Schiefele et al. (2013) zum didaktischen Interesse, da die Autoren das Konstrukt allgemein und nicht fachbezogen operationalisieren. Der Enthusiasmus zum Unterrichten der Mathematik bei Kunter (2011b) ist im Vergleich zu Schiefele et al. (2013) mathematikbezogen operationalisiert worden, spricht aber keine explizite fachdidaktische Komponente an.

Die fehlende Forschung zur mathematikdidaktischen Motivation ist der Grund für die Festlegung und Untersuchung des Konstrukts. Sie wird als Kombination der Eigenschaften des Konstrukts sowie der Inhalte des fachdidaktischen Wissens festgelegt. Dementsprechend wird die Facette der professionellen Kompetenz als Motivation festgelegt, fachdidaktische Handlungen im Unterricht durchführen zu wollen. Dies kann beispielsweise das Diagnostizieren von Schülervorstellungen, das Wählen bestimmter Herangehensweisen an mathematische Inhalte oder das Informieren über misconceptions, Grundvorstellungen, Darstellungen o. ä. sein. Dabei wird die Erwartung der erfolgreichen Durchführung der Handlungen als Erwartungskomponente und das Interesse an den didaktischen Inhalten als Wertkomponente im Sinne des erweiteren Erwartungs-mal-Wert-Modells von Eccles und Kollegen (Eccles, 2005; Eccles & Wigfield, 2002) definiert.

Die Studie betrachtet zum einen die Ausprägung und zum anderen die Veränderbarkeit der unterschiedlichen Konstrukte. Daher wird im folgenden Unterkapitel die Veränderbarkeit der Motivation beschrieben werden.

2.4.6 Veränderbarkeit von Motivation

Die Motivation hängt vom Zusammenwirken von Personen- und Situationseigenschaften ab. Diese beeinflussen die Veränderbarkeit der Motivation. Betrachtet man die Personeneigenschaften, dann ist die Stabilität von Motiven zu analysieren. Motive werden allgemein sowohl bei Rheinberg und Vollmeyer (2012) als auch bei Dresel und Lämmle (2011) als relativ stabil bzw. zeitlich überdauernde Vorlieben oder Präferenzen für bestimmte Anreize charakterisiert. Dies findet sich auch bei den zu unterscheidenden impliziten und expliziten Motiven wieder. Implizite Motive werden nach Heckhausen und Heckhausen (2010) ebenso als überdauernde individuelle Motivdispositionen festgelegt und gehen auf biologische und soziale Faktoren zurück, die die Stabilität begründen (vgl. Kapitel 2.4.1). Die Stabilität hat beispielsweise in die Unterscheidung von Erfolgs- und Misserfolgsmotivierten bezüglich des Leistungsmotivs geführt (vgl. Kapitel 2.4.2).

Forschungsergebnisse von Valero, Nikitin und Freund (2015) zeigen entgegen der Annahme von Heckhausen und Heckhausen (2010), dass implizite Motive nicht notwendigerweise stabil sein müssen. Sie können sich über die Zeit verstärken bzw. verstärkt werden. Anhand einer Stichprobe aus 108 Erwachsenen konnten sie mit Hilfe des „picture story excercise“[59] zeigen, dass die älteren (Altersschnitt 68,05) im Vergleich zu den jüngeren (Altersschnitt 25,60) eine deutlich stärkere Ausprägung impliziter Motive hatten.

Explizite Motive beziehen sich auf die Kognitionen einer Person über sich selbst in der Form von Selbstbildern, Werten und Zielen. Dementsprechend sind kognitive Prozesse für die Motivation zentral und beschreiben neben den Zielen die Bewertung von Handlungsoptionen und die Erwartungen, ob bestimmte Ergebnisse durch Handlungen unter Berücksichtigung der eigenen Fähigkeiten erreicht werden können (Dresel & Lämmle, 2011). Als kognitive Eigenschaften einer Person besitzen sie eine ähnliche Stabilität wie Beliefs. Diese beiden scheinen relativ stabil gegen Änderung zu sein. Dennoch sind Änderungen ein natürlicher Prozess, der zeitlich intensiv aber möglich ist (vgl. Kapitel 2.3.3). Daher wird dies ebenfalls für stabile Aspekte der Motivation angenommen.

Werden neben den bisher beschriebenen stabilen Personeneigenschaften Eigenschaften der Situation betrachtet, dann äußert sich die Motivation eines Individuums abhängig von Anreizen, die in der Situation gegeben sind. Das

59 Der „picture story excercise“ ist ähnlich zum TAT. Dem Probanden wird ein Bild präsentiert und er soll eine Geschichte dazu aufschreiben. Hierbei werden dem Probanden Leitfragen wie „Was passiert?“, „Wer sind die Menschen?“, „Was geschah vorher?“, usw. gegeben (Schüler, Brandstätter, Wegner & Baumann, 2015).

Zusammenwirken beider Merkmale ergibt dann die aktuelle Motivation eines Individuums. Eine Folgerung dieser Perspektive ist, dass die Motivation von Individuen keineswegs für alle Handlungen bzw. Dinge und in jeder Situation gleich ist. Dementsprechend ist die aktuelle Motivation im Vergleich zu den Personeneigenschaften instabil. Eine Änderung der Anreize einer Situation ändert folglich die aktuelle Motivation eines Individuums (Dresel & Lämmle, 2011).

Die Perspektive der aktuellen Motivation, welche aus Sicht von Vollmeyer (2009b) das Interesse beinhaltet, findet sich bei dem situationalen Interesse wieder. Dieses wird wie die aktuelle Motivation stark von den Anreizen einer Situation bestimmt. Somit ist es an die Situation gebunden und in der Regel nicht transsituativ konsistent. In der Folge ist das situationale keine stabile Form der Motivation. Im Gegensatz dazu ist das individuelle Interesse eines Individuums eine Eigenschaft, die über Situationen hinweg stabil ist, da es mit dem Selbstsystem eines Individuums verbunden ist und wertbezogen zu den Einstellungen, Werten und Erwartungen des Menschen passt. Insgesamt sind individuelle Interessen personenspezifisch und beschreiben eine lang anhaltende Beziehung zwischen Personen und Interessensobjekten, sodass sie sehr stabil sind (vgl. Kapitel 2.4.3).

Treten bestimmte motivierte Handlungen transsituativ auf, dann können sie als habituelle Motivationsmerkmale beschrieben werden. Werden bestimmte Ursachen benannt, die das transsituative Auftreten der Motivation erklären können, dann sind diese dispositionale Motivationsmerkmale. Diese sind beispielsweise die Eigenschaften der Person in der Form der Motive oder individuelles Interesse (Schiefele & Schaffner, 2015a).

Insgesamt sind Personeneigenschaften wie die impliziten und expliziten Motive relativ stabil. Da die expliziten Motive Kognitionen über das Selbst betreffen, ist ihre Stabilität ähnlich der kognitiven Komponenten Wissen und Beliefs (vgl. 2.2 und 2.3). Instabilität findet man dann, wenn Motivation als Zusammenspiel von Person und Situation betrachtet wird. Dort können unterschiedliche Anreize zu verschiedenen Handlungen führen, die auf aktueller Motivation und situationalem Interesse als Teil dieser beruhen.

Die Stabilität der Personenmerkmale kann am Beispiel der Misserfolgsmotivierten zu problematischen Handlungen führen und die Leistungsfähigkeit des Individuums verschlechtern. Daher wurde in der Forschung nach Möglichkeiten zur Änderung der dispositionalen Motivationsmerkmalen gesucht. Dort finden sich viele Ansätze zur Veränderung bei Schülern (beispielsweise bei Dresel & Lämmle, 2011; Krug & Kuhl, 2005; Schiefele & Schaffner, 2015a; Waldis, 2012; Wilbert, 2010; Willems, 2011). Dabei bilden die Modelle der Beschreibung motivierten Verhaltens von Menschen die Basis für die Konzepte zur Veränderung der Motivation von Schülern. Im Folgenden werden einige Möglichkeiten zur Veränderung von Leistungsmotivation und Interesse bzw. Interessensgenese dargestellt, die bei Schülern eingesetzt werden.

Maßnahmen zur Veränderung der dispositionalen Motivationsmerkmale können spezielle Trainings sein, in denen die Teilnehmer ihre individuellen Ausprägungen reflektieren und entsprechend verändern sollen. Dies kann beispielsweise bezogen auf die Leistungsmotivation durch die Veränderungen der Attributionen (Weiner, 1985), der Selbstbewertungen (Brunstein & Heckhausen, 2010; Heckhausen, 1974) und Zielsetzungen (Brunstein & Heckhausen, 2010; Schüler, 2009) erreicht werden. Diese Form steht in dieser Studie nicht im Vordergrund. Einen Überblick über verschiedene Konzepte finden sich bei Dresel und Lämmle (2011), Krug und Kuhl (2005) sowie Ziegler und Dresel (2009).

Im Bereich der intrinsischen Motivation und des Interesses gibt es mehrere Ansätze zur Steigerung dieser. Die Förderung von Autonomie-, Kompetenzerleben und sozialer Eingebundenheit können nach Deci und Ryan (1985, 1993) zur Entwicklung intrinsischer Motivation führen. Dabei kann von außen angeregtes Handeln durch die Prozesse der Internalisierung und der Integration in intrinsische Motivation übergehen und immer selbstbestimmter werden. Beispielhaft kann das Bedürfnis nach Autonomie durch Mitbestimmung bei Lernzielen oder Lerngegenständen, das Kompetenzerleben durch Unterstützung bei Schwierigkeiten und die soziale Eingebundenheit durch Gruppenarbeitsmethoden gefördert werden (Dresel & Lämmle, 2011; Schiefele, 2014).

In Verbindung mit der Person-Gegenstands-Theorie des Interesses besteht die Vermutung, dass individuelles Interesse aus situationalem Interesse hervorgeht (Hidi & Renninger, 2006; Krapp, 1998, 2005). Aus dem Zusammenwirken der Person und der Situation ergibt sich situationales Interesse. Dieses wird unter anderem durch die interessante Aufarbeitung des Lernstoffs angeregt. Unter bestimmten Umständen ist es möglich, dass sich aus dem situationalen Interesse ein individuelles Interesse entwickelt. Der Prozess ist dabei mehrstufig, wobei Internalisierung ein bedeutender Faktor ist. Das Ziel ist es, ein Interesse, das primär durch externale Anregungsfaktoren ausgelöst worden ist und unter anderem auf Neugier oder Neuheit beruht, in eine dauerhafte Bereitschaft, sich mit dem Lerngegenstand auseinanderzusetzen, zu überführen (Willems, 2011). Zusammengefasst stellt Krapp (1998) dies in folgendem Modell dar (siehe folgende Seite).

Wie der Übergang erfolgt kann mit dem Vierphasenmodell von Hidi und Renninger (2006) beschrieben werden. Ausgehend von den bisherigen Forschungen zum situationalen und individuellen Interesse können beide Faktoren in zwei unterschiedliche Entwicklungsstufen unterteilt werden. Das situationale

Interesse enthält dementsprechend eine Phase, in der es angeregt wird (Catch-Phase), und eine weitere, in der es zu einer Stabilisierung kommt (Hold-Phase), (Hidi & Harackiewicz, 2000). Die Anregung kann dabei durch Eigenschaften der Umwelt wie überraschende Informationen, persönliche Relevanz und Intensität ausgelöst werden. Es ist in der Regel extern unterstützt. Anhaltendes situationales Interesse zeichnet sich durch die fokussierte Aufmerksamkeit und Ausdauer aus. Es kann beispielsweise durch bedeutsame Aufgabenstellungen, persönliche Integration sowie Eigenschaften der Instruktion (bedeutende Aktivitäten oder kooperative Gruppenarbeit) ausgelöst werden. Zudem wird es gewöhnlich extern unterstützt (zusammenfassend in Hidi & Renninger, 2006).

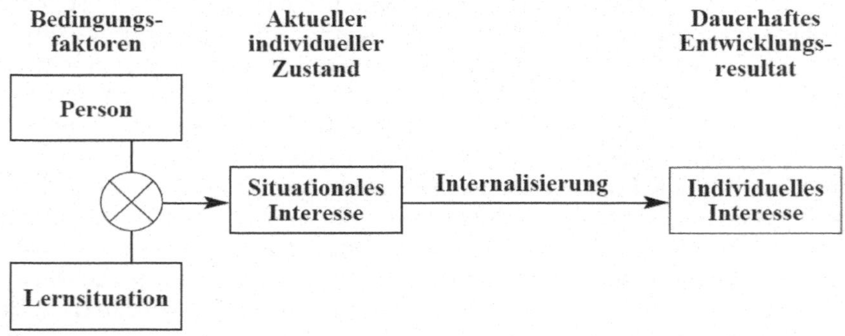

Abbildung 6: Rahmenmodell zur Interessensgenese nach Krapp (1998, S. 191)

Das individuelle Interesse kann in die Dimensionen beginnendes individuelles Interesse und ausgeprägtes individuelles Interesse unterteilt werden. Die beiden Bereiche bauen aufeinander auf (Willems, 2011). Ersteres bezieht sich auf einen Zustand, in dem das Individuum beginnt, eine relativ überdauernde Disposition zu entwickeln, sich wiederholt mit speziellen Inhaltsklassen zu beschäftigen. Der Zustand ist durch positive Gefühle, gespeichertes Wissen und Werte gekennzeichnet und kann durch den Inhalt der Instruktion hervorgerufen werden. In ihm beginnt der Lerner, selbst Fragen zu stellen und Aufgaben zu entwickeln, sodass der Zustand in der Regel selbstgeneriert ist, jedoch noch externe Unterstützung durch Experten notwendig ist. Das ausgeprägte individuelle Interesse beschreibt eine Intensivierung des Zustandes des beginnenden individuellen Interesses. Eine ausführliche Beschreibung der Eigenschaften der unterschiedlichen Stadien im Vierphasenmodell der Interessensgenese bieten Hidi und Renninger (2006). In einer deutschen Version wird es von Willems (2011, S. 62) wie folgt veranschaulicht:

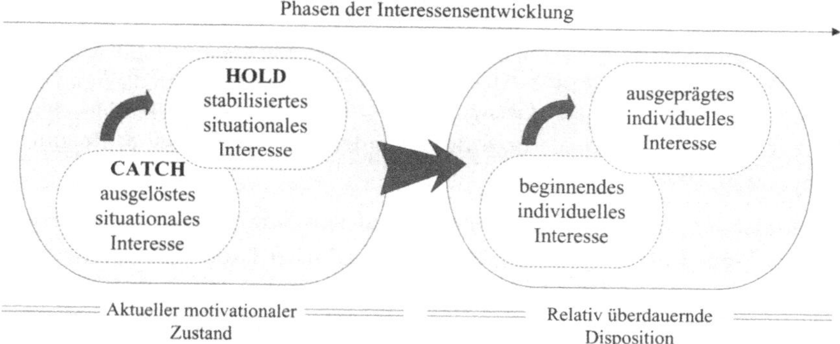

Abbildung 7: Vierphasenmodell der Interessensgenese nach Willems (2011, S. 62)

Eine weitere Möglichkeit der Interessensverstärkung ist es, die persönliche Bedeutsamkeit des Lerngegenstands zu fördern. Dabei wird der subjektive Wert des Gegenstands direkt erhöht. Dazu sollte das Ziel des Lernens klar sein und eine persönliche Bedeutung besitzen, der emotionale Gehalt des Lernstoffs erhöht, die praktische Anwendbarkeit betont, der Lernstoff mit vorhandenen Interessen verbunden werden oder Abwechslung und Neuheit im Hinblick auf Inhalte, Methoden sowie Sozialformen vorhanden sein (Schiefele, 2014).

Im folgenden Abschnitt werden die zentralen Überlegungen und Erkenntnisse des gesamten Unterkapitels zusammengefasst und aufgezeigt, welche Aspekte zentral für die Studie sind.

2.4.7 Zusammenfassung

Die Forschung im Bereich der Motivation beschäftigt sich mit der Erklärung beobachtbarer Verhaltensweisen und Handlungen. Motivation wird dabei als psychologischer Prozess verstanden, der zielgerichtete Handlungen von Personen initiiert, aufrechterhält, steuert und evaluiert, sodass ein positiv bewerteter Zustand erreicht wird (Dresel & Lämmle, 2011; Rheinberg & Vollmeyer, 2012). Sie ergibt sich aus dem Zusammenwirken von Personenfaktoren (Motive) und Eigenschaften der Umgebung bzw. der Situation als aktuelle Motivation, welche nach dem kognitiv-motivationalen Prozessmodell die Subdimensionen „Erfolgswahrscheinlichkeit“, „Misserfolgsbefürchtung“, „Herausforderung“ und „Interesse“ enthält. Die ersten drei zählen zur Leistungsmotivation. Diese kann in eine Annäherungs- (Erfolg aufsuchen) und eine Vermeidungskomponente (Misserfolg meiden) unterschieden werden. Die Erfolgserwartung wird dabei als subjektive Erfolgswahrscheinlichkeit angenommen der ein Anreiz als Wert gegenübersteht. Erfolgsmotivierte empfinden in diesem Zusammenhang besonders Aufgaben, in denen sie ihre Tüchtigkeit zeigen können, als herausfordernd.

Die zweite theoretische Dimension ist das Interesse, das eine besondere Beziehung zwischen einem Gegenstand und einer Person darstellt, die durch positive emotionale Zustände (emotionale Komponente wie Spannung, Freude und Aktivierung) und hoher subjektiver Wertschätzung des Gegenstands (wertbezogene Komponente wie hohe subjektive Relevanz, Wunsch der Erweiterung der Kognitionen) charakterisiert ist (Dresel & Lämmle, 2011). Zudem kann das Interesse in situationales und individuelles Interesse unterteilt werden.

Die bisherige Forschung weist zur Motivation von Lehrkräften noch einige Lücken auf (Keller, 2011). Speziell im fachdidaktischen Bereich findet sich noch nicht viel. Dort unterscheiden Schiefele und Schaffner (2015b) beispielsweise zwischen fachlichem, didaktischem und pädagogischem Interesse, fassen diese Dimensionen aber allgemein. In der vorliegenden Studie wird daher die fachdidaktische Motivation als noch nicht untersuchte Motivationsform erforscht. Sie ist die Motivation, fachdidaktische Handlungen (bsp. Schülervorstellungen erheben, Erklärungen geben, …) im Unterricht durchführen zu wollen.

Es zeigt sich, dass Personeneigenschaften wie Motive und individuelles Interesse zeitlich überdauernd sind, da sie stark mit dem Selbst eines Individuums verbunden sind. Dagegen ist die aktuelle Motivation sowie das situationale Interesse variabel und neben den Personenmerkmalen von Situationseigenschaften abhängig. Auf Basis der Stabilitätseigenschaften zielen daher Maßnahmen zur Veränderung zum einen auf die Änderung der Personenmerkmale (wie das Leistungsmotiv). Zum anderen werden Änderungen durch die Stabilisierung aktueller Motivation bzw. situationalem Interesse erreicht, indem u. a. die persönliche Relevanz verstärkt wird.

3 Aspekte des *professional development*

Die ersten beiden Phasen der Lehrerbildung, die universitäre Ausbildung (überwiegend Theorie) und die Ausbildung im Vorbereitungsdienst (praktische Ausbildung an Studienseminaren) haben zum Ziel, die Grundkompetenzen angehender Lehrkräfte zu entwickeln. Diese beiden Ausbildungsphasen reichen jedoch nicht aus, um die Lehrkräfte auf alle bestehenden und aufkommenden Anforderungen vorzubereiten (Mayr & Neuweg, 2009). Ursache dafür ist, dass die Anforderungen, denen die Lehrkräfte im Beruf gerecht werden müssen, sehr hoch sind, mit weiteren Unterrichtsentwicklungen komplexer werden und einem stetigen Wandel unterliegen (Hascher, 2011; Miller, 1995). Ein Lernen im Beruf ist daher nicht nur erforderlich, sondern notwendig, um allen Herausforderungen gewachsen zu sein (Richter, 2011; Terhart, 2000). Insgesamt soll daher lebenslanges Lernen stattfinden (Hascher, 2011). Die Lehrerfortbildung (im folgenden professional development bezeichnet) ermöglicht genau diese Form des Lernens und bietet den Lehrkräften Bildungsangebote für ein Lernen im Beruf (Fussangel et al., 2010). Diese Angebote zielen unter anderem darauf ab, Beliefs zu ändern oder Wissen zu aktualisieren sowie Lehrkräften Möglichkeiten aufzuzeigen, wie neue Erkenntnisse aus der Lehr-Lern-Forschung in den Unterricht integriert werden können (Hildebrandt, 2008).

Aufgrund der Relevanz des professional development für die Erfüllung der Aufgaben der Lehrkräfte, ist es notwendig, dass die Angebote effektiv für das Lernen gestaltet sind. Besonders wegen der Einflüsse der Lehrkräfte auf die Leistungen der Schüler ist dies wichtig. In diesem Zusammenhang hat Hattie (2009; 2014) in seiner Meta-Meta-Studie neben vielen anderen Faktoren auch die Auswirkungen der Lehrperson auf die Leistungen der Schüler untersucht[60]. Die Lehrerfort- und Lehrerweiterbildung – im Sinne des professional development – fasst

60 Hattie (2009; 2014) fasst drei Meta-Studien aus dem Bereich der Lehrerausbildung zusammen. Die Ergebnisse zeigen, dass die Lehrerbildung auf Basis seiner Daten bezogen auf die Schüler-Outcomes vernachlässigbar ist (Effektstärke $d = 0{,}11$). Hierbei ist jedoch zu beachten, dass die Studien, die bei der Betrachtung der Effektstärke berücksichtigt worden sind, nur sehr gering sind. Zudem weist Köller (2014) darauf hin, dass in diesem Bereich ein Mangel an belastbaren Studien vorhanden ist. Neuere Studien zur Lehrerbildung sind erst im Rahmen der Forschung zur professionellen Kompetenz von Lehrern aufgekommen und sind vermehrt in den letzten Jahren entstanden. TEDS-M ist hier ein Beispiel.

T. Hahn, *Schülerlösungen in Lehrerfortbildungen*, Mathematikdidaktik im Fokus,
https://doi.org/10.1007/978-3-658-24451-4_3

er anhand von 5 Metastudien zusammen und zeigt auf, dass sie mit $d = 0{,}62$ eines der einflussreichsten Faktoren in der Studie ist[61].

Die Notwendigkeit zur Fortbildung der Lehrkräfte wird durch die gesetzlich festgelegte Fortbildungspflicht beispielsweise im Land Hessen adressiert (Land Hessen, 2012). Die Maßnahmen werden in Deutschland nicht nur von staatlicher Seite organisiert, sondern auch durch andere Institutionen wie unter anderem Gewerkschaften (GEW mit LEA), Kirche (Pädagogisches Theologisches Institut, kurz PTI) und Vereine (Gesellschaft der Didaktik der Mathematik, kurz GDM). Die Fortbildungen können dabei schulintern (Miller, 1995) in Form von pädagogischen Tagen oder Fachlehrerseminaren stattfinden. Für letzteres ist das Projekt SINUS ein Beispiel (siehe dazu Meentzen & Stadler, 2010). Zudem können sie auch schulextern in Form von Workshops, Tagungen und Seminaren stattfinden, an denen Lehrkräfte unterschiedlicher Schulen gemeinsam teilnehmen (Jäger & Bodensohn, 2007). In diesem Bereich gibt es für das Fach Mathematik mit dem „Deutschen Zentrum für Lehrerbildung Mathematik (DZLM)“ eine bundesweite Initiative, die forschungsbasiert Lehrerfortbildungen entwickelt und evaluiert (ausführlich beschrieben in Barzel & Selter, 2015).

Die Darstellungen zu professional development sind wie folgt gegliedert. Zunächst wird in Kapitel 3.1 festgelegt, was unter professional development verstanden werden soll. Im Anschluss werden in Kapitel 3.2 die Ebenen der Erforschung bzw. Wirkung von professional development sowie ein Modell erläutert, das der Gestaltung einer Veranstaltung zum professional development zu Grunde liegt. Abschließend wird in Kapitel 3.3 die Forschung zu Lehrerfortbildungen in den Fokus gerückt. Hierbei werden unter anderem Merkmale effektiven professional developments herausgearbeitet. Den Abschluss bildet die Darstellung der bisherigen Forschungsergebnisse zur Einbindung von Schülerdokumenten sowie Maßnahmen zur Fokussierung auf Schüler in professional development.

3.1 Begriffsbestimmung

Das professional development ist in Deutschland die dritte Phase der Lehrerbildung. Sie wird in die Lehrerfortbildung und die Lehrerweiterbildung getrennt. Die Fortbildung hat allgemein die Aufgabe der Aufrechterhaltung und Aktualisierung der Qualifikation der Lehrkräfte im Rahmen ihrer Funktion im Schul-

61 Diese Ergebnisse zeigen jedoch nur eine Tendenz auf, welchen Einfluss Lehrerfortbildungen haben. Dabei muss man beachten, dass die Studie von Hattie aufgrund ihres Designs die Bedingungen der einzelnen Studien, wie den Kontext oder subjektive Variablen, vernachlässigt Brügelmann (2014).

system. Dagegen ist das Ziel der Weiterbildung, Lehrkräfte für neue bzw. höhere Funktionen im Schulsystem zu qualifizieren (Kolbe & Combe, 2008; Miller, 1995; Terhart, 2010). Törner (2015) schlägt für diese Lernphase vor, den Begriff „teachers‘ professional development“ zu verwenden, da er sich bei Forschern aus diesem Bereich besonders im englischsprachigen Raum etabliert hat[62]. Dort wird die Entwicklung der Lehrkräfte unter dem Begriff „professional development“ betrachtet, welcher als *„umbrella term“* (Sowder, 2007, S. 173) aufgefasst werden kann, da er unterschiedliche Aktivitäten beinhaltet. Darunter fallen die Anpassung und Umsetzung des Curriculums, die Teilnahme an kooperativen Strukturen (Netzwerk, Universität, ...), das Studieren des Lehren und Lernens (beispielsweise durch die Diagnose von Schülerarbeiten,...), Vertiefung in die mathematische Forschung, das Trainieren des Unterrichtens (beispielsweise Unterrichtsbesuche, Coaching, ...) und die Teilnahme an speziellen Fortbildungsveranstaltungen (Sowder, 2007). Diese breite Auffassung von professional development betont Rösken (2009b, S. 16) wie folgt auf:

> “Teachers’ professional development takes place every day, inside as well as outside the classroom, through reflecting or talking about their practice or their students’ work, preparing themselves for the next day, encouraging in school conferences, and in many other related instances that might not be seen as professional development at first glance.”

Rösken (2009b) führt zudem an, dass professional development unter anderem bezogen auf die Veränderung der Eigenschaften von Lehrkräften festgelegt wird, wobei sie das Wissen, die Fähigkeiten und die Beliefs der Lehrkräfte betrachtet. Die Eigenschaften der Lehrenden heben ebenfalls Desimone, Porter, Garet, Yoon und Birman (2002, S. 81) hervor. Sie betrachten professional development als „an essential mechanism for deepening teachers‘ content knowledge and developing their teaching practice“.

Aus nationaler Sicht beziehen sich Fussangel et al. (2010) bei ihrer Festlegung auf die Institution der Lehrerfortbildung in Deutschland. Sie legen die

62 Der Begriff professional development ist in der internationalen Diskussion nur einer von vielen, der zur Beschreibung des Lernens der Lehrer verwendet wird. Neben diesem finden sich noch *“professional growth, teacher education, teacher development, staff development and teacher ‘change’”* (Rösken, 2009b, S. 21). Hierbei bezieht sich teacher education auf die Ausbildung der angehenden Lehrer. Dagegen wird teacher development und teacher change auf fertig ausgebildete Lehrer. Rösken (2009a) fasst im Zusammenhang mit professional development unterschiedliche Definitionen des Begriffs zusammen und stellt fest, dass keine einheitliche Definition vorhanden ist. Sie zeigt auf, dass je nach Studie nur die fertigausgebildeten Lehrer oder angehende und fertigausgebildete Lehrer zusammen professional development absolvieren.

Lehrerfortbildung „als Gesamtheit von Bildungsangeboten, die als dritte Phase der Lehrerbildung der aktiven Lehrkräfte ein „Lernen im Beruf“ ermöglichen“ (S. 329) fest. Ausgehend von der folgenden Definition für professional development zeigt Guskey (2000) auf, welche Charakteristiken in der Definition vorhanden sein sollten, um sie zu systematisieren:

> „professional development is defined as those processes and activities designed to enhance the professional knowledge, skills, and attitudes of educators so that they might […] imrove the learning of students” (ebd., S. 16).

Zur Systematisierung der Definition führt er an, dass professional development ein beabsichtigter, kontinuierlicher und systematischer Prozess ist. Er bezeichnet es als intentional, da es ein durch Ziele und Anliegen geplanter Prozess ist, der nicht durch zufällige, unverbundene Aktivitäten charakterisiert wird. Ausgehend von den Zielen können Aktivitäten ausgewählt werden, die das Erreichen ermöglichen.

Guskey (2000) fasst als weiteres Merkmal des professional development die Kontinuität auf. Dazu betrachtet er professional development als einen in die Arbeit eingebetteten Prozess mit täglichen Lernmöglichkeiten. Dies findet beispielsweise in jeder gehaltenen Unterrichtsstunde, jeder Durchsicht des Curriculums, jeder Unterrichtsbeobachtung oder jedem Gespräch mit anderen Lehrern statt. Diese Möglichkeiten müssen dann passend genutzt werden. Zudem sieht Guskey (2000) professional development als systematischen Prozess an, der die Veränderungen (Reformen) über eine breite Zeitspanne und alle organisatorischen Bedingungen berücksichtigt. Daher ist ein Ansatz für das professional development notwendig, der sowohl individuelle als auch organisatorische Entwicklung mit einbezieht. Ansonsten können die Organisationsstrukturen zu einer Hürde werden, wenn neu Gelerntes aufgrund von organisatorischen Gegebenheiten nicht umgesetzt werden kann. In diesem Sinne kann professional development als eine Art Organisationsentwicklung angesehen werden, welches das Bildungssystem als Ganzes in den Fokus der Entwicklung nimmt.

Das multidimensionale Verständnis von professional development im Englischen besteht ebenfalls in Deutschland. Der Begriff der Lehrerfortbildung findet sich aufgrund der Organisation der Lehrerbildung durch den Staat in offiziellen Dokumenten (Lehrerbildungsgesetz, usw.), die die Struktur und Ziele der Lehrerbildung beschreiben. Dies wird an Hessen verdeutlicht. Dort wird im Hessischen Referenzrahmen Schulqualität die Dimension Professionalität als ein Qualitätsbereich der Schulqualität aufgeführt. Dabei wird hervorgehoben, dass die Professionalität des pädagogischen Personals zur Schulentwicklung weiterzuentwickeln ist. Dies soll durch Fortbildungen, Mitarbeit an schulischen Entwicklungsvorhaben und Reflexion der Praxis sowie Arbeit im Team stattfinden (Hessisches Kultusministerium, 2011). Zur Aufrechterhaltung und Weiterentwicklung der beruflichen Kompetenz, wie dies im deutschen unter Lehrerfortbildung gefasst ist (Kolbe & Combe, 2008; Miller, 1995; Terhart, 2010), werden im Hessischen Referenzrahmen Schulqualität Kriterien genannt. Demnach können sich Lehrkräfte durch Literaturstudium (zentrale Befunde der Fachwissenschaft, Fachdidaktik und Pädagogik), durch die Teilnahme an Fort- und Weiterbildungen, usw. ihre beruflichen Kompetenzen erhalten bzw. weiterentwickeln (Hessisches Kultusministerium, 2011). Zu der Festlegung der Fortbildung selbst treffen sowohl das Lehrerbildungsgesetz Hessens (Land Hessen, 2012) als auch die Verordnung zur Durchführung des Lehrerbildungsgesetzes (Hessisches Kultusministerium, 2013) keine genauen Angaben. Dort heißt es nur, dass jede Lehrkraft verpflichtet ist, an Fortbildungsveranstaltungen teilzunehmen. Dies ist durch Nachweise zu belegen. Insgesamt zeigt sich damit, dass offiziell (für den Nachweis) die professional development mit der Teilnahme an Veranstaltungen verbunden ist. Daneben sind die Lehrkräfte angehalten, ebenso andere Quellen für das Lernen im Beruf zu nutzen. Daher ist das Verständnis von Sowder (2007) von professional development als umbrella concept in diesem Kontext gerechtfertigt.

Mit der Festlegung des Begriffs professional development sind auch Ziele verbunden, die durch entsprechende Maßnahmen erreicht werden sollen. Sowder (2007) beschreibt in diesem Zusammenhang die folgenden sechs Ziele, die professional development adressiert. Dies ist die Entwicklung …

- … einer geteilten Vision für das Lehren und Lernen der Mathematik. Abhängig von der Vision des Anbieters von professional development wird er seine Maßnahme ausrichten. Aufgrund der dadurch entstehenden Unterschiede zeigt Sowder (2007) anhand verschiedener Festlegungen auf, dass eine Entwicklung einer geteilten Vision zum Lehren und Lernen der Mathematik wichtig ist, um den Unterricht weiterzuentwickeln. Somit kann durch eine geteilte Vision für die Lehrkräfte ebenfalls Kohärenz zwischen den Angeboten des professional development entstehen.
- … eines soliden Verständnisses der gelehrten Mathematik. Die Studien zur professionellen Kompetenz von Lehrkräften zeigen, dass ein tiefes Verständnis der mathematischen Inhalte zu effektivem Unterricht beiträgt und ein Teil des professionellen Wissens ist. Daher muss es kontinuierlich aktualisiert und weiterentwickelt werden, damit Neuerungen aus der Forschung im Unterricht eingesetzt werden. Sowder (2007) verweist in diesem Zusammenhang auf nicht ausreichendes Wissen über Konzepte und Begründungsfähigkeiten von angehenden Lehrkräften.

- … eines vertieften fachdidaktischen Wissens. Durch die Steigerung dieses Wissens können die Lehrkräfte bei der Planung verstärkt auf typische Schülerfehler eingehen und eine Auswahl an passenden Repräsentationen für mathematische Inhalte treffen. Dies wirkt sich dann positiv auf den Unterricht aus (vgl. Kap. 2.2).
- … eines Verständnisses, wie Schüler Mathematik lernen. In diesem Zusammenhang verweist Sowder auf die Studien der cognitivly guided instruction, die zeigen, dass Lehrkräfte die Inhalte für Schüler besser vorbereiten, wenn sie den Schülern zuhören, ihre Begründungen verstehen und dieses Wissens bei der Planung des Unterrichts berücksichtigen. Beispielsweise können Lehrkräfte Einsicht in das Denken ihrer Schüler erhalten, wenn sie Schülerarbeiten betrachten. Währenddessen können sie mit anderen Lehrkräften über die verwendeten Strategien diskutieren und Hypothesen über das Wissen der Schüler aufstellen, welche Art des Unterrichts sie erhalten haben und was notwendig ist, um das Wissen der Schüler zu verbessern. Damit ist es nicht nur ein Ziel des professional development, sondern auch eine Methode, die für das Lernen der Lehrer verwendet wird.
- … eines Verständnisses von Gleichberechtigung in der Schulmathematik. Die Lehrer sollen im Unterricht auf die unterschiedlichen Voraussetzungen der Schüler eingehen, damit alle die Chance erhalten, erfolgreich Mathematik zu lernen. Beispielsweise müssen sie auf kulturelle Unterschiede eingehen. Dazu soll es das Ziel des professional development sein, die Lehrkräfte zu befähigen, im Sinne der Differenzierung (siehe ausführlich zu Differenzierung Scholz, 2010) zu unterrichten.
- … eines Selbstempfindens als Mathematiklehrer. Dieses Selbst entwickelt sich durch Erfahrungen über das Lehren und Lernen der Mathematik mit der Zeit. Die Entwicklung wird unter anderem durch das Feedback der Schüler über ihr Lernen, der Kollegen über Respekt sowie externen Quellen beeinflusst. Optimalerweise entwickelt sich ein Selbst im Sinne der selbstbewussten Lehrkraft der Mathematik.

Sowder (2007) bemerkt zu diesen sechs Zielen, dass sie nicht unabhängig voneinander sind. Dies zeigt sich beispielsweise am fachdidaktischen Wissen und dem Verständnis, wie Schüler Mathematik lernen. Zum Erreichen der Ziele reicht es zudem nicht aus, sie den Lehrkräften nur zur erzählen. Vielmehr müssen sie die Änderungen selbst initiieren und durchführen.

Aufgrund der sprachlichen Schwierigkeiten, die mit dem Begriff der Lehrerfortbildung einhergehen, wird im Folgenden der nicht ins Deutsche übersetzbare Terminus „professional development“ verwendet, wie dies Törner (2015) tut. Unter professional development sollen organsierte Lerngelegenheiten

– wie Fort- und Weiterbildungsmaßnahmen – verstanden werden, die den individuellen, alltäglich und lebenslang stattfindenden Lernprozess von Lehrkräften anregen. Das Lernen bezieht sich dabei auf die Entwicklung bzw. Veränderung der professionellen Kompetenzen, wie sie durch die unterschiedlichen Forschungsprogramme modelliert worden sind (vgl. Kap 2.2.1). Anhaltendes professional development beschreibt dann den gesamten Lernprozess der Lehrkräfte, der neben den organisierten Lerngelegenheiten noch weitere Möglichkeiten des Lernens beinhaltet.

Aufbauend auf das Verständnis des professional development soll nun im folgenden Unterkapitel die Wirkung von professional development bzw. Maßnahmen der Lehrerfort- und Lehrerweiterbildung betrachtet werden.

3.2 Wirkung von *professional development*

Die Aktualisierung des professionellen Wissens wie es Sowder (2007) beschreibt ist nur eine mögliche Ebene, auf die professional development wirken kann. Daneben gibt es noch weitere. Diese werden in Kapitel 3.2.1 erläutert. Auf Basis der Wirkungsebenen wird das Modell der Wirkung des professional development nach Clarke und Hollingsworth (2002) in Kapitel 3.2.2 beschrieben, das die Ebenen enthält und Verbindungen zwischen diesen aufzeigt.

3.2.1 Wirkungsebenen

Die Lernangebote im professional development können unterschiedliche Auswirkungen auf die Praxis der Lehrkräfte haben. In diesem Zusammenhang unterscheiden Erklärungsmodelle zwischen der Reichweite der Auswirkungen auf die Lehrenden bzw. den Unterricht. Dabei wird zwischen den Ebenen „Reaktionen und Einschätzung der teilnehmenden Lehrpersonen“, „Erweiterung der Lehrerkognitionen“, „Unterrichtspraktisches Handeln“ und „Effekte auf Schüler/innen“ unterschieden (vgl. u. a. Kirkpatrick & Kirkpatrick, 2006; Lipowsky, 2014).

Die Einschätzungen und Reaktionen der Lehrkräfte zum professional development, an dem sie teilgenommen haben, sind häufig Gegenstand der Evaluationen und der Forschung. Speziell auf dieser Ebene wird die Akzeptanz und Zufriedenheit mit dem Angebot abgefragt. Eine hohe Akzeptanz stellt sich dann ein, wenn eine angenehme Atmosphäre zum Lernen aufgebaut wird, sich die Inhalte des professional development auf den alltäglichen Unterricht beziehen, Gelegenheiten zum Austausch mit anderen Lehrkräften bestehen, Beteiligungsmöglichkeiten vorhanden sind, Feedback gegeben wird und die Fortbildung professionell durch kompetente Moderatoren durchgeführt wird (Lipowsky, 2010). Lipowsky

(2010) weist auf Basis seiner Untersuchungen darauf hin, dass das Erleben von Autonomie und die wahrgenommene Relevanz die Akzeptanz der Lehrkräfte bezüglich des professional development steigern kann. Jedoch kann sich ein hohes Maß an Selbstbestimmung ebenfalls negativ auf das Lernen der Lehrenden auswirken, wenn sie ohne äußere Anleitung die vorhanden Beliefs und Wissenslücken verstärkt. Aufgrund seiner Analysen und der Ergebnisse von Goldschmidt und Phelps (2007) fasst Lipowsky (2010) zusammen, dass kein statistisch relevanter Zusammenhang zwischen der Einschätzung der Qualität der Fortbildungsinstitution (Zufriedenheit der Lehrkräfte) und dem Wissenserwerb vorhanden ist. So nimmt er an, dass die Akzeptanz zwar eine notwendige aber keine hinreichende Voraussetzung für einen effektiven Lern- und Transferprozess ist.

Die Erweiterung der Lehrerkognitionen beziehen sich auf die Überzeugungen und das Wissen der Lehrer sowie affektiv-motivationale Voraussetzungen (Kapitel 2). Auf dieser Ebene werden die Veränderungen der beiden Konstrukte durch den Besuch von professional development untersucht. Eine Veränderung dieser Teile der professionellen Kompetenz kann sich dann auf die nächste Ebene „unterrichtspraktisches Handeln" auswirken, wenn die Lehrer den Unterricht auf Basis der neu erworbenen bzw. veränderten Kognitionen anpassen (Lipowsky, 2014). Die Effekte auf der zweiten Ebene werden in der Regel durch Wissenstests oder Einschätzungsbögen für Beliefs und Motivation erhoben (siehe unter anderem Besser, Leiß & Blum, 2015; Garet et al., 2008; Goldschmidt & Phelps, 2007). Exemplarisch werden auch Interviews geführt, die Änderungen der Lehrkräfte zeigen sollen (beispielsweise Franke et al., 2001).

Das unterrichtspraktische Handeln als dritte Ebene beschreibt die Änderungen im Unterrichtshandeln der Lehrkräfte. In diesem Bereich werden Daten in der Regel anhand von Unterrichtsbeobachtungen durch Forscher oder Videographie, Schülerbefragungen oder strukturierte Tagebucheinträge der Lehrpersonen erhoben (Lipowsky, 2010). Lipowsky (2010) fasst auf Basis seines Reviews zusammen, dass professional development Änderungen auf dieser Ebene bewirken können. Beispielsweise geben Lehrkräfte den Schülern mehr Zeit für offene Aufgaben, achten stärker auf ihre Antworten, lassen mehr Textaufgaben bearbeiten, verwenden mehr Zeit auf anspruchsvolle Aktivitäten (wie Problemlösen, Modellieren, ...) und gehen mit Fehlern konstruktiver um. Diese Änderungen können ebenso aufgrund des positiv erlebten Einflusses auf die Schülerleistungen entstehen (Guskey, 2002; Lipowsky, 2010).

Die vierte und letzte Ebene beschreibt die Verbesserung der Schülerleistungen, die sich durch die Teilnahme an professional development ergeben. Zur Untersuchung von Zusammenhängen zwischen dem professional development und den Schülerleistungen werden unter anderem die Schülerkognitionen durch

Leistungstests überprüft. Lipowsky (2010) zeigt hier auf, dass sich die mathematische Leistung, die Problemlösefähigkeiten, die Lesefähigkeiten und die Motivation der Schüler durch den Besuch des professional development der Lehrkräfte verbessern können.

Zur Erforschung des professional development gibt es zwei mögliche Herangehensweisen. Zum einen können Kernelemente effektiver Lehrerfortbildungen identifiziert werden. Zum anderen kann eine Theorie entwickelt werden, die die Auswirkungen des professional development auf die unterschiedlichen Ebenen beschreibt. Für die zweite Forschungsrichtung beschreibt Desimone (2009) im Vergleich zu Lipowsky (2010) abgesehen von der Akzeptanz, die sie nicht mit einbezieht, die gleichen Ebenen der Auswirkungen der professional development. Bereits Guskey (1998) unterscheidet fünf verschiedene Level der Evaluation von professional development. Diese sind ähnlich zu denen von Lipowsky (2010), wobei er zwischen dem Lernen der Lehrkräfte und dem Einsatz des Wissens und der Fähigkeiten noch die Unterstützung und Veränderung organisatorischer Variablen betrachtet. Informationen über dieses Level und deren Veränderung zeigen auf, welche Unterstützung die Lehrkräfte bei der Implementierung erhalten oder auf welche Hindernisse sie stoßen, sodass Veränderungen der folgenden Ebenen durch Ausprägungen dieses Levels beeinflusst werden können (siehe auch Guskey, 2014).

Die Erforschung der unterschiedlichen Ebenen der Auswirkungen des professional development auf die Lehrkräfte, den Unterricht und die Schüler erfordern unterschiedlichen Einsatz von Ressourcen zur Datenerhebung. Dies wird durch die verschiedenen Erhebungsmethoden auf den Ebenen deutlich. In diesem Zusammenhang ordnet Guskey (1998) die Ebenen in der genannten Reihenfolge hierarchisch nach dem Grad der Komplexität der Datenerhebung. Dazu erwähnt er, dass der Prozess der Informationssammlung mit jeder Stufe bezogen auf die erforderliche Zeit und die Materialien steigt. Zudem sieht Guskey (1998) den Erfolg auf einer unteren Stufe als Voraussetzung für den auf einer höheren Stufe an.

3.2.2 Wirkungsmodell nach Clarke und Hollingsworth (2002)

Das professional development wird durchgeführt, um Wirkungen auf den im vorherigen Kapitel erläuterten Ebenen zu erreichen. Nehmen die Lehrkräfte in diesem Zusammenhang Angebote wahr, können sie sich neues Wissen durch das Angebot aneignen oder den Unterricht verändern (Lipowsky, 2010; Lipowsky & Rzejak, 2012). Zur Erklärung der verschiedenen Auswirkungen des professional development gibt es mehrere Modelle, die auf Basis der Forschung entwickelt worden sind. Im Folgenden wird ausgehend von Desimones (2009) path model das interconected model von Clarke und Hollingsworth (2002) erläutert.

Ausgangspunkt sind die Erfahrungen der Lehrkräfte im effektiven professional development mit den Kerneigenschaften für solche Lernaktivitäten[63]. In der Folge wirkt sich nach dem path model die Teilnahme auf die professionelle Kompetenz der Lehrkräfte aus. Diese Veränderungen wirken dann auf das Unterrichtshandeln, sodass Lehrkräfte die Inhalte im Unterricht einsetzen. Speziell können sie den Inhalt oder die Herangehensweise aus fachlicher und/oder pädagogischer Sicht verbessern. Die Unterrichtsveränderungen wirken sich nach dem Modell dann auf das Lernen der Schüler aus. Zwischen den vier Stufen gibt es interaktive und nicht rekursive Zusammenhänge, die nach Desimone (2009) in den Kontext der Eigenschaften der Lehrkräfte (Wissen, Erfahrung, Überzeugungen und Einstellungen) und der Schüler (Leistung und Lernnachteile), der Curricula, der Schulleitungen und des politischen bzw. gesetzlichen Rahmens eingebettet sind. Dieses Modell ist in der folgenden Abbildung dargestellt.

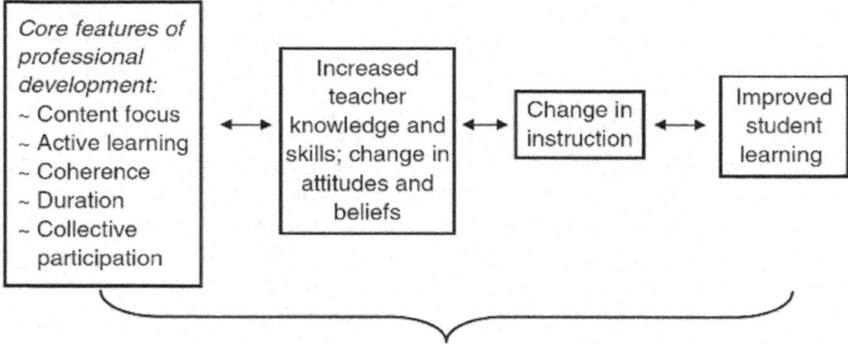

Abbildung 8: Path model nach Desimone (2009, S. 185)

Diese Sichtweise setzt die Verbesserung der Schülerleistungen als erstrebenswertes Ziel fest. Diese scheinen für die Lehrkräfte ein Kriterium zu sein, mit dem sie entscheiden, ob sie sich verbessert haben (Guskey, 2002). Daher schlägt

63 Auf die im Modell genannten Kerneigenschaften wird im Folgenden noch eingegangen werden, wenn Merkmale effektiver Fortbildungen zusammengefasst werden. Dies geschieht im anschließenden Unterkapitel.

Guskey (2002) vor, das Ziel von professional development anzupassen, indem die Reihenfolge der Prozesse geändert wird. Er postuliert ebenfalls einen linearen Zusammenhang, bei dem die Änderungen der Einstellungen und der Beliefs am Ende der Entwicklung eintreten. Er geht davon aus, dass professional development eine Änderung im Unterrichtshandeln bewirkt (andere Herangehensweise, neue curriculare Materialien, …). Diese sind in der Folge die Ursache für die Verbesserungen der Lernleistungen der Schüler, die sich nicht nur kognitiv, sondern auch in Einstellungsänderungen oder Verhaltensänderungen bemerkbar machen können. Bemerkt die Lehrkraft diese Veränderungen auf der Schülerebene, dann ist das neu Gelernte erfolgreich in der Praxis implementiert und sie ändert nach Guskey (2002) ihre Einstellungen und Beliefs (vgl. Abbildung 9). Dies begründet er wie folgt:

> "This model of change is predicated on the idea that change is primarily an experientially based learning process for teachers. Practices that are found to work – that is, those that teachers find useful in helping students attain desired learning outcome – are retained and repeated. Those that do not work or yield no tangible evidence of success are generally abandoned. Demonstrable results in terms of student learning outcomes are the key to the endurance of any change in instructional practice" (Guskey, 2002, S. 384).

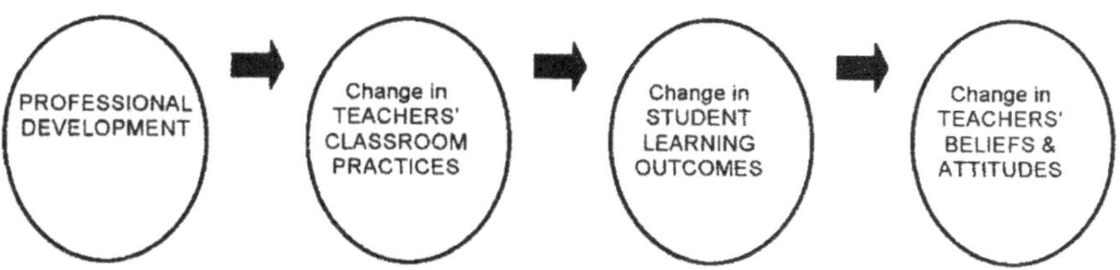

Abbildung 9: Model of teacher change nach Guskey (2002, S. 383)

Clarke und Hollingsworth (2002) kritisieren beide linearen Prozesse der Wirkung von professional development, da der Prozess aus ihrer Sicht komplexer erscheint (siehe auch Opfer & Pedder, 2011). Im Gegensatz dazu betrachten Clarke and Hollingsworth (2002) zur Erklärung der Wirkung von professional development statt eines linearen Prozesses einen zirkulären Zusammenhang, der mehrere Eintrittspunkte besitzt. Auf der Basis mehrerer Entwicklungsstufen ergibt sich mit der Annahme der Anordnung als Kreis das interconnected model of professional growth (Clarke & Hollingsworth, 2002). Das Modell setzt sich aus der persönlichen Domäne der Lehrkräfte (Wissen, Beliefs und Einstellungen) der externen Domäne (externe Informationsquellen; außerhalb der Lehrerwelt), der praktischen Domäne (professionelles Experimentieren) und der Domäne der Konsequenzen (hervorstechende Leistungen der Schüler) zusammen, welche ähnlich zu denen Guskeys (2002) sind. Dies ist in der Abbildung 10 dargestellt und wird im Folgenden näher beschrieben.

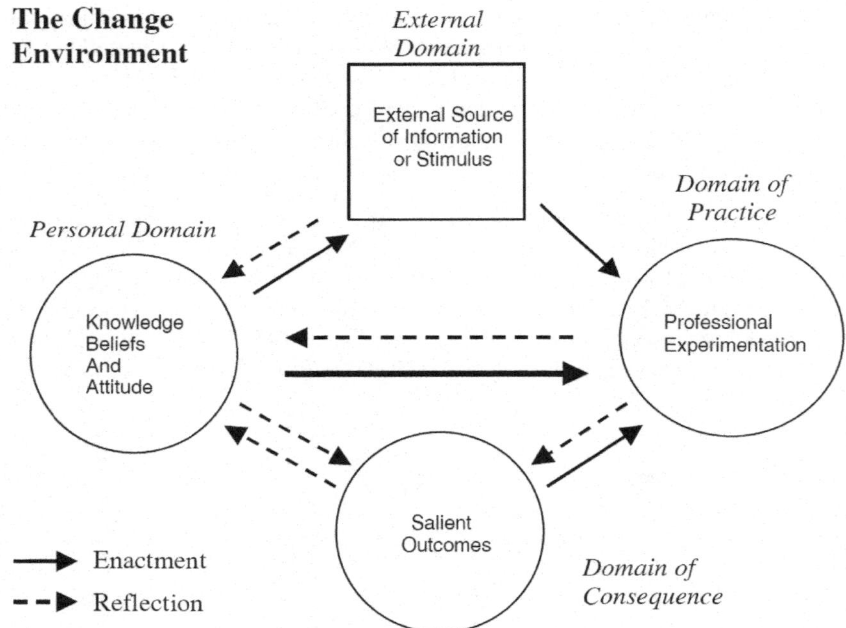

Abbildung 10: Interconnected model of professional growth nach Clarke und Hollingsworth (2002)

Zwischen diesen Domänen gibt es die beiden vermittelnden Prozesse der Reflexion (Reflection) und der Implementierung (Enactment), die sie verbinden. Die Reflexion wird im Sinne einer aktiven, anhaltenden und vorsichtigen Betrachtung verstanden (Verständnis basierend auf Dewey (1910, S. 6). Das Enactment wird dabei als Implementierung neuen Wissens, neuer Beliefs und neuer Unterrichtspraktiken verstanden und geht über das einfache unterrichtliche Handeln hinaus.

Veränderungen in einer Domäne werden durch die beiden Prozesse in eine andere Domäne übertragen. So können Lehrkräfte beispielsweise Unterrichtsstrategien, die sie während einer Maßnahme für professional development erlernt haben, in den Unterricht implementieren. Das komplexe Lernen wird dann durch unterschiedliche Wege zwischen den Domänen vermittelt über die beiden Mediatoren dargestellt. Von den Domänen und den Mediatoren ist die Umgebung der Veränderung zu unterscheiden. Sie beschreibt alle Elemente, die Veränderungen unterstützen oder behindern können. Beispielsweise kann eine Unterstützung durch die Schulleitung Veränderungen befördern (Hildebrandt, 2008). Dagegen kann der an der Schule geteilte Wert der Klassenkontrolle (Disziplin der Schüler) eine Lehrkraft davon abhalten, neue Unterrichtsstrategien auszuprobren, was Veränderungsprozesse behindert (Clarke & Hollingsworth, 2002).

Das Modell von Clarke und Hollingsworth (2002) wird in dieser Studie verwendet, da es unterschiedliche Wirkungen des professional development ermöglicht. Zudem beinhaltet es die Prozesse der Reflexion und der Umsetzung, welche beide Teile des professional development sind, das im Rahmen der Studie durchgeführt wird.

In dieser Arbeit wird anhand eines gestalteten professional development der Einfluss des Merkmals „Analyse von Schülerarbeiten" erforscht. Dazu wurde anhand aus der Literatur bekannter Merkmale zur Gestaltung effektivem professional developments eine solche Maßnahme geplant. Die Merkmale, die in der Literatur identifiziert wurden, sollen im folgenden Unterkapitel zusammengefasst werden. Speziell wird auf das Merkmal Fokus auf das Lernen der Schüler und speziell „Analyse von Schülerarbeiten" und die bisherige Forschung zu diesen eingegangen.

3.3 Ergebnisse der Effektivitätsforschung

In den vorangegangen Kapiteln ist hervorgehoben worden, dass das professional development die Lehrkräfte bei der Erhaltung und der Erweiterung der beruflichen Kompetenz unterstützt (Daschner, 2009; Fussangel et al., 2010; Terhart, 2000). Zudem ist in der Einleitung der Arbeit herausgestellt worden, dass im Bereich des professional developments seitens des Bundes und der Länder ein großer Umfang finanzieller Mittel zur Verfügung gestellt wird (Fussangel et al., 2010; Statistisches Bundesamt, 2014). Daher ist es wichtig, dass die Angebote für das Lernen der Lehrkräfte effektiv gestaltet werden, da sonst von dem Investment nur sehr wenig ankommt (Hawley & Valli, 2000).

Im Forschungsfeld des professional development erwähnen Adler, Ball, Krainer, Lin und Novotna (2005), dass es sehr viele qualitative Studien gibt und quantitative somit notwendig sind. Zudem nehmen die Lehrkräfte in der Forschung zu professional development eine Doppelrolle ein. Sie sind zum einen Dozenten und zum anderen Forscher (siehe auch Lipowsky, 2014). Somit ist es meist schwierig, professional development, das nicht wissenschaftlich begleitet wird, wissenschaftlich zu evaluieren.

Die Forschung zu professional development ist in der letzten Zeit intensiviert worden. Im Folgenden werden in Kapitel 3.3.1 wesentliche Forschungsergebnisse zu Merkmalen effektivem professional development dargestellt. Anschließend wird in Kapitel 3.3.2 der Forschungsstand zum Merkmal „Betrachten von Schülerarbeiten“ noch einmal genauer erläutert, da dies der zentrale Forschungsgegenstand dieser Studie ist.

3.3.1 Merkmale des effektiven professional development

Die unterschiedlichen Ebenen der Erforschung des professional development zeigen, dass untersucht wird, wie es effektiv für das Lernen der Lehrkräfte gestaltet werden kann. Lange Zeit vor dem Beginn der systematischen Analyse der Lerngelegenheiten der Lehrende ist davon ausgegangen worden, dass das professional development durch Stattfinden sein Ziel erreicht. Dies beschreibt Guskey (1998) wie folgt:

> „For many years educators have operated under the premise that professional development is good by definition and, therefore, more is always better. If you want to improve, your professional development program, simply add a day or two“ (Guskey, 1998, S. 36).

Zudem wurden während des Aufkommens der Forschung zum professional development traditionelle Formen wie Konferenzen, Workshops, o. ä. kritisiert, weil sie in der Form des One-shot ineffektiv sind. Die Inhalte, die in dieser Form von Programmen gelernt werden sollen, werden nur einmal behandelt und im weiteren Verlauf nicht mehr aufgenommen, sodass keine nachhaltigen Effekte zu erwarten sind (Guskey & Yoon, 2009; Lipowsky, 2014; Wei et al., 2009). Dies unterstreicht Sykes (1996, S. 465) wie folgt: “The phrase "one-shot workshop" has entered educational parlance as shorthand for superficial, faddish inservice education [...] without having much effect on what goes on in schools and classrooms“. Maßnahmen sind ebenfalls ineffektiv, wenn es keine für Lehrkräfte relevante Inhalte enthält (Kennedy, 1999; Lipowsky, 2014). Bei Letzteren wird die Effektivität dann nicht durch die Hinzunahme anderer Merkmale effektiven professional developments verbessert (Kennedy, 1999). Aus diesem Grund beschäftigt sich die Forschung zum professional development zum einen mit der Identifikation von Merkmalen, die das professional development für Lehrkräfte hinsichtlich der Aneignung von Wissen, der Veränderung von Beliefs und der Umsetzung im Unterricht effektiv macht. Zudem untersucht man die Auswirkungen auf die Schülerleistungen (vgl. Kap 3.3.2). Zum anderen werden durch design based research effektive professional development Programme entwickelt (vgl. Hußmann, Thiele, Hinz, Prediger & Ralle, 2013).

In der Forschung zum professional development entstanden mit der Zeit viele Studien, die die Effektivität untersuchten. Diese wurden wiederum in vielen Reviews zusammengefasst, sodass Kernmerkmale erfolgreichen professional developments identifiziert werden konnten (beispielsweise Blank & las Alas, 2009; Garet et al., 2001; Lipowsky, 2014; Loucks-Horsley, Stiles, Mundry, Love & Hewson, 2010; Timperley et al., 2007; Yoon et al., 2007). Einige sind bereits in den Modellen zum professional development dargestellt worden (vgl. Kapitel 3.3). Trotz der zahlreichen Forschung bleiben die Wirkungsmechanismen und die Identifizierung der Attribute eine offene Forschungsfrage, da viele Studien eine geringe Datenbasis verwenden bzw. qualitativer Natur sind oder keine methodische Strenge aufweisen (Adler et al., 2005; Garet et al., 2008; Yoon et al., 2007). Die Ergebnisse der Forschung kategorisiert Lipowsky (2014) bezogen auf professional development in strukturelle und didaktische Merkmale. Weitere Einflussfaktoren befinden sich auf schulkontextbezogener Ebene. Im Folgenden werden demnach Merkmale aller drei Kategorien aufgeführt, die einen Einfluss auf die Effektivität des professional development haben. Anschließend wird die Forschung zum Fokus auf das Lernen der Schüler im professional development, das in der vorliegenden Studie näher untersucht wird, ausführlicher dargestellt.

Schulkontextbezogene Einflussfaktoren

Einflussfaktoren, die nicht durch die Lehrkräfte als Einzelperson bestimmt sind, werden hier unter schulkontextbezogenen Faktoren erläutert. Sie beschreiben den Einfluss des organisatorischen Umfelds auf die Effektivität von professional development (Lipowsky, 2014). Diese können sich auf der Mesoebene (Einzelschule), der Makroebene (gesamtes Schulsystem), der Verwaltung und den Rahmenvorgaben der Politik befinden (vergleiche Mehrebenensystem bei Altrichter & Maag Merki, 2010). Zunächst bestimmt die Politik den gesetzlichen Rahmen unter dem die gesamte Lehrerbildung stattfindet. In Deutschland wird dies durch das jeweilige Lehrerbildungsgesetz eines Bundeslandes bestimmt (beispielsweise Land Hessen, 2012). Ausgehend davon werden alle Phasen der Lehrerbildung organisiert und erhalten ihren Rahmen. Somit hat in Deutschland das jeweilige Kultusministerium Einfluss auf die Inhalte, die Angebote und die organisatorischen Rahmenbedingungen für das professional development der

Lehrenden (Fussangel et al., 2010). Folglich beeinflusst es unter anderem die Zeit, die Lehrkräften für professional development oder Zusammenarbeit während der Arbeitszeit zur Verfügung steht, welches eine Determinante für effektives professional development ist (Kedzior & Fifield, 2004; Wei et al., 2009)[64].

Zudem beeinflusst die Politik und Administration wie Reformen umgesetzt werden. Werden dazu unkoordinierte und fragmentierte Angebote für die Lehrkräfte erstellt, ist dies ein Hinderungsmerkmal effektiven professional developments. Dazu zählen ebenfalls die materiellen Mittel (bsp. Budget), die für Maßnahmen zur Verfügung gestellt werden, da hochqualitative Maßnahmen in der Regel teurer sind als normale Tagesworkshops (Kedzior & Fifield, 2004). Dies wirkt sich folglich auf die Anzahl der Teilnehmer aus, die an hochqualitativen Angeboten teilnehmen können. In ihrer Studie zeigen Desimone et al. (2002, S. 105) als Implikation ihrer Ergebnisse auf, dass

> „Districts and schools often must choose between serving larger numbers of teachers with less focused and sustained professional development or providing higher quality activities for fewer teachers."

Auf der Mesoebene bestimmen Eigenschaften der Einzelschule die Effektivität. Diese sind durch die Normen, Strukturen, Praktiken und Umstände festgelegt, die an der Schule den Arbeitsalltag und die Arbeitskultur bestimmen (Opfer & Pedder, 2011; Vescio et al., 2008). Das professional development sollte mit einem Fokus auf die Bedürfnisse und Ziele der Schule angelegt sein, damit die Lehrkräfte nicht in unterschiedlichen System lernen und der Lernprozess kohärent gestaltet ist (Dagen & Bean, 2014).

Zudem beeinflusst die Vorstellung der Schulleitung die Effektivität des professional development des Einzellehrers. Hat sie klare Vorstellungen von Unterricht, der lernwirksam ist, und sieht ein strategisches organisiertes anhaltendes professional development der Lehrkräfte vor, dann könnte sich dies positiv auswirken und die Schulentwicklung befördern (Lipowsky, 2014). Beispielsweise soll der Schulleiter Lernmöglichkeiten für die Lehrkräfte auswählen, die die Lücke zwischen den Schulzielen und der Schulleistung schließen (Hawley & Valli, 2000). Die Unterstützung der Lehrenden innerhalb der Schule durch die Schulleitung oder das Kollegium bzw. Fachkollegium ist zudem entscheidend für den Erfolg des professional development (Ingvarson, Meiers & Beavis, 2005), da fehlende Unterstützung durch die Schulleitung oder Kollegen eine Implemen-

64 Wei, Darling-Hammond, Andree, Richardson und Orphanos (2009) identifizieren die Zeit für professional development und Zusammenarbeit in der Arbeitszeit der Lehrer als ein gemeinsames Merkmal, das das professional development in hocherfolgreichen Ländern charaktierisiert.

tation des Gelernten behindern kann. Die gesamten schulkontextbezogenen Faktoren beeinflussen daher die Aufrechterhaltung der Teilnahmemotivation und die Bereitschaft der unterrichtlichen Umsetzung, welche auch durch die Trainingsforschung bestätigt wird (Lipowsky, 2014).

Strukturelle Merkmale des professional development

Die Dauer des professional development beschreibt Lipowsky (2014) als ein strukturelles Merkmal. Besonders kurze, sogenannte „One-Shot-Maßnahmen" gerieten wie erwähnt in die Kritik, da ihre Effektivität bezweifelt wird. Beliefs und Handlungsroutinen, die sich über einen langen Zeitraum aufgebaut haben, können nicht durch solche Kurzveranstaltungen geändert werden (Lipowsky, 2014). Die Dauer wird daher in der nationalen und internationalen Literatur als ein entscheidendes Merkmal effektivem professional developments angesehen (vgl. u. a. Desimone, 2009; Timperley et al., 2007; Yoon et al., 2007). Beispielsweise berichten Wei et al. (2009), dass Lehrkräfte mit 80 Kontaktstunden professional development stärker reformorientiert unterrichten. Jedoch weist Lipowsky (2014) darauf hin, dass die Annahme einer linearen Zunahme der Effektivität des professional development mit der Dauer nicht berechtigt ist. Es bedarf weiterer Merkmale effektiven professional developments, die die Dauer mit sinnstiftenden Aktivitäten füllen. Lipowsky verweist in diesem Zusammenhang auf die Studie von Banilower, Boyd, Pasley und Weiss (2006). Banilower et al. (2006) untersuchten schulinterne professional development Programme im Rahmen des „Local Systemic Change" Projekts im Jahr 1995. Aus den Daten zu Beobachtungen während des professional development, dem Unterrichtshandeln, Fragebögen und Interviews zeigt sich mit der Dauer ein Anstieg der wahrgenommenen pädagogischen Vorbereitung, der wahrgenommen fachlichen Vorbereitung, dem berichteten Einsatz reformorientierter Unterrichtspraxis und der Wahrscheinlichkeit, „destrict-designated" Unterrichtsmaterialien einzusetzen. Zudem zeigen die Daten eine gesamte Verbesserung der Qualität der Unterrichtsstunden, eine Verbesserung der Inhalte, die den Schülern präsentiert werden, eine Steigerung des Fragens und sinnstiftender Tätigkeiten. Der Einfluss der Dauer auf die Verbesserungen scheint jedoch ab einer Stundenzahl von 80 begrenzt zu sein.

Eine Mindestdauer von Maßnahmen des professional development zeigen Yoon et al. (2007) auf, die anhand von neun Studien berichten, dass professional development mit einer Dauer unter zwei Tagen keine Veränderungen bewirken und ab einer Anzahl von 30 Kontaktstunden Verbesserungen der Schülerleistungen entstehen können. Lipowsky (2014) bemerkt dazu, dass der Schwellenwert jedoch noch höher liegen könnte.

Das bedeutet, dass professional development ein weitergehender Prozess ist, der zum einen durch langfristig angelegte Maßnahmen unterstützt und zum anderen durch weiterführende Unterstützung über die Maßnahme hinaus effektiv gestaltet werden kann. Letzteres wird als „follow up" verstanden (Dagen & Bean, 2014; Hawley & Valli, 2000; Kedzior & Fifield, 2004). Dies kann sich beispielsweise durch weitere Unterstützung bei der Implementation neu erlernter Inhalte während des professional development (Opfer & Pedder, 2011) oder weiterer Zusammenarbeit zwischen den Lehrkräften beim Planen auszeichnen (Garet et al., 2001).

Die Kohärenz ist neben der Langfristigkeit aus unterschiedlichen Perspektiven ein Merkmal effektiven professional developments (Desimone, 2009; Yoon et al., 2007). Maßnahmen sollen zunächst kohärent zum Vorwissen der Lehrkräfte sein (Fussangel et al., 2010), sodass sie sich im Sinne des konstruktivistischen Lernens ausgehend von ihrem Wissen neues Wissen erarbeiten können (Woolfolk, 2014). Weiterhin soll es kohärent zu den Curricula sein, die im Unterricht umgesetzt werden sollen (Blank & las Alas, 2009; Fussangel et al., 2010), damit es keine Unstetigkeiten zwischen dem Lernen und der Implementierung im Unterricht gibt (Wei et al., 2009). Passend dazu soll Kohärenz zum praktischen Unterrichten und dem benötigten Wissen zur Erfüllung der Aufgaben der Lehrkräfte bestehen (Blank & las Alas, 2009). Darüber hinaus zeichnet sich effektives anhaltendes professional development durch inhaltlich und organisatorisch aufeinander abgestimmte Lerngelegenheiten aus (Kedzior & Fifield, 2004; Timperley et al., 2007; Wei et al., 2009; Yoon et al., 2007). Dies trifft ebenfalls auf die einzelnen Lernaktivitäten innerhalb einer Veranstaltung zu (Garet et al., 2001). Multiple Initiativen mit unterschiedlichen Zielen führen dagegen zur Verwirrung und behindern das erfolgreiche Lernen (Dagen & Bean, 2014). Außerdem soll das professional development zu den institutionellen Rahmenbedingungen kohärent sein, indem die Schulentwicklungsziele abgedeckt werden sowie Ziele anderer Ebenen (Standards für Schülerlernen und Leistung auf Bundes- oder Bezirksebene) eingebaut werden (Blank & las Alas, 2009; Garet et al., 2001). Die Kohärenz mit anderen Institutionen ist ebenfalls zentral (Yoon et al., 2007).

Insgesamt zeigen die Ergebnisse, dass das professional development der Lehrkräfte als langfristig und gesamtheitlich angelegte „Reise" und nicht als ein einziges Event angesehen werden muss (Dagen & Bean, 2014; Hawley & Valli, 2000). Zudem ist es wichtig, dass die Lehrkräfte nicht nur einzeln teilnehmen. Für den Erfolg ist eine kollektive Teilnahme mehrerer aus dem Kollegium bzw. dem Fachkollegium, dem Schulbezirk oder eines Klassenjahrgangs hilfreich bzw. erfolgsfördernd, weil sich die Lehrkräfte gegenseitig bei der Implementation unterstützen können (Desimone, 2009).

Methodisch-didaktische Merkmale des professional development

Neben den strukturellen und schulkontextbezogenen Einflussfaktoren gibt es methodisch-didaktische Merkmale, die das Lernen der Lehrkräfte im Sinne des professional development effektiv machen. In diesem Zusammenhang soll beachtet werden, dass die Schule nicht nur der Ort für das Schülerlernen ist, sondern auch für das Lehrerlernen (Dagen & Bean, 2014). Wobei sich letzteres durch das Lernen Erwachsener beschreiben lässt (Lipowsky, 2014). Dies bedeutet, dass es sich durch aktives, sinnhaftes Lernen auszeichnet, bei dem die Lehrkräfte ihr bekanntes Wissen anpassen, transformieren oder erweitern und nicht nur das neue auf das alte setzen (Wei et al., 2009). Welche Merkmale aus methodischer und inhaltlicher Perspektive dabei zur Gestaltung von professional development wichtig sind, sollen im Folgenden stichpunktartig dargestellt werden[65]. Professional development soll so aufgebaut sein, dass …

- … es auf Inhalte fokussiert (Desimone, 2009; Yoon et al., 2007). Dies können fachliche und pädagogische sein (Blank & las Alas, 2009; Loucks-Horsley et al., 2010). Die Literatur hebt besonders fachliche und fachdidaktische Aspekte hervor (Lipowsky, 2014; Timperley, 2008; Wei et al., 2009). Dabei soll es vor allem auf die neusten Erkenntnisse aus der Forschung eingehen und den Lehrkräften ermöglichen, diese zu verstehen (Hawley & Valli, 2000) und an die Vorstellungen, Ideen, Skripts und das Vorwissen der Lehrkräfte anknüpfen (Bonsen & Berkemeyer, 2011).
- … es aktives Lernen ermöglicht, indem die Lehrkräfte neues Wissen aktiv konstruieren (Dagen & Bean, 2014; Desimone, 2009; Lipowsky, 2014; Vescio et al., 2008).
- … es ein Teil der täglichen Arbeit der Lehrkräfte ist, indem es in den Beruf eingebettet ist und zu den täglichen Arbeitsabläufen der Schule und Lehrkräfte passt (Blank & las Alas, 2009; Dagen & Bean, 2014; Kedzior & Fifield, 2004; Opfer & Pedder, 2011).
- … Praxisphasen integriert sind, in denen die Lehrkräfte die Inhalte bzw. Materialien erproben und anwenden können. Dabei ist eine Verschränkung

65 Die Auflistung soll zeigen, welche methodischen Merkmale zur Gestaltung einer Fortbildung wichtig sind. Da dies nur ein Teil der gesamten Arbeit ist, wird es stichpunktartig dargestellt und nicht in einer ausführlichen Form. Ziel ist eine Zusammenfassung der methodischen Merkmale und nicht eine ausführliche Darstellung.

mit Theorie- und Reflexionsphasen wichtig (Lipowsky & Rzejak, 2012; Timperley, 2008; Yoon et al., 2007).

- … es nachhaltig angelegt ist, indem es nach dem professional development weitere Unterstützung im Sinne des follow-up supports gibt (Hawley & Valli, 2000; Kedzior & Fifield, 2004).
- … die Lehrkräfte Feedback erhalten. Dies kann beispielsweise Feedback zum Unterrichten im Sinne des Coachings sein, das sich auf Beobachtungen eines externen Beraters (beispielsweise ein fähiger Fachkollege oder der Fortbildner) stützt (Dagen & Bean, 2014; Garet et al., 2001; Lipowsky, 2014; Wei et al., 2009).
- … es den Besuch und die systematische Beobachtung anderer Lehrkräfte beinhaltet. Dies wird entsprechend durch die beteiligten Lehrkräfte ausgewertet wird (Blank & las Alas, 2009; Garet et al., 2001; Wei et al., 2009).
- … es kollaboratives Lernen beinhaltet (Dagen & Bean, 2014; Kedzior & Fifield, 2004; Loucks-Horsley et al., 2010).
- … professionelle Lerngemeinschaften aufgebaut bzw. als Form des professional development genutzt werden (Bonsen & Berkemeyer, 2011; Timperley et al., 2007; Vescio et al., 2008), die eine unterstützende und geteilte Leitung, kollektive Kreativität, geteilte Werte und Visionen, unterstützende Bedingungen sowie geteilte persönliche Praxis als Merkmale besitzen (Wei et al., 2009). Dabei weist Lipowsky (2014) darauf hin, dass für positive Effekte hohe Merkmalsausprägungen bestehen müssen.
- … die Bedürfnisse der Lehrkräfte mit einbezogen werden, indem es lehrergeleitet ist bzw. die Lehrer in die Planung mit einbezogen werden (Hawley & Valli, 2000; Kedzior & Fifield, 2004).
- … es vielfältige Lerngelegenheiten und Aktivitäten zum Lernen bietet (Guskey & Yoon, 2009; Lipowsky, 2014).
- … es externe Unterstützung bzw. Expertise beinhaltet, die beispielsweise durch einen Fortbildner garantiert wird (Hawley & Valli, 2000; Timperley et al., 2007).
- … Schülerprodukte integriert sind, indem Schülerlösungen studiert, Videos von Schülern beim Problemlösen oder weitere Methoden zum Aufzeigen des Schülerlernens analysiert werden (Franke et al., 2001; Ingvarson et al., 2005; Little et al., 2003; Strahan, 2003; Wei et al., 2009).
- … die Lehrkräfte ihre eigene Handlungswirksamkeit erkennen (Lipowsky, 2014), indem ihnen beispielsweise Veränderungen ihres Unterrichtsverhaltens oder des Schülerverhaltens verdeutlicht werden (Guskey, 2002).
- … konkrete Aufgaben des Lehrens wie die Diagnose, die Bewertung, die Beobachtung oder die Reflexion beinhaltet sind und gefördert werden (Wei et al., 2009).

- … inhaltlich auf evidenzbasierte Merkmale qualitätsvollen Unterrichts wie effektive Klassenführung, Klarheit des Unterrichts, usw. eingegangen wird (Lipowsky, 2014).
- … es die Lehrkräfte zur dauerhaften Erforschung ihres Unterrichts und ihres Unterrichtsverhaltens veranlasst und entsprechende Interessen weckt (Kedzior & Fifield, 2004).
- … es die Selbstevaluation der Lehrkräfte beinhaltet (Kedzior & Fifield, 2004; Opfer & Pedder, 2011).
- … es vermeidet, dass die Lehrkräfte Einschränkungen empfinden (Lipowsky & Rzejak, 2012).
- … die Lehrkräfte ihre Praxis des Unterrichtens reflektieren können. Dabei besitzt die Reflexion der impliziten Wissens-, und Könnensanteile sowie des Affekts (Beliefs, …) eine Schlüsselrolle (Fussangel et al., 2010; Ingvarson et al., 2005; Lipowsky, 2014; Opfer & Pedder, 2011).

Reflexion in professional development wird in dieser Studie näher betrachtet. Die Methode wird besonders durch die Forschung im Bereich der professionellen Entwicklung unterstützt. Hier ist die Reflexion über die Praxis ein Merkmal effektiven professional developments (Lipowsky, 2014). Besonders die aktive Auseinandersetzung mit dem eigenen Unterrichtshandeln schafft die Basis für mögliche Veränderungen in den Beliefs. Im interconnected model of professional growth von Clarke und Hollingsworth (2002) ist Reflexion ein Schlüsselmerkmal. Beispielsweise ist sie Mediator zwischen Änderungen in salienten Ergebnissen und der Änderung von Beliefs.

In ihrem Review zu professional development geht Timperley (2008) ebenfalls auf die Bedeutung der Reflexion ein. Sie weist darauf hin, dass in den meisten untersuchten Studien die Beliefs der Lehrkräfte über das Lehren und Lernen der Mathematik gestört wurden. Daraus ergaben sich Dissonanzen. Die Lehrkräfte „whose student outcomes improved resolved their dissonance and implemented new approaches to the teaching of mathematics" (Timperley, 2008, S. 89). Dies hebt auch Guskey (2002) in seinem Modell des professional development hervor.

Von den Merkmalen der drei dargestellten Kategorien bezeichnen einige Autoren die Fokussierung auf den Fachinhalt, das aktive Lernen, die Kohärenz, die Dauer und die kollektive Teilnahme als Kernelemente erfolgreichen professional developments (Desimone, 2009). Diese können sowohl Blank und las Alas (2009) als auch Garet et al. (2001) auf Basis ihrer Reviews bestätigen. Insgesamt ist es wichtig, dass professional development instruktiv (Unterstützung der Lehrkraft bei der Aneignung neuen Wissens und Lehrstrategien), reflexiv (Lehrkräfte reflektieren ihre affektiven und kognitiven Voraussetzungen und die Praxis), aktiv (Lehrkräfte sollten im eigenen Lernprozess engagiert sein), kollaborativ und andauernd (längere Zeitperiode) ist (Martin, Kragler, Quatroche & Bauserman, 2014).

Bei der Gestaltung des professional development ist eine gute und systematische Planung ein entscheidendes Erfolgskriterium (Yoon et al., 2007). Dies bezieht sich vor allem auf die Auswahl der Methoden und Merkmale. Dabei ist die Integration aller genannten Merkmale in der Regel nicht möglich. Aus diesem Grund muss ein Schwerpunkt auf verschiedene gelegt werden, sodass die Ziele der jeweiligen Maßnahme erreicht werden. Merkmale effektivem professional developments sind in der folgenden Grafik (Abbildung11 auf der folgenden Seite) zusammengefasst[66].

Die Analyse von Schülerarbeiten als ein Merkmal effektiven professional developments wird in dieser Arbeit im Fokus der Untersuchungen stehen. Die Forschung dazu wird im nächsten Unterkapitel ausführlicher dargestellt.

3.3.2 Fokus auf das Schülerlernen

Die zweite Welle der Entwicklung des professional development in den Vereinigten Staaten von Amerika fokussiert auf das Lernen der Schüler und den Inhalt, der von den Lehrkräften unterrichtet wird. Im Speziellen wurde das Begründen und Problemlösen der Schüler untersucht (Dagen & Bean, 2014). Die Konzentration auf die Leistungen und das Lernen der Schüler ist ebenfalls für die erfolgreiche Gestaltung von Unterricht, der die Leistungen der Schüler überdurchschnittlich verbessert, zentral (Hattie, 2009). Daher sollte das professional development so gestaltet werden, dass es durch die Analyse der Unterschiede zwischen den Zielen bzw. Standards für das Lernen der Schüler und den Schülerleistungen gelenkt wird (Hawley & Valli, 2000; Ingvarson et al., 2005).

---

66 Die in der Grafik zusammengefassten Merkmale des effektiven professional development haben keinen Anspruch auf Vollständigkeit basieren aber auch einer umfangreichen Literaturrecherche. Die Zusammenfassung der Merkmale bedeutet jedoch nicht, dass die Erfüllung möglichst vieler gleich ein optimales professional development garantiert. Man muss beachten, dass die Auswirkungen der unterschiedlichen Merkmale unterschiedlich stark sind und Wechselwirkungen zwischen den Merkmalen stattfinden können. Daher ist eine gute Planung unter berücksichtigung mit passender Auswahl für effektives professional development erforderlich.

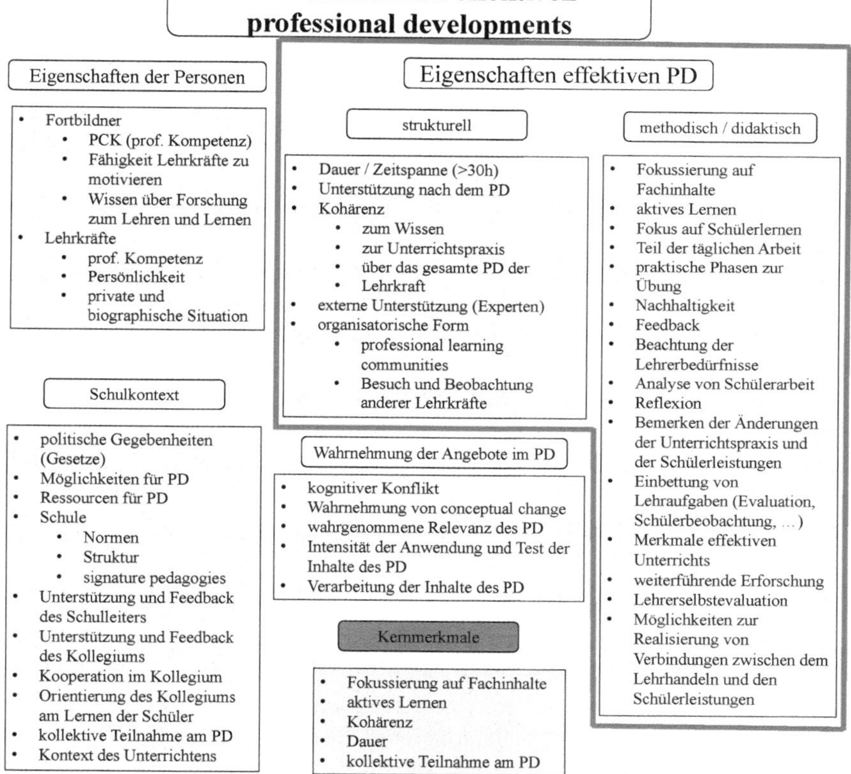

Abbildung 11: Einflussfaktoren auf das professional development in Anlehnung an Lipowsky (2014) mit eigenen Ergänzungen. Merkmaler effektiver Veranstaltungen sind blau/fett umrahmt.

Ein Merkmal effektiven professional development ist, wie im vorherigen Unterkapitel zu didaktischen Merkmalen von professional development angeführt, die Konzentration auf das Lernen der Schüler (Garet et al., 2001; Kennedy, 1999; Vescio et al., 2008). Dies wird ebenfalls aus dem model of teacher change von Guskey (2002) deutlich, da die Lehrkräfte nach diesem Modell Rückmeldungen über das Lernen der Schüler erhalten und ausgehend davon Änderungen des Wissens und der Beliefs stattfinden können. Die Bedeutung der Betrachtung des Schülerlernens hebt Timperley (2008, S. 81) ebenfalls hervor:

> „It is reasonable to expect that new teaching practices will be reinforced when teachers observe that they are having a positive impact on student outcomes."

In diesem Zusammenhang betont Lipowsky (2014), dass professional development, welches die Erweiterung des fachdidaktischen Wissens zum Ziel hat, eine Analyse der Lern- und Verstehensprozesse von Schülern als Aktivitäten beinhaltet. Dies ermöglicht es der Lehrkraft, die Beziehung zwischen ihrem Unterrichtshandeln und den Lernprozessen der Schüler bewusst zu werden. Dies wird durch die Analyse aufgedeckt, indem unter anderem Veränderung des Lehrerhandelns Auswirkungen auf die Schülerleistungen haben können (vgl. Guskey, 2002; Timperley et al., 2007). Die Analyse und die Interpretation der Schülerleistungen erleichtert in diesem Zusammenhang das Erkennen der Beziehung zwischen fachdidaktischem Handeln und Leistungen der Schüler. Wirksames professional development zielt demnach darauf ab, fachdidaktisches Wissen über die Schüler zu erweitern. Dies kann beispielsweise durch die Erweiterung des Wissens zu typischen Schülerkonzepten bzw. misconcesptions geschehen (Lipowsky & Rzejak, 2012). Zudem kann ebenfalls die Diagnosekompetenz der Lehrkräfte durch die Analyse und Interpretation von Schülerverständnisprozessen verbessert werden (Lipowsky, 2014).

Ein Beispiel für die Analyse der Lern- und Verstehensprozesse von Schülern als Lernaktivität für Lehrkräfte findet sich in professional communities, in denen häufig Schülerarbeiten studiert bzw. analysiert werden. Dies erlaubt den Lehrkräften, ein allgemeines Verständnis über gute Schülerarbeiten, allgemeine Schülerfehler und funktionierende Unterrichtsstrategien zur Thematisierung bzw. zur Prävention von den Fehlern zu erreichen (Wei et al., 2009).

Das Analysieren von Schülerarbeiten stellt eine Aufgabe von Lehrkräften im Sinne der Diagnose dar, wie sie in Kapitel 2.2.2 unter anderem als Erkennen und Erläutern von Schülervorstellungen anhand von Schülerarbeiten verstanden wird. Führen die Lehrkräfte dies in ihren eigenen Lernprozessen analog zu möglichen Situationen ihres beruflichen Alltags aus, dann erwerben sie neues Wissen situiert, also passend zur Anwendungssituation (Lipowsky, 2015; Woolfolk, 2014). Dass solches Lernen förderlich ist, stützt die Studie von Fölling-Albers, Hartinger und Mörtl-Hafizović (2004), in der sich zeigte, dass Studierende in der Lehrerbildung, die situiert lernten, signifikant bessere Ergebnisse bezüglich der Nutzung des Wissens in Anwendungssituationen erreichten als Studierende einer

Kontrollgruppe. Zudem waren beide Gruppen auf einem Level bezüglich des Erwerbs von Faktenwissen[67].

Zu der Wirkung der Analyse von Schülerdaten gibt es bereits Forschungen im Bereich des professional development. Einige werden im Folgenden dargestellt, um aufzuzeigen, welche Wirkung dieses Merkmal besitzt. Die Erläuterungen sollen ebenfalls aufzeigen, wo in diesem Forschungsbereich noch Lücken vorhanden sind.

Little et al. (2003) untersuchten die Bedeutung des Begriffs „looking at student work" näher. Ausgehend von der Untersuchung des California Center for School Restructuring unter dem Slogan „"Examining student work for what matters most"" (ebd., S. 185) beschreiben die Autoren Projekte und deren Ergebnisse, in denen Lehrkräfte Schülerarbeiten betrachten. In den Projekten betrachten die Lehrenden gemeinsam Schülerarbeiten, statt dies alleine zu tun. Auf der Basis ihrer Beobachtungen und Ergebnisse beschreiben die Autoren, unter welchen Bedingungen das Betrachten von Schülerarbeiten Vorteile für das Lehren und Lernen erreicht. In den unterschiedlichen Projekten zeigen sich (a) das Zusammenbringen der Lehrkraft zum gemeinsamen Fokussieren auf das Lehren und Lernen, (b) das Einbringen von Schülerarbeiten in die Diskussion und (c) die Strukturierung der Konversation als gemeinsame Elemente. Lehrkräfte, die diese Form durchführten, berichteten, dass sie anschließend über das reine Kategorisieren in richtig und falsch hinaus detaillierte Aussagen über die Schülerarbeiten treffen können. Zudem hilft eine Strukturierung der Analyse mit der folgenden Diskussion den Fokus zu erhalten. Anhand von Interviewauszügen zeigen Little et al. (2003) auf, wie die Lehrkräfte sowohl das Verständnis des Schülers als ihr eigenes bezüglich eines fachlichen Inhalts hinterfragen und diskutieren. Anhand der Erforschung der Vorgehensweisen identifizieren die Autoren (a) den flexiblen und kreativen Umgang mit den Werkzeugen (Protokollen zur Diskussionsstrukturierung) für lokale Zwecke, (b) die Nutzung der fachlichen Expertise zur Untersuchung fachlicher Aspekte (Fachlehrer erklären Nichtfachlehrer den fachlichen Kern und reflektieren dabei über ihr eigenes Verständnis), (c) einer Balance zwischen Bequemlichkeit und Herausforderung und (d) die Moderation zur Gruppenbildung und Vertiefung der Konversation als Merkmale zur Fokussierung auf die Schülerarbeiten und zur Vertiefung der Diskussionen über das Lehren und Lernen. Neben den Merkmalen, die das Lernen der Lehrkräfte befördern, identifizieren Little et al. (2003) solche, die das Lernen in der Gruppe

67 Es muss an dieser Stelle beachtet werden, dass sich dies auf Studierende des Lehramts für Grundschulen zu Beginn des Studiums bezieht, die noch keine Erfahrungen im Lehrerberuf haben. Zudem bezogen sich die Inhalte des Lernens auf das Unterrichtsfach Deutsch.

bei der Diskussion über Schülerarbeiten behindern. Dazu zählen (a) die Besorgnis über den persönlichen Komfort und die kollegiale Beziehung (Verletzung der Gefühle durch Fehler in den Schülerarbeiten, die auf die Lehrkraft zurückgehen), (b) die knappe Zeit zur Diskussion bei vielen vorhandenen Interessen (teilweise breitere Diskussion als nur über die Schülerarbeiten gewünscht, die thematisch zu weit führen) und (c) die Unsicherheit, was bei den Schülerarbeiten hervorgehoben werden soll (Erfolg untersuchen, Misserfolg untersuchen, Fehler, ...). Insgesamt schlussfolgern Litte et al. (Litte et al., 2003) über den Vorteil des Betrachtens von Schülerarbeiten wie folgt:

> "The value of looking at student work resides in its potential for bringing *students* more consistently and explicitly into deliberations among teachers. Looking at student work has the potential to expand teachers' opportunity to learn, to cultivate a professional community that is both willing and able to inquire into practice, and to focus schoolbased teacher conversations directly on the improvement of teaching and learning" (Little et al., 2003, S. 192).

Die Studien zu den Auswirkungen des Schülerfokus auf bestimmte Ebenen der Wirkung von professional development lassen sich zu Auswirkungen auf das Wissen, die Beliefs und die Schülerleistung zusammenfassen. Im Folgenden werden Studien erläutert, die sich auf diese Ergebnisse beziehen, wobei die Wirkungsebenen nach Lipowsky (2010) zur Strukturierung verwendet werden (zuerst Wissen, dann Beliefs, Lehrerhandeln und Schülerleistungen).

Die Zunahme fachdidaktischen Wissens wird von Wei et al. (2009) im Zusammenhang mit professional communities thematisiert. In diesen wird oft der Fokus auf das Studieren von Schülerarbeiten gelegt. Dabei geben die Analysen den Lehrkräften die Möglichkeit, ein allgemeines Verständnis guter Arbeit zu entwickeln. Zudem können die Ergebnisse der Analysen Hinweise auf typische Schülerfehler geben. Ergänzend dazu enthalten die Analysen Hinweise, welche Unterrichtsstrategien den Lehrkräften helfen, mit den Schülerfehlern bzw. misconceptions umzugehen. Die Rewiewergebnisse zu professionellen Lerngemeinschaften von Vescio et al. (2008) bestätigen dies. Sie zeigen anhand von zehn amerikanischen Studien auf, dass der Fokus auf das Lernen der Schüler ein Merkmal von professional learning communities ist, der Änderungen in der Lehrkultur bewirken kann. Erreicht wird dies unter anderem durch eine starke Verbindung zwischen dem Schülererfolg und dem Lehrerlernen. Dies wirkt sich dann positiv auf das Lernen der Schüler aus (Vescio et al., 2008).

In einer neueren Studie untersuchten Bas et al. (2013) die Auswirkungen der Reflexion von Schülerdokumenten auf die professionelle Kompetenz der Lehrkraft. Dazu führten sie in diesem Teil eines größeren Projekts zum Umgang mit Modellieren im Mathematikunterricht Interviews mit den teilnehmenden Lehrkräften durch, die auf Auswirkungen der Reflexion von Schülerdokumenten zielten. Speziell verfolgten die Autoren das Ziel, herauszufinden, welche Auswirkungen die kollektive Reflexion über Schülerdokumente auf das Fachwissen und das fachdidaktische Wissen hat. Sie führten dazu an einer Schule mit sechs Lehrkräfte ein fünfwöchiges Programm durch. In diesem lösten sie Modellierungsaufgaben und analysierten die entsprechenden Schülerlösungen. Als Datenquellen führten sie Interviews mit den Lehrkräften, die vor und nach der Implementation stattfanden, um herauszufinden, welche Voraussagen die Lehrenden über mögliche Schülerlösungen und -fehler machen können. Die Interviewauszüge zeigen, dass sich die Lehrkräfte während der Diskussionen über die Schülerarbeiten über mathematisches Fachwissen austauschten, sodass dies Möglichkeiten bot, das eigene Fachwissen zu verbessern. Zudem versuchten die Lehrkräfte mit der Dauer verstärkt die Lösungsansätze ihrer Schüler zu verstehen, auch wenn sie falsch waren. Dies zeigte sich auch durch Veränderungen der Blickwinkel, indem sie am Ende des professional development verstärkt auf die zugrundeliegenden Denkweisen achteten, anstatt nur zu schauen, was die Schüler taten. Sie versuchten daher zu verstehen, was die Schüler beim Lösen der Aufgaben dachten. Als Folge gaben die Lehrenden an, dass sie durch das Studieren der Schülerlösungen ihre Schüler besser verstehen und ihre unterschiedlichen Ansätze würdigen.

In den Studien von Wei et al. (2009), Vescio et al. (2008) und Bas et al. (2013) wurden neben den Änderungen des Wissens, Veränderungen der Lehrkultur und dem Umgang mit den Denkweisen der Schüler thematisiert. Diese können als Indizien für eine Veränderung von Beliefs stehen (vgl. epistemologisches Menschenbild; 2.3.4). Weitere Berichte über Änderungen von Beliefs über das Lehren und Lernen finden sich im Rahmen der Forschung zu Cognitivly Guided Instruction (CGI). Viele Autoren erwähnen das Programm als Beispiel der Effekte von schülerzentriertem professional development (beispielsweise Garet et al., 2001; Kedzior & Fifield, 2004; Lipowsky, 2014; Wei et al., 2009). Es beschäftigte sich mit den Auswirkungen des professional development auf die Kompetenz, die Handlungsweise der Lehrkräfte im Unterricht und die Leistungen der Schüler. Es basiert auf der Forschung zu

> "(a) the development of students' mathematical thinking; (b) instruction that influences that development; (c) teachers knowledge and beliefs that influence their instructional practices; and (d) the way that teachers' knowledge, beliefs, and practices are influenced by their understanding of students' mathematical thinking" (Carpenter, Fennema, Franke, Levi & Empson, 2000, S. 1).

Ausgangspunkt ist das Denken der Schüler und wie Lehrkräfte das Wissen über das Denken der Schüler bei Unterrichtsentscheidungen einsetzen.

Während der Veranstaltungen des professional development verwendet der Ansatz der CGI mehrere Quellen, um den Lehrkräften das Denken der Schüler zu verdeutlichen. Dazu betrachten die Lehrkräfte entweder Videos, in denen sie Schüler während des Problemlösens beobachten können, oder führen selbst Interviews mit Schülern durch (Carpenter et al., 1989). In mehreren Studien zeigen die Forscher auf, dass die Teilnahme und das Lernen der Lehrkräfte während des professional development basierend auf dem Ansatz der CGI zu Veränderungen der Beliefs in Richtung der schülerzentrierten Lernorientierung führt (Carpenter et al., 1989; Fennema et al., 1993; Franke et al., 2001).

Speziell das Merkmal „Diskussion über Schülerlösungen" in professional development wurde in der Studie von Fennema et al. (1996) neben den Videos und Interviews eingesetzt. Die Lehrer diskutierten während der angebotenen Workshops über die Lösungen von Schülern zu Problemen. Dabei diskutierten sie ebenfalls Unterschiede in den Lösungswegen der Schüler und welche Gedanken die Schüler gehabt haben könnten. Insgesamt erstreckt sich die Studie über vier Jahre, in denen 21 Grundschullehrkräfte aus den Vereinigten Staaten an einem professional development zur CGI teilnahmen. Die Autoren berichten, dass über den Zeitraum 18 der 21 Lehrkräfte fundamentale Änderungen der Beliefs und der Art des Unterrichtens vollzogen. Dies zeigte sich, indem sie den Schülern helfen, über ihr eigenes mathematisches Denken zu reflektieren und vermehrt Problemlöseaufgaben im Unterricht einsetzen. Speziell sind die 18 Lehrkräfte am Ende der Studie überzeugter, dass es nicht ihre Rolle ist, den Schülern zu erzählen, wie sie denken sollen. Stattdessen wandelt sich ihre Rolle zu der eines Gestalters von Lernumgebungen, in denen die Schüler Probleme lösen und damit ihr Wissen aufbauen. Die Änderungen der Lehrkräfte sind in der Studie individuell ausgeprägt. Einige von ihnen durchliefen schnell große Veränderungen und andere eher langsam. Bei drei Lehrkräften war keine Änderung erkennbar. Insgesamt führen Fennema et al. (1996) die Veränderungen auf ihr Model zurück, das sie den Lehrkräften in den Workshops dargeboten haben und von diesen im Unterricht angewendet worden ist. Dabei veränderten die Lehrenden ihre Beliefs vor allem dann, wenn Änderungen bei den Schülern bzw. bei der Antizipation von Lösungshäufigkeiten von komplexen Problemlöseaufgaben sichtbar wurden (vgl. auch Modell von Guskey, 2002). Die Veränderungen in der Studie unterstützen Franke et al. (1998) mit auf der vorherigen Studie aufbauenden qualitativen Untersuchungen, die drei der 21 Lehrkräfte beinhaltet. Anhand dieser zeigen die Autoren unterschiedliche Änderungsmuster auf, die sich innerhalb des professional development ergaben. Zum einen zeigt eine Lehrerin, dass sie durch das professional development dazu angeregt wurde, das Denken jedes Schülers zu verstehen. Dadurch wuchs ihr Wissen über das Denken der Schüler immer weiter. Zum anderen schauen die anderen beiden Lehrer, ob die Inhalte der CGI erfolgreich im Unterricht eingesetzt werden können. Dies bestätigte sich für beide. Sie setzten den Ansatz daher weiter ein, lernten aber nicht mehr über das Denken der Schüler. Außerdem weisen die Autoren darauf hin, dass die Praxis vor dem professional development Auswirkungen auf das Ausmaß der Änderungen hat, da eine Lehrerin bereits vor der Maßnahme Problemlöseaufgaben einsetzte und dadurch weniger Änderungen durchlief.

Bereits die Studie von Carpenter et al. (1989) zeigt anhand einer Experimentalgruppe mit CGI professional development und einer Kontrollgruppe ohne diese Form des Lernens, dass die Experimentallehrkräfte deutlich stärker Problemlöseaufgaben im Unterricht einsetzen und den Schülern häufiger beim Erklären ihrer Lösungswege zuhören als die Kontrollgruppenlehrkräfte.

Die Änderung von Beliefs durch professional development mit dem Fokus auf das Lernen der Schüler fanden auch Schorr und Lesh (1998). Durch die Beobachtung der eigenen Schüler während des Problemlösens, der Identifikation von guten und schlechten Schülerlösungen, der Bewertung der Schülerarbeiten, usw. änderten sich ihre Beliefs zu dem Lernen ihrer Schüler sowie Lern-, Lehr- und Problemlöseaktivitäten. Somit ist diese Studie ein Beispiel für Veränderungen von Beliefs durch die Konzentration auf das Lernen der Schüler.

In einer folgenden Studie fokussierte Schorr (2000) auf das Denken der Schüler, indem sie nicht explizit Schülerarbeiten mit einbezog, sondern Videoepisoden, die Schüler beim Problemlösen zeigen. Diese Studie erstreckte sich über einen Zeitraum von fünf Jahren im Grundschulbereich in einen armen Teil von New Jersey. Ziel war es, die mathematische und die pädagogische Kompetenz der Lehrkräfte zu verbessern, sodass sie verstärkt über das Denken und Begründen der Schüler nachdenken, während diese mathematischen Begriffe konstruieren. Zudem sollte dadurch die Leistung der Schüler verbessert werden. In der Studie hat Schorr (2000) eine professional development Partnerschaft zwischen den Schulen und der mathematikdidaktischen Fakultät der Universität verwendet, um die Interventionen zu gestalten. Sechs der zwölf bilden dabei die Experimentalgruppe (Fokus auf bedeutungsvolles Lernen durch Erkundung, aktive Bedeutungskonstruktion und Unterricht basierend auf Schülerdenken), die anderen sechs die Kontrollgruppe (prozeduraler Ansatz für den Mathematikunterricht, kein Fokus auf Problemlöseaufgaben, die Erkunden fordern). Die Schüler wurden auf der Basis ihres Geschlechts, der Ethnie, der Schulgemeinschaft und den Ergebnissen standardisierter Test für Lesen und Mathematik den beiden Gruppen zugeordnet. Zur Erhebung der Leistung der Schüler wurden Klassenraumaktivitäten videographiert und aufgabenbasierte Interviews durchgeführt, die durch vorbereitete Rater kodiert wurden. Die Ergebnisse zeigen, dass die Schüler der Experimentallehrkräfte in fast allen Fällen besser als die Kontrollschüler sind. In einem abweichenden Fall ist die Leistung identisch mit dem Kontrollschüler, sodass kein Experimentalschüler schlechter als ein Kontrollschüler war. Die Leistungen beziehen sich auf den bedeutungsvollen Umgang mit Regeln und Algorithmen, den Gebrauch von Repräsentationen, die Verwendung der Sprache und Besonnenheit beim Lösen der Problemlöseaufgaben. Aus den Ergebnissen schlussfolgert Schorr (2000), dass die Intervention positive Auswirkungen auf die Leistungen der Schüler, ihre mathematische Selbstsicherheit und das verständnisvolle Herangehen an mathematische Situationen hat. Dies bedeutet ebenfalls, dass der Unterricht die Konstruktion von Bedeutung und Verständnis betonen soll.

Auswirkungen auf die Schülerleistungen durch den Fokus auf das Schülerlernen zeigen sich ebenfalls in der Studie von Saxe et al. (2001). In dieser konnten die Schüler von Lehrkräften, die sich während einer professional development Maßnahme unter anderem mit dem Denken der Schüler beschäftigten, Aufgaben zum konzeptuellen Verständnis besser lösen als Schüler von Lehrkräften, die nur Unterstützung zur Implementierung des Reformcurriculums erhielten oder keine Unterstützung erhielten, indem sie nur das Schulbuch verwendeten. Die Gruppe der Lehrkräfte, die an der professional development Maßnahme teilnahmen, fokussierten auf das mathematische Fachwissen, die Mathematik der Schüler, Schülermotivation und Diagnose (u. a. Analyse von schriftlichen Schülerarbeiten). Die gesamte Maßnahme fand verteilt über ein Jahr statt. Die Unterstützungsgruppe nahm an einer Gemeinschaft teil, die das neue Curriculum umsetzten. Dort wurde den Lehrkräften Möglichkeiten zur Reflexion mit anderen gegeben. Die dritte Gruppe unterrichtete traditionell. Der mathematische Inhalt der gesamten Studie beschränkt sich auf Brüche. Am Ende der Studie wurden die Schüler der freiwillig teilnehmenden Lehrkräfte getestet. Es zeigt sich, dass Schüler der Lehrkräfte mit professional development Aufgaben zum konzeptuellen Verständnis am besten lösen. Die Schüler der unterstützten Lehrkräfte waren am zweitbesten und die traditionell unterrichteten Schüler waren am schlechtesten. Der Einfluss der Gruppe auf die Leistung war signifikant. Bei der Lösungswahrscheinlichkeit von Berechnungsaufgaben sind die Schülerleistungen der beiden Gruppen ähnlich.

In seiner Studie berichtet Strahan (2003) ebenfalls von Verbesserungen der Schülerleistungen, wenn die Lehrkräfte in einer professional community die Daten von Schülern erheben und reflektieren. Die Studie fand über drei Jahre in einer Umgebung statt, in der sich überwiegend leistungsschwache Schüler befanden. Innerhalb dieser wurden Lehrkräfte dreier elementary schools interviewt. Anhand von bereits vor der Studie durchgeführten Interviews und neu durchgeführten Interviews erforschte Strahan (2003) die Entwicklungen, die die Lehrkräfte durchliefen, und wie sich dies auf die Leistung der Schüler auswirkten. Er fand heraus, dass die Lehrkräfte viele Datenquellen verwendeten, um den Fortschritt ihrer Schüler zu erfassen. Unter anderem beobachteten sie die Schüler. Dies erlaubte ihnen, zu lernen, was den Schülern schwerfällt und was sie bereits gut können. Zudem führten die Lehrkräfte Diagnosen (formal assessments) durch, um die vorhandenen Fähigkeiten und Konzepte der Schüler explizit zugänglich zu machen. Auf der Basis der Erkenntnisse über die Fähigkeiten und Konzepte der Schüler planen die Lehrkräfte dann den weiteren Unterricht. Zudem konnten sie Kollegen um Hilfe fragen. Dieses Vorgehen sowie der Aufbau einer professionellen Gemeinschaft, die sich durch die Leistungssteigerungen der Schüler verstärkte, führte zu den Verbesserungen der Schülerleistungen.

	Wissen	Beliefs	Lehrerhandeln	Schülerleistung
Bas, Gozde Didis, Kursat Erbas, Cetinkaya, Cakiroglu & Alacaci (2013)	X		X	
Carpenter, Fennema, Peterson, Chiang & Loef (1989)		X	X	
Fennema, Carpenter, Franke, Levi, Jacobs & Empson (1996)		X	X	
Fennema, Franke, Carpenter & Carey (1993)		X		
Franke, Carpenter, Fennema, Ansell & Behrend (1998)	X		X	
Franke, Carpenter, Levi & Fennema (2001)		X		
Saxe, Gearhart & Nasir (2001)				X
Schorr (2000)				X
Schorr & Lesh (1998)		X		
Strahan (2003)				X
Vescio, Ross & Adams (2008)	X	X		X
Wei, Darling-Hammond, Andree, Richardson & Orphanos (2009)	X			

Tabelle 1: Übersicht der Einflüsse des Fokus auf das Schülerlernen auf die Wirkungsebenen von professional development. Die professionelle Kompetenz ist hierbei in Wissen und Beliefs unterteilt worden.

Zur Übersicht werden die erläuterten Studie hinsichtlich der Ebenen der Wirkung von professional development (Lipowsky, 2014) einsortiert[68] (vorherige Seite).

Die Fokussierung auf das Lernen der Schüler im professional development scheint sich auf unterschiedlichen Ebenen der Wirkungen von professional development auszuwirken. Ingvarson et al. (2005) machen in diesem Zusammenhang jedoch deutlich, dass ein bestimmter Anteil der Zeit im professional development zur Fokussierung auf Schülerarbeiten notwendig ist, um berichtete Änderungen zu erreichen. Sie führten einen Review über vier Studien in Australien aus den Jahren 2001 bis 2003 durch, um über Effekte struktureller und prozeduraler Merkmale von professional development auf das Lehrerwissen, das Unterrichtshandeln und die Lehrereffektivität zu berichten. In den einzelnen Studien wurden Einschätzungen der Lehrkräfte erhoben.

Die Daten basieren insgesamt auf 80 unterschiedlichen professional development Programmen mit 3250 Lehrkräften. Neben dem Fokus auf den Inhalt und aktives Lernen haben sie die Auswirkungen von Feedback und dem gemeinsamen Studieren von Schülerlösungen untersucht. In ihrer Studie zeigen die letzten beiden Elemente die geringsten Effekte. Ingvarson et al. (2005) bemerken dazu, dass in den zugrundeliegenden Programmen nur wenige Feedback oder gemeinsames Studieren von Schülerlösungen beinhalteten. Daher sehen die Autoren die Ergebnisse nicht im Widerspruch zu den Studien, die zeigen, dass beide Elemente bedeutend für effektives professional development sind. Vielmehr interpretieren Ingvarson et al. (2005), dass die beiden Elemente nicht den benötigten Anteil an den Programmen hatten, der notwendig ist, um die Lehrkräfte bei der Implementation und nachhaltigen Veränderungen zu unterstützen. Damit scheint es wie bei der Dauer einen Schwellenwert zu geben, der erreicht werden muss, damit die Elemente effektiv für das professional development sind. Über diesen können die Autoren auf der Basis der Daten jedoch keine Auskunft geben.Trotz der vielen Merkmale, die die Forschung für effektives professional development identifizierte, besteht in diesem Bereich noch Forschungsbedarf (Lipowsky & Rzejak, 2012). Zudem weisen Yoon et al. (2007) in ihrem Review darauf hin, dass es eine Forschungslücke bezüglich experimenteller oder quasiexperimenteller Studien gibt. Die Erforschung selbst konzentriert sich dabei auf das Gefühl des Lernzuwachses der Lehrkräfte (Zufriedenheit,...) und nicht auf den tatsächlichen Zuwachs (Helmke, 2014). Speziell für die Situation in Deutschland weisen Lipowsky und Rzejak (2012) auf einen Mangel an deutschen Studien zu effektiven professional development hin, wobei unter anderem solche

68 Es erfolgt keine Unterscheidung zwischen qualitativen und quantitativen Studien.

zur Wirkungsweise (wie wirkt das professional development bzw. bestimmte Methoden aus Sicht der Lehrkräfte) fehlen.

Die Analyse von Schülerarbeiten als Methode in professional development wurde bereits untersucht. Die bisherigen Studien lassen vermuten, dass dies ein Merkmal effektiven professional developments ist. Die Studien selbst untersuchten das Merkmal aber nicht systematisch (vgl. Carpenter et al., 1989; Saxe et al., 2001; Schorr, 2000), in der der Einsatz die unabhängige Variable ist. Einige Studien geben ebenfalls einen qualitativen Einblick und zeigen, dass der Einsatz von Schülerlösungen ein Merkmal erfolgreichen professional developments sein kann (Franke et al., 1998; Little et al., 2003; Schorr & Lesh, 1998; Strahan, 2003). Dabei gehen sie nicht darauf ein, auf was der Fokus auf das Lernen der Schüler alles wirkt und wie Lehrkräfte diese Phase wahrnehmen. Zudem berichten die Studien ebenfalls von positiven Auswirkungen auf das Lernen der Schüler (Carpenter et al., 1989; Saxe et al., 2001). Der Einsatz von Schülerdokumenten ist in den Studien in der Regel eines von mehreren Merkmalen der erfolgreicheren professional development Maßnahme, die untersucht wurde (vgl. Carpenter et al., 1989; Franke et al., 1998; Ingvarson et al., 2005). Inwiefern sich durch die Fokussierung auf das Lernen der Schüler eine Änderung der Motivation zu Schülern bzw. das Wissen über Schülervorstellungen ändert ist ebenfalls noch nicht untersucht worden.

3.4 Zusammenfassung

In dieser Arbeit wird professional development als organsierte Lerngelegenheiten – wie Fort- und Weiterbildungsmaßnahmen – verstanden, die den individuellen, alltäglich und lebenslang stattfindenden Lernprozess von Lehrkräften anregen. Das Lernen der Lehrenden bezieht sich dabei auf die Entwicklung bzw. Veränderung der professionellen Kompetenzen (Fachwissen, fachdidaktischen Wissen, Beliefs, Motivation), wie sie durch die unterschiedlichen Forschungsprogramme modelliert worden sind (vgl. Kap 2.2.1).

Zur Beschreibung der Wirkungsverläufe wird in dieser Studie das interconnected model of professional growth nach Clarke und Hollingsworth (2002) zu Grunde gelegt, da es die Reflexion als ein wesentliches Merkmal enthält. Diese wird in der Form der Reflexion von Schülerarbeiten als Teil der Unterrichtspraxis in der vorliegenden Studie betrachtet. Zudem sind andere Modelle in diesem implizit enthalten und es eignet sich zur Beschreibung unterschiedlicher Wirkungsverläufe.

Zur Gestaltung von effektiven professional development können angelehnt an Lipowsky (2014) strukturelle und methodisch-didaktische Merkmale unterschieden werden, wobei diese schulkontextbezogenen Gegebenheiten ergänzt werden können. Die bisherigen Ergebnisse zeigen, dass das Einbinden von Schülerdokumenten als methodisch-didaktisches Merkmal, die Schüler verstärkt in die Gedanken der Lehrer bringt und zu Änderungen der Beliefs hin zu einer schülerorientierten Perspektive führen kann. Zudem denken Lehrkräfte während der Phasen intensiv über das zugrundeliegende Fachwissen und die Ansätze der Schüler nach. Speziell können sie an den Schülerdokumenten lernen, was den Schülern schwerfällt und welche misconceptions sie haben. Trotz der bisherigen Forschung ist dieses Merkmal meist nur in Kombination mit anderen zum Fokus auf das Lernen der Schüler wie Beobachtungen, Videos, Schülerinterviews und ähnliches erforscht worden. Ist es dann als alleiniges Merkmal untersucht worden, hat dies nicht im Sinne des professional development stattgefunden. Schließlich sind die Einflüsse dieses Merkmals noch nicht abschließend geklärt.

4 Mathematischer Hintergrund: Funktionen und Analysis

Die mathematischen Themen Funktionen und Analysis sind eng verbunden, da Funktionen das Objekt der Analyse in der Analysis sind. Beide nacheinander in der Schule behandelten Themen der Mathematik bilden den inhaltlichen Rahmen der Forschung, da sie sowohl in dem professional development für die Lehrkräfte als auch in den Messinstrumenten zur Motivation und zum fachdidaktischen Wissen Gegenstand sind.

In diesem Kapitel werden die theoretischen Konstrukte (Grundvorstellungen, Repräsentationen, Anwendungskontexte), die im Bereich des fachdidaktischen Wissens über das Lehren und Lernen betrachtet worden sind (vgl. Kapitel 2.2), inhaltlich im Bereich der Funktionen und der Differentialrechnung näher erläutert[69]. Es wird daher das fachdidaktische Wissen der Lehrkräfte bezüglich des Wissens zu Schülern und zum Lehren (vgl. Kapitel 2.2.2 und 2.2.3) anhand der beiden Themengebiete dargestellt. Dazu werden in Kapitel 4.1 die inhaltlichen Aspekte zu Funktionen und anschließend in Kapitel 4.2 zur Differentialrechnung erläutert.

4.1 Funktionen

Das mathematische Thema Funktionen ist Hauptgegenstand der Untersuchung in der Studie zur Sekundarstufe I. Funktionen stellen ein zentrales Thema der Schulmathematik dar, da sie sich über mehrere Klassenstufen in der Sekundarstufe I und II erstrecken. Beginnend mit den Zuordnungen als Basis für die Entwicklung eines Funktionsbegriffs werden Eigenschaften unterschiedlicher Funktionsklassen hergeleitet und diskutiert. Dies wird anhand unterschiedlicher Funktionsklassen (lineare, quadratische, exponentielle, …) weiter vertieft. Zudem beschreibt die Leitidee funktionaler Zusammenhang klassenstufenübergreifend ein

69 Die mathematischen Grundlagen werden in beiden Themengebieten nicht explizit erläutert. An den Stellen, wo es passend und zur Verdeutlichung des Konzeptes sinnvoll ist, werden die mathematischen Definitionen gegeben. An den Stellen der Erläuterung, an denen die Nähe zu den mathematischen Konzepten stark ist, werden die mathematischen Konzepte zum Vergleich genannnt.

T. Hahn, *Schülerlösungen in Lehrerfortbildungen*, Mathematikdidaktik im Fokus,
https://doi.org/10.1007/978-3-658-24451-4_4

Teilbereich der schulischen Mathematik (vgl. Hessisches Kultusministerium, 2016; Kultusministerium Sachsen-Anhalt, 2015).

Im Folgenden werden die Aspekte zu Funktionen des fachdidaktischen Wissens zu Schülern und zum Lehren erläutert. Zuerst wird in Kapitel 4.1.1 auf mögliche Schwierigkeiten und misconceptions von Schülern im Bereich der Funktionen eingegangen. Dabei werden fokussiert die Ergebnisse der Studie von Nitsch (2015), die sich mit der Diagnose von misconceptions zu Funktionen beschäftigt, beschrieben. Im Anschluss wird in Kapitel 4.1.2 auf Grundvorstellungen und Darstellungen von Funktionen allgemein sowie Realkontexte zu linearen, quadratischen und exponentiellen Funktionen eingegangen. Diese Inhalte dienen zudem zur Gestaltung des Messinstruments für das fachdidaktische Wissen.

4.1.1 Schülerschwierigkeiten im Bereich der Funktionen

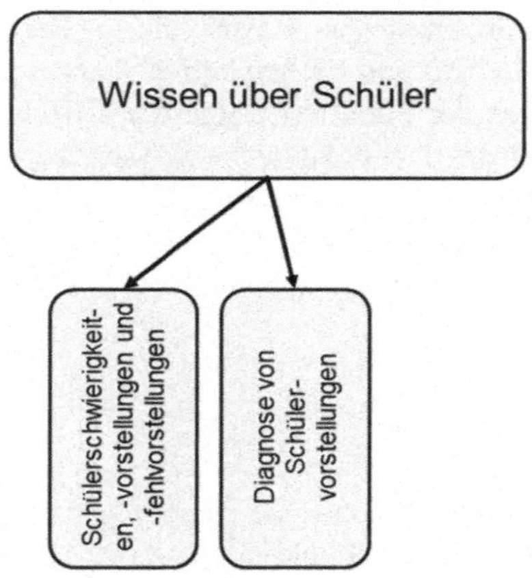

Abbildung 12: Aufteilung des Wissens über die Schüler

Das Wissen über die Schüler wird an dieser Stelle für das Thema Funktionen erläutert (vgl. Abbildung 12). In diesem Kapitel werden solche Lernschwierigkeiten im Bereich der Funktionen erläutert. Dies dient der Zusammenfassung wesentlicher Aspekte des fachdidaktischen Wissens über die Schüler in diesem Themengebiet. Die Ausführungen lehnen sich vor allem an die Arbeit von Nitsch (2015) an, die zum einen eine ausführliche Zusammenfassung zu typischen Lernschwierigkeiten zu Funktionen und zum anderen weitere Analysensolcher in Bezug auf das Auftreten bei deutschen Schülern durchgeführt hat. In ihrer Arbeit gliedert sie den Bereich in „typische Lernschwierigkeiten bezüglich der

Funktionsdefinition“, „typische Lernschwierigkeiten mit dem Variablenbegriff“ und „typische Lernschwierigkeiten bei Darstellungswechseln“. Der erste und der dritte Gliederungspunkt werden an dieser Stelle näher ausgeführt. Eine vollständige Auflistung aller möglichen Schwierigkeiten wird dabei nicht angestrebt. Vielmehr wird auf die für die Studie wesentlichen Schwierigkeiten fokussiert und an den entsprechenden Stellen auf weiterführende Literatur verwiesen[70].

Nitsch (2015) beschreibt bezüglich der Funktionsdefinition, dass es den Schülern schwerfällt, sie von anderen Zuordnungen zu differenzieren. Zur Erklärung verweist sie auf das theoretische Konstrukt von concept image und concept definition[71]. Ausgehend von dieser Theorie bestehen unterschiedliche Konzepte zu einem mathematischen Objekt parallel und werden nicht voneinander abgelöst. Dadurch könnte es den Schüler schwerfallen, zwischen den bisher kennengelernten Zuordnungen und dem strengeren Funktionsbegriff zu unterscheiden. Nitsch (2015) verweist in diesem Zusammenhang auf die Forschung von Vinner (1983), dessen Ergebnisse zeigen, dass die concept definitions der Schüler ähnlich zu der Definition in Schulbüchern sind. Die concept images zeigen im Vergleich zur Definition Beschränkungen des Funktionsbegriffs. Die Ergebnisse fasst Nitsch (2015, S. 107) unter Verweis auf Vinner (1983, S. 302ff.) wie folgt zusammen:

> (1) „A function should be given by one rule.
>
> (2) A function can be given by several rules relating to disjoint domains providing these domains are half lines or intervals. But a correspondence as in question 1 (a rule with one exception) is still not considered as a function.
>
> (3) Functions (which are not algebraic) exist only if mathematicians officially recognize them (by giving them a name or denoting them by specific symbols).

70 Lernschwierigkeiten mit dem Variablenbegriff werden in dieser Arbeit nicht verstärkt betrachtet. Sie werden unter Lernschwierigkeiten gefasst, die sich auf das Vorwissen zum Themengebiet Funktionen beziehen.

71 Tall und Vinner (1981) unterscheiden zwischen dem „concept image“ und der „concept definition“. Unter dem „concept image“ verstehen die Autoren „the total cognitive structure that is associated with the concept, which includes all the mental pictures and associated properties and processes“ (Tall & Vinner, 1981, S. 151). Die „concept definition“ ist für sie „a form of words used to specify that concept“ (Tall & Vinner, 1981, S. 152). Sie kann eine persönliche Rekonstruktion des Lerners sein (personal concept definition) oder der mathematischen Definition entsprechen (formal concept definition).

(4) A graph of a function should be 'reasonable'. Many students (...) claimed that a graph of a function should be symmetrical, persistent, always increasing or always decreasing, reasonably increasing, etc.

(5) For every y in the range there is only one x in the domain that corresponds to it.

(6) A function is a one-to-one correspondence."

Vinners Ergebnisse zeigen sich ebenfalls in späteren Studien, in denen Lernschwierigkeiten zu Funktionen untersucht worden sind. Unter anderem zeigt sich, dass Schüler dazu tendieren, die algebraische Darstellungsweise von Funktionen durch die Funktionsgleichung zu bevorzugen (Asiala, Cottrill, Dubinsky & Schwingendorf, 1997; Berry & Nyman, 2003; Dubinsky & Wilson, 2013; Habre & Abboud, 2006), wobei die Funktion für die Schüler meist nur genau eine Funktionsgleichung besitzt. Dies kann aus der fehlenden Unterscheidung zwischen Funktion und Funktionsterm resultieren (Blum & Törner, 1983). Für die Interpretation von unterschiedlichen Eigenschaften der Funktion ist für die Schüler ebenso die Formel wichtig (Habre & Abboud, 2006).

Schüler können speziell bei unstetigen Funktionen, die im Gegenzug zu stetigen abschnittsweise definiert sind, sowie deren unstetigen Graphen, Schwierigkeiten haben, diese als Funktion zu erkennen (Carlson, 1998; Vinner & Dreyfus, 1989). Die genannten Lernschwierigkeiten zeigen, dass es den Lernenden schwerfallen kann, zu identifizieren, wann ein Ausdruck oder ein Graph eine Funktion repräsentiert (Artigue, 1996), obwohl sie die Definition in vielen Fällen reproduzieren können (Leinhardt et al., 1990; Vinner, 1983).

Leinhardt et al. (1990) weisen im Zusammenhang mit der Funktionsdefinition darauf hin, dass die Schüler solche Funktionen ausschließen, die eine alte Definition des Funktionsbegriffs ebenfalls ausgeschlossen hat (abschnittsweise definierte Funktionen, Funktionen mit einer endlichen Anzahl an Ausnahmepunkten sowie Funktionen, die durch die Bedeutung des Graphen definiert sind). Beim Identifizieren von Funktionen können den Schülern konstante Funktionen Schwierigkeiten bereiten, da zum einen der Graph parallel zu x-Achse verläuft und zum anderen die Funktionsgleichung kein x enthält, sondern nur eine Zahl oder eine Variable, die nicht der unabhängigen Variable der Funktion entspricht. Dort können sie nichts für x einsetzen, sodass es den Lernenden schwerfallen kann, die konstante Funktion als Funktion zu akzeptieren (Asiala et al., 1997). Außerdem bemerkt Leinhardt et al. (1990), dass Schüler häufig keine „Viele-zu-Eins-Zuordnung" als Funktion akzeptieren, da sich Funktionen aus Sicht der

Lernenden ändern müssen. Konstante Funktionen decken hier beide Faktoren ab und werden dementsprechend meist nicht als Funktion identifiziert (Leinhardt et al., 1990).

Im Vergleich dazu haben die Schüler wenige Schwierigkeiten lineare Funktionen als Funktionen zu erkennen. Dieser Funktionstyp dominiert zudem in ihrem Verständnis (Nitsch, 2015). Die Ergebnisse der Studien von Vinner und Dreyfus (1989) sowie Carlson (1998) zeigen jedoch, dass Schüler ebenfalls mit linearen Funktionen Schwierigkeiten haben können, indem die Schüler die Funktion „$y = x$“ (so in den Studien benannt) als eine Funktion identifizieren, bei der alle Werte gleich sind. Sie haben hier also die Vorstellung einer konstanten Funktion[72].

Nitsch (2015) ergänzt dazu, dass die Schüler die Definition von Funktionen missverstehen können. Zudem fehlt den Schülern teilweise die Verbindung zwischen der verbalen Definition einer Funktion und deren grafischer Darstellung, was für die Identifizierung der notwendigen Eigenschaften einer Funktion wichtig ist. In diesem Zusammenhang verweist Nitsch (2015) auf den Prototypen einer Funktion, wie ihn Schüler sehen. Kösters (1996, S. 13) legt dies fest:

> „Eine **Funktion** ist Bestandteil der Funktionenlehre (Analysis). Dazu gehört der **Graph**, der
>
> - zu beiden Seiten der zweiten Achse verläuft,
> - nicht abrupt abbricht, schon gar nicht normal auf die erste Achse,
> - nicht in sich geschlossen ist,
> - nicht zu viele Ecken hat,
> - keine Sprünge aufweist,
> - ein überschaubares Monotonieverhalten zeigt.
>
> Weiter gehört zu einer Funktion ein **Term** oder eine **Funktionsgleichung**,
>
> - die auf der rechten Seite mindestens eine Variable enthalten muß [sic],
> - bei der x und y nicht auf derselben Seite stehen dürfen,

---

72 Dies ist die Schlussfolgerung der Autoren. Es kann ebenfalls sein, dass die Schüler nicht richtig formulieren können, was sie sich unter dieser Funktion genau vorstellen, da tatsächlich Argumente und Werte immer übereinstimmen, sodass die Werte immer gleich sind.

- die auf dem ganzen Definitionsbereich gültig ist.

Der Definitionsbereich ist ein **Intervall**, dessen linker Randpunkt nicht rechts vom Sprung liegt."

Der Wechsel zwischen unterschiedlichen Darstellungen von Funktionen ist bei den Lernenden mit einigen Schwierigkeiten verbunden (Artigue, 1996; Carlson, 1998). Dies ist unter anderem auf die unterschiedlichen kognitiven Prozesse, die beim Darstellungswechsel involviert sind, zurückzuführen (vgl. Kapitel 2.3.3). Wie schwierig der Wechsel zwischen den unterschiedlichen Repräsentationen ist, fasst Nitsch (2015, S. 113f.) zusammen. Dies wird im folgenden Teil anhand der Lernschwierigkeiten von Schülern zum Darstellungswechsel von Funktionen erläutert.

Schülerschwierigkeiten unterteilt Nitsch (2015) zum einen nach Funktionstypen (lineare und quadratische Funktionen) und zum anderen in Fehler in Verbindung mit der situativen Beschreibung. Lineare Funktionen werden von Schülern als Prototyp für Funktionen gespeichert. Das bedeutet, dass sie die Eigenschaften und Schemata auf andere Fragestellungen und Aufgaben anwenden. Dies machen die Lernenden teilweise unabhängig vom Funktionstyp, indem sie übergeneralisieren. Die Ursache hierfür kann die Reihenfolge der Behandlung der Funktionsklassen sein, da die linearen Funktionen als erstes behandelt werden. Mit den linearen Funktionen selbst sind ebenfalls einige Lernschwierigkeiten verbunden, die sich unter anderem auf die Steigung und den y-Achsenabschnitt beziehen. Nitsch (2015) zeigt auf, dass Schüler mehr Schwierigkeiten mit dem y-Achsenabschnitt als mit der Steigung haben, da eine anschauliche Alltagsvorstellung im Sinne eines Startpunktes und der mathematischen Abstraktion zu Schwierigkeiten führt[73].

Bezüglich des Wechsels von der grafischen zur algebraischen Darstellung von linearen Funktionen zeigt sich der Wunsch der Übertragung aller Eigenschaften des Graphen (im Sinne besonderer Punkte) auf die Funktionsgleichung. Der Schnittpunkt mit der y-Achse hat sowohl in der grafischen als auch in der algebraischen Darstellung eine Bedeutung. Im Gegensatz dazu taucht der Schnittpunkt mit der x-Achse nicht explizit im Term auf. Die Lernenden fokussieren in diesem Zusammenhang teilweise auf den x-Achsenabschnitt und gehen davon aus, dass er explizit in der algebraischen Darstellung auftauchen muss. Mit dem Verweis auf die Studie von Moschkovich (1998) belegt Nitsch (2015) diese

73 Eine ausführlichere Darstellung findet sich bei Nitsch (2015, S.119f.).

Form der Lernschwierigkeit, da Lernende dort den x-Achsenabschnitt teilweise als Parameter b oder mit dem Parameter m identifizieren[74].

Die Lernschwierigkeiten zu quadratischen Funktionen beziehen sich wie bei linearen Funktionen auf die typischen Eigenschaften. Hierbei stehen der Scheitelpunkt und der Umgang mit der entsprechenden Scheitelpunktform oder der allgemeinen Form im Fokus. Nitsch (2015) beschreibt, dass in diesem Themengebiet kaum aussagekräftige Studien vorhanden sind. Sie fasst daher einige Fallstudien zusammen. Dort identifiziert sie die Lernschwierigkeit, dass ein Schüler die allgemeine Form der quadratischen Funktionsgleichung verwendet und die Parameter b und c als Koordinaten für den Scheitelpunkt identifiziert[75]. Sie zeigt zudem auf, dass die befragten Schüler teilweise versuchen, die Eigenschaften der linearen Funktionen auf die quadratischen zu übertragen, und dass sie die grafischen und die algebraische Darstellungsform nicht miteinander verknüpfen können.

Die Darstellungswechsel, die die situative Beschreibung entweder als Ausgangs- oder als Zieldarstellung enthalten, führen bei Lernenden besonders zu Lernschwierigkeiten. Dies kann unter anderem auf den Wechsel zwischen alltäglicher Welt und mathematischer Welt zurückgeführt werden (Nitsch, 2015). Im Vergleich zum innermathematischen Darstellungswechsel erfordert dies zusätzliche Anforderungen, weil Modellierungskompetenzen notwendig sind, um den Wechsel erfolgreich durchzuführen. Im Rahmen der Modellierung müssen die Schüler über adäquate Grundvorstellungen verfügen, da diese zur Übersetzung zwischen der realen Welt und der Mathematik notwendig sind (vgl. Kapitel 2.2.3). Wenn im Prozess des Darstellungswechsels Lernschwierigkeiten auftreten, so vermutet Nitsch (2015), dass es den Lernenden nicht gelingt, adäquate Grundvorstellungen zu aktivieren. Zudem weist sie auf notwendige Kompetenzen im Sprachverständnis hin, die Grundvoraussetzung für das Textverständnis sind.

Ein Beispiel einer Lernschwierigkeit ist der „Graph-als-Bild-Fehler", welcher bereits im Review zu Lernschwierigkeiten beim Thema Funktionen von Leinhardt et al. (1990) betrachtet wird. Bei diesem Fehler interpretieren die

74 Weitere Schwierigkeiten zu linearen Funktionen sind unter anderem die Annahme der Invarianz der Steigung unter nicht homogenen Skalenwechsel, die Verwechslung zwischen der Höhe und der Steigung (slope-height-confusion) und Aufstellung von Funktionsgleichungen mit dem Reihenfolgefehler. Bei letzterem wird die Reihenfolge der Zahlenangaben im Text auf die Variablen in der Gleichung übertragen. Ausführliche Darstellungen zu diesen Lernschwierigkeiten finden sich bei Nitsch (2015) und den von ihr zitierten Quellen.

75 Die Paramenter beziehen sich auf die allgemeine Form in der Schreibweise $f(x) = a \cdot x^2 + b \cdot x + c$. Im Gegensatz dazu erfolgt die Schreibweise für die Scheitelpunktform mit $f(x) = a \cdot (x - d)^2 + e$.

Lernenden den Graphen als reales Situationsbild. Beispielsweise findet sich ein solcher Fehler bei Aufgaben, bei denen einem Geschwindigkeits-Zeit-Graphen eine Rennstrecke zugeordnet werden soll. Dabei wählen die Schüler, die den Fehler zeigen, eine Strecke mit derselben Anzahl an Kurven, die auch der Geschwindigkeits-Zeit-Graph besitzt. Dies nennt Nitsch (2015) als Beispiel für eine globale Fehlinterpretation und führt an, dass es ebenfalls lokale Fehlinterpretationen auf Basis dieses Fehlers gibt. Lokale Fehlinterpretationen liegen unter anderem vor, wenn ein Schüler den Schnittpunkt zweier Geschwindigkeits-Zeit-Graphen unterschiedlicher Autos als Zeitpunkt interpretiert, an dem beide Autos am gleichen Ort sind oder an dem ein Auto ein anderes überholt (vgl. auch Carlson, 1998). Nitsch (2015) sieht die Ursache dieser Lernschwierigkeit darin, dass die Schüler nicht beachten, was sich ändert, sondern fokussieren, wie sich etwas ändert. Dieser Fehler tritt nicht nur beim Darstellungswechsel von der situativen Beschreibung zum Graphen, sondern auch bei der umgekehrten Richtung auf.

Nitsch (2015) bemerkt eine Häufung dieses Fehlers im Zusammenhang mit Aufgaben, die Bewegungsabläufe beinhalten. Da sich die Fragestellungen dabei immer auf Geschwindigkeits-Zeit-Graphen bzw. Weg-Zeit-Graphen beziehen, ist es möglich, dass das Verständnis der dahinterliegenden physikalischen Konzepte eine Rolle spielt, wenn die Schüler die Graphen interpretieren. Unabhängig von zeitlich ablaufenden Vorgängen tritt der Graph-als-Bild-Fehler ebenfalls auf, wenn Schüler den Graphen als ein reales Abbild der Situation interpretieren, wie es beispielsweise beim Verlauf einer Skipiste oder einer Mountainbikefahrt der Fall sein kann (Höhenprofil). Eine Sammlung aus sechs Aufgaben zur Diagnose dieses Fehlers in unterschiedlichen Situationen ist bei Schlögelhofer (2000) zu finden. In einer Aufgabenstellung widmet er sich dem Problem innermathematisch, indem der auszuwählende Graph den Flächeninhalt bis zu einer Stelle x eines Dreiecks für alle möglichen Stellen angibt. Diese ist in der folgenden Abbildung dargestellt:

Die gestrichelte Linie wird vom Punkt A aus um die Entfernung x nach rechts gezogen. Der Funktionswert $A(x)$ gibt den Inhalt der grau unterlegten Fläche an, wenn die gestrichelte Linie die Entfernung x vom Punkt A erreicht hat.

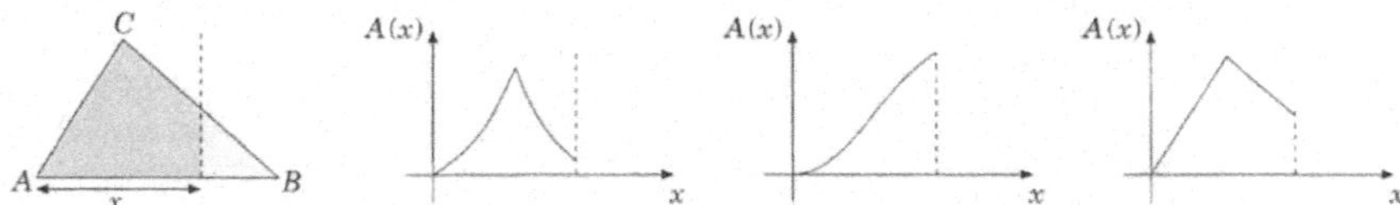

Abbildung 13: Diagnoseaufgabe zum Graph-als-Bild-Fehler nach Schlögelhofer (2000, S. 17)

Mit dieser Aufgabenstellung zeigt Hoffkamp (2011) anhand einer Schülerlösung auf (Abbildung 14 auf der folgenden Seite), wie sich der Graph-als-Bild-Fehler auswirkt. In diesem Fall sieht der Schüler den Funktionsgraphen als fotografisches Abbild der Situation. Verglichen mit Nitsch (2015) weist Hoffkamp (2011) jedoch darauf hin, dass der Schüler die Änderung der Fläche mit zunehmenden x nicht erfasst (monoton steigend statt erst steigend und dann fallend). Dies ist für Nitsch (2015) ein Anzeichen, dass keine dynamische Sicht des funktionalen Zusammenhangs aktiviert wurde. Ohne diese Sichtweise ist keine adäquate Übersetzung zwischen der realen Situation und dem Graphen möglich.

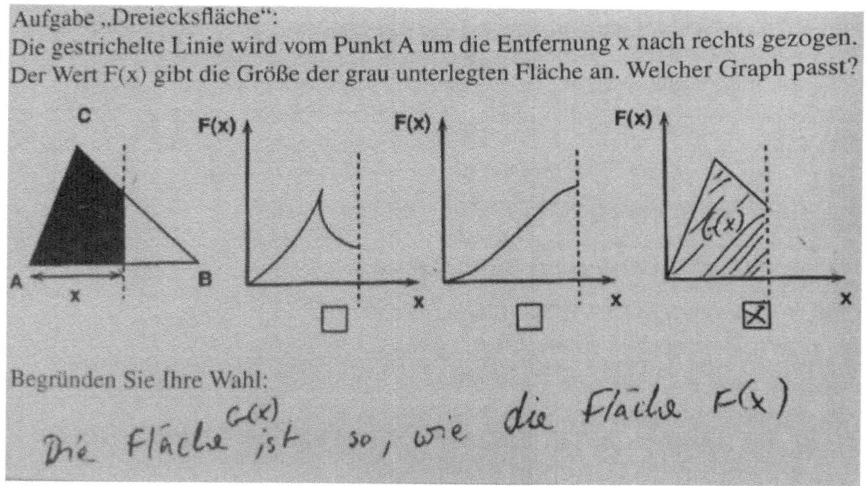

Abbildung 14: Beispiel des Graph-als-Bild-Fehler bei Hoffkamp (2011, S. 14)

Zu den bisher genannten Schwierigkeiten sowie weiteren führte Nitsch (2015) eine empirische Untersuchung durch, an der insgesamt 569 Schülerinnen und Schüler teilnahmen. Diese kamen aus den Klassenstufen neun, zehn und elf von 25 Klassen aus acht südhessischen Schulen. Basierend auf den Aufgaben aus dem Projekt HEUREKO verwendet Nitsch (2015) einige Aufgaben und konstruiert mit diesen einen Diagnosetest. Sie setzte zu den Lernschwierigkeiten einen Diagnosetest mit 24 Items ein. Die für diese Studie relevanten Ergebnisse werden im Folgenden näher ausgeführt.

Die Übersetzung von einer grafisch gegebenen linearen Funktion zu einer Funktionsgleichung testet Nitsch (2015) mit zwei Items (Beispiel in Abbildung 15, folgende Seite). Nur circa zwei Prozent wählten in beiden Fällen die richtige Lösung. Einzeln betrachtet wählten jeweils etwa neun Prozent die korrekte Lösung. In beiden Items wählten etwa ein Viertel der Schüler bei beiden die Lösung, in der der y-Achsenabschnitt als Steigung identifiziert wird. Einzeln betrachtet sind die Fehlerhäufigkeiten noch höher. Der Rest der Schüler fokussiert auf den Schnittpunkt mit der x-Achse. 13% setzten den x-Achsenabschnitt für den Parameter b ein. Zudem wählen etwa ein Drittel der Schüler bei beiden Items die Lösung, in der der x-Achsenschnittpunkt mit der Steigung identifiziert wird. Einzeln sind die Häufigkeiten noch höher. Zudem zeigt sich in einer offenen Aufgabe aus diesem Bereich, dass die Schüler Zähler und Nenner bei der Berechnung der Steigung der linearen Funktion vertauschen.

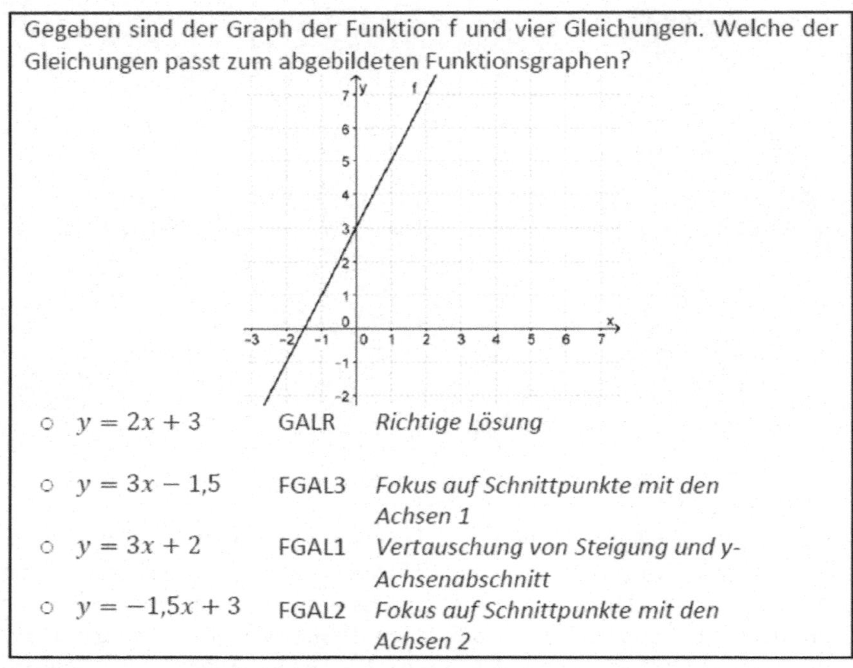

Abbildung 15: Beispielitem von Nitsch (2015, S. 252) mit möglichen Schülerfehlern

Im Zusammenhang mit quadratischen Funktionen setzte Nitsch (2015) Items ein, die unterschiedliche Fehler diagnostizieren sollten. Die Antworten der Schüler zeigen, dass etwa ein Viertel das falsche Vorzeichen für die Verschiebung in x-Richtung in der Scheitelpunktform wählen (26,5% bzw. 23,7%). Nitsch (2015) schließt daraus, dass die Schüler zwar den Scheitelpunkt identifizieren können, aber auf Basis einer intuitiven Vorstellung „positive Verschiebung bedeutet ebenfalls positives Vorzeichen“ das positive Vorzeichen auswählen. In beiden in ihrer Studie eingesetzten Items zeigen 11,6 % der Schüler diese misconception. Ein weiterer Fehler zeigte sich in der Wahl von einer Lösung der Form $f(x) = dx^2 + e$. Bei diesem ist erkannt worden, dass der Scheitelpunkt eine wichtige Bedeutung für die Funktionsgleichung besitzt. Die Übersetzung von der grafischen in die algebraische Form ist jedoch fehlerhaft. Der zuvor beschriebene Fehler ist von den Schülern in 34,3% der Fälle ausgewählt worden. Zudem wählen 40,8% eine Lösung, die mit der Form $f(x) = x^2 + dx + e$ ebenfalls den Scheitelpunkt überbetont. In den Aufgaben, in denen die Parabel noch einen Stauchungs- bzw. Streckungsfaktor enthielt, traten noch weitere diverse Fehler auf.

Nitsch (2015) untersuchte weiterhin mit mehreren Aufgaben den Graph-als-Bild-Fehler. Mit ihren Ergebnissen konnte sie reproduzieren, dass dies eine häufig bei den Lernenden auftretende misconception ist. Beispielsweise wählten etwa 20% der Schüler in einer Aufgabe, bei der die Schüler zu einer Skifahrt den Geschwindigkeitsgraphen zuordnen sollten, einen Graphen, der identisch zum Pistenverlauf ist. Dieser Fehler zeigte sich ebenfalls in zwei weiteren Aufgaben.

Schülerschwierigkeiten mit exponentiellen Funktionen sind bisher noch nicht ausführlich untersucht worden. Theoretisch ergeben sich aber einige Lernschwierigkeiten, wenn Schüler Eigenschaften anderer Funktionen auf die Exponentialfunktionen übergeneralisieren. Beispielsweise ist es möglich, dass sich Lernschwierigkeiten ergeben, da sich die Variable bei dieser Funktionsklasse im Exponenten befindet. Zudem wird zur Berechnung markanter Eigenschaften von Exponentialfunktionen der Logarithmus als Umkehrfunktion eingeführt (Blum & Törner, 1983), welcher als weitere Funktionsklasse mit seinen Eigenschaften zu weiteren Schwierigkeiten führen kann. Des Weiteren erwähnen Blum & Törner (1983) verschiedene mathematische Probleme, die mit der Herangehensweise der Einführung von Exponentialfunktionen verbunden sind. Dies sind jedoch keine expliziten typischen Schülerschwierigkeiten im Umgang mit Exponentialfunktionen und werden daher nicht näher erläutert.

Bestehen Schwierigkeiten seitens der Schüler mit den Rechengesetzen zu Potenzen und dem Logarithmus, können sich diese entsprechend auf den Umgang mit Exponentialfunktionen übertragen. Für bestehende Lernschwierigkeiten im Bereich der Exponentialfunktionen sind weitere Studien notwendig, die systematisch Lernschwierigkeiten diagnostizieren. Dies wird im Rahmen dieser Arbeit nicht geleistet, da dies nicht der Forschungsfokus ist.

Bisher wurden nur wenige Studien durchgeführt, die erheben, welche Schwierigkeiten den Lehrkräften zum Thema Funktionen bewusst sind bzw. welche sie diagnostizieren können. Ein Beispiel stellt die Studie von Hadjidemetriou und Williams (2002) dar, in der zwölf Lehrkräfte zu Schwierigkeiten zu Funktionsitems sowie ihrer Wahrnehmung von Schülerschwierigkeiten und misconceptions zu Funktionen befragt wurden. Die Ergebnisse der Studie zeigen, dass das fachdidaktische Wissen der Lehrkräfte zu Schülerschwierigkeiten und -misconceptions stark variierte und den Lehrkräften einige überhaupt nicht bewusst waren.

Im Folgenden soll nun das Wissen zum Lehren (vgl. Abbildung 16) erläutert werden, welches zum Aufbau eines Unterrichts genutzt werden kann, der Lernschwierigkeiten aufgreift und Schülern hilft, Lernschwierigkeiten zu überwinden.

4.1.2 Fachdidaktisches Wissen zum Lehren von Funktionen

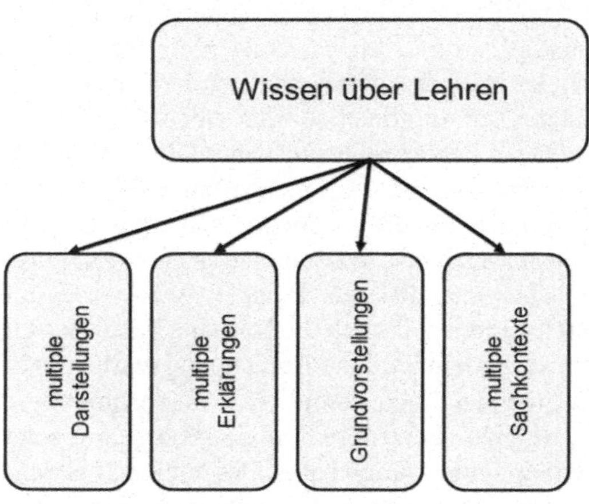

Abbildung 16: Aufteilung des Wissens zum Lehren

Funktionen werden in der Schule nach dem Lernen von Zuordnungen unterrichtet. Letztere bilden die Basis für die Entwicklung von Vorstellungen zum Funktionsbegriff. Schüler lernen das Verständnis von Funktionen dabei durch den Umgang mit unterschiedlichen Kontexten, verschiedenen Darstellungen und technischen Werkzeugen (Confrey & Smith, 1994). Während des Lernens intendiert der Mathematikunterricht die Ausbildung gewünschter Grundvorstellungen zu Funktionen, die für das Verständnis zentral sind (vgl. Kapitel 2.2.3). Bezogen auf Funktionen erwähnt Vollrath (1989) den Zuordnungsaspekt als eine Grundvorstellung von Funktionen. Diese Grundvorstellung hebt zum einen die Eindeutigkeit der Zuordnung und zum anderen die Abhängigkeit von Größen hervor[76]. Überwiegt bei der Betrachtung einer Funktion dieser Aspekt, dann ist der Blick punktuell auf die Funktion gerichtet (Hußmann & Laakmann, 2011). Neben dieser Grundvorstellung nennt Vollrath (1989) noch den Kovariationsaspekt und den Objektaspekt. Die Kovariation als zusammengesetztes Wort aus „Ko" und „variieren" beschreibt wörtlich das „miteinander Verändern". Vollrath erwähnt dazu, dass mit dieser Grundvorstellung die Auswirkungen einer Größe auf eine abhängige Größe erfasst werden. Verglichen mit der Zuordnungsvorstellung betrachtet man lokale Änderungen, fokussiert auf Intervalle (Hußmann & Laakmann, 2011) und setzt dabei den Fokus nicht auf konkrete Werte (Büchter & Henn, 2010). Bezüglich des Objektaspekts betrachtet man die Funktion als Ganzes, wobei dies die Menge aller Wertepaare einer Funktion umfasst. Dies betont Vollrath (1989, S. 15), indem er schreibt, dass man „Mit [sic] Funktionen [...] einen gegebenen oder erzeugten Zusammenhang als Ganzes [betrachtet]." Speziell wird die Funktion als eigenes mathematisches Objekt behandelt (vom Hofe, 2003). Dieser Form des Umgangs mit Funktionen erlaubt es, Rechenoperationen zwischen Funktionen auszuführen, wie beispielsweise die Verkettung, und die Eigenschaften einer Funktion zu analysieren (Büchter & Henn, 2010; Hußmann & Laakmann, 2011; vom Hofe, 2003).

Zudem können Funktionen im Sinne des Objektaspekts „durch einen charakteristischen Graphen, durch eine Tabelle, symbolisch als Term oder Funktionsname [...] beschrieben und für Voraussagen benutzt [werden]" (Barzel & Ganter, 2010, S. 15). Dies setzt wiederum einen souveränen Umgang mit verschiedenen Darstellungen von Funktionen voraus. Diese werden in diesem Kapitel beschrieben. Zudem wird anhand ausgewählter Beispiele erläutert, welche Grundvorstellungen durch die jeweilige Darstellungsform gefördert bzw. angesprochen werden.

In den Ausführungen von Barzel und Ganter wird deutlich, dass Funktionen unterschiedliche Darstellungen besitzen. Dies heben Hußmann und Laakmann (2011) mit ihrem Artikel „Eine Funktion – viele Gesichter" ebenfalls hervor. Neben der von den Schülern häufig favorisierten formalen Darstellung in Form der Funktionsgleichung (Asiala et al., 1997; Berry & Nyman, 2003; Dubinsky & Wilson, 2013; Habre & Abboud, 2006) gibt es noch die Darstellung als Zuordnungsvorschrift, Permanenzreihe, Tabelle, Leiterdiagramm, Mengendiagramm,

76 Diese Vorstellung beinhaltet die Eindeutigkeit der Zuordnung, wie sie bei der Definition des Begriffs „Funktion" gefordert ist. Dies zeigt sich unter anderen in der folgenden Definition des Begriffs nach Tretter (2013, S. 4):
„Eine *Funktion* (oder *Abbildung*) zwischen zwei Mengen X und Y ist eine Vorschrift $f: X \to Y, x \mapsto f(x)$, die jedem Element $x \in X$ ein *eindeutiges* $f(x) \in Y$ zuordnet".

Graph, Diagramm und als verbale Darstellung. Alle genannten sind in der Abbildung 17 auf der vorherigen Seite dargestellt.

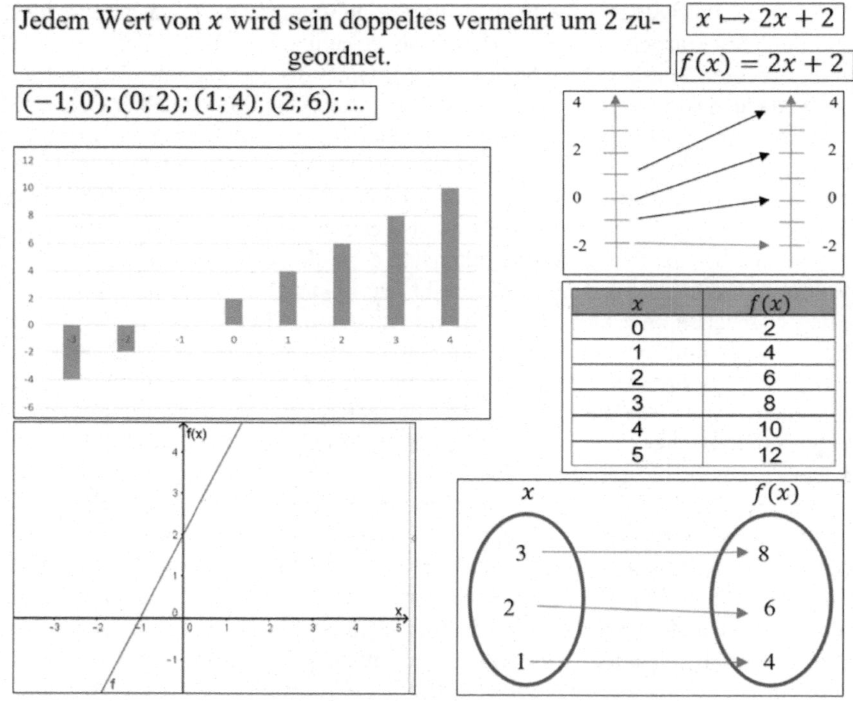

Abbildung 17: Unterschiedliche Darstellungen der Funktion $\boldsymbol{f(x) = 2x + 2}$ (linke Seite: verbal, Permanenzreihe, Stabdiagramm, Graph; rechte Seite: Zuordnungsvorschrift, Funktionsgleichung, Leiterdiagramm, Tabelle, Mengendiagramm)

Jede dieser Darstellungen rückt bestimmte Eigenschaften von Funktionen in den Vordergrund und vernachlässigt andere (vgl. Kapitel 2..2.3 sowie Hußmann & Laakmann, 2011). Speziell zeigt sich dies bei der Tabelle, bei der der Aspekt der Zuordnung und Kovariation sehr deutlich wird, indem man zum einen die Zeilen der Tabelle (Zuordnungsaspekt) oder die Entwicklung der jeweiligen Werte in den Spalten betrachtet (Kovariationsaspekt), (Nitsch, 2015). Der Objektaspekt, bei dem die Funktion als Ganzes in den Blick genommen wird, zeigt die Tabelle nicht, da sie nur eine endliche Anzahl an Zahlenpaaren darstellen kann

(Wittmann, 2008). Im Folgenden werden die einzelnen Darstellungsformen kurz erläutert.

Die Darstellungen können nach Greefrath, Oldenburg, Siller, Ulm und Weigand (2016) in fünf Kategorien unterteilt werden: reale situative Darstellung, grafische Darstellungen (Mengendiagramm, Leiterdiagramm, statistische Diagramme und Graph), tabellarische Darstellung, Darstellung in Termen (Zuordnungsvorschrift und Funktionsgleichung) sowie verbale Darstellung.

Die **reale situative Darstellung** bezieht sich auf Phänomene aus dem Alltag der Schüler, in denen ein funktionaler Zusammenhang zwischen Größen besteht. Die reale Situation, in der die Phänomene auftauchen, soll von den Schülern aus der Perspektive der Mathematik betrachtet werden. Als Beispiel nennen Greefrath et al. (2016, S. 51) den Fluss aus einem Wasserhahn:

> „Aus einem Wasserhahn fließt gleichmäßig Wasser in ein Gefäß. Die Höhe des Wasserstands nimmt dadurch mit der Zeit zu. Dieser Zusammenhang wird anhand von Messwerttabellen und Graphen erfasst. Es wird untersucht, wie die funktionale Abhängigkeit zwischen Wasserstand und Zeit von der Form des Gefäßes abhängt."

Das **Mengendiagramm mit Pfeilen** ist eine ikonische Darstellung einer Funktion. Mit diesem ist der Zuordnungsaspekt auf der Basis der Pfeildarstellung erkennbar. Zudem wird deutlich, dass eine Funktion eine eindeutige Zuordnung zwischen zwei Mengen ist. Besonderheiten der Mengen werden dabei nicht aufgezeigt (Blum & Törner, 1983). Die anderen beiden Grundvorstellungen werden eher gering angesprochen.

Das **Leiterdiagramm** ist ausschließlich praktikabel für monotone Funktionen, da sich die Pfeile sonst kreuzen und die Darstellung unübersichtlich wird, wenn zu viele Pfeile verwendet werden. Im Gegensatz zum Mengendiagramm sind aber Eigenschaften der Mengen erkennbar. Wie im Mengendiagramm zeigt die Pfeildarstellung den Zuordnungsaspekt. Durch die Anordnung der beiden Zahlenstrahle ist zusätzlich der Kovariationsaspekt erkennbar. Der Objektaspekt ist aufgrund der Begrenzung der Zahlenstrahle nicht ersichtlich (Blum & Törner, 1983).

Der **Funktionsgraph** ist eine ikonische Darstellungsform einer Funktion. Er zeigt spezielle Eigenschaften einer Funktion anhand seines Verlaufs (Hochpunkte, Nullstellen, …). Damit ist der Objektaspekt erkennbar, wobei zu beachten ist, dass die Funktion nicht als Ganzes betrachten werden kann, da in der Regel nur bestimmte endliche Intervalle auf beiden Achsen darstellbar sind. Da aus dem Funktionsgraph Wertepaare mit begrenzter Genauigkeit abgelesen werden können (Wittmann, 2008), ist der Zuordnungsaspekt durch eine zur horizontalen Achse senkrechten Linie erkennbar. Außerdem wird der Kovariationsaspekt durch Folgen des Funktionsverlaufs verdeutlicht (Nitsch, 2015).

Neben dem Funktionsgraphen erwähnen Greefrath et al. (2016) **statistische Diagramme** als eine weitere Darstellungsform von Funktionen. In der Statistik möchte man Daten in einer Form darstellen und zusammenfassen, sodass die enthaltenen Informationen leicht zugänglich und interpretierbar sind. Grafiken und Diagramme können in diesem Zusammenhang funktionale Zusammenhänge darstellen. In der Leitidee „Daten und Zufall" kennen die Schüler bereits Darstellungen zur Visualisierung statistischer Zusammenhänge wie beispielsweise das Kreis-, Säulen- oder Liniendiagramm. Da dies bereits in der Grundschule verwendet wird, haben die Schüler vor der Einführung des Funktionsbegriffs Erfahrungen mit diesem Darstellungstyp. In den Diagrammen können sowohl der Zuordnungsaspekt als auch die Objektvorstellung von Funktionen (Funktion als Ganzes) dargestellt werden.

In der **Funktionsgleichung** wird die Funktion in mathematisch symbolischer Form dargestellt. Der in der Gleichung dargestellte Zusammenhang ist aufgrund der symbolischen Form unabhängig von einem spezifischen Kontext (Laakmann, 2013). Die Gleichung ermöglicht es zu jedem Wert der unabhängigen Variable den Wert der abhängigen Variable zu berechnen. Der Zuordnungsaspekt ist dadurch erkennbar, da der Wert der abhängigen aus der unabhängigen Variable resultiert. Zudem können Funktionen anhand der Gleichung auf spezielle Eigenschaften untersucht werden (Wittmann, 2008) bzw. Eigenschaften abgelesen werden, wobei die Funktion als Ganzes betrachtet wird und der Objektaspekt erkennbar ist (Nitsch, 2015). Die **Zuordnungsvorschrift** ist bis auf die Schreibweise identisch mit der Funktionsgleichung (vgl. Abbildung 17). Sie rückt den Zuordnungsaspekt mit der Pfeilschreibweise noch stärker in den Fokus.

Die **Wertetabelle** stellt die unabhängige und die abhängige Größe anschaulich gegenüber, sodass ein Ablesen von Zahlenpaaren, die die Funktion beschreiben, in den Zeilen der Wertetabelle möglich ist. Wie bereits beschrieben, sind die beiden Grundvorstellungen Zuordnung und Kovariation in der Wertetabelle repräsentiert. Wie im Leiterdiagramm ist der Objektaspekt aufgrund der begrenzten Anzahl an Wertepaaren nicht erkennbar.

Die **verbale Beschreibung** bzw. situative Beschreibung übernimmt sowohl eine vermittelnde Rolle zwischen verschiedenen Darstellungen als auch zwischen der Mathematik und der realen Welt. Besonders in Kommunikationssituationen wird dies deutlich, wenn über Funktionen und deren Eigenschaften gesprochen wird. In qualitativer Form können Funktionen verbal mit Formulierungen wie „je … desto …" oder „wenn … dann …" dargestellt werden (Wittmann, 2008, S. 14). Dies können Vorstufen der quantitativen Darstellung von

Funktionen sein. Zudem wird der Zuordnungsaspekt deutlich, da unter anderem die genannten Abhängigkeitsformulierungen, welche die Zuordnung beschreiben, dies ausdrücken (Nitsch, 2015).

In der folgenden Grafik sind die Zusammenhänge zwischen den Grundvorstellungen und den Darstellungen noch einmal zusammengefasst. Dabei lehnt sich das Mengendiagramm und das Leiterdiagramm an die Wertetabelle an.

Gar nicht (0) bis klar ersichtlich (3)		Aspekte der funktionalen Abhängigkeit		
		Zuordnung	Kovariation	Objekt
Darstellungsform	Graph	3	3	2
	Wertetabelle	3	1	0
	Funktionsgleichung	3	1	3
	Situative Beschreibung	1	0	0

Abbildung 18: Vergleich der Darstellungsformen hinsichtlich der Erkennbarkeit der Grundvorstellungen von Funktionen nach Nitsch (2015, S. 101)

Neben dem Umgang mit den erläuterten Darstellungen ist ebenfalls der Wechsel zwischen diesen eine Kompetenz, die Schüler im Bereich „Darstellungen verwenden" lernen sollen (vgl. Kapitel 2.2.3 sowie Leiß & Blum, 2010). Die Wechsel können dabei unter einer globalen Betrachtung der Funktion oder einer punktweisen, lokalen Perspektive erfolgen. Je nach Wechsel können ebenfalls unterschiedliche Grundvorstellungen sowie Zusammensetzungen dieser im Prozess beteiligt sein (siehe ausführlicher dazu Nitsch, 2015).

Obwohl die Darstellungen größtenteils kontextfrei auf Funktionen anwendbar sind, ist es für den Unterricht aus konstruktivistischer Sichtweise erforderlich, an das Wissen der Schüler anzuknüpfen. Besonders Kontexte, die Schüler bereits aus dem Alltag kennen, spielen hier eine wichtige Rolle. Daher ist die Kenntnis über Situationen, in denen Funktionen im Alltag vorkommen, für die Gestaltung des Unterrichts und die Motivation der Schüler für das Lernen wichtig. Zudem sind in der Kompetenz Modellieren im Rahmen der Bildungsstandards das Übersetzen von Realsituationen in mathematische Modelle sowie das Angeben typischer Realsituationen zu mathematischen Modellen als Kompetenzerwartungen angegeben (Hessisches Kultusministerium, 2016).

Die verbale Beschreibung kann ein Ausgangspunkt für die Identifizierung der Kontexte sein, in denen Funktionen Anwendung finden. Beispielsweise nennt Nitsch (2015, S. 97) das Auslaufen von Milch aus einer Tüte wie folgt als Funktionsdarstellung:

> „In einem Tetrapak mit 1,5 l Milch befindet sich ein kleines Loch, durch welches pro Stunde etwa 0,2 l Milch entweichen."

Betrachtet man das genannte Beispiel[77], so lassen sich weitere Kontexte finden, wenn der grundsätzliche Aufbau linearer Funktionen berücksichtigt wird (also Steigung und Anfangswert). Einfache lineare Funktionen (ohne Startwert bzw. y-Achsenabschnitt), die über den natürlichen Zahlen definiert sind, findet man bei den Anwendungen von proportionalen Zuordnungen, bei denen die Anzahl einer anderen Größe zugeordnet wird. Beispiele sind unter anderem die Zuordnung der Anzahl von Äpfeln und dem Preis. Zudem gibt es aber auch proportionale Zuordnungen aus dem Alltag, die sich auf einen reellen Definitionsbereich beziehen. Hier findet man in Schulbüchern unter anderem den Zusammenhang zwischen der Benzinmenge und dem zu zahlenden Preis, der Zeit des Wasserzuflusses in ein Aquarium und die Wasserhöhe (beispielsweise Körner, Lergenmüller, Schmidt & Zacharias, 2014). Allgemeine lineare Funktionen – Funktionen mit Startwert – finden sich dann beispielsweise bei den Handytarifen, den Kosten einer Taxifahrt oder den Gesamtkosten der Druckerbenutzung (Körner, Lergenmüller, Schmidt & Zacharias, 2015). Kontexte, die mit quadratischen Funktionen beschrieben werden können, finden sich ebenfalls im Alltag. So werden häufig Stützen von Brücken parabelförmig gebaut. Zudem werden Wurfbewegungen mit quadratischen Funktionen beschrieben, wenn sie im Idealfall betrachtet werden, also die Luftreibung nicht beachtet wird (vgl. Herd, König, Oldenburg & Stanzel, 2015).

Bezüglich Exponentialfunktionen finden sich einige Beispiele aus dem Alltag, da viele Prozesse in der Natur mit einem exponentiellen Modell beschrieben werden können (Wittmann, 2008). Ein Einstiegsbeispiel kann die Verzinsung von Kapital sein, welches auf dem Vorwissen der Schüler aus der Prozentrechnung aufbaut. Die Betrachtung des Guthabens mit jeweiliger konstanter Verzinsung über einen bestimmten Zeitraum zeigt das typische exponentielle Wachstum (Büchter & Henn, 2010). Ähnlich zur Verzinsung kann die Inflation betrachtet werden, die, wenn sie konstant modelliert wird, den Preis eines festgelegten Produktmixes über mehrere Jahre betrachtet beschreibt. Weitere typische Anwendungskontexte werden durch Wachstumsprozesse aus der Natur beschrie-

77 Diese Anwendung bezieht sich auf die Idealisierung des Auslaufprozesses, da die Auslaufgeschwindigkeit mit der Abnahme der Milch in der Tüte geringer wird, weil der Druck am Boden der Milchtüte aufgrund der sinkenden Flüßigkeitssäule geringer wird.

ben. Hier kann unter anderem das Wachstum von Bakterienkulturen, von Algen, der Weltbevölkerung oder andere genannt werden. Exponentielle Modelle können ebenfalls auf Zerfallsprozesse angewendet werden. So kann beispielsweise die Entwertung des Geldes auf Basis der Inflation betrachtet werden. Spezielle Zerfallsprozesse finden sich in der Naturbeschreibung durch die Physik. Dort werden unter anderem der Zerfall radioaktiver Stoffe oder die durch die Zerfallsrate festgelegte Halbwertszeit eines Stoffes beschrieben (Bethge, Walter & Wiedemann, 2008). Ein anderes Beispiel für den exponentiellen Zerfall kann das Bierschaumexperiment darstellen, bei dem die Menge des noch vorhandenen Bierschaums mit Hilfe einer Exponentialfunktion modelliert werden kann (Theißen, 2009).

Weitere Anwendungen von exponentiellen Modellen in der Physik finden sich bei der Durchdringungstiefe radioaktiver Strahlung sowie der Absorption dieser Strahlung durch unterschiedliche Materialien (Bethge et al., 2008). Ein weiteres Alltagsbeispiels stellt der Temperaturverlauf von Kaffee in einer Tasse dar, da er durch einen exponentiellen Zusammenhang modelliert werden kann (Wittmann, 2008). Innermathematisch gibt es ebenfalls Anwendungen wie beispielsweise in der Stochastik bei der Exponentialverteilung und der Gauß'schen Dichtefunktion für die Normalverteilung.

Der Umgang mit den genannten Darstellungen von Funktionen sowie multiplen Anwendungskontexten ermöglicht es den Schülern, einen flexiblen Umgang mit Funktionen zu erlernen (Wilkie, 2014). Zudem können Lehrkräfte diese beim Erklären der Begriffe und Prozesse nutzen, um ihre Schüler beim Erlernen der Mathematik – hier speziell im Bereich der Funktionen – zu unterstützen.

4.2 Differentialrechnung

Funktionen, die in den vorherigen Unterkapiteln erläutert worden sind, bilden die Basis für die Differentialrechnung, da deren Analyse Hauptthema in diesem Bereich der Mathematik ist. Die Differentialrechnung beinhaltet die Analyse von Problemen, bei denen Änderungen fokussiert werden. Zudem bildet das fundamentale Konzept des Grenzwerts die Basis für die gesamte Differentialrechnung (Kidron, 2014). Im Bereich der Sekundarstufe II fokussiert das Themengebiet wie die Funktionen in der Sekundarstufe I auf die Leitidee „funktionaler Zusammenhang“.

Im Bereich der Analysis wird speziell die Differentialrechnung betrachtet. Dort werden zuerst in Kapitel 4.2.1 mögliche Schwierigkeiten und misconceptions von Schülern aus der Literatur zusammengefasst, wobei über die für die

Studie notwendigen Aspekte hinaus eine Zusammenfassung der Literatur erfolgt (strebt keine Vollständigkeit an; bildet aber wesentliche Forschungsergebnisse ab). Anschließend werden in Kapitel 4.2.2 Grundvorstellungen und Darstellungen verstärkt erläutert. Sachkontexte, in denen die Differentialrechnung Anwendung findet, stehen hier im Gegensatz zu Funktionen nicht im Vordergrund, da sie nur indirekt in den Wissenstests angesprochen werden.

4.2.1 Schülerschwierigkeiten in der Analysis

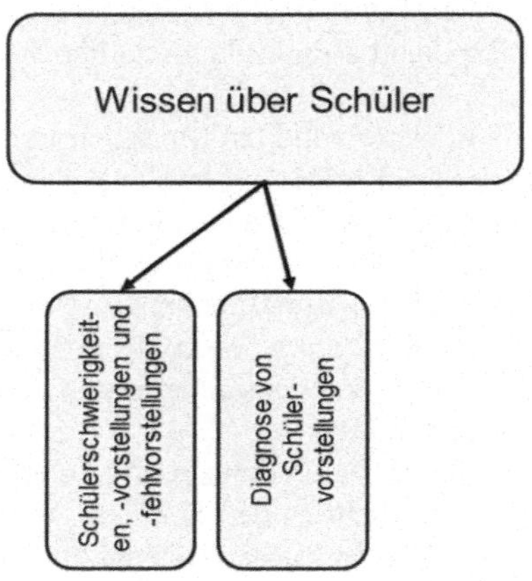

Abbildung 19: Aufteilung des Wissens über die Schüler

Im Folgenden wird das Wissen über die Schüler zur Differentialrechnung dargestellt (vgl. Abbildung 19). Schwierigkeiten von Lernern in der Disziplin zeigen sich unter anderen in der Studie von Selden, Selden, Hauk und Mason (2000). Sie konnten zeigen, dass sowohl durchschnittliche als auch gute Studenten nicht in der Lage sind, nichtroutinierte (in der Art noch nicht behandelte) Probleme in der Analysis zu lösen, obwohl sie zum Teil über gutes Fachwissen verfügen. Mögliche Schülerschwierigkeiten werden an dieser Stelle zusammengefasst. Dazu wird das Verständnis von Lernschwierigkeiten, Fehlern und misconceptions aus dem Kapitel 2.2.2 verwendet. Insgesamt wird ein Überblick über die Lernschwierigkeiten in der Differentialrechnung gegeben.
Die Schwierigkeiten der Schüler in der Differentialrechnung können fachlich in vier Bereiche untergliedert werden: „Definition der Ableitung“, „Veranschaulichung der Ableitung durch die Steigung der Tangenten“, „grafisches Verständnis“ und „Verwendung von Rechenregeln“.

Amit und Vinner (1990, S. 10) erwähnen bezüglich der **Definition der Ableitung** am Beispiel einer Schülerlösung, dass eine Verkürzung der Definition[78] zu „The derivative is the tangent to the function at a certain point." dazu führen kann, dass der Schüler die Tangente in einem Punkt an den Graphen mit der Ableitung identifiziert. Konsequent verwendet er dann die Gleichung der Tangenten als Ableitungsfunktion und erhält durch Integration die Gleichung der Ausgangsfunktion (vgl. auch Asiala et al., 1997; Kaplan, Oztürk & Ocal, 2015). Schüler zeigen in der Studie von Malle (2003) bereits Schwierigkeiten mit der Unterscheidung zwischen Differenzenquotient und Differentialquotient, da die Befragten in vielen Fällen beide miteinander verwechselten oder sie als identisch betrachteten. Hähkiöniemi (2006) hat bezüglich des linearen Differenzenquotienten in einer Fallstudie mit fünf Schülern herausgefunden, dass drei der fünf Lernenden Schwierigkeiten mit der Prozedur haben und sie trotz vorhandenem konzeptuellen Wissens nicht ausführen konnten (bsp. bei $f(x) = 2^x$). In der TIMS Studie haben sich speziell Schwierigkeiten mit der Berechnung von Differenzenquotienten gezeigt[79]. Die entsprechende Aufgabe haben nur vierzehn Prozent der teilnehmenden Schüler lösen können (Klieme, 2000). In Hähkiömiemis (2006) Studie zeigten sich neben den Schwierigkeiten zu prozeduralen Wissen auch Schwierigkeiten mit dem konzeptuellen Verständnis des Grenzwertprozesses (vgl. auch Orton, 1983)[80].

Es zeigen sich bereits vor der Betrachtung des Grenzwertprozesses Schwierigkeiten mit dem Differenzenquotienten. So verwechseln Schüler die durchschnittliche Änderungsrate mit dem arithmetischen Mittel einiger momentaner Änderungsrate*n* (Weber & Dorko, 2014). Dies führt unter anderem auch Bezuidenhout (1998) an. In seiner Studie zeigten etwa 30% der Teilnehmer diesen Ansatz. Er interpretiert die Vorgehensweise als Übergeneralisierung der Arithmetik. Andere Schwierigkeiten zeigen sich bei der inhaltlichen Auseinander-

---

78 In der Studie von Amit und Vinner (1990, S. 7) definiert der Schüler Ron die Ableitung wie folgt: „The derivative is the slope of the tangent to the graph at a certain point". Außerdem benutzt er die Gleichung der Tangenten an einem Punkt des Graphen als Ableitungsfunktion und gibt die Stammfunktion der Tangente als Ausgangsfunktion an.

79 Die Aufgabe hat nach dem Wert des Differenzenquotienten $\lim\limits_{h \to 0} \frac{\sqrt{2+h}-\sqrt{2}}{h}$ gefragt (Klieme, 2000, S. 88).

80 Anhand von Sekanten und einer Tangente am Kreis sollte Schüler in der Studie von Orton (1983a) den Prozess der Sekanten zur Tangenten beschreiben. Dabei zeigten sich zum einen Lösungen, die Schwierigkeiten mit der Mathematisierung haben, da sie meinten, dass es nur möglich ist, endlich viele Sekanten zu zeichnen. Wenn der Stift dünner wäre, könnten sie jedoch mehr zeichnen. Zum anderen konnten knapp 40% nicht beschreiben, dass die Sekante im Grenzprozess zur Tangente wird.

setzung mit dem Differenzenquotienten. Da im Grenzprozess der Zähler und der Nenner gegen null gehen, bereitet den Schülern, die Situation quasi Null durch Null dividieren zu müssen, Schwierigkeiten. Speziell ist es für sie nicht einfach, zu erkennen, dass es einen exakten Wert des Grenzprozesses gibt (Friedrich, 2001). Bei der inhaltlichen Einführung in die Differentialrechnung beobachtet Friedrich genau dieses Problem, da eine Schülerin der Meinung ist, es gebe nur eine Durchschnittsgeschwindigkeit (und keine Momentangeschwindigkeit). Sie argumentiert, dass man bei einer Autofahrt immer in Bewegung ist und sich der zurückgelegte Weg auf einen Zeitraum bezieht. Ebenso führen einige Schüler an, dass ein Kriterium für die Existenz der momentanen Geschwindigkeit deren Berechenbarkeit ist.

Über die Ableitung an einem Punkt hinausgehend, haben Schüler Schwierigkeiten, die erste Ableitung einer Funktion ebenfalls als eine Funktion aufzufassen (Baker, Cooley & Trigueros, 2000; Thompson, 1994). Dies resultierte in der Studie von Baker et al. (2000) zum Teil darin, dass Schüler die zweite Ableitung nicht als Ableitung der ersten Ableitung verstanden. Dementsprechend konnten die Befragten die Beziehung zwischen den beiden Ableitungen nicht erkennen. Des Weiteren zeigen sich Probleme mit der Interpretation der Änderungen von Änderungen. Hahn und Prediger (2008) fanden heraus, dass Schüler dazu tendieren, die Änderung mit der Änderung von Änderungen gleichsetzen, wobei sie insgesamt Probleme mit der Interpretation dieser Situationen haben. Dies bezieht sich explizit auf die Änderung der Neuverschuldung als Anwendung der Differentialrechnung im Sachkontext. Dort ist zum Beispiel die Verschuldung mit der Neuverschuldung verwechselt worden. Die falschen Lösungen erklären die Autoren mit der Vermischung von Ebenen der ersten und zweiten Ableitung.

Ein weiterer Aspekt, der mit Fehlern und Schwierigkeiten verbunden ist, betrifft die **Veranschaulichung der Ableitung durch die Steigung der Tangente** an den Funktionsgraphen in einem Punkt. Die Schüler haben bis zur Einführung in die Differentialrechnung *Tangenten ausschließlich am Kreis im Sinne einer Stützgerade* kennengelernt (Blum & Törner, 1983). Aus dem Grund beziehen sich ihre Grundvorstellungen nur auf diesen Kontext. Hier ist die Tangente senkrecht zum Radius, berührt den Kreis nur an einem Punkt, liegt vollständig außerhalb des Kreises und schneidet ihn nicht (Tall, 2010). Nun müssen die Schüler einen Paradigmenwechsel von einer globalen Vorstellung (Kreis) zu einer lokalen (Graph) vollziehen. An dieser Stelle sehen Danckwerts und Vogel (2006) eines der Hauptschwierigkeiten. Speziell bereiten Tangenten an Graphen, die zwar in einer Umgebung um den Berührpunkt den Graphen nicht schneiden, ihn aber *global gesehen schneiden*, Probleme. Ebenso verhält es sich mit *Tangenten an Wendepunkten*, die den Graphen durchlaufen (Tall, 2010).

In der Studie von Makonye (2012), hat sich gezeigt, dass Lernende zum Teil die *Bedeutung einer Tangente nicht verstanden* haben. Zudem ist es für einige *nicht möglich* gewesen, *zwischen Sekante und Tangente zu unterscheiden*. Ähnliches hat Orton (1983, 1984) in seiner Studie beobachten können. Schüler haben hier Schwierigkeiten mit der Vorstellung „*Grenzwert der Sekante ist die Tangente*" gehabt. Dies hat er unter anderem anhand von Schüleraussagen bezüglich einer Aufgabe zu Sekanten am Kreis verdeutlicht. Hier sind zwischen P und verschiedenen Punkten Q, die sich immer mehr an P annähern, Sekanten gezeichnet worden. Auf die Frage, was im Grenzprozess passiert, haben Schüler beispielsweise geantwortet, dass die Strecke zwischen dem P und dem Q immer kleiner wird oder man mehr Tangenten bekommt, je dünner der Bleistift ist. 43 der 110 Befragten haben die Tangente als Grenzwert nicht erwähnt. Zusätzlich hat er in der Studie beobachten können, dass die Schüler Probleme mit der Interpretation der Tangenten als grafische Repräsentation und als Veranschaulichung des Differentialquotienten haben, weil sie zwar den Differenzenquotient angeben aber ihn nicht grafisch repräsentieren können (vgl. auch Bezuidenhout, 1998; Weber & Dorko, 2014).

In der Literatur finden sich einige Schülerschwierigkeiten mit der Steigung des Graphen bzw. der Tangenten als Veranschaulichung. So haben die Schüler Schwierigkeiten mit der inhaltlichen Vorstellung der Steigung, sie bei Geraden in einem Punkt anzugeben und negative Steigungen zu interpretieren (Orton, 1983) bzw. zu verstehen (Simon & Blume, 1994). Zudem besitzen sie zum Teil kein ausreichend begründetes Verständnis der Beziehung zwischen Steigung der Tangenten und der Ableitung (Asiala et al., 1997). Außerdem ist es möglich, dass für die Schüler die Ableitung einer Funktion und die Steigung der Tangenten nur durch Formeln repräsentiert (Aspinwall & Miller, 2001) ist und die y-Koordinate an einer Stelle von ihnen mit der Steigung identifiziert wird (Orton, 1983). Zusätzlich fällt es den Schülern schwer, zwischen einer positiven Funktion und einer steigenden Funktion zu unterscheiden. Dies haben Aspinwall und Miller (2001) bei einigen Schülern ihrer Studie beobachten können.

Schwierigkeiten mit dem **grafischen Verständnis** bilden eine dritte Kategorie im Bereich der Differentialrechnung. Hier fällt es den Schülern unter anderem schwer, Funktionen grafisch abzuleiten bzw. Eigenschaften der Funktion und deren Ableitungen grafisch darzustellen. Ferrini-Mundy und Graham (1994) beschreiben in diesem Zusammenhang Schülerschwierigkeiten beim Versuch von einer Ausgangsfunktion grafisch die Ableitung zu zeichnen. Am Beispiel der Schülerin Sandy haben sie die Fokussierung auf die Algebra beobachtet. Sie hat erst einen algebraischen Ausdruck für den Graphen ermittelt und diesen anschließend differenziert. Zuletzt hat sie dann den Graphen der errechneten Ableitung gezeichnet.

Bezüglich des grafischen Verständnisses hat sich in der Studie von Baker et al. (2000) gezeigt, dass es Lernenden schwerfällt zu gegebenen Eigenschaften der Ausgangsfunktion und deren Ableitungen einen Graphen zu zeichnen. Hier sind vor allem Schwierigkeiten beim Verständnis der Beziehung zwischen der ersten und zweiten Ableitung deutlich geworden. Dies hat sich beispielsweise durch die Vermischung der gegebenen Eigenschaften der ersten und zweiten Ableitung gezeigt (u. a. Ableitung ist null, dann schneidet der Ausgangsgraph die x-Achse). Besonders große Probleme haben die Lernenden mit den Charakteristika der zweiten Ableitung zum Ausdruck gebracht und die Bedingungen zum Teil ignoriert. Dies führen die Autoren unter anderem auf die Schwierigkeit der Studierenden zurück, die erste Ableitung als eine Funktion aufzufassen. Zusätzlich ist es ihnen schwergefallen, Grenzprozesse in der Ableitung am Ausgangsgraph zu verorten[81]. In der TIMS Studie hat man in dem Bereich ebenfalls Schwierigkeiten beobachten können. Schüler sind in einer Aufgabe aufgefordert worden, einen Funktionsgraphen anhand von vorgegebenen Eigenschaften zur ersten und zweiten Ableitung zu identifizieren. Dies gelang den Deutschen nur zu 35% (Baumert, 2000, S. 88).

In einer Studie von Orhun (2012) hat sich außerdem gezeigt, dass Schüler unter bestimmten Umständen den Graphen der Ableitung mit dem Ausgangsgraphen verwechseln. Zu einer gegebenen Ableitungsfunktion sollten die Untersuchten die Stellen ermitteln, an denen die Ausgangsfunktion Extrempunkte hat. Da die Ableitungsfunktion selbst einen Hochpunkt besessen hat, haben viele Schüler genau diese Stelle als Lösung angegeben und nicht die Nullstellen. Dies ist vergleichbar mit den Ergebnissen von Hahn & Prediger (2008) bezüglich der Vermischung von Ebenen.

Eine Übergeneralisierung in diesem Bereich findet sich beispielsweise, wenn Schüler eine allgemeine Polynomfunktion vom Grad größer als zwei abschnittsweise linear ableiten und somit alle parabelförmigen Abschnitte in entsprechende Geraden überführen (vgl. Abbildung 20). Als eine globale Regelmissachtung im Zusammenhang mit dem grafischen Ableiten einer Funktion ermittelten Eichler et al. (2017) die Fokussierung auf die charakteristischen Punkte der Funktion ohne die Betrachtung der Steigungen in den Intervallen zwischen den Punkten. Dabei wissen Schüler zwar, welcher Zusammenhang zwischen den

81 Die Lernenden sollten die Eigenschaft $\lim_{x \to 0} h'(x) = \infty$ grafisch in der Ausgangsfunktion berücksichtigen.

Punkten besteht (beispielsweise WP→EP) beachten aber nicht die Steigung der Funktion. Daneben bilden einige Schüler die grafische Ableitung einer Funktion, indem sie die Funktion einfach in y-Richtung verschieben oder an der x-Achse spiegeln.

Skizzieren Sie den Graphen der zugehörigen Ableitungsfunktion

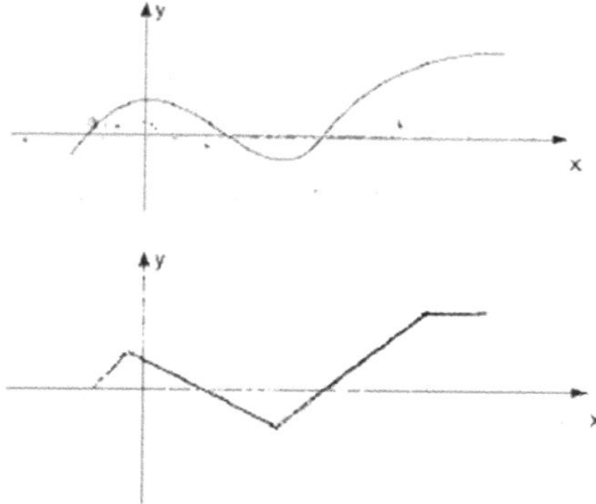

Abbildung 20: Linearisierung bei Eichler et al. (2017)

Die **Verwendung der Ableitungsregeln** ist die vierte Kategorie von Schülerfehlern, die in dieser Studie betrachtet werden. In den meisten Fällen werden bereits aus dem Vorwissen bekannte Regeln auf neue übergeneralisiert, indem sie im neuen Kontext falsch angewendet werden (Nesher, 1987). Dementsprechend findet sich in der Kategorie Übergeneralisierung (vgl. Eichler et al., 2017) in der Literatur beispielsweise die Ausweitung der Regel für Potenzen wie x^2 auf Exponentialfunktionen. Schüler leiten Funktionen wie x^x oder $ln(3)^x$ nach dieser Regel ab und erhalten $x \cdot x^{x-1}$ oder $x \cdot ln(3)^{x-1}$ (Luneta & Makonye, 2010; Makonye, 2012; Siyepu, 2013). Zudem kann es geschehen, dass die Regel auf Zahlen mit negativen Exponenten ausgeweitet wird wie beispielsweise $(6^{-1})' = -1 \cdot 6^{-2}$ (Makonye, 2012). In der Studie von Orton (1983) zeigte sich in diesem Zusammenhang eine Übergeneralisierung positiver Exponenten auf negative, da Schüler als Ableitung zu $-\frac{2}{x^2}$ den Term $-\frac{4}{x}$ ermittelt haben. Im Zusammenhang mit den komplexeren Ableitungsregeln wie die Produktregel, Quotientenregel und Kettenregel tauchen ebenfalls Übergeneralisierungen auf. Bei der Produktregel besteht die Gefahr, dass die Linearitätseigenschaft der Ableitung in Summen oder Differenzen auf ein Produkt von Funktionen ausgeweitet wird. Als

Ergebnis erhält man $(u \cdot v)' = u' \cdot v'$ als Ausdruck für die Berechnung (Luneta & Makonye, 2010). Schwierigkeiten mit der Kettenregel können in unterschiedlichen Formen auftreten. So kann die innere Funktion abgeleitet werden $[(ln(3x^2 + 2))' = ln(6x)]$ oder Teile der inneren Funktion auf die äußere Funktion übertragen werden $[tan(x^2) = tan^2(x)]$ (Siyepu, 2013). Bei der Kettenregel kann es auch passieren, dass Schüler die beiden Funktionen bei der Bildung der Ableitung getrennt betrachten, sodass sich als Ableitung $\left(u\left(v(x)\right)\right)' = u'(x) \cdot v(x) \cdot v'(x)$ ergibt. Dies hat Horvath (2008) anhand von Interviews herausgefunden. Weiterhin konnte Cottrill (1999) in ihrer Studie zeigen, dass Schüler zwar die Kettenregel auf Funktionen anwenden können, in anschließenden Interviews aber ein unzureichendes Verständnis der Regel zeigen. Clark, J. M., Cordero, F., Cottrill, J., Czarnocha, B., DeVries, D. J., St. John, D. et al. (1997) schließen in ihrer Studie, dass die Schwierigkeiten mit der Kettenregel auf der Zusammensetzung und der Aufspaltung von Funktionen basieren.

Bezüglich globaler Regelmissachtungen finden sich bei Eichler et al. (2017) unter anderem das Weglassen der inneren oder der äußeren Ableitung bei der Kettenregel. Lokale Regelmissachtungen zeigen sich beispielsweise bei Siyepu (2013), da die Befragten teilweise den linearen Term bei der Ableitung von Polynomen wegfallen ließen (beispielsweise $f'(x) = x^2 + x$ für $f(x) = 2x$) oder eine Konstante beim Ableiten nicht weggefallen ist ($f'(x) = 1$ für $f(x) = 1$).

Ein mangelndes Verständnis der Themen, die als **Voraussetzung** (u. a. Algebra, Funktionen, Grafen) dienen, kann eine weitere Ursache für Schülerschwierigkeiten in der Analysis sein (Toh, 2009). Beispielsweise haben fehlende Kompetenzen in der Algebra Auswirkungen auf die Lernleistung in der Analysis (Siyepu, 2013). In ihrem Review fassen Bush und Karp (2013) Schülerschwierigkeiten und -fehler in der Algebra zusammen. Sie erwähnen, dass Lernende Probleme mit der *Gleichheit*, den *Rechenregeln* und mit der *Reihenfolge, in welcher die Operationen ausgeführt werden,* haben. Dies wirkt sich vor allem auf das Lösen von Gleichungen aus. Zusätzlich fokussieren die Schüler in diesem Zusammenhang auf die Variable x oder besitzen kein adäquates Variablenkonzept. Des Weiteren zeigen sich immer wieder Probleme mit den verschiedenen Zahlbereichen. Besonders Brüche bereiten den Schülern große Schwierigkeiten (Bush & Karp, 2013). Es treten zudem Übergeneralisierungen auf, wie dies bei den binomischen Formeln zu finden ist (beispielsweise $(x + c)^2 = x^2 + c^2$ bei Kersten (2015)).

In allen den genannten Bereichen kommt die Schwierigkeit der Fachsprache hinzu. Schüler bringen in den Unterricht bereits Bedeutungen zu Begriffen, wie Quotient, Tangente, Fläche, Grenzwert, usw. mit. Diese stammen meist aus der Alltagssprache und stimmen meist nicht mit der mathematischen Sprache überein. Daher bilden sich bei den Schülern mehrere Bedeutungen zu einem Begriff im Wissensnetz. Je nach Assoziationsstärke wird dann entweder das alltägliche oder das mathematische Verständnis aktiviert. Werden falsche Bedeutungen in einem mathematischen Kontext abgerufen, kommt es daher in der Regel zu Fehlern und Fehlkonzepten.

Im Folgenden wird nun das Wissen zum Lehren der Differentialrechnung erläutert, welches zum Aufbau eines konstruktiv auf Lernschwierigkeiten eigehenden Unterrichts genutzt wird.

4.2.2 Fachdidaktisches Wissen zum Lehren der Differentialrechnung

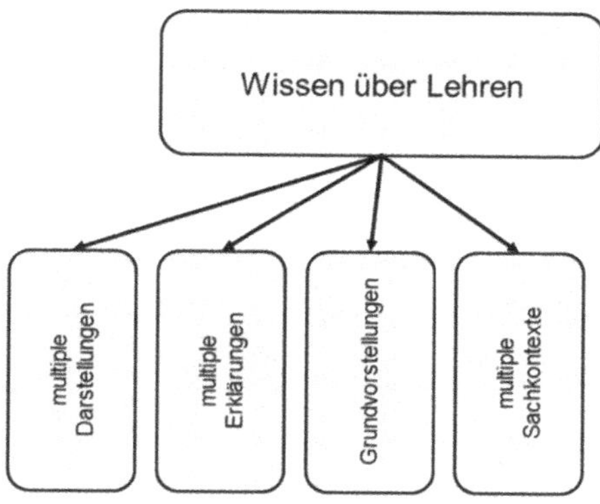

Abbildung 21: Aufteilung des Wissens zum Lehren

An dieser Stelle wird das fachdidaktische Wissens zum Lehren der Differentialrechnung erläutert (vgl. Abbildung 21). In diesem Zusammenhang unterscheiden Greefrath et al. (2016) zwischen zwei Gruppen von Aspekten[82], in die die äquivalenten Definitionen des Ableitungsbegriffs zerfallen:

1. Ableitung als Grenzwert des Differenzenquotienten
2. Ableitung als lineare Approximation

Beide Gruppen enthalten jeweils Grundvorstellungen zum Ableitungsbegriff, die auf der zugrundeliegenden mathematischen Definition basieren. Je nachdem, welche Quelle betrachtet wird, unterscheiden die Autoren zwischen zwei (Blum

82 Greefrath et al. (2016, S. 17) verstehen unter einem Aspekt eines mathematischen Begriffs „ein Teilbereich des Begriffs, mit dem dieser fachlich charakterisiert werden kann. Durch Grundvorstellungen können fachliche Aspekte eines mathematischen Begriffs erfasst und in Bezug zu sinnhaltigen Kontexten mit Bedeutung versehen werden."

& Törner, 1983; Danckwerts & Vogel, 2006; Tietze, Klika & Wolpers, 2000) oder vier (Greefrath et al., 2016). Hierbei ist jedoch zu nennen, dass Greefrath et al. (2016) mathematische Aspekte betrachten, die die anderen Autoren unter einer fachdidaktischen Perspektive als Ausgangspunkt der Grundvorstellungen betrachten. Im Folgenden soll die feinere Aufteilung von Greefrath et al. erläutert werden, da die anderen Konzepte ebenfalls dort enthalten sind. Die Abbildung 22 zeigt, welche Grundvorstellungen mit welchem mathematischen Aspekt zusammenhängen. Die Grundvorstellungen werden in den weiteren Ausführungen nacheinander erläutert.

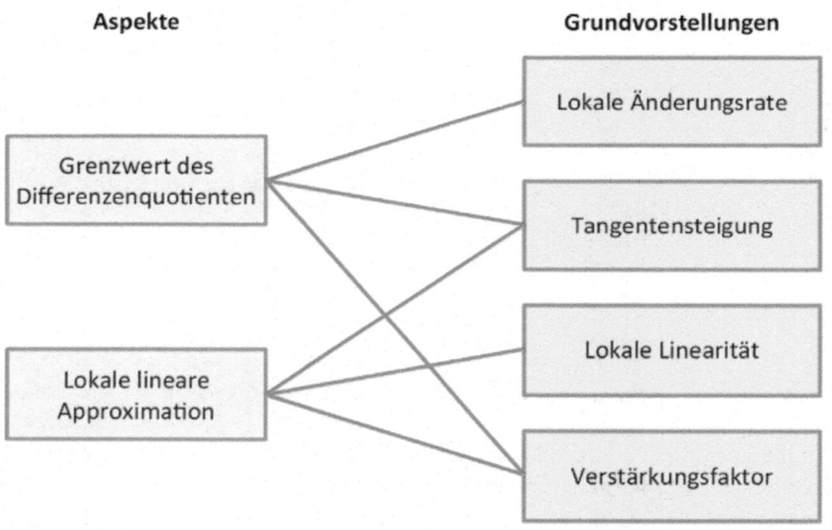

Abbildung 22: Aspekte und Grundvorstellungen zum Ableitungsbegriff nach Greefrath et al. (2016, S. 147)

Die **lokale Änderungsrate** als Grundvorstellung der Ableitung bezieht sich auf den mathematischen Aspekt des Grenzwerts des Differenzenquotienten. Maßgeblich ist die Definition der Ableitung als $f'(x_0) := \lim\limits_{\substack{h \to 0 \\ h \neq 0}} \frac{f(x_0-h)-f(x_0)}{h}$, welche die Basis der Grundvorstellung ist[83]. Ausgangspunkt der lokalen Änderungsrate

83 Die ausführliche Definition lautet nach Greefrath, Oldenburg, Siller, Ulm und Weigand (2016, S. 142): „Es sei f eine in einer offenen Umgebung der Stelle $x_0 \in \mathbb{R}$ definierte reelwertige Funktion. Man nennt f differenzierbar an der Stelle x_0, wenn der Grenzwert $f'(x_0) :=$

ist die mittlere bzw. relative Änderungsrate. Diese betrachten Schüler bereits neben der Änderungsrate $(f(x_1) - f(x_0))$ im Unterricht der Sekundarstufe I (Danckwerts & Vogel, 2006), wenn sie sich mit der Durchschnittsgeschwindigkeit oder der Geradensteigung auseinandersetzen. Ausgehend von der mittleren Änderungsrate, die sich immer auf ein Intervall bezieht und mit gegebenen Werten berechnet werden kann, wird das Intervall immer weiter verkleinert. Im Grenzwert kann dann einer Stelle eine momentane bzw. lokale Änderungsrate zugeordnet werden. Die Herleitung der lokalen Änderungsrate zeigt, dass die mittlere Änderungsrate die Basis ist. Im Verlauf der Herleitung erfordert die lokale Änderungsrate jedoch ein qualitativ anderes Verständnis, da sie der Grenzwert eines Quotienten ist. Als idealisierte Größe ist daher die Kenntnis über den Funktionswert einer Stelle zur Berechnung nicht ausreichend (Greefrath et al., 2016). Nach Greefrath et al. (2016, S. 148) zählen die Vorstellungsentwicklung der „Momentangeschwindigkeit bei Veränderungsprozessen" und „der Steigung einer Kurve in einem Punkt" zu einer ausgeprägten Grundvorstellung. Zudem zählen sie die Vorstellung der Berechnung der Änderung der abhängigen Variable y mittels der Gleichung $\Delta y = f'(x) \cdot \Delta x$ hinzu.

Als weitere Grundvorstellung führen Greefrath et al. die **Tangentensteigung** an, die sich auf beide genannten mathematischen Aspekte bezieht. Die Vorstellung, dass an einer Stelle des Funktionsgraphen die Steigung der Tangenten durch die Ableitung ermittelt werden kann, ist die Grundlage dieser Grundvorstellung. Dabei kann man sich die Tangente als Schmieggerade an der Kurve vorstellen. Dies führen bereits Danckwerts und Vogel (2006) und Blum und Törner (1983) bezogen auf die lineare Approximation aus, die nachfolgend erläutert wird.

Aus lokaler Sicht schmiegt sich die Tangente an den Verlauf der Kurve an, wobei die Tangente den Graphen berühren und schneiden kann (Greefrath et al., 2016). Zur Verifikation einer Geraden als Tangente einer Kurve wird in der englischen und deutschen Literatur die Idee der Lupe auf den Graphen verwendet. Dabei zoomt man in den Graphen hinein und kann erkennen, dass er lokal geradlinig verläuft (Kirsch, 1979; Tall, 2010) Dies ist eine statische Sicht auf die Grundvorstellung. Dynamisch stellt man sich vor, sich entlang des Graphen zu bewegen, wobei die Tangentenrichtung die momentane Bewegungsrichtung angibt (Greefrath et al., 2016)[84].

$\lim\limits_{h\to 0}\frac{f(x_0-h)-f(x_0)}{h}$ oder (äquivalent dazu) $f'(x_0) := \lim\limits_{x\to x_0}\frac{f(x)-f(x_0)}{x-x_0}$ existiert. In diesem Fall heißt $f'(x_0)$ Ableitung von f an der Stelle x_0." Aus mathematischer Sicht darf in der Definition sowohl h als auch $x - x_0$ nicht den Wert null annehmen.

84 Diese Vorstellung erwähnen Blum und Törner (1983) im Sinne der Veranschaulichung der lokalen Änderungsrate, wobei sie die Tangentensteigung nicht als Grundvorstellung

Die **lokale Linearität** als Grundvorstellung bezieht sich auf die lineare Approximation der Kurve durch eine Gerade[85]. Betrachtet man eine kleine Umgebung um eine Stelle x_0 einer differenzierbaren Funktion und vergrößert den Ausschnitt des Graphen – im Sinne der Funktionslupe – in dieser Umgebung, so zeigt sich, dass mit hinreichender Vergrößerung der Graph linear verläuft (Danckwerts & Vogel, 2006; Tall, 2010). Daher ist es die Idee, die Funktion in einer Umgebung von x_0 durch eine affin lineare Funktion zu ersetzen, die die Ausgangsfunktion in der Umgebung am besten approximiert (Blum & Törner, 1983). Dies ist die Tangente, deren Steigung die Ableitung ist. Die lokale Approximation führt zu dem Gedanken, dass die Ableitung in einer bestimmten Umgebung um die Stelle x_0 konstant ist. Entsprechend sind in dieser Umgebung Änderungen der Funktionswerte proportional zu den Änderungen der Argumente. Daher gibt die Ableitung einer Funktion an, wie sich kleine Änderungen der unabhängigen Größe auf die abhängige Größe auswirken (Greefrath et al., 2016).

Der **Verstärkungsfaktor** wird von Greefrath et al. (2016) in der Literatur als Grundvorstellung zur Ableitung beschrieben. Er spielt in Anwendungen eine wichtige Rolle. Die Autoren verweisen in diesem Zusammenhang auf die Physik oder die Informatik. In den Disziplinen werden unter anderem Schwingungen oder Helligkeitsdifferenzen in Bildern am Monitor betrachtet. Daher liegt es aus Sicht der Autoren nahe, dies als eine weitere Grundvorstellung zu bezeichnen. Greefrath et al. beziehen sich dabei auf Lax und Terrell (2014), die die Ableitung als Streckung ansehen. Dies meint, dass kleine Intervalle etwa um den Wert der Ableitung vergrößert werden. Zudem bezeichnen Lax und Terrell die Ableitung als Sensibilität für Veränderung-en. Dies bedeutet, dass sich bei großen Werten der Ableitung bereits kleine Änderungen des Arguments stark auf die Funktionswerte auswirken. Dies ist beispielsweise bei der Normalparabel im Bereich großer Funktionswerte der Fall. Es kann ebenfalls mathematisch in der Form $\Delta y \approx m \cdot \Delta x$ beschrieben werden (Greefrath et al., 2016).

---

bezeichnen. Danckwerts und Vogel (2006) beschreiben diese Vorstellung im Bereich der lokalen Linearisierung. Erst Greefrath et al. (2016) bezeichnen dies in einem Analysisdidaktikwerk als Grundvorstellung.

85 Diese Idee ist in der mathematischen Definition in einer linearen Darstellung der Funktion dargestellt, welche wie folgt lautet:
„Es sei f eine in einer offenen Umgebung der Stelle $x_0 \in \mathbb{R}$ definierte reellwertige Funktion. Man nennt f *differenzierbar* an der Stelle x_0, wenn es eine Zahl m gibt, sodass $f(x) = f(x_0) + m \cdot (x - x_0) + r(x - x_0)$, wobei für die Restfunktion r gilt: $\lim\limits_{x \to x_0} \frac{r(x-x_0)}{x-x_0} = 0$. Die Zahl m wird dann als *Ableitung* von f an der Stelle x_0 bezeichnet, d. h. $f'(x_0) := m$“ (Greefrath, Oldenburg, Siller, Ulm & Weigand, 2016, S. 144).

Die Grundvorstellung Verstärkungsfaktor ist eng mit der lokalen Linearisierung verbunden. Beispielsweise findet man in der Physik die Anwendung bei der Fehlerrechnung. Bei dieser wird der Frage nachgegangen, wie stark sich Veränderungen der unabhängigen Größe auf die abhängige auswirken. Zwar spielt die Grundvorstellung in der Mathematik nur eine untergeordnete Rolle, kann aber als Änderungsdetektor – im Sinne von Lax und Terell (2014) – eingesetzt werden. Beispielsweise ändern sich die Funktionswerte in der Nähe eines Extrempunkts nur gering, wenn die unabhängige Variable variiert wird (Greefrath et al., 2016).

Die unterschiedlichen Grundvorstellungen helfen, verschiedene Aspekte des Ableitungsbegriffs zu verstehen. Jedoch setzt jede Grundvorstellung bestimmte Aspekte in den Fokus und vernachlässigt dabei andere. Beispielsweise zeigt die lokale Änderungsrate besonders Änderungen, wie sie bei der Momentangeschwindigkeit zu finden sind. Dagegen rückt die lokale Linearisierung den Blick auf die Ersetzung der Funktion durch eine optimal approximierende Gerade, sodass Berechnungen in kleinen Intervallen einfacher werden. Aufgrund der unterschiedlichen Schwerpunkte verlaufen mögliche Einstiege in die Differentialrechnung verschieden und hängen von der gewählten Grundvorstellung ab. Dies zeigt sich ebenfalls an den Darstellungen zur Ableitung sowie an den Anwendungskontexten. Beides wird im in den weiteren Ausführungen inhaltlich beschrieben.

Die Ableitung einer Funktion ist wieder eine Funktion und kann daher mittels aller im Abschnitt zu Funktionen erläuterten Darstellungen repräsentiert werden. Zudem gibt es unterschiedliche Darstellungen, die bestimmte Grundvorstellungen veranschaulichen.

Die lokale Änderungsrate kann innermathematisch mit der Herleitung über die Sekanten- und Tangentensteigung dargestellt werden (Abbildung 23, nächste Seite). Hierzu wählt man zwei Punkte auf dem Graphen. Der eine Punkt $P_0\big(x_0\big|f(x_0)\big)$ ist fest, wobei der Punkt $Q\big(x_0+h\big|f(x_0+h)\big)$ variiert. Dies ist mit den verschiedenen Punkten Q_1 bis Q_6 für unterschiedliche h dargestellt. Die Steigung der unterschiedlichen Sekanten zu den Q_i berechnet sich mittels des Differenzenquotienten. Die Pfeile deuten an, dass der Abstand zwischen den Q_i und dem Punkt P_0 durch immer kleinere Wahl von h solange verkleinert wird, bis beide im Grenzwert im Punkt P_0 zusammenfallen. Dies spiegelt den Grenzwert für $h \to 0$ wider, der die Tangente ergibt. Die Steigungen der Sekanten repräsentieren in der Darstellung passend zu der Grundvorstellung die mittleren Änderungsraten. Die Steigung der Tangente entspricht der lokalen Änderungsrate des Graphen. Dies ist ebenso adäquat zu der Grundvorstellung der Tangentensteigung.

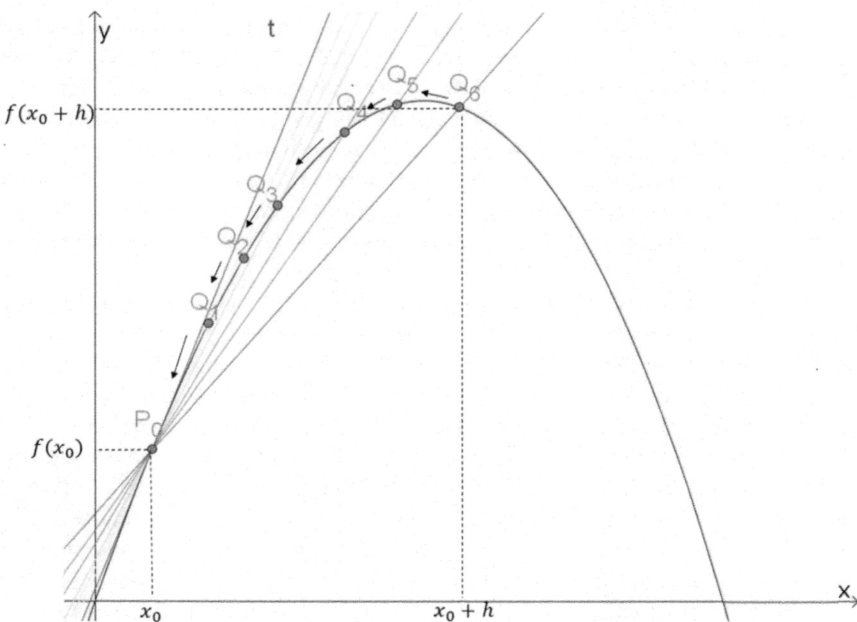

Abbildung 23: Darstellung der lokalen Änderungsrate anhand von Sekanten- und Tangetensteigung

h	$x_0 + h$	$f(x_0 + h) - f(x_0)$	$\frac{f(x_0 + h) - f(x_0)}{h}$
2	3	8	4
1	2	3	3
0,5	1,5	1,25	2,5
0,3	1,3	0,69	2,3
0,1	1,1	0,21	2,1
0,01	1,01	0,0201	2,01
0,001	1,001	0,002001	2,001

Tabelle 2: Darstellung des Näherungsprozesses in Anlehnung an Greefrath et al. (2016) an der Stelle $\boldsymbol{x_0 = 1}$ zur Funktion $\boldsymbol{f(x) = x^2}$

Die Grundvorstellung der lokalen Änderungsrate kann inhaltlich ebenso über die Frage nach der Momentangeschwindigkeit (oder anderen lokalen Änderungsraten aus anderen Kontexten) hergeleitet werden. Dies kann am Beispiel des

Beschleunigungsvorgangs eines Autos mit gegebenem Weg-Zeit-Graphen ermittelt werden. Die Veranschaulichung ist ähnlich zu der in Abbildung 23 dargestellten. Zu dieser kommt die inhaltliche Interpretation in der Anwendungssituation. In beiden Fällen können Tabellen zur Darstellung des Näherungsprozesses verwendet werden, in denen für unterschiedliche h Werte des Differenzenquotienten berechnet und aufgelistet werden. Hierbei werden unter anderem viele Werte um den Bereich $h = 0$ betrachtet. Eine Tabelle kann typischer Weise wie in Tabelle 2 aussehen.

Die tabellarische Darstellung kann passend auf die Änderungsrate des Weges übertragen werden.

Die Darstellung der lokalen Änderungsrate kann neben der grafischen und der tabellarischen mathematisch symbolisch erfolgen. Dort repräsentiert $\frac{f(x_0+h)-f(x_0)}{h} = \frac{f(x-x_0)-f(x_0)}{x-x_0}$ die mittlere Änderungsrate bzw. die Sekantensteigung und $\lim\limits_{\substack{h\to 0\\ h\neq 0}} \frac{f(x_0+h)-f(x_0)}{h} = \lim\limits_{\substack{x\to x_0\\ x\neq x_0}} \frac{f(x-x_0)-f(x_0)}{x-x_0}$ die lokale Änderungsrate bzw. die Tangentensteigung.

Die Darstellung für die lokale Linearisierung unterscheidet sich von der für die lokale Änderungsrate, indem ein anderer Fokus in den unterschiedlichen Darstellungsformen gewählt wird. In der grafischen Darstellung wird die Idee der Funktionslupe illustriert. In einem starren Bild werden der Graph und ein Ausschnitt des Graphen näher betrachtet (Abbildung 24). In der Darstellung wird mit unterschiedlichen Möglichkeiten herausgestellt, dass ein Teil den vergrößerten Ausschnitt eines Graphen zeigt (in der Abbildung 24 ist dies mittels der Quadrate dargestellt, die die gleiche Umgebung um P in unterschiedlichen Maßstäben zeigen). In der Abbildung ist zudem die Tangente (rot) zum Graphen am Punkt P eingezeichnet. Dynamische Geometriesoftware oder grafikfähige Taschenrechner ermöglichen es heute, den Prozess der Funktionslupe interaktiv zu gestalten. Dabei kann sukzessive in den Graphen hineingezoomt werden (Kirsch, 1979; Tall, 2010). Symbolisch stellt die Gleichung $f(x) = f(x_0) + m \cdot (x - x_0) + r(x - x_0)$ die lokale Linearisierung einer Funktion dar[86].

86 Weitere Darstellungen für die einzelnen Grundvorstellungen (insbesondere dem Verstärkungsfaktor) finden sich bei Greefrath et al. (2016) und sollen an dieser Stelle nicht weiter thematisiert werden.

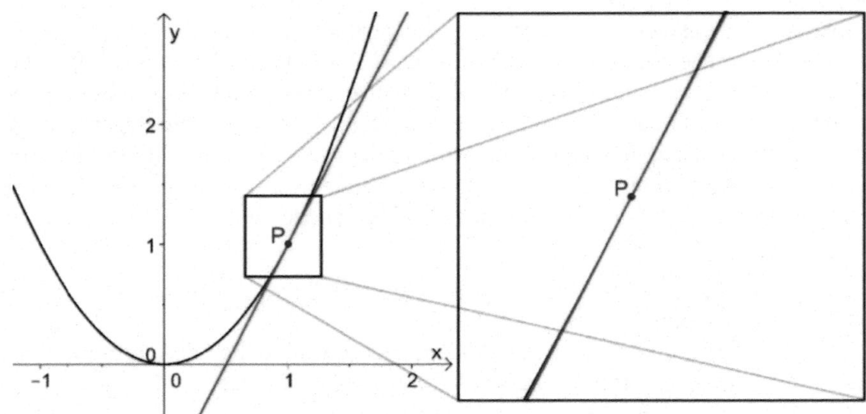

Abbildung 24: Darstellung der lokalen Linearisierung einer Funktion in einer Umgebung um P mit Tangente (rot)

Die Darstellungen zu den unterschiedlichen Grundvorstellungen machen deutlich, dass die Tangentensteigung sowie die lokale Linearisierung innermathematisch motiviert sind. Die lokale Änderungsrate findet sich neben der innermathematischen Anwendung der Sekanten- und Tangentensteigung in viele Sachkontexten. Dementsprechend gibt es wie zum Thema Funktionen unterschiedliche Kontexte, in denen die Differentialrechnung angewendet werden kann, wobei diese ebenfalls Anwendungen von Funktionen sind. Einige davon werden im Folgenden genannt.

Die Anwendungen der Differentialrechnung können innermathematisch sein oder sich auf Realkontexte beziehen. Innermathematisch findet die Differentialrechnung Anwendung beim Aufstellen und Lösen von Differentialgleichungen, bei der Optimierung oder ähnlichen. Im Rahmen der Optimierung werden Maxima oder Minima von Funktionen gesucht, die anhand von Eigenschaften der Ableitungsfunktion bezogen auf die Ausgangsfunktion bestimmt werden. Ein Beispiel ist die lineare Regression von Daten in einem zweidimensionalen Koordinatensystem.

Optimierungsaufgaben finden sich oft in Realsituationen. Dort können beispielsweise Verpackungen so optimiert werden, dass sie bei gegebenem Rauminhalt den geringsten Verbrauch von Verpackungsmaterial haben. Oftmals wird dies anhand von Milchtüten in Schulbüchern dargestellt (beispielsweise Schmidt, Henning & Lergenmüller, 2011, S. 97). Zudem findet die Optimierung in der Wirtschaft mit der Minimierung der Kosten oder Maximierung des Gewinns

Anwendung (Schmidt et al., 2011). Neben der Optimierung sind in der Wirtschaft unter anderem die Grenzkosten (Kosten für eine weitere Einheit eines Produkts) sowie die Elastizitäten (Änderung der Nachfrage bzw. des Angebots in Abhängigkeit vom Preis) interessant (Lax & Terrell, 2014; Tietze et al., 2000).

Abgesehen von den komplexen Optimierungsproblemen finden sich in der Realwelt einige Zusammenhänge, die mit der Differentialrechnung ausgedrückt werden können. Eigenschaften von Bewegungsvorgängen können beispielsweise mit der Differentialrechnung analysiert werden. Dementsprechend können unter anderem Autofahrten näher beschrieben werden, wenn beispielsweise nach der Momentangeschwindigkeit gefragt wird (vgl. Grundvorstellung lokale Änderungsrate). Dies ist primär eine Anwendung innerhalb der Physik. In dieser Disziplin findet die Differentialrechnung noch viele weitere Kontexte. Dies zeigt sich unter anderem in der Mechanik beim Verhältnis zwischen potentieller Energie und Kraft. Weitere Beispiele aus der Physik finden sich unter anderem bei Demtröder (2015). Zudem fassen Tietze et al. (2000) weitere Anwendungen aus den Bereichen der Physik, der Chemie, der Biologie, der Wirtschaft u. a. zusammen. Dazu nennen sie das Druckgefälle, die Reaktionsgeschwindigkeit chemischer Substanzen, Ausbreitungsgeschwindigkeit von Krankheiten, die Inflationsrate usw.

4.3 Zusammenfassung

Schülerschwierigkeiten bzw. misconceptions zu Funktionen beginnen bereits beim Erkennen, welcher Graph eine Funktion darstellt. Lernenden fällt es unter anderem schwer, Graphen mit Knicken oder Unstetigkeitsstellen als Funktion zu identifizieren. Zudem zeigt die Forschung auf, das Repräsentationswechsel bzw. das Interpretieren von Graphen mit Fehlvorstellungen belastet ist. Speziell zeigt dies der Graph-als-Bild-Fehler. Zudem zeigen sich Probleme beim Übersetzen der grafischen Darstellung einer linearen Funktion in die algebraische Form, indem die Schüler beispielsweise die Steigung mit dem Achsenabschnitt verwechseln oder für die Steigung die Nullstelle einsetzen. Bezüglich quadratischer Funktion findet sich unter anderem die Schwierigkeiten mit dem Vorzeichen der Verschiebung in x-Richtung, welches oftmals vertauscht wird. Gegenüber den Schülerschwierigkeiten beinhaltet das fachdidaktische Wissen zum Lehren von Funktionen unter anderem die unterschiedlichen Repräsentationsformen: Tabelle, Graph, Gleichung, geordnete Zahlenpaare, Leiterdarstellung, Diagramme, verbal und Mengendarstellung. Diese können beispielsweise zur Erklärung, was eine Funktion ist, verwendet werden. Zudem finden sich viele Sachkontexte, in denen Funktionen angewendet werden. Speziell die Exponentialfunktionen finden Anwendung bei exponentiellen Wachstum bzw. Zerfall: Zinsrechnung, Bevölkerung, Bakterien, Algen, Halbwertszeiten, usw.

Im Bereich der Differentialrechnung finden sich algebraisch Fehler wie die Übertragung der Summenregel auf die Produktregel, das Vernachlässigen der inneren oder äußeren Ableitung, das Erhalten von Konstanten und weitere. Grafisch fällt Schülern das Ableiten deutlich schwerer als algebraisch, da sie unter anderem auf die Algebra fokussieren und weitere spezifische misconceptions zeigen.

Der Aufbau von Grundvorstellungen im Sinne der lokalen Änderungsrate, Tangentensteigung, lokalen Linearität und dem Verstärkungsfaktor können helfen, ein Verständnis der Differentialrechnung aufzubauen. Dies kann durch passende Darstellungen der Grundvorstellungen in algebraischer, tabellarischer und grafischer Form unterstützt werden. Beides kann Bestandteil von Erklärungen sein, die sich auf spezielle Aspekte der Differentialrechnung richten.

5 Forschungsanliegen

In den vorangegangenen Kapiteln ist die Grundlage für den folgenden empirischen Teil der Arbeit dargestellt worden. Ziel dieses Kapitels ist es, die Ergebnisse des theoretischen Teils als Basis zur Darlegung des Forschungsfokus noch einmal kurz zu umreißen. Daraus sollen dann die Forschungslücken und die daraus resultierenden Forschungsfragen abgeleitet werden.

Im theoretischen Teil wurde zu Beginn die professionelle Kompetenz von Mathematiklehrkräften mit den Aspekten fachdidaktisches Wissen, Beliefs über das Lehren und Lernen sowie Motivation thematisiert. Diese Aspekte stehen in der vorliegenden Studie im Fokus und werden anhand dreier unterschiedlicher Ansätze erforscht. Zuerst wird der Querschnitt der Ausprägungen der professionellen Kompetenz im Sinne des fachdidaktischen Wissens, der Beliefs zum Lehren und Lernen der Mathematik und fachdidaktischer Motivation untersucht. Anschließend erfolgt eine Längsschnittuntersuchung, die die Entwicklung der professionellen Kompetenz bezüglich zweier sich in einem Merkmal unterscheidender Ansätze von professional development erforscht. Die bisherigen Aspekte werden quantitativ untersucht. In einem dritten Teil werden die quantitativen Forschungsfragen durch eine qualitative Vertiefung hinsichtlich der Beliefs der Lehrkräfte über die Auswirkungen des professional development ergänzt. Diese drei Teile werden im Folgenden hinsichtlich bestehender Forschungslücken beschrieben, wobei jeweils im Anschluss die für den Teil relevanten Forschungsfragen aufgelistet werden.

Der erste Teil der Arbeit bezieht sich auf die professionelle Kompetenz von Mathematiklehrkräften vor dem Besuch einer Veranstaltung des professional development. Es gibt bisher bereits einige Forschung zum fachdidaktischen Wissen, lerntheoretischen Beliefs und Aspekten der Motivation von Lehrkräften (Ball et al., 2008; Baumert, 2009; Blömeke et al., 2008b, 2010). Die Forscher operationalisieren das Wissen themenübergreifend (Geometrie, rationale Zahlen, Potenzen, ...). Spezielle Untersuchung zum fachdidaktischen Wissen zu Funktionen liegen nur wenige vor. Ein Beispiel ist die Studie von Hadjidemetriou und Williams (2002), in der zwölf Lehrkräfte zu typischen Schülervorstellungen qualitativ befragt worden sind. Diese Forschungsergebnisse werden mit dieser Studie durch eine quantitative Erhebung ergänzt. Zudem ist es das Ziel, das

T. Hahn, *Schülerlösungen in Lehrerfortbildungen*, Mathematikdidaktik im Fokus,
https://doi.org/10.1007/978-3-658-24451-4_5

fachdidaktische Wissen der Lehrkräfte der Differentialrechnung zu erforschen, welches in den großen Studien zur professionellen Kompetenz nicht untersucht worden ist, da die Studien keine fachdidaktischen Items zu Themen der Sekundarstufe II beinhalten.

Beliefs über das Lehren und Lernen der Mathematik sowie epistemologische Überzeugungen zur Natur mathematischer Leistungen wurden im theoretischen Teil als zweiter Aspekt der professionellen Kompetenz von Lehrkräften betrachtet. Die Ausprägung der ersten wurde bereits in einigen Studien (CGI, COACTIV, TEDS-M,…) untersucht. Daher soll in dieser Arbeit zum einen überprüft werden, ob sich die Ausprägungen der untersuchten Lehrkräfte mit den bisherigen Erkenntnissen decken. Zum anderen ist es das Ziel, Zusammenhänge mit Personenvariablen zu untersuchen.

Die Motivation als dritter Teil der hier betrachteten professionellen Kompetenz von Lehrkräften rückt in den letzten Jahren immer stärker in den Fokus der Bildungsforschung. In diesem Zusammenhang sind meist Studien zu finden, die Lehrkräfte aller Fächer beinhalten. Eine breite Literatur zur Motivation von Mathematiklehrkräften ist bisher noch nicht vorhanden (vgl. Kapitel 2.4.4). Bisherige Studien konzentrieren sich auf die Erfassung der Motivation zum Studienbeginn (Pohlmann & Möller, 2010) und die Erfassung von Enthusiasmus von Lehrkräften (COACTIV), (Kunter, 2011b). Diese beiden Bereiche beziehen sich allgemein operationalisiert zum einen auf fachliche und pädagogische Motivation von Mathematiklehrkräften. Zum anderen wird der Enthusiasmus für das Fach und das Unterrichten des Fachs getestet. Es gibt jedoch noch kaum Untersuchungen zur fachdidaktischen Motivation von Mathematiklehrkräften. Fachunspezifische Ansätze finden sich in der Interessensforschung (beispielsweise Schiefele et al., 2013; Schiefele & Schaffner, 2015b). Dort wurde herausgefunden, dass man zwischen fachlichem, fachdidaktischem und pädagogischem Interesse anhand einer allgemeinen und nicht fachspezifischen Operationalisierung trennen kann.

Zusammenhänge zwischen den drei Konstrukten sind neben der Ausprägung ebenfalls untersucht worden. Dabei ergeben sich Korrelationen zwischen dem fachdidaktischen Wissen und den Beliefs zum Lehren und Lernen (Besser, 2014; Krauss, Neubrand et al., 2008). Ergänzend dazu wird in der Motivationsforschung ein Zusammenhang zwischen aktueller Motivation und dem Wissenszuwachs postuliert (Vollmeyer, 2009b). Zudem zeigten sich Zusammenhänge zwischen epistemologischen Überzeugungen und motivationalen Faktoren. Die Studien beziehen sich jedoch mit Ausnahme von COACTIV nicht auf Mathematiklehrkräfte, sodass noch Forschungsbedarf zu den Zusammenhängen zwischen den einzelnen Facetten der professionellen Kompetenz vorhanden ist. Des

Weiteren ist dies bei COACTIV nur themenübergreifend und nicht spezifisch erforscht worden.

Insgesamt ist es auf Basis der beschriebenen Forschungslücken das Ziel dieser Arbeit, folgende übergreifende Fragestellung mit den sich anschließenden konkret zu den Aspekten der professionellen Kompetenz passenden Forschungsfragen zu beantworten:

I. Welche Ausprägung und welche Struktur hat die professionelle Kompetenz von Mathematiklehrkräften zu Beginn von professional development?

I.1. Welches fachdidaktische Wissen zum Thema Funktionen haben Lehrkräfte zu Beginn von professional development?

I.2. Welches fachdidaktische Wissen zum Thema Differentialrechnung haben Lehrkräfte zu Beginn von professional development?

I.3. Wie sind die Beliefs zum Lehren und Lernen sowie zur Natur mathematischer Leistungen bei Lehrkräften zu Beginn von professional development ausgeprägt?

I.4. Wie ist die fachdidaktische Motivation bei Mathematiklehrkräften der Sekundarstufe II zu Beginn von professional development ausgeprägt?

I.5. Welche Beziehungen zwischen dem fachdidaktischen Wissen zu Funktionen bzw. der Differentialrechnung, Beliefs zum Lehren und Lernen und fachdidaktischer Motivation sowie Personenmerkmalen bestehen bei Lehrkräften zu Beginn von professional development?

Im zweiten Teil der empirischen Arbeit soll die bisherige Forschung zum Einfluss des Merkmals „Analysieren von Schülerdokumenten" ergänzt werden. Dies begründet sich auf verschiedene Lücken in der professional development Forschung. Die bisherigen Studien sind vor allem im Bereich der Primarstufe und der Sekundarstufe I angesiedelt. Forschung zu professional development in der Sekundarstufe II ist daher nur wenig vorhanden. Weiterhin gibt es international bereits viel Forschung zu professional development, jedoch beschränken sich die meisten Studien auf qualitative oder nicht experimentelle bzw. quasiexperimentelle Ansätze. Dementsprechend ist bei vielen Merkmalen effektiven professional developments unklar, ob sie sich effektiv auf die unterschiedlichen Ebenen der Wirkung von professional development auswirken. Zudem untersuchen viele die Auswirkungen ganzer Kurse, indem sie sie gegen eine Kontrollgruppe testen. In dieser Studie wird das Merkmal „Analysieren von Schülerdokumenten" in professional development explorativ auf seine Auswirkungen hinsichtlich des Lernens der Lehrkräfte untersucht. Die bisherigen Studien zeigen, dass der Fokus auf das Lernen von Schülern in professional development Auswirkungen auf unterschiedliche Ebenen hat. Auf der Ebene der Lehrerkognitionen änderten Lehrkräfte ihre Beliefs über das Lehren und Lernen von Mathematik durch die Fokussierung auf das Denken der Schüler. Ergänzend dazu konnten die Lehrkräfte nach dem professional development detaillierte Aussagen über ihre Schüler machen. Zudem brachte das Analysieren von Schülerlösungen Lehrkräfte expliziter zum Nachdenken über ihre eigenen Schüler. Speziell konnten sie dadurch besser antizipieren, was Schülern schwerfällt und wie sie den Unterricht planen können, um besser auf die Schüler und deren Konzepte eingehen zu können. Diese Forschungsergebnisse basieren entweder auf qualitativer Forschung oder verwenden das Analysieren von Schülerdokumenten nicht als einzige unabhängige Variable in einem experimentellen Design. In einem experimentell angelegten Design soll anhand einer explorativen Studie die bisherige Forschung ergänzt werden. Dazu ist es das Ziel, weitere Hypothesen bezüglich der Auswirkungen der Analyse von Schülerarbeiten zu bisher nicht betrachteten Aspekten der professionellen Kompetenz – speziell themenspezifisches fachdidaktisches Wissen und fachdidaktische Motivation – sowie eine Konkretisierung hinsichtlich der Beliefs zum Lehren und Lernen der Mathematik abzuleiten.

Auf der Basis der bisherigen Ergebnisse der Forschung werden Auswirkungen auf die Motivation, das fachdidaktische Wissen und die Beliefs der Lehrkräfte vermutet. Dies wird im Folgenden weiter konkretisiert werden.

Die Lehrkräfte werden sich bei dem Analysieren von Schülerdokumenten explizit mit den Konzepten und Fehlern ihrer Schüler auseinandersetzen. Daher wird wie bei der theoretischen Auseinandersetzung mit Fehlern und Konzepten vermutet, dass das fachdidaktische Wissen über die Schüler (vgl. Kapitel 2.2.2 sowie speziell 4.1.1 und 4.2.1) steigt. Durch die im Vergleich zu einer theoretischen Herangehensweise intensiveren Beschäftigung mit den Konzepten und Fehlern der Schüler könnte es sein, dass sich die Lehrkräfte durch das Analysieren von Schülerdokumenten mehr Wissen aneignen oder es aufgrund der intensiven Beschäftigung leichter abrufen können. Folglich sollten sie bei Wissenstests in dem Bereich eine stärkere Änderung als andere Lehrkräfte aufzeigen.

Die intensive Beschäftigung mit den Schülerkonzepten und -fehlern könnte dazu führen, dass die Lehrkräfte darüber nachdenken, wie sie im Unterricht auf diese reagieren. Dazu ist ein vertieftes fachdidaktisches Wissen über das Lehren (KCT) notwendig, um den Unterricht an die Kompetenzen und Bedarfe der Schüler anzupassen. Zur Vertiefung müssten die Lehrkräfte nach weiteren Erklärungsmöglichkeiten, Grundvorstellungen, usw. zur Umstellung des Unterrichts nachdenken, wenn sie auf die Vorstellungen der Schüler eingehen wollen.

Entsprechend wird vermutet, dass das fachdidaktische Wissen über das Lehren steigt.

Die bisherigen Studien zeigen ergänzend Änderungen der Beliefs durch professional development mit dem Merkmal der Fokussierung auf die Schüler (beispielsweise Carpenter et al., 1989; Franke et al., 1998). Dabei sind verschiedene Merkmale der Schülerfokussierung parallel eingesetzt worden. In dieser Studie wird speziell das Analysieren von Schülerarbeiten untersucht.
Auf der Basis der in Kapitel 2.4 beschrieben Motivationstheorie liegt die Hypothese nahe, dass vor oder während einer Änderung von Kognitionen (Wissen und Beliefs) eine Änderung der Motivation stattfindet (vgl. kognitiv-motivationales Prozessmodell, Erwartungswert-Modelle). Zum einen werden im Zusammenhang der Motivation Auswirkungen auf das Interesse – speziell das Interesse bezogen auf Schülervorstellungen und Lehren – und zum anderen auf die Leistungsmotivation – speziell Leistungsmotivation bezogen auf Schülervorstellungen und Lehren – vermutet.

Die intensive Beschäftigung mit der Analyse von Schülerdokumenten wird zunächst extern durch den Fortbildner angeregt. Dadurch soll das situationale Interesse der Lehrkräfte angeregt werden, da es sich zum einem um originale Schülerlösungen handelt, die sie analysieren sollen. Zum anderen sehen sie die Lösungen ihrer eigenen Schüler, wodurch sie im professional development relativ schnell Rückmeldungen zum Lernen ihrer Schüler erhalten und dies in den Unterricht einbetten können (persönliche Relevanz). Dies könnte sich durch die persönliche Integration sowie bedeutende Aktivitäten (Diagnose von Schülerkonzepten) oder kooperative Gruppenarbeit (Lehrkräfte arbeiten in dieser Phase in Gruppen) angeregt werden. Folglich ist es möglich, dass dies der Ausgangspunkt für das beginnende individuelle Interesse der Lehrkräfte ist, welches weitere intensive Beschäftigung mit den Konzepten der Schüler zur Folge haben könnte. Eine theoretische Perspektive auf Schülerkonzepte und -fehler bietet ggf. diese Möglichkeiten nicht in dem Ausmaß. Aus diesem Grund wird vermutet, dass das Interesse der Lehrer bezüglich der Schülervorstellungen steigt, wenn sie Schülerdokumente analysieren. Wie im Bereich des Wissens wird ebenfalls bezüglich des Interesses vermutet, dass die Lehrkräfte ihren Unterricht an die Schülerkonzepte anpassen wollen. Entsprechend sollte das Interesse bezüglich des Lehrens steigen.

Auf der Basis des Zusammenhangs zwischen der Ausprägung der Leistungsmotivation und der Leistung ist zu vermuten, dass mit dem Wissenserwerb im Bereich der Schülervorstellungen und dem Lehren eine Änderung der Leistungsmotivation bezüglich Schülervorstellungen und Lehren verbunden ist. Auf der Basis der intensiven Beschäftigung mit den Schülerlösungen in kleinen

Gruppen könnten die Lehrkräfte nicht nur Wissen über die Schüler, sondern auch ihre Diagnosekompetenzen weiterentwickeln. Durch die Erweiterung der Kompetenzen könnten sich in der Folge die Erwartung, Erfolg zu erzielen (beispielsweise Schülervorstellungen zu diagnostizieren), zunehmen. Entsprechend sollten die Lehrkräfte erfolgsmotivierter sein und seltener versuchen, Misserfolg zu meiden.

Auf Basis der Ergebnisse einiger bereits durchgeführter Studien ist zudem zu vermuten, dass sich Änderungen der Beliefs bezüglich des Lehrens und Lernens der Mathematik ergeben sollten, wenn die Lehrkräfte aktiv Schülerdokumente analysieren und reflektieren (Fives et al., 2015; Fives & Buehl, 2012; Wilson & Cooney, 2002). Die Reflexion wird in der Literatur als eine mögliche Ursache für die Veränderung von Beliefs genannt. Zudem zeigte sich, dass es einen Zusammenhang zwischen dem Ausmaß an Reflexion über die Praxis und der Änderung von Beliefs gibt (Decker, 2015). Während der Analyse der Schülerdokumente könnten die Lehrkräfte auf Basis der Lösungen der Schüler über die Ergebnisse ihres Unterrichts nachdenken, indem sie Schülerkonzepte und Schülerfehler betrachten. Dadurch ist es möglich, dass die Lehrkräfte erkennen, welche Kompetenzen die Schüler bereits besitzen. Auf der Basis der eingesetzten kompetenzorientierten Aufgaben (Modellierung, Problemlösen,…) könnten sie ebenfalls wahrnehmen, dass Schüler komplexere Aufgaben lösen können, obwohl sie sich etwas aus dem Unterrichtsgeschehen zurücknehmen. Dementsprechend ist es möglich, dass die Lehrkräfte substantiell neue Erfahrungen im Umgang mit dem Lehren und Lernen von Mathematik machen. In der Folge würden sich lerntheoretische Beliefs ändern. Speziell würden sich aufgrund der auf die Schüler fokussierten Sichtweise konstruktivistisch orientiertere Beliefs verstärken und transmissive abschwächen.

Insgesamt ist es auf Basis der beschriebenen Forschungslücken und Hypothesen das Ziel dieser Arbeit, folgende übergreifende Fragestellung mit den sich anschließenden konkret zu den Aspekten der professionellen Kompetenz passenden Forschungsfragen explorativ zu beantworten:

II. Welche Auswirkungen hat die Analyse von Schülerdokumenten in professional development auf die professionelle Kompetenz von Lehrkräften?

II.1. Welche Auswirkungen hat die Analyse von Schülerdokumenten in professional development auf das fachdidaktische Wissen über die Schüler (KCS)?

II.2. Welche Auswirkungen hat die Reflexion von Schülerdokumenten in professional development auf das fachdidaktische Wissen über das Lehren (KCT)?

II.3. Welche Auswirkungen hat die Reflexion von Schülerdokumenten in professional development auf die fachdidaktische Motivation der Lehrer bezüglich KCS und KCT?

II.4. Welche Auswirkungen hat die Reflexion von Schülerdokumenten in professional development auf Beliefs zum Lehren und Lernen von Mathematik?

Der dritte Teil der empirischen Arbeit zielt darauf ab, herauszufinden, von welchen Beliefs die Lehrkräfte über die Wirkung des professional development berichten. Dazu wird zuerst das Merkmal „Analysieren von Schülerarbeiten" in den Fokus gerückt und näher untersucht. Die bisherige Forschung zu diesem Merkmal zeigt, dass Lehrkräfte die solch eine Aktivität in professional development durchführen, das Verständnis der Schüler verstärkt hinterfragen, die Schüler mehr in die Überlegungen der Lehrkräfte eingehen und die Lehrkräfte verstärkt die Mathematik ihrer Schüler betrachten. Zudem zeigen Studien, dass sich Lehrkräfte in solche Phasen über Fachwissen, fachdidaktisches Wissen und die Schülervorstellungen austauschen (Bas et al., 2013; Little et al., 2003; Vescio et al., 2008). Insgesamt kann die Einbindung auf Basis der bisherigen Forschungen zu Veränderungen der Beliefs (Carpenter et al., 1989; Franke et al., 1998; Schorr & Lesh, 1998), der Unterrichtshandlungen (Bas et al., 2013) und Verbesserungen der Schülerleistungen führen (Saxe et al., 2001; Schorr, 2000; Strahan, 2003). Welche Auswirkungen Lehrkräfte genau über diese Phase des professional development retrospektiv beschreiben, ist bisher wie in den in Kapitel 3.3.2 beschriebenen Studien zwar ansatzweise erforscht worden, erfordert jedoch noch weitere Erkenntnisse.

Ausgehend von der Ausprägung der professionellen Kompetenz soll in dieser Studie herausgefunden werden, welche Aspekte durch die professional development Maßnahme angesprochen werden und welche Änderungen sich ergeben. Diese Hauptfrage wird bezüglich des fachdidaktischen Wissens zu Funktionen und zur Differentialrechnung, den Beliefs über das Lehren und Lernen der Mathematik sowie zur Natur mathematischer Leistungen und der fachdidaktischen Motivation untersucht. Neben der quantitativen Analyse in den ersten beiden Teilen zielt der dritte Teil der Studie darauf ab, von welchen Beliefs die Lehrkräfte über die Auswirkungen hinsichtlich der Veränderung des fachdidaktischen Wissens, Beliefs zum Lehren und Lernen sowie der fachdidaktischen Motivation berichten. Dazu wird jeweils erforscht, von welchen Änderungen Lehrkräfte berichten.

Insgesamt ist es auf Basis der beschriebenen Forschungslücken das Ziel dieser Arbeit, folgende übergreifende Fragestellung zu beantworten, wobei diese anhand des Fokus auf die Analyse von Schülerdokumenten bzw. die Aspekte der professionellen Kompetenz konkretisiert wird:

III. Wie beurteilen Lehrkräfte die Auswirkungen eines professional development zum kompetenzorientierten Unterricht und zur Diagnose?

III.1. Wie beurteilen Lehrkräfte die Auswirkungen der Analyse von Schülerarbeiten in professional development?

III.2. Wie beurteilen Lehrkräfte die Entwicklung ihres fachdidaktischen Wissens durch professional development zum kompetenzorientierten Unterricht und zur Diagnose?

III.3. Wie beurteilen Lehrkräfte die Veränderung ihrer Beliefs zum Lehren und Lernen durch professional development zum kompetenzorientierten Unterricht und zur Diagnose?

III.4. Wie beurteilen Lehrkräfte die Veränderung ihrer fachdidaktischen Motivation durch professional development zum kompetenzorientierten Unterricht und zur Diagnose?

Den in diesem Abschnitt genannten Forschungsfragen soll im nachfolgenden empirischen Teil der Arbeit nachgegangen werden. Zunächst wird dazu die methodische Herangehensweise in Form experimenteller und quasi-experimenteller Designs erläutert. Für die Überprüfung von Veränderungen durch das Experiment werden die Entwicklung und die Pilotierung der erforderlichen Messinstrumente erläutert. Zudem wird beschrieben, wie neben den quantitativen Daten anhand der Messinstrumente qualitative Daten durch Interviews gewonnen werden. Die Ergebnisse der Analyse der gewonnenen Daten werden anschließend im siebten Kapitel dargestellt und im achten auf Basis der Theorie interpretiert, wobei quantitative Daten und qualitative Daten aufeinander bezogen werden.

II. Methodik

Im zweiten Teil werden die zur Durchführung der Studie verwendeten Methoden dargelegt. Dazu werden in Kapitel 6 die theoretischen Überlegungen zur Methodik beschrieben. In diesem Zusammenhang wird der geplante Aufbau der Studie sowie die Gestaltung und Auswahl der Erhebungsinstrumente erläutert, die zur Beantwortung der jeweiligen Forschungsfragen verwendet werden. Dabei wird auf die Fragebogenkonstruktion sowie die Auswahl der Interviewform eingegangen. In Kapitel 7 wird die tatsächliche Durchführung der Studie erläutert. Dazu wird zu Beginn auf den Aufbau der Einzelstudien eingegangen. Dann wird dargelegt, wie die Daten anhand der Inhaltsanalyse bezüglich der Fragebögen bzw. der Interviews erzeugt werden. Abschließend erfolgt die Beschreibung der Zusammenführung der quantitativen und der qualitativen Daten.

6 Theoretische Überlegungen zur Methodik

In diesem Teil der Arbeit werden die theoretischen Überlegungen zur Methodik dargelegt, die zur Erforschung der Fragen aus dem vorherigen Kapitel verwendet wurden. Dazu wird zu Beginn in Kapitel 6.1 auf die allgemeine Konstruktion der gesamten Studien eingegangen. Anschließend werden die Instrumente vorgestellt, die zur quantitativen Erhebung des fachdidaktischen Wissens, der Beliefs zum Lehren und Lernen sowie der fachdidaktischen Motivation (Kapitel 6.2) eingesetzt worden sind. In Kapitel 6.3 wird das problemzentrierte Interview als Erhebungsinstrument des qualitativen Teils der Studie erläutert. Anschließend wird auf die Konstruktion des Interviewleitfadens eingegangen, der während der Durchführung mittels des problemzentrierten Interviews eingesetzt worden ist.

Während des gesamten Forschungsprozesses werden im qualitativen Teil der Studie die Gütekriterien für qualitative Forschung, wie sie Steinke (2017) vorschlägt, als Maßstab zur Absicherung der Ergebnisse genommen.

6.1 Design der Studien

Das Design der Studie ist in der Abbildung dargestellt und wird im Folgenden erläutert.

Die Studie zielt als erstes auf die Erfassung der professionellen Kompetenz operationalisiert als fachdidaktisches Wissen, Beliefs zum Lehren und Lernen und fachdidaktische Motivation ab, was durch die Forschungsfragen I.1. bis I.5. abgedeckt wird. Lehrkräfte füllen dazu Testinstrumente zu den drei Facetten aus, ohne an der im Rahmen der Studie stattgefundenen Intervention zur Verbesserung der professionellen Kompetenz teilgenommen zu haben (in der Abbildung 25 ist dies der Pretest). Diesen Test füllen alle drei Gruppen, auf welche im Folgenden näher eingegangen wird, aus.

T. Hahn, *Schülerlösungen in Lehrerfortbildungen*, Mathematikdidaktik im Fokus,
https://doi.org/10.1007/978-3-658-24451-4_6

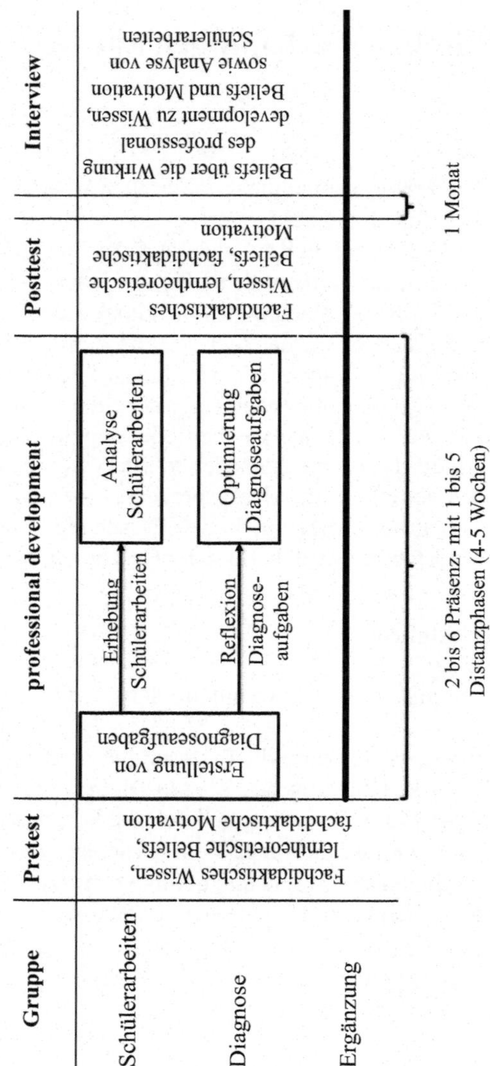

Abbildung 25: Design der Studie

Das zweite Ziel der Studie ist die Evaluation eines professional development, das zum einen spezielle Ziele von Sowder (2007) adressiert und zum anderen Merkmale effektiven professional development berücksichtigt. Letztere wurden unter anderem durch die „core features“ (Desimone, 2009) des professional development bedacht, indem die Veranstaltungen auf fachdidaktische Inhalte (Bildungsstandards, Diagnose, Schülerlernen, Schülervorstellungen, …) ausgerichtet sind, aktives Lernen seitens der Lehrkräfte durch Phasen der eigenständigen Arbeit an den Inhalten ermöglicht wird, Kohärenz zwischen den Veranstaltungen hergestellt wird (Bezug zwischen den Veranstaltungen mit den Distanzphasen, die vorbereitet und nachbereitet worden sind), eine kollektive Teilnahme (zwei Lehrkräfte pro Schule) bei der Ausschreibung der Veranstaltungen erwähnt wird und die Zeitspanne mindestens zwei Veranstaltungen mit einer Praxisphase umfasste. Zu diesen Merkmalen wurde den Lehrkräften nach den Veranstaltungen das verwendete Material zur Unterstützung nach der Maßnahme zur Verfügung gestellt (follow-up support). Zudem wurden die Veranstaltungen von Experten durchgeführt.

Zu den bereits genannten methodischen bzw. didaktischen Merkmalen sind der Fokus auf das Lernen der Schüler (Schülervorstellungen, Diagnose), professional development als Teil der täglichen Arbeit (Diagnose, Praxisphasen zum Testen der erstellten Aufgaben), Praxisphasen, die Reflexion der Praxisphasen durch Verbesserung der (Diagnose-)Aufgaben bzw. Analysieren von Schülerlösungen sowie die Diagnose im Mathematikunterricht als Aufgabe einer Lehrkraft berücksichtigt worden. Diese Merkmale sind expliziter Teil der jeweiligen Veranstaltung-en und nehmen unterschiedliche Anteile – je nach Fokus der Einzelveranstaltung – ein.

Das Analysieren von Schülerarbeiten als ein methodisch-didaktisches Merkmal wird im Rahmen dieser Studie untersucht. Damit die Lehrkräfte die Analyse von Schülerarbeiten durchführen können, erarbeiten sie zuerst Diagnoseaufgaben bzw. Modellierungs- und Problemlöseaufgaben während des professional development. Diese Aufgaben nehmen sie mit in den eigenen Unterricht. Dort lösen ihre Schüler die Aufgaben. Die Lösungen scannen sie ein und schicken sie dann an die Fortbildner, die eine erste Auswertung im Sinne der Selektion der Schülerlösungen anhand zu thematisierender Schülervorstellungen vornehmen. Diese ausgewählten Schülerlösungen erhalten die Lehrkräfte dann im professional development und analysieren diese in einer kooperativen Lernphase in Kleingruppen mit dem Fokus auf Schülerkonzepte und Schülerfehler, indem sie diese diagnostizieren (Regelmäßigkeiten erkennen, Schülervorstellungen antizipieren, Schülergedanken sofern möglich rekonstruieren). Anschließend werden die Ergebnisse systematisch im Plenum besprochen. Der Experte zeigt nach der Diskussion noch seine Analyse der Schülervorstellungen. Dieser methodisch-didaktische Teil wird in einer Gruppe stattfinden (Schülerarbeitengruppe). Eine andere Gruppe (Diagnoseaufgabengruppe) wird sich genau in diesem Teil unterscheiden. Diese wird sich ebenfalls mit erstellten Diagnoseaufgaben auseinandersetzen, indem die Lehrkräfte dieser Gruppe die Aufgaben reflektieren und hinsichtlich der Charakteristika von Diagnoseaufgaben optimieren. Diese Aufgaben führen die Teilnehmer statt der Erhebung von Schülerarbeiten aus. Die dritte Gruppe füllt ausschließlich den Pretest aus und ergänzt die beiden Gruppen des professional development zur Erhöhung des Stichprobenumfangs.

Ziel des zweiten und dritten Teils der Studie war es, die Forschungsfragen zur Veränderung der professionellen Kompetenz sowie speziell zum Einfluss des Analysierens von Schülerarbeiten anhand eines experimentellen bzw. quasiexperimentellen Designs zu untersuchen. In dem Untersuchungsdesign ist das Analysieren von Schülerdokumenten jeweils die unabhängige Variable, die durch die Forscher variiert wird. Das Design (experimentell oder quasiexperimentell) der jeweiligen Substudie wird anhand der örtlichen Gegebenheiten ausgewählt. Als abhängige Variablen werden auf Basis der Literatur (vgl. unter anderem Kapitel 2) die Konstrukte fachdidaktisches Wissen zu Schülern bzw. zum Lehren, Beliefs über das Lehren und Lernen, epistemologische Beliefs über die Genese mathematischer Leistungen sowie fachdidaktische Motivation betrachtet.

In allen Gruppen wird der gleiche Test zum Einsatz kommen, der die abhängigen Variablen misst. Dementsprechend werden das fachdidaktische Wissen, Beliefs zum Lehren und Lernen sowie fachdidaktische Motivation abgefragt. Dieser Test wird zu zwei verschiedenen Zeitpunkten eingesetzt. Zum einen findet er direkt vor dem professional development statt, um das Ausgangsniveau der Lehrkräfte zu erfassen. Dies dient der Ermittlung der Ausgangslage der professionellen Kompetenz der Lehrkräfte anhand der in dieser Studie betrachteten Subdimensionen (fachdidaktisches Wissen, Beliefs und Motivation). Zum anderen wird er nach Abschluss des gesamten professional development eingesetzt, um die Veränderungen bezüglich der drei Bereiche erfassen zu können. Die Tests fanden entweder zur gleichen Zeit oder in einem gleichen Zeitraum statt.

Zur Messung der in dieser Studie als abhängig betrachteten Variablen waren entsprechende Tests notwendig, auf welche im folgenden Unterkapitel näher eingegangen wird.

6.2 Erhebungsinstrumente des quantitativen Studienteils

Im Rahmen dieser Studie sind unterschiedliche Instrumente zur Erfassung von Teilen der professionellen Kompetenz von Mathematiklehrkräften zum Einsatz gekommen. Auf Basis der Forschungsfragen aus dem Kapitel 5 sind das fachdidaktische Wissen über Schüler sowie das fachdidaktische Wissen über das Lehren, die Beliefs der Lehrer über das Lehren und Lernen der Mathematik und die fachdidaktische Motivation als zu messende Konstrukte identifiziert worden. Zur Operationalisierung der drei Bereiche ist zum einen auf bestehende Fragebögen zurückgegriffen worden. Zum anderen sind bestehende Fragebögen für den Einsatz in der Studie adaptiert oder neue entwickelt worden. Die Operationalisierung wird in den folgenden Unterkapiteln beschrieben. Dazu wird zuerst erläutert, wie die Fragebogenitems aus der Theorie abgeleitet worden sind. Im Anschluss wird dargestellt, wie die jeweiligen Fragebögen vor dem Einsatz in den jeweiligen Studien getestet worden sind.

6.2.1 Fachdidaktische Wissenstests

In dieser Studie wird die Veränderung des fachdidaktischen Wissens durch die Teilnahme an einem professional development untersucht. Dazu war die Konstruktion von Wissenstests zur Erfassung des fachdidaktischen Wissens bezüglich der mathematischen Themen „Funktionen“ und „Differentialrechnung“ notwendig, weil bisher noch keine solchen vorhanden sind. Auf der Basis der Studien zur professionellen Kompetenz von Mathematiklehrkräften wurden Items mit einem offenen Antwortformat erstellt[87]. Dazu wurde unter anderem ein ähnliches Format gewählt, wie es bei COACTIV zu finden ist, da dort offene Items eingesetzt worden sind, die nicht nur erfordern, eine richtige Lösung zu geben,

---

87 In den Studien zur Erfassung des fachdidaktischen Wissens werden sowohl Multiple-Choice-Items (MCI) als auch offen gestellte Items eingesetzt. Die Überlegungen führten jedoch zu der Wahl von offenen Items. weil die Beantwortung der MCI unter anderem in der Diskussion stehen, das Erinnern von Fakten und Prozeduren zu erfassen (Fauskanger, 2015). In diesem Rahmen weist Fauskanger (2015) darauf hin, dass ebenfalls diskutiert wird, ob die MCI das Wissen der Lehrer in der Tiefe erfassen können. Basierend auf den Items von Mathematical Knowledge for teaching (Ball, Thames & Phelps, 2008) ergänzte er zu diesen offene Items für einen Vergleich der Antworten zwischen den Lehrern. Die Ergebnisse zeigen Inkonsistenzen zwischen der Erfassung des Wissens über MCI und offene Items.
Das MCI-Format kann nicht mit Sicherheit festlegen, ob eine Lehrkraft etwas weiß, da es eine bestimmte Ratewahrscheinlichkeit (abhängig von der Anzahl der Items) gibt, die ein fälschicherweise positives Ergebnis anzeigt. Daher wurde aufgrund der Möglichkeit zur tieferen Analyse der Lehrerantworten das offene Format gewählt, sodass die Lehrkraft nicht nur bekannte richtige Antworten erkennen sollen, sondern eigene richtige Antworten erstellen müssen. Diese können weitere Einblicke in das Wissen der Lehrer geben.

möglichst viele Antworten erfragt werden (vgl. dazu Krauss et al., 2011). Im Folgenden wird die Gestaltung und Erprobung der Items zur Erfassung des fachdidaktischen Wissens bezüglich der beiden Themengebiete näher erläutert.

Fachdidaktisches Wissen zu Funktionen

Die Items zur Erfassung des fachdidaktischen Wissens über die Schüler bzw. zum Lehren decken die im theoretischen Teil erfassten Subfacetten der beiden Wissensbereiche ab. Zur Operationalisierung der beiden Wissensfacetten wurden die Subfacetten der beiden in Kombination mit dem mathematischen Thema Funktionen betrachtet.

Das fachdidaktische Wissen über die Schüler im Bereich der Funktionen wurde als Wissen über die Schwierigkeiten von Schülern zu Funktionen sowie deren Diagnose operationalisiert. Als Ausgangsbasis für das Testinstrument wurden acht Items zum KCS entworfen. Die Items thematisieren unter anderem den Graph-als-Bild-Fehler, die Schwierigkeiten der Schüler beim Erkennen von Funktionen, Schwierigkeiten im Umgang mit Exponentialfunktionen sowie Schülerschwierigkeiten beim Wechsel zwischen Darstellungen (speziell beim Wechsel zwischen der grafischen in eine algebraische Darstellung einer linearen Funktion). Die Items sind teilweise als Diagnoseaufgabe gestellt worden, indem Lehrkräfte auf der Basis einer Schülerlösung den Fehler identifizieren, benennen und erläutern sollen. Weiterhin gibt es Items, die das Wissen über mögliche Schwierigkeiten von Schülern abfragen. Dabei sollen die Lehrkräfte jeweils die ihnen maximal mögliche Anzahl an Schwierigkeiten nennen. Beispielitems sind „Nennen Sie möglichst viele Ursachen, warum Schüler Schwierigkeiten im Umgang mit Exponentialfunktionen haben können (*Nummerieren Sie bitte jede Ursache*)“ sowie das Item in der folgenden Abbildung:

Erkennen von Funktionen

Gegeben ist folgender Graph einer Funktion:

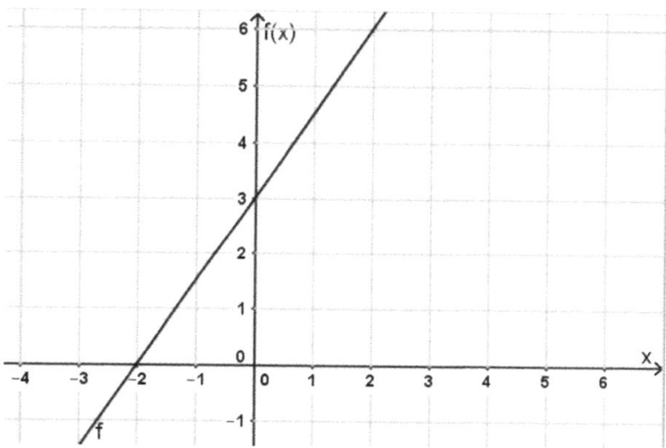

Hier haben die Schüler in der Regel keine Schwierigkeiten, den Graphen als Funktion zu identifizieren. Zeichnen Sie drei unterschiedliche Grafen, bei dem Schüler Schwierigkeiten haben werden.

Abbildung 26: Beispielitem KCS zu Funktionen

Die Items zur Erfassung des fachdidaktischen Wissens zum Lehren wurden analog zu denen zu Schülern gestaltet. Das Wissen über das Lehren wurde über das Geben multipler Erklärungen, das Wissen über Grundvorstellungen, über Darstellungen und Sachkontexte operationalisiert. Als Grundlage für die Entwicklung eines Tests wurden acht Items erstellt. Diese Items setzen sich mit möglichen Erklärungen des Funktionsbegriffs, den Darstellungsformen von Funktionen und den Realkontexten zur Anwendung von Funktionen auseinander. Das Wissen wird dabei in der Form der Nennung und Erläuterung möglichst vieler Erklärungen, dem Nennen möglichst vieler Realkontexte und dem Nennen von Darstellungen getestet. Diese Operationalisierung geht auf die vier Subfacetten des in Kapitel 2.2.4 festgelegten fachdidaktischen Wissen zum Lehren zurück. Inhaltlich thematisieren die Items unter anderem Realkontexte zu Exponentialfunktionen, die Verschiebungsrichtung der Parabel durch den Parameter *d* der Scheitelpunktsform und Darstellungen von Funktionen. Beispielitems sind „Stellen Sie kurz möglichst viele unterschiedliche Wege dar, einem Schüler zu erklären, was eine Funktion ist (*Bitte nummerieren Sie die unterschiedlichen*

Erklärungen)“ und „Nennen Sie möglichst viele Sachkontexte, in denen exponentielle Funktionen angewendet werden können (*Nummerieren Sie bitte die unterschiedlichen Kontexte*)“.

Die entwickelten Items sind hinsichtlich des Schwierigkeitsgrades, des Verständnisses sowie der Auswahl von Items pilotiert worden[88]. Auf Basis der Pilotierung sind die Items entsprechend der Rückmeldungen überarbeitet worden. Zudem erfolgte anhand des Grades der richtigen Antworten die Auswahl der Items, indem solche aussortiert worden sind, die von allen bzw. von kaum jemanden beantwortet worden sind.

Fachdidaktisches Wissen zur Differentialrechnung

Die Items zur Erfassung des fachdidaktischen Wissens in der Differentialrechnung sind analog zu denen des fachdidaktischen Wissens zu Funktionen gestaltet worden. Sie unterscheiden sich durch das mathematische Themengebiet, welches andere Formen von Schülerfehlern sowie Darstellungsformen und Grundvorstellungen bedingt.

Das fachdidaktische Wissen zu Schülern bezüglich der Differentialrechnung wurde – wie bei Funktionen – über die Kenntnis von Lernschwierigkeiten sowie deren Diagnose operationalisiert. Zu Beginn wurden zehn Items dieser Subdimension entworfen. Die Items thematisieren unter anderem die Diagnose von Fehlern bzw. Fehlvorstellungen in einer Schülerlösung zur algebraischen Ableitung einer Funktion, das Antizipieren möglicher Schülerfehler zu einer Funktionsgleichung sowie das Nennen unterschiedlicher Schülerschwierigkeiten bezüglich des grafischen Differenzierens. Bei diesen Items werden die Lehrkräfte aufgefordert, jeweils so viele verschiedene Lösungsmöglichkeiten wie ihnen möglich zu nennen. Beispielitems sind „Schüler haben immer wieder Schwierigkeiten beim grafischen Differenzieren. Nennen Sie nachvollziehbar (1 Satz) so viele verschiedene Schwierigkeiten, die Schüler beim grafischen Differenzieren differenzierbarer Funktionen haben können, wie sie können (Nummerieren Sie bitte die unterschiedlichen Schwierigkeiten)“ sowie das in der folgenden Abbildung dargestellte Item:

88 Das Messinstrument, das in der Hauptstudie eingesetzt wurde, befindet in den Ergebnissen unter 8.1.1.

Zur Funktion $f(x) = \frac{\sqrt{x}}{2} - \frac{1}{6x^2}$ bestimmt ein Schüler die folgende Lösung:

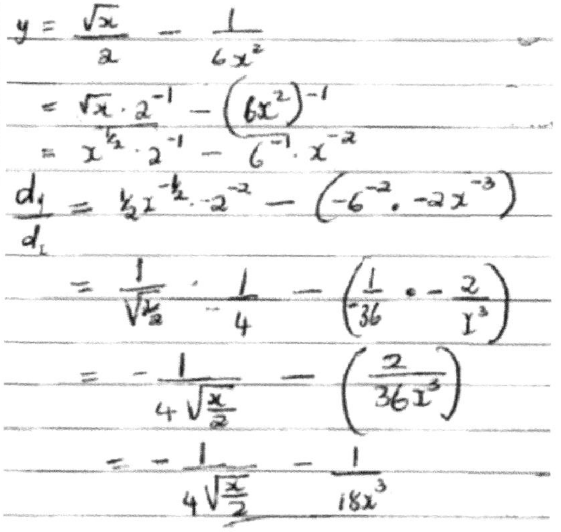

$$y = \frac{\sqrt{x}}{2} - \frac{1}{6x^2}$$
$$= \sqrt{x} \cdot 2^{-1} - (6x^2)^{-1}$$
$$= x^{\frac{1}{2}} \cdot 2^{-1} - 6^{-1} \cdot x^{-2}$$
$$\frac{dy}{dx} = \frac{1}{2}x^{-\frac{1}{2}} \cdot -2^{-2} - (-6^{-2} \cdot -2x^{-3})$$
$$= \frac{1}{\sqrt{\frac{x}{2}}} \cdot -\frac{1}{4} - \left(\frac{1}{-36} \cdot -\frac{2}{x^3}\right)$$
$$= -\frac{1}{4\sqrt{\frac{x}{2}}} - \left(\frac{2}{36x^3}\right)$$
$$= -\frac{1}{4\sqrt{\frac{x}{2}}} - \frac{1}{18x^3}$$

Nennen Sie nachvollziehbar alle Fehler, die der Schüler in der Lösung gemacht hat.

Abbildung 27: Beispielitem zum KCS in der Differentialrechnung

Das fachdidaktische Wissen zum Lehren der Differentialrechnung wurde analog zu Funktionen durch das Geben multipler Erklärungen, das Wissen über Grundvorstellungen und Darstellungen operationalisiert. Als Ausgangsbasis zur Testerstellung wurden acht Items erstellt. Diese thematisieren unter anderem das Nennen und Erklären unterschiedlicher Konzepte zur Ableitung in einem Punkt, das Erklären, warum die Ableitung einer Konstante Null ergibt, sowie das Erkennen und Benennen unterschiedlicher Grundvorstellungen wie die lokale Änderungsrate oder die lokale Linearisierung in ikonischen Darstellungen. Beim Nennen von Erklärungen ist jeweils die maximal mögliche Anzahl an Erklärungen gefragt, angeben werden können. Beispielitems sind „Nehmen Sie an, einer Ihrer Schüler hat Schwierigkeiten, einen konstanten Term abzuleiten. Skizzieren Sie konkret und nachvollziehbar möglichst viele verschiedene Wege, dem Schüler zu erläutern, was die Ableitung eines konstanten Terms bedeutet. (Nummerieren Sie bitte die unterschiedlichen Erklärungen)“ oder das Item, das in der folgenden Abbildung dargestellt wird:

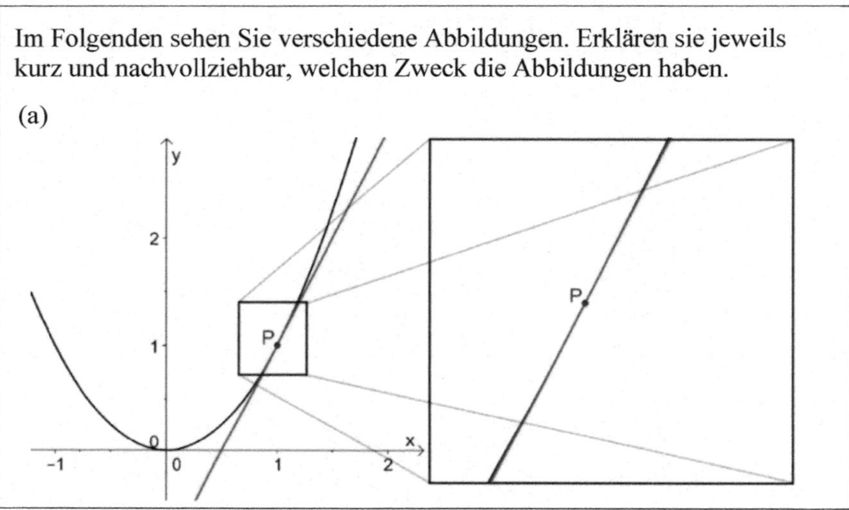

Abbildung 28: Beispielitem KCT in der Differentialrechnung

Die Items des fachdidaktischen Wissens in der Differentialrechnung wurden in einem ähnlichen Verfahren wie die Items aus dem Themenbereich Funktionen getestet. Anhand der gleichen Kriterien erfolgte ebenfalls die Überarbeitung und Auswahl der Items (alle Items im Anhang. Dieser liegt gesondert vor und kann beim Autor angefordert werden.).

6.2.2 Test der Beliefs zum Lehren und Lernen der Mathematik

Im Theorieteil wurde erläutert, dass das Konstrukt der Beliefs sowie deren mögliche Veränderungen in dieser Studie untersucht werden. Dazu werden Testinstrumente zur Messung der Beliefs bezüglich des Lehrens und Lernens der Mathematik eingesetzt. Auf Basis der bestehenden Untersuchungen zu diesem Forschungsbereich sind einige Fragebögen gesichtet worden. In diesem Zusammenhang sind die Skalen von Staub und Stern (2002) sowie TEDS-M zu epistemologischen Überzeugungen zum Lehren und Lernen der Mathematik und zur Genese mathematischer Leistungen (Laschke & Felbrich, 2013) ausgewählt worden. Dabei ist die Skala zur Genese mathematischer Leistungen neben den Beliefs zum Lehren und Lernen ausgewählt worden, da vermutet wird, dass der Fokus auf das Schülerlernen zu einer Abnahme der Beliefs führt, die die mathematische Leistung als anthropologisch konstant charakterisieren. Die ausgewählten

Skalen gehen bereits auf erfolgreich getestete zurück oder sind vor dem Einsatz noch einmal pilotiert worden. Um die Instrumente in der Studie einsetzen zu können sind einige Pilotierungen durchgeführt worden, da der Fragebogen von Staub und Stern mit 48 Items zu lang gewesen ist und die Reliabilität der Skalen von TEDS-M mit circa 0.6 grenzwertig sind. Im Folgenden werden beginnend mit dem Fragebogen von Staub und Stern (2002) die Tests zu den bestehenden Instrumenten erläutert.

Pilotierung der Items von Staub und Stern (2002)

Der Fragebogen von Staub und Stern (2002) enthält vier verschiedene Skalen mit jeweils zwölf Items. In diesem werden Lehrkräfte gebeten, die Aussagen auf einer fünfstufigen Likert-Skala mit den Punkten *strongly agree, agree, undecided, disagree* oder *strongly disagree* einzuschätzen. Die einzelnen Items sind dabei so formuliert, dass die Zustimmung zu der einen Hälfte transmissiven Beliefs entspricht. Die andere Hälfte zeigt bei Zustimmung konstruktivistische Beliefs. Da der Fragebogen die Übersetzung des von Peterson et al. (1989) entwickelten ist, umfasst er die gleichen Skalen (vgl. 2.3.2). Dieser Fragebogen wurde in den Studien der CGI sowie der Studie von Staub und Stern (2002) eingesetzt und zeigte gute Reliabilität[89]. Daher wurde das Instrument ausgewählt, um Beliefs zum Lehren und Lernen zu messen. Der Fragebogen mit insgesamt 48 Items ist zum Einsatz im professional development aus zeitökonomischen Gründen zu lang gewesen, weil und neben diesem noch ein Instrument zur Erhebung epistemologischer Beliefs zum Einsatz kommt. Daher ist eine Kürzung erforderlich gewesen.

Zuerst wurden die Dimensionen des Tests identifiziert, die sich besonders auf Beliefs zu konstruktivistischem Lernen bzw. transmissivem Lernen beziehen. Aus diesem Grund ist die Dimension „Beziehung zwischen Fertigkeiten, Verstehen und Problemlösen“ ausgeschlossen worden. Zur weiteren Reduktion wurde eine Pilotierung durchgeführt. Diese erfolgte an der Universität Kassel anhand 90 Studierenden.

Die Ergebnisse der Pilotierung zeigen, dass die Reliabilität gemessen mit Chronbachs alpha mit denen von Staub & Stern (2002) konsistent sind. Die Werte der Pilotierung sind in der folgenden Tabelle dargestellt:

89 In der Studie von Staub und Stern (2002) zeigte der Fragebogen Reliabilität zwischen 0.6 und 0.85 sowie für die gesamte Skala mit den 48 Items einen Wert von 0.9 für Cronbachs alpha. Dies unterstreicht die Güte dieses Messinstruments.

Subskala	Pretest
Rolle des Lerners	0,814
Soziokonstruktivismus	0,520
Rolle des Lehrers	0,638

Tabelle 3: Cronbachs alpha für den getesteten Fragebogen von Staub und Stern (2002)

Die Reliabilität der gesamten Skala bestehend aus 36 Items betrug 0,853. Die Subskala zum Soziokonstruktivismus scheint jedoch zu einigen inkonsistenten Antworten zu führen, welche den kritischen Wert von 0,6 der Beliefforschung unterschreitet (Blömeke, Müller et al., 2008). Daher war eine Optimierung des Fragebogens notwendig, welche durch Reduktion von Items anhand der Trennschärfe durchgeführt worden ist. Die Werte für Cronbachs alpha für die verkürzten Skalen sind ebenfalls konsistent mit denen von Staub & Stern (2002):

Subskala	Pretest
Rolle des Lerners	0,793
Soziokonstruktivismus	0,686
Rolle des Lehrers	0,649

Tabelle 4: Cronbachs alpha des reduzierten Fragebogens von Staub und Stern (2002)

Anhand der Ergebnisse der COACTIV-Studie, die transmissive und konstruktivistische Beliefs in zwei unabhängige Dimensionen trennen konnte, wird in dieser Studie ebenfalls diese Trennung vorgenommen. Dazu werden die 18 Items des verkürzten Fragebogens von Staub und Stern (2002) jeweils den beiden Kategorien zugeordnet. Zudem werden alle Items, die nach Staub und Stern (2002) negativ betrachtet worden sind, zu transmissiv und alle positiven zu konstruktivistisch zugeordnet. Damit ergeben sich sieben Items in der transmissiven Skala und elf in der konstruktivistischen.

Pilotierung der Items von TEDS-M zu epistemologischen Beliefs

Der Test zu epistemologischen Überzeugungen zur Mathematik bezüglich der Genese mathematischer Kompetenz unterteilen Blömeke und Müller et al. (2008) in die begabungstheoretischen und die erkenntnistheoretischen Beliefs (vgl. Kapitel 2.3.2). Hinsichtlich der begabungstheoretischen ist die Skala „Mathematik als anthropologische Konstante“ ausgewählt worden. Die Autoren operationalisieren diese durch Aussagen, die aufzeigen, dass mathematische Fähigkeiten zeitlich stabil, angeboren und durch demographische Merkmale festgelegt sind. Zudem sind sie geschlechtsspezifisch ausgeprägt und ethnisch determiniert.

Hohe Werte der Einschätzungen durch die Testpersonen drücken eine Zustimmung zur geringen Veränderbarkeit mathematischer Fähigkeiten aus.

Die Subskala erkenntnistheoretisch besteht wie die Beliefs bei Staub und Stern (2002) aus dem Transmissionsparadigma und dem Konstruktivismusparadigma (vgl. Kapitel 2.3.2). In diesem Zusammenhang operationalisieren Blömeke und Müller et al. (2008) die Beliefs zum Transmissionsparadigma und zum Konstruktivismus anhand der theoretischen Perspektive (vgl. auch Kapitel 2.3.2). Die gesamte Skala ist an das Messinstrument von Peterson et al. (1989) angelehnt.

Die Werte der Reliabilität der drei Skalen lag zum Teil im unteren Bereich akzeptabler Konsistenz. Daher wurden die Skalen vor dem Einsatz in der Hauptstudie einer Pilotierung unterzogen, um die Werte noch einmal zu bestätigen und den Einsatz in der Studie abzusichern. Insgesamt wurden beide Skalen anhand einer Stichprobe von 101 Studierenden pilotiert, wobei sich folgende Werte für die Konsistenz ergeben haben:

Subskala	**Cronbachs alpha**
Anthropologische Konstante	0,737
Transmissions-Orientierung	0,587
Konstruktions-Orientierung	0,652

Tabelle 5: Werte von Cronbachs alpha für den Vortest der TEDS-M Items

Die Werte der Reliabilität sind konsistent zu denen von MT21. Aus diesem Grund sind die Skalen zur Messung der epistemologischen Beliefs im Rahmen der Studie eingesetzt worden. Hierbei muss jedoch beachtet werden, dass die Konsistenz der Transmissions-Orientierung grenzwertig ist.

6.2.3 Test zur Erfassung fachdidaktischer Motivation

Die Veränderung der Motivation der Lehrkräfte wird in dieser Studie in Bezug auf fachdidaktische Aspekte untersucht. Zur Erfassung der Motivation ist zum einen auf einen bestehendes Instrument zur Erfassung der aktuellen Motivation (Rheinberg et al., 2001) zurückgegriffen worden. Zum anderen ist auf Basis der Theorie (Kap. 2.4) ein neues Instrument erstellt worden, das aufgrund einiger Probleme bezüglich des Verständnisses sowie nicht ausgefüllter Items notwendig geworden ist. Die Erstellung der Testinstrumente wird im Folgenden näher erläutert.

Adaption der Items von Rheinberg et al. (2001)

Das Instrument zur Erfassung der aktuellen Motivation nach dem kognitiven-motivationalen Prozessmodell nach Vollmeyer (2009a) bildet die Grundlage dieses Instruments und ist in Kapitel 2.4.2 erläutert worden. Demnach wird die aktuelle Motivation modelliert durch die Dimensionen „Erfolgswahrscheinlichkeit", „Misserfolgsbefürchtung", „Herausforderung" und „Interesse". Da sich die Items in unterschiedlichen Studien bewährt haben (beispielsweise Rheinberg et al., 2001), sind zur Messung fachdidaktischer Motivation Situationen identifiziert worden, die sich auf fachdidaktische Handlungen beziehen. Dazu sind zunächst sieben Situationen erstellt worden. Davon beziehen sich drei auf fachdidaktische Handlungen im Bereich der Schüler, zwei auf Handlungen des Lehrens und zwei auf pädagogische. Passend zu den Situationen sind die Items aus dem Instrument von Rheinberg et al. (2001) adaptiert worden. Die folgende Abbildung 29 zeigt eine Situation zur Erfassung der fachdidaktischen Motivation zu Schülerfehlern. Alle zugehörigen Items der Ausgangskonstruktion sind dort dargestellt. Die anderen sechs befassen sich mit „Eingangsdiagnose", „Schwierigkeiten von Aufgaben" (beide zu Schülern), „Lösen sozialer Konflikte", „Vor- und Nachteile von Unterrichtsmethoden" (beide generell pädagogisch), „Grundvorstellungen aufbauen", „verschiedene Repräsentationen finden" (beide zum Lehren). Der Bogen befindet sich im Anhang.

Schülerfehler

In einer Schulstunde zur Übung der Ableitungsregeln sollen ihre Schüler Aufgaben einer Stationsarbeit lösen. Während dieser Phase gehen Sie herum und sehen die verschiedenen Lösungsansätze Ihrer Schüler. Einer davon lautet wird folgt:

$$(\sin(x) \cdot e^{3x^2} + e^{\sin(x)})' = \cos(x)\,(6x\,e^{3x^2} + e^{\sin(x)})$$

Abbildung 29: Situation Schülerfehler

Die Items zur Erfassung des Interesses lauten in der Ausgangsfassung:

- Ich mag, solche Rätsel und Knobeleien beim Finden der Ursachen für Schülerfehler.
- Beim Finden von Ursachen der Schülerfehler mag ich die Aufgabe des Wissenschaftlers, der die Gründe entdeckt.
- Nach dem Lesen der Schwierigkeiten, scheint mir das Finden der Ursache sehr interessant.

- Bei der Ursachenfindung für Schülerfehler brauche ich keine Belohnung, sie macht mir auch so viel Spaß.
- Ursachenfindung von Schülerfehlern würde ich auch in meiner Freizeit betreiben.

Die Items zur Erfassung der Herausforderung lauten:

- Das Finden der Ursachen von Fehlern ist für mich eine richtige Herausforderung.
- Ich bin sehr gespannt darauf, wie gut ich die Ursachen solcher Schülerfehler finde.
- Ich bin fest entschlossen, mich beim Finden von Schülerfehlern voll anzustrengen.
- Wenn ich die Ursache solcher Fehler finde, werde ich schon ein wenig stolz auf meine Tüchtigkeit sein.

Die Items zur Erfassung der Erfolgswahrscheinlichkeit lauten:

- Ich glaube, dem Finden von Ursachen der Schülerfehler gewachsen zu sein.
- Wahrscheinlich werde ich die Ursachen für Schülerfehler nicht finden.
- Ich glaube, dass jeder die Ursachen von Schülerfehlern finden kann.
- Ich glaube, ich finde die Ursache von Schülerfehlern nicht.

Die Items zur Erfassung der Misserfolgsbefürchtung lauten:

- Ich fühle mich unter Druck gesetzt, wenn ich Ursachen von Schülerfehlern finden muss.
- Ich fürchte mich ein wenig davor, mich bei der Ursachenfindung von Schülerfehlern blamieren zu können.
- Es ist mir etwas peinlich, beim Finden der Ursachen der Fehler von Schülern zu versagen.
- Wenn ich an das Finden von Ursachen von Fehlern denke, bin ich etwas beunruhigt.
- Die konkreten Leistungsanforderungen beim Finden von Ursachen für Schülerfehler lähmen mich.

Die Items werden auf einer siebenstufigen Likertskala mit den Endpunkten „trifft nicht zu“ (=1) und „trifft zu“ (=7) eingeschätzt.

Zur Überprüfung der Reliabilität des adaptierten Messinstruments ist eine Pilotierung durchgeführt worden. Ein zweites Ziel der Testdurchführung war die Verkürzung des Instruments. Dazu wurden vier verschiedene Varianten des Instruments erstellt, die jeweils drei Subdimensionen enthielten.

Die Pilotierung wurde in der fachdidaktischen Vorlesung „Mathematikdidaktik der Sekundarstufe II“ an der Universität Kassel durchgeführt, weil die Inhalte zu den im Testinstrument vorhandenen passen (die Didaktik der Analysis ist Bestandteil der Vorlesung). Insgesamt nahmen 29 Studierende an der Pilotierung Teil. Die Reliabilitäten, die sich in der Gruppe zeigen, sind in der folgenden Tabelle dargestellt:

Situation	**Interesse**	**Erfolgswahrscheinlichkeit**	**Misserfolgsbefürchtung**	**Herausforderung**
Schülerfehler	0,593	0,362	0,802	0,601
Schülerschwierigkeiten	0,746	0,021	0,848	0,750
Eingangsdiagnose	0,579	0,530	0,778	0,842
Soziale Probleme	0,698	0,501	0,846	0,555
Vor- und Nachteile Unterrichtsmethoden	0,526	0,338	0,875	0,685
Unterschiedliche Repräsentationen	0,645	0,329	0,842	0,634
Grundvorstellungen	0,589	0,497	0,929	0,606

Tabelle 6: Reliabilität des Vortests des Instruments zur Erfassung fachdidaktischer Motivation

Die Reliabilität war in den meisten Fällen mit denen von Rheinberg et al. (2001) vergleichbar stark ausgeprägt. In den Subdimensionen mit schlechter Reliabilität wurde durch Verkürzung der Skala (Streichung von Items) überprüft, ob sich die Reliabilität verbessert. Dabei wurde höchstens ein Item pro Skala anhand der Trennschärfe gestrichen. Die Ergebnisse der Anpassung werden in derTabelle 7 auf der folgenden Seite dargestellt.

Die Ergebnisse des Pretests zeigen, dass das adaptierte Instrument die fachdidaktische Motivation reliabel misst (vgl. dazu Hahn & Eichler, 2016a, 2016b). Im Anschluss ist das Instrument auf Basis der Pilotierung gekürzt worden, indem die Situationen mit der insgesamt besten Reliabilität ausgewählt worden sind, wobei insgesamt vier fachdidaktische (je zwei zu Schülern und zum Lehren) und eine allgemein pädagogische enthalten sein sollten. Dies sind „Schülerfehler“, „Eingangsdiagnose“, „soziale Probleme“, „unterschiedliche Repräsentationen“ und „Grundvorstellungen“. Außerdem wurde die Subdimension Erfolgswahrscheinlichkeit gestrichen, da zum Teil zwei der vier Items herausgenommen werden mussten und die Skala zu kurz geworden wäre[90].

Situation	Interesse	Erfolgswahrscheinlichkeit	Misserfolgsbefürchtung	Herausforderung
Schülerfehler	0,593	0,734	0,802	0,767
Schülerschwierigkeiten	0,746	0,513	0,848	0,750
Eingangsdiagnose	0,670	0,786	0,778	0,842
Soziale Probleme	0,723	0,704	0,846	0,555
Vor- und Nachteile Unterrichtsmethoden	0,672	0,830	0,875	0,781
Unterschiedliche Repräsentationen	0,707	0,758	0,842	0,634
Grundvorstellungen	0,751	0,772	0,929	0,749

Tabelle 7: Optimierung der Reliabilität des Vortests des Instruments zur Erfassung fachdidaktischer Motivation

Entwicklung eines Instruments zur Erfassung fachdidaktischer Motivation

Der erste Fragebogen zur Erfassung der fachdidaktischen Motivation lieferte in der ersten Studie einige Ausfälle in der Form nicht eingeschätzter Items. Dies zeigte sich unter anderem schon im Vortest, da einige Studierende bezüglich einer Situation Bemerkungen hinsichtlich der Alltagsferne formuliert haben. Da die Bemerkungen in den Situationen zu finden waren, die für den Einsatz im professional development nicht mehr genutzt wurden, wurde der Fragebogen entsprechend eingesetzt. Während der Ermittlung der Daten der Lehrkräfte des ersten professional development zeigten sich häufig fehlende Antworten. Insgesamt

90 Das Instrument, das in der Studie eingesetzt worden ist, befindet sich im Anhang.

deutete dies an, dass das im vorherigen Abschnitt erläuterte Instrument zwar eine angemessen reliable Messung ermöglicht, es aber dennoch Unstimmigkeiten bezüglich des Verständnisses einzelner Items gab. Daher wurde basierend auf den Ideen des ersten Instruments ein zweites entwickelt, das näher am Alltag der Lehrkräfte orientiert ist.

Zur Entwicklung des neuen Instruments wurden die Subfacetten des fachdidaktischen Wissens aus Kapitel 2.2 als Ausgangsbasis verwendet. Demnach wurde das Erklärungswissen, das Wissen über unterschiedliche mathematische Repräsentationen und über Grundvorstellungen sowie die Aneignung der Formen als Teil zum Lehren betrachtet. Auf dieser Basis wurden die Motivationsitems inhaltlich gestaltet. Für die Items zur fachdidaktischen Motivation zu Schülern wurden Schülerschwierigkeiten, -fehler, -denkweisen sowie Diagnose dieser benutzt. Zur Erfassung wurden das Interesse und die Leistungsmotivation als Subfacetten der Motivation gewählt, wie dies bereits im Fragebogen zur aktuellen Motivation der Fall ist (vgl. dazu Rheinberg et al., 2001).

Die Dimensionen wurden jeweils auf der Basis der Theorie operationalisiert. Das „Interesse“ wird durch Items erfasst, die auf die Theorie der Person-Gegenstands-Beziehung basieren. Dabei ist der Gegenstand des Interesses das Erklären mathematischer Inhalte, das Finden von Vorstellungen von Schülern zu mathematischen Inhalten usw. Dies wird ebenfalls durch Items ausgedrückt, die den Spaß und die Spannung an diesen Aktivitäten beschreiben. Zudem ist in dieser Dimension die emotionale und die wertbezogene Komponente des Interesses im Sinne der persönlichen Bedeutung und des Nutzens für den Unterricht einbezogen worden. Beispielitems sind „Ich interessiere mich für die Vorstellungen, die Schüler von mathematischen Inhalten haben“, „Zur Unterrichtsvorbereitung ist es mir wichtig, bei der Planung mögliche Schülerfehler zu berücksichtigen“ und „Verschiedene Darstellungen mathematischer Inhalte in den Unterricht einzubauen, finde ich bereichernd für den Unterricht“.

Die Leistungsmotivationsdimension wurde durch die theoretischen Konstrukte Hoffnung auf Erfolg und Angst vor Misserfolg operationalisiert. Die Items thematisieren auf der einen Seite die eigene Einschätzung, bei den Aktivitäten erfolgreich zu sein. Zum anderen setzen sie sich mit der Furcht vor Misserfolg auseinander, indem sie unter anderem meidendes Verhalten thematisieren. Ergänzend dazu beschreiben sie die Vorstellung, die Aktivitäten (Diagnostizieren, Erklären, usw.) nicht schaffen zu können, weil sie entweder nicht möglich, sehr schwierig oder mit ihren Fähigkeiten nicht machbar sind. Beispiele für Items dieser Skala sind „Mir gelingt es recht gut, in meinen Klassen auf Schülervorstellungen zu mathematischen Inhalten zu reagieren“, „Stets den konkreten Bezug zu Grundideen mathematischer Konzepte im Unterricht zu schaffen, halte ich für sehr schwer“ und „Verständnisprozesse von Schülern wirklich zu verstehen, ist für eine Lehrkraft nicht möglich“.

Die Dimension Herausforderung wurde wie im Messinstrument von Rheinberg et al. (2001) operationalisiert. Dementsprechend thematisieren Items dieser Dimension das Empfinden der Aktivitäten als Herausforderung oder als schwere Aufgabe. Beispielitems sind „Für mich ist es stets eine Herausforderung, bei der Planung des Mathematikunterrichts Grundideen bzw. Grundvorstellungen zu mathematischen Inhalten zu berücksichtigen“ und „Es erfordert schon große Arbeit, Schülerfehlvorstellungen in den Unterricht zu integrieren“ [91]. Insgesamt ergab das zwei Skalen (Schüler bzw. Lehren), die jeweils drei Subskalen enthalten, deren Items sowohl positiv als auch negativ formuliert wurden.

Der erste Entwurf des Tests ist auf der Basis von Rückmeldungen von Experten überarbeitet und in einer Stichprobe von 52 Studierenden pilotiert worden. Dies führt zu folgenden Werten:

Subdimension	**Motivation Schüler (Itemzahl)**	**Motivation Lehren (Itemzahl)**
Interesse	0,755 (13)	0,818 (12)
Leistungsmotivation	0,711 (8)	0,804 (10)
Herausforderung	0,535 (4)	-0,661 (4)

Tabelle 8: Reliabilität des neuen Motivationsmessintruments zu den Subdimensionen der beiden Dimensionen KCS und KCT

Ziel der weiteren Analysen war es, den Fragebogen auf der Basis der Daten der Studierenden zu kürzen. Dies wurde anhand der Trennschärfe durchgeführt. Die Skala zur Herausforderung wurde aufgrund der geringen Konsistenzen gestrichen. Die anderen beiden Subdimensionen wurden jeweils solange gekürzt bis sie jeweils noch sechs Items enthielten. Die Reliabilitätswerte der gekürzten Skalen lauten wie folgt (gekürzter Fragebogen befindet sich im Anhang):

Subdimension	**Motivation Schüler (Itemzahl)**	**Motivation Lehren (Itemzahl)**
Interesse	0,835 (6)	0,818 (6)
Leistungsmotivation	0,855 (6)	0,796 (6)

Tabelle 9: Reliabilitätswerte nach der Kürzung des neuen Motivationsmessinstruments

Die Werte von Cronbachs alpha liegen mit mindestens 0,796 in einem guten Bereich, sodass der Fragebogen, wie er sich aus der Reduzierung ergab, im

91 Der gesamte Fragebogen, der in der Vorstudie eingesetzt wurde befindet sich im Anhang.

professional development in Hessen und im zweiten in Sachsen-Anhalt eingesetzt wurde.

6.3 Erhebungsinstrument des qualitativen Studienteils

Die Forschungsfragen III.1. bis III.4 aus dem dritten Teil der empirischen Studie werden mit Hilfe von qualitativen Methoden untersucht, da es unter anderem um Beliefs über die Wirkung des professional development der Lehrkräfte geht. Dazu sind nach Döring und Bortz (2016c) Interviews geeignet, weil sie Aspekte des subjektiven Erlebens (Anreize, Beliefs, Interessen, ...) zugänglich machen und Aspekte von Handlungen erfasst werden können, die nicht direkt beobachtbar sind. Für die Datenerhebung wurden Lehrkräfte anhand von Interviews zu ihren Lernprozessen im professional development sowie zu Änderungen der Aspekte professioneller Kompetenz aus ihrer Sicht befragt. Im Folgenden soll dargestellt werden, warum das qualitative Erhebungsverfahren in diesem Fall am geeignetsten ist und warum das problemzentrierte Interview als Form gewählt wird.

6.3.1 Das problemzentrierte Interview

In dieser Studie wird hinsichtlich der Strukturierung die Form des halbstrukturierten Interviews eingesetzt. Diesem liegt ein Interview-Leitfaden zugrunde. Der Leitfaden ist meist so gestaltet, dass er offene Fragen enthält, auf die die Interviewten mit eigenen Worten antworten. Er stellt dabei ein Grundgerüst der Fragen zu einzelnen Themen dar, um Vergleichbarkeit zwischen unterschiedlichen Interviews zu ermöglichen, kann jedoch flexibel eingesetzt werden. Dementsprechend ist die Reihenfolge der Fragen nicht fest vorgegeben, sondern kann an das Interview individuell angepasst werden (vgl. Döring & Bortz, 2016c). Trotz der Vorgaben des Leitfadens ermöglicht das Leitfaden-Interview spontan aus dem Gesprächsverlauf entstehende Fragen oder Themen einzubinden.

Eine Unterform der halbstrukturierten Interviews stellt das problemzentrierte Interview dar. Es geht auf Andreas Witzel (1989, 2000) zurück. In dieser Interviewform besitzt der Interviewer bereits theoretisches, wissenschaftliches Vorwissen, welches er in das Interview mit einbringt. Dementsprechend bereitet sich der Forscher vor dem Interview unter anderem durch ein Studium der bestehenden Literatur vor. Auf dieser Basis kann er einen Leitfaden als Hilfestellung entwickeln, der die anzusprechenden Themenbereiche enthält (vgl. auch Lamnek & Krell, 2016). Der Leitfaden kann zudem im Forschungsprozess modifiziert werden (Eichler, 2005b).

Nach Witzel (2000) besteht es aus folgenden Phasen (vgl. dazu auch Döring & Bortz, 2016c):

1. Erklärung: In dieser Phase wird dem Interviewten der Zweck und der Ablauf des Interviews offengelegt. Zudem wird ihm die Anonymisierung zugesichert. Speziell wird darauf hingewiesen, dass es sich nicht um eine Art Prüfungssituation handelt, sondern die individuellen Vorstellungen und Meinungen im Vordergrund stehen.
2. Kurzfragebogen für Sozialdaten: Vor dem Einstieg in das mündliche Interview wird durch den Interviewten ein Kurzfragebogen zu sozialen Daten (Alter, Beruf, Ausbildung, etc.) gegeben. Diese Informationen sollen dem Interviewer zum einen helfen, sich auf den Gesprächspartner einzustellen, und zum anderen, eine Prüfungssituation zu vermeiden.
3. Einleitungsphase: Zu Beginn wird eine Einstiegsfrage formuliert, die das Gespräch auf das Problem fokussiert. Darüber hinaus sollte diese so offen formuliert sein, dass sie den Interviewten anregt, möglichst viel, aus unterschiedlichen Perspektiven über das Problem berichten zu können.
4. Kommunikationsstrategien zur Erzählungs- und Verständnisgenerierung: Anschließend an die durch die Einstiegsfrage angeregten Erzählungen werden im weiteren Gesprächsverlauf mittels allgemeiner Sondierungen thematische Aspekte aufgegriffen. Weitere Nachfragen helfen in diesem Sinne dem Interviewten dabei, die Erzählungen weiterzuführen bzw. zu detaillieren. Dabei kann durch das Erfragen von Erfahrungsbeispielen die Erinnerungsfähigkeit angeregt werden (Erzählungsgenerierung). Treten Unklarheiten, Abweichungen oder Widersprüche in den Aussagen auf, kann der Interviewer mittels spezieller Sondierungen sicherstellen, dass er den Interviewten richtig verstanden hat (Verständnisgenerierung). Dazu stehen dem Forscher die Möglichkeiten des Zurückspiegelns, der Verständnisfrage und der Konfrontation zur Verfügung.
5. Ad-hoc-Fragen: Werden im Interview bestimmte für die Vergleichbarkeit unterschiedlicher Interviews notwendige Themenbereiche nicht angesprochen, so können Fragen auf der Basis des Interviewleitfadens gestellt werden, die die Themen abdecken. Die Einbringung der Frage sollte sich flexibel in das Interview einpassen, damit ein Frage-Antwort-Schema vermieden wird, indem die Strategien der Erzählungs- und Verständnisgenerierung eingesetzt werden.
6. Postskriptum: Nach dem Interview wird ein Postskript erstellt, welches Besonderheiten bzw. Anmerkungen zur Interviewsituation umfasst. Zudem enthält es Informationen zu thematischen Auffälligkeiten und Ideen zur Interpretation.

7. Datenanalyse: Das aufgezeichnete Interview wird zuerst transkribiert und anschließend mittels qualitativer Datenanalyse untersucht.

Das problemzentrierte Interview bietet somit die Möglichkeit, bereits bestehende Theorie bzw. bestehendes Wissen in den Forschungsprozess mit einzubeziehen und ermöglicht dennoch die Erforschung der festgelegten Themenkomplexe. Zudem können dadurch Erfahrungen in Form von individuellen Vorstellungen und Meinungen erforscht werden, die eine Person zu einer Problemstellung besitzt. Aufgrund der halboffenen Struktur ist zudem eine Entwicklung von fallübergreifenden Strukturen möglich, die anhand von Gemeinsamkeiten und Unterschieden identifizierbar sind.

Die Anlage des problemzentrierten Interviews passt zu den in Kapitel 5 formulierten Forschungsfragen III.1. bis III.4. zu den Beliefs über die Wirkung des professional development der Lehrkräfte bezüglich der Analyse von Schülerarbeiten sowie Veränderungen ihres fachdidaktischen Wissens, ihrer Beliefs zum Lehren und Lernen sowie ihrer fachdidaktischen Motivation. Dies ergibt sich aufgrund der Möglichkeit, Theorie einzubinden und gleichzeitig ergebnisoffen vorgehen zu können.

Aufgrund der Studienanlage und den eingesetzten Fragebögen zur quantitativen Messung, die die Erhebung sozialer Daten beinhalten, wäre es möglich, durch Abgleich der sozialen Daten eine Verbindung zwischen den Fragebögen zur Messung von fachdidaktischem Wissen, Beliefs über das Lehren und Lernen sowie fachdidaktischer Motivation herzustellen. Da die Fragebögen eine Prüfungssituation für die Lehrkräfte darstellen könnten, könnte sich dies ebenfalls auf das Interview auswirken. Daher wird auf diese Phase während des Interviews verzichtet, damit auf jeden Fall garantiert ist, dass die Daten zum einen anonym bleiben und zum anderen auf den Meinungen der Lehrkräfte ohne durch äußere Umstände beeinflusste Verfälschungen basieren.

Die Konstrukte, die im theoretischen Teil der Arbeit erläutert worden sind, sollen inhaltlich in den Interviews thematisiert werden. Im Folgenden Unterkapitel wird erläutert, wie dies in einen Leitfaden für die Interviews umgesetzt wurde.

6.3.2 Interviewleitfaden

Die Interviews mit den Lehrkräften sind anhand eines Leitfadens strukturiert worden. Die Struktur des Leitfadens wird im Folgenden vorgestellt.

Zu Beginn jedes Interviews wurde Transparenz hinsichtlich des Ziels, des Ablaufs und der späteren Verwendung der Daten erzeugt. Speziell wurde darauf hingewiesen, dass es sich nicht um eine Prüfungssituation handele, sondern eine

Befragung zu den subjektiv durch das professional development erlebten Änderungen ist (vgl. auch 6.3.1).

Der Leitfaden wurde auf der Basis der Theorie entwickelt und orientiert sich an den Kapiteln aus dem Theorieteil. Dabei wurde der Leitfaden anhand der folgenden Struktur gegliedert:

1. Merkmale guten professional development
2. lerntheoretische Beliefs
3. Interesse
4. Leistungsmotivation
5. Initiierung von Handlungen durch das professional development
6. Wissen

Für die jeweiligen Themenkomplexe sind Fragestellungen erstellt worden. Die Einstiegsfragen sind sehr offen gewählt und beziehen sich jeweils auf professional development allgemein. Die weiterführenden Fragestellungen werden immer konkreter und fokussieren auf die Beliefs über die Wirkung des professional development. Dies soll zu Beginn klären, welche Elemente die Lehrkräfte ohne eine Vorgabe bzw. Reiz benennen. Anschließend werden bestimmte Themen fokussiert. Dies zeigt sich beispielhaft an den folgenden Fragestellungen zu professional development:

1. Beschreiben Sie, was für Sie eine gute Fortbildung ausmacht.
2. Was war für Sie an dieser Fortbildung gut?
3. Welche Elemente haben Ihnen beim Lernen während der Fortbildung geholfen?
4. Beschreiben Sie, was sich bei Ihnen durch das Analysieren von Schülerarbeiten geändert hat.

Einen ähnlichen Verlauf von professional development allgemein bis hin zu den Auswirkungen des Analysierens der Schülerarbeiten wurde ebenfalls in den anderen oben genannten Themenkomplexen verfolgt. Diese sind:

Komplex 2:	Ändern Fortbildungen etwas an Ihren Ansichten zum Unterrichten?
Komplex 3:	Beschreiben Sie, inwiefern sich Ihre Interessen durch Fortbildungen ändern.
Komplex 4:	Erläutern Sie, wie Fortbildungen Ihnen helfen, den Unterricht erfolgreicher zu gestalten.
Komplex 5:	Verändern Sie durch Fortbildungen Ihren Unterricht?

Komplex 6:	Beschreiben Sie, inwiefern Sie neues Wissen aus Fortbildungen mitnehmen.

Die Fragestellungen sind jeweils direkt gewählt worden, sodass die Lehrkräfte in den Interviews angeregt werden, über ihre subjektiv erlebten Änderungen durch das professional development zu berichten. Dies beinhaltet in jedem Komplex eine persönliche Einschätzung, was sich aus ihrer Sicht durch die Teilnahme verändert hat. Die Komplexe selbst sind voneinander unabhängig gestaltet. Die Reihenfolge ist somit nicht vorgegeben, sodass der Interviewer passend zu den Berichten der jeweiligen Lehrkraft einen weiteren Komplex ansprechen kann, der durch die Lehrkraft in dem Bericht zu einem Komplex angesprochen wird. Der Komplex eins bildet in diesem Zusammenhang eine Ausnahme, da er als Einstieg in das Interview dient. Die erste Fragestellung dient dabei als Einleitungsfrage, deren Ziel die Zentrierung auf die Beliefs der Lehrkräfte über die Wirkung des professional development ist, und soll aufgrund ihrer Offenheit die Lehrkraft anregen, aus ihren bisherigen subjektiv erlebten Veränderungen zu berichten. In dieser Phase kann die Lehrkraft auf professional development allgemein, spezielle Angebote oder die aktuelle Veranstaltung eingehen und über Merkmale, eigenes Lernen oder ähnliches berichten. Ziel dieser Offenheit ist die Erleichterung des Einstiegs in das Interview.
Die anschließenden Fragen, die zur Konkretisierung der Beliefs über die Wirkung bezüglich der einzelnen Komplexe dienen, sind den Einstiegsfragen in die Themen jeweils untergeordnet (gesamter Interviewleitfaden befindet sich im Anhang). Sie dienen als mögliche ad-hoc-Fragen, die durch den Interviewer angesprochen werden, falls der Interviewte zu diesen noch nicht berichtet hat. Darüber hinaus sind Fragestellungen bezüglich der speziellen Sondierung nicht im Leitfaden formuliert, da sie sich erst im Verlauf des Interviews ergeben. In diesem Zusammenhang wird immer wieder die Aufforderung gegeben, Beispiele zu nennen, anhand derer sie ihre subjektiven Änderungen bzw. ihr Lernen festmachen.

Die bisherigen Darstellungen der Methodik beziehen sich auf die theoretische Gestaltung der Studie. In dem folgenden Unterkapitel wird die tatsächliche Durchführung der Studie aufgrund der gegebenen Rahmenbedingungen erläutert.

7 Durchführung der empirischen Studie

In diesem Kapitel wird dargelegt, wie auf der Basis der theoretischen Überlegungen die Studie durchgeführt worden ist. Dazu wird zuerst in Kapitel 7.1 auf die konkrete inhaltliche Gestaltung der unterschiedlichen Veranstaltungen eingegangen, die den Rahmen für die Datenerhebung bilden. In diesem Zusammenhang werden die Merkmale der jeweiligen Stichproben erläutert. Anschließend wird in Kapitel 7.2 die Auswertungsmethodik der Inhaltsanalyse dargelegt. Abschließend wird in Kapitel 7.3 beschrieben, wie die quantitativen und die qualitativen Ergebnisse zusammengeführt werden.

7.1 Aufbau der Einzelstudien

Das professional development wurde zu unterschiedlichen Zeiten an unterschiedlichen Orten durchgeführt. Diese fanden sowohl in Sachsen-Anhalt als auch in Hessen statt. In diesem Kapitel wird Durchführungen der Studie erläutert. Zudem wird auf die Eigenschaften der jeweiligen Stichprobe eingegangen.

7.1.1 Sachsen-Anhalt I

Die erste Studie hat in Sachsen-Anhalt in der Zeit von November 2015 bis Juni 2016 stattgefunden. Das Deutsche Zentrum für Lehrerbildung Mathematik (DZLM) hat dort ein professional development auf Basis einer Initiative aus dem zuständigen Kultusministerium durchgeführt. Diese bestand aus sechs Präsenzterminen und den jeweiligen Distanzphasen. Das professional development hat parallel in den Städten Magdeburg und Halle stattgefunden und ist für alle Mathematiklehrkräfte angeboten worden. Ziel des professional development ist es gewesen, die Lehrkräfte für das neue Kerncurriculum zu sensibilisieren und deren Umsetzung zu begleiten. Dabei wurden die neuen Bildungsstandards der Sekundarstufe I thematisiert, wobei sich dies wie folgt auf die sechs Veranstaltungen verteilte:

1. Problemlösen und Modellieren sowie Aufgabenkonstruktion zu den beiden Kompetenzen

T. Hahn, *Schülerlösungen in Lehrerfortbildungen*, Mathematikdidaktik im Fokus,
https://doi.org/10.1007/978-3-658-24451-4_7

2. eingekleidete Aufgaben vs. authentische Kontexte sowie Aufgabenbearbeitung (Öffnen von Aufgaben) im Sinne des Modellierens/Problemlösens
3. Argumentieren und Kommunizieren sowie Aufgabenbearbeitung (Öffnung von Aufgaben) im Sinne der beiden Kompetenzen
4. Differenzierung im Unterricht sowie Gestaltung differenzierender Übungsaufgaben aus Schulbuchaufgaben
5. Vertiefung des Differenzierens im Unterricht nach unterschiedlichen Kriterien (Paralleldifferenzierung, Selbstdifferenzierung, Blütenaufgaben) sowie Aufgabenveränderung im Sinne des Differenzierens
6. Möglichkeiten zur Bewertung der Bearbeitungen von Modellierungs-, Problemlöse- und Argumentationsaufgaben

Aufgrund der Voraussetzungen des professional development und der örtlichen Bindung an die beiden Standorte, ist zur Beantwortung der Forschungsfrage zur Entwicklung der professionellen Kompetenz sowie Gruppenunterschieden zwischen Diagnose und Schülerarbeiten ein quasiexperimentelles Design gewählt worden. Dazu ist eine der beiden Gruppen zufällig als Untersuchungsgruppe ausgewählt worden. Schülerarbeiten sind von der Gruppe in Magdeburg analysiert worden. Dagegen erhielten die Lehrkräfte in Halle nur eine inhaltlich gleiche professional development mit der Optimierung von Diagnoseaufgaben (Ziele der eingesetzten Aufgaben ermitteln und Optimierungen auf der Basis der Unterrichtserfahrungen vornehmen) statt der Analyse von Schülerdokumenten.

Die Gruppen haben sich wie folgt zusammengesetzt. In der Gruppe von Magdeburg haben 21 Lehrkräfte zu Beginn des professional development teilgenommen. Davon waren vier männlich und siebzehn weiblich. Das durchschnittliche Alter der Lehrkräfte lag bei 48.6 Jahren (Minimum 30; Maximum 60). Die Lehrerfahrung in Jahren nach dem Vorbereitungsdienst bewegte sich zwischen 1.5 und 38 Jahren und betrug im Schnitt 24.4 Jahre (Median 29). Die teilnehmenden Lehrkräfte haben als zweites Fach überwiegend Physik (10 Lehrkräfte) und Chemie (7 Lehrkräfte). Zudem hat eine Lehrkraft Informatik, eine andere Geschichte und zwei weitere Geographie als Zweitfach. Die Erfahrungen mit professional development sind gering ausgeprägt, da das Land Sachsen-Anhalt diese Veranstaltung aufgrund des geringen Angebots anbietet. Zum Ende der Veranstaltungen haben noch 15 der 21 Lehrkräfte am professional development teilgenommen.

Im Vergleich dazu haben bei der ersten Veranstaltung in Halle nur 13 Lehrkräfte teilgenommen. Davon waren drei männlich und zehn weiblich. Das durchschnittliche Alter lag bei 46.9 Jahren (Minimum 29; Maximum 60). Die Lehrkräfte hatten im Mittel 21.9 Jahre nach dem Vorbereitungsdienst unterrichtet und haben überwiegend ein naturwissenschaftliches Zweitfach: sieben Physik, vier Chemie, eine Sport und einer Englisch. Zum Ende des professional development haben noch zehn der 13 Lehrkräfte, die begonnen haben, teilgenommen.

7.1.2 Hessen

Die zweite Studie hat in Hessen im Jahr 2016 stattgefunden. Das professional development ist als „Fortbildung“ für Lehrkräfte vom Land Hessen akkreditiert worden. Die Veranstaltung bestand aus zwei Präsenzterminen mit einer Distanzphase. Ziel war es, die Lehrkräfte für das neue Kerncurriculum der Sekundarstufe II zu sensibilisieren und Möglichkeiten für den Einsatz von Diagnose zu zeigen. Thematisch wurde die Analysis fokussiert. Dazu wurden Grundvorstell-ungen, Einstiegsbeispiele nach dem neuen Kerncurriculum sowie mögliche Schülervorstellungen besprochen. Die beiden Termine wurden thematisch wie folgt gegliedert:

1. Kerncurriculum, Einstiegsbeispiele und Grundvorstellungen zur Differential- und Integralrechnung sowie mögliche Schülervorstellungen bzw. Fehlvorstellungen; Input zu Diagnose sowie Erstellung bzw. Veränderung von Diagnoseaufgaben zum Einsatz im Unterricht
2. Analyse der Schülerarbeiten aus der Distanzphase; Planung möglicher Stundenelemente auf der Basis der Diagnoseergebnisse passend zum neuen Kerncurriculum; Analyse der selbsterstellten Diagnoseaufgaben zum kompetenzorientierten Unterricht

In der ersten Veranstaltung waren alle Lehrkräfte in einer Gruppe, da noch keine Unterschiede im Vorgehen notwendig waren. Die Lehrkräfte wurden dann nach Schulen randomisiert auf die Gruppen „Erheben von Schülerarbeiten“ und „Optimieren der Diagnosebögen“ zugeteilt. Die jeweiligen Ergebnisse der Distanzphase schickten die Lehrkräfte an die Fortbildner. Beim zweiten Termin wurde für jede der beiden Gruppen ein eigener Raum genutzt. Die Schülerdokumentegruppe analysierte zu Beginn die Schülerarbeiten. Dagegen optimierte die Diagnosegruppe die zu Beginn erstellten Aufgaben. Anschließend planten beide Gruppen passende Stunden für ihren Unterricht. Nach diesen beiden Phasen wurde der Postest durchgeführt, da die beiden Gruppen anschließend die jeweils noch nicht absolvierten Workshopphasen (Analysieren von Schülerarbeiten; Optimieren von Diagnoseaufgaben) durchführten und dies die Ergebnisse verfälscht hätte. Die Fortbildner sind jeweils in den methodischen Phasen gleich gewesen (Analyse von Schülerarbeiten und Diagnose wurde dabei von verschiedenen Fortbildnern nach einem entwickelten Konzept geleitet).

Die Lehrkräfte des professional development stammten aus der Stadt Kassel und der Umgebung. Der Altersschnitt betrug 36.4 Jahre, wobei die Lehrkräfte angaben, im Mittel 8.7 Jahre nach dem Referendariat unterrichtet zu haben. Dabei haben sie durchschnittlich 5.9-mal Analysis unterrichtet. Die Gruppe bestand aus 17 Lehrerinnen und sechs Lehrern, von denen sieben Physik, fünf Chemie, drei Latein, zwei Biologie und jeweils einer Geographie, Geschichte, Wirtschaft, katholische Religion oder Kunst als zweites Fach haben[92]. An dem zweiten Termin haben noch zehn Lehrkräfte in der Gruppe „Analysieren von Schülerdokumenten" und sieben in der Gruppe „Optimieren von Diagnoseaufgaben" teilgenommen.

7.1.3 Sachsen-Anhalt II

Das zweite professional development in Sachsen-Anhalt fand ebenfalls in den beiden Städten Magdeburg und Halle im Zeitraum von November 2016 bis Juni 2017 statt. Die Interventionsgruppen wurden ebenfalls beibehalten, sodass Magdeburg wieder Schülerdokumente analysierte und Halle Diagnoseaufgaben reflektierte und optimierte. Dies war notwendig, da Lehrkräfte, die bereits an dem professional development zu den Bildungsstandards der Sekundarstufe I teilnahmen, ebenfalls an dieser Folgeveranstaltung teilnahmen, die das Kerncurriculum der Sekundarstufe II als Schwerpunkt hatte. Thematisch wurden an den einzelnen Terminen folgende Themen angesprochen:

1. Verständnisorientierte Analysis und Stochastik, Diagnose
2. Schülerfehler in der Analysis
3. Schülerfehler in der Stochastik
4. Problemlösen, Modellieren, Argumentieren
5. Vernetzung
6. Zusammenfassung und Ausblick

In Magdeburg nahmen zu Beginn 13 Lehrerinnen und fünf Lehrer teil, die im Mittel 44.5 Jahre alt waren. Sie hatten durchschnittlich 19.9 Jahre nach dem Vorbereitungsdienst unterrichtet und mit durchschnittlich 16.4 Fortbildungen bereits einige Erfahrungen bezüglich professional development[93]. Zudem haben sie im Mittel bereits 10.1-mal Analysis unterrichtet. Die Lehrkräfte haben als zweites

92 Fehlende Werte wurden seitens der Lehrkraft nicht als Angaben zu den sozialen Daten eingetragen, sodass unterschiedliche Gesamtzahlen vorhanden sind.

93 Die tatsächliche Anzahl der besuchten Veranstaltungen des professional development könnte noch höher liegen, da die Lehrkräfte 20 Veranstaltungen als Höchstzahl angegeben haben, wenn sie bereits mehr besucht haben die Anzahl nicht genau nennen konnten.

Fach überwiegend ein MINT-Fach (11 Physik, 1 Biologie, 2 Chemie, 1 Informatik).

In Halle nahmen zu Beginn zwei Lehrerinnen und vier Lehrer teil, die im Schnitt 46.7 Jahre alt waren und 21.2 Jahre Berufserfahrung nach dem Vorbereitungsdienst hatten. Analysis hatten sie im Durchschnitt 14.3-mal unterrichtet. Weiterhin hatte sie mit 17.3 besuchten professional development Veranstaltungen bereits einige Erfahrungen. Die Lehrkräfte stammen alle aus dem MINT-Bereich, da zwei Physik und vier Chemie als Zweifach haben.

7.1.4 Lehrkräfte ohne Intervention

Diese Stichprobe umfasst Lehrkräfte aus Hessen, die an keiner im Rahmen dieser Studie gestalteten Veranstaltung teilgenommen haben. Diese wurden zur Ergänzung der Teilnehmer aus dem professional development zur Beantwortung der Forschungsfragen hinsichtlich der Ausprägung der professionellen Kompetenz befragt. Insgesamt sind dies elf Lehrkräfte zweier unterschiedlicher Schulen.

Die Lehrkräfte sind im Schnitt 46.8 Jahre alt und haben durchschnittlich 18.3 Jahre Berufserfahrung nach dem Vorbereitungsdienst. Zudem besteht die Gruppe aus acht Lehrern und drei Lehrerinnen. Sie haben weiterhin im Mittel 13.8 Fortbildungen besucht und 15.1-mal Analysis unterrichtet.

7.1.5 Interviewstichprobe

Die Stichprobe stammt aus den Lehrkräften, die an einer der drei vorher beschriebenen professional development Veranstaltungen teilgenommen haben. Aus pragmatischen Gründen sind zum Ende Lehrkräfte gefragt worden, ob sie freiwillig an einem Interview zur Verbesserung des professional development teilnehmen wollen. Dazu sind jeweils speziell Lehrkräfte angesprochen worden. Insgesamt nahmen folgende Anzahlen von Lehrkräften an den Interviews teil:

- 3 Lehrerinnen der Schülerdokumentegruppe Sachsen-Anhalt I
- 2 Lehrerinnen der Schülerdokumentegruppe Hessen
- 2 Lehrerinnen der Schülerdokumentegruppe und 2 Lehrer der Diagnosegruppe Sachsen-Anhalt II

Die Lehrkräfte aus Sachsen-Anhalt I und Hessen wurden jeweils einen Monat nach dem letzten Termin interviewt. Dagegen wurden die Lehrkräfte aus Sachsen-Anhalt II bereits nach dem dritten Termin befragt, um einen Einfluss der Analyse der Schülerdokumente auf die berichteten Erfahrungen der Lehrkräfte aus der Diagnosegruppe ausschließen zu können, da in den letzten drei Veranstaltungen innerhalb der Diagnosegruppe ebenfalls Schülerarbeiten analysiert worden sind.

Die Lehrkräfte wurden trotz der freiwilligen Teilnahme in den letzten beiden Teilstudien anhand unterschiedlicher Kriterien ausgewählt. In Hessen wurde darauf geachtet, dass sowohl eine junge als auch eine erfahrene Lehrkraft interviewt wird, um ggf. Unterschiede bezüglich der Änderungen aus Sicht der Lehrkräfte zu erhalten, da in der ersten Stichprobe aus Sachsen-Anhalt I nur erfahrene Lehrerinnen befragt wurden. In der Teilstudie Sachsen-Anhalt II sollte zudem herausgefunden werden, ob die Lehrkräfte der Diagnosegruppe ohne die Analyse der Schülerarbeiten im Vergleich zu denen mit von anderen Änderungen berichten.

In der Stichprobe überwiegen die Lehrerinnen. Dieser Überhang ist jedoch vergleichbar mit den Zusammensetzungen der unterschiedlichen Gruppen. Somit stimmt das Verhältnis der Zusammensetzung in etwa überein. An dieser Stelle ist jedoch zu beachten, dass aufgrund der freiwilligen Teilnahme an der Interviewstudie keine Lehrer der Schülerarbeitengruppe befragt werden konnten. Ebenfalls konnten keine Lehrerinnen aus der Diagnosegruppe gewonnen werden.

7.2 Auswertung der Daten

Die Auswertung der ausgefüllten Fragebögen sowie der aufgezeichneten Interviews erfolgt je nach Form der Fragestellungen in den Fragebögen analog bzw. unterschiedlich. Für die geschlossenen Fragebögen, die Einschätzungen der Lehrkräfte auf Likertskalen vorsehen, erfolgt eine einfache Kodierung anhand der angekreuzten Stufe der Likertskala als Zuordnung von der angekreuzten verbalen Ausprägung zu Zahlen. Die offenen Fragestellungen wurden wie die Interviews (nachdem letztere transkribiert worden waren), mittels der Inhaltsanalyse untersucht. Daher wird im Folgenden zuerst auf theoretische Aspekte der Inhaltsanalyse eingegang-en. Anschließend wird die Anwendung auf die offenen Fragestellungen in den Fragebögen sowie die Transkripte der Interviews erläutert.

7.2.1 Inhaltsanalyse

Die Beantwortungen der Lehrkräfte der offenen Fragestellungen zum fachdidaktischen Wissen sowie die Interviews bestehen aus Texten, die Lehrkräfte mündlich oder schriftlich verfasst haben. Für die Untersuchung dieser Erhebungen soll die Inhaltsanalyse verwendet werden, welche sich für die Analyse von Kommunikation, Sprache und Texten eignet, in denen Absichten, Einstellungen, Wissen und anderes von Menschen enthalten sind (Lamnek & Krell, 2016). Dies erfolgt in einer systematischen Form, die durch Regeln festgelegt ist, damit nicht nur der Forscher, sondern auch andere die Analysen verstehen und überprüfen können. Das Vorgehen während der Inhaltsanalyse ist theoriegeleitet. Das bedeutet, dass das Material unter bestimmten Fragestellungen analysiert und vor den Erfahrungen anderer (Forscher) zum untersuchten Gegenstand interpretiert wird (Mayring, 2015).

Die Inhaltsanalyse kann für Häufigkeitsanalysen, Valenz- und Intensitätsanalysen sowie Kontingenzanalysen verwendet werden. In allen Fällen wird jeweils zuerst eine Fragestellung formuliert und die Materialstichprobe festgelegt. Anschließend wird zur Analyse ein System aufgestellt, mit dem das Material kodiert wird. Bei den Häufigkeitsanalysen und den Kontingenzanalysen ist das ein Kodiermanual mit Kategorien. Bei den Valenz- und Intensitätsanalysen sind es Skalenpunkte. Das Kodiermanual sowie die Skalenpunkte sollen vor der Analyse definiert werden. Zum besseren Verständnis können passende Beispiele für die Kategorie angeführt werden. Auf dieser Basis wird dann das Material kodiert.

Die Inhaltsanalyse kann in eine quantitative und eine qualitative Form unterschieden werden. Nach Döring und Bortz (2016c) ist es das Ziel der quantitativen Inhaltsanalyse, ausgehend von einem Forschungsproblem mit Hilfe eines vollstandardisierten Kategoriesystems formale und inhaltliche Merkmale von Dokumenten zu messen. Formale Merkmale sind äußerliche Eigenschaften der Dokumente wie Länge, Platzierungen oder Bilder. Inhaltliche Merkmale erstrecken sich im Gegensatz dazu auf die inhaltlichen Aussagen. Auf dieser Basis können die Dokumente beschrieben, verglichen und bewertet werden. Anschließend werden die Daten statistisch ausgewertet. Nach Döring und Bortz (2016c, S. 556f.) wird die Ausführung einer quantitativen Inhaltsanalyse in die folgenden zwölf Schritte unterteilt:

1. **Forschungsfragen bzw. -hypothesen:** Auf der Basis einer Literaturrecherche der Theorie, aus der der aktuelle Forschungsstand hervorgeht, werden konkrete Forschungsfragen bzw. -hypothesen formuliert. Die Forschungsfragen sind in der Regel offen und fokussieren die Art der Repräsentation bestimmter Themen in Dokumenten.
2. **Untersuchungsplan:** Auf der Basis der Forschungsfragen wird das Design der Studie, die Grundgesamtheit, die Methode der Stichprobenziehung der Dokumente sowie der optimale Stichprobenumfang bestimmt und festgelegt.
3. **Populationsdefinition und Stichprobenziehung:** In diesem Schritt wird die Zielpopulation festgelegt und eine passende Stichprobe für die Analyse gezogen.

4. **Archivierung und Aufbereitung:** Die Daten werden digitalisiert und archiviert und ggf. anonymisiert.
5. **Deduktiver Entwurf des Kodiermanuals:** Auf der Basis der Theorie werden die zentralen Merkmale herausgearbeitet, hinsichtlich derer die Dokumente untersucht werden. Diese werden definiert und ausdifferenziert. Dabei müssen die Merkmalsausprägungen präzise definiert werden, da das Kodiermanual ein vollstandardisiertes Analyseinstrument ist. Im Falle einer Nominalskalierung müssen sich die Kategorien gegenseitig ausschließen und jeweils vollerschöpfend sein.
6. **Induktive Überarbeitung des Kodiermanuals:** Das deduktiv erstellte Kodiermanual wird nun an einer Beispielstichprobe getestet. Auf der Basis der Dokumente werden die Kategorien induktiv angepasst, ergänzt oder präzisiert.
7. **Pretest:** Das aus den vorherigen Schritten entstandene Kodiermanual wird nun von Kodierern anhand einer Beispielstichprobe getestet. Auf der Basis der Ergebnisse wird das Manual noch einmal überarbeitet, um Eindeutigkeit der Kategorien zu sichern und eine möglichst reliable Messung zu erreichen.
8. **Kodiererschulung:** Die Kodierer müssen zum Kodieren mit dem Manual geschult werden, um es adäquat anwenden zu können. Dabei wird sichergestellt, dass das Verständnis der unterschiedlichen Kategorien einheitlich ist.
9. **Reliabilität:** Es wird die Übereinstimmung zwischen den Kodierern bestimmt. Diese kann beispielsweise mit Cohens Kappa ermittelt werden. Gibt es noch keine ausreichende Übereinstimmung, muss das Manual noch einmal überarbeitet werden.
10. **Kodierung der Dokumente:** Ist das Manual fertiggestellt, werden die Dokumente von den Kodierern durchgearbeitet.
11. **Statistische Analyse der Daten:** Die Daten, die aus der Kodierung hervorgegangen sind, werden nun mittels statistischer Verfahren analysiert, um die Forschungsfragen zu beantworten.
12. **Interpretation der Ergebnisse:** Die Ergebnisse werden anhand der Inhalte der Dokumente interpretiert. Ein Schluss die Umstände der Produktion oder Rahmenbedingungen sollen sehr vorsichtig vollzogen werden, da Überinterpretationen möglich sind.

Im Vergleich zur quantitativen Inhaltsanalyse arbeitet die qualitative datengesteuert-induktiv die manifesten und latenten Bedeutungen von Dokumenten (auch forschungsgenerierte) durch Kodierung heraus. Eine Form der qualitativen Inhaltsanalyse ist die strukturierende qualitative Inhaltsanalyse nach Mayring

(2015)[94], wobei die Vorgehensweise im Wesentlichen der der quantitativen Inhaltsanalyse entspricht (Döring & Bortz, 2016c). Eine Unterform der strukturierenden Inhaltsanalyse ist die *typisierende Strukturierung*. Ihr Ziel ist es, aus dem Material besonders markante Bedeutungsgegenstände herauszuziehen und genauer zu beschreiben. Dabei können sogenannte Typen sowohl Personen als auch typische Merkmale sein. Bevor das Material durchgearbeitet wird, müssen die zu untersuchenden Dimensionen definiert und die Ausprägungen formuliert werden. Die Formulierung des Kodiermanuals erfolgt, indem zuerst die Ausprägungen theoriegeleitet bestimmt werden. Darauf aufbauend werden dann Definitionen, Ankerbeispiele und Regeln zur Kodierung für die Kategorien festgelegt. Dann erfolgt der Materialdurchlauf, bei dem zuerst die Fundstellen bezeichnet und anschließend bearbeitet und extrahiert werden. An dieser Stelle kann eine Überarbeitung des Manuals erforderlich sein, um klare Abgrenzungen zwischen den Kategorien zu erhalten, sodass dann wieder mit der Bestimmung der Ausprägungen begonnen wird. Ist keine Überarbeitung mehr erforderlich, kann in der typisierenden Strukturierung herausgearbeitet werden, welche Ausprägungen der Kategorien als markant bezeichnet werden können. Dazu kann eine extreme Ausprägung, Ausprägungen von theoretischem Interesse und solche mit besonderer Häufigkeit beschrieben werden. Daraus werden dann Prototypen herausgearbeitet, die möglichst genau beschrieben werden (Mayring, 2015).

7.2.2 Auswertung der Fragebögen

Die Angaben der Lehrkräfte auf den Likertskalen werden in einer von eins aufsteigenden Nummerierung übertragen. Dies geschieht sowohl mit den Fragebögen zu Beliefs (Beliefs zum Lehren und Lernen der Mathematik, epistemologische Überzeugungen zum Lehren und Lernen der Mathematik und zur Natur mathematischer Leistungen) als auch mit den Fragebögen zur fachdidaktischen Motivation. Dabei werden die unterschiedlichen Skalengrößen berücksichtigt. Zur weiteren Berechnung wird das Skalenniveau als intervallskaliert angenommen, da beispielsweise Döring und Bortz (2016e) beschreiben, dass psychologische bzw. soziale Personenmerkmale, wie dies in dieser Studie mit Motiven und Beliefs der Fall ist, auf einer Intervallskala gemessen werden. Dabei wird angenommen, dass eine Einschätzung der genannten Merkmale durch den Menschen genauer als nur ordinalskaliert eingeschätzt werden kann. Da die Messung meist

94 Neben der strukturierenden qualitativen Inhaltsanalyse nennt Mayring (2015) noch die zusammenfassende (Reduzierung auf Hauptinhalte durch schrittweise induktives Vorgehen) und die explizierende (Verständlichmachen von unklaren Textstellen durch andere Textstellen oder über den Text hinausgehende Materialien).

über Selbstauskünfte in der Form von Einschätzungen auf Ratingskalen wie der Likert-Skala erfolgte, wird diese Skalierung in der Studie verwendet, um weitere Auswertung vornehmen zu können.

Die Auswertung der offenen Fragestellungen zur Erhebung des fachdidaktischen Wissens erfolgt mit einer Form der quantitativen Inhaltsanalyse. Beim Vorgehen werden die Schritte, die unter 7.2.1 erläutert wurden, bei der Analyse angewendet. Zuerst wurde auf der Basis der Theorie zu Funktionen bzw. Differentialrechnung (vgl. Kapitel 4) ein deduktiver Entwurf des jeweiligen Kodiermanuals für die fachdidaktischen Fragestellungen entworfen. Anschließend erfolgte eine erste Sichtung der Antworten der Lehrkräfte, sodass auf deren Basis eine induktive Überarbeitung des Manuals erfolgte. Dieser Basisentwurf wurde von einem Studenten[95] zur weiteren Überarbeitung zur Kodierung des Materials verwendet. Bei Abweichungen zwischen den Beurteilern wurde ein Konsens über die entsprechende Kodierung mittels eines Diskurses erreicht. Diese Diskussionen führten in der Folge sowohl zu einer weiteren Ausschärfung der Kategorien als auch zu einer präziseren Trennung zwischen den Kategorien. Auf der Basis mehrerer Durchläufe dieser Vorgehensweise ist ein Manual zur Kodierung der offenen Aufgaben erstellt worden.

In Kapitel 6.2.1 wurde erwähnt, das in der Studie COACTIV die fachdidaktischen Items so gestellt wurden, dass möglichst viele richtige Antworten zu nennen waren. Demensprechend erlaubte dies eine inhaltlich Kodierung, sodass der Ansatz einer Nominalkodierung gewählt worden ist, bei der bestimmten Lösungsansätzen Nummern zugeordnet wurden. Dies haben Krauss et al. (2011) ähnlich gemacht. Sie wiesen die Kodierer zudem an, nur die jeweils richtigen und substantiell verschiedenen Antworten zu werten. Dieses Vorgehen wird damit begründet, „dass Lehrkräfte grundsätzlich über ein Repertoire an verschiedenen Zugängen und Erklärungswegen verfügen sollten, aus dem sie gegebenenfalls adaptiv für spezifische Jahrgangsstufen oder Unterrichtssituationen (bzw. individuellen Vorwissensstand) auswählen können" (Krauss et al., 2011, S. 145). Diese Vorgehensweise ist in dieser Studie übernommen worden.

Für die Kodierung der Fragebögen auf der Basis des finalen Manuals wurden Studierende geschult, da neben dem Forscher eine unabhängige Kodierung zur Objektivitätsprüfung erfolgte. Die Lehrkräfte haben unterschiedliche Antworten durch Nummerierung oder Stichpunkte deutlich gemacht, sodass eine Kodiereinheit jeweils einem Stichpunkt entsprochen hat, sodass keine

95 Die jeweils eingesetzten Studenten studierten Mathematik als ein Hauptfach für das Lehramt an Gymnasien und sind aufgrund ihrer guten bis sehr guten Leistungen im Fach und in der Fachdidaktik ausgewählt worden.

Interpretation der Lösungen seitens des Forschers vorweggenommen worden ist. Die Aufgabe der Kodierer war es dann, den Kodiereinheiten jeweils den Kode zuzuordnen, der durch die Antwort der Lehrkraft überwiegend angesprochen wird. Aufgrund der Nominalkodierung wurde zur Bestimmung der Übereinstimmungsgenauigkeit der Koeffizient Cohens Kappa berechnet. Die unabhängige Kodierung ergab eine sehr gute Übereistimmung, die bei mindestens 0.80 lag (vgl. Döring & Bortz, 2016c). Die Unterschiede, die wegen der nicht exakten Übereinstimmung bestanden, wurden im Diskurs geklärt, sodass am Ende eine vollständige Kodierung vorhanden war (vgl. hierzu auch Krauss et al., 2011).

In der vorliegenden Studie werden die Scores für die jeweiligen Items des fachdidaktischen Wissens auf dieser Basis gebildet. Dort zählen nur alle verschieden genannten Erklärungen. Das bedeutet, dass der Score der Anzahl der genannten „richtigen" Kategorien entspricht.

In der folgenden Tabelle ist ein Beispiel zur Kodierung einer Diagnose einer Schülerlösung dargestellt.

Zur Funktion $f(x) = \frac{\sqrt{x}}{2} - \frac{1}{6x^2}$ bestimmt ein Schüler die folgende Lösung:

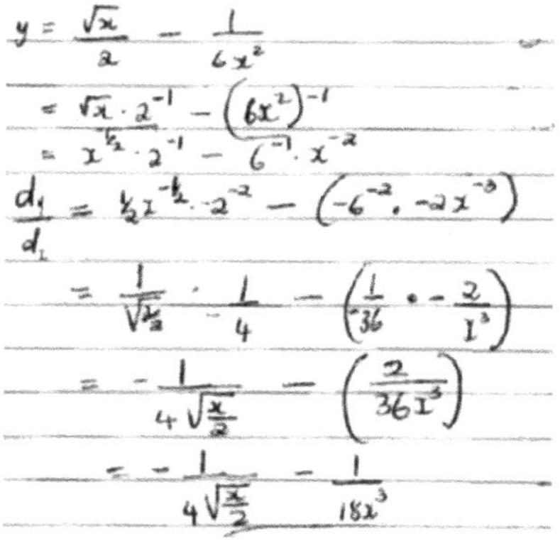

$$y = \frac{\sqrt{x}}{2} - \frac{1}{6x^2}$$

$$= \sqrt{x} \cdot 2^{-1} - (6x^2)^{-1}$$

$$= x^{\frac{1}{2}} \cdot 2^{-1} - 6^{-1} \cdot x^{-2}$$

$$\frac{dy}{dx} = \frac{1}{2} x^{-\frac{1}{2}} \cdot -2^{-2} - (-6^{-2} \cdot -2x^{-3})$$

$$= \frac{1}{\sqrt{\frac{x}{2}}} \cdot -\frac{1}{4} - \left(\frac{1}{-36} \cdot -\frac{2}{x^3}\right)$$

$$= -\frac{1}{4\sqrt{\frac{x}{2}}} - \left(\frac{2}{36x^3}\right)$$

$$= -\frac{1}{4\sqrt{\frac{x}{2}}} - \frac{1}{18x^3}$$

Abbildung 30: Diagnose einer Schülerleistung

Nennen Sie nachvollziehbar alle Fehler, die der Schüler in der Lösung gemacht hat.

Kategorie	Kategoriedefintion	Code
Übergeneralisierung Produktregel	$(u \cdot v)' = u' \cdot v'$ Der Schüler verwendet eine lineare Übergeneralisierung der Produktregel, indem er beide Faktoren ableitet und sie mit dem Malzeichen verbindet: $-6^{-1} \cdot x^{-2}$ wird in der Lösung zu $-6^{-2} \cdot -2x^{-3}$	1
Regel für Polynome auf Konstanten übertragen	Der Schüler leitet konstante Faktoren ab, bspw.: $2^{-1} \rightarrow -1 \cdot 2^{-2}$ oder -2^{-2}	2
Klammern bei aufeinanderfolgenden Rechenzeichen	$\frac{1}{\sqrt{\frac{x}{2}}} \cdot -\frac{1}{4}$ Der Schüler vergisst bei Vorzeichen, die auf ein anderes Rechenzeichen (in dem Fall " · ") folgen die notwendigen Klammern	3
Falsche algebraische Umformung der Wurzel	$\frac{1}{2}x^{-\frac{1}{2}} = \frac{1}{\sqrt{\frac{x}{2}}}$ Der Schüler hat bei der Umformung in die Wurzel das $\frac{1}{2}$ mit in die Wurzel gezogen.	4
Alle anderen Lösungen	Hierunter fallen alle Lösungen, die nicht unter 1-4 auftauchen und nicht der unteren entsprechen.	99
4 vor Wurzel	Es wirkt in der Formelschreibweise so, als ob anstatt der $\frac{1}{2}$ vor der Wurzel eine 4 steht. Dies sieht unschön und soll 4 mal Wurzel und nicht vierte Wurzel aus bedeuten.	0

Tabelle 10: Kodierung „Diagnose einer Schülerleistung“

Der Gesamtscore pro Item wurde als Anzahl der genannten Kodierungen ermittelt. Somit konnte eine Lehrkraft beispielsweise bei dem Item „Diagnose einer Schülerleistung" höchstens einen Gesamtscore von vier erhalten, da dies die vier Kategorien der vom Schüler gemachten Fehler bzw. den gezeigten misconceptions darstellt.

Die Daten der offenen und geschlossenen Fragestellungen wurden mithilfe des Programms SPSS passend zu den Forschungsfragen ausgewertet:

- Reliabilitätsanalysen mittels Cronbachs Alpha zur Absicherung der Konsistenz der Skalen, die in bestehenden Fragebögen vorhanden sind, als Voraussetzung für eine Summation der Daten
- Ermittlung statistischer Kennwerte wie Minimum, Maximum, Mittelwert und Standardabweichung zum Vergleich der Gruppen sowie der Ausprägungen der Merkmale untereinander
- Tests zur Mittelwertabweichung zwischen den Ausprägungen bestimmter Eigenschaften mittels t-Tests für verbundene bzw. unabhängige Stichproben, da jeweils Ausprägungen unterschiedlicher Merkmale der gleichen Stichprobe untersucht wurden; bei geringer Stichprobenanzahl wurden nichtparametrische Tests zur Analyse von Abweichungen eingesetzt, da die Voraussetzungen für den t-Test bzw. die Varianzanalyse nicht erfüllt sind
- Analyse von Zusammenhängen mittels bivariater Korrelationen nach Pearson

7.2.3 *Auswertung der Interviews*

Die Interviews wurden bei den Schulen der jeweiligen Lehrkräfte durchgeführt und mit einem Diktiergerät aufgezeichnet. Sie dauerten zwischen 25 und 70 Minuten. Die Mitschnitte sind anschließend für die Analyse transkribiert worden. Dieser Schritt ist nach Eichler (2005b) ein zweckmäßiges Vorgehen, um den Inhalt der Interviews interpretativ erschließen zu können. Dabei muss beachtet werden, dass an dieser Stelle bereits erste Verfälschungen durch die Übersetzung der Sprache in den Text (interpretativer Prozess) entstehen können. Die Transkription wurde durch eine Studentin übernommen. Dabei wurden die folgenden Regeln beachtet:

- Das Gesprochene ist wortwörtlich transkribiert. Dabei sind die Interviews so originalgetreu wie möglich verschriftlicht worden, sodass Pausen sowie deren Länge, besondere Betonungen und Nebengeräusche im Transkript zu finden sind. Die Sprache, die die Interviewten verwendet haben, ist mit allen Eigenheiten erhalten worden, um eine möglichst geringe Verfälschung durch die Transkription zu erreichen.

- Satzzeichen sind in den Originaltranskripten weggelassen worden, um den Sinn der Aussagen nicht zu verfälschen, wurden jedoch bei den im Ergebnisteil betrachteten Aussagen für einen besseren Lesefluss eingefügt. Dabei wurden die bestehenden Grammatikregeln beachtet und die Punkte für das Satzende dort eingefügt, wo ein auf Basis der Tonaufnahmen vom Sprecher impliziertes Satzende vorlag.
- Spezielle Vorkommnisse sind in () angegeben.
- Die Pausen wurden nach ihrer Länge gekennzeichnet. Dabei sind kurze Pausen mit einem Punkt und längere Pausen mit der entsprechenden Anzahl an Sekunden in Klammern angegeben worden (x)=Pause in Sekunden.
- Gedehnte bzw. langgezogene Wörter wurden mit Wiederholung des jeweiligen Vokals angegeben. Versprecher wurden mit Bindestrichen zum entsprechenden Wort gekennzeichnet. Betonungen wurden zudem unterstrichen.
- Für die Personen wurde B für den Interviewten und I für den Interviewer verwendet.

Für die Interviews wurde auf Basis der qualitativen Inhaltsanalyse nach Mayring (2015) ein Leitfaden erarbeitet, mit dem die Strukturierung der Interviews stattfand. Die Vorgehensweise bei der Erstellung des Manuals war ähnlich zu der bei der Analyse der offenen fachdidaktischen Wissensitems. Zuerst wurden auf der Grundlage der Theorie erste Kategorien deduktiv ermittelt. Diese orientieren sich an denen des Interviewleitfadens: Motivation, Interesse, Wissen, Beliefs zum Lehren und Lernen (Transmission und Konstruktivismus), Merkmale effektiven professional development und Schülerdokumente. Zusätzlich wurden die beiden Kategorien „vorher“ und „nachher“ festgelegt, um mögliche Änderungen zu kodieren. Dabei bezieht sich *vorher* auf Merkmale, die bereits vor dem professional development bestanden. Dagegen beschreibt der Code *nachher* Änderungen durch die Teilnahme am professional development.

In einem weiteren Schritt wurde nach dem Vorgehen der typisierenden Strukturierung ein erster Durchlauf der Daten gemacht, der zum Ziel hatte, die Kategorien auszuschärfen und Unterkategorien induktiv am Material zu entwickeln, die sich nicht aus der Theorie ergaben. Bezogen auf die Beliefs zum Lehren und Lernen konnten bereits einige Kategorien aus den theoretischen Überlegungen hergeleitet werden, die vor dem Durchlauf definiert wurden und anhand der Daten ausgeschärft wurden. Im Zusammenhang mit dem Merkmal Schülerdokumente sowie fachdidaktischer Motivation wurden die Unterkategorien induktiv an den Interviews entwickelt, da die bisherigen Forschungsbefunde noch gering sind. Zudem wurden die Berichte der Lehrkräfte hinsichtlich ihrer Beliefs über die Wirkungen des professional development untersucht. Dabei war es das

Ziel, über die Forschungshypothesen (Kapitel 5) hinaus ggf. Aspekte zu identifizieren, auf die die Analyse von Schülerarbeiten einen Einfluss gehabt hat. Anhand der deduktiv und induktiv ermittelten Kategorien mit den Unterdimensionen erfolgte ein erneuter Durchlauf der Interviewdaten zur Überarbeitung im Sinne der Ausschärfung und Abgrenzung des bisherigen Manuals. An dieser Stelle wäre nach Mayring (2015) eine Kodierung der Interviews auf Basis des entstandenen Kodierleitfadens möglich gewesen, die unabhängig voneinander gewesen wäre und deren Übereinstimmung mittels Interrater-Reliabilität (beispielsweise mit Cohens Kappa) hätte bestimmt werden können. Die Voraussetzung dafür ist eine Einteilung in Kodiereinheiten, die jeweils mit einer Kategorie kodiert werden. Da die Interviewepisoden jedoch nur durch Verlust des jeweiligen Zusammenhangs innerhalb der Episoden sowie durch eine erste Interpretation derart in Teile aufteilbar gewesen wären, erfolgte auf der Basis der Kategorien eine Kodierung durch Diskurs[96], die vom Forscher und einem Studenten im Konsens durchgeführt worden ist. Die Kodierung anhand eines erstellten Leitfadens sowie die Diskussion unterschiedlicher Interpretationen, die sich auf der Basis der Kodierung für die Episoden ergaben, tragen zusammen zur intersubjektiven Nachvollziehbarkeit bei (Steinke, 2017), wodurch die Güte der Ergebnisse abgesichert werden soll. Zudem deckt dieses Vorgehen bisher nicht beachtete Aspekte auf und ermöglicht die Einnahme einer anderen Perspektive auf das Datenmaterial. Ein ähnliches Vorgehen anhand von Gruppendiskussionen wählte Erath (2017) unter Berücksichtigung der Qualitätskriterien qualitativer Forschung nach Steinke (2017) in ihrer Studie zum unterrichtlichen Erklären.

Die Kategorien zu Beliefs über das Lehren und Lernen sowie zu fachdidaktischer Motivation wurden vor dem Hintergrund des epistemologischen Bilds des Menschen entworfen. Davon ausgehend werden Handlungen, die Lehrkräfte in den Interviews beschreiben, als zielgerichtet, absichtsvoll, willentlich, zweckbestimmt und intendiert angesehen, deren Ursache die Kognitionen in Form von Wünschen und Beliefs sind (vgl. 2.3.4). Dementsprechend wird aufgrund der Handlungsbeschreibung auf die Beliefs bzw. die Motivation geschlossen, die den Handlungen zugrunde liegen. Beispielsweise wird das Beschreiben des Einsatzes von Diagnoseaufgaben im Unterricht als Motivation, dies zu tun, gedeutet und dementsprechend kodiert.

Die Ergebnisse der Interviews werden anhand der Methode der strukturierten qualitativen Inhaltsanalyse im Sinne einer typisierenden Strukturierung

96 Die Einteilung der Interviews wurde mit Hilfe des Programms MaxQDA vorgenommen, wodurch die einzelnen Episoden zur weiteren Analyse und Interpretation als Exceltabelle ausgegeben werden konnten. Diese Tabellen waren im weiteren Verlauf der Auswertung die Grundlage für die Kodierung anhand des erstellten Manuals.

analysiert, indem Episoden der Interviews zu den Kodierungen ausgewählt und interpretiert werden, die sich zu einem bestimmten Typ ergänzen. Zudem werden die Unterschiede herausgestellt, um Typen (Fälle bzw. fallübergreifenden Beliefs über die Wirkung) zu charakterisieren und festzulegen. Dabei werden extreme Ausprägungen, Ausprägungen von theoretischem Interesse und solche mit besonderer Häufigkeit erläutert, um darauf aufbauend die Typen zu entwickeln (vgl. 7.2).

7.3 Zusammenführung quantitativer und qualitativer Daten

Ausgangspunkt der Studie war die quantitative Forschung zur Effektivität der Analyse von Schülerarbeiten in professional development. Dies wurde durch qualitative Forschung mittels problemzentrierter Interviews ergänzt. Das Vorgehen diente zum einen der Vertiefung der Informationen, die durch den Pre- und den Posttest gewonnen wurden. Zum anderen sollten damit vertiefte Einblicke in die Beliefs über die Wirkung des professional development der Lehrkräfte gewonnen werden, um Rückschlüsse auf den Einfluss des Analysierens von Schülerdokumenten zu gewinnen. Dabei wurde als Form das Vertiefungsmodell eines Mixed-Methods-Ansatzes verfolgt (vgl. Döring & Bortz, 2016d).
Auf der Basis der quantitativen Daten, die aus dem Pre- und Posttests der jeweiligen Untersuchungsgruppen gewonnen wurden, wurde ein Interviewleitfaden entwickelt, der zum einen das Merkmal „Analysieren von Schülerdokumenten" und zum anderen die Konstrukte fachdidaktisches Wissen, Beliefs über das Lehren und Lernen sowie Motivation abdeckt (vgl. inhaltlich 6.3.2). Dies diente dazu, die Ergebnisse der quantitativen Forschung zu verstehen und, um herauszufinden, ob mit dem quantitativen Forschungsteil die tatsächlichen Einflüsse auf die Lehrkräfte erfasst wurden. Dabei besitzt die quantitative explorative Studie bezüglich der Veränderungen (Analyse Pre- und Posttest) den gleichen Stellenwert wie die qualitative Studie, da aus beiden Hypothesen über den Einfluss der Analyse von Schülerarbeiten sowie dem Vergleich zur Optimierung von Diagnoseaufgaben gewonnen werden. In der Basisnotation für Mixed-Methods-Designs erfolgte demnach eine QUANT→QUAL aufgebaute Studie (vgl. Kuckartz, 2014).

Die quantitativen Daten und die qualitativen wurden getrennt voneinander erhoben und ebenfalls getrennt voneinander ausgewertet. Ein Bezug zwischen den beiden Erhebungsmethoden erfolgt daher weder in der Erhebung noch in der Auswertung. In der Gesamtdiskussion am Ende der Arbeit werden Ergebnisse miteinander verglichen, diskutiert und weitere Hypothesen abgeleitet. In diesem

Zusammenhang wird herausgearbeitet werden, ob die Hypothesen, die sich auf der Basis der Forschungsfragen ergeben, angepasst werden müssen oder bestätigen. Zudem ermöglicht dieser Vergleich der Daten aus unterschiedlichen Quellen, herauszufinden, ob die von den Lehrkräften berichteten Änderungen durch die Fragebögen erfasst werden. Außerdem kann mit Hilfe der qualitativen Daten herausgefunden werden, ob die Lehrkräfte das Analysieren von Schülerarbeiten als eine Ursache für ihre berichteten Veränderungen ansehen.

III Ergebnisse und Einzeldiskussion

Auf der Basis der Forschungsfragen und den ausgewählten Methoden wurden die Erhebungen in Form von offenen und geschlossenen Fragestellungen sowie Interviews ausgewertet, um Daten für die Analyse bzw. Beantwortung der Forschungsfragen zu erhalten. Die Ergebnisse der Auswertungen werden in diesem Kapitel dargestellt. Dazu wird zuerst in Kapitel 8 auf die Ausprägung der professionellen Kompetenz der Lehrkräfte aus dem professional development (Pretest) sowie die aus der Gruppe ohne Intervention eingegangen. Anschließend werden die Ergebnisse der anhand der Daten aus dem Pre- und dem Posttest durchgeführten explorativen Analyse zur Gewinnung weiterer Hypothesen in Kapitel 9 dargestellt und diskutiert. Abschließend werden in Kapitel 10 die Resultate der Auswertung der Interviews hinsichtlich der Beliefs über die Wirkung des professional development sowie speziell zur Analyse von Schülerarbeiten beschrieben und in die Literatur eingeordnet.

8 Ausprägung der professionellen Kompetenz

Der erste Teil des Ergebnisabschnitts geht auf die Forschungsfragen I.1. bis I.5. ein, die sich auf die Ausprägung und die Zusammenhänge der professionellen Kompetenz (fachdidaktisches Wissen, Beliefs zum Lehren und Lernen sowie fachdidaktische Motivation) beziehen. Dabei ist es das Ziel, festzustellen, mit welcher professionellen Kompetenz Lehrkräfte in ein professional development gehen. Anhand der in Kapitel 2 dargestellten Konstrukte werden zuerst die Ausprägungen des fachdidaktischen Wissens zu Funktionen und zur Differentialrechnung dargestellt (Kapitel 8.1). Anschließend werden in Kapitel 8.2 die Ausprägungen der Beliefs zum Lehren und Lernen und in Kapitel 8.3 die der fachdidaktischen Motivation erläutert. Neben den jeweiligen Ausprägungen werden Zusammenhänge innerhalb der Konstrukte sowie zu biographischen Daten dargelegt. In Kapitel 8.4 werden die Ergebnisse der Korrelationsanalysen bezüglich der drei Subfacetten der professionellen Kompetenz beschrieben. Zum Ende dieses Unterkapitels werden die Ergebnisse in Kapitel 8.5 in die bisherige Literatur eingeordnet. Die folgenden Darstellungen beschränken sich auf die wesentlichen Ergebnisse. Davon abgesehen werden die gesamten Ergebnisse der Analysen im Anhang aufgeführt, sofern sie nicht dargestellt worden sind. (Der Anhang kann beim Autor angefordert werden.)

8.1 Fachdidaktisches Wissen

Die Ergebnisse zum fachdidaktischen Wissens zu Funktionen und zur Differentialrechnung werden in diesem Kapitel zum einen inhaltlich (Was nennen die Lehrkräfte auf die spezifischen Fragestellungen) anhand der Anteile genannter Kategorien zu den jeweiligen Items beschrieben, um die Forschung zur inhaltlichen Ausprägung des fachdidaktischen Wissens zu beiden mathematischen Themengebieten zu ergänzen. Zum anderen werden quantitativen Ausprägungen und Zusammenhänge anhand der Anzahl der genannten unterschiedlichen Kategorien (Wie viele unterschiedliche Kategorien nennen die Lehrkräfte?) zwischen den Items und zu Personenmerkmalen erläutert.

T. Hahn, *Schülerlösungen in Lehrerfortbildungen*, Mathematikdidaktik im Fokus,
https://doi.org/10.1007/978-3-658-24451-4_8

8.1.1 Inhaltliche Ausprägung zu Funktionen

Die acht Items des fachdidaktischen Wissens zu Funktionen wurden von insgesamt 38 Lehrkräfte ausgefüllt. Im Folgenden wird dargestellt, welche Antworten zu Beginn des professional development auf die jeweiligen Items gegeben wurden. Zuerst wird dazu auf das fachdidaktische Wissen zu Schülern eingegangen, wobei die Ergebnisse der einzelnen Items anhand der Auftrittshäufigkeiten der Kodierungen dargestellt werden. Zur besseren Lesbarkeit werden die Ausprägungen im Anschluss an die Ergebnisse auf Basis der Theorie interpretiert.

Schwierigkeiten beim Erkennen von Funktionen

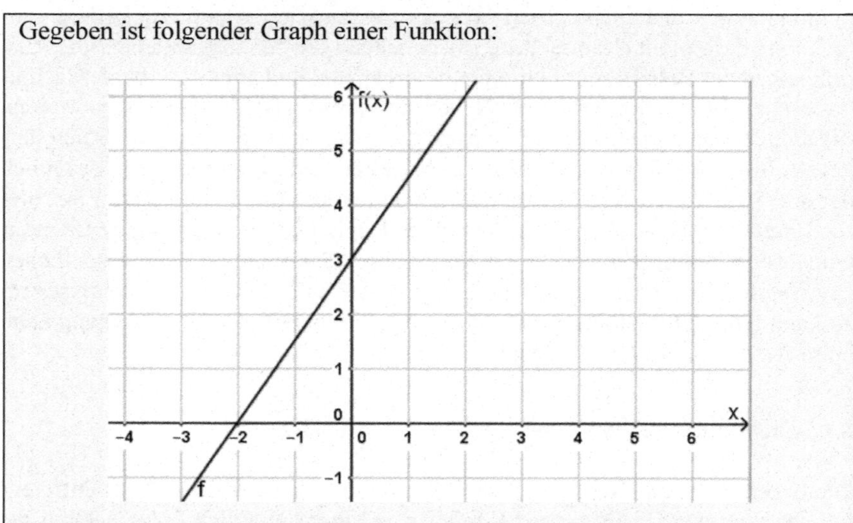

Hier haben die Schüler in der Regel keine Schwierigkeiten, den Graphen als Funktion zu identifizieren. Zeichnen Sie drei unterschiedliche Graphen, bei dem Schüler Schwierigkeiten haben werden.

Abbildung 31: Item zu Schwierigkeiten beim Erkennen von Funktionen in grafischer Darstellung

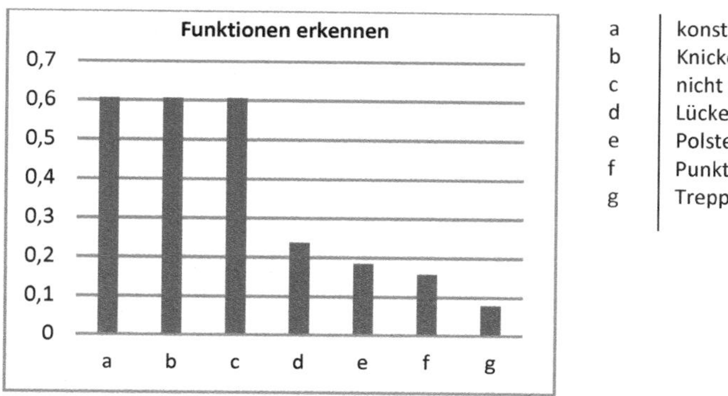

a	konstante Funktion
b	Knicke im Graphen
c	nicht passende
d	Lücke im Graphen
e	Polstellen
f	Punkte
g	Treppenfunktion

Abbildung 32: Häufigkeitsverteilung zu Schwierigkeiten beim Erkennen von Funktionen

Die Häufigkeitsverteilung der von den Lehrkräften genannten Antworten lässt sich der oben dargestellten Abbildung 32 entnehmen. Die befragten Lehrkräfte skizzieren die konstante Funktion sowie Funktionen, die Knicke enthalten und nicht differenzierbar sind, als Funktionen, bei denen Schüler aus ihrer Sicht Schwierigkeiten haben, zu erkennen, dass es sich dennoch um eine Funktion handelt. Beide Formen geben jeweils circa 60.5% der Lehrkräfte an. In der folgenden Abbildung sind einige Beispiele der Kategorien dargestellt:

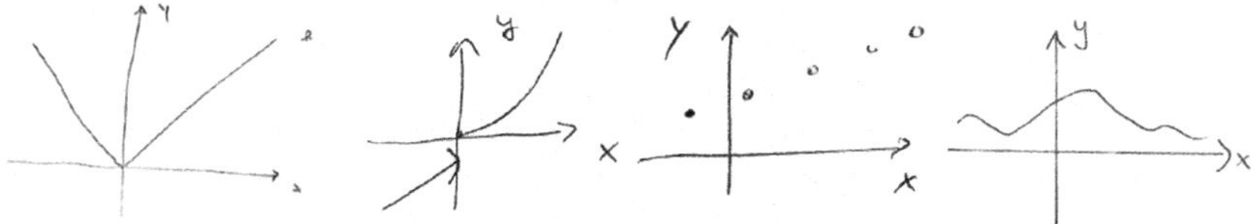

Abbildung 33: Beispiele für die Kodierungen „Knicke", „Lücke im Graphen", „Punkte" und „nicht passende" (von links nach rechts)

Mindestens eine Unstetigkeit wie sie durch Kategorien d, f und g abgedeckt wird, nennen etwa 39.5% der Lehrkräfte als Merkmal schwieriger Funktionen, wobei hierbei diejenigen mit nur einer Unstetigkeitsstelle überwiegen (23.7%). Fasst man die ersten drei Kategorien mit den Funktionen mit Polstellen zusammen geben etwa 52.6% der Lehrkräfte mindestens eine Funktion an, die nicht ohne absetzen durchzeichenbar ist. Zudem finden sich bei 60.5% der Lehrkräfte Graphen, die entweder keiner Funktion entsprechen oder reguläre Funktionen (Polynomfunktionen, Exponentialfunktionen, usw.) sind. Dies stellt Funktionen dar, welche auf Basis der bisherigen Forschung nicht als Funktionen interpretiert werden, bei denen die Schüler Schwierigkeiten beim Erkennen zeigen. Die aufgrund von Zusammenfassung entstandenen Oberkategorie werden hinsichtlich ihrer Häufigkeit noch einmal hier dargestellt:

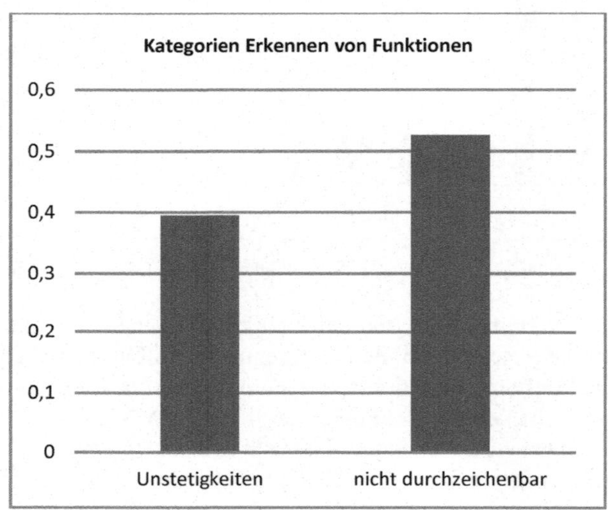

Abbildung 34: Relative Häufigkeiten der zusammengefassten Kategorien zum Erkennen von Funktionen

Die Lehrkräfte zeichnen bei der Aufgabe überwiegend Graphen, die sich mit der Definition der Funktion aus Schülersicht nach Kösters (1996) decken, weil sehr häufig Graphen mit Unstetigkeit bzw. nicht durchzeichenbare Graphen, solche mit Knicken oder konstante Funktionen, als schwer identifizierbare angegeben werden. Damit sind die Antworten der Lehrkräfte mit der bisherigen Literatur zu Schülerschwierigkeiten beim Erkennen von Funktionen konsistent, da dort ebenfalls Unstetigkeit (Carlson, 1998; Nitsch, 2015; Vinner, 1983; Vinner & Dreyfus, 1989) sowie „Viele-zu-Eins-Zuordnungen" (Asiala et al., 1997; Leinhardt et al., 1990) als Schülerschwierigkeiten erwähnt werden. Graphen, die aus Punkten bestehen oder Treppenfunktionen darstellen (zu Schwierigkeiten beim Identifizieren von Funktionen), nennen die Lehrkräfte fast überhaupt nicht, obwohl diese ebenfalls Unstetigkeiten enthalten. Ursache kann hier aber die Begrenzung auf drei unterschiedliche Graphen sein.

Schwierigkeiten beim Darstellungswechsel einer linearen Funktion

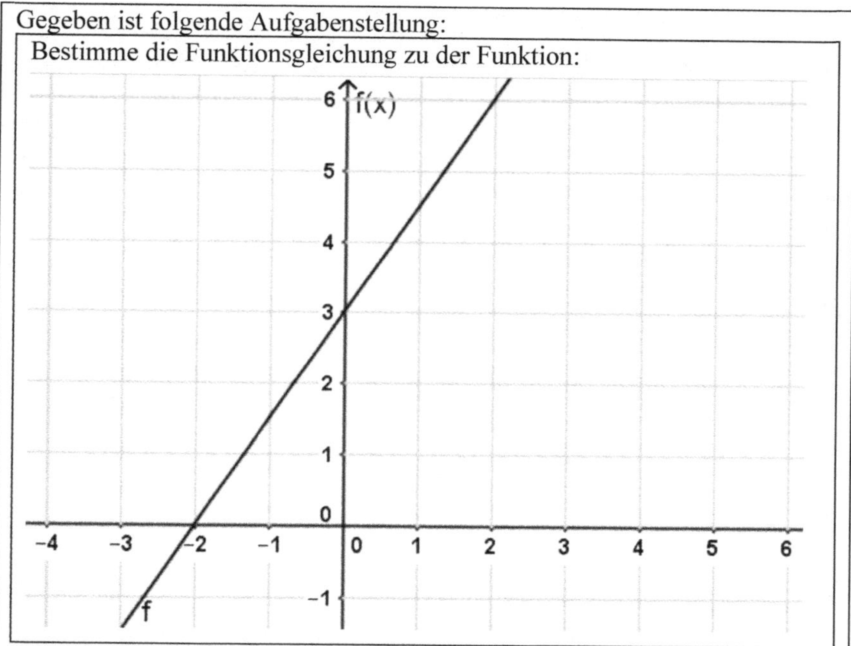

Nennen und erläutern Sie möglichst viele Fehler, die Schüler machen könnten, wenn sie einen Graphen einer linearen Funktion wie oben in eine Funktionsgleichung übersetzen (*Nummerieren Sie bitte alle genannten Fehler*).

Abbildung 35: Item zum Darstellungswechsel vom Graphen zur Funktionsgleichung einer linearen Funktion

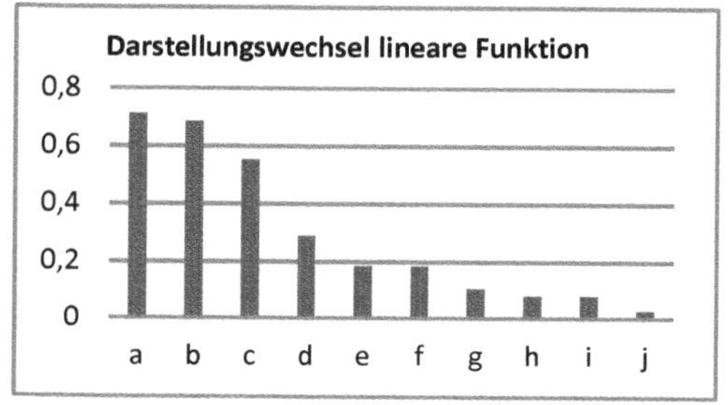

a	Koordinatenvertauschung
b	Verwechslung Parameter
c	Vorzeichenfehler
d	sonstige
e	allgemeine Fehler
f	Steigungsdreieck
g	Geradengleichung
h	m ist Nullstelle
i	Punktwahl
j	Ablesen am Graphen

Abbildung 36: Häufigkeitsverteilung Darstellungswechsel lineare Funktion

Die Häufigkeitsverteilung der Antworten der Lehrkräfte des in Abbildung 35 darstellten Items zu Schülerfehlern beim Darstellungswechsel vom Graphen in die Funktionsgleichung einer linearen Funktion lässt sich der Abbildung 36 entnehmen.

Bei den Antworten der Lehrkräfte überwiegen die Verwechslung von Parametern und die Koordinatenvertauschung. Dabei gehen die Lehrkräfte beim ersten Code auf das Vertauschen der Steigung m und des Achsenabschnitts b sowie das Ablesen des Achsenabschnitts als Nullstelle ein. Speziell das Einsetzen der Nullstelle als Steigung der Funktion geben in dieser Studie drei der 38 Lehrkräfte als einen möglichen Fehler bei der Umformung an. Bei der Vertauschung von Koordinaten erwähnen die Befragten sowohl die Vertauschung der x- und y-Koordinate bei Punkten oder die Vertauschung von Zähler und Nenner in der Formel für die Steigung (vgl. Abbildung 37), was 71.1% erwähnen, sodass dies aus ihrer Sicht ein häufig von den Schülern gemachter Fehler sein könnte.

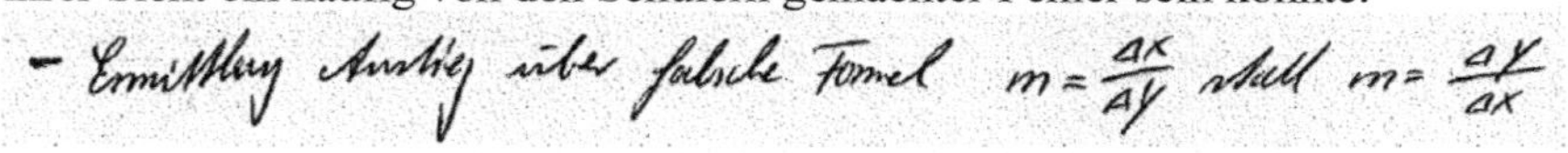

– Ermittlung Anstieg über falsche Formel $m = \frac{\Delta x}{\Delta y}$ statt $m = \frac{\Delta y}{\Delta x}$

Abbildung 37: Beispiel für die Nennung der Vertauschung der Koordinaten in der Steigungsformel

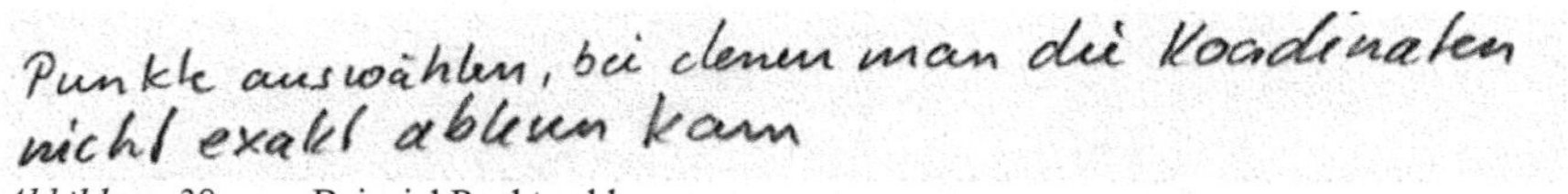

Punkte auswählen, bei denen man die Koordinaten nicht exakt ablesen kann

Abbildung 38: Beispiel Punktwahl

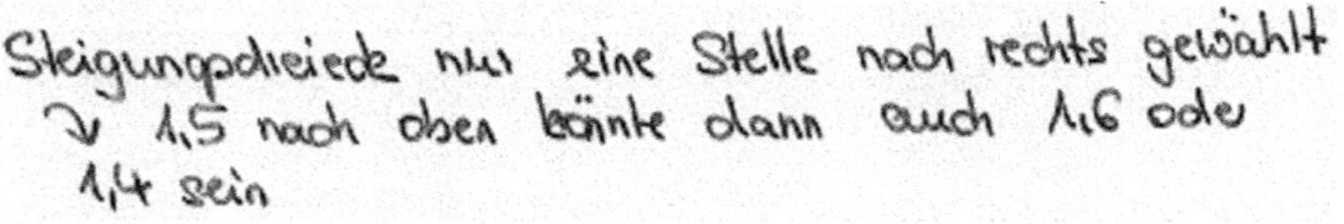

Steigungsdreieck nur eine Stelle nach rechts gewählt ⇝ 1,5 nach oben könnte dann auch 1,6 oder 1,4 sein

Abbildung 39: Beispiel Steigungsdreieck

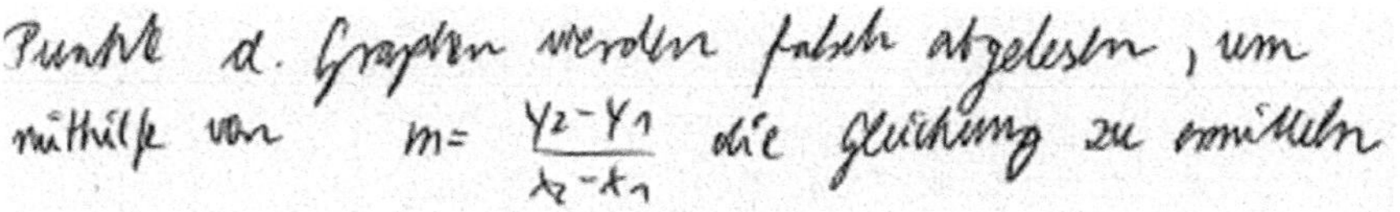

Punkte d. Graphen werden falsch abgelesen, um mithilfe von $m = \frac{y_2 - y_1}{x_2 - x_1}$ die Gleichung zu ermitteln

Abbildung 40: Beispiel zur Kategorie Ablesen am Graphen

Fasst man die Kodierungen „Punktwahl“ (vgl. Abbildung 38), „Steigungsdreieck“ und „Ablesen am Graphen“ zusammen, dann geben 28.9% der Lehrkräfte mindestens einen Schülerfehler an, der sich direkt auf das Arbeiten am Graphen im Koordinatensystem zur Bestimmung der Steigung bezieht, welches ein erster Schritt bei dem Darstellungswechsel ist. Sie betreffen eine falsche Punktwahl zur Steigungsbestimmung, das fehlerhafte Anlegen des Steigungsdreiecks sowie das fehlerhafte Ablesen am Graphen. Beispiele der Kategorien finden sich in der folgenden Abbildung:

Anhand der gegebenen Antworten könnte dies aus Sicht der Lehrkräfte auf Schwierigkeiten im Umgang mit grafischen Darstellungen im Koordinatensystem zurückzuführen sein.

Allgemeine Fehler wie Umformungsfehler, die nicht speziell auf das Verständnis linearer Funktionen zurückgehen, werden von 28.9% der Lehrkräfte angegeben. Zudem zählt die Kategorie Vorzeichenfehler zu diesen hinzu, wenn es reine Vorzeichenfehler aufgrund des Vorwissens sind. Die Antworten der Lehrkräfte zeigen, dass es sich um einen speziellen Fehler bezogen auf den Darstellungswechsel handeln könnte, da die Schüler teilweise nicht validieren, ob das Vorzeichen der Steigung mit der tatsächlichen sichtbaren Steigungsrichtung übereinstimmt:

negatives Anstieg ermitteln, obwohl offensichtlich steigender Graph

Abbildung 41: Beispiel für Vorzeichenfehler

Die Lehrkräfte nennen beim Darstellungswechsel vom Graphen zur Gleichung einer linearen Funktion überwiegend den von Nitsch (2015) erwähnten Fehler der Vertauschung der beiden Parameter in der Geradengleichung. Zudem zeigt sich, dass die Befragten die Vertauschung von Koordinaten bei der Berechnung der Steigung oder bei Punkten bei diesem Darstellungswechsel sehr häufig erwähnen (etwa 70%). Interessanterweise berichtet Nitsch (2015) in ihrer Studie, dass es sich um einen mit 7% der Schülerantworten systematisch auftauchenden Fehler handelt, aber der Anteil verglichen mit anderen systematischen Fehlern gering ist. Im Gegensatz dazu nennen die befragten Lehrkräfte kaum das Einsetzen des Schnittpunktes mit der x-Achse für die Steigung. Die Fokussierung auf den x-Achsenschnittpunkt stellte jedoch bei Nitsch den am häufigsten auftauchenden Fehler dar. Die Ursache für die Differenzen lässt sich anhand der Beantwortungen der Lehrkräfte nicht ermitteln.

Zudem werden sehr häufig Schwierigkeiten mit dem Vorzeichen der Steigung erwähnt. Dazu finden sich bei Orton (1983) sowie Simon und Blume (1994)

Untersuchungen, in denen Schüler Schwierigkeiten mit der Vorstellung der Steigung, der Angabe der Steigungen von Geraden sowie der Interpretation und dem Verständnis negativer Steigungen haben. Ebenso ist dies passend zu den gefundenen Schwierigkeiten von Schülern bei Nitsch (2015), da dort häufig das negative Vorzeichen der Steigung der fallenden Funktion nicht angegeben wurde.

Zu diesen häufig durch die befragten Lehrkräfte genannten Fehlern werden noch weitere erwähnt, die sich speziell auf den Algorithmus zur Steigungsbestimmung beziehen (fehlerhafte Punktwahl, Steigungsdreieck, ...) und bisher nicht untersucht wurden. Sind dies Fehler, die die Lehrkräfte im Unterricht beobachten, so könnte an dieser Stelle noch einmal genauer geforscht werden, ob sie bei den Schülern systematisch auftauchen.

Graph-als-Bild-Fehler

Das Item zum Graph-als-Bild-Fehler ist in der nachstehenden Abbildung 42 dargestellt. Daran anschließend lässt sich die Häufigkeitsverteilung der Antworten der Lehrkräfte der Abbildung 43 entnehmen.

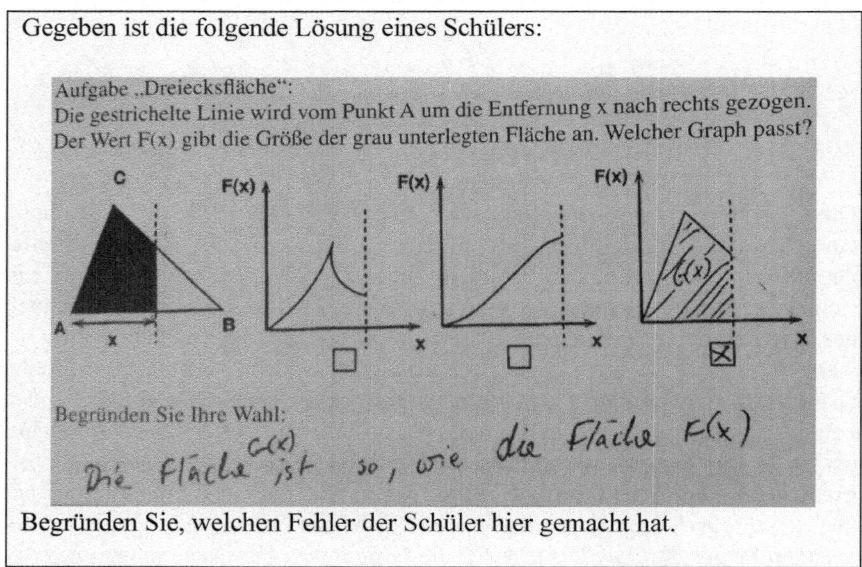

Abbildung 42: Item zum Graph-als-Bild-Fehler

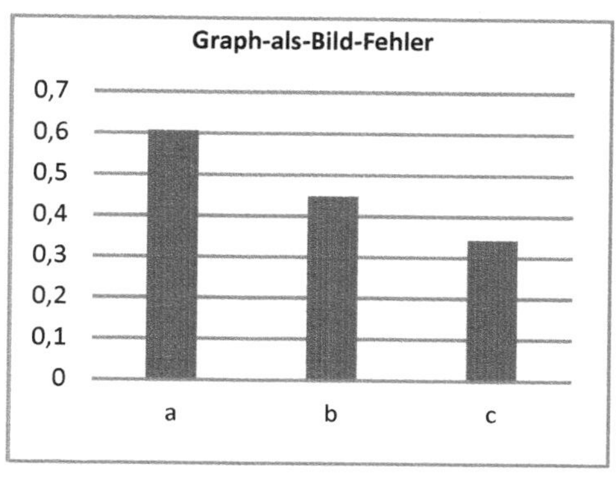

a	Graph-als-Bild
b	Bezug zur richtigen Lösung
c	sonstige

Abbildung 43: Häufigkeitsverteilung zum Graph-als-Bild-Fehler

Etwa zwei von drei Lehrkräften (60.5%) geben an, dass die Schülerantwort, die in diesem Item gegeben ist, auf eine Identifizierung des Verlaufs der Dreieckskante mit dem Graphen zurückzuführen ist, welches dem Graph-als-Bild-Fehler entspricht. Dementsprechend assoziiert der überwiegende Teil der Befragten mit solchen Situationen die Möglichkeit des Graph-als-Bild-Fehler und diagnostizieren ihn bei einer gegebenen Schülerlösung. Zudem geben 44.7% der Lehrkräfte eine Antwort an, bei der sie darauf eingehen, wie die richtige Lösung auszusehen hat und der Schüler dies nicht erkannt habe. Beide möglichen Antworten geben etwa ein Viertel der befragten Lehrkräfte an. Beispiele zeigt die folgende Abbildung:

Der Schüler hat die Fläche unter dem Graphen im f(x) in seiner Form betrachtet und festgestellt, dass die Form gleich der Form der Fläche ist.	Schüler hat nicht erkannt, dass beim Weiterziehen nach schneiden im Punkt C die Fläche weiterhin zunimmt, er unterliegt d. falschen Annahme, dass Fläche abnimmt.

Abbildung 44: Beispiel für die Kodierungen. Links ist der Graph-als-Bild-Fehler und rechts das Ausgehen von der richtigen Lösung dargestellt.

Den Lehrkräften aus Sachsen-Anhalt scheint überwiegend der Graph-als-Bild-Fehler, der von Leinhardt et al. (1990) im Review über Schülerfehler zu Funktionen und von Nitsch (2015) in ihrer quantitativen Studie zur Diagnose von Schülervorstellungen zu Funktionen als systematischer Fehler bei der Interpretation von Graphen angeführt wird, bewusst zu sein. Dennoch geben ihn etwa 40% der Befragten bei der Diagnose einer Schülerlösung, die diesem Fehler zugeordnet werden kann, nicht an.

Schwierigkeiten bei Exponentialfunktionen

Nennen Sie möglichst viele Ursachen, warum Schüler Schwierigkeiten im Umgang mit Exponentialfunktionen haben können (*Nummerieren Sie bitte jede Ursache*).

Abbildung 45: Item zu Schülerschwierigkeiten im Umgang mit Exponentialfunktionen

Das Item zu Schülerschwierigkeiten bei Exponentialfunktionen, das in Abbildung 45 dargestellt ist, hat zu der Häufigkeitsverteilung der Antworten der Lehrkräfte geführt, welche der folgenden Abbildung 46 zu entnehmen ist.

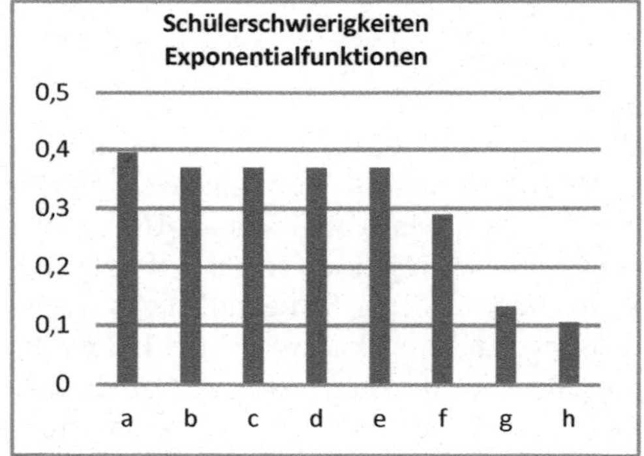

a	Rechenregeln
b	Funktionsgleichung
c	komplexe Berechnungen
d	Anwendungen / Vorstellungen
e	allgemeines
f	Verwechslungen
g	Funktion als Objekt
h	sonstiges

Abbildung 46: Häufigkeitsverteilung zu Schwierigkeiten bei Exponentialfunktionen

Die Verteilung der relativen Häufigkeiten zeigt, dass sich die von den Lehrkräften gegebenen Antworten relativ gleichmäßig auf die unterschiedlichen Kodierungen verteilen. Hierbei bildet die Kodierung der Funktion als Objekt eine Ausnahme, da sie nur von 13.2% genannt wird. Diese Kategorie beinhaltet Schülerschwierigkeiten zu den Eigenschaften der exponentiellen Funktionen und enthält beispielsweise das starke Ansteigen, das asymptotische Verhalten, kaum vorhandene markante Punkte und ähnliches (vgl. Abbildung 47 als Beispiel).

beim Zeichnen von $f(x) = a^x$ ist das
asymptot. Verhalten oft schwer umsetzbar

Abbildung 47: Beispiel zu Schwierigkeiten mit der Funktion als Objekt

Betrachtet man die Kodierungen „Funktionsgleichung" (vgl. Abbildung 48), „komplexe Berechnungen" und „Rechenregeln" zusammen, dann geben 73.7% der befragten Lehrkräfte mindestens eine dieser Kategorien an, welche sich alle auf Schwierigkeiten mit dem Umgang der algebraischen Darstellungsform beziehen. Speziell gehen sie bei der Nennung der Kategorien „komplexe Berechnung" sowie „Rechenregeln" auf Schwierigkeiten mit dem Logarithmus ein, der als Umkehrfunktion für die Exponentialfunktion zur Berechnung eingeführt wird.

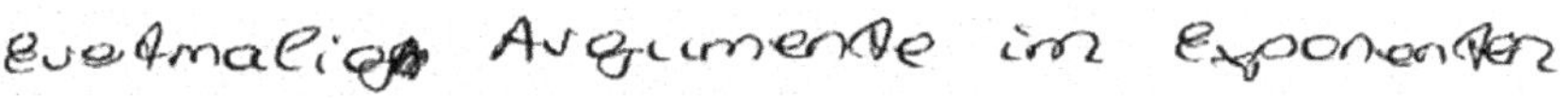

Erstmalige Argumente im Exponenten

Abbildung 48: Beispiel zu Schwierigkeiten mit der Funktionsgleichung

Etwa ein Drittel der Lehrkräfte erwähnt neben den Schwierigkeiten mit der algebraischen Darstellung solche mit Vorstellungen bzw. Anwendungen im Themengebiet Exponentialfunktionen. In diesem Zusammenhang nennen die Befragten Schwierigkeiten mit der Vorstellung des starken Wachstums und den damit verbundenen großen Zahlen. Zudem erwähnen sie den seltenen Umgang mit Funktionen, welcher sich ebenfalls in der geringen Kenntnis von Anwendungen der Exponentialfunktionen seitens der Schüler zeige. Dies kann bei der Verwechslung des linearen und des exponentiellen Wachstums bzw. Zerfalls der Fall sein. Diese Schwierigkeiten nennen 28.9% der befragten Lehrkräfte und gehen dabei auf eine Schülervorstellung ein, die auf Fehler in der Vernetzung mathematischen Wissens basieren kann. Fasst man die Kategorien „Anwendungen / Vorstellungen" und „Verwechslungen" zusammen, dann geben 57,9% der befragten Lehrkräfte mindestens eine Antwort zu der neu entstandenen Kategorie bezüglich Schwierigkeiten mit dem Verständnis an.

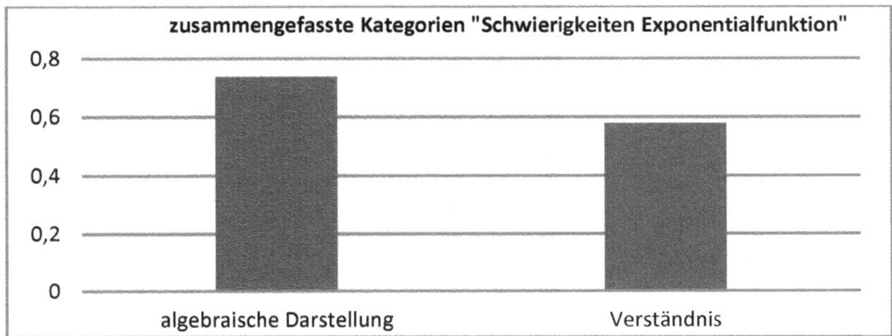

Abbildung 49: Relative Häufigkeiten der zusammengefassten Kategorien „Schwierigkeiten Exponentialfunktionen"

Zu diesen Schwierigkeiten, die speziell den Bereich der Exponentialfunktionen betreffen, nennen 36.8% der Lehrkräfte allgemeine Fehler, die sich auf den Umgang mit Koordinatensystemen, dem Taschenrechner, allgemeine algebraische Fähigkeiten oder ähnliches beziehen.

Die Einordnung der genannten Schwierigkeiten im Umgang mit Exponentialfunktionen gestaltet sich schwierig, da bisher kaum Studien zu finden sind, die Schülerfehler zu dieser Funktionsklasse untersucht haben. Damit geben die Antworten der Lehrkräfte erste Hinweise auf mögliche Schülerschwierigkeiten. Abgesehen davon sind die von den Befragten erwähnten Schwierigkeiten im Umgang mit dem Logarithmus konsistent zu Blum und Törner (1983). Die anderen, die die Lehrkräfte nennen, finden sich nicht explizit in der Literatur.

Erklärungswissen zum Funktionsbegriff

Stellen Sie kurz möglichst viele unterschiedliche Wege dar, einem Schüler zu erklären, was eine Funktion ist (*Bitte nummerieren Sie die unterschiedlichen Erklärungen*).

Abbildung 50: Item zum Erklärungswissen zur Definition einer Funktion

Die Häufigkeitsverteilung der Antworten der Lehrkräfte zum Item „Erklärungswissen zur Definition einer Funktion ist in der folgenden Abbildung dargestellt:

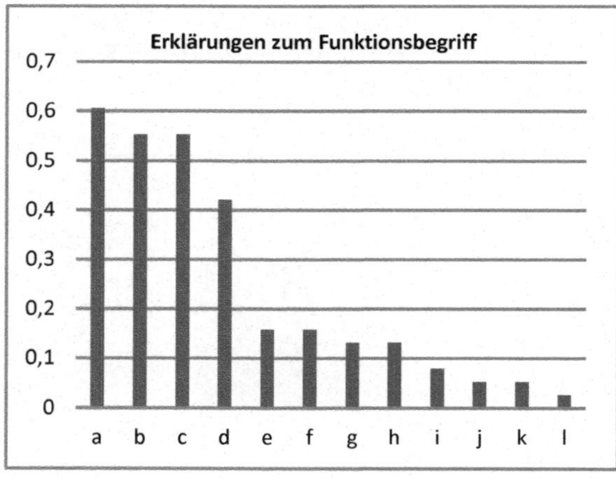

a	Wort genannt
b	Anwendungsbeispiel
c	Eindeutigkeit
d	nicht passendes
e	Mengendiagramm
f	Definition
g	Beispielgraph
h	Gegenbeispiel
i	Wertetabelle
j	Funktionsgleichung
k	Black-Box
l	Graphen untersuchen

Abbildung 51: Häufigkeitsverteilung der genannten Erklärungen zum Funktionsbegriff

Bei den nachstehenden Betrachtungen ist zu berücksichtigen, dass viele Lehrkräfte (60.5%) ausschließlich ein Wort als mögliche Erklärung genannt haben (a), ohne dies konkret auszuführen. In die Analyse der Hauptkategorien gingen diese nicht mit ein, da nicht erkennbar war, wie die Befragten die Erklärungen konkret ausgestalten würden, sodass nur vollständige Erklärungen gewertet wurden. Beispielsweise finden sich folgende Antworten der Lehrkräfte in dieser Kategorie:

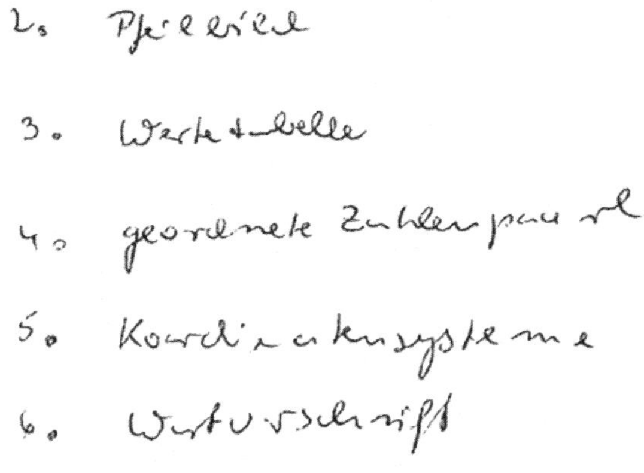

2. Pfeilbild

3. Wertetabelle

4. geordnete Zahlenpaare

5. Koordinatensysteme

6. Wortvorschrift

Abbildung 52: Beispiel zu Einworterklärungen

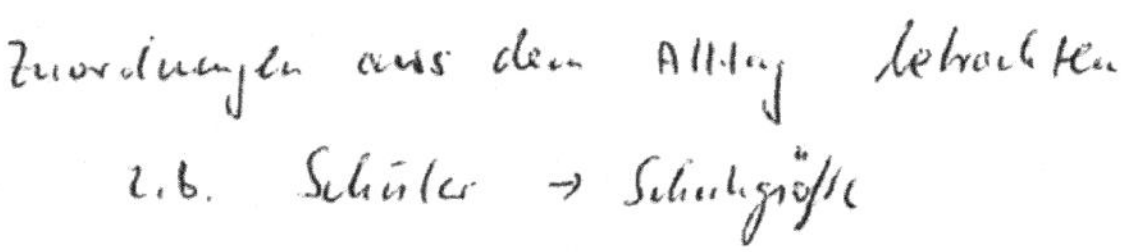

Zuordnungen aus dem Alltag betrachten

z.B. Schüler → Schuhgröße

Abbildung 53: Lehrerantwort zu Alltagsbeispiel

Abbildung 54: Lehrerantwort zu Mengendiagramm (links) und Gegenbeispiel (rechts)

Die Verteilung der Antworten zeigt, dass über die Hälfte (55.3%) explizit auf die Eindeutigkeit einer Funktion eingeht, wenn sie Erklärungen für Schüler zu der vorliegenden Aufgabenstellung aufschreiben. Zudem gibt der gleiche Anteil ein konkretes Beispiel aus dem Alltag der Schüler bzw. aus der Mathematik an, das einer eindeutigen Zuordnung im Sinne der Funktion entspricht. Somit nutzen die Lehrkräfte das fachdidaktische Wissen über Sachkontexte (vgl. Kapitel 2.2.3), in denen Funktionen angewandt werden, um mit diesen eine Erklärung zu gestalten.

Deutlich geringere relative Häufigkeiten finden sich bei den Kategorien e bis j sowie l, die eine innermathematische Erklärung darstellen. Diese werden von mindestens einer Lehrkraft (Definition) bis 15.8% (Mengendiagramm, Abbildung 54) der befragten Lehrkräfte genannt. Fasst man diese sechs Kategorien zusammen, dann nennen 39.5% mindestens eine der gegebenen mathematischen Erklärungen. Bezieht man die genannten Wörter (a) mit ein, dann geben etwa 81.6% der befragten Lehrkräfte eine innermathematische Lösung an, da es sich bei den genannten Wörtern im Wesentlichen um die Namen der übrigen Kategorien (Tabelle, Graph, …; vgl. Abbildung 52) handelt.

Grundvorstellungen (Zuordnungs-, Kovariations-, und Objektaspekt) werden in den genannten Erklärungen nicht explizit erwähnt. Sie finden sich implizit wieder, da eine entsprechende Darstellung gewählt wurde, die eine bestimmte Grundvorstellung verstärkt enthält. Der Zuordnungsaspekt wird in den genannten Erklärungen der Lehrkräfte besonders in den Kategorien „Anwendungsbeispiel“, Mengendiagramm“ (vgl. Abbildung 54), „Wertetabelle“, „Funktionsgleichung“ und „Graphen“ deutlich. Mindestens eine dieser führen etwa 68.4% der Lehrkräfte an. Der Kovariationsaspekt ist in den Antworten nur in den Erklärungen mit den Wertetabellen deutlich geworden, da hier Wertepaare miteinander vergleichbar waren. Bei den Funktionsgraphen haben die Lehrkräfte der Stichprobe nicht auf den Aspekt hingewiesen. Der Objektaspekt mit der Funktion als Ganzes wurde in den Antworten nicht thematisiert (vgl. zu den Darstellungen und den Grundvorstellungen Blum & Törner, 1983; Nitsch, 2015). Die zusammengefassten Kategorien werden anhand ihrer relativen Häufigkeiten in der folgenden Abbildung noch einmal übersichtlich dargestellt (siehe nächste Seite).

Die Oberkategorien zeigen, dass eine innermathematische Erklärung unter Berücksichtigung der Einworterklärungen am häufigsten genannt worden ist. Dieser Anteil reduziert sich jedoch deutlich, wenn ausschließlich die Antworten betrachtet werden, die über eine Einworterklärung hinausgehen. Dann überwiegen die Erklärungen, die Sachkontexte verwenden gegenüber den innermathematischen. Bezüglich der drei Grundvorstellungen überwiegt sehr deutlich der Zuordnungsaspekt.

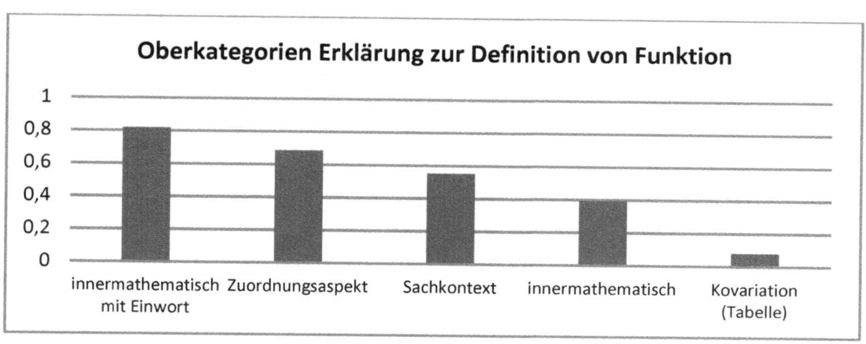

Abbildung 55: Relative Häufigkeiten der Oberkategorien zum Erklärungswissen zur Definition einer Funktion

Die Ergebnisse zum Erklärungswissen zu Funktionen zeigen, dass die Lehrkräfte zur Erklärung die unterschiedlichen Darstellungsformen von Funktionen verwenden (Abbildung 55). Es tauchen in den Kategorien die Darstellungen „Tabelle“, „Graph“, „Mengendiagramm“, „Funktionsgleichung“ und „verbal“ (Sachkontext) auf, die in der Literatur genannt werden (vgl. beispielsweise Blum & Törner, 1983; Greefrath et al., 2016). Dies trifft ebenfalls auf die Grundvorstellungen der Zuordnung und der Kovariation zu, die in den Lösungen der Lehrkräfte nicht explizit genannt aber implizit vorhanden sind (vgl. dazu Vollrath, 1989). Abgesehen von der Zuordnungsvorstellung tauchen die beiden anderen Grundvorstellungen jedoch nur sehr selten in den Antworten auf, sodass diese den Lehrkräften scheinbar nicht derart präsent sind, wie die Zuordnungsvorstellung. Dabei muss beachtet werden, dass die Grundvorstellungen nicht explizit erfragt worden sind, sondern in den Erklärungsansätzen der Lehrkräfte nur selten vorkommen.

Die Eindeutigkeit wird in den Erklärungen nur von der Hälfte der Befragten erwähnt. Dies ist insofern bemerkenswert, da es die wesentliche Eigenschaft von Funktionen ist, die sie von reinen Zuordnungen abgrenzt. Ob den Lehrkräften diese Eigenschaft dennoch für unterrichtliche Erklärungen bewusst ist, kann aufgrund des Studiendesigns nicht beantwortet werden.

Die Ergebnisse dieses Items zeigen zudem, dass die Lehrkräfte viele unterschiedliche Erklärungen verwenden, um auf dieses Item zu antworten. Dabei überwiegt keine der genannten Erklärungen deutlich.

Erklärungswissen zur Verschiebung der Parabel in x-Richtung

> Schüler vertauschen bei quadratischen Funktionen oft die Verschiebungsrichtung, die d in der Scheitelpunktform $f(x) = a(x - d)^2 + e$ in x-Richtung bewirkt. Bitte skizzieren Sie kurz möglichst viele verschiedene Wege, mit denen Sie einem Schüler diesen Sachverhalt klarmachen könnten (*Nummerieren Sie bitte die unterschiedlichen Erklärungen*).

Abbildung 56: Item zum Erklärungswissen zur Verschiebungsrichtung einer quadratischen Funktion

Die Häufigkeitsverteilung der durch die Lehrkräfte benannten Kategorien finden sich in der folgenden Abbildung:

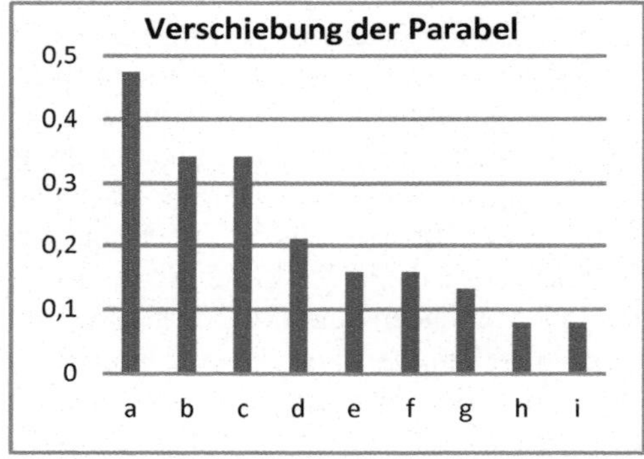

a	nicht passende
b	Graph statisch
c	Wort genannt
d	Bezug zum Scheitelpunkt
e	Wertetabelle (mit Graph)
f	Graph dynamisch
g	Regel
h	Bezug zur Lage der Nullstellen
i	Rechnungen mit variablem d

Abbildung 57: Häufigkeitsverteilung der genannten Erklärungen zur Verschiebung der Parabel in x-Richtung

mithilfe von GeoGebra

Abbildung 58: Beispiel Einworterklärung

Die Antworten zu diesem Item, wie bereits zum Erklärungswissen zum Funktionsbegriff, enthalten mit 34.2% einen nicht zu vernachlässigenden Anteil an Lehrkräften, deren Antworten im Wesentlichen aus einem passenden Wort bestehen und keine komplette Erklärung beinhalten (vgl. Abbildung 58). Wie bei der anderen Aufgabe werden an dieser Stelle ausschließlich die Hauptkategorien (alle außer a und c) in den weiteren Analysen betrachtet.

Die Häufigkeitsverteilung zeigt, dass mit etwa einem Drittel (34.2%) eine grafisch statische Lösung am häufigsten gewählt wurde, um das Vorzeichen der Verschiebung zu erklären. Dabei werden unterschiedliche Graphen zu gegebenen Funktionsgleichungen mit variablem d berachtet und verglichen (vgl. Abbildung 59). Im Vergleich dazu wird eine dynamische Erklärung mittels einer dynamischen Geometriesoftware und Schiebereglern für den Parameter d in der Funktionsgleichung der quadratischen Funktion in Scheitelpunktform von nur sechs der 38 befragten Lehrkräfte angegeben. Werden die beiden Kategorien zusammen betrachtet und „Wertetabelle (mit Graph)" hinzugenommen (von einer Wertetabelle ausgehend wird eine grafische Lösung anstrebt), erwähnen 61.8% mindestens eine Form einer grafischen Erklärung. Im Vergleich dazu beziehen sich 32.3% der Lehrkräfte auf besondere Punkte des Graphen (Lage der Nullstellen bzw. des Scheitelpunkts bei variablem d), um das Vorzeichen der Verschiebung zu erklären. Hierbei gehen sie einerseits auf die Auswirkungen einer Verschiebung um $+d$ bzw. $-d$ auf die Lage des Scheitelpunktes ein, indem sie unterschiedliche Funktionen anhand des Scheitelpunktes vergleichen, um so die Verschiebungsrichtung entlang der x-Achse zu verdeutlichen. Zudem stellen die Lehrkräfte dar, wie die Scheitelpunktkoordinanten mit der Funktionsgleichung zusammenhängt. Andererseits vergleichen die Lehrkräfte die Lage der Nullstellen einer quadratischen Funktion zur Ausgangsfunktion, wenn sie um $+d$ bzw.

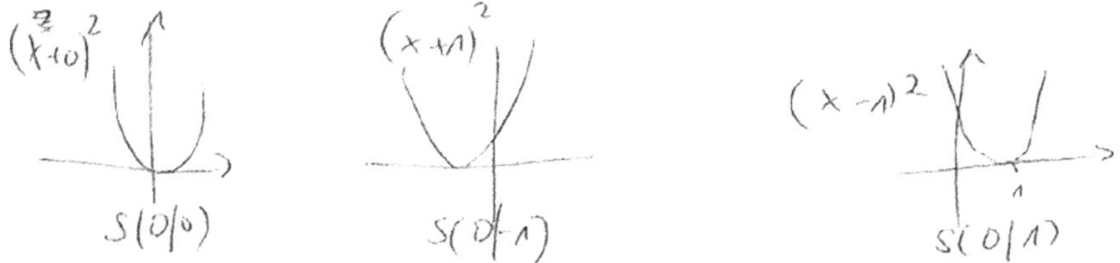

$-d$ verschoben worden ist. Dazu rechnen sie beispielsweise die Nullstellen der Normalparabel und einer verschobenen Parabel aus.

Abbildung 59: Lehrerantwort zum Vorzeichen der Verschiebung einer quadratischen Funktion entlang der x-Achse

Ähnlich zu der Berechnung der Nullstellen verwendeten Lehrkräfte Rechnungen mit unterschiedlichem d, um die Auswirkungen der Wahl des Parameters zu erklären. Diese Form der Erklärung wählten 7.9% der Befragten. Daneben erwähnen circa 13.2% der Lehrkräfte, dass sich ein negatives Vorzeichen als Verschiebung in positiver x-Richtung auswirkt, ohne dies weiter zu erklären (Abbildung 59). Dies wird als Regel für die Schüler dargestellt, deren Ursache nicht in der gegebenen Lösung geklärt wird. Dementsprechend wird die Erklärung als mögliche Regel interpretiert, die die Schüler lernen sollen, damit sie keine Fehler mit dem Vorzeichen der Verschiebungsrichtung machen:

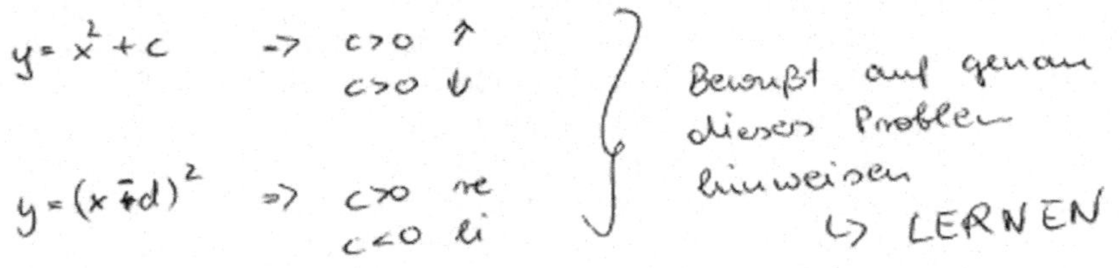

$y = x^2 + c \rightarrow c > 0$ ↑, $c > 0$ ↓

$y = (x \mp d)^2 \Rightarrow c > 0$ re, $c < 0$ li

Bewußt auf genau dieses Problem hinweisen ↳ LERNEN

Abbildung 60: Beispiel für die Merkregel (bei der zweiten Gleichung ist statt c die Variable d gemeint)

Nitsch (2015) erwähnt in ihrer Studie die Angabe des falschen Vorzeichens hinsichtlich der Verschiebungsrichtung der Parabel in Scheitelpunktform als eine systematisch auftauchende misconception. In den in ihrer Studie eingesetzten Aufgaben zeigte jeweils ein Viertel der befragten Schüler bei jeder Aufgabe den Fehler, das falsche Vorzeichen für die Verschiebung der Parabel in algebraischen Scheitelpunktform entlang der x-Achse zu wählen. Über beide Aufgaben hinweg machten den Fehler 11.6% der Schüler. Aufgrund der Häufung der misconception ist es wichtig, dass Lehrkräfte adäquate Erklärungen liefern können, die den Schülern helfen, den Sachverhalt zu verstehen. Die Ergebnisse dieses Items zeigen mögliche Lösungen auf, die Lehrkräfte als Erklärung angeben. Dabei überwiegt das Nutzen grafischer Darstellungen, wobei eine statische Form am häufigsten gewählt wurde. Eine dynamische Form, wie sie sich mit einem Schieberegler für den Parameter mit einer dynamischen Geometriesoftware realisieren ließe, wird dagegen deutlich seltener gewählt. Somit scheinen digitale Medien bezüglich dieser Erklärung bei den befragten Lehrkräften noch nicht derart bewusst zu sein, dass sie sie auf Nachfrage nennen. Inwiefern das mit dem tatsächlichen Einsatz digitaler Medien zusammenhängt, lässt sich anhand der Daten jedoch nicht beantworten.

Wissen über Funktionsdarstellungen

Die Häufigkeitsverteilung der von den befragten Lehrkräften gegebenen Antworten zu der auf der folgenden Seite dargestellten Fragestellung ist in der Abbildung 62 dargestellt:

Die Tabelle ist eine Darstellungsform für Funktionen.

x	$f(x)$
1	2
2	4
3	6
4	8
5	10

Nennen Sie darüber hinaus möglichst viele unterschiedliche Darstellungsformen für eine Funktion (*Nummerieren Sie bitte die unterschiedlichen Darstellungen*).

Abbildung 61: Item zu Darstellungen von Funktionen

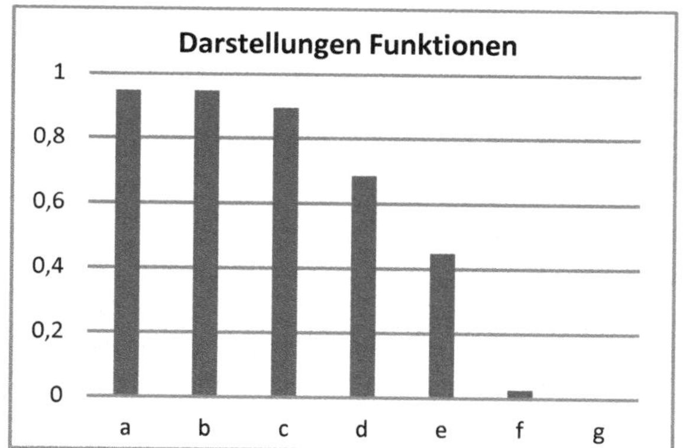

a	Graph
b	Funktionsgleichung
c	verbal
d	Mengendiagramm
e	geordnete Paare
f	sonstige
g	Leiterdiagramm

Abbildung 62: Häufigkeitsverteilung Funktionsdarstellungen

Die Darstellungsformen „Graph“, „Funktionsgleichung“ und „verbal“ werden von fast allen Lehrkräften benannt. Dies scheinen damit die am häufigsten verwendeten Formen der Funktionsdarstellungen seitens der Lehrkräfte zu sein. Das „Mengendiagramm“, das 68.4% der befragten Lehrkräfte erwähnen, sowie „geordnete Paare“ (44.7%) werden nicht in der Häufigkeit wie die ersten drei

Formen genannt und scheinen damit nicht so stark im Fokus der Lehrkräfte zu liegen.

Bezüglich der Darstellungsformen decken sich die Ergebnisse des Erklärungswissen zu Funktionen mit denen zum Wissen über Funktionsdarstellungen. Die Lehrkräfte erwähnen im Wesentlichen, abgesehen von der Tabelle, die Darstellungsformen „Graph", „verbale Darstellung", „Mengendiagramm" und „Funktionsgleichung", welche ebenfalls von der Literatur benannt werden (vgl. dazu Greefrath et al., 2016). Diese finden sich in Textaufgaben (verbale Form) wieder. Schüler sollen sie meist in eine grafische oder eine algebraische Darstellung übersetzen und eine Lösung zu einer bestimmten Aufgabe finden. Zudem sind in Schulbücher oft Aufgaben zur Arbeit mit der Funktionsgleichung oder -graphen als innermathematische Übung gegeben (vgl. unter anderem Herd et al., 2015; Körner et al., 2014, 2015). Damit sind dies die am häufigsten verwendeten Darstellungsformen der Funktionen in Büchern, wozu Verteilung der Antworten passt. Daraus wird die Hypothese aufgestellt, dass sich die befragten Lehrkräfte am Schulbuch orientieren, welche in weiteren Studien vertieft werden müsste.

Die Leiterdiagramme, wie sie Blum und Törner (1983) als Funktionsdarstellung anführen sowie statistische Diagramme (Greefrath et al., 2016) werden von den befragten Lehrkräften nicht genannt. Sie scheinen daher kein Fokus im Unterricht der Lehrkräfte zu sein. Sie werden in der Regel auch nicht explizit in Schulbüchern erwähnt (vgl. unter anderem Herd et al., 2015; Körner et al., 2014, 2015). Das Ergebnis stützt somit die aufgestellte Hypothese der Orientierung an dem Schulbuch.

Sachkontexte Exponentialfunktionen

Nennen Sie möglichst viele Sachkontexte, in denen exponentielle Funktionen angewendet werden können (*Nummerieren Sie bitte die unterschiedlichen Kontexte*).

Abbildung 63: Item zu Anwendungskontexten von Exponentialfunktionen

In dieser Aufgabenstellung sollten die Lehrkräfte Sachkontexte angeben, in denen Exponentialfunktionen angewendet werden. Dazu wurden sie gebeten, möglichst viele unterschiedliche anzugeben. Die Häufigkeitsverteilung der gegebenen Antwort ist in der Abbildung dargestellt:

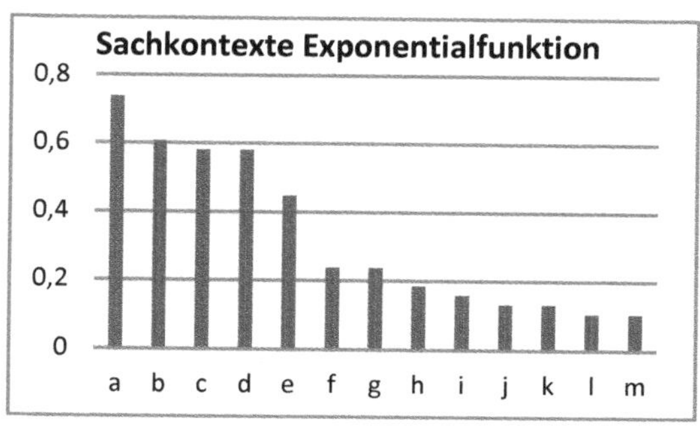

a	Zinsen
b	Populationen Fauna
c	Radioaktiver Zerfall
d	Wachstumsprozesse
e	Zerfallsprozesse
f	Pflanzen
g	keine Exponentialfunktion
h	sonstige Richtige
i	Abbauprozesse im Körper
j	Schneeballsysteme
k	Bierschaumzerfall
l	Papier falten
m	Temperaturannäherung

Abbildung 64: Häufigkeitsverteilung der genannten Sachkontexte zu Exponentialfunktionen

Die Verteilung zeigt, dass viele Lehrkräfte mit Sachkontexten von Exponentialfunktionen vor allem Wachstumsprozesse verbinden. Dies geben 57.9% der Lehrkräfte explizit an. Zudem assoziieren 44.7% die Funktionsklasse ebenfalls mit Zerfallsprozessen. Beide betreffen keine tatsächlichen Sachkontexte, sondern beschreibt jeweils eine Oberkategorie von möglichen Anwendungen der Exponentialfunktion, wenn sie im Kontext passend ist[97].

Inhaltlich wird am häufigsten die Verzinsung genannt (73.7%). Danach folgen Wachstumsprozesse von Populationen bezogen auf Lebewesen (60.5%) und der radioaktive Zerfall mit Halbwertszeiten und Altersbestimmungen (57.9%). Die anderen Sachkontexte werden mit der Ausnahme des Wachstums von Pflanzen von weniger als 20% der befragten Lehrkräfte angegeben. Betrachtet man die Kodierungen, die einem Wachstumsprozess oder dem Wort „Wachstum" entsprechen (a, b, d, f, j und l), dann erwähnen bis auf eine Lehrkraft alle mindestens eine Kategorie (97.4%). Zerfallsprozesse sowie das entsprechende Wort (c, e, i und k) werden im Vergleich zum Wachstum seltener von den Lehrkräften angeführt (78.9%).

Die Befragten nennen vor allem Sachkontexte von Exponentialfunktionen, die sich auf Wachstums- und Zerfallsprozesse beziehen. Dabei tauchen die beiden Wörter als allgemeine Angaben sowie Populationswachstum, Zinsen und radioaktiver Zerfall als spezielle Sachkontexte am häufigsten auf. Diese finden sich ebenfalls in den meisten Schulbüchern wieder, da sie als Sachkontexte für

97 Lineare oder andere Wachstums- oder Zerfallsprozesse könnten in einem Sachkontext statt eines exponentiellen Zusammenhangs sinnvoller sein, sodass die Nennung der Kategorie nicht eindeutig der Funktionsklasse Exponentialfunktion zugeordnet werden kann. Dennoch werden sie hier eingeordnet, da die Lehrkräfte explizit auf die Frage nach Sachkontexten zu Exponentialfunktionen antworten.

Textaufgaben verwendet werden (vgl. unter anderem Herd et al., 2015; Körner et al., 2014, 2015). Dementsprechend stützen die Ergebnisse dieses Items ebenfalls die Hypothese zur Orientierung an den Schulbüchern.

Im Anschluss an die Darstellung der inhaltlichen Ausprägung werden die Ergebnisse der Analysen der quantitativen Ausprägungen anhand deskriptiver Statistiken erläutert.

8.1.2 Ausprägung und Zusammenhänge zu Funktionen

Die quantitativen Analysen wurden anhand von Scores für die jeweiligen Items durchgeführt. In diesem Zusammenhang wurde der Score derart festgelegt, dass er der Anzahl aller genannten unterschiedlichen Kategorien entspricht, die nicht unter „sonstige“ fallen. Dies ergab für die acht Items folgende Mittelwerte und Standardabweichungen:

	Kategorienanzahl	Min	Max	M	SD
fachdidaktisches Wissen zu Schülern					
Graphen	3	0	3	1.87	0.96
Darstellungswechsel lineare Funktion	9	1	4	2.61	0.86
Graph-als-Bild-Fehler	2	0	2	1.05	0.70
Schwierigkeiten Exponentialfunktionen	7	1	4	2.37	0.85
fachdidaktisches Wissen zum Lehren					
Erklärungswissen Funktion	11	0	6	2.61	1.42
Erklärungswissen zur Parabelverschiebung	8	0	5	1.50	0.92
Darstellungsformen von Funktionen	6	3	5	3.92	0.71
Sachkontexte Exponentialfunktionen	19	0	7	4.08	1.87

Tabelle 11: Mittelwerte und Standardabweichungen der Anzahl der Kategorienennungen des fachdidaktischen Wissens zu Funktionen bei n=38 Lehrkräften aus Sachsen-Anhalt

Im Bereich des fachdidaktischen Wissens zu Schülern zeigt sich, dass die Lehrkräfte unterschiedlich viele Kategorien nennen. Dies wird zum einen anhand des jeweiligen Umfangs der Verteilungen sowie der Standardabweichung ersichtlich, da bei den Items „Graphen“, „Darstellungswechsel lineare Funktion“ und „Schwierigkeiten Exponentialfunktionen“ die Spannweite der Verteilung jeweils drei Kategorien beträgt und die Standardabweichung fast der Nennung einer Kategorie entspricht. Zudem zeigen sich zwischen der maximalen Anzahl an genannten Kategorien und der Anzahl der möglichen Kategorien Differenzen, die teilweise über der Hälfte der maximal möglichen Kategorien liegen.

Die gleichen Eigenschaften der Verteilungen, wie sie beim fachdidaktischen Wissen über Schüler vorhanden sind, zeigen sich, teilweise noch verstärkt, bei den betrachteten Items des fachdidaktischen Wissens zum Lehren. Speziell beim „Erklärungswissen Funktion“ und bei „Sachkontext Exponentialfunktion“

sind die Spannweiten der Verteilung mit sechs bzw. sieben genannten Kategorien groß. Dies zeigt sich ebenfalls bei der Standardabweichung, deren Größe jeweils über der Nennung einer Kategorie liegt. Der Score zu „Darstellungsformen zu Funktionen" variiert verglichen mit den anderen Items nicht so stark.

Ergänzend zu der Verteilung der einzelnen Items wurden die Zusammenhänge zwischen den Items analysiert. Die Ergebnisse der Zusammenhangsanalysen zeigen, dass es zwischen den Items zum fachdidaktischen Wissen zu Schülern im Bereich der Funktionen nur beim Wissen zu Graphen, bei denen Schüler Schwierigkeiten haben, sie als Funktion zu identifizieren, und den möglichen Schwierigkeiten beim Darstellungswechsel vom Graph zur algebraischen Form einer linearen Funktion eine signifikante Korrelation gibt. Diese ist bei $p = 0.004$ signifikant von null verschieden und beträgt 0.46 (mittlerer Effekt; vgl. Döring & Bortz, 2016b). Bei dem Wissen zum Lehren gibt es keine signifikanten Zusammenhänge zwischen den einzelnen Items. Über die Grenzen der beiden theoretischen Subfacetten des fachdidaktischen Wissens hinaus zeigt sich in dieser Studie ein signifikanter Zusammenhang zwischen den beiden Items zu Exponentialfunktionen (0.32 mit $p = 0.049$, mittlerer Effekt). Die anderen weisen dagegen keine Zusammenhänge auf, welche signifikant von null verschieden sind (gesamte Tabelle befindet sich im Anhang unter 16.4.1).

	Lehrerfahrung	Alter
Fachdidaktisches Wissen zu Schülern		
1 Graphen	0.22	0.22
2 Darstellungswechsel lineare Funktion	-0.14	-0.16
3 Graph-als-Bild-Fehler	-0.22	-0.24
4 Schwierigkeiten Exponentialfunktionen	-0.07	-0.05
Fachdidaktisches Wissen zum Lehren		
5 Erklärungswissen Funktion	-0.41*	-0.38*
6 Erklärungswissen zur Parabelverschiebung	-0.09	-0.11
7 Darstellungsformen von Funktionen	-0.23	-0.29
8 Sachkontexte Exponentialfunktionen	-0.05	-0.03

Tabelle 12: Zusammenhänge zwischen Alter (n=33) und Lehrererfahrungen in Jahren nach dem Referendariat (n=34) und den Items zum fachdidaktischen Wissen zu Funktionen. * bei $p<0.05$ signifikant.

Die Analysen der Zusammenhänge zwischen dem Alter bzw. der Lehrerfahrung in Jahren nach dem Vorbereitungsdienst (Tabelle 12) haben kaum signifikante Korrelationen zu den Items des fachdidaktischen Wissens ergeben. Es zeigt sich, dass fast alle Zusammenhänge ein negatives Vorzeichen haben. Die Ausnahme bildet die Kenntnis über Graphen, bei denen es Schülern schwerfällt, sie als Funktion zu identifizieren. Insgesamt zeigen die Ergebnisse bis auf die Ausnahme die Tendenz, dass das fachdidaktische Wissen über Funktionen und die Lehrerfahrung in einem negativen Zusammenhang stehen, sodass erfahrenere Lehrkräfte der Stichprobe weniger Kategorien nannten als jüngere. Dies ist im Fall des Erklärungswissens zu Funktionen zu beiden Personenmerkmalen signifikant und entspricht einem mittleren Effekt.

Die Analysen zum Geschlecht wurden in dieser Stichprobe nicht durchgeführt, da nur sieben Lehrer in die Analysen eingegangen sind und dies zu gering für eine quantitative Auswertung ist.

8.1.3 Inhaltliche Ausprägung zur Differentialrechnung

Die vier (professional development in Hessen) bzw. sechs Items zum fachdidaktischen Wissen zur Differentialrechnung haben insgesamt 73 bzw. 38 Lehrkräfte ausgefüllt. Im Folgenden wird dargestellt, welche Antworten die Lehrkräfte auf die jeweiligen Items gaben. Zuerst wird auf das fachdidaktische Wissen zu Schülern eingegangen.

Schülerfehler beim algebraischen Differenzieren

Im Folgenden ist eine Funktion gegeben. Benennen Sie zu der gegebenen Funktion so viele Fehler, die Schüler bei der Berechnung der ersten Ableitung machen können, wie sie können und erläutern Sie kurz (1 Satz) die Ursache für den jeweiligen Fehler *(Bitte nummerieren Sie die Fehler).*

$$f(x) = (4x + 9)^7 + \frac{3}{x^4} \cdot e^{2x}$$

Abbildung 65: Item zu Schülerfehlern beim algebraischen Differenzieren

In diesem Item wurden die an der Studie teilnehmenden Lehrkräfte befragt, welche Schülerfehler sie konkret bei Differenzieren der Funktion $f(x) = (4x + 9)^7 + \frac{3}{x^4} \cdot e^{2x}$ erwarten. Die Häufigkeitsverteilung der genannten Fehlerkategorien ist in der folgenden Abbildung dargestellt:

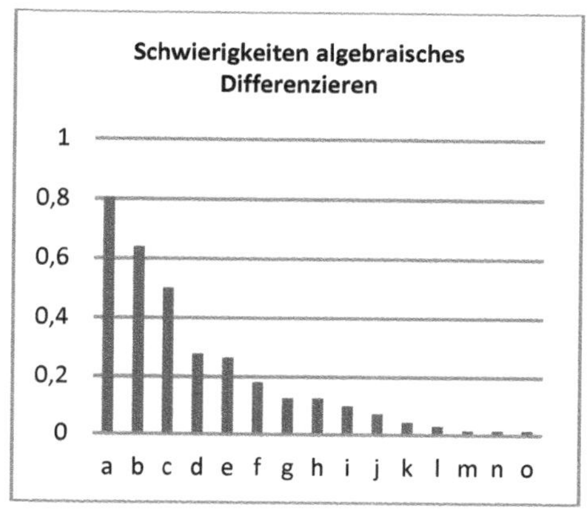

a	ungenaue Angabe
b	Vorverständnisfehler
c	innere Ableitung vergessen
d	Linearisierung Produktregel
e	negative Polynome wie positive
f	kein konkreter Fehler
g	Potenzregel bei Exponentialfunktion
h	lokale Anwendung Potenzregel
i	keine Änderung *e*-Funktion
j	sonstige Richtige
k	Konstante nicht abgeleitet
l	Faktorregel falsch
m	Vorzeichenfehler neg. Exponent
n	äußere Ableitung vergessen
o	Term umgangen

Abbildung 66: Häufigkeitsverteilung der Nennung von Schülerfehlern beim algebraischen Differenzieren (n=73)

In der Verteilung wird ersichtlich, dass die Lehrkräfte sehr häufig (79.5%) Antworten angeben, die sich zwar auf einen bestimmten Aspekt einer Schwierigkeit beziehen, jedoch nicht konkret einem Fehler zuzuordnen sind. Beispiele dafür sind „erkennen die Produktregel nicht“, „erkennen bzw. beachten die Kettenregel nicht“ (vgl. auch Abbildung 67). Diese beziehen sich überwiegend auf die Regeln des algebraischen Differenzierens, mit deren Anwendung die Lernenden Schwierigkeiten haben. Ein konkreter Fehler geht aus den Antworten jedoch nicht hervor.

Kettenregel falsch anwenden

Probleme mit der Kettenregel: $f(x) = g(h(x))$

$f'(x) = h'(x) \cdot g'(h(x))$

Abbildung 67: Beispiele für Antworten ohne die Nennung eines konkreten Fehlers

Die am häufigsten genannte Kategorie, die konkrete Fehler beinhaltet, ist mit etwa 63.0% „Vorverständnisfehler“, die sich nicht explizit auf die Differentialrechnung beziehen, sondern beispielsweise Übergeneralisierungen in der Algebra beinhalten. Dazu zählen zudem weitere Umformungsfehler wie das Kürzen von x oder das Umformen der negativen Potenz im zweiten Summanden (vgl. Abbildung 68).

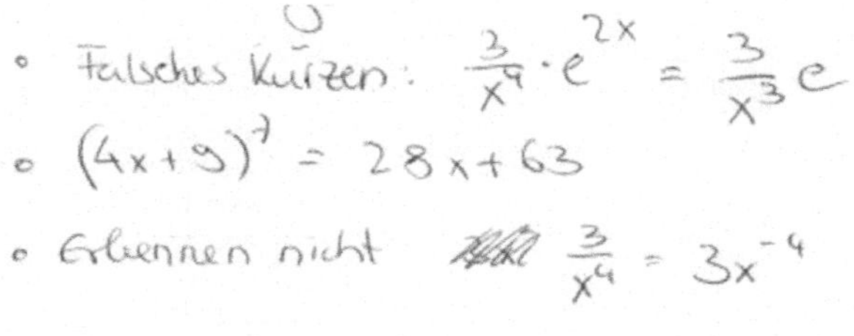

Abbildung 68: Beispiele für Vorverständnisfehler

Betrachtet man die unterschiedlichen Typen von misconceptions nach Eichler et al. (2017), dann wird mindestens eine Übergeneralisierung (Kodierungen d, g, h, i) von 39.7% aller befragten Lehrkräfte angeführt. Dabei wurde die Linearisierung der Produktregel im Sinne des getrennten Ableitens der beiden Faktoren ($u \cdot v = u' \cdot v'$) mit einem Anteil von 27.4%, also etwa von jeder vierten Lehrkraft, am häufigsten genannt. Die anderen Übergeneralisierungen tauchen deutlich geringer auf. Übergeneralisierung der Regel für Polynome auf Exponentialfunktionen erwähnen 12.3%. Der gleiche Anteil der Lehrkräfte nennt die lokale Anwendung der Regel für Polynome, bei der entweder das Polynom in der Klammer des ersten Summanden abgeleitet (dabei wird $(4x + 9)^7$ zu $(4)^7$) oder das Polynom im Nenner des ersten Faktors im zweiten Summenanden lokal differenziert wird (vgl. Siyepu, 2013). Der Erhalt der e-Funktion ist die Übergeneralisierung, die mit einem Anteil von 9.6% am seltensten genannt wird. Beispiele der Kategorien sind im Folgenden dargestellt:

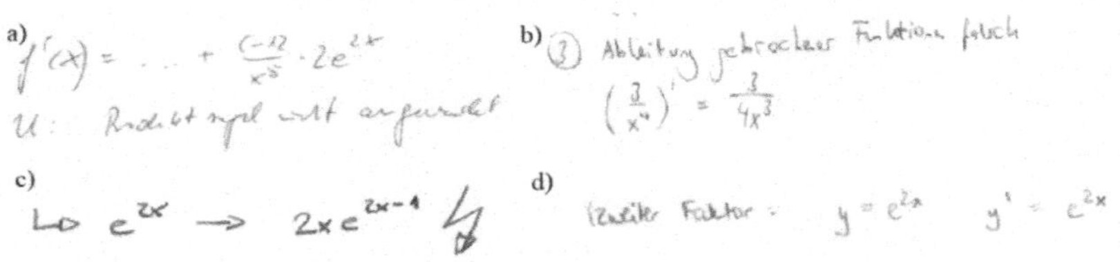

a) b)

c) d)

Abbildung 69: Beispielantworten für Übergeneralisierungen. a) Anwendung der Linearität auf Produktregel; b) lokale Anwendung der Regel für Polynome; c) Anwendung der Regel für Polynome auf Exponentialfunktion; d) e-Funktion bleibt immer gleich

Die beiden lokalen Regelmissachtungen (Kodierungen k und m; Abbildung 70) werden sehr selten seitens der befragten Lehrkräfte angeführt. Insgesamt nennen

5.5% mindestens eine solche als Fehler bei der Differenzierung der genannten Funktion. Die Anteile der beiden sind einzeln noch geringer.

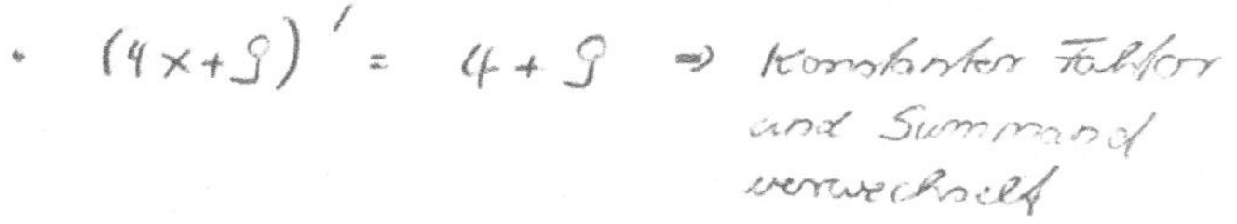

• $(4x+9)' = 4+9$ ⇒ Konstanter Faktor und Summand verwechselt

Abbildung 70: Lehrerantwort passend zur Kategorie "Konstante nicht abgeleitet"

Mindestens eine globale Regelmissachtung, wie dies die Kodierungen c, e und n darstellen, wird von 60.3% als möglicher Schülerfehler angeführt. In diesem Zusammenhang wird am häufigsten das Vergessen der inneren Ableitung erwähnt (49.3%), (vgl. Eichler et al., 2017). Das Übertragen der Vorgehensweise bei Polynomen mit positiven Exponenten auf solche mit negativen wird noch von etwas mehr als einem Viertel der Lehrkräfte angegeben (vgl. Abbildung 71b). Das Vergessen der äußeren Ableitung nennt nur eine Lehrkraft.

a) $f'(x) = 7(4x+9)^6 + \dots$ „innere Ableitung" vergessen

b) zweiter Summand (erster Faktor) $y = \frac{3}{x^4}$ $y' = 4 \cdot \frac{3}{x^3}$

Abbildung 71: Beispiele für globale Regelmissachtungen. a) Vergessen der inneren Ableitung; b) Ableitung negativer Polynome wie positive

Die relativen Häufigkeiten der drei misconceptions sind in der Abbildung 72 noch einmal zusammengefasst.

Die unspezifischen Antworten der Lehrkräfte, die sich auf das Erkennen, nicht Anwenden u. ä. der Ableitungsregeln beziehen, zeigen, dass die Befragten mögliche Hürden wie die Kettenregel, die Produktregel oder die Quotientenregel benennen. Diese und ähnliche Antworten machen deutlich, dass den Lehrkräften bewusst ist, welche Schwierigkeiten die Funktion beinhaltet. Sie nennen aber keinen konkreten Fehler, den Schüler beim Differenzieren machen könnten. Die Häufigkeiten dieser Antworten deuten zudem die Möglichkeit an, dass Lehrkräfte mit diesen Phrasen dahinterstehende Schülerfehler. Beispielsweise könnte das Vergessen der inneren Ableitung gemeint sein, wenn sie das Übersehen bzw. Nichterkennen der Verkettung angeführt worden ist. Einen Hinweis darauf gibt die Beispielantwort in Abbildung 71a). In ihr geht die Lehrkraft auf das Nichtanwenden der Produktregel als Ursache für die Linearisierung der Regel ein. Auf Basis der erhobenen Daten ist diesbezüglich kein eindeutiger Schluss möglich, ob den Lehrkräften nur die Hürden oder auch die dahinterstehenden Fehler bewusst sind.

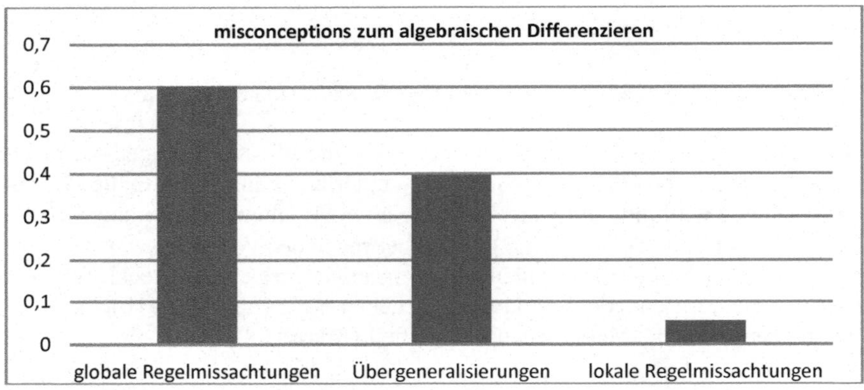

Abbildung 72: Relative Häufigkeiten der von den Lehrkräften genannten Formen der misconceptions

Die Lehrkräfte erwähnen neben den unspezifischen Antworten konkrete Schülerfehler. Dies trifft beispielsweise auf das Vergessen der inneren Ableitung als globale Regelmissachtung zu, welches sich in der Studie von Eichler et al. (2017) ebenfalls als systematischer Fehler bei Schülern findet. Im Vergleich zu diesem Fehler sind noch häufiger Vorverständnisfehler genannt worden, die sich im Wesentlichen auf algebraische Umformungen beziehen. Dagegen werden Übergeneralsierungen (vgl. Eichler et al., 2017) seltener angeführt. Es finden sich zwar die Linearisierung der Produktregel (beispielsweise Luneta & Makonye, 2010; Makonye, 2012), die Anwendung der Regel für Polynome auf Exponentialfunktionen (vgl. Luneta & Makonye, 2010; Siyepu, 2013), die lokale Anwendung der Potenzregel (vgl. Eichler, Gradwohl, Hahn & Isaev, unveröffentlicht; Siyepu, 2013) sowie der Erhalt der e-Funktion (Eichler et al., unveröffentlicht) in den Antworten wieder. Sie werden jedoch nicht häufig erwähnt. Die geringe Anzahl der Nennungen findet sich ebenfalls bei zwei der vier betrachteten globalen Regelmissachtungen sowie bei beiden lokalen Regelmissachtungen. Daher scheinen die aus der Literatur bekannten Fehler beim algebraischen Differenzieren den meisten Lehrkräften bis auf das Vergessen der inneren Ableitung nicht derart bewusst zu sein, dass sie sie auf Nachfrage angeben. Zudem deuten speziell die geringen Häufigkeiten bei bestimmten Fehlern darauf hin, dass der Unterschied zwischen den befragten Lehrkräften bezüglich dieses Items groß ist.

Schülerschwierigkeiten beim grafischen Differenzieren

Schüler haben immer wieder Schwierigkeiten beim grafischen Differenzieren. Nennen Sie <u>nachvollziehbar</u> (1 Satz) so viele verschiedene Schwierigkeiten, die Schüler beim grafischen Differenzieren stetiger und differenzierbarer Funktionen haben können, wie sie können (*Nummerieren Sie bitte die unterschiedlichen Schwierigkeiten*).

Abbildung 73: Item zu Schülerschwierigkeiten beim grafischen Differenzieren

Die Abbildung 74 stellt die Häufigkeitsverteilung der genannten Schülerschwierigkeiten dar:

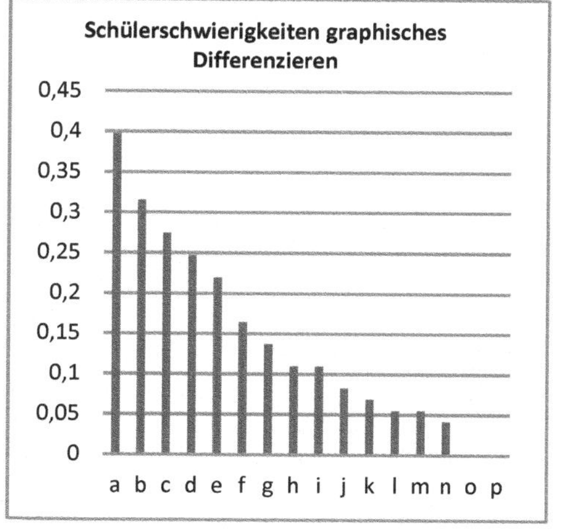

a	nicht passende
b	besondere Punkte
c	Steigungsverständnis
d	allgemeine Schwierigkeiten
e	Steigungsbestimmung
f	Tangente
g	weiteres richtiges
h	Verwechslung Funktionswert mit Steigung
i	Übertrag Eigenschaften f auf f′
j	Beziehungen zwischen f und f′
k	errechnete Punkte von f′ verbinden
l	Lage und Steigung
m	Fokussierung auf Kalkül
n	Steigungsrelationen
o	Spiegelung des Graphen
p	Verschiebung des Graphen

Abbildung 74: Häufigkeitsverteilung der Nennungen von Schülerschwierigkeiten beim grafischen Differenzieren (n=73)

Die Verteilung zeigt, dass die Lehrkräfte jeweils unterschiedliche Schwerpunkte bei der Nennung von Schülerschwierigkeiten zum grafischen Differenzieren legen, da keine Kategorie von über der Hälfte genannt worden ist. Die Kategorie „nicht passende Schwierigkeiten“ wird mit 39.7% am häufigsten genannt. Dies umfasst Schwierigkeiten, die sich auf Aspekte beziehen, die nicht mit dem grafischen Differenzieren verbunden sind. Beispielsweise können sie völlig unpassend zur Aufgabenstellung sein (vgl. Abbildung 75). Außerdem können es Lösungen sein, die den Umgang mit dem Geodreieck, den Übergang von der Sekante zur Tangente (Idee der Herleitung der Ableitung, welche sich zwar für das grafische Ableiten verwendet lässt, aber nicht für jeden Punkt durchgeführt wird), allgemeine Vorstellungsprobleme oder die Verwechslung der Achsen bzw. x- und $f(x)$-Werte umfassen. Im Gegensatz dazu enthält die Kategorie „allgemeine Schwierigkeiten" solche, die sich auf Graphen von Funktionen, das Ablesen an ihm und Koordinatensystem sowie dem Zeichnen des Graphen beziehen (vgl. Abbildung 76). Solche werden von 24.6% der befragten Lehrkräfte genannt.

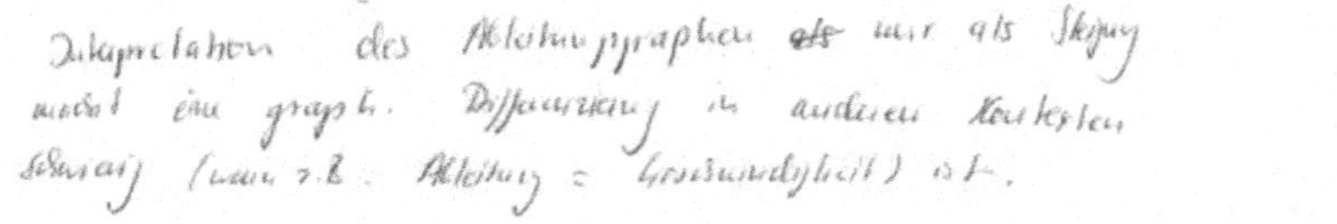

Interpretation des Ableitungsgraphen nur als Steigung macht eine graph. Differenzierung in anderen Kontexten schwierig (wenn z.B. Ableitung = Geschwindigkeit) ist.

Abbildung 75: Beispiel einer nicht zur Aufgabenstellung passenden Lösung

Funktionen werden weiter gezeichnet als die ursprüngliche Funktion.

Abbildung 76: Beispiel einer allgemeinen Schwierigkeit

Werden die inhaltlich auf das grafische Differenzieren fokussierten Kategorien betrachtet, dann werden am häufigsten Schwierigkeiten mit dem Umgang markanter Punkte wie beispielsweise Extrem-, Wende- und Nullpunkte genannt (31.5%). Dabei werden unter anderem das Erkennen und Übertragen dieser auf die Ableitungsfunktion sowie die Verwechslung als Schwierigkeiten angeführt. Konkret ist eine Schwierigkeit mit dem Übertrag des Wendepunktes in die Ableitungsfunktion in der Abbildung 77 dargestellt. Wird diese Kategorie mit Schwierigkeiten mit dem Anlegen von Tangenten an den Ausgangsgraphen, der Steigungsbestimmung, dem Verbinden errechneter Punkte von f' und der Fokussierung auf das Kalkül zu einem kalkülhaften Umgang mit der Bestimmung der grafischen Ableitung zusammengefasst (einzelne Punkte von f' bestimmen und dann Punkte des Ableitungsgraphen verbinden), so nennen 58.9% der befragten Lehrkräfte mindestens eine der fünf Kategorien der Oberkategorie (Kategorien b, e, f, k und m). Demgegenüber könnte man die Kategorien c, h, i, j, l, n, o und p zu Schwierigkeiten zusammenfassen, die sich auf das Verständnis beziehen.

Mindestens eine Schwierigkeitskategorie dieser Oberkategorie wurde von etwa jeder zweiten Lehrkraft genannt (52.1%).

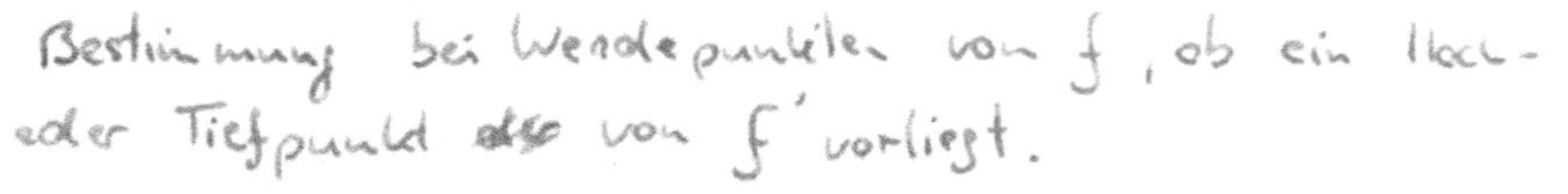

Bestimmung bei Wendepunkten von f, ob ein Hoch- oder Tiefpunkt von f' vorliegt.

Abbildung 77: Lehrerantwort zu Schwierigkeiten mit besonderen Punkten

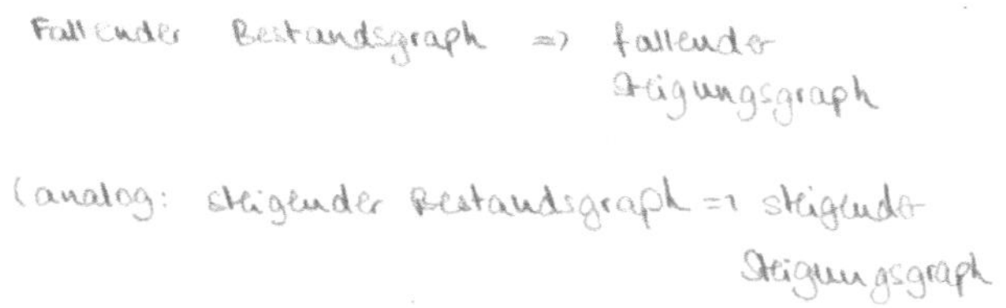

Fallender Bestandsgraph => fallender Steigungsgraph

(analog: steigender Bestandsgraph => steigender Steigungsgraph

Abbildung 78: Beispiel zu Übertrag der Eigenschaften von der Bestandsfunktion auf die Ableitung

Schülerschwierigkeiten im Zusammenhang mit dem Steigungsbegriff, dessen Anwendung und der Interpretation finden sich in den Kategorien c, e, h, l und n. Mindestens eine dieser wird von 56.2% der befragten Lehrkräfte angeführt. Hierbei überwiegen solche, die sich auf das Verständnis der Ableitung als Steigung der Ausgangsfunktion (27.4%) und Bestimmung der Steigung in einem Punkt zum Übertrag in den Ableitungsgraphen (21.9%) beziehen.

In Zusammenhang mit Schwierigkeiten zum grafischen Verständnis werden unter anderem solche bei der Beziehung zwischen der ersten und zweiten Ableitung von den Lehrkräften genannt.

Diese werden jedoch nur selten erwähnt, wenn sie nach Schwierigkeiten zum grafischen Differenzieren gefragt wird. Dort geben 8.2% Schwierigkeiten mit der Beziehung zwischen f und f' sowie 11.0% den Übertrag von Eigenschaften von f auf f' an. Schließlich werden einige Schülerschwierigkeiten überhaupt nicht genannt. Dies ist die Spiegelung des Funktionsgraphen, die Verschiebung oder die Linearisierung.

Die relativen Häufigkeiten der gebildeten Oberkategorien sind in der folgenden Grafik noch einmal zusammengefasst:

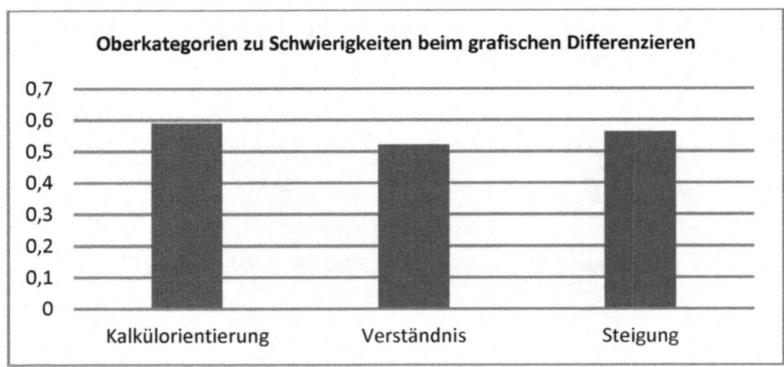

Abbildung 79: Relative Häufigkeiten der Oberkategorien zu Schülerschwierigkeiten beim grafischen Differenzieren

Die Verteilung der genannten Schülerschwierigkeiten beim grafischen Differenzieren zeigt ein ähnliches Ergebnis zu denen des algebraischen Differenzierens, da alle Schwierigkeiten mit einer relativen Häufigkeit unter 35% auftauchen. Zudem nennen die Lehrkräfte sowohl solche, die sich aus einem kalkülhaften Vorgehen beim grafischen Ableiten ergeben oder die sich auf das Verständnis beziehen, mit ähnlicher Häufigkeit.

Die Schwierigkeiten, die die Lehrkräfte bezüglich der Steigung erwähnen, sind ähnlich zu denen aus der Literatur (vgl. Asiala et al., 1997; Aspinwall & Miller, 2001; Orton, 1983). Dort sind unter anderem Schülerschwierigkeiten mit dem Umgang der Steigung gefunden worden. Dies betrifft beispielsweise die Bestimmung der Steigung von Geraden, die Orton (1983) als mögliche Fehlerquelle identifiziert hat. Die Lehrkräfte dieser Studie beziehen sich ebenfalls auf diese, wenn sie die Bestimmung der Steigung über die Tangente erwähnen. Weiterhin nennen sie Schwierigkeiten mit der inhaltlichen Vorstellung der Steigung, welche bei Orton erwähnt wird. Die Unterscheidung zwischen einer positiven Funktion und einer steigenden Funktion, die Aspinwall und Miller (2001) in ihrer Studie als Schülerschwierigkeit beim grafischen Differenzieren angeben, werden zudem auch seitens der Lehrkräfte in dieser Studie genannt.

Die Schülerschwierigkeit der Verwechslung des Funktionswerts mit der Steigung wird von den Lehrkräften als Schwierigkeit angegeben. Diese findet sich in den Untersuchungen von Nitsch (2015) aus dem Bereich der Funktionen zu Themen der Sekundarstufe I sowie bei Orton (1983), der dies in seiner Untersuchung zur Differentialrechnung herausgefunden hat.

In Zusammenhang mit Schwierigkeiten zum grafischen Verständnis werden unter anderem solche bei der Beziehung zwischen der ersten und zweiten Ableitung deutlich. Dies ist konsistent mit den Ergebnissen der Studie von Baker et al. (2000) sowie Hahn und Prediger (2008), da dort teilweise Schüler Eigenschaften der ersten und zweiten Ableitung vermischten. Die Vermischung findet sich ebenfalls in der Beziehung zwischen dem Ausgangsgraphen und dem Ableitungsgraphen, wobei Eigenschaften der Funktion auf die Ableitung übertragen werden (Eichler et al., unveröffentlicht). Solche Schwierigkeiten werden seitens der Lehrkräfte jedoch nur selten angesprochen. Zudem werden einige Schülerschwierigkeiten seitens der Lehrkräfte überhaupt nicht genannt, die sich bei Eichler et al. (unveröffentlicht) zeigten. Dies betrifft die Spiegelung des Funktionsgraphen, die Verschiebung oder die Linearisierung.

Die bisherige Forschung weist neben den Schwierigkeiten zur Steigung und dem grafischen Verständnis auf solche mit dem lokalen Tangentenbegriff hin (Blum & Törner, 1983; Danckwerts & Vogel, 2006; Tall, 2010). Viele Lehrkräfte erwähnen in dieser Studie jedoch keine Schwierigkeiten seitens der Schüler (83.6%). Dies könnte beispielsweise darauf zurückzuführen sein, dass Schüler an dieser Stelle mit dem Umgang der Tangente selten Schwierigkeiten haben. Zudem kann eine seltene Verwendung der Tangente beim grafischen Differenzieren ebenfalls eine Ursache für die geringe Nennung sein, da bei einen kalkülhaften grafischen Ableiten beispielsweise zuerst besondere Punkte identifiziert und diese dann auf Basis der Steigung verbunden werden. Dafür ist die häufige Nennung mindestens einer Schülerschwierigkeit zum kalkülhaften Vorgehen (Punkte identifizieren, Punkte verbinden, …) ein Hinweis.

Diagnose von Schülerfehlern beim algebraischen Differenzieren

Zur Funktion $f(x) = \frac{\sqrt{x}}{2} - \frac{1}{6x^2}$ bestimmt ein Schüler die folgende Lösung:

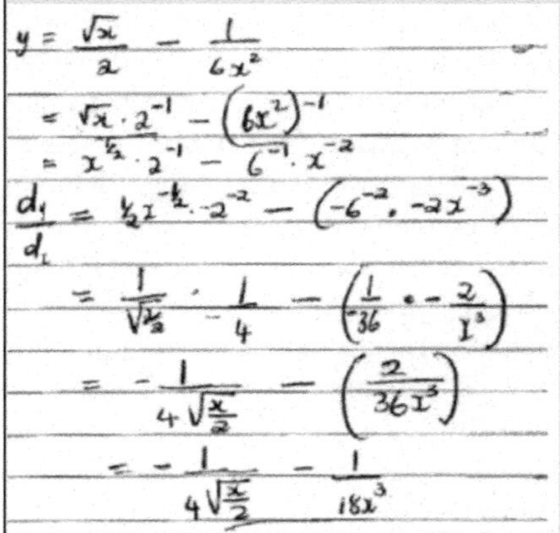

$$y = \frac{\sqrt{x}}{2} - \frac{1}{6x^2}$$
$$= \sqrt{x} \cdot 2^{-1} - (6x^2)^{-1}$$
$$= x^{\frac{1}{2}} \cdot 2^{-1} - 6^{-1} \cdot x^{-2}$$
$$\frac{dy}{dx} = \frac{1}{2} x^{-\frac{1}{2}} \cdot -2^{-2} - (-6^{-2} \cdot -2x^{-3})$$
$$= \frac{1}{\sqrt{\frac{x}{2}}} \cdot -\frac{1}{4} - \left(\frac{1}{-36} \cdot -\frac{2}{x^3}\right)$$
$$= -\frac{1}{4\sqrt{\frac{x}{2}}} - \left(\frac{2}{36x^3}\right)$$
$$= -\frac{1}{4\sqrt{\frac{x}{2}}} - \frac{1}{18x^3}$$

Nennen Sie nachvollziehbar alle Fehler, die der Schüler in der Lösung gemacht hat.

Abbildung 80: Item zur Diagnose von Schülerfehlern beim algebraischen Differenzieren

a	Regel für Polynome bei Konstanten
b	Falsche algebraische Umformung
c	Klammern vergessen
d	Falschnennungen
e	Linearisierung Produktregel

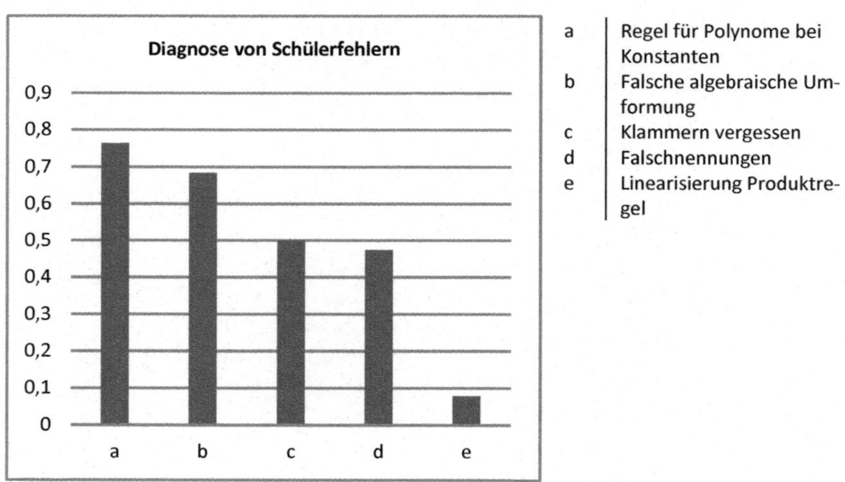

Abbildung 81: Häufigkeitsverteilung der Nennung von Schülerfehlern in einer Schülerlösung zum algebraischen Differenzieren (n=38)

Die Ergebnisse (Abbildung 81) zeigen, dass etwa drei von vier Lehrkräften (76.3%) den Übertrag der Regel für Polynome auf konstante Faktoren nennen. Ähnlich oft wird die falsche algebraische Umformung beim Vereinfachen des Terms der Ableitung angegeben (68.4%), wobei dies dennoch von etwa einem Drittel nicht angeführt wird. Der zweite auf das algebraische Differenzieren fokussierte Fehler bezieht sich auf die Linearisierung der Produktregel, der mit dem Übertrag der Regel für Polynome auf konstante Faktoren in der Lösung zusammenhängt. Dies haben nur drei der 38 befragten Lehrkräfte diagnostiziert. Zwei der drei Lehrkräfte nannten zudem nicht den Übertrag der Regel für Polynome, sodass nur eine Lehrkraft, die auch den Übertrag nannte, die Linearisierung der Produktregel als Fehler angab.

Die offensichtlich erkennbaren Fehler, die sich auf das Vorverständnis zur Differentialrechnung beziehen, werden demnach von mindestens jeder zweiten Lehrkraft genannt. Dies trifft zudem auf die Übertragung der Potenzregel auf Faktoren zu. Aufgrund der bestehenden Häufigkeiten des Erkennens der Fehler in der Schülerlösung zeigt sich, dass die Lehrkräfte diese eher diagnostizieren können. Die sehr seltene Erkennung des von dem Übertragung der Potenzregel abhängige Fehlers „Linearisierung der Produktregel" (vgl. zu den Fehlern Makonye, 2012) deutet darauf hin, dass nicht direkt erkennbare Fehler von den Lehrkräften tendenziell nicht wahrgenommen werden.

Erklärungswissen zur Ableitung einer Konstante

Nehmen Sie an, einer Ihrer Schüler hat Schwierigkeiten, einen konstanten Term abzuleiten. Skizzieren Sie <u>konkret</u> und <u>nachvollziehbar</u> möglichst viele verschiedene Wege, dem Schüler zu erläutern, was die Ableitung eines konstanten Terms bedeutet. (*Nummerieren Sie bitte die unterschiedlichen Erklärungen*).

Abbildung 82: Item zum Erklärungswissen zum Wegfall einer Konstanten beim Differenzieren

Die Antworten der Lehrkräfte zeigten insgesamt zwölf unterschiedliche Möglichkeiten, den Zusammenhang zu erklären, wobei die Verteilung der relativen Häufigkeiten auf die Kategorien der Abbildung 83 entnommen werden kann.

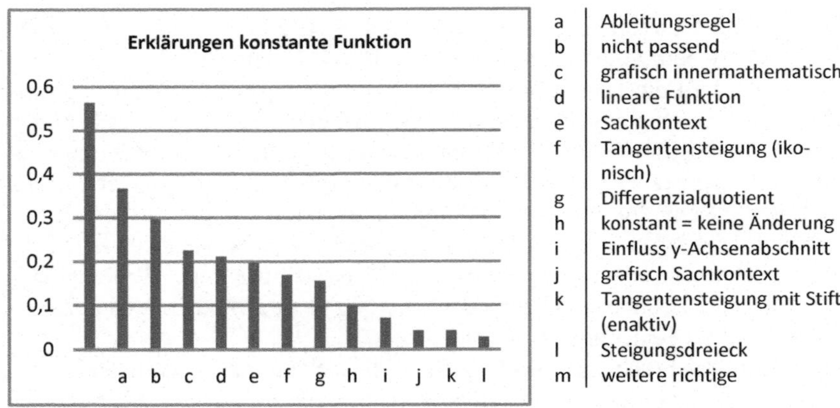

Abbildung 83: Häufigkeitsverteilung zum Erklärungswissen über das Wegfallen einer Konstanten beim Differenzieren (n=73)

Zur Erklärung, warum eine Konstante beim Ableiten wegfällt bzw. null wird, wird am häufigsten die Anwendung der Regel für Polynome verwendet. Dies geben etwas mehr als die Hälfte aller Lehrkräfte (54.8%) an. Fasst man die Erklärung „Differentialquotient" mit der „Ableitungsregel" (vgl. Abbildung 84) zusammen und betrachtet die so entstandene Oberkategorie als algebraischen Erklärungsansatz, dann nennen etwa zwei von drei Lehrkräften mindestens einen solchen (67.1%). Im Gegensatz dazu können die anderen Kategorien zu nichtalgebraischen Lösungsansätzen zusammengefasst werden. Mindestens eine solche Lösung geben 83.6% der Befragten an.

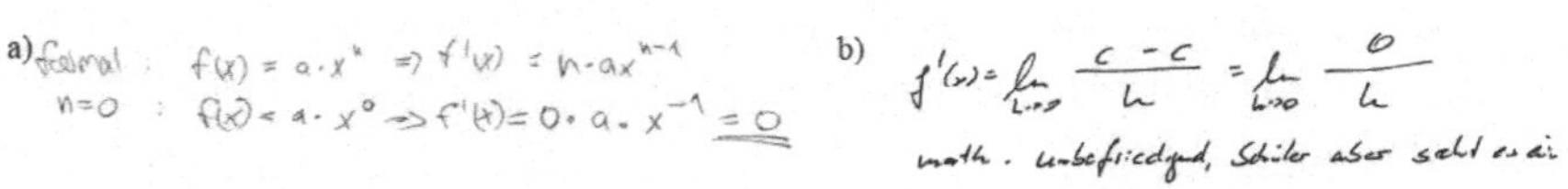

a) formal: $f(x) = a \cdot x^n \Rightarrow f'(x) = n \cdot a x^{n-1}$
n=0: $f(x) = a \cdot x^0 \Rightarrow f'(x) = 0 \cdot a \cdot x^{-1} = 0$

b) $f'(x) = \lim_{h \to 0} \frac{c - c}{h} = \lim_{h \to 0} \frac{0}{h}$
math. unbefriedigend, Schüler aber sehr ...

Abbildung 84: Beispielantworten für a) Ableitungsregel und b) Differentialquotient

Mindestens eine rein innermathematische Lösung findet sich bei 89.0% der Befragten. Diese Oberkategorie umfasst alle Erklärungen außer denen, die sich auf Sachkontexte beziehen (e und j), das Verständnis von konstant betreffen (m) oder keine passenden Erklärungen darstellen (b). Verglichen mit den innermathematischen nutzt etwa jede vierte Lehrkraft einen Sachkontext (e und j, 27.4%), um den Sachverhalt zu erklären. Dabei erwähnt sie beispielsweise Weg-Zeit-Diagramme mit sachkontextbezogener Interpretation oder das Füllen einer Regentonne, deren Inhalt sich nicht mehr ändert, wenn sie voll ist:

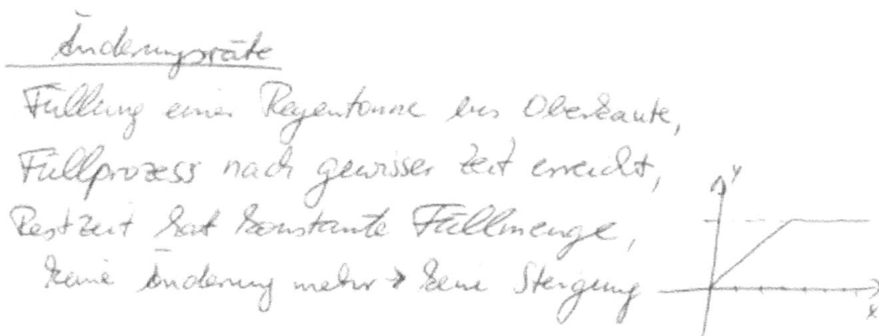

Abbildung 85: Beispiel für einen Sachkontext zur Erklärung des Wegfalls der Konstanten beim Ableiten

Zu dieser zusammengefassten Kategorie zeigt sich, dass unterschiedliche Aspekte der Differentialrechnung zur Erklärung verwendet werden. Dies umfasst die Algebra (1 und 2), die Steigung der Tangenten an eine Konstante (f und k, 23.3%), grafische Lösung (c und j, 34.2%) und den Einfluss des y-Achsenabschnitts (6.8%; vgl. Abbildung 86). Zusammengefasst nennen 82.2% der befragten Lehrkräfte mindestens eine Erklärung, die der Differentialrechnung zugeordnet werden kann. Zu diesen werden noch Erklärungen genannt, die sich auf das Wissen über lineare Funktionen und die Bestimmung der Steigung durch das Steigungsdreieck aus der Mittelstufe beziehen (d und l, 23.3%). Außerdem eine semantische Erklärung als Konstante, die sich nicht ändert (15.1%). Damit zeigt sich eine Diversität unterschiedlicher Erklärungsansätze, unter denen keiner bis auf den algebraischen Ansatz deutlich hervorsticht. Daher wählen die Lehrkräfte bis auf die Algebra verschiedene Lösungsmöglichkeiten. Die Oberkategorien werden hier noch einmal zusammengefasst:

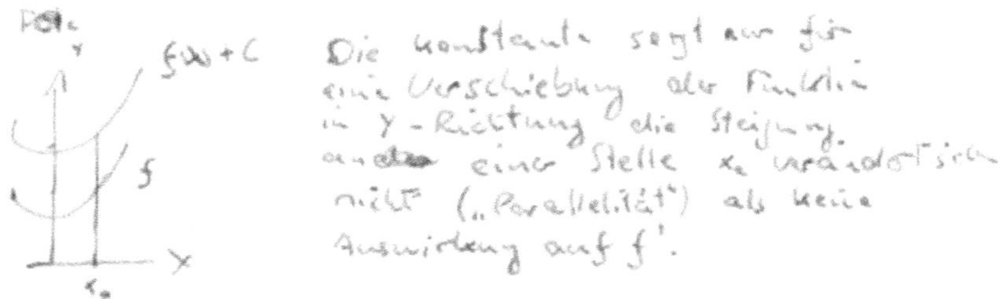

Abbildung 86: Beispiel der Erklärung über die Verschiebung in y-Richtung

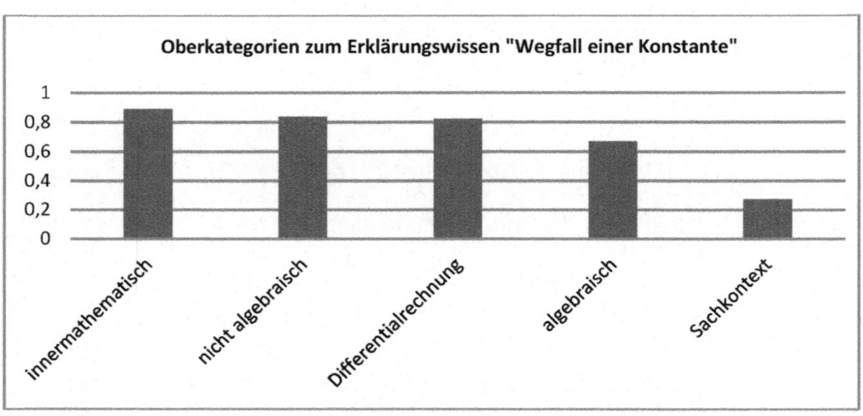

Abbildung 87: Relative Häufigkeit der Oberkategorien zum Erklärungswissen zum Wegfall einer Konstanten beim Differenzieren

In der Studie von Siyepu (2013) wurde teilweise eine Konstante (konstanter Summend bzw. konstante Funktion) während des Ableitungsprozesses nicht zu null. Stattdessen wurde sie durch den Lernenden erhalten. Dieser Schülerfehler wurde als Ausgangspunkt für die Frage nach möglichst vielen Erklärungen, warum eine Konstante beim Differenzieren wegfällt, verwandt.

Die Lehrkräfte nennen diesbezüglich am häufigsten einen algebraischen Ansatz, der auf dem Differenzenquotienten bzw. der daraus resultierenden Regel für die Ableitung von Polynomen basiert. Zwar erwähnen sie mindestens einen nichtalgebraischen Ansatz häufiger, jedoch umfasst dies viel mehr Kategorien des Kodiermanuals. Insgesamt zeigt das Item einen großen Unterschied zwischen der Wahl einer innermathematischen und einer sachkontextbezogenen Erklärung. Dies unterscheidet sich deutlich zu dem Erklärungswissensitem zu Funktionen, bei dem das Verhältnis etwa ausgeglichen gewesen ist[98]. Des Weiteren zeigen die hohen Werte der Oberkategorie Differentialrechnung, dass sich die Lehrkräfte stark auf das Themengebiet beschränken und selten eine Erklärung aus der Mittelstufe heranziehen (vgl. auch relative Häufigkeit der Nennung einer Erklärung aus der Sekundarstufe I).

Die Ergebnisse zu diesem Item zeigen insgesamt, dass es viele unterschiedliche Möglichkeiten gibt, zu erklären, warum eine Konstante beim Ableiten wegfällt. Die innermathematischen und vor allem die algebraischen sind den Lehrkräften dabei am präsentesten.

98 Diesbezüglich muss beachtet werden, dass dies nicht die gleiche Stichprobe gewesen ist.

Wissen über Darstellungen und Grundvorstellungen zur Ableitung

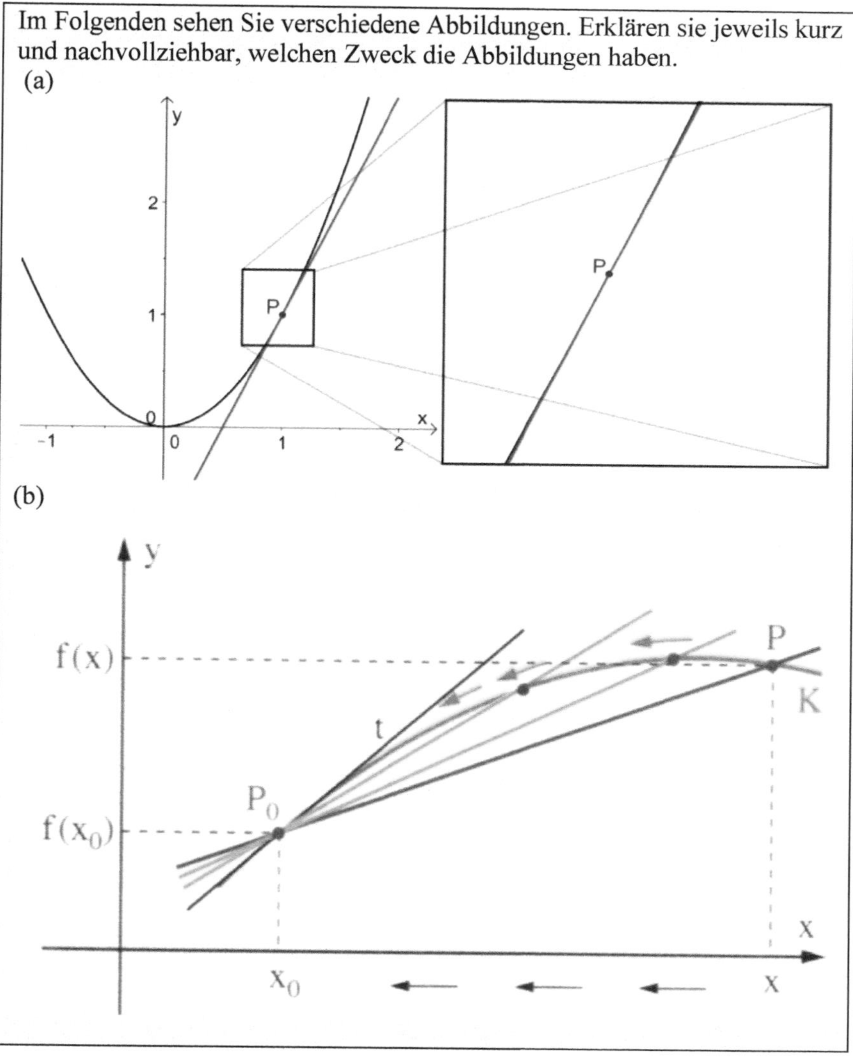

Abbildung 88: Item zu Darstellungen von Grundvorstellungen

Die Häufigkeitsverteilung der beiden Items (a: lineare Approximation; b: momentane Änderungsrate bzw. Tangentensteigung) ist in der folgenden Abbildung dargestellt:

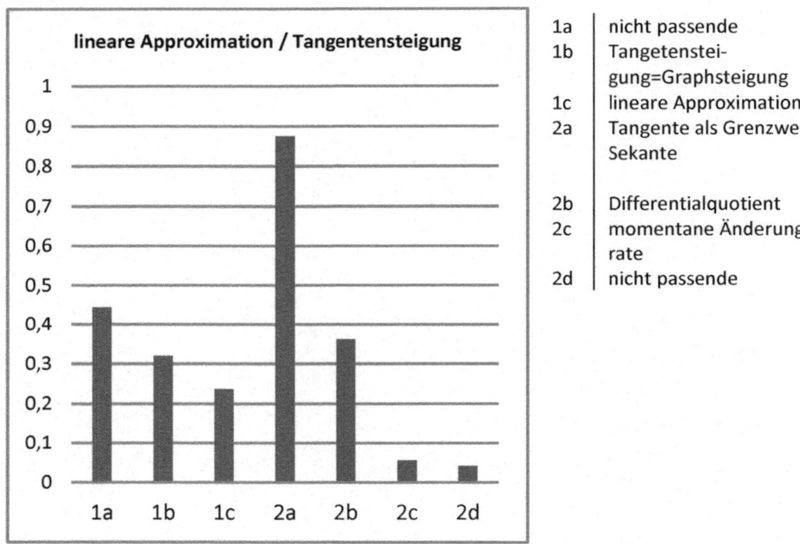

Abbildung 89: Häufigkeitsverteilung der Nennungen von Einsatzzweck von Darstellungen zu Ableitungsbegriff (n=73)

In der Aufgabenstellung a wurden zwei Aspekte der Grundvorstellung „lineare Approximation" angeführt. Zum einen wurde die Vorstellungen erwähnt, die Funktionen lokal durch eine lineare Funktion zu ersetzen. Zum anderen nannten die Lehrkräfte, dass die Steigung der Tangenten, die an einem Punkt des Graphen einer Funktion betrachtet wird, der Steigung der Funktion entspricht, welches durch Vergrößerung der Umgebung um den Berührpunkt deutlich gemacht wird (vgl. Abbildung 90). Beide Aspekte wurden meist nicht zusammen angeführt, sodass eine getrennte Kodierung erfolgte. Die Ersetzung der Funktion durch eine lineare Funktion nannten 23.3% der Befragten. Die Identität von Tangenten- und Graphsteigung wurde von 31.5% erwähnt. Insgesamt führten 52.1% der Lehrkräfte eine zu der linearen Approximation passende Lösung an, wobei nur zwei der 73 Befragten beide Varianten erwähnten. Ergänzend fällt auf, dass die nicht passenden Antworten, wie reine Vergrößerung oder ähnliches, bei den Antworten der Lehrkräfte bei der einzelnen Betrachtung der Kategorien mit 43.8% am häufigsten angeführt wurden.

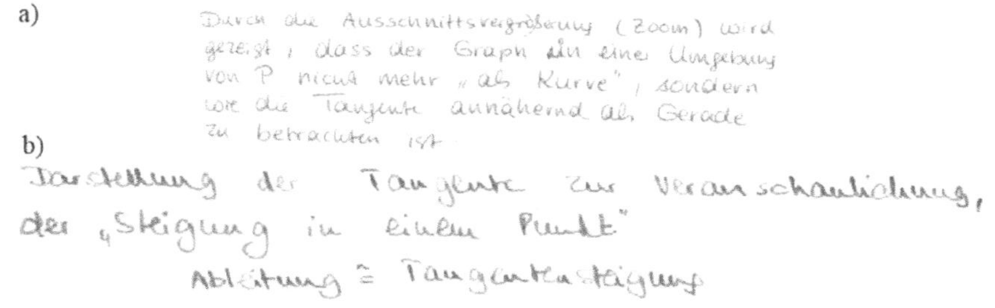

a)

Durch die Ausschnittsvergrößerung (Zoom) wird gezeigt, dass der Graph in einer Umgebung von P nicht mehr „als Kurve", sondern wie die Tangente annähernd als Gerade zu betrachten ist

b)

Darstellung der Tangente zur Veranschaulichung der „Steigung in einem Punkt"

Ableitung ≙ Tangentensteigung

Abbildung 90: Beispiele für a) die lineare Approximation und b) Tangentensteigung gleich Graphsteigung

Aufgabe b zeigt die grafische Veranschaulichung der Herleitung der Tangentensteigung über Sekantensteigungen, wobei die Sekanten immer näher an die Tangente rücken. Der Grenzwertprozess von den Sekanten zur Tangente wurde von den befragten Lehrkräften mit deutlichem Abstand am häufigsten erwähnt (86.3%). Insgesamt wurde von fast jeder Lehrkraft mindestens eine der drei Antworten gegeben (94.5%), wobei nur zwei alle drei Kategorien bzw. nur drei beide Grundvorstellungen (b1 und b2) nannten. Lösungsbeispiele zeigt die folgende Abbildung:

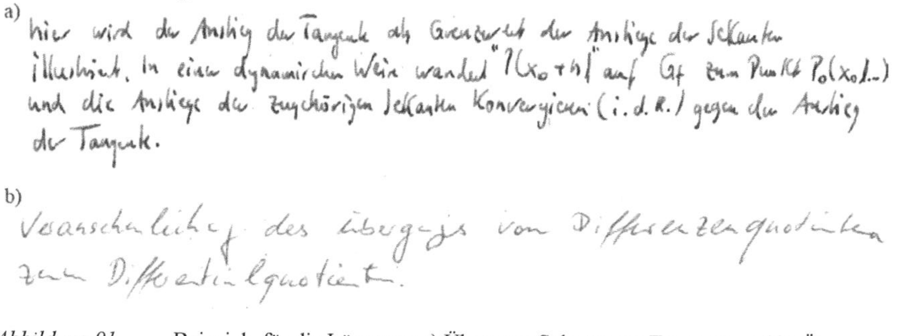

a)

hier wird der Anstieg der Tangente als Grenzwert der Anstiege der Sekanten illustriert. In einer dynamischen Weise wandert "P(x0+h)" auf Gf zum Punkt P0(x0|..) und die Anstiege der zugehörigen Sekanten konvergieren (i.d.R.) gegen den Anstieg der Tangente.

b)

Veranschaulichung des Übergangs von Differenzenquotienten zum Differentialquotienten.

Abbildung 91: Beispiele für die Lösungen a) Übergang Sekante zur Tangente und b) Übergang Differenzenquotient zum Differentialquotienten

Im Zusammenhang mit den Darstellungen von Grundvorstellungen zum Ableitungsbegriff zeigt sich in dieser Studie, dass nur etwa jeder zweite eine Variante der linearen Approximation nennt. Zudem wählen die Lehrkräfte bei der Darstellung zur Näherung Sekanten an Tangente am häufigsten den direkt visualisierten Übergang als Darstellung für die Tangentensteigung (vgl. Greefrath et al., 2016). Die lokale Änderungsrate (vgl. Blum & Törner, 1983; Danckwerts & Vogel, 2006; Greefrath et al., 2016; Tietze et al., 2000) wurde sehr selten als Möglichkeit erwähnt. Dies ist interessant, weil die innermathematische Darstellung von den Lehrkräften tendenziell nur mit der Tangentensteigung als rein innermathematische Vorstellung und nicht mit der lokalen Änderungsrate als sowohl innermathematische als auch außermathematische assoziiert wird. Zudem scheinen die Befragten ausschließlich auf das direkt Dargestellte zu fokussieren und Möglichkeiten, die darüber hinausgehen, nicht zu berücksichtigen. Die Daten erlauben jedoch keine abschließende Bewertung, inwiefern den Lehrkräften ausschließlich die Tangentensteigung bewusst ist.

Erklärungswissen zum Vorzeichenwechsel der Ableitung beim Hochpunkt

> Beim Vorzeichenwechselkriterium kann es schnell zur Verwechslung der beiden Richtungen kommen. Erläutern Sie nachvollziehbar möglichst viele unterschiedliche Möglichkeiten Schüler zu verdeutlichen, warum der Vorzeichenwechsel bei einem Hochpunkt von „+“ nach „–“ erfolgt (*Nummerieren Sie bitte die unterschiedlichen Erklärungen*).

Abbildung 92: Item zu Erklärungen zum Vorzeichenwechsel der Ableitung beim Hochpunkt

Die Häufigkeitsverteilung des zum Vorzeichenwechsel der Ableitung beim Hochpunkt gestellten Items in Abbildung 93 ist der auf der folgenden Seite dargestellten Graphik zu entnehmen.

a	nicht passende
b	grafisch mit Steigung
c	verbal mit Steigung
d	Ableitung monoton fallend
e	Kontextbezug
f	konkrete Rechenbeispiele

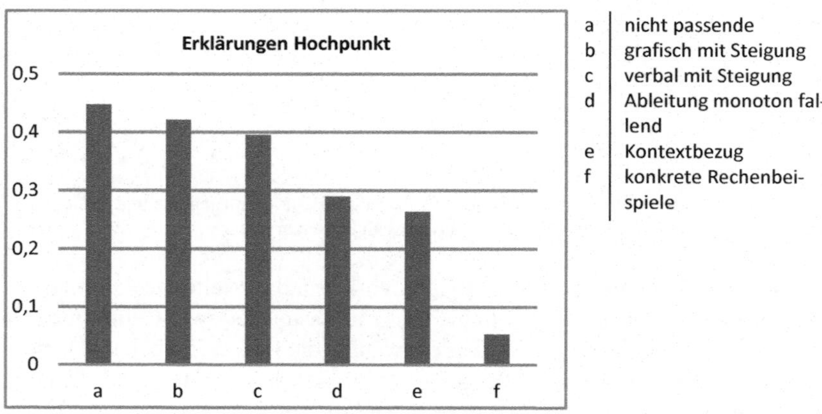

Abbildung 93: Häufigkeitsverteilung der Nennungen von unterschiedlichen Erklärungen zum Vorzeichenwechsel der Ableitung im Hochpunkt (n=38)

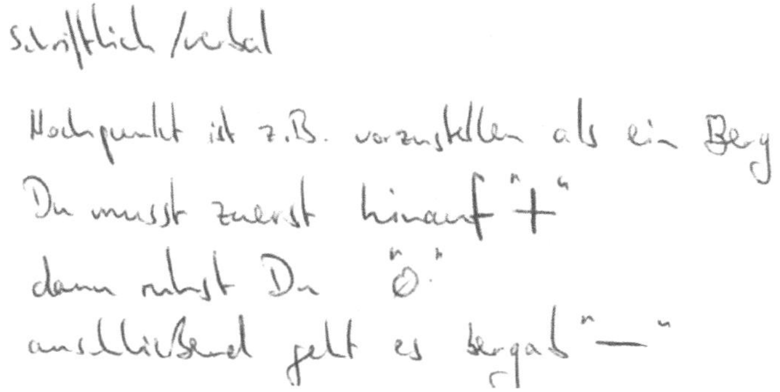

schriftlich / verbal

Hochpunkt ist z.B. vorzustellen als ein Berg
Du musst zuerst hinauf "+"
dann rastest Du "0"
anschließend geht es bergab "—"

Abbildung 94: Beispiel eines Kontextbezugs

Eine rein rechnerische Lösung gaben nur zwei der 38 befragten Lehrkräfte an, sodass sich die meisten Erklärungen am inhaltlichen Verständnis des Vorzeichenwechsels orientierten und über einen prozessorientierten Charakter hinausgehen. Dies zeigt sich, weil 92.1% mindestens eine der Kategorien b, c, d oder e wählten. Hierbei führten etwa gleich viele Lehrkräfte eine verbale Beschreibung über die Steigung (39.5%) oder eine grafische Darstellung mit Tangenten und einer entsprechenden Erläuterung an (42.1%; vgl. Abbildung 95). Insgesamt überwiegen die innermathematischen Erklärungsvarianten, da 81.6% der Lehrkräfte mindestens eine der Kategorien b, c, d oder f ausführte. Speziell erwähnten 73,6% mindestens einen Erklärungsansatz über die Steigung. Im Gegensatz dazu erwähnte etwa jeder Vierte einen Sachkontextbezug (26.3%; vgl. Abbildung 94). Die nichtpassenden Lösungen, wie Nennung von Wörtern, der Regel „Vorzeichenwechsel bei einem Hochpunkt ist immer von + nach –" oder ähnliches, wurden am häufigsten gefunden.

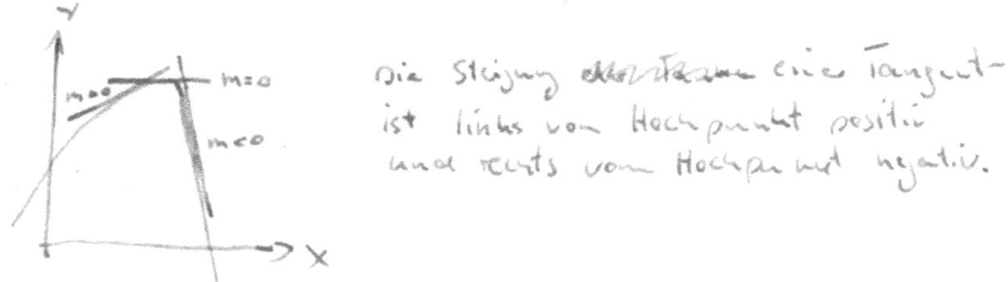

Abbildung 95: Beispiel einer grafischen Lösung mit verbaler Beschreibung

Die relativen Häufigkeiten der Oberkategorien werden in der folgenden Abbildung noch einmal zusammengefasst:

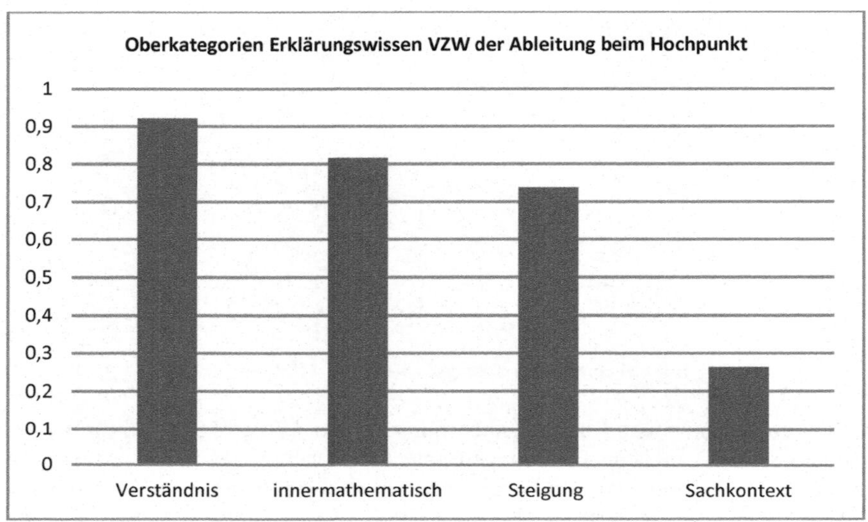

Abbildung 96: Relative Häufigkeiten der Oberkategorien zum Erklärungswissen zum Vorzeichenwechsel der Ableitung beim Hochpunkt

Eine ähnliche Differenz zwischen den Anteilen der Wahl eines innermathematischen Erklärungsansatzes und dem Bezug zu einem Sachkontext wie bei der Erklärung des Wegfalls einer Konstanten beim Ableiten findet sich bei dem hier dargestellten Item. Insgesamt zeigt sich damit eine Tendenz der Wahl einer innermathematischen Erklärung bei Problematiken aus der Differentialrechnung, da Sachkontexte deutlich geringere relative Anteile besitzen. Inwiefern dies tatsächlich von der Thematik (hier Funktionen und Differentialrechnung) abhängt, kann anhand der Studie nicht abschließend geklärt werden, da sich der fachdidaktische Wissenstest nicht von einer Stichprobe, sondern von unterschiedlichen Lehrkräften beantwortet worden ist. Daher wird auf Basis der Ergebnisse die Hypothese aufgestellt, dass Lehrkräfte bezüglich der Differentialrechnung verstärkt innermathematisch denken. Dies könnte an dem sehr innermathematischen Umgang mit der Differentialrechnung liegen, wie dies bei Funktionsuntersuchungen der Fall ist und sich in älteren Schulbüchern findet (beispielsweise Buck & Denker, 2001; Griesel, Postel & Suhr, 2005).

Nachdem die Ausprägungen der Items zum fachdidaktischen Wissen inhaltlich analysiert worden sind, werden im folgenden Unterkapitel die Ergebnisse der Häufigkeitsanalysen der Antworten zu den jeweiligen Items sowie Zusammenhänge zwischen den Items dargestellt.

8.1.4 Ausprägungen und Zusammenhänge zur Differentialrechnung

Zunächst wurden für die einzelnen Items Scores ermittelt (vgl. 7.2.2 sowie 8.1.2). Anhand dieser sind die in der folgenden Tabelle dargestellten statistischen Kennwerte bestimmt worden:

	Kategorien-anzahl	Min	Max	M	SD
fachdidaktisches Wissen zu Schülern					
algebraisches Differenzieren (n=73)	14	0	9	2.97	1.39
grafisches Differenzieren (n=73)	16	0	4	1.76	1.15
Diagnose algebraisches Differenzieren (n=38)	4	0	3	2.03	0.88
fachdidaktisches Wissen zum Lehren					
Erklärungswissen konstanter Term (n=73)	14	0	5	2.04	1.06
Darstellung Grundvorstellungen (n=73)	5	0	5	1.82	0.89
Erklärungswissen VZW bei Hochpunkt (n=38)	6	0	3	1.42	0.76

Tabelle 13: Mittelwerte und Standardabweichungen der Anzahl der Kategorienennungen des fachdidaktischen Wissens zur Differentialrechnung

Die Ergebnisse bezüglich der Items zum fachdidaktischen Wissen zu Schülern zeigen starke Unterschiede zwischen den Lehrkräften, welches anhand der großen Spannbreite bei der Nennung von Schülerschwierigkeiten in den ersten beiden Items zurückzuführen und der großen Standardabweichungen (im Mittel größer als eine Standardabweichung) deutlich wird. Zudem ist die durchschnittlich genannte Anzahl an Kategorien im Vergleich zu der, die im Kodiermanual vorhanden sind, jeweils gering. Die Verteilungen zum fachdidaktischen Wissen zum Lehren sind vergleichbar.

In der Tabelle 14 auf der folgenden Seite sind die Ergebnisse der Zusammenhangsanalysen zwischen den Items zum fachdidaktischen Wissen zur Differentialrechnung dargestellt. Sie zeigen, dass im Bereich des fachdidaktischen Wissens zu Schülern das Wissen über Schülerfehler beim algebraischen und beim grafischen Differenzieren signifikant positiv zusammenhängen ($p = 0.005$), wobei dies einem mitteleren Effekt entspricht (vgl. Döring & Bortz, 2016b). Zudem korreliert das Wissen über mögliche Fehler beim algebraischen Ableiten und das

Diagnostizieren von Schülerfehlern in einer algebraischen Lösung signifikant positiv ($p = 0.016$). Dies entspricht ebenfalls einem mittleren Effekt. Das bedeutet, dass je mehr eine Lehrkraft über algebraische Schülerfehler weiß, desto häufiger erkennt sie solche in Schülerlösungen. Ein Zusammenhang zwischen grafischen Schwierigkeiten und der Diagnose ist kaum vorhanden und nicht signifikant von Null verschieden.

	1	2	3	4	5	6
fachdidaktisches Wissen zu Schülern						
1 Algebraisches Differenzieren	-					
2 Grafisches Differenzieren	0.32** (73)	-				
3 Diagnose algebraisches Differenzieren	0.39* (38)	-0.07 (38)	-			
Fachdidaktisches Wissen zum Lehren						
4 Erklärungswissen konstanter Term	0.31* (73)	0.20 (73)	0.13 (38)	-		
5 Darstellung Grundvorstellungen	0.19 (73)	-0.00 (73)	0.43** (38)	0.20 (73)	-	
6 Erklärungswissen VZW bei Hochpunkt	0.28 (38)	-0.08 (38)	0.39* (38)	0.04 (38)	0.35* (38)	-

Tabelle 14: Korrelationen zwischen den Items zum fachdidaktischen Wissen in der Differentialrechnung. * bei p<0.05 signifikant, ** bei p<0.01 signifikant, (n) Anzahl der in die Berechnung eingegangen Fälle.

Im Bereich des fachdidaktischen Wissens zum Lehren zeigen sich ausschließlich positive Zusammenhänge zwischen den Items, wobei nur der Zusammenhang zwischen dem Wissen über Darstellungen von Grundvorstellungen und dem Erklärungswissen zum Vorzeichenwechsel der Ableitung beim Hochpunkt signifikant ist ($p = 0.034$; mittlerer Effekt).

Über die beiden theoretischen Subfacetten des fachdidaktischen Wissens hinweg zeigt sich, dass das unter anderem das Wissen über Schülerschwierigkeiten beim algebraischen Differenzieren und zum Erklärungswissen zum Wegfall der Konstanten beim Differenzieren signifikant von Null verschieden positiv zusammenhängen ($p = 0{,}007$; mittlerer Effekt).

Die Zusammenhänge zwischen den biographischen Daten und den Ausprägungen des fachdidaktischen Items zeigen, dass es eine negative Korrelation zwischen der Lehrerfahrung und Wissen zu Schülerschwierigkeiten beim algebraischen bzw. grafischen Differenzieren gibt, die signifikant von null verschieden ist. Diese beträgt -0.317 (bei $n = 72$ und $p = 0.007$) für algebraisches und -0.285 ($n = 72$ und $p = 0.015$) für grafisches Differenzieren. Beide entsprechen einem mittleren Effekt (Döring & Bortz, 2016b, S. 669). Diese Zusammenhänge zeigen sich bei den anderen Items nicht (vgl. Anhang 16.4.2).

Die bisherigen Analysen sind um die Unterschiede zwischen Lehrerinnen und Lehrern oder Hessen und Sachsen-Anhalt ergänzt worden. Die Ergebnisse zeigen keinen signifikanten Unterschied zwischen den beiden Geschlechtern, jedoch schneiden die Lehrer bei fünf von sechs Items schlechter als die Lehrerinnen ab. Ausschließlich bei der Nennung unterschiedlicher Schülerschwierigkeiten beim grafischen Differenzieren sind Lehrer besser als Lehrerinnen.

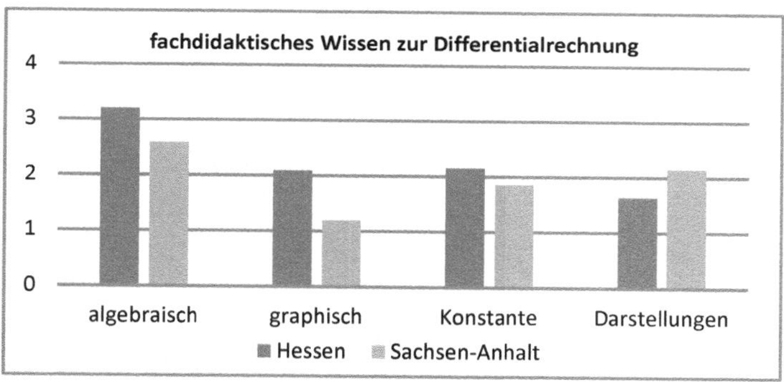

Abbildung 97: Mittelwerte der Anzahl der genannten Kategorie zu den einzelnen Items des fachdidaktischen Wissens für Hessen (n=46) und Sachsen-Anhalt (n=27)

Die Analyse der Unterschiede zwischen den beiden in der Studie betrachteten Ländern wurde ausschließlich anhand vier der sechs Items durchgeführt. Dabei wurden die Items zur Diagnose und zum Erklärungswissen zum Vorzeichenwechsel der Ableitung beim Hochpunkt aufgrund der geringen Anzahl der ausgefüllten Fragebögen in Hessen weggelassen. Die Ergebnisse sind in der Abbildung 97 dargestellt.

Die Lehrkräfte aus Hessen sind bezogen auf den Mittelwert bei drei der vier Items besser als die Lehrkräfte aus Sachsen-Anhalt. Der Unterschied beim Nennen möglichst vieler Schülerschwierigkeiten beim grafischen Differenzieren zugunsten der Lehrkräfte aus Hessen ist zudem signifikant ($p < 0.001$). Die hessischen Lehrkräfte nennen im Schnitt 2.09 unterschiedliche Schwierigkeiten, wogegen die Lehrkräfte aus Sachsen-Anhalt nur durchschnittlich 1.19 erwähnen. Dieser Unterschied entspricht einem großen Effekt mit $|d| = 0.841$. Außerdem ist die Differenz der Mittelwerte bezüglich des Wissens über Darstellungen von Grundvorstellungen zum Ableitungsbegriff ebenfalls signifikant ($p = 0.015$) mit einer mittleren Effektstärke von $|d| = 0.604$. Weitere Analysen der Zusammenhänge der Items zum fachdidaktischen Wissen und Personenvariablen, die aufgrund der Unterschiede zwischen den Ländern durchgeführt wurden, ergaben keine deutlich abweichenden Korrelationen. In beiden Ländern finden sich bis auf das Item „Darstellung von Grundvorstellungen" negative Korrelationen.

Im Anschluss an die inhaltlichen Analysen des fachdidaktischen Wissens werden im Folgenden die Ergebnisse der Untersuchungen der Beliefs zum Lehren und Lernen dargestellt.

8.2 Beliefs zum Lehren und Lernen der Mathematik

	n	Anzahl Items	M	SD	α
Staub & Stern verkürzt					
transmissiv	100	7	3,21	0.73	.74
konstruktivistisch	100	11	4.40	0.59	.80
epistemologische Überzeugungen					
transmissiv	64	7	2.50	0.51	.61
konstruktivistisch	64	6	4.95	0.49	.69
Natur mathematischer Leistung	64	8	2.64	0.62	.71

Tabelle 15: Deskriptive Statistiken zu den Beliefs zum Lehren und Lernen

Die Ergebnisse der deskriptiven Analysen zu den Skalen der Beliefs zum Lehren und Lernen nach Staub und Stern (2002) sowie der epistemologischen Überzeugungen sind in der Tabelle 15 dargestellt. Die Mittelwerte der transmissiven Skala von Staub & Stern zeigen, dass die befragten Lehrkräfte diese Items neutral beantworten, da sich der durchschnittliche Wert von 3.23 nahe an der Mitte der Skala (3.5) befindet. Den konstruktivistischen Items wird hingegen tendenziell zugestimmt. Im Vergleich dazu lehnen die Lehrkräfte die transmissiv formulierten Items bezüglich der epistemologischen Überzeugungen tendenziell ab. Den konstruktivistischen Beliefs stimmen sie zu. Dementsprechend sind die Lehrkräfte in dieser Studie davon überzeugt, dass eine konstruktivistisch orientierte Lehrmethode und eine ebensolche Sicht auf das Lernen der Schüler sinnvoll sind. Dagegen lehnen Sie die transmissiven Vorgehensweisen im Unterricht tendenziell ab bzw. stehen ihnen neutral gegenüber. Bezüglich der Natur mathematischer

Leistungen lehnen sie es tendenziell ab, dass die Leistung im Fach Mathematik anthropologisch konstant ist.

Zur Beschreibung der Struktur der Beliefs zum Lehren und Lernen wurden neben den deskriptiven Statistiken Untersuchungen zu den Zusammenhängen zwischen den unterschiedlichen Subfacetten durchgeführt, deren Ergebnisse die folgende Tabelle zeigt:

		Staub & Stern		*epis. Überzeugung*		
		trans	kons	trans	kons	Leistung
Staub & Stern	trans	-				
	kons	-0.61** (100)	-			
epis. Überzeugung	trans	0.45** (64)	-0.34** (64)	-		
	kons	-0.42** (64)	0.67** (64)	-0.46** (64)	-	
	Leistung	0.47** (64)	-0.28* (64)	0.52** (64)	-0.42** (64)	-

Tabelle 16: Zusammenhänge zwischen den Beliefs zum Lehren und Lernen. In Klammern ist das n zur Bestimmung der Korrelation angegeben. * bei $p<0.05$ signifikant, ** bei $p<0.01$ signifikant, trans = transmissiv, kons = konstruktivistisch, Leistung = Natur mathematischer Leistungen

Die Ergebnisse zeigen bezogen auf die untersuchten Lehrkräfte, dass ein hochsignifikanter, negativer Zusammenhang zwischen transmissiven und konstruktivistischen Beliefs vorhanden ist. Der Zusammenhang zwischen den transmissiven und konstruktiv epistemologischen Überzeugungen ist ebenfalls negativ und hochsignifikant. Des Weiteren hängen die beiden konstruktivistischen sowie die beiden transmissiven Formen der Beliefs signifikant positiv zusammen. Die Ausprägungen bezüglich der Natur mathematischer Leistungen korreliert zudem jeweils mit den transmissiven positiv und mit den konstruktivistischen negativ. Die Ausprägungen der Korrelationen beschreiben jeweils mittlere bis starke Effekte (Döring & Bortz, 2016b, S. 669).

In den nachstehenden Analysen wurden neben den Beziehungen zwischen den Skalen die Zusammenhänge zu biographischen Daten untersucht, um weitere Informationen über die Ausprägung der professionellen Kompetenz zu gewinnen. Dort zeigen sich für die vorliegende Stichprobe nur gering ausgeprägte Zusammenhänge:

		Alter	Erfahrung	Fortbildung	Unterricht
Staub & Stern	trans	0.23* (82)	0.21* (88)	0.22 (51)	0.08 (57)
	kons	-0.13 (82)	-0.10 (88)	-0.04 (51)	-0.20 (57)
epis. Überzeugung	trans	0.02 (50)	0.01 (53)		
	kons	-0.10 (50)	-0.09 (53)		
	Leistung	0.14 (50)	0.11 (53)		

Tabelle 17: Zusammenhänge der Beliefs zum Lehren und Lernen der Mathematik mit biographischen Daten. In Klammern ist die Anzahl der Lehrer der Berechnungsgrundlage angegeben. * bei p<0.05 signifikant, Erfahrung = Jahre nach dem Referendariat, Fortbildung = Anzahl der besuchten Mathematikfortbildungen, Unterricht = Anzahl der bereits unterrichteten Analysiskurse; Korrelationen unter einer Stichprobenzahl von 35 wurden weggelassen

Die Werte in der Tabelle zeigen einen gering ausgeprägten linearen Zusammenhang. Das Alter sowie die Lehrerfahrung sind dabei Ausnahmen, da sie jeweils signifikant von null verschieden mit den transmissiven Beliefs korrelieren (Alter: p=0.024; Lehrerfahrung: p=0.040, kleiner Effekt). Die beiden Korrelationen weisen in der Stichprobe darauf hin, dass mit steigender Lehrerfahrung transmissiven Beliefs eher zugestimmt wird. Dies verhält sich mit dem Alter ähnlich.

Anschließend ist der Einfluss des Geschlechts auf die unterschiedlichen Subskalen untersucht worden. Dabei ergeben sich die folgenden Ausprägungen:

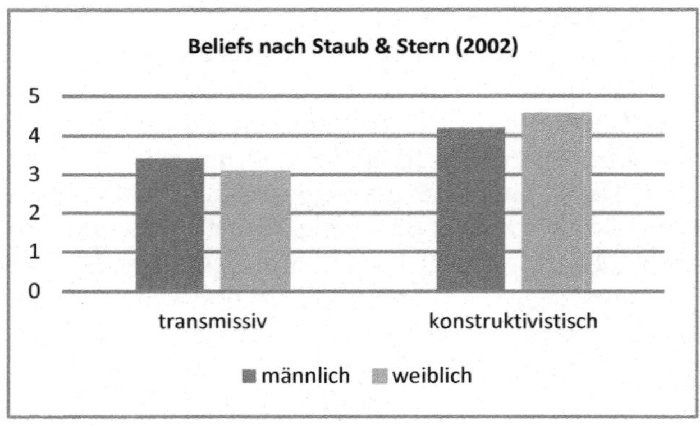

Abbildung 98: Vergleich der Mittelwerte für Lehrerinnen (n=54) und Lehrer (n=33) der Beliefs nach Staub & Stern (2002)

Die Mittelwerte der Subskalen zu den epistemologischen Überzeugungen weichen in der vorliegenden Stichprobe gering voneinander ab. Ein t-Test lieferte hier keine signifikanten Unterschiede. Die Differenzen bezüglich der Beliefs nach Staub & Stern (2002) sind in dieser Stichprobe dagegen größer. Ein t-Test

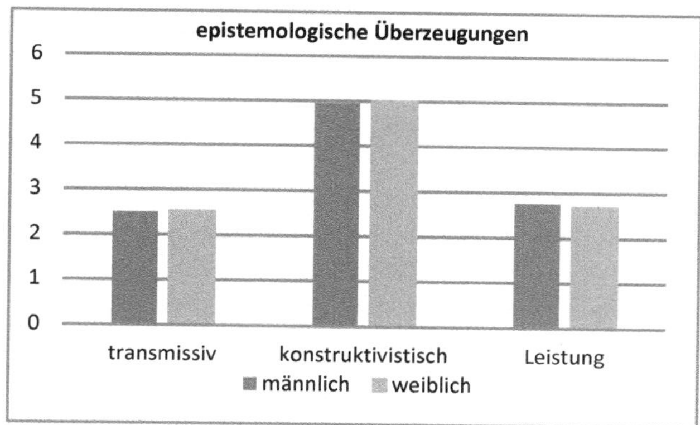

Abbildung 99: Vergleich der Mittelwerte für Lehrerinnen (n=34) und Lehrer (n=20) für epistemologische Überzeugungen

für unabhängige Stichproben zeigt, dass der Unterschied der transmissiven Beliefs zwischen Lehrerinnen (3.08) und Lehrern (3.42) signifikant ist (p=0.032). Da die Stichprobenumfänge voneinander abweichen, wird zur Bestimmung der Abweichung der Effektstärke die gepoolte Standardabweichung verwendet (vgl. dazu Döring & Bortz, 2016a). Mit dieser Berechnung ergibt sich eine Effektstärke von $|d| = 0.476$, sodass dies ein mittlerer Effekt ist. Inhaltlich lehnen die Lehrerinnen transmissive Beliefs tendenziell ab. Lehrer verhalten sich zu diesen neutral. Eine signifikante Abweichung (p=0.006) findet sich ebenfalls bezüglich der konstruktivistischen Beliefs (Effektstärke $|d| = 0.611$ und damit ein mittlerer Effekt (Döring & Bortz, 2016b)). Hierbei stimmen die Lehrinnen (4.54) dieser Skala im Mittel stärker zu als die Lehrer (4.19).

			Alter	Erfahrung	Fortbildung	Unterricht
Staub & Stern	trans	m	0.11 (32)	0.00 (34)	-0.10 (24)	-0.32 (26)
		w	0.33* (50)	0.40** (54)	0.36 (27)	0.36* (31)
	kons	m	-0.08 (32)	0.04 (34)	0.32 (24)	0.05 (26)
		w	-0.16 (50)	-0.21 (54)	-0.28 (27)	-0.26 (31)

Tabelle 18: Zusammenhänge der Beliefs zum Lehren und Lernen der Mathematik mit biographischen Daten. In Klammern ist die Anzahl der Lehrer der Berechnungsgrundlage angegeben. * bei p<0.05 signifikant, ** bei p<0.01 signifikant; Erfahrung = Jahre nach dem Referendariat, Fortbildung = Anzahl der besuchten Mathematikfortbildungen, Unterricht = Anzahl der bereits unterrichteten Analysiskurse

Da sich die Beliefs zum Lehren und Lernen bezüglich des Geschlechts unterscheiden, wurde noch einmal geprüft, ob es neben den Unterschieden der Mittelwerte ebenfalls solche bezüglich der Zusammenhänge zu anderen Variablen gibt. Die Ergebnisse zeigen solche zu den biographischen Daten (Tabelle 18 vorherige Seite)

Die Analysen zu den Zusammenhängen zeigen, dass die Altersabhängigkeit der transmissiven Beliefs bei den Lehrern deutlich geringer als bei den Lehrerinnen und im Gegensatz zu diesen nicht signifikant von Null verschieden ist, wobei der Unterschied zwischen den Korrelationen nicht signifikant ist ($p = 0{,}163$). Die Differenz zwischen den Korrelationen der Lehrerinnen und Lehrer trifft ebenso auf jene zwischen den transmissiven Beliefs und der Unterrichtserfahrung in Jahren nach dem Vorbereitungsdienst ($p = 0.034$) sowie die Häufigkeit des gehaltenen Analysisunterrichts ($p = 0.006$) zu, wobei die Unterschiede jeweils signifikant sind (vgl. zu den Unterschieden zwischen den Korrelationen Eid, Gollwitzer & Schmitt, 2015, S. 577). Aufgrund der Abhängigkeit von der Lehrerfahrung ist anhand eines Mediansplits die Gruppe geteilt worden. Die Unterschiede zwischen den Lehrerinnen und Lehrern ist ebenfalls gefunden worden. Der Zusammenhang zwischen den transmissiven und den konstruktivistischen Beliefs ist in beiden Gruppen negativ und statistisch signifikant. Einen signifikanten Unterschied gibt es hier nicht.

Die Analysen hinsichtlich biographischer Merkmale wurden durch weitere zu den Abweichungen zwischen den beiden untersuchten Bundesländern, aus denen die Lehrkräfte der Stichprobe stammen, ergänzt. Die Daten zeigen keinen signifikanten Unterschied zwischen den Lehrkräften aus Hessen und Sachsen-Anhalt. Die Lehrenden aus Sachsen-Anhalt scheinen jedoch tendenziell stärker ausgeprägte transmissive Beliefs zu besitzen. Die konstruktivistischen Beliefs sind bei den Lehrkräften der Stichprobe aus den beiden Bundesländern etwa gleich stark ausgeprägt, indem sie jeweils tendenziell dem Konstruktivismus zustimmen[99].

Im Anschluss an die Analysen der Beliefs zum Lehren und Lernen werden die Ergebnisse der dritten Facette der professionellen Kompetenz, die Motivation, beschrieben.

99 Eine Untersuchung der Unterschiede bezüglich der epistemologischen Überzeugungen wurde aufgrund der geringen Stichprobe aus Hessen (n=11) nicht weiterverfolgt.

8.3 Fachdidaktische Motivation

	Anzahl der Items	M	SD	α
Fachdidaktische Motivation zu Schülern				
Interesse	6	5.72	0.84	.85
Leistungsmotivation	6	4.72	0.74	.60
Fachdidaktische Motivation zum Lehren				
Interesse	6	5.95	0.80	.77
Leistungsmotivation	6	4.99	0.91	.72

Tabelle 19: Deskriptive Analysen der Subskalen zur Erfassung der fachdidaktischen Motivation; n=73

Die Werte der deskriptiven Analyse (Tabelle 19) zeigen, dass den Interessensitems sowohl im Bereich der Schüler als auch zum Lehren zugestimmt wird und sie mit Werten über 5.72 bereits nahe am Skalenendpunkt 7 liegen. Dementsprechend ist das Interesse bereits zu Beginn des professional development bei den untersuchten Lehrkräften bezogen auf das Messinstrument in beiden entsprechenden Subdimensionen fachdidaktischer Motivation hoch ausgeprägt. Den Items zur Leistungsmotivation wird aufgrund der Mittelwerte tendenziell zugestimmt Die Werte liegen mit 4.72 bzw. 4.99 über der Skalenmitte 4.

Die deskriptiven Analysen wurden durch Zusammenhangsanalysen ergänzt. Die Ergebnisse der Korrelationsanalysen sind zeigt die folgende Tabelle:

		Schüler		Lehren	
		Interesse	Leistung	Interesse	Leistung
Schüler	Interesse	-			
	Leistung	0.35**	-		
Lehren	Interesse	0.67**	0.37**	-	
	Leistung	0.33**	0.45**	0.45**	-

Tabelle 20: Zusammenhänge zwischen den Subdimensionen der fachdidaktischen Motivation. Mit ** gekennzeichnete Korrelationen waren signifikant bei $\boldsymbol{p < 0.01}$ (zweiseitig). n=73

Die Ergebnisse zeigen, dass das Interesse und die Leistungsmotivation sowohl im Bereich der Schüler als auch zum Lehren hochsignifikant positiv zusammenhängen. Die Korrelationen beschreiben mit 0.38 bzw. 0.47 mittlere bis starke Effekte und sind positiv. Betrachtet man die Zusammenhänge über die beiden Subfacetten „Schüler“ und „Lehren“ hinweg, dann finden sich ebenfalls hochsignifikante Zusammenhänge. Die Korrelation zwischen den beiden Interessensdimensionen ist in der Stichprobe mit 0.66 hoch. In etwas schwächerer Form trifft das ebenfalls auf die Leistungsmotivation zu beiden Bereichen zu. Insgesamt beschreiben die Korrelationen mittlere bis stark ausgeprägte Effekte.

Neben den Korrelationen zwischen den Subfacetten sind die zu biographischen Daten untersucht worden. Die Analysen haben keine Zusammenhänge der fachdidaktischen Motivation zur Lehrerfahrung, zum Alter, zur Anzahl besuchter Fortbildungen oder der Anzahl des Analysisunterrichts ergeben. Ebenfalls zeigten sich keine signifikanten Einflüsse des Geschlechts oder des Zweitfaches. Daneben zeigt sich bezüglich der beiden Länder folgende Verteilung:

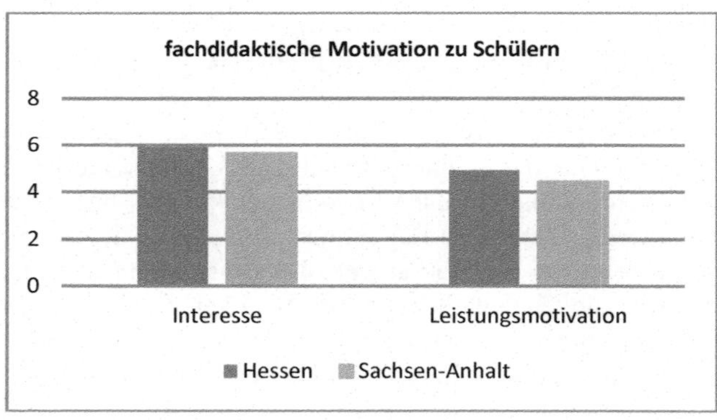

Abbildung 100: Vergleich der Mittelwerte für Hessen (n=43) und Sachsen-Anhalt (n=28) für fachdidaktische Motivation zu Schülern

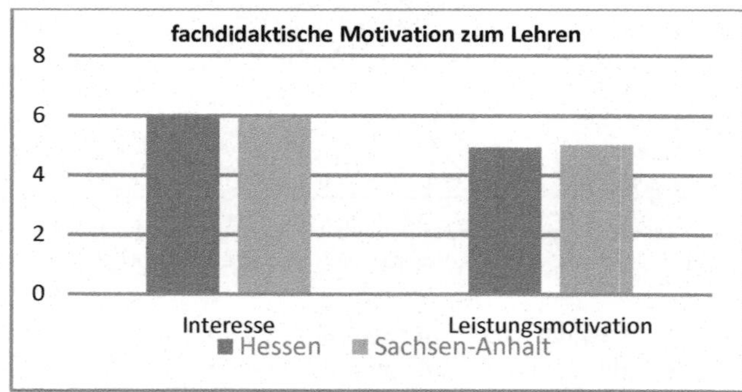

Abbildung 101: Vergleich der Mittelwerte für Hessen (n=43) und Sachsen-Anhalt (n=28) für fachdidaktische Motivation zum Lehren

Die Mittelwerte (Abbildung 100 und 101) deuten an, dass die fachdidaktische Motivation zu Schülern beider Subfacetten in Sachsen-Anhalt geringer ist und sich zum Lehren nicht unterscheidet. Vertiefte Analysen zeigen, dass die beiden Subfacetten zu Schülern sich nicht signifikant unterscheiden. Fasst man beide aufgrund der hohen Korrelation zusammen (Interesse und Leistungsmotivation; $\alpha = 0.782$ für Schüler), dann führt sowohl das geringe Interesse in Kombination mit der geringeren Erfolgserwartung im Bereich der fachdidaktischen Motivation zu Schülern in Sachsen-Anhalt im Vergleich zu Hessen dazu, dass sich die fachdidaktische Motivation im Bereich der Schüler signifikant ($p = 0.041$) voneinander unterscheiden, wobei der Effekt mittelstark ausgeprägt ist ($|d_{Cohen}| = 0.505$; mit gepoolter Standardabweichung).

Im Anschluss an die Einzelauswertung der drei betrachteten Facetten der professionellen Kompetenz werden die Ergebnisse der Zusammenhangsanalysen zwischen diesen im nachstehenden Unterkapitel dargestellt.

8.4 Zusammenhänge zwischen Wissen, Beliefs und Motivation

In der Literatur wurden zwischen den in der Studie betrachteten Facetten der professionellen Kompetenz Zusammenhänge untersucht. Diese wurden anhand der erhobenen Daten in dieser Studie ebenfalls analysiert. Die Ergebnisse der Analyse wird im Folgenden anhand des Zusammenhangs zwischen dem fachdidaktischen Wissen und den Beliefs, dem zwischen fachdidaktischem Wissen und fachdidaktischer Motivation sowie Beliefs zum Lehren und Lernen und fachdidaktischer Motivation dargestellt. Aufgrund der geringen Stichprobe zum fachdidaktischen Wissen zu Funktionen werden an dieser Stelle ausschließlich die Zusammenhänge zwischen fachdidaktischem Wissen, Beliefs und Motivation der Lehrkräfte der Sekundarstufe II beschrieben.

Fachdidaktisches Wissen und Beliefs zum Lehren und Lernen

In der vorliegenden Studie wurden die Items des fachdidaktischen Wissens und die Skalen zu Beliefs zum Lehren und Lernen nach Staub und Stern (2002) auf Zusammenhänge untersucht.

Die Ergebnisse zeigen keine signifikant von null verschiedenen Korrelationen zwischen den beiden Facetten der professionellen Kompetenz. Die Unterschiede zwischen den beiden Bundesländern, aus denen die Lehrkräfte stammen, waren zudem Anlass zur weiteren Untersuchung der Zusammenhänge. Ebenfalls wurden aufgrund der Differenzen zwischen den Lehrerinnen und den Lehrern weitere Analysen hinsichtlich des Geschlechts durchgeführt. Die Ergebnisse aller Analysen zeigen keine unterschiedlichen Ausprägungen der Korrelationen zwischen dem fachdidaktischen Wissen und den Beliefs zum Lehren und Lernen.

Fachdidaktisches Wissen und fachdidaktische Motivation

Die Analyse zum Zusammenhang zwischen dem fachdidaktischen Wissen und der fachdidaktischen Motivation zeigt, dass es keine statistisch signifikanten Korrelationen zwischen den beiden Facetten der professionellen Kompetenz bei den Lehrkräften in dieser Studie zu geben scheint.

Beliefs zum Lehren und Lernen und fachdidaktischer Motivation

		Schüler		Lehren	
		Interesse	Leistung	Interesse	Leistung
Staub & Stern	trans	-0.28*	-0.15	-0.22	-0.12
	kons	0.27*	0.16	0.19	0.08

Tabelle 21: Zusammenhang zwischen Beliefs zum Lehren und Lernen und fachdidaktischer Motivation bei n=65 Lehrkräften der Sekundarstufe II. * bei $p<0.05$ signifikant.

In dieser Studie wurde speziell der Zusammenhang zwischen Beliefs zum Lehren und Lernen sowie fachdidaktischer Motivation untersucht (Tabelle 21). Zudem wurde damit überprüft, ob eine konstruktivistische Lernsicht mit dem Interesse an Schülervorstellungen zusammenhängt, welches aufgrund der Schülerorientierung im Sinne des Konstruktivismus plausibel wäre.

Die Ergebnisse lassen erkennen, dass die Korrelationen zwischen den transmissiven Beliefs und den Motivationsdimensionen alle negativ und zwischen den konstruktivistischen und der Motivation alle positiv sind. Das Interesse an den Vorstellungen der Schüler hängt zudem jeweils signifikant mit den beiden betrachteten Ausprägungen der Beliefs zusammen. Dementsprechend gehen konstruktivistisch orientierte Beliefs in dieser Stichprobe mit dem Interesse an Schülervorstellungen einher. Umgekehrt verhält es sich mit transmissiven Beliefs. Beide Zusammenhänge beschreiben einen mittelstarken Effekt.

Aufgrund der Unterschiede zwischen Lehrerinnen und Lehrern bezüglich der Beliefs zum Lehren und Lernen wurden die Zusammenhangsanalysen ebenfalls getrennt nach dem Geschlecht durchgeführt, um herauszufinden, ob ebenfalls Differenzen auftreten. Die Ergebnisse sind in der Tabelle 22 dargestellt:

			Schüler		Lehren	
			Interesse	Leistung	Interesse	Leistung
Staub & Stern	trans	m	0.00	0.18	-0.08	0.02
		w	-0.61**	-0.40*	-0.38*	-0.27
	kons	m	-0.08	-0.23	-0.11	-0.10
		w	0.67**	0.45**	0.57**	0.27

Tabelle 22: Zusammenhänge zwischen Beliefs zum Lehren und Lernen sowie fachdidaktischer Motivation getrennt nach Lehrerinnen (n=36) und Lehrern (n=29). * bei p<0.05 signifikant; ** bei p<0.01 signifikant.

Die Ergebnisse zeigen sehr deutliche Unterschiede zwischen den Beziehungen. Während bei den Lehrern keine signifikanten Zusammenhänge zwischen Beliefs zum Lehren und Lernen und den Subdimensionen fachdidaktischer Motivation zu finden sind, sind bei den Lehrerinnen bis auf die Leistungsmotivation zum Lehren alle signifikant von null verschieden. Weitere Analysen der Korrelationen machen deutlich, dass sich alle vier Korrelationen zwischen der fachdidaktischen Motivation zu Schülern und den Beliefs zum Lehren und Lernen signifikant unterscheiden zwischen den beiden Geschlechtern ($p \leq 0.02$). Zudem sind die Unterschiede bei den Korrelationen zwischen Interesse zum Lehren und konstruktivistischen Beliefs signifikant ($p = 0.004$), (vgl. zu den Tests der Unterschiedlichkeit der Korrelationen Eid et al., 2015, 577f.).

Die Ausprägungen der Lehrer zeigen keine Tendenz in eine bestimmte Richtung bei den transmissiven Beliefs, wobei die Korrelationen gering und nicht signifikant von null verschieden sind. Im Gegensatz dazu sind die Zusammenhänge zwischen den konstruktivistischen Beliefs und den Subdimensionen der fachdidaktischen Motivation alle negativ. Obwohl die Korrelationen sich nicht signifikant von null unterscheiden, lassen die in der Studie befragten Lehrer die Tendenz erkennen, bei stärkerer Ausprägung der konstruktivistischen Beliefs geringere Ausprägungen der Motivation zu zeigen.

Im Vergleich zu den Lehrern sind die Ausprägungen der Zusammenhänge der Lehrerinnen stärker. Zudem sind sie gerichtet, da die Korrelationen zwischen transmissiven Beliefs und den Subdimensionen der fachdidaktischen Motivation negativ sind. Dagegen sind die Beziehungen zu konstruktivistischen Beliefs alle positiv.

Nachdem alle Ausprägungen und Zusammenhänge der Konstrukte dargestellt worden sind, sollen im folgenden Unterkapitel die wesentlichen Ergebnisse zusammengefasst und diskutiert werden.

8.5 Zusammenfassung und Diskussion der Ergebnisse

Der erste Teil dieser Arbeit geht auf die professionelle Kompetenz im Sinne des fachdidaktischen Wissens, der Beliefs zum Lehren und Lernen sowie fachdidaktische Motivation ein. Ziel ist es gewesen, herauszufinden, welche Ausprägung und welche Struktur die professionelle Kompetenz von Mathematiklehrkräften, die an professional development teilnehmen, besitzt (Forschungsfrage I sowie Unterfragen I.1 bis I.5). Dazu haben die Teilnehmer der Studie Fragebögen zum fachdidaktischen Wissen zum Themenbereich Funktionen bzw. Differentialrechnung, zu Beliefs zum Lehren und Lernen sowie epistemologische Überzeugungen und Skalen zur fachdidaktischen Motivation ausgefüllt. Auf Basis dieser Daten ist die Ausprägung der professionellen Kompetenz analysiert worden, indem zum einen die Items des fachdidaktischen Wissens bezüglich der beiden Themenbereiche inhaltlich analysiert worden sind, um herauszufinden, was die Lehrkräfte zu bestimmten Fragen des Wissens zu Schülern und zum Lehren angeben. Zum anderen wurden die drei Dimensionen auf ihre quantitative Ausprägung untersucht. Ergänzend sind Zusammenhänge zwischen den Konstrukten der professionellen Kompetenz sowie Personenmerkmalen (Alter, Lehrerfahrung in Jahren nach dem Vorbereitungsdienst, Anzahl besuchter Mathematikfortbildungen, Häufigkeit des Unterrichts der Analysis, Geschlecht und Land) analysiert worden. Die Ergebnisse dieses Teils deuten darauf hin, dass die professionelle Kompetenz der Lehrkräfte sehr individuell ausgeprägt und komplex ist.

Ein weiteres wichtiges Ergebnis dieses Teils der gesamten Arbeit ist die inhaltliche Ausprägung des fachdidaktischen Wissens zu Funktionen und zur Differentialrechnung. Die wesentlichen Resultate werden in Kapitel 8.5.1 mit denen der quantitativen Ausprägung zusammengefasst und diskutiert. In Kapitel 8.5.2 werden dann die Ausprägungen der Beliefs zum Lehren und Lernen in die Literatur eingeordnet. Anschließend erfolgt die Diskussion der Ergebnisse der fachdidaktischen Motivation vor dem Hintergrund der Literatur in Kapitel 8.5.3. Schließlich werden in Kapitel 8.5.4 die Zusammenhänge zwischen den Subfacetten der professionellen Kompetenz, in Kapitel 8.5.5 spezielle geschlechtsspezifische Unterschiede und in Kapitel 8.5.6 länderspezifische Unterschiede diskutiert.

8.5.1 Fachdidaktisches Wissen

Die Ergebnisse zum fachdidaktischen Wissen zu beiden Themenbereichen (Funktionen und Differentialrechnung) werden in diesem Kapitel zusammen vor dem Hintergrund der bisherigen Literatur interpretiert. Ergänzend dazu werden sich aus den Resultaten der Studie ergebende Hypothesen aufgestellt. Die Diskussion erfolgt hierbei getrennt nach der inhaltlichen (8.5.1.1) und der quantitativen Ausprägung (8.5.1.2).

8.5.1.1 Inhaltliche Ausprägung

Das fachdidaktische Wissen zu Funktionen bzw. Differentialrechnung wurde anhand der beiden in dieser Studie betrachteten theoretischen Subfacetten „Wissen über Schüler" und „Wissen über das Lehren" mit jeweils vier bzw. drei Items erhoben. Insgesamt wurden 38 Lehrkräfte aus Sachsen-Anhalt zum Thema Funktionen sowie 73 Lehrkräfte aus Sachsen-Anhalt und Hessen zum Thema Differentialrechnung befragt, wobei die beiden Stichproben nur wenige Lehrkräfte enthalten, die an beiden Befragungen teilgenommen haben. Insgesamt waren die Lehrkräfte dazu aufgefordert, beispielsweise Schülerschwierigkeiten zum Darstellungswechsel einer linearen Funktion, beim Umgang mit Exponentialfunktionen oder dem grafischen Differenzieren zu nennen. Daneben sollten gegebene Schülerantworten auf Fehler analysiert werden. Im Zusammenhang zum Wissen über das Lehren waren die Lehrkräfte aufgefordert, beispielsweise Erklärungen zum Funktionsbegriff oder dem Wegfall einer Konstanten beim Differenzieren darzustellen. Darunter fiel ebenfalls das Erkennen spezieller Darstellungen zu Grundvorstellungen der Ableitung oder das Nennen von Sachkontexten zu Exponentialfunktionen. Aufgrund der offenen Gestaltung der Items erfolgte die Auswertung über ein Kodiermanual, das auf Basis der Literatur zu bekannten Schülerschwierigkeiten sowie Grundvorstellungen, Sachkontexten u. ä. deduktiv erstellt und durch spezielle Antworten der Lehrkräfte induktiv am Material erweitert worden ist. Die Analyse erfolgte dabei inhaltlich, um das konkrete Wissen der Lehrkräfte zu bestimmen. Die inhaltlichen Ergebnisse sind dann vor dem Hintergrund der Literatur interpretiert worden.

Ein wesentliches Ergebnis dieses Studienteils ist, dass jeder erfragte Schülerfehler zum Thema Funktionen benannt worden ist, wenn man die Antworten aller Lehrkräfte zusammenfasst. Dies ist zum Thema Differentialrechnung nicht der Fall gewesen, weil zwar viele Schülerfehler von mindestens einer Lehrkraft der gesamten Stichprobe angeführt, aber einige von keinem Befragten erwähnt worden sind. In diesem Zusammenhang zeigen die Ergebnisse der Analysen aber auch, dass einige misconceptions zwar von Lehrkräften insgesamt genannt werden, dies aber nur von einem sehr geringen Teil erfolgt. Das Ergebnis findet sich bei beiden Themen zum fachdidaktischen Wissen über die Schüler. Damit sind den Lehrkräften viele Schülervorstellungen nicht derart bewusst, dass sie sie auf Nachfrage nennen können.

Interessanterweise betrifft die seltene Erwähnung einige aus der Literatur bekannte Schülerschwierigkeiten bzw. misconceptions. Ein Beispiel zu Funktionen findet sich bei dem Wissen über Schülerfehler beim Darstellungswechsel vom Graph in die Funktionsgleichung einer linearen Funktion. Der von Nitsch (2015) als substantielle misconception identifizierte Fehler der Fokussierung auf den x-Achsenabschnitt mit dem Einsetzen der Nullstelle für die Steigung m wird von nur drei der 38 befragten Lehrkräfte aus Sachsen-Anhalt genannt. Ähnlich ist es bei den Schülerschwierigkeiten zum Umgang mit Exponentialfunktionen. Alle genannten Aspekte werden in diesem Zusammenhang von höchstens einem Drittel der Lehrkräfte angeführt, sodass zwei von drei Lehrkräften die jeweilige Schwierigkeit nicht derart bewusst ist, dass sie sie auf Nachfrage im Test angeben. In der Differentialrechnung finden sich ähnliche Ergebnisse beispielsweise bei den Übergeneralisierungen zum algebraischen Differenzieren. Dort nennen nur 39.7% der Lehrkräfte mindestens eine solche misconception. Einzeln betrachtet sind die Anteile noch deutlich geringer, wobei die Linearisierung der Produktregel von etwa einem Viertel am häufigsten erwähnt wird. Am stärksten ist die Diskrepanz zwischen den aus der Literatur bekannten misconceptions und den von den Lehrkräften in dieser Studie erwähnten beim grafischen Differenzieren ausgeprägt. Dort werden teilweise Schülerschwierigkeiten wie die reine Verschiebung einer Funktion, die Spiegelung an der x-Achse oder die abschnittsweise Linearisierung von keiner Lehrkraft genannt (vgl. beispielsweise Eichler et al., 2017). Die ausgeführte geringe Nennung von misconceptions findet sich ebenfalls in den beiden Items, bei denen die Lehrkräfte aufgefordert gewesen sind, Schülerantworten auf Fehler zu diagnostizieren (60% der Lehrkräfte erkennen den Graph-als-Bild-Fehler; 2 von 38 Lehrkräften erkennen die Linearisierung der Produktregel).

Insgesamt wird deutlich, dass viele Lehrkräfte zentrale misconceptions nicht derart wissen, dass sie sie in den Testitems angeben oder anhand einer Schülerantwort erkennen. Dies trifft sowohl auf das Wissen zu Funktionen als auch zur Differentialrechnung zu und ist in fast unabhängigen Gruppen (nur wenige Lehrkräfte wurden zu beiden Themen befragt) gefunden worden. Dies ist insgesamt ein Hinweis darauf, dass den Lehrkräften in beiden Bereichen Wissen über Schülerfehler fehlt. Zum Thema Funktionen sind die Ergebnisse dieser Studie mit denen von Hadjidemetriou und Williams (2002) konsistent, die zwölf Lehrkräfte zu Schülerschwierigkeiten zum Themengebiet Funktionen untersuchten. Die Autoren führten ebenfalls an, dass das Wissen der untersuchten Lehrkräfte teilweise drastisch variierte und einige Lehrkräfte nur sehr wenige Fehler genannt haben. Zudem ergänzt die vorliegende Studie die Ergebnisse von Hadjidemetriou und Williams (2002) zum einen durch eine quantitative Erfassung.

Zum anderen sind teilweise andere Schülerschwierigkeiten erfragt worden, sodass somit neue Erkenntnisse über das Wissen der Lehrkräfte zu diesen gewonnen werden konnte. Die Ergebnisse der vorliegenden Studie zur Differentialrechnung ergänzen die vorhandene Literatur zum Wissen der Lehrkräfte über Schüler zu diesem Thema. Bisher sind keine Studien zur inhaltlichen Erfassung dieses Wissens durchgeführt worden, sodass diese Studie das Forschungsfeld in diesem Zusammenhang öffnet. Ergänzend dazu liefert sie erste quantitative Ergebnisse zur inhaltlichen Ausprägung des Wissens bei Lehrkräften. Aufgrund der Anzahl der befragten Lehrkräfte und der Auswahl der Stichprobe aus einem begrenzten geographischen Raum stellt sie jedoch nur eine bedingt repräsentative Studie für die Lehrkräfte aus den entsprechenden Regionen dar. Ein weiteres Argument ist die fast ausschließliche Beschränkung auf Lehrkräfte, die an professional development teilnehmen. An dieser Stelle sind die Ergebnisse speziell für Nordhessen und Sachsen-Anhalt für die teilnehmenden Lehrkräfte repräsentativ. Für alle Lehrkräfte aus den Regionen ist dies jedoch nicht repräsentativ, weil nur Teilnehmer an professional development befragt worden sind. Zudem könnte es sich dabei um die engagiertesten Lehrkräfte handeln, die wegen der Bereitschaft der Teilnahme höheres Interesse an der Verbesserung des eigenen Unterrichts haben. Trifft dies zu, dann überschätzen die in dieser Studie vorhandenen Ergebnisse die tatsächliche Ausprägung des Wissens unter allen Mathematiklehrkräften tendenziell. Um diese Hypothese zu verifizieren sind weitere Studien notwendig, in denen Lehrkräfte unabhängig von der Teilnahme an professional development befragt werden.

Mögliche Ursachen für die geringe Ausprägung des fachdidaktischen Wissens kann beispielsweise in Sachsen-Anhalt das geringe Angebot von systematisch stattfindendem professional development sein. Besonders die Ergebnisse von Nitsch (2015) sowie andere sind erst in jüngerer Zeit entstanden, sodass für die meisten Lehrkräfte die Lehrerausbildung schon viele Jahre abgeschlossen ist (Durchschnittsdienstalter beträgt in Sachsen-Anhalt etwa 22 Jahre in Halle und 25 Jahre in Magdeburg). Somit hatten die Lehrkräfte wenige Möglichkeiten, sich systematisch über dieses Wissen fortzubilden. Dieses Argument trifft ebenfalls auf das Wissen zur Differentialrechnung zu, weil die vorhandene Literatur zu misconceptions zur Differentialrechnung bereits sehr alt ist und in der Regel internationale Forschung umfasst, wobei nur ein geringer Teil aus Deutschland stammt (vgl. Kapitel 4.2.1). Aus diesem Grund gibt es noch nicht sehr viele Erkenntnisse über typische misconceptions von Schülern zu diesem Themengebiet, sodass die Gestaltung von professional development dazu bisher schwierig gewesen ist. Das Ausmaß der bisherigen Forschung könnte demnach die Ursache für das zum Teil sehr gering ausprägte Wissen über Schülerfehler beim grafischen und Schülerschwierigkeiten beim algebraischen Differenzieren sein. Daher ist es notwendig, dass weitere Forschung zu misconceptions aus diesem Bereich durchgeführt wird, damit die Lehrkräfte in der Folge über das neue Wissen fortgebildet werden. Ein Beispiel dafür ist Studie von Eichler et al. (2017).

Ein zentrales Ergebnis zum fachdidaktischen Wissen des Lehrens ist die große Variation an Erklärungen, die sich in sehr vielen unterschiedlichen Antworten manifestiert. Die Heterogenität zwischen den Lehrkräften ist dabei sehr stark ausgeprägt. Dies zeigen im Wesentlichen die verschiedenen Antworten und die größtenteils geringen relativen Häufigkeiten der Erklärungen. Das Ergebnis ist insgesamt ein Hinweis darauf, dass das Wissen der Lehrkräfte zum Erklären unterschiedlicher Kontexte zu den Themen Funktionen und Differentialrechnung hochgradig individuell ausgeprägt ist. Interessanterweise tauchen einige Erklärungsansätze häufiger auf als andere, wie beispielsweise die Ableitungsregel beim Erklärungswissen über den Wegfall einer Konstanten beim Differenzieren oder der Sachkontext bei Erklärungen, was eine Funktion ist. Sie tauchen bei über der Hälfte der befragten Lehrkräfte auf. Damit gibt es trotz der starken individuellen Prägung einige Ansätze, die häufiger gewählt werden. Die anderen, die jeweils von weniger als 30% der Befragten genannt werden, gehören hier nicht dazu. Die Heterogenität des Wissens ist zwar zu erwarten gewesen, jedoch ist das Ausmaß bemerkenswert stark ausgeprägt, sodass insgesamt die folgende Hypothese zum fachdidaktischen Wissen aufgestellt wird:

Hypothese Ausprägung Lehrerwissen:
Das fachdidaktische Wissen der Lehrkräfte zu Funktionen bzw. zur Differentialrechnung ist hochgradig individuell ausgeprägt.

Betrachtet man die Kategorien zu den Erklärungsitems übergreifend, dann fällt das starke Missverhältnis zwischen innermathematischen und sachkontextbezogenen Erklärungen bei den beiden Items aus der Differentialrechnung auf. In beiden Fällen überwiegen sehr deutlich die innermathematischen Ansätze. Dies könnte unter anderem an den Büchern liegen, die auf Basis der früheren Lehrpläne eingesetzt worden sind. In ihnen werden die Aspekte der Differentialrechnung häufig innermathematisch betrachtet (beispielsweise Buck & Denker, 2001; Griesel et al., 2005). Neuere Bücher, die sich an den Kerncurricula orientieren (beispielsweise Schmidt et al., 2011), beziehen dagegen häufiger Sachkontexte mit ein. Das Vorgehen ist vor allem bei der Einführung der Themen zu finden. Daher könnte die Fokussierung auf die Mathematik durch die älteren Bücher bedingt sein, was durch weitere Forschung zu zeigen ist. Durch die

Fokussierung auf mathematische Inhalte bei der Differentialrechnung wird folgende Hypothese aufgestellt:

Hypothese Fokussierung auf die Mathematik:
Das fachdidaktische Wissen zum Lehren der Differentialrechnung ist sehr stark von innermathematischen Inhalten geprägt.

Ähnliche Hinweise zu Gemeinsamkeiten zwischen dem Wissen der Lehrkräfte zum Lehren und den verwendeten Aspekten in Schulbüchern finden sich bei den Items zu Darstellungen von Funktionen und Sachkontexten von Exponentialfunktionen. In den Antworten der Lehrenden überwiegen hier besonders die Darstellungsformen, die ebenfalls sehr häufig in den Aufgaben aus Schulbüchern (vgl. unter anderem Herd et al., 2015; Körner et al., 2014, 2015) verwendet werden. Dies trifft ebenso auf die Sachkontexte zu Exponentialfunktionen zu. Die davon abweichenden Darstellungen bzw. Sachkontexte werden jeweils nur von einem deutlich geringeren Anteil der Lehrkräfte benannt. Insgesamt liefern die Ergebnisse daher mögliche Hinweise, dass sich das fachdidaktische Wissen zum Lehren unter anderem auf zentrale Aspekte aus Schulbüchern stützt.

Ein zentrales Ergebnis, dass über alle Items zu beiden mathematischen Themen zu finden ist, ist das zum Teil sehr starke Auftauchen der Kategorie von Antworten, die nicht die jeweiligen Fragen beantworten bzw. sehr ungenau sind. Zu Schülerfehlern beim algebraischen Differenzieren ist es besonders stark ausgeprägt. Dort nennen die befragten Lehrkräfte sehr häufig die Ableitungsregeln, die Schüler nicht erkennen, anwenden oder beachten würden. Inwiefern den Aussagen jedoch tatsächliche Fehler zugrunde liegen, lässt sich auf Basis der Daten der Studie nicht beantworten. Ebenso verhält es sich mit den Antworten der Lehrkräfte zum Erklärungswissen, bei denen sie ausschließlich ein Wort nennen und keine komplette Erklärung angeben. In diesen Fällen ist das fachdidaktische Wissen der Befragten nicht eindeutig zu bestimmen. Insgesamt müsste daher beispielsweise in Interviews erforscht werden, welches Wissens tatsächlich hinter den Antworten zu finden ist.

Zusammenfassend liefert diese Studie Ergebnisse zur inhaltlichen Ausprägung des fachdidaktischen Wissens über das Lehren zu den beiden Themen Funktionen und Differentialrechnung, welche die Forschung von Döhrmann et al. (2010) für Mathematiklehrkräfte ergänzt. Speziell in der Differentialrechnung wird das Forschungsfeld durch diese Studie inhaltlich weiter geöffnet. Damit sind erste Anhaltspunkte gegeben, an welchen Inhalten professional development zur Verbesserung des Wissens von Mathematiklehrkräften ansetzen kann.

8.5.1.2 Quantitative Ausprägung

Die Hypothese, dass das fachdidaktische Wissen hochgradig individuell ausgeprägt ist, wird im Folgenden anhand der quantitativen Ausprägungen der Wissensitems weiter beleuchtet. Zudem werden die Ausprägungen der Beliefs, der fachdidaktischen Motivation sowie Zusammenhänge zwischen den drei betrachteten Facetten der professionellen Kompetenz in die bisherigen Forschungsergebnisse eingeordnet. In diesem Zusammenhang wurden die qualitativen Ausprägungen des fachdidaktischen Wissens unter Beachtung der genannten Kategorien zu Scores transformiert. Der Score zu jedem Item ergab sich dabei aus der Anzahl unterschiedlicher Kategorien, die eine Lehrkraft zu einem Item genannt hat.

Ein interessantes Ergebnis des fachdidaktischen Wissens sind die großen Unterschiede zwischen den Lehrkräften, welche sich bereits in der inhaltlichen Auswertung angedeutet haben. In beiden Themenbereichen (Funktionen, Differentialrechnung) zeigt sich bei den offen gestellten Items, dass die Spannweiten der gegebenen unterschiedlichen Antworten zum Teil sehr hoch sind. Der Extremfall stellt das Item zu Schülerfehlern zum algebraischen Differenzieren dar. Dort beträgt die Spannweite der Verteilung neun unterschiedliche Antworten. Aus diesem Grund scheint das fachdidaktische Wissen der befragten Lehrkräfte in beiden Themengebieten sehr stark zwischen den Lehrkräften zu variieren. Diese Annahme wird durch die Standardabweichungen, welche jeweils etwa einer genannten Kategorie entsprechen (bezogen auf einen Mittelwert, der für die Items jeweils bei etwas mehr als zwei unterschiedlichen Antworten liegt), gestützt. Diese großen Abweichungen zwischen den Lehrkräften sind zu Beginn der Studie nicht erwartet worden.

Die Korrelationsanalysen weisen neben den Verteilungen darauf hin, dass das Wissen zu den einzelnen Items in einem geringen Zusammenhang steht. Die geringen Korrelationen sind zudem fast nur bei gleichen Themen (Exponentialfunktionen, Schwierigkeiten mit Graphen bei Funktionen, algebraisches Differenzieren) zu finden, sodass das Wissen zu den unterschiedlichen Schülerschwierigkeiten bzw. Aspekten des Lehrens zu Funktionen sowie Differentialrechnung für die in den Items abgefragten Bereiche des mathematischen Themas relativ unabhängig voneinander ausgeprägt ist. Dies deutet insgesamt darauf hin, dass die Lehrkräfte zu bestimmten Aspekten des Themengebiets starke und zu anderen Aspekten schwache Ausprägungen des fachdidaktischen Wissens besitzen. Dabei scheinen sich Schwerpunkte zu bilden, die nicht miteinander verbunden sind. Die drei Argumente „große Variation der inhaltlichen Nennung", „große

Abweichungen der Scores“ und „geringe Korrelation zwischen den Items“ führen insgesamt zu der folgenden Hypothese:

Hypothese Schwerpunktwissen:
Die Lehrkräfte besitzen innerhalb mathematischer Themen fachdidaktisches Wissen, das sich auf Schwerpunkte konzentriert. Diese Schwerpunkte sind unabhängig voneinander ausgeprägt.

Das Schwerpunktwissen passt zu der Hypothese der hochgradig individuellen Ausprägung des fachdidaktischen Wissens und ist konsistent mit der Schlussfolgerung von Bromme (2008), in der er auf ein hochgradig individualisiertes und fachbezogenes Wissen eingeht, welches durch zunehmende Integration subjektiver Unterrichtserfahrungen sowie allgemeinpädagogischen, didaktischen und psychologischen Wissens entsteht. Das Wissen geht aus seiner Sicht aus einer eigenständigen Wissensintegration hervor und wird ebenso weiterentwickelt. Diese eigenständige Wissensintegration könnte eine mögliche Ursache für die individuelle Ausprägung des fachdidaktischen Wissens sein.

Ein weiteres Ergebnis sind die tendenziell negativen Zusammenhänge der Items zum fachdidaktischen Wissen zu Schülern bei Funktionen mit der Lehrerfahrung in Jahren nach dem Vorbereitungsdienst, wobei diese nicht signifikant von Null verschieden sind. Die negativen Zusammenhänge sind bei dem Wissen über Schülervorstellungen zum algebraischen und grafischen Differenzieren deutlicher ausgeprägt, ebenfalls negativ und unterscheiden sich signifikant von Null. Das bedeutet, dass erfahrenere Lehrkräfte tendenziell weniger über Schülervorstellungen zu den beiden Themenbereichen nennen als weniger erfahrene. Leicht negative Korrelationen finden sich in dieser Studie ebenfalls bezüglich des Wissens zum Lehren in beiden Themenbereichen (abgesehen von wenigen Ausnahmen). Diese negativen Zusammenhänge finden sich ebenfalls mit dem Alter. Ursache hierfür kann der starke Zusammenhang mit der Lehrerfahrung in Jahren nach dem Vorbereitungsdienst sein, sodass es sich um eine Scheinkorrelation handelt, da nach Bromme (2008) die Unterrichtserfahrung und nicht das Alter zur Integration des Wissens und damit zu dessen Entwicklung beiträgt. Der negative Zusammenhang ist konsistent mit den Ergebnissen von Krauss und Neubrand et al. (2008) bzw. Brunner et al. (2006), die bereits in der COACTIV-Studie entgegen ihrer Annahme einen leicht negativen Zusammenhang zwischen dem fachdidaktischen Wissen und der Lehrerfahrung in Unterrichtsjahren gefunden haben. Somit findet sich ein leicht negativer Zusammenhang nicht nur bei einer themenübergreifenden Operationalisierung des fachdidaktischen Wissens (COACTIV), sondern auch bezüglich spezifischer Themen der Schulmathematik (in dieser Studie). Daher liegt aufgrund der Daten der vorliegenden Studie ebenfalls die Vermutung nahe, dass das fachdidaktische Wissen im Wesentlichen im Rahmen der Ausbildung erworben wird (vgl. dazu Krauss, Neubrand et al., 2008). Entgegen der Rückführung auf die neuen Bundesländer von Krauss und Neubrand et al. (2008) findet sich auch bei den befragten Lehrkräften in Hessen ein leicht negativer Zusammenhang zwischen fachdidaktischen Wissensitems (mit Ausnahme der Darstellungen zu Grundvorstellungen des Ableitungsbegriffs) und der Lehrerfahrung. Hierbei muss aber beachtet werden, dass in COACTIV keine Themengebiete der Sekundarstufe II abgefragt worden sind, sodass die Ergebnis von Krauss und Neubrand et al. ergänzt, aber aufgrund der vergleichsweise geringen Stichprobe vorsichtig behandelt werden muss. Daher ergibt sich unter Einbeziehung der Hypothesen zum hochgradig individualisierten fachdidaktischen Wissen auf der Grundlage der Ergebnisse der Studien um COACTIV und den Erkenntnissen von Bromme (2008) dann folgende Hypothese zur Entwicklung des fachdidaktischen Wissens:

Hypothese zur Entwicklung des fachdidaktischen Wissens:
Das fachdidaktische Wissen wird im Wesentlichen während der theoretischen Ausbildung an der Universität erworben. Die anschließende praktische Ausübung des Lehrerberufs führt zu einem hochgradig individualisierten und fachbezogenen Wissen, welches aus der Integration der subjektiven Lehrerfahrungen hervorgeht und sich mit der Zeit passend zu den Unterrichtserfahrungen spezialisiert.

Die Hypothesen zur Entwicklung des fachdidaktischen Wissens sowie zum Schwerpunktwissen sind bemerkenswert, da in COACTIV das fachdidaktische Wissen themenübergreifend konsistent gemessen werden konnte (vgl. beispielsweise Krauss, Neubrand et al., 2008). Aufgrund der Ergebnisse dieser Studie scheint dies für spezielle mathematische Themen – hier Funktionen und Differentialrechnung – auf Basis der eingesetzten Items nicht zu gelingen.

Die Konstruktion der Items könnte an dieser Stelle ebenfalls dazu beigetragen haben, dass die unterschiedlichen Aspekte des fachdidaktischen Wissens, gemessen mit den eingesetzten Items, nicht zusammenhängen. Daher ist zur Verifizierung beider aufeinander aufbauender Hypothesen weitere Forschung notwendig, die sich zum einen auf die Konstruktion von Wissenstests zu diesen Inhalten (Funktionen und Differentialrechnung) konzentriert. Zum anderen braucht es Forschungen zu weiteren mathematischen Inhalten, die ebenfalls neue Erkenntnisse im Zusammenhang mit den Hypothesen liefern würden.

Ein ergänzendes Ergebnis ist der signifikant von Null verschiedene positive Zusammenhang zwischen der Diagnose von Schülervorstellungen in einer Lösung zum algebraischen Differenzieren mit dem Wissen zu Fehlern beim algebraischen Ableiten. Dies zeigt die Tendenz, dass Lehrkräfte, die Schülerfehler zu Funktionen antizipieren können, ebenfalls solche eher in Schülerlösungen erkennen. An dieser Stelle muss beachtet werden, dass dies nur anhand zweier Items erhoben worden ist. Daher ist eine allgemeine Aussage über den Zusammenhang zwischen den beiden Kompetenzen „Antizipieren möglicher Schülerfehler“ und „Diagnose von Schülervorstellungen in Schülerlösungen“ auf Basis der Daten dieser Studie nicht möglich, wobei die Daten die Vermutung nahelegen, dass ein solcher Zusammenhang besteht.

8.5.2 Beliefs

Beliefs zum Lehren und Lernen sind anhand einer verkürzten Skala von Staub und Stern (2002) und den Skalen von TEDS-M zu epistemologischen Überzeugungen zum Lehren und Lernen sowie zur Genese mathematischer Leistungen erhoben worden. Dabei sind die negativen Items bei Staub und Stern (2002) als transmissiv und die positiven als konstruktivistisch betrachtet worden. Ein wesentliches Ergebnis ist die Zustimmung der befragten Lehrkräfte zu konstruktivistischen Beliefs, welche sich bei beiden Skalen fanden. Gegenüber transmissiven Beliefs haben sich die befragten Lehrkräfte neutral verhalten, wogegen epistemologische transmissive Überzeugungen und solche, die die Mathematikleistung als anthropologisch konstant sehen, tendenziell abgelehnt wurden. Zudem ergaben sich zwischen den jeweils auf den Fragebogen vorhandenen konstruktivistischen und transmissiven Skalen substantiell negative Zusammenhänge.

Die Ergebnisse der Beliefs zum Lehren und Lernen nach Staub und Stern (2002) sind trotz unterschiedlicher Fragebögen konsistent zu denen von COACTIV. Dort haben die Lehrkräfte sich ähnlich verhalten. Zudem stimmt ebenfalls der substantiell negative Zusammenhang zwischen den Beliefs zu den beiden Lerntheorien überein (Voss et al., 2011).

Die Einschätzungen der Skalen zu epistemologischen Überzeugungen sind zudem konsistent mit denen der angehenden Lehrkräfte bei TEDS-M (Schmotz et al., 2010). Des Weiteren zeigte sich wie bei Voss et al. (2011) ein negativer Zusammenhang zwischen konstruktivistischen und transmissiven epistemologischen Überzeugungen (-0.46), welcher stärker ausgeprägt ist als der, der in der

Studie MT21 gefunden worden ist (-0.17), (Blömeke, Müller et al., 2008)[100]. Zudem findet sich ein negativer Zusammenhang zwischen der Skala „anthropologische Konstante“ und Konstruktivismus sowie ein positiver zur Transmission. Die entsprechenden Zusammenhänge zeigen sich auch fragebogenübergreifend, sodass epistemologische Überzeugungen und Beliefs zum Lehren und Lernen passend zu den jeweiligen Lerntheorien zusammenhängen und tendenziell (mittlere Korrelationen) in sich konsistent sind. Dies spricht für die Präferenzmuster bezüglich der Beliefs, die von Baumert und Kunter (2006) sowie Voss et al. (2011) beschrieben werden (vgl. auch Blömeke, Müller et al., 2008).

Darüber hinaus gibt es in dieser Studie eine leicht negative, signifikant von Null verschiedene Korrelation zwischen der Lehrerfahrung und transmissiven Beliefs nach Staub und Stern (2002), welche anhand weitere Analysen auf die Lehrerinnen innerhalb der Studie zurückgeführt werden konnte. Dieser Aspekt sowie weitere geschlechtsspezifische werden in einem gesonderten Unterkapitel betrachtet (Kapitel 8.5.5).

8.5.3 Fachdidaktische Motivation

Die fachdidaktische Motivation ist in dieser Studie als bisher noch nicht betrachtete Dimension der professionellen Kompetenz von Mathematiklehrkräften definiert und anhand neu entwickelter, an Rheinberg et al. (2001) orientierter Skalen, erhoben worden, da bisher noch keine Fragebögen zu Interesse und Leistungsmotivation zum Wissen über Schülervorstellungen und zum Lehren vorhanden gewesen sind. Ein zentrales Ergebnis ist, dass die jeweiligen Subfacetten reliabel mit einem Wert von Cronbachs alpha über 0.6 gemessen werden können. Die Werte entsprechen zum einen denen von Rheinberg et al. (2001) und zum anderen denen des ersten adaptierten Fragebogens sowie der Pilotstudie (vgl. Kapitel 6.2.3 sowie Hahn & Eichler, 2016a, 2016b). Damit könnte dies neben der bisherigen Forschung zu Lehrermotivation eine fachspezifische Motivationsform sein, die sich von bisher erforschten abhebt. Ein Argument dafür liefert Kunter (2011b), indem sie darauf eingeht, dass qualitativ verschiedene Motivationsformen unterschieden werden können, welche jeweils interindividuelle Unterschiede bezüglich der Qualität und der Intensität von Verhalten bewirken. Die Annahme der speziellen Form, welche sich von anderen bisher erforschten abhebt, müsste jedoch durch weitere Studien, die unterschiedliche Formen der

100 Bei dem Vergleich der beiden Korrelationen ist zu beachten, dass in der Studie MT21 mit Strukturgleichungsmodellen gearbeitet worden ist, aus denen die Korrelation hervorgeht, und es sich somit um latente Zusammenhänge handelt.

Motivation von Mathematiklehrkräften erheben, untersucht werden, wobei ein nach den theoretischen Skalen trennendes Modell verifiziert werden müsste.

Ein weiteres zentrales Ergebnis stellen die Ausprägungen der vier Subfacetten dar. Dort stimmen die befragten Lehrkräfte den Items zum Interesse an Schülervorstellungen und am Lehren stark zu. Dies ist konsistent mit den Ergebnissen von Schiefele und Schaffner (2015b) sowie Schiefele et al. (2013), in deren Studien die Zustimmung zum allgemeinen didaktischen Interesse hoch ist.

In einer abgeschwächten Form trifft dies ebenfalls auf die beiden Leistungsmotivationen zu, sodass die Lehrkräfte erfolgsmotiviert scheinen und zuversichtlich gegenüber der Diagnose von Schülervorstellungen und dem Einsatz von Aspekten des Lehrens sind (vgl. zur Erfolgsmotivation Atkinson, 1957; Atkinson & Buchroithner, 1975). Das bedeutet, dass die Lehrkräfte eher erwarten, die Aufgaben im Bereich des fachdidaktischen Wissens zu Schülern bzw. zum Lehren erfolgreich zu bewältigen. Ergänzend dazu fanden sich wie bei Schiefele et al. (2013) keine Unterschiede zwischen Lehrerinnen und Lehrern bezüglich des Interesses.

Die Zusammenhänge zwischen allen vier Subfacetten fachdidaktischer Motivation unterscheiden sich signifikant von Null und sind positiv, wobei sich die Stärke der Korrelationen unterscheiden. Am stärksten ist der Zusammenhang zwischen den beiden Interessenskomponenten. Die Korrelationen zwischen den Interessenskomponenten und den jeweiligen Leistungsmotivationskomponenten entsprechen einem schwachen bis mittleren positiven Zusammenhang, welcher bereits in der ersten Version des Fragebogens zur fachdidaktischen Motivation gefunden worden ist (Hahn & Eichler, 2016b). Insgesamt ist die positive Korrelation konsistent zu den Annahmen des erweiterten Erwartungs-mal-Wert-Modells von Eccles und anderen (Eccles, 2005; Eccles & Wigfield, 2002). In dem Modell wird, wie in dieser Studie vorhanden, ein positiver Zusammenhang zwischen der Erfolgserwartung (hier Leistungsmotivation) und dem subjektiven Aufgabenwert (hier Interesse) postuliert.

Ein weiteres interessantes Ergebnis zeigt sich in Bezug auf die biographischen Daten. Dort deuten die Ergebnisse der Studie an, dass es keine Zusammenhänge mit den Subfacetten der fachdidaktischen Motivation gibt. Das bedeutet, dass speziell die Lehrerfahrung, die Anzahl besuchten professional developments oder die Häufigkeit des bisher durchgeführten Analysisunterrichts keinen Einfluss auf die Ausprägung der fachdidaktischen Motivation zu besitzen scheint. Dies ist aber auf Basis der Anzahl der untersuchten Lehrkräfte (n=73) nur begrenzt verallgemeinerbar. Daher sollten speziell weitere Querschnittsanalysen sowie Längsschnittstudien durchgeführt werden, die ergänzende Ergebnisse zur fachdidaktischen Motivation liefern. Anhand dieser kann dann weiter beurteilt werden, ob es in repräsentativen Stichproben keinen Zusammenhang zwischen den biographischen Daten und der Motivationsausprägung gibt.

Insgesamt ergänzt die Forschung zur fachdidaktischen Motivation die bisherige Forschung von Kunter (2011b) sowie Schiefele et al. (2013) um eine mathematikdidaktische Komponente. Speziell stellt sie eine Konkretisierung der allgemeinen Operationalisierungen dar.

Interessanterweise zeigen sich hier abgesehen von den biographischen Merkmalen noch geographische Unterschiede zwischen den Lehrkräften bezüglich der fachdidaktischen Motivation zu Schülern, welche in Kapitel 8.5.6 vertieft betrachtet werden.

8.5.4 Zusammenhänge zwischen den Dimensionen

Die Zusammenhänge wurden für alle drei möglichen Paarungen der drei betrachteten Facetten der professionellen Kompetenz (fachdidaktisches Wissen zur Differentialrechnung, lerntheoretische Beliefs und fachdidaktische Motivation) analysiert. Dort zeigt sich, dass es bei den untersuchten Lehrkräften keine erkennbaren Zusammenhänge zwischen den Items zum fachdidaktischen Wissen in der Analysis und den transmissiven bzw. konstruktivistischen Beliefs nach Staub und Stern (2002) gibt. Die Ergebnisse decken sich damit nicht mit den Befunden aus Studien im Umfeld des Projekts COACTIV. Dort haben die Forscher negative Korrelationen zwischen dem fachdidaktischen Wissen und den transmissiven Beliefs bzw. positive mit konstruktivistischen gefunden (Besser, 2014; Krauss, Neubrand et al., 2008). Die verwendeten Skalen in COACTIV sind an die von Staub und Stern (2002) angelehnt worden, die in dieser Studie ebenfalls verwendet worden sind. Der Unterschied besteht demnach im Wesentlichen beim fachdidaktischen Wissen, das in dieser Studie für die Differentialrechnung erhoben worden ist. Im Vergleich dazu ist bei COACTIV Wissen zu Themen der Sekundarstufe I anhand unterschiedlicher Themengebiete erfasst worden. Aus diesem Grund ist der Vergleich zwischen den beiden Ergebnissen schwierig, sodass die Befunde nicht im tatsächlichen Widerspruch zu COACTIV stehen müssen. Sie zeigen aber, dass es bezüglich fachdidaktischen Wissens und Beliefs zum Lehren und Lernen keinen erkennbaren Zusammenhang im Bereich der Differentialrechnung anhand der eingesetzten Items zu geben scheint.

Die Zusammenhänge zwischen den fachdidaktischen Wissensitems und den Subfacetten der fachdidaktischen Motivation sind mit höchstens 0.2 gering und nicht signifikant von Null verschieden. Diese liegen unterhalb derer, die bisher in der Literatur mit 0.22 bis 0.37 berichtetet worden sind (Steinmayr & Spinath, 2007; Uguroglu & Walberg, 1979), wobei sich die aus der Literatur auf Schüler beziehen. Dennoch sind die Ergebnisse mit der bisherigen Forschung zum Zusammenhang zwischen Leistungsmotivation und Leistung konsistent, da die Studien in der Regel keine deutlichen Einflüsse der Motivation auf die Leistung zeigen. Daher könnten wie Vollmeyer (2009b) im kognitiv-motivationalen Prozessmodell postuliert, andere Faktoren wie Mediatoren als Verbindung zwischen Motivation und Leistung wirken. Anhand der Studiendaten lässt sich dies aber nicht ermitteln, da keine Mediatoren erhoben worden sind.

Ein weiteres wesentliches Ergebnis ist der positive Zusammenhang zwischen dem Interesse an Schülervorstellungen und konstruktivistischen Beliefs. Die Korrelation zwischen transmissiven Beliefs und dem Interesse an Schülervorstellungen ist negativ. Beide sind signifikant von null verschieden und beschreiben einen kleinen bis mittleren Effekt. Aufgrund der Ergebnisse möchten konstruktivistisch orientiertere Lehrkräfte auch mehr über die Vorstellungen ihrer Schüler wissen. Umgekehrt verhält es sich mit den transmissiven Beliefs. Die Ausprägungen der Korrelationen sind zum einen konsistent mit den Annahmen des Konstruktivismus, da bei diesem der Schüler und die aktive Wissenskonstruktion im Vordergrund stehen (Blömeke, Müller et al., 2008; Borko & Putnam, 1996; Decker et al., 2015). Die Aufgabe der Lehrkraft ist es zudem die Schülervorstellungen in den Lernprozess als Vorwissen mit einzubetten, diese zu diagnostizieren und auf sie im Unterricht einzugehen (Hußmann et al., 2007). Zum anderen deckt sich der negative Zusammenhang mit den Annahmen der Transmission, weil dort die Lehrkraft im Fokus steht und immer wieder überprüft, ob die Schüler die Aufgaben richtig lösen, ohne dabei die vorhandenen Schülervorstellungen zu thematisieren (Kunter & Pohlmann, 2015; Staub & Stern, 2002; Wellenreuther, 2008). Damit liefern die Ergebnisse Hinweise auf die valide Messung der fachdidaktischen Motivation, weil passende Annahmen über den Zusammenhang zu Beliefs zum Lehren und Lernen bestätigt werden konnten. Zum anderen sind die Korrelationen ein Indiz dafür, dass Motivation und Beliefs bei Mathematiklehrkräften zusammenhängen. Damit sind die Ergebnisse der Studie konsistent mit denen der bisherigen Forschung zu den Relationen zwischen den beiden Konstrukten (Hofer, 1994; Hofer & Pintrich, 1997; Richter & Schmid, 2010; Urhahne, 2006; Urhahne & Hopf, 2004). Dies ist neben der Bestätigung von Hypothesen auf Basis der Lerntheorien ein weiteres Argument für die fachdidaktische Motivation als Facette der professionellen Kompetenz von Mathematiklehrkräften.

Weitere Analysen haben gezeigt, dass die Zusammenhänge zwischen der fachdidaktischen Motivation und den Beliefs in dieser Studie geschlechtsspezifisch sind. Dieses Ergebnis sowie andere Unterschiede zwischen den Lehrerinnen und Lehrern werden im folgenden Unterkapitel diskutiert.

8.5.5 Geschlechtsspezifische Unterschiede

Die Studie ist primär geschlechtsunspezifisch angelegt worden. Dementsprechend ist davon ausgegangen worden, dass keine Unterschiede zwischen Lehrerinnen und Lehrern bezüglich der untersuchten Facetten der professionellen Kompetenz vorhanden sind. Entgegen dieser Annahme zeigten sich geschlechtsspezifische Differenzen einiger Aspekte der professionellen Kompetenz. Sie finden sich jedoch ausschließlich im Zusammenhang mit den Beliefs zum Lehren und Lernen, die mit den verkürzten Skalen nach Staub und Stern (2002) erhoben worden sind.

Ein wesentliches Ergebnis ist, dass die Lehrerinnen signifikant konstruktivistisch ausgeprägtere Beliefs halten als die Lehrer. Dies ist bei den transmissiven umgekehrt. Beide Unterschiede beschreiben einen mittleren Effekt. Interessanterweise berichten andere Studien nicht von einer Abhängigkeit (vgl. u. a. Blömeke, Müller et al., 2008; Voss et al., 2011). Zudem zeigen sich diese Diskrepanzen nicht bei den epistemologischen Überzeugungen zum Lehren und Lernen, sodass dies speziell auf die Beliefs nach Staub und Stern (2002) begrenzt ist. Da bisherige Studien über Mathematiklehrkräfte der Sekundarstufen solche Unterschiede nur selten adressiert haben, sind weitere Analysen durchgeführt worden, um herauszufinden, ob es besondere Merkmale der Stichprobe sind, die das Ergebnis verursacht haben. Aus den Analysen geht hervor, dass es zwischen den Beliefs und den Personenvariablen unterschiedliche Korrelationen bezogen auf Lehrerinnen und Lehrer gibt. Die Zusammenhänge konnten nur bei den Lehrerinnen gefunden werden. Speziell zeigt sich dies bei dem Zusammenhang zwischen den Personenvariablen und den transmissiven Beliefs. Beispielsweise unterscheiden sich die Korrelationen bei Lehrern (0.00) und Lehrerinnen (0.40) bezüglich der Lehrerfahrung signifikant, sodass der Zusammenhang ausschließlich auf die Lehrerinnen zurückgeführt werden kann. Einen signifikanten Unterschied gibt es ebenfalls bezüglich der Unterrichtserfahrung (gehaltener Analysisunterricht), da dies bei Lehrern negativ ist (-0.32) und bei Lehrerinnen positiv (0.36). Zudem zeigen die konstruktivistischen Beliefs einen tendenziell negativen Zusammenhang bei den Lehrerinnen mit den Personenvariablen, welcher bei den Lehrern nicht vorhanden ist. Aufgrund der Abhängigkeit von der Lehrerfahrung ist anhand eines Mediansplits die Gruppe geteilt worden. In den jeweiligen Untergruppen konnten die Ergebnisse ebenfalls gefunden werden, sodass die Abhängigkeit von der Lehrerfahrung scheinbar nicht die Ursache ist. Zudem zeigen die anderen Diskrepanzen zwischen den Korrelationen zu den Personenvariablen, dass in dieser Stichprobe das Geschlecht einen Einfluss auf die Ausprägungen hat.

Unterschiede zwischen den befragten Lehrerinnen und Lehrern dieser Studie bestehen zudem bei den Korrelationen der Beliefs zum Lehren und Lernen und den Subfacetten fachdidaktischer Motivation. Dort zeigen sich bei den Lehrern nur geringe, nicht signifikant von Null verschiedene Zusammenhänge. Diese Korrelationen sind bei den Lehrerinnen bezüglich der transmissiven Beliefs und dem Interesse an Schülervorstellungen (-0.61), der Leistungsmotivation zu Schülervorstellungen (-0.40) sowie dem Interesse am Lehren (-0.38) signifikant von Null verschieden und negativ. Dies ist bei den konstruktivistischen Beliefs umgekehrt (positive Korrelation) und abgesehen vom Interesse zum Lehren (0.57) ähnlich stark ausgeprägt. Somit lassen sich die Zusammenhänge zwischen Beliefs und fachdidaktischer Motivation ausschließlich auf die Lehrerinnen zurückführen. Die Korrelationen bei den Lehrerinnen beschreiben insgesamt einen mittleren bis stark ausgeprägten Effekt des Zusammenhangs zwischen den beiden Dimensionen der professionellen Kompetenz (vgl. Döring & Bortz, 2016b).

Die gefundenen Diskrepanzen liefern neben der gemessenen Differenz ein weiteres Argument für existierende Unterschiede zwischen den in dieser Studie befragten Lehrerinnen und Lehrern. Dies wird durch die nicht vorhandenen Differenzen bezüglich der Subfacetten fachdidaktischer Motivation gestützt. Dementsprechend scheinen auf Basis der Studiendaten die beiden Geschlechter abweichende Auffassungen über das Lehren und Lernen der Mathematik zu vertreten, welche sich in signifikant voneinander abweichenden Denkstrukturen manifestieren.

Die Ergebnisse dieser Studie zu geschlechtsspezifischen Unterschieden finden sich in anderen Studien, die die Beliefs der Lehrkräfte zum Lehren und Lernen der Mathematik untersucht haben, nicht bzw. es wird nicht auf Unterschiede eingegangen (Blömeke, Müller et al., 2008; Franke et al., 2001; Peterson et al., 1989; Voss et al., 2011). Diskrepanzen zwischen den Geschlechtern sind in diesem Zusammenhang dementsprechend noch nicht stark erforscht worden. Eine Studie, die bisherige Ergebnisse zu geschlechtsspezifischen Unterschieden zusammenfasst ist die von Li (1999). In ihr berichtet der Autor, dass Lehrerinnen dazu tendieren, schülerorientierter, indirekter und unterstützender zu handeln als Lehrer. Dies ist konsistent mit den Ergebnissen der Studie. Zudem verweist Li in seinem Review auf die Ergebnisse von Singer (1996), die in ihrer Studie mit Lehrenden an der Universität herausgefunden hat, dass Professoren oft auf den Inhalt und die Disziplin fokussieren. Im Gegensatz dazu gestalten Professorinnen Lernumgebungen, die lernerorientiert, fördernd und affektiv geleitet sind. Dabei verwenden sie vermehrt Klassendiskussionen, Kollaboration und affektive Lernstrategien. In einer weiteren Studie aus Norwegen mit Grundschullehrkräften fanden Thorndsen und Turmo (2012)[101] zudem heraus, dass Lehrerinnen signifikant stärker im Vergleich zu Lehrern berichten, ihren Unterricht auf das Lernen, die Entwicklung neuer Fähigkeiten, die Steigerung der Kompetenz sowie das Erreichen von Verständnis zu fokussieren. Dagegen präferieren die Lehrer signifikant stärker einen Unterricht, der auf das Demonstrieren hoher Leistung verglichen mit anderen, dem Übertreffen anderer Schüler und dem Suchen nach Aufmerksamkeit für die Leistung verbunden ist. Dies ist hinsichtlich des Verstehens konsistent mit den Ergebnissen dieser Studie. Die schülerorientierte Ausrichtung des Unterrichts bei Singer (1996) und Li (1999) ist außerdem passend zu den positiven Zusammenhängen zwischen den konstruktivistischen Beliefs und den Aspekten der fachdidaktischen Motivation zu Schülern.

Im Gegensatz zu den bisher genannten Studien haben Nisbet und Warren (2000) für Lehrkräfte der Grundschule keine Geschlechtsspezifität der Beliefs zum Lehren und Lernen hinsichtlich der Transmission und dem Konstruktivismus gefunden.

Insgesamt liefert die Studie damit ergänzende Ergebnisse zu Unterschieden zwischen Mathematiklehrerinnen und Mathematiklehrern bezüglich Beliefs zum Lehren und Lernen, welche die Forschung von Li (1999) und Singer (1996) mathematikspezifisch erweitern. Darüber hinaus stellen die Diskrepanzen der Geschlechter bei den Zusammenhängen zur fachdidaktischen Motivation Ergebnisse dar, die bisher noch nicht untersucht worden sind. Inwiefern der gefundene Unterschied nicht nur stichprobenspezifisch ist, muss durch weitere Forschung verifiziert werden, da die Forschungslage in diesem Zusammenhang nicht eindeutig ist. Es muss hierbei aber beachtet werden, dass die Vergleichsliteratur sich auf andere Stichproben bezieht (Professoren, Grundschullehrkräfte) und zum Teil bereits sehr alt ist.

Im Folgenden werden die Diskrepanzen zwischen Lehrkräften beider Bundesländer diskutiert.

8.5.6 Länderspezifische Unterschiede

In der Studie zeigen sich neben den Unterschieden zwischen den Lehrerinnen und Lehrern ebenfalls solche zwischen den Lehrkräften der beiden Länder, aus denen die Befragten stammen. Die Lehrkräfte aus Hessen nennen tendenziell mehr unterschiedliche Schülerfehler beim algebraischen und signifikant mehr Schülerschwierigkeiten beim grafischen Differenzieren. Bei dem Wissen über

101 Bei der Studie muss beachtet werden, dass Lehrerinnen im Vergleich zu Lehrern deutlich in der Überzahl gewesen sind, was aus Sicht der Autoren normal im Bereich der Grundschule in Norwegen ist (Thorndsen & Turmo, 2012).

Darstellungen zu Grundvorstellungen nennen die Lehrkräfte aus Sachsen-Anhalt signifikant mehr als diejenigen aus Hessen. Die Unterschiede hinsichtlich der geringeren Leistungen im fachdidaktischen Wissen zu Schülern sind konsistent mit den Ergebnissen von Brunner et al. (2006), die von signifikant geringeren Werten von DDR-Lehrkräften berichten. Nicht konsistent sind die Werte zu Darstellungen von Grundvorstellungen, da die Lehrkräfte aus Sachsen-Anhalt in dieser Studie besser als die aus Hessen sind.

Eine weitere Diskrepanz zwischen den Lehrkräften der beiden Länder besteht bezüglich der fachdidaktischen Motivation zu Schülern, welche sich aus dem Interesse und der Leistungsmotivation zusammensetzt (Kombination aus Interesse und Leistungsmotivation, vgl. Kapitel 8.3). Dort zeigen die Lehrkräfte aus Sachsen-Anhalt eine signifikant geringere Ausprägung als diejenigen aus Hessen. Das Ergebnis ist in der Richtung konsistent mit dem fachdidaktischen Wissen zu Schülern. Spekulativ ist, ob die Lehrkräfte aufgrund des geringen Wissens eine geringe Erfolgserwartung bei der Diagnose bzw. geringes Interesse haben. Da die meisten Lehrkräfte aus Sachsen-Anhalt mit im Mittel 20 Jahren Berufserfahrung schon einige Jahre als Lehrkraft arbeiten, könnte man außerdem wie Krauss und Neubrand et al. (2008) spekulieren, ob die Form der Lehrerausbildung in den östlichen Bundesländern die Ursache für die Unterschiede zwischen den Lehrkräften aus Sachsen-Anhalt und Hessen ist. Zudem ist zu beachten, dass die meisten in Hessen untersuchten Lehrkräfte aus der Nähe von Kassel stammen, dessen Universität einen Schwerpunkt auf Lehrerbildung besitzt. Weiterhin ist der Abstand zur universitären Ausbildung der hessischen Lehrkräfte verglichen mit denen aus Sachsen-Anhalt signifikant geringer, da sie hessischen im Mittel etwa zwölf Jahre Berufserfahrung besitzen. Dies könnten weitere mögliche Ursachen für die Unterschiede sein, da wegen der PISA-Ergebnisse aus dem Jahr 2001 und dem schlechten Abschneiden deutscher Schüler Änderungen im Schulsystem vorgenommen worden sind. In diesem Zusammenhang sind die Bildungsstandards eingeführt worden, was ebenfalls die Lehrerausbildung geändert hat (Blum, 2010).

Eine andere Erklärung basierend auf dem signifikanten Berufserfahrungsunterschied zwischen den Lehrkräften aus Sachsen-Anhalt und Hessen ist die negative Korrelation zwischen der Lehrerfahrung und den beiden Items zum fachdidaktischen Wissen zu Schülern, da dies bedeutet, dass unerfahrenere Lehrkräfte mehr Wissen als die länger Berufstätigen besitzen. Zu weiteren Klärung dieser Unterschiede müsste weitere Forschung unternommen werden, um die dargestellten möglichen Ursachen zu klären.

Die Ausprägung der professionellen Kompetenz ist als Ausgangsbasis und eigener Schwerpunkt dieser Arbeit in diesem Kapitel anhand der Daten analysiert worden. Die Ergebnisse der Entwicklung in den Gruppen „Diagnose“ und „Schülerarbeiten“ werden im folgenden Kapitel dargestellt, wobei am Ende Hypothesen zur Wirkung der beiden Gruppen im Vergleich aufgestellt werden.

9 Änderung der professionellen Kompetenz

Das zweite Ziel der vorliegenden Arbeit ist es, die Entwicklung der professionellen Kompetenz durch zwei unterschiedliche Veranstaltungen des professional development zu beschreiben. Die Ergebnisse dazu werden anhand der Untersuchungen der Daten aus den Fragebögen in diesem Kapitel dargestellt. In diesem Zusammenhang wird zuerst auf Aspekte der gesamten Maßnahme eingegangen, um darzustellen, ob es in der gesamten Gruppe (alle Lehrkräfte aus dem Pre- und Posttest zusammen) Veränderungen gegeben hat. Anschließend wird der Einfluss des Fokus auf Schülerlernen erläutert. Dabei wird auf die Unterschiede zwischen den Gruppen „Schülerarbeiten“ und „Diagnose der Schwerpunkt gesetzt. Differenzen zwischen den Ländern und dem Geschlecht werden an dieser Stelle nicht intensiv (statistisch testend) verfolgt, da die jeweiligen Untergruppen der beiden Gruppen jeweils eine zu geringe Teilnehmerzahl beinhalten.

In diesem Kapitel ist zu beachten, dass zu den Interventionsgruppen keine Kontrollgruppe vorhanden ist, sodass kein Vergleich der Intervention zu einer solchen stattfinden konnte. Zudem wurden die Lehrkräfte der unterschiedlichen Veranstaltungen aus den beiden Bundesländern zusammen betrachtet. Dies führt dazu, dass die beiden so entstandenen Gruppen sich jeweils durch das Treatment (Schülerarbeiten, Diagnose) unterscheiden. Innerhalb der Gruppen befinden sich dann aber auch Datensätze von Lehrkräften, die an professional development teilgenommen haben, das unterschiedliche Dauer gehabt (zwischen zwei und sechs Veranstaltungen) und ergänzende Themen beinhaltet hat (neben Analysis noch Stochastik bzw. Mittelstufenthemen). Die genannten Aspekte führen dazu, dass dieser Teil der Ergebnisse insgesamt explorativen Charakter besitzen, da trotz der Unterschiede innerhalb der Gruppen solche zwischen den Gruppen identifiziert werden sollen. Die Ergebnisse erheben damit nicht den Anspruch eine definitive Aussage über die Wirkung des professional development allgemein sowie des Fokus auf das Schülerlernen im Speziellen treffen zu können. Jedoch sollen sie dazu dienen, weitere Hypothesen zu generieren.

Insgesamt werden in Kapitel 9.1 die Ergebnisse der Analysen der gesamten Gruppe dargestellt. Dann wird in Kapitel 9.2 auf Unterschiede zwischen den beiden Gruppen „Schülerarbeiten“ und „Diagnose“ eingegangen. Abschließend werden die Ergebnisse der explorativen Studie in Kapitel 9.3 vor dem Hinter-

T. Hahn, *Schülerlösungen in Lehrerfortbildungen*, Mathematikdidaktik im Fokus,
https://doi.org/10.1007/978-3-658-24451-4_9

grund der Literatur diskutiert und Hypothesen zum Einfluss des Merkmals Gruppe aufgestellt.

9.1 Ergebnisse der Pre-Post-Analyse der gesamten Gruppe

Die Ergebnisse, die in diesem Unterkapitel dargestellt werden, gehen auf die Fragestellung ein, ob überhaupt Änderungen durch die Teilnahme am professional development eingetreten sind. Dabei ist zu beachten, dass kein Vergleich zu einer Kontrollgruppe erfolgt.

Die Ergebnisse werden anhand der drei Facetten der professionellen Kompetenz berichtet. Bei den Analysen sind jeweils alle Lehrkräfte betrachtet worden, die den Pre- und den Posttest ausgefüllt haben, sodass die Stichprobengrößen bezüglich der einzelnen Facetten der professionellen Kompetenz voneinander abweichen.

Zu Beginn wird in Kapitel 9.1.1 auf das fachdidaktische Wissen der Lehrkräfte eingegangen, wobei sowohl Änderungen der ermittelten Scores als auch der Nennungen der inhaltlichen analysiert worden sind. Im Anschluss werden die Ergebnisse der explorativen Analyse der beiden anderen Dimensionen „Beliefs über das Lehren und Lernen“ (Kapitel 9.1.2) und „fachdidaktische Motivation“ (Kapitel 9.1.3) dargestellt.

9.1.1 Fachdidaktischen Wissen

In den Analysen zu den Unterschieden zwischen dem Pre- und dem Postest sind ausschließlich die Items „algebraisches Differenzieren“, „grafisches Differenzieren“, „Erklärungswissen konstanter Term“ und „Darstellungen Grundvorstellungen“ verwendet worden, da die Anzahl der Datensätze im Posttest zu den beiden anderen zu gering ist. Zuerst wurde geprüft, ob sich die Anzahl der gegebenen Antworten zu den Items änderte, um auszuschließen, dass die im Schnitt gegebene Anzahl pro Lehrkraft die Ergebnisse beeinflusst:

	Pretest	*Posttest*
fachdidaktisches Wissen zu Schülern		
algebraisches Differenzieren	4.38	4.59
grafisches Differenzieren	2.64	3.54
fachdidaktisches Wissen zum Lehren		
Erklärungswissen konstanter Term	2.79	2.85
Darstellung Grundvorstellungen	2.26	2.44

Tabelle 23: Anzahl der im Mittel pro Item im Pre- und im Posttest gegebenen Antworten bei den Items des fachdidaktischen Wissens (n=39)

Es zeigen sich hinsichtlich der Anzahl der von den Lehrkräften gegebenen Antworten ausschließlich Abweichungen nach oben zugunsten des Posttests. Im Anschluss sind die Scores der Tests analysiert worden:

		Mittelwert		p einseitig
		Pre	Post	
fachdidaktisches Wissen zu Schülern				
algebraisches Differenzieren	Hessen	3.50	2.92	
	Sachsen-Anhalt	2.60	3.07	
	gesamt	3.16	2.97	0.257
grafisches Differenzieren	Hessen	2.17	2.58	
	Sachsen-Anhalt	1.40	1.80	
	gesamt	1.87	2.28	0.031
fachdidaktisches Wissen zum Lehren				
Erklärungswissen konstanter Term	Hessen	2.33	2.04	
	Sachsen-Anhalt	1.93	2.13	
	gesamt	2.18	2.08	0.319
Darstellung Grundvorstellungen	Hessen	1.54	2.13	
	Sachsen-Anhalt	2.47	2.07	
	gesamt	1.90	2.10	0.132

Tabelle 24: Explorative Analyse der Unterschiede zwischen Pretest und Posttest allgemein für n=39 Lehrkräfte, Hessen n=24 und Sachsen-Anhalt n=15 zur weiteren Beschreibung dargestellt.

Die Werte in der Tabelle zeigen, dass die betrachteten Lehrkräfte sich in der jeweiligen Anzahl der genannten Kategorien bezüglich der Items im Mittel kaum unterscheiden. Nur beim Nennen möglicher Schwierigkeiten zum grafischen Differenzieren zeigt sich eine Verbesserung des fachdidaktischen Wissens, da es eine Steigerung um durchschnittlich 0.41 genannte Kategorien gibt. Dieser Unterschied beschreibt mit einer Effektstärke von $d_{Cohen} = 0.326$ einen geringen Effekt (Cohen, 2009). Bezüglich der Unterschiede der Entwicklung der Lehrkräfte in den Ländern gibt es abweichende Änderungen bezüglich des Wissens zu Schülerfehlern beim algebraischen Differenzieren. Dies fällt zugunsten der Lehrkräfte aus Sachsen-Anhalt aus, die im Posttest mehr Schülerfehler angeben. Im Gegensatz dazu verhält es sich bei dem Item zu Darstellungen von Grundvorstellungen umgekehrt. Die jeweils gegenläufigen Änderungen scheinen die Ursache für die nicht vorhandenen Abweichungen in der Gesamtgruppe zu sein. Aufgrund des explorativen Charakters dieses Studienteils wurden die Häufigkeiten der inhaltlich genannten Kategorien für die betrachteten 39 Lehrkräfte neben den Scores untersucht. Die Ergebnisse des Wissens über Schülerfehler beim algebraischen Differenzieren sind in der folgenden Darstellung zusammengefasst.

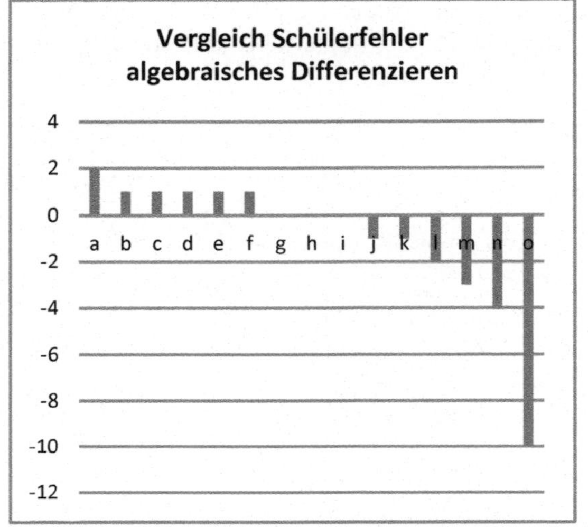

a	lokale Anwendung Potenzregel
b	keine Änderung e-Funktion
c	Vorzeichenfehler neg. Exponent
d	Konstante nicht abgeleitet
e	Term umgangen
f	sonstige Richtige
g	Potenzregel bei Exponentialfunktion
h	äußere Ableitung vergessen
i	Faktorregel falsch
j	Linearisierung Produktregel
k	Vorverständnisfehler
l	ungenaue Angabe
m	kein konkreter Fehler
n	innere Ableitung vergessen
o	negative Polynome wie positive

Abbildung 102: Ergebnisse der explorativen Analyse der Veränderung der inhaltlich genannten Kategorien des fachdidaktischen Wissens zu Schülerfehlern beim algebraischen Differenzieren (n=39)

Der Vergleich bezüglich des Wissens über Schülerfehler beim algebraischen Differenzieren zeigt bis auf die „Behandlung negativer Polynome analog zu positiven“ (o) keine deutlichen Unterschiede der relativen Häufigkeiten der Kategorien. Daher werden in der gesamten Lehrergruppe in beiden Tests die gleichen Inhalte ähnlich oft genannt. Insgesamt zeigen sich im Bereich der globalen Regelmissachtungen (h, i, n und o) Abweichungen nach unten. Tiefere Analysen ergeben, dass die Lehrkräfte im Posttest signifikant weniger globale Regelmissachtungen nennen als im Pretest $(0{,}82 \rightarrow 0{,}51; p = 0.032;\ d_{Cohen} = -0{,}45)$.

Im Vergleich dazu zeigen sich bei den Kategorien zu den Schwierigkeiten beim grafischen Differenzieren zum Teil deutliche Abweichungen. Dies ist in der Abbildung 103 auf der folgenden Seite dargestellt.

Die Veränderungen finden sich bezogen auf die drei Kategorien von Fehlern, die in Kapitel 8.1.3 betrachtet worden sind, vor allem bei Aspekten, die das kalkülhafte Abarbeiten der grafischen Ableitung (a, b, d und o) betreffen. Dies geht aus Analysen hervor, die ergeben, dass die Anzahl der genannten kalkülorientierten Schwierigkeiten im Posttest signifikant höher ist als im Pretest ($0.7692 -> 1.2308$; $p = 0.004$; $d_{Cohen} = 0.52$), wobei dies einem mittleren Effekt entspricht (Cohen, 2009). Die Abweichungen nach oben beim Item zu Schülerschwierigkeiten zum grafischen Differenzieren können dadurch erklärt werden, wobei die anderen beiden (Steigung und verständnisorientierte Schwierigkeiten) nicht abweichen.

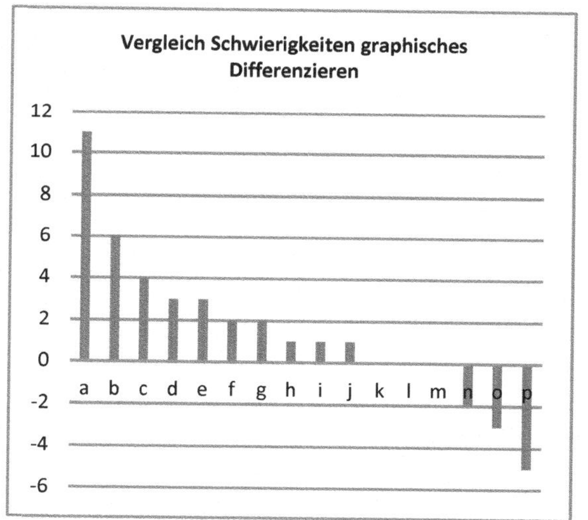

a besondere Punkte
b Steigungsbestimmung
c Übertrag Eigenschaften f auf f'
d errechnete Punkte von f' verbinden
e weiteres richtiges
f Spiegelung des Graphen
g Verschiebung des Graphen
h Tangente
i Beziehungen zwischen f und f'
j nicht passende
k Lage und Steigung
l Verwechslung Funktionswert mit Steigung
m Steigungsrelationen
n allgemeine Schwierigkeiten
o Fokussierung auf Kalkül
p Steigungsverständnis

Abbildung 103: Ergebnisse der explorativen Analyse der Veränderung der inhaltlich genannten Kategorien des fachdidaktischen Wissens zu Schülerschwierigkeiten beim grafischen Differenzieren (n=39)

Die befragten Lehrkräfte geben im Item zur Erklärung zum Wegfalls einer Konstanten beim Differenzieren im Posttest verglichen mit dem Pretest ähnlich viele Antworten in den jeweiligen Kategorien. Daher werden diese nicht in einer Grafik dargestellt. Die Abweichungen liegen bis auf die Verringerung des Verständnisses von „Konstant als etwas nicht Änderndes" (über 5 Nennungen) zwischen null bis drei. Bezüglich der Darstellungen für Grundvorstellungen des Ableitungsbegriffs gibt es ebenso kaum Abweichungen der absoluten Häufigkeiten.

Die in Kapitel 8.1.3 zu den beiden Items („Wegfall Konstante" und „Darstellung von Grundvorstellungen") betrachteten inhaltlichen Zusammenfassungen der Kodierungen zeigen bei den Analysen ebenfalls keine signifikanten Änderungen zwischen Pre- und Posttest.

9.1.2 Beliefs zum Lehren und Lernen

Die Ergebnisse der Beliefs zum Lehren und Lernen werden an dieser Stelle ausschließlich für jene nach Staub und Stern (2002) dargestellt, weil die Anzahl der ausgefüllten Bögen zu den epistemologischen Überzeugungen für beide Zeitpunkte zusammen zu gering (n=23) ist. Es füllten insgesamt 51 Lehrkräfte den verkürzten Fragebogen nach Staub und Stern (2002) zu beiden Messzeitpunkten aus. Dabei ergaben sich die folgenden Werte für Pre- und Posttest für den Vergleich mittels einer explorativen Analyse durch einen t-Test:

	Land	Pretest	Posttest	p einseitig
Transmissiv	Hessen	3.05	2.95	
	Sachsen-Anhalt	3.35	3.18	
	Gesamt	3.21	3.07	0.023
konstruktivis-tisch	Hessen	4.39	4.50	
	Sachsen-Anhalt	4.31	4.46	
	gesamt	4.35	4.48	0.037

Tabelle 25: explorative Analyse der Unterschiede zwischen Pre- und Posttest für transmissive und konstruktivistische Beliefs (n=51), ** bei p<0.01 signifikant. Hessen n=24 und Sachsen-Anhalt n=27 zur weiteren Beschreibung dargestellt.

Die Ergebnisse zeigen, dass die Änderungen der transmissiven und der konstruktivistischen Beliefs statistisch signifikant sind. Dabei hat sich die Ausprägung der transmissiven Beliefs verringert und die konstruktivistischen verstärkt. Beide Änderungen entsprechend einem geringen Effekt ($|d_{Cohen}| = 0.20$ für beide Formen der Beliefs).

9.1.3 Fachdidaktischen Motivation

Die Skalen für die fachdidaktische Motivation haben ähnliche Werte für Cronbachs Alpha wie im Pretest. Nur Skala zur Subfacette „Leistungsmotivation zu Schülervorstellungen“ bildet im Posttest keine Skala mit allen sechs Items. Weitere Analysen ergaben, dass dennoch eine Skala mit drei Items gebildet werden konnte ($\alpha = 0.550$ im Pretest; $\alpha = 0.575$ im Posttest), wobei die Konsistenz grenzwertig ist. Diese werden im Folgenden als Skala für den Vergleich betrachtet. In der nachstehenden Tabelle 26 sind Ergebnisse der Exploration hinsichtlich der Mittelwerte für den Pre- und den Posttest sowie der p-Wert zur Aussage über signifikante Veränderungen und die Korrelation zwischen den beiden Mittelwerten bezogen auf die 39 Lehrkräfte, die bei der Analyse berücksichtigt worden, dargestellt.

	Land	Pretest	Posttest	p einseitig
Schüler				
Interesse	Hessen	5.92	5.76	
	Sachsen-Anhalt	5.28	5.07	
	gesamt	5.66	5.48	0.032
Leistungsmotivation (kurz)	Hessen	4.75	4.62	
	Sachsen-Anhalt	4.50	5.29	
	gesamt	4.65	4.90	0.063
Lehren				
Interesse	Hessen	6.14	5.99	
	Sachsen-Anhalt	5.67	5.21	
	gesamt	5.95	5.67	0.002
Leistungsmotivation	Hessen	5.16	5.25	
	Sachsen-Anhalt	5.08	4.31	
	gesamt	5.13	4.87	0.054

Tabelle 26: Ergebnisse der explorativen Analyse zu den Unterschieden im Pre- und Posttest für die Aspekte fachdidaktischer Motivation (n=39), ** bei p<0.01 signifikant. Hessen n=23 und Sachsenanhalt n=16 zur weiteren Beschreibung dargestellt.

Die Ergebnisse zeigen, dass die Lehrkräfte in drei der vier untersuchten Subfacetten fachdidaktischer Motivation im Posttest durchschnittlich geringere Einschätzungen abgegeben haben. Hierbei ist die Verringerung des Interesses zu Aspekten des Lehrens statistisch mit $p < 0.01$ signifikant. Die anderen beiden Ergebnisse sind dies nicht. Sie zeigen aber mit $p < 0.063$, dass in diesen beiden Subdimensionen ebenfalls tendenziell eine Verringerung stattgefunden hat. Die Effekte der jeweiligen Änderungen sind gering (Schüler: Interesse $|d_{Cohen}| = 0.18$, Leistungsmotivation $|d_{Cohen}| = 0.25$; Lehren: Interesse $|d_{Cohen}| = 0.29$, Leistungsmotivation $|d_{Cohen}| = 0.25$). In beiden Subfacetten zur Leistungsmotivation deuten sich jedoch Entwicklungsunterschiede zwischen den Lehrkräften aus Hessen und Sachsen-Anhalt an.

9.2 Einfluss des Analysierens von Schülerarbeiten

In diesem Unterkapitel wird der Fokus auf die Unterschiede zwischen den beiden Gruppen des professional development gelegt. Dabei wird dargestellt, an welchen Stellen sich Unterschiede der Entwicklung zwischen den beiden Gruppen bezüglich der drei untersuchten Konstrukte der professionellen Kompetenz zeigen. Zusätzlich wird während der Analyse der Gruppenunterschiede zwischen

„Schülerarbeiten" und „Diagnoseaufgaben" auf die Korrelation zwischen der Ausprägung der jeweiligen Dimension der professionellen Kompetenz eingegangen, um zu ermitteln, ob eine gleichmäßige oder eine heterogene Entwicklung stattgefunden hat. Insgesamt ist dies eine explorative Analyse.

9.2.1 Fachdidaktisches Wissen

Die Analysen des fachdidaktischen Wissens ergaben kaum signifikante Unterschiede zwischen den im Mittel von den Lehrkräften angegebenen Kategorien. An dieser Stelle werden zur Identifizierung möglicher Gruppenunterschiede zwischen „Diagnoseaufgaben" und „Schülerarbeiten" werden zuerst die Ergebnisse der Exploration zum fachdidaktischen Wissen dargestellt. Dies zeigen die folgenden Tabellen:

	Mittelwert		p einseitig
	Pre	Post	
fachdidaktisches Wissen zu Schülern			
algebraisches Differenzieren	2.94	3.26	0.179
grafisches Differenzieren	1.89	2.31	0.149
fachdidaktisches Wissen zum Lehren			
Erklärungswissen konstanter Term	2.42	2.05	0.166
Darstellung Grundvorstellungen	1.84	2.05	0.247

Tabelle 27: explorativer Vergleich der genannten Kategorien des fachdidaktischen Wissens der Gruppe Diagnoseaufgaben (n=19)

	Mittelwert		p einseitig
	Pre	Post	
fachdidaktisches Wissen zu Schülern			
algebraisches Differenzieren	3.35	2.70	0.066
grafisches Differenzieren	1.85	2.25	0.029
fachdidaktisches Wissen zum Lehren			
Erklärungswissen konstanter Term	1.95	2.10	0.253
Darstellung Grundvorstellungen	1.95	2.15	0.180

Tabelle 28: explorativer Vergleich der genannten Kategorien des fachdidaktischen Wissens der Gruppe Analysieren von Schülerarbeiten (n=20)

Auf einem Signifikanzniveau von 5% bei einem einseitigen Test gibt es keine signifikanten Änderungen in der Diagnoseaufgabengruppe. Dagegen verbessern sich die Lehrkräfte der Schülerarbeitengruppe hinsichtlich der Nennung von Schülerschwierigkeiten beim grafischen Differenzieren signifikant.

Der Vergleich zwischen den beiden Gruppen bezüglich der in den Tabellen dargestellten Entwicklungen zeigt für keinen der vier Fälle einen signifikanten Unterschied in der Entwicklung des durch die Items gemessenen fachdidaktischen Wissens auf einem Niveau von 5% (zweiseitig). Nimmt man aufgrund der geringen Stichprobe (n=20 und n=19) jedoch ein höheres Niveau von 10% an, dann gibt es einen Unterschied zwischen den beiden Gruppen bezüglich der Nennung von Schülerfehlern beim algebraischen Differenzieren:

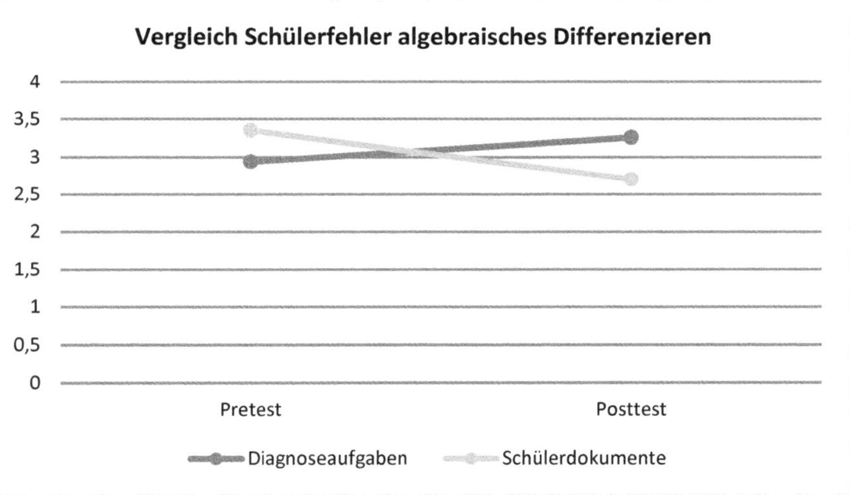

Abbildung 104: Ergebnisse der explorativen Analyse hinsichtlich des Unterschieds zwischen der Entwicklung des Wissens zu Schülerfehlern beim algebraischen Differenzieren, $\boldsymbol{F(1) = 3.341, p = 0.076, \eta^2 = 0.083}$

Die anderen drei Items zeigen keine solche Tendenz der Gruppenabhängigkeit, da alle p-Werte über 0.1 liegen.

Zu diesen rein quantitativen Betrachtungen werden im Folgenden die Unterschiede der beiden Gruppen anhand der inhaltlich genannten Kategorien für jedes der vier betrachteten Items dargestellt. Dabei wird zuerst auf Schülerfehler beim algebraischen Differenzieren eingegangen. Die Tendenz zwischen den beiden Gruppen, die sich in der Analyse der Auswirkungen von Zeit und Gruppe in der vorherigen Darstellung zeigte, wird bei der inhaltlichen Betrachtung noch einmal deutlich (Abbildung 105 auf der nächsten Seite).

Die Häufigkeit der Nennungen von Übergeneralisierungen (a-d) steigt in der Diagnosegruppe und sinkt in der Gruppe mit Schülerarbeiten. Eine weitere erkundende Analyse des Einflusses „Zeit×Gruppe“ zeigt zudem einen signifikanten Effekt hinsichtlich der Gruppenabhängigkeit bezüglich der Entwicklung der Nennungen von Übergeneralisierungen, der groß ist (Döring & Bortz, 2016a), (Abbildung 106).

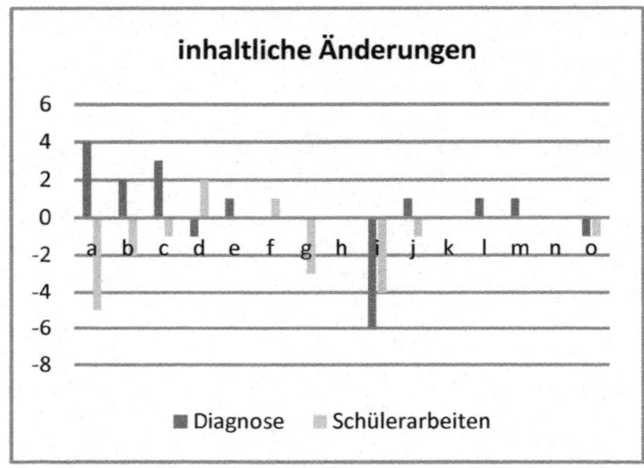

Abbildung 105: Ergebnisse der explorativen Analyse der inhaltlichen Änderungen getrennt nach den beiden Gruppen „Diagnose“ (n=19) und „Schülerarbeiten“ (n=20) hinsichtlich der Nennung von Schülerfehlern beim algebraischen Differenzieren

a	Linearisierung Produktregel
b	Potenzregel bei Exponentialfunktion
c	lokale Anwendung Potenzregel
d	keine Änderung *e*-Funktion
e	Vorzeichenfehler neg. Exponent
f	Konstante nicht abgeleitet
g	innere Ableitung vergessen
h	äußere Ableitung vergessen
i	negative Polynome wie positive
j	Faktorregel falsch
k	Vorverständnisfehler
l	Term umgangen
m	sonstige Richtige
n	ungenaue Angabe
o	kein konkreter Fehler

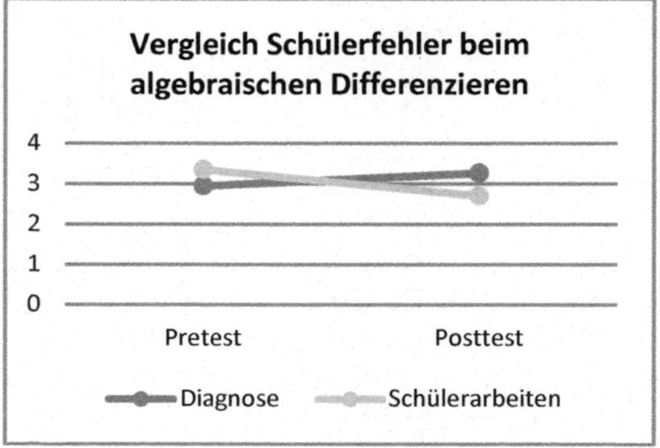

Abbildung 106: Ergebnisse der explorativen Analyse hinsichtlich des Unterschieds der Entwicklung der Anzahl der genannten Übergeneralisierungen beim algebraischen Differenzieren zwischen den beiden Gruppen Diagnose (n=19) und Schülerarbeiten (n=20), $\boldsymbol{F(1) = 6.079, p = 0.018, \eta^2 = 0.141}$

In den anderen zusammengefassten Oberkategorien (vgl. 8.1.3) zeigt sich kein statistisch signifikanter Einfluss der Gruppe auf die Entwicklung. Zudem wurden im Posttest keine neuen Fehlerkategorien genannt, die nicht bereits im Pretest aufgetaucht sind.

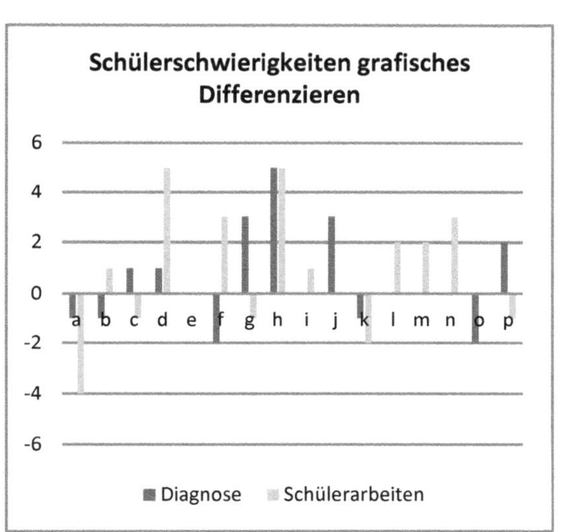

a	Steigungsverständnis
b	Lage und Steigung
c	Verwechslung Funktionswert mit Steigung
d	Steigungsbestimmung
e	Steigungsrelationen
f	Tangente
g	Errechnete Punkte von f' verbinden
h	Besondere Punkte
i	Beziehungen zwischen f und f'
j	Übertrag Eigenschaften f auf f'
k	Fokussierung auf Kalkül
l	Spiegelung des Graphen
m	Verschiebung des Graphen
n	Weiteres richtiges
o	Allgemeine Schwierigkeiten
p	Nicht passende

Abbildung 107: Ergebnisse der explorativen Analyse der inhaltlichen Änderungen getrennt nach den beiden Gruppen „Diagnose" (n=19) und „Schülerarbeiten" (n=20) hinsichtlich der Nennung von Schülerfehlern beim grafischen Differenzieren

Der inhaltliche Vergleich der beiden Gruppen des professional development bezüglich der Schülerschwierigkeiten beim grafischen Differenzieren wird in der Abbildung 107 dargestellt. Diese zeigt, dass beide Gruppen sich beim Nennen von Schwierigkeiten mit charakteristischen Punkten (h) verbessert haben. Zudem zeigt die Gruppe der Schülerarbeiten bei der Steigungsbestimmung (d) sowie Schwierigkeiten im Umgang mit der Tangente (f) Verbesserungen, die sich in der Diagnosegruppe nicht zeigen, da die Nennungen entweder etwa gleich bleiben (d) oder weniger werden (f). Außer diesen Unterschieden besteht nur in der Schülerarbeitengruppe noch die Auffälligkeit, dass dort nach dem professional development die Kategorien „Verschieben" (l) und „Spiegeln" (m) genannt werden. Weitere Analysen der in 8.1.3 gebildeten Oberkategorien zeigen keine weiteren Unterschiede zwischen den beiden Gruppen hinsichtlich der Schwierigkeiten bei der „Kalkülorientierung“, „Verständnisorientierung“ oder „Steigung“.

Die Lehrkräfte zeigen bei der Beantwortung des Items „Erklärungswissen zum Wegfall einer Konstanten beim Differenzieren“ innerhalb der Gruppe kaum Unterschiede zwischen dem Pre- und dem Posttest. Zudem zeigen sich ebenfalls keine verschiedenen Entwicklungen zwischen den Gruppen. Dies ist bei den Darstellungen von Grundvorstellungen ähnlich.

Nachdem nun die Ergebnisse der Analysen zu den Unterschieden zwischen den beiden Gruppen bezüglich des Wissens erläutert worden sind, werden im folgenden Unterkapitel die Beliefs zum Lehren und Lernen betrachtet.

9.2.2 Beliefs zum Lehren und Lernen

In dem Kapitel zu den Veränderungen der Beliefs zum Lehren und Lernen (9.1.2) sind die Verringerung transmissiver und die Erhöhung konstruktivistischer beschrieben, welche sich auf die gesamten Lehrkräfte beziehen. An dieser Stelle werden die Ergebnisse der Analysen nach den Gruppen getrennt erläutert. Dazu wurden zunächst Veränderungen innerhalb der Gruppen erkundet:

	Pretest	Posttest	p einseitig	Korrelation
Transmissiv	3.31	3.16	0.042	0.85**
konstruktivistisch	4.24	4.44	0.014	0.84**

Tabelle 29: explorativer Vergleich der transmissiven und konstruktivistischen Beliefs der Gruppe Diagnoseaufgaben (n=26)

	Pretest	Posttest	p einseitig	Korrelation
Transmissiv	3.11	2.98	0.129	0.65*
konstruktivistisch	4.46	4.52	0.305	0.45*

Tabelle 30: explorativer Vergleich der transmissiven und konstruktivistischen Beliefs der Gruppe Schülerarbeiten (n=25)

Die Tabellen zeigen, dass die bei einem explorativen einseitigen Test ausschließlich in der Gruppe „Diagnoseaufgaben die Erhöhung der Ausprägung der konstruktivistischen Beliefs und die Verringerung der transmissiven statistisch signifikant ist. Bei der Gruppe Schülerarbeiten sind keine statistisch signifikanten Veränderungen zu erkennen. Aufgrund dieser Ergebnisse wurde eine Analyse der Gruppenunterschiede bei der Entwicklung durchgeführt welche keinen signifikanten Einflüsse der Gruppe auf die Entwicklung der transmissiven sowie der konstruktivistischen Beliefs ergeben hat (transmissiv: $F(1) = 0.023$; $p = 0.880; \eta^2 = 0.000$; konstruktivistisch: $F(1) = 0.948; p = 0.335$; $\eta^2 = 0.019$).

Zudem zeigt sich aber ein signifikanter Unterschied der Korrelationen ($p = 0.007$) zwischen Pre- und Posttest bei den konstruktivistischen Beliefs, der damit deutlich geringer in der Schülerarbeitengruppe als in der Gruppe mit Diagnoseaufgaben ist.

9.2.3 Fachdidaktische Motivation

Die explorative Analyse der Ausprägungen zur fachdidaktischen Motivation wurde, wie bei den Beliefs, als erstes zu Unterschieden innerhalb der beiden Gruppen durchgeführt, bevor die Gruppenabhängigkeit erkundet wurde. Die Ergebnisse der Analysen der Entwicklungen innerhalb der beiden Gruppen sind in den beiden folgenden Tabellen dargestellt:

	Pretest	Posttest	p zweiseitig	Korrelation
Schüler				
Interesse	5.49	5.36	0.353	0.869**
Leistungsmotivation	4.60	4.37	0.126	0.792**
Lehren				
Interesse	5.78	5.54	0.082	0.908**
Leistungsmotivation	4.93	4.89	0.810	0.814

Tabelle 31: explorativer Vergleich der fachdidaktischen Motivation der Gruppe Diagnoseaufgaben (n=19)

	Pretest	Posttest	p zweiseitig	Korrelation
Schüler				
Interesse	5.82	5.59	0.050	0.745**
Leistungsmotivation	4.70	5.40	0.005	0.322
Lehren				
Interesse	6.11	5.78	0.013	0.503*
Leistungsmotivation	5.32	4.84	0.049	0.356

Tabelle 32: explorativer Vergleich der fachdidaktischen Motivation der Gruppe Schülerarbeiten (n=20)

Die Ergebnisse zeigen, dass bis auf die Leistungsmotivation zu Schülern die Aspekte der fachdidaktischen Motivation in der Gruppe Schülerarbeiten signifikante Verringerungen zeigen, welche nicht in der Diagnoseaufgabengruppe zu finden sind (alle drei Subfacetten verringern sich signifikant bei einem einseitigen Test). Bezüglich der Leistungsmotivation gibt es dagegen in der Schülerdokumentengruppe eine signifikante Verbesserung mit einer großen Effektstärke ($d_{Cohen} = 0{,}764$). Im Gegensatz dazu sinken die Werte in der Diagnosegruppe tendenziell.

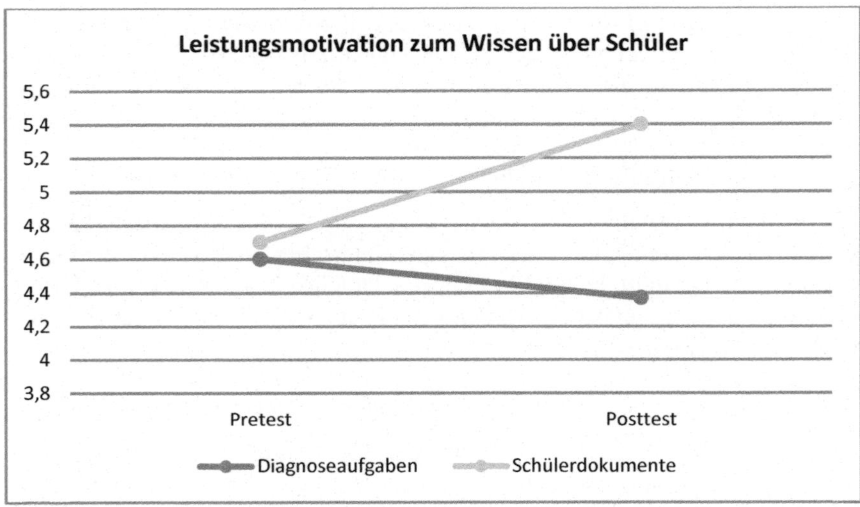

Abbildung 108: Ergebnisse der explorativen Analyse hinsichtlich des Unterschieds der Entwicklung der Leistungsmotivation zum fachdidaktischen Wissen zu Schülern zwischen den beiden Gruppen Diagnose (n=19) und Schülerarbeiten (n=20), $\boldsymbol{F(1) = 10.836, p = 0.002, \eta^2 = 0.227}$

Aufgrund der Unterschiede wurde die Gruppenabhängigkeit der Entwicklungen näher erkundet (vgl. Abbildung 108). Die explorativen Analysen ergaben nur für die Änderungen der Leistungsmotivation zu den Schülern eine signifikante Abhängigkeit der Gruppe, welche sich bereits anhand der Mittelwerte in den Tabellen 27 und 28 gezeigt hat ($F(1) = 10.836; p = 0.002;\ \eta^2 = 0.227$). Der Effekt, der sich bezüglich der Unterschiede der beiden Gruppen ergibt, ist groß (Döring & Bortz, 2016a).

9.3 Zusammenfassung und Diskussion der explorativen Analyse

Die in diesem Kapitel dargestellten Ergebnisse haben insgesamt einen explorativen Charakter, da sie aus einer Zusammenfassung von Daten aus teilweise zeitlich und thematisch (Stochastik als weiteres Thema in der längeren Veranstaltung in Sachsen-Anhalt) unterschiedlich angelegten Veranstaltungen stammen. Systematisch sind jedoch jeweils die Gruppen zusammengefasst worden, die entweder nur Diagnoseaufgaben bearbeitet oder Schülerlösungen analysiert haben. Anhand dieser zusammengefassten Gruppen und den daraus entstandenen Ergebnissen sind zum einen Veränderungen der gesamten Gruppe (alle Teilnehmer an beiden Varianten des professional development) analysiert worden. Zum anderen ist eine Analyse des Unterschieds der Gruppen „Schülerarbeiten" und „Diagnoseaufgaben" durchgeführt worden. Insgesamt deuten die Ergebnisse Unterschiede zwischen Pre- und Posttest bezogen auf die gesamte Gruppe an und zeigen, dass sich die beiden Gruppen bei unterschiedlichen Subfacetten der Aspekte der professionellen Kompetenz verschieden entwickelt haben.

9.3.1 Veränderungen aller Lehrkräfte

Die Exploration hat ergeben, dass sich das fachdidaktische Wissen in der gesamten Gruppe nur beim Wissen über Schülerschwierigkeiten beim grafischen Differenzieren verbessert hat. Das gesteigerte Wissen zeigt sich speziell in den Kategorien, die ein kalkülhaftes grafisches Differenzieren zugrunde legen (besondere Punkte, …). Die anderen Ergebnisse (fachdidaktisches Wissen zum Lehren, sowie Schülerfehler zum algebraischen Differenzieren) weichen weder nach oben noch nach unten signifikant ab, wobei in diesem Zusammenhang gegenläufige Entwicklungen der Lehrkräfte aus den beiden Ländern zu den nicht abweichenden Mittelwerten geführt haben könnten. Dies zeigt sich beispielsweise beim Nennen von Schülerfehlern zum algebraischen Differenzieren, bei dem die Lehrkräfte aus Hessen weniger und die aus Sachsen-Anhalt mehr Schülerfehler im Posttest im Vergleich zum Pretest angeben. Insgesamt wird aus den Ergebnissen die folgende Hypothese abgeleitet:

Hypothese Zuwachs fachdidaktisches Wissen zu Schülern:
Professional development mit dem Fokus auf das Lernen von Schülern (Diagnoseaufgaben optimieren oder Schülerarbeiten analysieren) wirkt positiv auf das fachdidaktische Wissen zu Schülern.

Diese Hypothese ist konsistent zu den Ergebnissen bisheriger Studien zum Fokus auf das Lernen der Schüler (Bas et al., 2013; Franke et al., 1998; Vescio et al., 2008) sowie den Aussagen von Reviews zu wirksamen professional development (Lipowsky, 2014; Lipowsky & Rzejak, 2012; Wei et al., 2009). Trotz des Zuwachses werden Schülervorstellungen, die sowohl in der Veranstaltung theoretisch und speziell bei der Analyse von Schülerarbeiten praktisch behandelt worden sind, nicht oder selten genannt. Dies trifft beispielsweise auf die Linearisierung beim grafischen Differenzieren, Übergeneralisierungen sowie lokale Regelmissachtungen beim algebraischen Differenzieren zu. Bemerkenswert ist, dass die Lehrkräfte, die Schülerarbeiten im professional development analysiert haben, mit genau diesen misconceptions in den Schülerlösungen zum grafischen

Differenzieren konfrontiert worden sind (Dokumente enthielten diese Fehler) und dennoch kaum ein Befragter sie im Posttest angibt.

Ein weiteres wesentliches Ergebnis dieser Exploration ist die Veränderung der Beliefs zum Lehren und Lernen. Die transmissiven Beliefs sind zurückgegangen und die konstruktivistischen haben sich verstärkt.

Hypothese Verstärkung schülerorientierter Beliefs:
Professional development mit dem Fokus auf das Lernen von Schülern und dem neuen Kerncurriculum wirkt positiv auf die Ausbildung schülerorientierter, konstruktivistischer Beliefs und abschwächend auf transmissive.

Diese Änderungen sind konsistent zu den Ergebnissen der Studien zu CGI, da dort ebenfalls gemessen auf einer längeren Skala, die die Items dieser Studie beinhaltet, eine Veränderung in Richtung der Schülerorientierung stattgefunden hat (vgl. Carpenter et al., 1989; Fennema et al., 1993; Franke et al., 2001). Die Änderungen in dieser Studie werden vor dem Hintergrund der relativen Stabilität der Beliefs als Veränderung interpretiert werden, da sich Beliefs nur sehr langsam und durch Intervention bzw. Störung verändern (vgl. Fives & Buehl, 2012; Liljedahl et al., 2012; Pajares, 1992). Daher werden die Ergebnisse trotz fehlender Kontrollgruppe aufgrund der theoretischen Annahmen über Beliefs von einem Beliefchange der Lehrkräfte hin zu konstruktivistischen Beliefs interpretiert. Dementsprechend ergibt sich die Vermutung, dass der Fokus auf das Lernen der Schüler (Diagnoseaufgaben oder Schülerarbeiten) eine mögliche Ursache der Änderung der Beliefs zu einer verstärkt konstruktivistischen Sicht ist. Inwiefern andere Inhalte des professional development zu den Änderungen der Beliefs beigetragen haben, kann mittels der explorativen Analyse an dieser Stelle nicht beantwortet werden.

Im Zusammenhang mit der fachdidaktischen Motivation zeigen die Unterschiede zwischen dem Pre- und dem Postest eine Verringerung der Ausprägungen der Subfacetten zum Interesse und zur Leistungsmotivation zum Lehren sowie zum Interesse zu Schülervorstellungen. Ausschließlich die Leistungsmotivation im Sinne der Erfolgserwartung zum Erkennen von Schülervorstellungen steigt tendenziell an. Somit scheint die Beschäftigung mit Schülervorstellungen einen positiven Einfluss auf diese Erfolgserwartung zu haben. Da diese Formen der Motivation bisher nicht in Bezug auf professional development mit dem Fokus auf das Lernen der Schüler untersucht worden ist, ist das Ergebnis originär. Dennoch sind die Ergebnisse weitgehendst konsistent mit Verhaltensänderungen der Lehrkräfte, die verstärkt versuchen, Schülervorstellungen zu hinterfragen (Bas et al., 2013; Carpenter et al., 1989; Fennema et al., 1993; Vescio et al., 2008) und sich zutrauen, die Ursachen zu ermitteln (Little et al., 2003). Insgesamt wird die Vermutung aufgestellt:

Hypothese Verstärkung Leistungsmotivation zum Erkennen von Schülervorstellungen:
Professional development mit dem Fokus auf das Lernen von Schülern wirkt positiv auf Leistungsmotivation zum Erkennen von Schülervorstellungen und zur Diagnose.

An dieser Stelle ist jedoch zu beachten, dass zur Verortung der Wirkung auf das professional development eine Kontrollgruppe zu der Interventionsgruppe fehlt, welche eine Kombination aus beiden Bedingungen darstellt.

Im Folgenden werden die Ergebnisse der Exploration zu Unterschieden zwischen den Gruppen „Diagnose“ und „Schülerarbeiten“ diskutiert, wobei die daraus resultierenden Hypothesen einen differenzierenden Blick auf die Wirkung der Analyse von Schülerarbeiten erlauben.

9.3.2 Gruppenunterschiede zwischen Diagnose und Schülerarbeiten

Ziel dieses Teils der Studie ist es gewesen, auf der Basis von explorativen Tests Unterschiede zwischen den Gruppen „Schülerarbeiten“ und Diagnoseaufgaben“ zu ermitteln und davon ausgehend weitere Hypothesen zum Einfluss der Analyse von Schülerarbeiten im professional development abzuleiten. Dabei ist ein zentrales Ergebnis, dass keine der beiden Gruppen hinsichtlich aller betrachteten Skalen eine Verbesserung gezeigt hat und somit kein eindeutiger Gruppenvorteil erkennbar ist. Vielmehr scheint es, als ob unterschiedliche Teilkompetenzen durch die jeweilige Gruppenbedingung gefördert werden. Die detaillierten Ergebnisse der explorativen Analyse der Gruppenunterschiede werden im Folgenden anhand des fachdidaktischen Wissens, der Beliefs zum Lehren und Lernen und der fachdidaktischen Motivation zusammengefasst und diskutiert.

Die Diagnosegruppe entwickelt sich hinsichtlich des Nennens von Schülerfehlern beim algebraischen Differenzieren besser als die Schülerarbeitengruppe, da diese sich bezogen auf das gesamte Item verbessert und die Schülerarbeitengruppe verschlechtert hat. Diese Entwicklung ist bei der Nennung von Übergeneralisierungen signifikant. Interessanterweise entspricht dies nicht der Richtung der Hypothese, die im theoretischen Teil aufgestellt worden ist, da dort vermutet worden ist, dass die aktive Beschäftigung im Sinne des situativen Lernens einen Vorteil für die Schülerarbeitengruppe im Vergleich zur Diagnosegruppe bedeutet (vgl. Ergebnisse zum situativen Lernen bei Fölling-Albers et al., 2004). Hier könnten die Unterschiede zwischen Hessen und Sachsen-Anhalt zu den der Hypothese widersprechenden Ergebnissen geführt haben.

Im Vergleich zur Nennung von Schülerfehlern beim algebraischen Differenzieren gibt es bei der Nennung von Schülerschwierigkeiten zum grafischen Differenzieren keine statistisch relevanten Unterschiede zwischen den beiden Gruppen. Qualitativ zeigt sich ganz speziell bei der Nennung der Schülerfehler der „Verschiebung" und der „Spiegelung" als Schülervorstellung zum grafischen Differenzieren dennoch ein Unterschied. Diese Fehler werden nur von Lehrkräften (auch wenn es nur 10% sind) der Schülerarbeitengruppe genannt[102]. Daher wird vermutet, dass beide Formen des Fokus auf Diagnose beim Wissensaufbau zum grafischen Differenzieren wirksam sind. Hingegen werden neue Schülervorstellungen eher durch die praktische Analyse von Lösungen, die die Fehler beinhalten, gelernt:

Hypothese Zuwachs fachdidaktisches Wissen zu Schüler (Konkretisierung)
Optimierung von Diagnoseaufgaben oder die Analyse von Schülerarbeiten wirken positiv auf die Entwicklung des fachdidaktischen Wissens zu Schülern, wobei Lehrkräfte bisher unbekannte Schülervorstellungen durch die direkte Analyse dieser in Schülerdokumenten eher lernen.

Die Erkundungen zeigen im Gegensatz zum fachdidaktischen Wissen zu Schülern keine signifikanten Änderungen beim Wissen zum Lehren. Daher scheint die Fokussierung auf Schüler in professional development kaum Änderung zum Wissen über Grundvorstellungen bzw. multipler Erklärungen zu Themen, bei denen spezielle Schülervorstellungen auftreten, zu bewirken.

Diese Hypothesen sind konsistent mit der bisherigen Forschung, da ein Zuwachs an fachdidaktischem Wissen überwiegend zu Schülervorstellungen stattgefunden hat (Bas et al., 2013; Franke et al., 1998; Vescio et al., 2008; Wei et al., 2009). Inwiefern sich Wissen zum Lehren verändert hat, geht aus den Studien nicht hervor, da sie dies nicht speziell untersucht haben. Jedoch ist es plausibel, dass vor allem das Wissen, das durch eine Intervention adressiert wird, eine Änderung erfährt. Dies wird beispielsweise durch die Studie von Besser et al. (2015) deutlich, da dort Lehrkräfte mehr Wissen zum Problemlösen nach der Teilnahme

102 Bei der Interpretation der Ergebnisse ist zu beachten, dass die Lehrkräfte in der Schülerarbeitengruppe überwiegend Lösungen zum grafischen Differenzieren betrachtet haben, in denen zu der Forschung passende Schülervorstellungen (vgl. Kapitel 4.2.1) analysiert worden sind. In der Diagnosegruppe sind die Vorstellungen der Schüler theoretisch behandelt worden und sollten bei der Konstruktion von Diagnoseaufgaben berücksichtigt werden.

an den Veranstaltungen haben, die dies explizit behandelt haben. Lehrkräfte, die sich mit Modellieren beschäftigt haben, zeigten einen signifikant schlechteren Lernzuwachs zum Problemlösen. Dementsprechend werden die Hypothesen zur Entwicklung des fachdidaktischen Wissens der vorliegenden Studie durch die Ergebnisse der Literatur gestützt, da sich die Entwicklung auf die Inhalte bezieht, die durch das professional development gefördert worden sind.

Die Ergebnisse zu den Beliefs des Lehrens und Lernens der Mathematik zeigen keinen statistisch signifikanten Unterschied zwischen den beiden Gruppen. Vergleicht man die Unterschiede innerhalb der Gruppen, dann zeigt sich eine Tendenz zum Beliefchange verstärkt bei den Lehrkräften der Diagnosegruppe. Abgesehen davon zeigt sich bei der Schülerarbeitengruppe, dass der Zusammenhang zwischen dem Pre- und dem Posttest hinsichtlich der Konstruktivismusskala signifikant geringer ist als in der Diagnosegruppe. Dementsprechend gibt es in der Schülerarbeitengruppe unterschiedliche Entwicklungen hinsichtlich der Beliefs, die individueller sind, als in der Diagnosegruppe, was vergleichbar mit den qualitativen Ergebnissen von Franke et al. (1998) ist, da die drei untersuchten Lehrkräfte unterschiedliche Entwicklungen vollzogen haben. Die Ergebnisse sind ebenfalls passend zu denen von Fennema et al. (1996), weil einige Studienteilnehmer sehr schnelle Änderungen durchliefen, wogegen andere eher langsamer gewesen sind. Die tendenzielle Entwicklung in den beiden Gruppen ist wie in der Gesamtgruppe konsistent mit den Ergebnissen von CGI (Carpenter et al., 1989; Fennema et al., 1993; Franke et al., 2001). Da es keine deutlichen Unterschiede zwischen den beiden Gruppen gegeben hat, wird folgende Hypothese zu den Änderungen der Beliefs aufgestellt:

Hypothese zum Beliefchange:
Das Optimieren von Diagnoseaufgaben bzw. das Analysieren von Schülerarbeiten wirken in Kombination mit Inhalten des neuen Kerncurriculums jeweils verstärkend auf schülerorientierte Beliefs im Sinne der Abschwächung transmissiver und der Verstärkung konstruktivistischer Beliefs.

Diese Hypothese ist insgesamt mit den Ergebnissen der Studien aus Kapitel 3.3.2 konsistent, da unterschiedliche Ansätze zur Fokussierung auf das Lernen von Schülern Änderungen der Beliefs bzw. der Art des Denkens über Schüler sowie deren Einbeziehung bewirkt haben. Dies bezieht sich unter anderem auf Schülerlösungen (Bas et al., 2013; Little et al., 2003; Saxe et al., 2001; Vescio et al., 2008), die Beobachtung von Schülern beim Lernen in Videos (Carpenter et al., 1989; Fennema et al., 1996; Schorr, 2000), das Führen von Interviews (Carpenter et al., 1989) oder Kombinationen unterschiedlicher Methoden (Fennema et al., 1996; Schorr & Lesh, 1998; Strahan, 2003).

Die Analyse der vier Subfacetten fachdidaktischer Motivation hat gezeigt, dass in beiden Gruppen die Motivation zum Lehren und das Interesse an Schülervorstellungen zurückgegangen ist und es in der Erkundung keine statistisch signifikanten Unterschiede zwischen Diagnose und Schülerarbeiten gibt. Im Gegensatz dazu ist ein wesentliches Ergebnis der Exploration, dass die Verbesserung der fachdidaktischen Leistungsmotivation zu Schülern in der gesamten Gruppe auf signifikante Gruppenunterschiede zurückgeführt werden konnte, welche zugunsten der Lehrkräfte mit der Analyse von Schülerarbeiten ausfallen. Demnach erwarten die Lehrkräfte nach der Teilnahme am professional development, bei dem sie aktiv Diagnoseaufgaben erstellt und die Lösungen der Schüler gemeinsam ausgewertet haben, dies nach dem professional development signifikant besser ausführen zu können. Der Effekt des Unterschieds ist zudem groß.

Hypothese Leistungsmotivation zum Erkennen von Schülervorstellungen (Konkretisierung):
Das Analysieren von Schülerarbeiten im professional development wirkt positiv auf Leistungsmotivation zum Erkennen von Schülervorstellungen und zur Diagnose. Hingegen wirkt das Optimieren von Diagnoseaufgaben nicht auf diese Leistungsmotivation.

Die Hypothese ist konsistent zu der Annahme, dass eine intensive Beschäftigung mit den Lösungen von Lernenden zu einer Verstärkung der Erfolgsmotivation führt, Schülervorstellungen diagnostizieren zu können. Das Ergebnis ist originär, da die bisherige Forschung nicht auf diese Form der Leistungsmotivation eingeht (vgl. dazu Kapitel 3.3.2), und ergänzt damit die bisherige Forschung zu professional development mit dem Fokus auf das Schülerlernen.

Die Abnahme des Interesses zu Schülervorstellungen, welche in der Exploration ermittelt worden ist, ist im Vergleich zur Leistungsmotivation nicht konsistent mit den Ergebnissen der bisherigen Literatur. Dies begründet sich beispielsweise auf Basis der Ergebnisse von Bas et al. (2013), die zeigen, dass die befragten Lehrkräfte vom Wunsch berichten, mehr über die Vorstellungen der Schüler herausfinden zu wollen, was theoretisch betrachtet ein Ausdruck wertbezogenen Interesses ist (vgl. Krapp, 1993; Schiefele, 1996, 2009). Dabei muss jedoch beachtet werden, dass die Werte des Interesses bezüglich Schülervorstellungen im Pretest dieser Studie bereits sehr hoch gewesen sind. Spekulativ ist daher, inwiefern die Lehrkräfte ihre eigene Zustimmung zu den Interessensitems ohne systematische Analyse von Schülerarbeiten überschätzt haben, was ebenfalls bei den Skalen der fachdidaktischen Motivation zum Lehren der Fall sein kann. Aufgrund der Möglichkeit zur Überschätzung wird der Rückgang der Motivation, welche zum Teil im Widerspruch mit der Literatur steht, nicht als eigene Hypothese aufgefasst.

Insgesamt ergeben sich aufgrund des explorativen Vergleichs zwischen den beiden Gruppen zum einen sich mit der Theorie deckende Hypothesen. Zum anderen sind die Ergebnisse konträr zu den theoretischen Annahmen, sodass ein eindeutiger Vorteil der praktischen Behandlung von Schülervorstellungen durch das Analysieren von Schülerarbeiten verglichen mit der theoretischen während der Erstellung und Optimierung von Diagnoseaufgaben nicht identifiziert werden konnte.

Außerdem ist zu beachten, dass die Ergebnisse dieser Exploration schwer verallgemeinerbar sind, da es sich um Gruppen handelt, in denen die Lehrkräfte innerhalb der Gruppen unterschiedliches professional development besucht haben. Dies ergibt sich aufgrund der unterschiedlichen Länge der Veranstaltungen in Hessen und Sachsen-Anhalt. Ansonsten wurde jeweils immer nur das Merkmal Schülerarbeiten getrennt von Diagnoseaufgaben betrachtet. Daher eignen sich die Ergebnisse, um die Hypothesen hinsichtlich der richtigen Tendenz zu prüfen, neue Hypothesen aufzustellen und bestehende zu modifizieren, wie dies in der vorliegenden Studie durchgeführt worden ist.

Inwiefern die Ergebnisse zum fachdidaktischen Wissen durch geringe Motivation zum Ausfüllen des Posttests beeinflusst worden sind, kann nicht abschließend beantwortet werden. Die Analyse der Anzahl gegebener Lösungen zeigt jedoch, dass tendenziell mehr Antworten im Posttest vorhanden sind, sodass mangelnde Motivation zum Ausfüllen der Fragebögen bezogen auf die gesamte Gruppe ausgeschlossen wird.

Im folgenden Kapitel wird auf den vertiefenden qualitativen Teil dieser Studie eingegangen, indem die Ergebnisse dargestellt und vor der bisherigen Literatur diskutiert werden.

10 Lehrerbeliefs über die Wirkung des *professional development*

Die qualitative Vertiefung der Forschung ist das dritte Ziel dieser Arbeit. Dazu sind im Anschluss an die Durchführung und Evaluation des professional development im Abstand von einem Monat nach dem Posttest Lehrkräfte zu ihrem Lernen befragt worden. Anhand der Interviews sind Daten zur Beantwortung der Forschungsfragen III.1 bis III.4 gewonnen worden, die sich auf die subjektiven Erfahrungen über die Wirkung des professional development beziehen. Die Ergebnisse der Analysen werden in diesem Kapitel hinsichtlich des Nutzens der Analyse von Schülerarbeiten sowie den Beliefs über die Wirkung des professional development, welche die Lehrkräfte berichten, dargestellt. Dazu wird zuerst auf das Element „Analyse von Schülerarbeiten“ eingegangen (10.1). Im Kapitel 10.2 werden die Beliefs über die Wirkung hinsichtlich der professionellen Kompetenz dargestellt, wobei wie im quantitativen Teil der Studie das fachdidaktische Wissen, die Beliefs zum Lehren und Lernen sowie fachdidaktische Motivation betrachtet werden. Schließlich werden die Ergebnisse in Kapitel 10.3 vor dem Hintergrund der bestehenden Literatur diskutiert.

Im gesamten Kapitel werden die Aussagen der Lehrkräfte als Beliefs über die Wirkung verstanden, da es sich um subjektive Aussagen über Erfahrungen im professional development hinsichtlich der Entwicklung bzw. Wahrnehmung des Angebots handelt. Dazu sind die Ergebnisse auf der Basis der im Methodenteil dargestellten Inhaltsanalyse gewonnen worden.

10.1 Analyse von Schülerdokumenten

Die Ergebnisse zu den Beliefs über die Wirkung der Analyse von Schülerarbeiten werden anhand von exemplarischen Interviewauszügen, deren Inhalt interpretiert wird, systematisiert und beschrieben. Die Interpretationen werden dann jeweils zu einer Gesamthypothese zusammengefasst. Die Aussagen, die zur Herleitung der Hypothesen verwendet werden, stammen von unterschiedlichen Lehrkräften und stehen stellvertretend für die enthaltenen Inhalte. Insgesamt werden die im nachfolgenden Teil erläuterten Hypothesen von mindestens zwei der befragten Lehrkräfte genannt. Die jeweiligen Aussagen wurden auf der Basis der Kriterien

T. Hahn, *Schülerlösungen in Lehrerfortbildungen*, Mathematikdidaktik im Fokus,
https://doi.org/10.1007/978-3-658-24451-4_10

„extreme Ausprägung“, „Ausprägungen von theoretischem Interesse“ sowie „Auftreten mit besonderer Häufigkeit“ ausgewählt (vgl. Kapitel 7.2.1).

Zum Ende dieses Unterkapitels werden die Beliefs der Lehrkräfte zu den Wirkungen des Analysierens von Schülerarbeiten im professional development in einer Tabelle zusammengefasst, in der alle interviewten Lehrkräfte eingeordnet werden.

10.1.1 Teilnahmemotivation

Zuerst wird auf die Erhöhung der Akzeptanz der Lehrkräfte für das professional development eingegangen, indem motivationale Aspekte hinsichtlich der Teilnahme beschrieben werden, welche sich explizit auf die Analyse von Schülerarbeiten beziehen. Zu Fragen bezüglich der Leistungsmotivation erwähnt Lehrerin E, dass der erste der zwei Tage des professional development in Hessen theoretisch ausgerichtet war. Anschließend führt sie zu Merkmalen des professional development, die ihr geholfen haben, den Unterricht effektiver zu gestalten, hinsichtlich des zweiten Fortbildungstags aus:

Episode Lehrerin E Z. 143-148

143 **B** *...ähm...Ja, da war es...ähm...nochmal spannend, sich sozusagen das*
144 *von der anderen Seite her anzugucken. Also diese Schüleraussagen*
145 *nochmal anzugucken, oder eben auch zu überlegen, ...äh...wie mache*
146 *ich das eigentlich mit meinen Schülern. Wie könnte ich die gute*
147 *die...ähm...Unterricht nochmal machen? Da war ja der Fokus mehr*
148 *auf den aktuellen Unterricht gelegt.*

Lehrerin E beschreibt, dass aus ihrer Sicht der zweite Fortbildungstag auf den tatsächlichen Unterricht ausgerichtet war. Die Aussagen in den Zeilen 143 und 144 werden in diesem Zusammenhang derart interpretiert, dass unter anderem das Anschauen der Schüleraussagen die emotionale Komponente ihres Interesses angesprochen hat, da sie von einem Gefühl der Spannung berichtet. Dies deutet ebenfalls auf die Anregung des situationalen Interesses hin, da sich das Erleben von Spannung unter anderem auf die Situation der Schülerdokumente bezieht (vgl. 2.4.3).

Im Gegensatz zur Aussage von Lehrerin E geht Lehrerin C nicht darauf ein, wie das Analysieren von Schülerdokumenten auf sie gewirkt hat, sondern wie es für sie gewesen wäre, wenn es nicht sattgefunden hätte:

Episode Lehrerin C Z. 433-442:

433 **B** *Ja es war ja im Prinzip der Inhalt der nächsten Aufgabe oder nächs-*
434 *ten Fortbildung, das auszuwerten darüber zu reden und wenn man*
435 *jetzt von vornherein weiß, ...ähm...dass, was man hier erprobt hat*
436 *kommt gar nicht zum Einsatz wäre schade, ja? Denn wäre der Sinn*
437 *und Zweck der ganzen Übung umsonst und dann hätte man gesagt:*
438 *"Naja, denn hätte man das erste Mal noch gemacht. Hätte man ge-*
439 *sehen mit den Aufgaben passiert nichts." Wie bei den Schülern, wenn*
440 *die Hausaufgaben nicht kontrolliert werden, nicht ausgewertet wer-*
441 *den, dann sagen sie irgendwann mal: "Naja, da passiert nichts mit,*
442 *also machen wir sie nicht mehr."*

Lehrerin C erwähnt, dass im Rahmen des professional development die Aufgabe bestand, die in der Veranstaltung entwickelten Aufgaben im Unterricht zu erproben. Für sie war die Phase der Analyse der Schülerarbeiten notwendig bzw. ein Anreiz, den Einsatz im eigenen Unterricht überhaupt zu erfüllen. Dies vergleicht sie mit Hausaufgaben, die seitens der Schüler ohne Kontrolle nicht mehr gemacht würden (Z. 439-442). Dementsprechend wird dies als Anreiz für Lehrerin C gedeutet, die im professional development gestalteten Aufgaben im eigenen Unterricht einzusetzen (Motivation es durchzuführen).

Lehrerin D geht im Vergleich zu Lehrerin C noch vertiefter auf den Belief über die Wirkung ein, indem sie die subjektive Bedeutung des Analysierens von Schülerarbeiten wie folgt betont:

Episode Lehrerin D Z. 262-277:

262 **I** *Und jetzt abschließend nochmal eine Frage: Wwelches Element der*
263 *Fortbildung hätte denn nicht fehlen dürfen?*
264 **B** *Also nicht fehlen /ähm/ wäre das wäre nicht gut gewesen, wenn die*
265 *Lösungen der Schüler nicht dagewesen wär. Wenn wir da nicht kon-*
266 *kret über die Gedanken der Schüler hätten sprechen können. Das*
267 *war mir an der Fortbildung sehr wichtig.*
268 **I** *Ok und wenn das Merkmal genau nicht dagewesen wäre wie hätten*
269 *Sie da die Fortbildung empfunden?*
270 **B** *Dann hätte mir son bisschen was gefehlt, weil dann wäre es wieder*
271 *äh/ für meine-mein Empfinden so gewesen, dass es sehr theoretisch*
272 *gewesen wäre, dass man theoretisch über Schülervorstellung spricht,*
273 *dass man theoretisch gut ne Diagnoseaufgaben erstellt, aber dass*
274 *man nicht sieht, wie setzt man das /äh/ wirklich um und was welches*
275 *Ergebnis hat denn dann von mir ein guter erstellter Diagnose-au-*

276 *bogen. Was zeigt der dann wirklich? Das hätte dann für mich son*
277 *bisschen gefehlt.*

Das Analysieren von Schülerarbeiten war für Lehrerin D ein Merkmal des professional development, das nicht hätte fehlen dürfen. Für sie war es sehr wichtig, dass man während dieser Phase über die tatsächlichen Ergebnisse eines erstellten Diagnosebogens sprechen konnte, welche sich anhand der Schülervorstellungen in den Dokumenten gezeigt haben (Z. 265f.), und nicht nur theoretisch auf Diagnoseaufgaben und Schülervorstellungen eingegangen ist (Z. 271f.). Dementsprechend war der Einsatz und das Testen der Diagnosebögen, die die Teilnehmer auf Basis der Theorie erstellten, sowie deren Auswertung für sie ein zentrales Element des professional developments. Insgesamt wird dies als Anregung des wertbezogenen Interesses bezüglich der Diagnoseaufgaben gedeutet, da Lehrerin D zum einen das Sprechen über die Schülergedanken in der Phase der Schülerdokumente als *sehr wichtig* (Z. 267) herausstellt. Zum anderen wollte sie herausfinden, wie gut die konstruierten Diagnosebögen in der Praxis funktionieren. Beides zielt auf den Wunsch zur Erweiterung der Kognitionen über die erstellten Diagnosebögen ab, welches wertbezogenem Interesse entspricht.

Auf der Basis der genannten Aussagen ergibt sich folgende Charakterisierung für den Einfluss der Analyse der Schülerdokumente auf die Erfahrungen der Lehrkräfte:

Gesamthypothese zur Teilnahmemotivation:
Die Analyse von Schülerarbeiten führt zur Anregung des situationalen Interesses der Lehrkräfte, indem sie es spannend finden, was in den Schülerarbeiten zu finden ist. Zudem ergibt sich durch diese Auswertungsphase die Notwendigkeit, die im Rahmen des professional development entworfenen Aufgaben im Unterricht tatsächlich einzusetzen. Dieser Praxisbezug ist für Lehrkräfte wichtig.

10.1.2 Kennenlernen und Systematisieren von Schülervorstellungen und -leistungen

Lehrerin D hat in der letzten betrachteten Episode erwähnt, dass man aufgrund der Schülerdokumente im professional development über die Gedanken der Schüler sprechen konnte, die sich zu den mathematischen Inhalten auf dem Diagnosebogen zeigten. Dies beschreibt Lehrerin G in der folgenden Episode, die sie im Bezug zu Schülervorstellungen machte, noch detaillierter:

Episode Lehrerin G Z. 121-133:

B *Ja durchaus /äh/ und zwar indem einfach das Bewusstsein dafür geschärft wird, dass es vielleicht nicht nur eine Aussage ist, die von einem einzelnen getroffen wird. Und wo man sagt, na was haste dir dabei gedacht, sondern dass es vielleicht etwas ist, was auch seine Begründung in irgendeiner Art und Wiese hat. Ja dass es vielleicht einfach /äh/ en Denkzugang ist, den man sich selber gar nicht vorstellen kann, aber die in eben dann nicht nur der eine Schüler hat, den ich sehe, sondern was bei anderen Schülern vielleicht dann ganz genauso ist. Ja dass die also /ähm/ falsche Vorstellungen haben oder andere Vorstellungen haben. Ja, wo man selber vielleicht gar nicht auf die Idee kommen würde, dass man, dass man so in dieser Richtung das auch denken könnte. [...] dass also irgendwelche Logikfehler drin enthalten sind, die einem sonst nicht bewusst werden.*

Lehrerin G erwähnt, dass sie in den Schülerarbeiten, den *Denkzugang* (Z. 126) von Schülern erkennen könne (Z. 127f.). Sie beinhalten demnach Vorstellungen, von denen sie bisher noch nichts wusste und sich ebenfalls nicht vorstellen konnte. Dies sind beispielsweise *Logikfehler, die einem sonst nicht bewusst werden* (Z. 131-132), oder Denkvorgänge, die systematisch auftauchen und die sie bisher als Einzelfall abgetan hätte, anstatt sie als geteilte Schülervorstellung zu behandeln (Z. 122-123 sowie Z. 126-129). Für solche Vorstellungen wird aus ihrer Sicht durch das Analysieren von Schülerarbeiten ein *Bewusstsein* (Z. 121) geschaffen. Insgesamt wird dies als Entdecken von Systematiken von Schülerfehlern interpretiert, die eine Lehrkraft aufgrund der Lösungen aus unterschiedlichen Schulen erkennt.

Lehrerin D beschreibt im Vergleich zu Lehrerin G in der folgenden Episode konkrete Erfahrungen, die sie über Schülervorstellungen gemacht hat:

Episode Lehrerin D Z.62-71:

B */äh/ die Schülerlösungen /äh/ fand ich sehr interessant. Vor allem auch von den anderen Kollegen, die wir uns da angeschaut haben, weil ich tatsächlich /ähm/ auf manche Ideen von den Schülern nicht gekommen wär. Also wir haben uns daher auch angeschaut, was passiert, wenn ich /ähm/ die Funktion verschiebe oder strecke. Was passiert dann mit der Ableitung und /ähm/ /äh/ da zu erkennen, dass beispielsweise das Verschieben der Funktion auf der y-Achse für die Schüler auch einen großen Einfluss auf die /äh/ erste Ableitung haben. Das /äh/ war mir im Vorfeld noch nicht so bewusst. Das hatte sich in meinem Unterricht noch nicht so gezeigt.*

Für Lehrerin D sind vor allem die Lösungen der Schüler der anderen Lehrkräfte interessant, weil sie dort Ideen von Lernenden kennengelernt habe, die ihr vorher nicht präsent waren. Dies ist ein Indiz dafür, dass ihr situationales Interesse durch den Teil des professional developments angeregt wurde, und wird ebenso interpretiert. Als mögliche Ursache für die Anregung wird das Kennenlernen bisher nicht bekannter Schülervorstellungen gedeutet.

Sie konkretisiert ihre Erfahrung, indem sie ein Beispiel aus den Schülerdokumenten nennt, welches sie noch nicht kannte. Dort erwähnt sie, dass für Schüler die Verschiebung einer Funktion entlang der y-Achse einen Einfluss auf die erste Ableitung hat. Dies ist für sie eine Erfahrung, die sich bei ihr bisher nicht im Unterricht zeigte, jedoch in den Schülerlösungen von anderen Lehrkräften vorkam.

Die Erfahrungen im Umgang mit Schülervorstellungen können durch Erkennen neuer und weiterer systematischer dazu führen, dass wie durch Lehrerin F angedeutet ein anderes Bewusstsein zu manchen Vorstellungen der Schüler entsteht. Die Aussage von Lehrerin A, die sie auf die Frage nach Änderungen durch das Analysieren von Schülerdokumenten trifft, führt zu einer derartigen Interpretation:

Episode Lehrerin A Z. 433-440:

433 **B** *na das mathematische Problem möchte ich ihnen schon richtig gut*
434 *erklären. Auch dreimal, auch viermal, auch auf vier Wegen. Aber*
435 *wenn dann manchmal diese Aufmerksamkeit nicht da ist, dann führt*
436 *es eben ins Leere. Aber dass dass ich en Schülerfehler sehe und das*
437 *jetzt andersrum nochmal versuche zu erklären, das hab ich ja vorher*
438 *auch gemacht. Das hat jetzt das hat jetzt durch die Fortbildung sich*
439 *nicht geändert .. Dass das vielleicht die ne Akzeptanz, dass ein Schü-*
440 *ler Fehler macht auch welche er macht [...].*

Nachdem Lehrerin A zu Beginn auf multiple Erklärungen im Unterricht eingeht, ergibt sich eine kurze Pause in Zeile 439, die als nochmaliges Nachdenken über Änderungen durch das professional development gedeutet wird. Lehrerin A führt anschließend die Akzeptanz von Schülerfehlern an. Dies wird als mögliche Änderung durch das Analysieren von Schülerarbeiten interpretiert. Andere Lehrkräfte deuten dies ebenfalls implizit an, indem sie von einer Sensibilisierung oder einem anderen Bewusstsein für Schülervorstellungen sprechen.

Die Analyse der Schülerarbeiten aus der Sicht von Lehrerin E ermöglicht neben dem Bewusstsein über Schülervorstellungen eine Verknüpfung zwischen den theoretischen und den praktischen Phasen des professional development zu Schülervorstellungen:

<u>Episode Lehrerin E Z. 35-43:</u>

B *Ja, es ist einfach nochmal spannend, es nochmal schwarz auf weiß zu sehen, ähm... wobei wiegesagt die..ähm...die eigentliche der eigentliche Anknüpfungspunkt äh eher tatsächlich dieses strukturierte wissenschaftliche Hinterfragen war. Das natürlich schwarz auf weiß nochmal an eigenen Schülerdokumenten zu sehen oder an Schülerdokumenten überhaupt zu sehen, ist natürlich einfach nochmal so ein...das Erkennen das Wiedererkennen dessen, was vorher wissenschaftlich gehört hat in den Schülerdokumenten, das ist ja auch nochmal so eine Transferleistung. Das war schön gewesen, die zu sehen.*

Das Wiederkennen der theoretisch behandelten Schülervorstellungen stelle aus Sicht von Lehrerin E eine *Transferleistung* (Z. 43) des erworbenen fachdidaktischen Wissens über Schüler dar. Das Gefühl der Spannung (Z. 35) und die positiven Emotionen (Z. 43) während der Analyse als Transferleistung werden als Anregung des situationalen Interesses interpretiert, welches als Ursache zur Beschäftigung mit den Schülerarbeiten gedeutet wird. Dabei hat die Phase eine Verbindung zwischen dem theoretischen Input zu Schülervorstellungen und dem praktischen Anwenden geschaffen.

Die intensive Beschäftigung mit der Analyse von Schülerarbeiten, wie sie bisher beschrieben worden ist, kann zu Diskussionen über die möglichen Gedankengänge des Schülers führen, die zwar anhand von Aufgabenstellungen durch den Fortbildner initiiert werden (können), jedoch von den Gedanken der Schüler geleitet sind. Dazu erwähnt Lehrerin F Folgendes:

<u>Episode Lehrerin F Z. 648-656:</u>

B *Ja und deswegen sind die Schülerlösungen /äh/ für mich schon wichtig gewesen. Ja und und auch /äh/ manchmal hab ich mir das gar nicht gedacht, was andere Kollegen dann formuliert haben. Ja und da hat der vielleicht so gedacht, dass es vielleicht dadurch entstanden oder oder der Kollege, der konkret die Schülerlösung eingebracht hat, wusste genau, worans liegt. Also hat das den Horizont durch die Schüler bei-<u>meinen</u> Horizont durch die Schülerlösungen noch erweitert und /äh/ man versteht manche Schülerlösung, die durch andere Schüler, die man nicht selbst hatte, reingebracht werden, besser.*

Die Ideen der anderen Lehrkräfte aus einer Diskussion über mögliche Gedankengänge, die der Schüler als Urheber einer Lösung gehabt haben könnte, wird als Grund interpretiert, warum die Analyse von Schülerdokumenten für Lehrerin F wichtig war. Dabei habe sie durch die Aussagen anderer Lehrkräfte Neues über Schülergedankengänge sowie deren Ursache gelernt (Z. 649f.). In der Folge versteht sie die Gedankengänge der Schüler besser. Damit wird die Phase des professional development als möglicher Ausgangspunkt für vertiefende fachliche und fachdidaktische Diskussionen gedeutet, welche durch das Feedback der Lehrkräfte, die die Urheber der Schülerarbeiten unterrichten, ergänzt werden.

Konkreter führt Lehrerin G die von Lehrerin F erwähnten Beliefs über die Wirkung aus, indem sie folgendes Beispiel anführt:

Episode Lehrerin G Z. 611-622:

611 **B** *hmm (4) Beispiele dafür. Ich muss jetzt erst mal zurückdenken. Wir*
612 *hatten ja beim letzten Mal . da haben wir uns ja glaub ich . damit*
613 *befasst und mit der Stochastik . und wenn ich jetzt an die Stochastik*
614 *denke, an die eine Aufgabe, die ich auch gemacht hatte, (2) dass Schü-*
615 *ler zum Beispiel nicht klar oftmals unterscheiden zwischen Häufig-*
616 *keiten und Wahrscheinlichkeiten. Da haben wir dann auch drüber ge-*
617 *sprochen, dass also /ähm/ ja Schüler hier keine Unterscheidung vor-*
618 *nehmen und nicht die Schlussfolgerung z-von den Häufigkeiten auf*
619 *die Wahrscheinlichkeiten unbedingt nachvollziehen. Und dass damit*
620 *dann auch so etwas wie Wahrscheinlichkeitsverteilungen /ähm/ nicht*
621 *ganz korrekt verwendete Begriffe sind. Ja dass also Schüler hier auch*
622 *nicht genügend hinterfragen oftmals.*

Das Beispiel von Lehrerin F bezieht sich auf eine fachliche sowie fachdidaktische Diskussion über den unterrichtlichen Umgang mit der Unterscheidung zwischen Häufigkeiten und Wahrscheinlichkeiten, deren Ausgangspunkt die Verwechslungen der Begriffe seitens der Schüler (sichtbar in den Dokumenten) gewesen sind. Daher wird auf Basis der Aussagen von Lehrerin F und G die Analyse von Schülerarbeiten als mögliche Grundlage bzw. Ausgangspunkt für vertiefte Diskussionen interpretiert.

Zusammenfassend lassen sich die Beliefs über die Wirkung des Analysierens von Schülerarbeiten hinsichtlich Schülervorstellungen wie folgt charakterisieren:

Gesamthypothese zu Kennenlernen und Systematisieren von Schülerleistungen, Schülervorstellungen und -fehlern:
In Schülerdokumenten werden die Schülervorstellungen sichtbar. Diese werden durch die Lehrkräfte als Anwendung der Theorie über Schülervorstellungen analysiert. Dabei identifizieren sie bisher als Einzelfall betrachtete Vorstellungen als systematisch auftretende, wobei sie ebenfalls Informationen über für sie bisher unbekannte Schülervorstellungen erhalten. Als Folge erhöht sich die Akzeptanz, dass Schülervorstellungen ein natürlicher Teil des Lernprozesses der Mathematik sind.

10.1.3 Einordnung von Schülerleistungen in das gesamte Feld

Ein Teil der letzten Kodierung beschäftigt sich mit systematisch auftauchenden Schülervorstellungen. In diesem Zusammenhang seien die Lehrkräfte in der Lage, die Vorstellungen ihrer Schüler mit denen der anderen Schulen zu vergleichen. Auf der Basis könnten sie solche systematischen Fehler identifizieren. Darauf geht Lehrerin B wie folgt ein:

Episode Lehrerin B Z. 448-454:

B *Und unterm Strich gesehen ist es auch immer interessant, dass nicht nur bei uns an der Schule Schüler sind, die das nicht können, ((lachend)) sondern an anderen Schulen auch, dass wir alle irgendwo einen Level haben,*

I *ok*

B *wo Schüler drüber sind und drunter sind . das Menschliche ist dann auch mit dabei.*

Für Lehrerin B ermöglichen die Schülerarbeiten unterschiedlicher Schulen ein Vergleich der Fähigkeiten der Schüler, da die Dokumente zeigen, dass nicht nur an ihrer, sondern auch an anderen Schulen Schüler sind, die bestimmte Schwierigkeiten bzw. Schülervorstellungen besitzen. Das Gefühl des Interessiertseins wird in diesem Zusammenhang als Anregung des situationalen Interesses (emotionale Komponente des Interesses) gedeutet. Zudem wird die Erkenntnis, dass sich alle Schüler auf einem Leistungslevel befinden, als Erkennen eines Leistungsmittels aufgrund der Lösungen der Schüler interpretiert, zu dem die Leistungen der eigenen Schüler eingeordnet werden können.

Diese Wirkung im Sinne des Vergleichs zu anderen Lehrkräften unterstreicht ebenfalls Lehrerin A, wobei sie zusätzlich auf eine motivationale Komponente eingeht, die durch den Austausch mittels der Schülerdokumente angeregt worden ist:

Episode Lehrerin A Z. 72-83:

B *Für mich hats en großes Feedback gegeben, /äh/ wie man sich in die naja in die Runde der anderen Kollegen auch einordnet beziehungsweise wie sich meine Schüler dort einordnen. Es ist ja nicht so, dass ich das jetzt, dass ich das mir so annehme, dass das auf mich zurückfällt. /äh/ Die haben so schlechte Noten, du hast wahrscheinlich nicht ordentlich gearbeitet. So ist es ja nicht, aber man hat natürlich auch lieber ein Erfolgserlebnis und da zu sehen, /äh/ es werden ja die pauschalisierten Fehler gemacht, die alle machen, oder es werden eben auch Fehler nicht gemacht. Das fand ich doch schon auch ermutigend. Auch auch m-m-Schüler /äh/ ner ner Truppe dann zu sagen, also in diesem Level da passt das schon. Das diese diese diese Bestätigung.*

Lehrerin A hat aus ihrer Sicht durch die Analyse eine Bestätigung erhalten, dass schlechte Schülerleistungen (Noten) nicht notwendigerweise auf ihre Arbeit zurückzuführen sind, da systematische bzw. strukturelle Schülervorstellungen ebenfalls bei Schülern anderer Lehrkräfte auftauchen. Die Bestätigung wird zudem derart interpretiert, dass das Feedback Lehrerin A geholfen hat, weiterhin eine für sie positive leistungsmotivationale Attribuierung aufrecht zu erhalten, indem sie Schülerfehler in Zukunft weiterhin nicht auf sich zurückführt, sondern als systematisch beim Lernen auftauchende Lernhürden versteht. Daher wird das Analysieren der Schülerdokumente, wie Lehrerin A es berichtet, als eine Form von Leistungsrückmeldung im Sinne eines Vergleichs zu den anderen Lehrkräften gedeutet und kann zum Erfahrungsaustausch beitragen.

Insgesamt lassen sich die Beliefs der Lehrkräfte über die Wirkung des Analysierens von Schülerarbeiten in dieser Kategorie wie folgt zusammenfassen:

Gesamthypothese zur Einordnung von Schülerleistungen in das gesamte Feld:
Die Analyse von Schülerdokumenten ermöglicht Lehrkräften einen Vergleich zu anderen Schulen, indem sie feststellen, dass nicht nur ihre Schüler, sondern auch die der anderen Lehrkräfte immer wieder auftauchende systematische Schwierigkeiten bei der Lösung von Aufgabenstellungen zeigen. Anhand dieser Erfahrung ordnen die Lehrkräfte die Leistungen ihrer Schüler in Bezug zu anderen ein.

10.1.4 Einordnung eigener Unterrichtsansätze verglichen mit anderen Lehrkräften

Neben der Einordnung von Schülerleistungen in das gesamte Feld beziehen sich die Lehrkräfte auf mögliche spezifische Ansätze, die in den Schülerlösungen erkennbar seien. In diesem Zusammenhang erwähnt Lehrerin D Erfahrungen mit den Schülerlösungen, die sie in das professional development eingebracht hat:

Episode Lehrerin D Z. 46-62:

B */ähm/ bei mir wars jetzt so, in der, dass ich den Diagnoseaufgabe in meinem Unterricht eingesetzt habe. Eine. Allerdings war das relativ kurz vor einer Klausur /ähm/ und meine Schüler haben dann natürlich die Diagnoseaufgabe direkt auf das bezogen, was wir im Unterricht gemacht haben. /äh/ ich hatte mich für ne Diagnoseaufgabe entschieden zum grafischen Differenzieren. /ähm/ meine Schüler hatten dann natürlich diese Funktion grafisch gesehen und sollten in der Aufgabe erläutern, wie denn der Schüler vorgegangen sei /ähm/ bei der beim Ableiten, um dä-diese grafische Ableitungen zu bekommen. Und da wir gerade an der Funktionsrekonstruktion waren, hatten sie natürlich dann den Weg gewählt, dass sie sich /äh/ spezielle Punkte auswählen und dä-/äh/ dadrüber dann die Eigenschaften der Funktionen festlegen, diese rekonstruieren, ableiten und dann dadrüber das erhalten. Und das hat gerade in dem Moment nicht gut gepasst. Ich würde aber im Zusammenhang des grafisch Differenzierens, was ich ja deutlich früher schon im Unterricht gemacht habe, da hätte die Diagnoseaufgabe sehr gut gepasst.*

Lehrerin D geht darauf ein, dass sie eine Aufgabe, die während des professional development entwickelt worden ist, im Unterricht einsetzte. Dies geschah relativ nahe zur Klausur der Einheit, in der sie sich mit der Rekonstruktion von Funktionen im Sinne der Interpolation beschäftigt hat. Dies sehe sie als Ursache für die sehr algebraisch ausgerichteten Lösungen zu Diagnoseaufgaben, die Schülervorstellungen bezüglich des grafischen Differenzierens erheben sollen. Dies wird wie folgt gedeutet:

Es zeigt sich auf der Basis der Schülerlösungen anhand der Aussage von Lehrerin D, dass sich zum einen aktuelle Thematiken auf die Lösungen der Schüler niederschlagen. Dies betrifft auch Aufgaben, die nicht explizit zur Thematik gestellt wurden, sondern einen ähnlichen Charakter haben (grafisches Differenzieren und Bestimmen der Ableitung anhand der Gleichung der Ableitung, die vorher algebraisch zum Zeichnen des Graphen hergeleitet wurde). Des Weiteren können sich spezielle Ansätze, die die Lehrkraft wählt, um beispielsweise den Schülern Hilfestellungen zu geben, in den Dokumenten der Lernenden zeigen (*spezielle Punkte wählen und darüber die Eigenschaften der Funktion festlegen, diese rekonstruieren, ableiten* Z. 56-58). Dies erwähnt Lehrerin D in der obigen Aussage nicht explizit, geht aber auf bestimmte Vorgehensweisen bei der algebraischen Rekonstruktion von Funktionen ein, die sie wahrscheinlich in ihrem Unterricht so eingesetzt hat. Lehrerin C geht auf den Aspekt des Erkennens der Ansätze anderer Lehrkräfte expliziter ein. Sie erwähnt dazu:

<u>Episode Lehrerin C Z. 232-257:</u>

B *Hmm......ähm...Naja, was ich vorhin schon gesagt habe, dass eben dass man auch mal sieht, wie andere Kollegen da herangegangen sind, ja? Welche Form sie einhalten...äh...man sieht ja genau, welcher Lehrer worauf Wert legt. So machen die Schüler das ja auch, ja? Und da habe ich denn schon mal geguckt, das das wäre ein guter Ansatz, da kann man vielleicht auch mal darauf Wert legen, dass man das so macht. Da waren schon zwei drei Sachen dabei von der Form, von von der Vorgehensweise, von...ähm...der Aufteilung der Arbeiten zum Beispiel. Da waren ein zwei Mal, wo ich gesagt habe: "Ach guck an, das könnte man auch probieren."*

I *Also haben Sie denn direkt aus diesen Sachen auch...ähm...Impulse mitnehmen können?*

B *Ja ja. Ja ja. Ja ja.*

I *Aus dieser Phase der Fortbildung?*

B *Ja ja. Doch doch.*

I *Die Sie dann auch tatsächlich ausprobiert haben?*

B *Ja. Naja ich muss daran arbeiten. Ich muss daran arbeiten, sage ich. Ja, dass eben...ähm...na ich bin eben manchmal nicht ganz konsequent zum Beispiel mit den Skizzen, dass man zum Beispiel, ja?...so etwas. Wo ich sagte dann: "Naja, das sieht man vielleicht doch ganz gut". Das sind Kleinigkeiten. Das waren jetzt keine großen Sachen, aber das ist mir zum Beispiel aufgefallen, dass also jeder eine Schülerskizze hatte und ich bin immer nur darauf hinweise, dass man eine Skizze machen sollte, dass es das vereinfacht aber es eigentlich nicht verlange. Und vielleicht sollte man es in unsere Klasse dann doch richtig verlangen, dass dann wirklich in ins Blut übergeht zum Beispiel.*

Im Gegensatz zu Lehrerin D geht Lehrerin C nicht auf die Lösungen ihrer eigenen Schüler, sondern die von anderen Lehrkräften ein. In diesem Zusammenhang erwähnt sie, dass man in den Lösungen sehe, *wie andere Kollegen da herangegangen sind* (Z. 233) und worauf sie Wert legen (*Form* (Z. 234), *Vorgehensweisen* (Z. 239) oder speziell Skizzen (Z. 250f.). Lehrerin C begründet den Eindruck damit, dass Schüler das machen, worauf die Lehrkraft Wert legt (Z. 234-236). Dementsprechend werden die Aussagen von Lehrerin C als Durchführen eines Vergleichs zwischen ihren Herangehensweisen und denen anderer Lehrkräfte interpretiert, wobei sie während des Vergleichs über ihren eigenen Unterricht reflektiert. Dabei ist sie zu neuen Erkenntnissen gekommen, die sich aus dem Analysieren der Schülerlösungen ergeben haben.

Insgesamt werden die Erfahrungen, die Lehrkräfte zu diesem Aspekt des Betrachtens der Schülerlösungen erwähnen, wie folgt zusammengefasst:

Gesamthypothese zur Einordnung der eigenen Unterrichtsansätze im Vergleich zu anderen Lehrkräften:
In den Schülerlösungen zeigen sich die Ansätze und Vorgehensweisen, die Lehrkräfte wählen bzw. auf die sie Wert legen. Diese sind der Ausgangspunkt für die Reflexion über die eigenen Ansätze und Vorgehensweisen.

10.1.5 Rückmeldung über eingesetzte Aufgaben

Die Lehrkräfte gehen in den Interviews als weiteren Belief über die Wirkung der Analyse von Schülerarbeiten in professional development auf Rückmeldungen ein, die sie auf der Basis der Schülerlösungen zu gestalteten Aufgaben (zur Kompetenzorientierung bzw. Diagnose) erhalten haben. Die Lösungen der Schüler konnten dabei aus Sicht der Lehrkräfte nicht nur zum Analysieren der Schülervorstellungen, sondern auch als Rückmeldung über die Funktion der „neuen“ Aufgabenstellungen eingesetzt werden. In diesem Zusammenhang erwähnte Lehrerin B bezogen auf die Schülerdokumente:

<u>Episode Lehrerin B Z. 427-429:</u>

B */ähm/ auf jeden Fall hab ich ja bei den Schüler /äh/ Dokumenten dann auch Einsicht bekommen, wie weit sie mit der neuen Situation auch fertig werden mit den neuen Aufgabenstellungen.*

Diese Episode wird derart interpretiert, dass Lehrerin B anhand der Schülerarbeiten erkennen konnte, wie die Schüler auf die neuen Aufgabenstellungen bzw. die Kompetenzorientierung reagieren und inwiefern sie mit der *neuen Situation*

(Aufgaben, Kompetenzorientierung) *fertig werden* (Z. 428-429). Sie führt im Folgenden weiter aus:

Episode Lehrerin B Z. 440-449:

B *Ich glaube, es war für uns doch /äh/ son bisschen /ähm/ zur Abrechnung. Ganz einfach bringt das was. Also ich glaube, das hat schon sehr viel gebracht, dass wir das auch eingeschickt haben, dass man das auch mit /äh/ /äh/ mit auswerten konnte und wir habens ja dann auch mit der Gruppe ausgewertet. Die Schülerarbeiten wurden ja teilweise dann auch /äh/ für uns zur Verfügung gestellt. Ich denke mal, das war schon wesentlich, das war hilfreich für uns, auch für die Fortbildung. Also ich glaube, es wäre nicht so gut gelaufen, wenn wir das nicht gehabt hätten, dass wir auch die Leistung der Schüler sehen.*

Aus der Sicht von Lehrerin B wäre die *Fortbildung* (Z. 447) nicht so gut gelaufen, wenn sie die Leistungen der Schüler nicht hätte sehen bzw. in der Gruppe auswerten können. Für Sie war das Analysieren der Schülerarbeiten eine Art *Abrechnung* (Z. 440-441) bezüglich dessen, was sie aus der Maßnahme mitgenommen habe. Dies unterstreicht sie mit dem zweiten Satz, indem sie zu der *Abrechnung* anführt: *Ganz einfach bringt das was* (Z. 441). Diese Aussagen werden daher derart gedeutet, dass die Schülerarbeiten eine Form von Rückmeldung über die Funktion der neu konstruierten Aufgabenstellungen bzw. der neuen Vorgehensweise im Sinne der Kompetenzorientierung geben. Dies erwähnt Lehrerin D in der folgenden Interviewepisode, in der sie auf das eingeht, was ihr ohne das Analysieren von Schülerarbeiten gefehlt hätte, noch konkreter:

Episode Lehrerin D Z.270-277:

B *Dann hätte mir son bisschen was gefehlt, weil dann wäre es wieder äh/ für meine-mein Empfinden so gewesen, dass es sehr theoretisch gewesen wäre, dass man theoretisch über Schülervorstellung spricht, dass man theoretisch gut ne Diagnoseaufgaben erstellt, aber dass man nicht sieht, wie setzt man das /äh/ wirklich um und was welches Ergebnis hat denn dann von mir ein guter erstellter Diagnose-au-bogen. Was zeigt der dann wirklich. Das hätte dann für mich son bisschen gefehlt.*

Lehrerin D wollte eine Rückmeldung über das Ergebnis eines eingesetzten Diagnosebogens, der auf der Basis der Theorie konstruiert wurde (*und was welches*

Ergebnis hat denn dann von mir ein guter erstellter Dianose-au-bogen, Z. 275-276). Da sie in der gesamten Episode darauf eingeht, was ihr gefehlt hätte, wird dies als Erfahrungen „*welches Ergebnis hat den dann von mir ein guter erstellter Diagnose-au-bogen*“ und „*Was zeigt der dann wirklich*“ während der Analyse der Schülerarbeiten interpretiert. Dem folgend erhielt sie Rückmeldungen zu den neuen Aufgaben in dieser Phase des professional development.

Ergänzend zu den bisherigen „Rückmeldungen“ erwähnt Lehrerin F den Austausch über Erlebnisse bzw. Erkenntnisse während des Einsatzes der Aufgaben im Unterricht:

Episode Lehrerin G Z. 74-87:

74 ***B*** *pphhh andere Inhalte. Also im Grunde genommen /äh/ sind das ja die*
75 *Inhalte, sind ja die Lehrplaninhalte, ja, die wir /ähm/ auch teilweise*
76 *durchsprechen und ich finde zum Beispiel immer ganz gut, wenn man*
77 *auch mit Kollegen anderer Schulen /ähm/ in Erfahrungsaus-tausch*
78 *tritt. Also es ist, finde ich, in dem Rahmen dann auch wirklich ge-*
79 *nauso gut und wenn andere ihre Beispielaufgaben vorstellen, auch*
80 *diese mit den Schülern bearbeitet haben, dass man zum Beispiel sieht,*
81 *aha da treten also genau die gleichen Schwierigkeiten auf, wie man*
82 *sie selber auch feststellt und dass man /äh/ zum Beispiel auch Hin-*
83 *weise bekommen kann. /ähm/ Hinweise in der Hinsicht, dass viel-*
84 *leicht gesagt wird, Mensch da drauf ein bisschen mehr Wert legen*
85 *und das andere das ist vielleicht gar nicht unbedingt so bedeutsam.*
86 *Das könnte man vielleicht drüber weggehen so ein paar Kleinigkei-*
87 *ten.*

Lehrerin F erwähnt in dieser Episode, dass über die Beispielaufgaben, die im Rahmen des professional development entwickelt wurden, und die Schwierigkeiten der Schüler bei der Bearbeitung während der „Analyse von Schülerarbeiten“ gesprochen worden ist. Dabei haben sich die Lehrkräfte über Vorgehensweisen beim Einsatz der Aufgaben ausgetauscht. Dementsprechend diskutieren sie nicht nur über die tatsächlich vorliegenden Dokumente, sondern gehen ebenfalls auf bestimmte Vorgehensweisen beim Einsatz der Aufgaben im Unterricht ein. Dies wird als Konsequenz interpretiert, die die Lehrkräfte auf der Basis der Schülerarbeiten als Rückmeldungen zu den eingesetzten Aufgaben ziehen.

In ähnlicher Weise geht Lehrerin B auf Rückmeldungen durch die Schülerarbeiten ein:

Episode Lehrerin B Z. 522-540:

B */ähm/ erst mal /äh/ dass man viel intensiver /äh/ die Schülerleistung sich auch angekuckt hat, weil man ja diese Reflexion auch weiterleiten musste. Dann zum anderen, dass wir in der nächsten Veranstaltung über diese Schülerarbeiten auch gesprochen haben, nicht nur über unsere eigene, sondern auch über die anderen Aufgaben und /äh/ über die Schülerarbeiten. /äh/ wo für mich dann auch /äh/ ne Reflexion da war. Es war ja nicht immer nur die Schülerarbeiten in der neunten Klasse durchgeführt worden. Auch in anderen Klassenstufen, wo ich dann auch gesagt habe, ja ich hab mich jetzt fixiert auf die neunte Klasse, diese Zuarbeiten durchzuführen und unsere Aufgaben, die wir dann auch /äh/ in entsprechender Weise /äh/ vorbereiten mussten. Aber jetzt auch in anderen Klassenstufen, dass man auch sagt, ja Mensch das ist ne tolle Aufgabe und da haben auch die Schüler gut reagiert oder da hat man dann auch gesehen /äh/ die Schülerleistung /äh/ waren unvollständig. Das heißt, die Zeit ist dafür zu knapp gewesen. Dass man dann auch /äh/ da /ähm/ ne Reflexion auch bekommt auch wenn man das selber nicht durchgeführt hat und deswegen fand ich diese Schülerleistung eigentlich, diese /äh/ /äh/ Einbringung der Schülerleistung fand ich eigentlich toll.*

Lehrerin B erwähnt die Reflexion, die sie durch das Analysieren der Schülerarbeiten im professional development hinsichtlich der eingesetzten Aufgaben aller Lehrkräfte erhalten habe. Dabei geht sie auf das „Funktionieren" einer Aufgabe in den anderen Klassenstufen (*in anderen Klassenstufen, das man auch sagt, ja Mensch das ist ne tolle Aufgabe* Z. 533-534) sowie mögliche Schülerreaktionen (*und da haben auch die Schüler gut reagiert* Z. 534-535) ein. Konkret erwähnt sie, dass sie aufgrund unvollständiger Lösungen, die in den Schülerdokumenten ersichtlich waren, darauf geschlossen hat, dass die Bearbeitungszeit zu knapp gewesen ist. Zusammenfassend werden die Erfahrungen von Lehrerin B derart gedeutet, dass Lehrkräfte nicht nur Rückmeldungen zu den eigenen Aufgaben, sondern auch zu denen der anderen Lehrkräfte aus anderen Klassenstufen bzw. zu anderen mathematischen Themen erhalten. Aus diesen ziehen die Lehrkräfte dann Schlussfolgerungen für den weiteren Einsatz der neuen Aufgaben.

Lehrkräfte können an das Analysieren von Schülerarbeiten zu vorher konstruierten und eingesetzten Aufgabenstellungen die Erwartung stellen, Rückmeldungen über die Funktion zu erhalten. Dies erwähnt Lehrer H, der an der Diagnosegruppe teilgenommen hat:

Episode Lehrer H Z. 558-566:

B *Ja ich denke, d-/ähm/ ja wenn Se-wenn Sie darauf abzielen, . wir /äh/ ich werde das auch noch machen, diese diese Hausaufgabe, die wir haben. Das heißt also, Diagnoseaufgaben einsetzen, Schülerproduktionen /äh/ hernehmen und ein paar auch einscannen und /äh/ dann für die Fortbildung bereitstellen. Uund das auch mal zu sehen, was andere da bekommen haben, im Bezug auf das, was wir besprochen haben oder /äh/ was wir gemeinsam erarbeitet haben. /äh/ das ist schon interessant, um mal zu sehen was da herausgekommen ist, ob das wirklich funktioniert hat ja.*

Für Lehrer H ist es interessant, zu erfahren, *was andere da bekommen haben, im Bezug auf das, was wir besprochen haben oder [...] gemeinsam erarbeitet haben* (Z.562-564). Zudem erhofft er sich Rückmeldungen darüber, *was da herausgekommen ist [und] ob das wirklich funktioniert hat* (Z.565-566). Diese Erwartungen der Rückmeldung decken sich mit den Erfahrungen der Lehrkräfte der Schülerarbeitengruppe. Daher wird die Episode von Lehrer H als Aufbau von Erwartungen interpretiert, Rückmeldungen über die Aufgaben zu erhalten, welches ggf. mit wertbezogenem Interesse einhergeht (vgl. 2.4.3). Dies ist bei Lehrer H der Fall, da es für ihn schon interessant ist, *mal zu sehen, was da herausgekommen ist* (Z. 565) und er damit die Kognitionen über die Aufgaben und deren Funktion im Unterricht erweitern möchte.

Insgesamt lassen sich die Interpretationen der Erfahrungen der Lehrkräfte bezüglich der Rückmeldungen durch die Analyse von Schülerdokumenten wie folgt charakterisieren:

Gesamthypothese zur Rückmeldung über die Funktion der Aufgaben
Lehrkräfte erhalten durch die Analyse von Schülerdokumenten zu vorher konstruierten und im Unterricht eingesetzten Aufgaben bzw. Diagnoseaufgaben Rückmeldungen zu deren Funktion. Diese sind allgemein (Aufgaben funktionieren bzw. funktionieren nicht) oder speziell (Schüler haben mit diesen Aufgabenteilen Schwierigkeiten, die Aufgaben könnten zu zeitintensiv, was zeigen die Diagnoseaufgaben). Diese Erfahrungen sprechen das wertbezogene Interesse an, da die Lehrkräfte ihre Kognitionen über die Funktionsweise der erstellten Aufgaben erweitern möchten und passende Erwartungen an eine solche Phase des professional development stellen.

10.1.6 Schülerreaktionen während des Unterrichtseinsatzes

Während des Einsatzes der neu konstruierten Aufgabenstellungen im Unterricht können die Lehrkräfte ebenfalls bereits im Unterricht Erfahrungen zu den Reaktionen der Schüler auf die neuen Aufgabenstellungen sammeln. Dies deuteten bereits die Episoden von Lehrerin B (Z.527-540) explizit und Lehrerin F implizit an, indem die Lehrkräfte erwähnen, dass die Schüler gut darauf reagiert haben bzw. ein Erfahrungsaustausch über zu Beachtendes stattgefunden hat. Ergänzend dazu kann das Bewusstsein über die Relevanz der Schülerarbeiten einen Einfluss auf die Handlungen der Schüler im Unterricht haben. Bezogen auf eine Klasse, die nach Lehrerin A leistungsschwach ist, berichtete sie Folgendes:

Episode Lehrerin A Z. 41-45:

41 **B** *... und dann war das schon sehr spannend. Es es war auch ne Moti-*
42 *vationshilfe vielleicht denke ich mir, dass einige Klassen, die jetzt so*
43 *sehr leistungsschwach sind, auch schon bisschen aufgegeben haben*
44 *und jetzt waren sie auf einmal wieder wichtig. Das war so als wenn*
45 *wir zusammen sowas jetzt was durchpowern.*

In vorherigen Abschnitten des Interviews geht Lehrerin A darauf ein, dass sie mit ihrer Klasse über das professional development gesprochen habe und sie einige Lösungen ihrer Schüler einscannen und weiterleiten werde, damit die Arbeiten in den Veranstaltungen analysiert werden können. Aus der Perspektive von Lehrerin A war es für die Lernenden eine *Motivationshilfe* (Z.41-42), da sie als eine aus ihrer Sicht leistungsschwache Klasse wegen der Auswahl ihrer Arbeiten wieder wichtig sind. Darüber hinaus geht Lehrerin B auf Verhaltensweisen ihrer Schüler ein, die sich aus ihrer Sicht im Unterricht ergeben haben:

Episode Lehrerin B Z. 232-242:

232 **B** */äh/ ich denke schon, weil die Schüler einmal den Ernst auch der Sa-*
233 *che gesehen haben. /äh/ dass sie sich auch angestrengt haben und*
234 */äh/ dass sie auch /ähm/ /äh/ dass /äh/ sie wollten sich auch nicht*
235 *blamieren, weil ich gesagt habe, einige Arbeiten schicke ich ein.*
236 *Dadurch haben sie sich ganz besonders angestrengt und /äh/ haben*
237 *auch intensiver gearbeitet, als wenn man jetzt nur ganz einfach ne*
238 *Schülerleistung so oder /äh/ ne ne Übungsphase gehabt hätte. Ich*
239 *denke, dass hat für die Schüler auch schon,*
240 **I** *ok*
241 **B** *sie fühlten sich auch wichtig, ich bin jetzt im Mittelpunkt. Das /äh/*
242 *hatte ich das Gefühl in meiner Klasse.*

Lehrerin B beschreibt wie Lehrerin A das Gefühl der Wichtigkeit, das ihre Schüler ihrem Gefühl nachempfunden haben, weil sie jetzt im Mittelpunkt stehen. Sie geht zudem über die reine Motivationshilfe für die Schüler hinaus und erwähnt motivierte Handlungen wie Anstrengen, nicht blamieren wollen und intensives Arbeiten, welche die Schüler verstärkt in den Phasen zeigen würden, aus denen Dokumente an die Fortbildner geschickt wurden. Die Anstrengung bzw. die Intensität des Arbeitens seitens der Lernenden war in den entsprechenden Phasen nach Lehrerin B höher als in reinen Übungsphasen, die nicht mit dem professional development verknüpft waren (Z.236-237). Das Einsetzen und Weiterleiten der Aufgaben im Unterricht werden als Ursache für die höhere Anstrengung der Schüler gedeutet, da sie sich wichtig fühlen und sich nicht durch falsche Lösungen blamieren wollen.

Insgesamt kann die Vorarbeit im Unterricht für die Analyse der Schülerdokumente im professional development zu weiteren Erfahrungen führen, die wie folgt charakterisiert werden:

> **Gesamthypothese zu Erleben von Schülerreaktionen während des Unterrichtseinsatzes**
> Schüler von Lehrkräften, die den Einsatz der neuen Aufgaben mit der Analyse in dem professional development explizit im Unterricht thematisieren und durchführen, strengen sich während des Einsatzes verstärkt an und arbeiten intensiver.

10.1.7 Motivation zum Einsatz von schriftlicher Diagnose

Der Einsatz der im professional development konstruierten Aufgabenstellungen und deren Auswirkungen wurde bereits in den vorherigen Unterkapiteln verdeutlicht. An dieser Stelle werden Aussagen der Lehrkräfte interpretiert, die auf den weiteren Einsatz im Unterricht bzw. anderen Veranstaltungen abzielen. Beispielsweise beschreibt Lehrerin E:

Episode Lehrerin E Z. 167-183:

167 **B** *...ähm...ich würde vielleicht tatsächlich auch nochmal gezielt Aufga-*
168 *ben stellen, um zu gucken, wo liegen eigentlich die Schwierigkeiten.*
169 *Da würde ich sicherlich auch bei der Aufgabenauswahl nochmal an-*
170 *ders gucken. Wie gesagt ich habe sonst gehe ich normalerweise ja*
171 *herum und gucke dann im Gespräch, wo liegen die Schwierigkeiten.*
172 *Da würde ich sicherlich auch nochmal gezielter Aufgaben heraussu-*
173 *chen, die mir vielleicht dann auch gleich die Rückmeldung geben, wo*

174 *könnten denn die Probleme meiner Schüler liegen. Was ist eigentlich*
175 *nicht verstanden worden? Wo wird übergeneralisiert? Oder Ähnli-*
176 *ches.*
177 ***I*** *Das heißt Sie würden im Prinzip Aufgaben auswählen, die Schüler*
178 *würden sie lösen und Sie würden dann auch nochmal gucken, was*
179 *sind in den Lösungen Fehler, Fehlkonzepte...*
180 ***B*** *Genau*
181 ***I*** *oder auch richtige Ansätze vorhanden sind.*
182 ***B*** *Genau, also das wäre sicherlich neu, das habe ich bisher noch nicht*
183 *gemacht.*

Lehrerin E hat vor dem professional development Schülerschwierigkeiten im Gespräch ermittelt und möchte nach der Teilnahme zur Erhebung von Schülervorstellungen Aufgaben auswählen und einsetzen. Diese Vorgehensweise wird als Auswahl eines Verfahrens interpretiert, welches sie mittels der Analyse von Schülerarbeiten im professional development kennenlernte. Dies wird zudem als Motivation gedeutet, eine schriftliche statt einer mündlichen Erhebung von Schülervorstellungen im Unterricht einzusetzen, da ihre Aussagen an dieser Stelle des Interviews im Möglichen liegen. Das neue Einsetzen der schriftlichen Diagnose (vgl. Zeile 180) stützt die Interpretation.

Ähnliche Erfahrungen beschreibt Lehrerin D:

<u>Episode Lehrerin D Z. 162-174:</u>

162 ***B*** *In der Nachbereitung isses dann auch wichtig, dass ich mich da kon-*
163 *kret mit den Sachen, die Schüler bearbeiten, auseinandersetze. Dass*
164 *ich da auch sehe, was haben sie denn da niedergeschrieben. Also dass*
165 *man da öfter noch in Richtung erläutern geht und dann eben auch die*
166 *Erläuterung der Schüler durcharbeitet, um zu erkennen, gibt es in*
167 *meinem Kurs noch irgendwelche dieser Fehlvorstellung, auf die man*
168 *dann im Unterricht anschließend nochmal eingehen sollte.*
169 ***I*** *Also würden Sie doch neu mehr vermehrt anfangen?*
170 ***B*** *Genau jetzt noch vermehrt /ähm/ machen im Unterricht, also dass*
171 */ähm/ ist bei mir noch en bisschen zu kurz gekommen. Das ist mir jetzt*
172 *noch bewusster geworden, dass man da noch mehr drauf achten*
173 *sollte, weil im Gespräch doch vielleicht mal die ein oder andere fal-*
174 *sche Aussage nicht ganz so wahrgenommen wird. /ähm/ und dass*
175 *wenn man, wenn die Schüler wirklich ihre Gedanken richtig ver-*
176 *schriftlicht haben, dass man da dann erkennt, wo sind noch Fehler,*
177 *dass man denen frühzeitig entgegensteuert.*

Lehrerin D geht wie Lehrerin E darauf ein, in den Gesprächen zu versuchen, die Schülervorstellungen zu erkennen. Dies ist aus ihrer Sicht komplex, da im Gespräch nicht alle *falschen Aussagen* (Z. 173-174) wahrgenommen werden. Speziell durch das professional development habe sie diese Erfahrung gemacht. In der Folge geht sie darauf ein, die Gedanken der Schüler nun schriftlich erheben zu wollen. Daher wird diese Episode von Lehrerin D als Steigerung der Motivation interpretiert, Diagnoseaufgaben im Unterricht einzusetzen und die Gedanken der Schüler zu analysieren. Diese Interpretation wird durch die Aussage gestützt, dass die schriftliche Diagnose in ihrem Unterricht noch zu kurz gekommen ist und es ihr bewusst geworden ist, dass schriftliche Diagnose zu valideren Ergebnissen führt als eine mündliche im Gespräch. Dabei möchte sie unter anderem den Operator „erläutern“ verstärkt einsetzen und die Erklärungen der Schüler durchgehen, um noch vorhandene Fehlkonzepte zu mathematischen Inhalten aufzudecken.

Eine ähnliche Sichtweise berichtet Lehrerin C, die ebenfalls darauf eingeht, verstärkt schriftliche Schülerarbeiten nutzen zu wollen, aber bereits vorher Lösungen an der Tafel oder mündlich verwendet habe, um Vorstellungen auszudiskutieren. Zudem erwähnt sie eine direkte Verbindung zu dem Analysieren von Schülerarbeiten in den Veranstaltungen:

<u>Episode Lehrerin C Z. 356-381:</u>

356 **B** *Mit den Schülerfehlern...ähm...Das man jetzt vielleicht mal bewusst*
357 *Schülerarbeiten auch mal dazu nutzt, sonst habe ich einfach nur die*
358 *Schülerarbeit an der Tafel benutzt oder wenn es eben verbal war,*
359 *dass das ausdiskutiert habe aber noch nicht so oft, dass man sich*
360 *wirklich auch Schülerleistungen nimmt, die schriftlich sind, und die*
361 *denn mal ausdiskutiert. Das habe ich noch nicht so oft gemacht, habe*
362 *das jetzt auch schon mal. Werde ich das...werde ich mit aufnehmen.*
363 **I** *Kommt das jetzt durch direkt aus der Fortbildung?*
364 **B** *...ähm...*
365 **I** *Können Sie das an Elementen der Fortbildung vielleicht auch festma-*
366 *chen?*
367 **B** *Naja als als man denn...ähm...die Schülerleistungen auch wirklich*
368 *mal...ähm...an an der Wand hatte und das so gesehen habe, da habe*
369 *ich gesagt: "Mensch! Das müssten die Schüler doch auch mal bewusst*
370 *sehen." Also diese Perspektiv, die wir jetzt als als Fort-bildungsteil-*
371 *nehmer hatten, da habe ich gedacht, das ist doch für Schüler eigent-*
372 *lich auch gar nicht mal so unrecht. Andere sollten sehen a) die ande-*
373 *ren schreiben sauber. b) wenn meine Arbeit dran sind, ich muss mich*

schämen. Also man hat ja Erziehung, erzieherische Möglichkeiten, dadurch und auch zu sehen ich muss Fehler such und dann ist es nicht so stur aus dem Buch, da sind ja auch oft Fehler gegeben, Sachen gegeben, wo sagt dann: "Suche den Fehler" Aber das ist doch vielleicht viel interessanter eine Arbeit zu nehmen, die direkt aus den eigenen Reihen kommt, ja? Und ein Thema, das sie selber bearbeitet haben, und da den Fehler zu suchen. Und das fand ich..als ich dann so selber saß und das gesehen habe, habe ich gesagt: "Das wäre jetzt Schülern auch ganz gut."

Lehrerin C möchte vermehrt schriftliche Lösungen in den Unterricht einbinden. Dabei wird das Analysieren von Schülerarbeiten als Ursache des Wunsches interpretiert. Die weiteren Aussagen werden derart gedeutet, dass sie aufgrund der Erkenntnisse diese Form des Lernens in ihrem Unterricht einmal ausprobieren möchte. Dies wird daher als Motivation interpretiert, Schülerdokumente als Lerngegenstand im Unterricht im Sinne einer Orientierung an den Konzepten der Schüler in der eigenen Klasse einzusetzen. Bekräftigt wird die Interpretation durch die Passage, in der Lehrerin C meint, es wäre für die Schüler interessanter, aus ihren eigenen Fehlern zu lernen, anstatt Aufgaben aus einem Mathematikbuch zu nehmen, die nach dem Prinzip *„Suche den Fehler"* gestaltet sind. Die schriftlichen Leistungen der Schüler, speziell solche mit Fehlern, möchte sie dann während des Unterrichts zur Diskussion über Schülerschwierigkeiten nutzen (Z. 377). Zudem erhoffe sie sich einen Erziehungseffekt. Insgesamt wird dies als Episode interpretiert, die verdeutlicht, dass bei Lehrerin C durch das Analysieren der Schülerarbeiten die Motivation gestiegen ist, die Lösung von Aufgaben, die die korrekten und nicht passenden Vorstellungen der Lernenden enthalten, als Lerngegenstand im Unterricht zu verwenden. Diese Motivation scheint Lehrerin C nicht nur für den eigenen Unterricht aufgebaut zu haben, sondern möchte sie auch in der eigenen Arbeit als Fachbetreuerin und Fortbildnerin in Form von Lerngelegenheiten für andere Lehrkräfte weiterführen:

Episode Lehrerin C Z: 454-465:

454 **I** *Und...ähm...sagen Sie denen [andere Kollegen] auch Sie sollten mal*
455 *mehr auf das gucken, was die Schüler produzieren und das auch im*
456 *Unterricht einsetzen, oder?*
457 **B** *...ähm...Nein, das habe ich noch nicht. Aber ich ja auch Fachbetreuer*
458 *für Mathematik und renne also und und bereise dann so das Land und*
459 *ich wüsste genau, dass ich das in meinen Fortbildungen mit vermit-*
460 *teln werde.*
461 **I** *Okay. Also würden Sie das Element, über das wir schon viel gespro-*
462 *chen haben, tatsächlich auch in kommende Fortbildungen, die Sie ge-*
463 *stalten.*
464 **B** *Ja.*
465 **I** *Einsetzen.*

Die Episode bestärkt die Interpretation, dass die Phase des professional development, in der Schülerdokumente bearbeitet wurden, eine zentrale Wirkung auf Lehrerin C hatte, indem ihre Motivation, die Lösungen als Lerngegenstand für Schüler und für andere Lehrkräfte einsetzen zu wollen, gestiegen bzw. angeregt wurde.

Insgesamt werden die Interpretationen lassen wie folgt zusammengefasst:

Gesamthypothese zur Motivation zum Einsatz von schriftlicher Diagnose
Die Lehrkräfte werden durch das Analysieren von Schülerdokumenten im professional development darauf aufmerksam gemacht, dass eine schriftliche Diagnose von Schülervorstellungen präziser als eine mündliche ist. Dies erhöht die Motivation, Diagnoseaufgaben zur Erhebung der Schülervorstellungen im Unterricht einzusetzen, um selbst Erkenntnisse über die eigenen Lernenden zu gewinnen oder die Lösungen als eigenen Lerngegenstand im Unterricht im Sinne der Schülerorientierung zu verwenden.

Im Folgenden werden alle Gesamthypothesen aus den bisherigen Analysen und Interpretationen zusammengefasst. Abschließend wird übersichtlich in einer Tabelle dargestellt, von welchen Beliefs über die Wirkung die jeweiligen Lehrkräfte in den Interviews berichteten.

10.1.8 Zusammenfassung

Das Analysieren von Schülerarbeiten im professional development ...

- ... spricht das situationale Interesse der Lehrkräfte an, weil sie Schülervorstellungen in den Dokumenten zu bestimmten mathematischen Themen untersuchen. Zudem ermöglicht es die Verbindung zwischen der Theorie in den Veranstaltungen und der Praxis in den Unterrichtsstunden. Beides dient der Steigerung der Motivation, an den Veranstaltungen teilzunehmen und die Schülervorstellungen tatsächlich für das professional development in den Klassen zu erheben.
- ... deckt die Vorstellungen der Schüler auf, da die Dokumente sowohl Vorstellungen als auch Fehlvorstellungen enthalten, welche von den Lehrkräften als Theorienanwendung identifiziert werden können. Zudem machen Lehrkräfte die Erfahrung, dass bestimmte Vorstellungen systematisch auftauchen und kein Einzelfall aus der eigenen Klasse sind. Dies trifft auch auf Vorstellungen zu, die sie durch die Analyse erst neu kennen gelernt haben. Die Vorstellungen sind dann Ausgangspunkt von fachlichen und fachdidaktischen Diskussionen. Als Folge der Erfahrungen steigt die Akzeptanz von Fehlern als Teil des Lernprozesses.
- ... ermöglicht den Lehrkräften einen Vergleich zu anderen Schulen und den Leistungen der Schüler. Auf der Basis gewinnen die Lehrkräfte die Erkenntnis, dass nicht nur ihre Schüler, sondern Schüler aller Schulen ähnliche Fehler machen, was ihnen hilft, sich und ihre Leistung einzuordnen. In der Folge empfinden die Lehrkräfte ein Gefühl der Bestätigung ihrer Fähigkeiten.
- ... zeigt den Lehrkräften, welche Ansätze andere Lehrkräfte für bestimmte mathematische Themen verwenden oder auf was sie bei der Lösung von Aufgabenstellungen Wert legen. Dies wird als Basis für den Vergleich zum eigenen Unterricht verwendet und gibt Anregungen für bestimmte Unterrichtshandlungen und Zielsetzungen.
- ... gibt den Lehrkräften Rückmeldungen über die Funktion von erstellten Aufgaben, wobei dies allgemein (funktionieren bzw. funktionieren nicht) oder speziell (Wo haben die Schüler Schwierigkeiten? Sind die Aufgaben zu zeitintensiv? Was können die Diagnoseaufgaben aufdecken?) sein. Daraus diskutieren die Lehrkräfte über Konsequenzen für den unterrichtlichen Einsatz und mögliche Änderungen der Aufgabenstellungen. Dies wird als Wunsch der Erweiterungen der Kognitionen über die Aufgaben interpretiert, welches dem wertbezogenen Interesse entspricht.
- ... dient zum Austausch über die Reaktionen der Schüler während der Testungsphase. Dabei wird die Motivation der Schüler positiv beeinflusst, sich

intensiv mit den Aufgaben auseinanderzusetzen, wenn die Lehrkräfte sie darauf hinweisen, dass dies ein Teil eines professional development ist.

- … trägt dazu bei, dass die Motivation der Lehrkräfte, schriftliche statt schwerpunktmäßig mündliche Diagnosen im Mathematikunterricht einzusetzen, steigt. Die Schülerarbeiten werden zudem als Lerngegenstand im Unterricht verwendet, indem die Schüler über die in den Lösungen enthaltenen Vorstellungen diskutieren.

Die Zusammenfassung der Ergebnisse (Tabelle 33 auf der folgenden Seite) zeigt, dass fast alle Lehrkräfte von einer Erhöhung der Teilnahmemotivation (Akzeptanz des Angebots), einem systematischen Umgang mit Schülervorstellungen und dem Erhalt von Rückmeldungen zu den neu gestalteten Aufgaben durch die Analyse von Schülerarbeiten im professional development berichten. Darüber hinaus lassen sich keine eindeutigen Typen der Lehrkräfte hinsichtlich der subjektiven Erfahrungen des Analysierens von Schülerarbeiten identifizieren.

Im folgenden Kapitel werden die Berichte der Lehrkräfte hinsichtlich der professionellen Kompetenz und deren Änderung durch das professional development dargestellt.

Die Einordnung der Lehrkräfte zu den verschiedenen Gesamthypothesen ist in der folgenden Tabelle dargestellt:

	A	**B**	**C**	**D**	**E**	**F**	**G**	**H**	**I**
Teilnahmemotivation	X	X	X	X	X	X		X	X
Schülervorstellungen	X	X	X	X	X	X	X		X
Einordnung Schülerleistungen	X	X				X	X		X
Einordnung Ansätze		X	X				X		
Rückmeldung über Funktion	X	X	X	X		X		X	X
Schülerreaktion beim Einsatz	X	X							
Diagnose im eigenen Unterricht			X	X	X				

Tabelle 33: Zuordnung der Lehrkräfte zu den Beliefs über die Wirkung der Analyse von Schülerarbeiten

10.2 Professionelle Kompetenz

In diesem Kapitel wird auf Selbstberichte der Lehrkräfte über die Wirkung des professional development auf das fachdidaktische Wissen, die Beliefs zum Lehren und Lernen und die fachdidaktische Motivation eingegangen. Die Ergebnisse für die drei Facetten der professionellen Kompetenz werden in der genannten Reihenfolge dargestellt.

10.2.1 Fachdidaktisches Wissen

Die Darstellung der Ergebnisse zum fachdidaktischen Wissen beschränken sich auf die von den Lehrkräften berichteten Veränderungen. Dabei erfolgt eine Unterteilung in …

- … fachdidaktisches Wissen über die Schüler: Wissen über Schülervorstellungen
- … fachdidaktisches Wissen über das Lehren: Wissen über die Aufgabengestaltung, die Herangehensweise an mathematische Inhalte sowie das Erklären im Mathematikunterricht

In der Darstellung der Ergebnisse muss berücksichtigt werden, dass viele Lehrkräfte Veränderungen benennen, sie jedoch meist nicht mit konkreten Beispielen belegen. Diese Änderungen werden an den entsprechenden Stellen als subjektiv wahrgenommene Änderungen interpretiert, von denen man das Ausmaß nicht angeben kann.

Kein bzw. geringer Zuwachs des fachdidaktischen Wissens über die Schüler

Die Lehrkräfte berichten über unterschiedlichen Zuwachs des fachdidaktischen Wissens über die Schüler. Es gibt Lehrkräfte, die aus ihrer Sicht kein neues Wissen über Schülervorstellungen bzw. Schülerkonzepte mitgenommen haben. Dies zeigt beispielsweise die folgende Interviewepisode von Lehrerin B:

Episode Lehrerin B Z. 314-323:

I *Nehmen Sie denn neues Wissen zu Schülerfehlern und Schülerkonzepten aus der Fortbildung mit?*

B */ähm/ neues Wissen . Schülerfehler. Naja gut, dass ich jetzt da so /äh/ wesentlich neu . ich finde aus Fehlern hat man vorher auch schon immer gelernt oder hat da interpretiert, was man da /ähm/ anders machen müsste, um den Schülern das besser rüber zu bringen. . das jetzt . so wesentlich neu war, kann ich jetzt auch nicht sagen,. . dass es jetzt /ähm/ son absoluter Sprung war für mich, weil wir vorher auch schon die Fehler interpretiert haben oder /äh/ analysiert haben, ganz einfach . das nee würde jetzt erst mal [...].*

Lehrerin B hat ihrer Meinung nach nichts *wesentlich* Neues (Z. 317) aus dem professional development zu Schülerfehlern mitgenommen, da sie bereits vorher solche analysiert und interpretiert hat. Dies ist für sie die Ursache, warum sie aus dem professional development nichts Neues mitgenommen hat (*kann ich jetzt auch nit sagen, dass es son absoluter Sprung war für mich, weil wir vorher auch schon die Fehler interpretiert haben* Z. 320-322).

Lehrerin C erwähnt ähnlich wie Lehrerin B, dass sie in diesem Bereich im professional development nichts Neues mitgenommen hat. Sie geht zusätzlich verstärkt darauf ein, woher sie das Wissen über Schülerfehler erhält:

Episode Lehrerin C Z. 190-215:

I *Aber es geht wirklich tatsächlich um Wissen, welche Schülerfehler es gibt.*

B *Ach so. Das habe ich in der Fortbildung direkt muss ich sagen: "Nein." Das kriege ich eigentlich so im täglichen Leben...im täglichen Umgang mit den Schülern mit.*

I *Und...ähm...wie genau? Wo finden Sie diese...*

B *Wo ich die Fehler finde?*

I *Ja.*

B *...ähm...wo finde ich die? Na einmal, wenn man die Schüler selber reden lässt, dass man sagt: a) der Begriff ist nicht eindeutig klar bei den Schüler, sie verwenden das falsch. b) bei den Lösungswege, dass man sagen kann: ...ähm... "Es ist immer wieder an bestimmten Stellen, an bestimmten Stellen tauchen immer wieder dieselben Fehler auf." Ja? Oder...ähm...war eine falsche Aufgabe drinnen, dann habe ich gesagt, warum? Wie bist du jetzt an diesen Fehler gekommen? Dann hat er das erklärt. Dann viel mir erstmal auf: Mensch, ja! Dann habe*

206 *ich, manchmal versteht man dann erst die Fehler, die eigentlich schon*
207 *jahrelang passieren, wo wir immer sagen: "Wieso macht ein Schüler*
208 *an dieser Stelle diesen Fehler?" Und wenn man sich das mal so rich-*
209 *tig erklären lässt von den Schüler, was sie machen an der Stelle. Nicht*
210 *einfach nur sagen: "Es ist falsch." und einem erklären, dass es richtig*
211 *ist und sagen können: "Sag mir jetzt, was du denkst an der Stelle!*
212 *Warum taucht jetzt hier dieser Fehler auf?" Da kriegt man auch sehr*
213 *sehr viel mit und die anderen Schüler müssen halt zuhören und sagen,*
214 *was ist. Und dann kann man die auch diskutieren lassen. Ja? Was ist*
215 *falsch, was ist richtig?*

Lehrerin C erwähnt auf Nachfrage, dass sie fachdidaktisches Wissen über Schüler nicht aus der Veranstaltung mitnahm, sondern *im täglichen Umgang mit den Schülern* (Z. 193-194) erfährt. Dazu lässt sie Schüler Lösungen erläutern und fragt bei auftretenden Fehlern nach der Ursache. Dies wird derart interpretiert, dass sie fachdidaktisches Wissen über die Schüler im direkten Gespräch mit den Lernenden erlangt, da sie Ursachen direkt beim Auftauchen der Fehler klärt und ebenso erkennt, welche Fehler systematischer auftauchen.

Im Verlauf des Interviews relativiert Lehrerin C ihre Aussage über das Lernen bezüglich des fachdidaktischen Wissens über die Schüler geringfügig:

<u>Episode Lehrerin C Z. 222-231:</u>

222 ***I*** *Dankeschön. Das meiste, was Sie über Schülerfehler und Schülerkon-*
223 *zepte wussten, wussten Sie schon vorher.*
224 ***B*** *Ja.*
225 ***I*** *Und haben jetzt auch durch diese Reflexion von den Schülerdokumen-*
226 *ten nicht noch ...*
227 ***B*** *nicht viel...Nein, nicht viel Neues. Also einen kleinen Tuck*
228 *mal...ähm...so für meine Arbeit, dass eben Fehler, die bei mir viel auf-*
229 *getaucht sind bei Ihnen nicht, wo man gesagt hat: "Na, vielleicht denn*
230 *doch ein bisschen mehr darauf achten." Es geht, dass du das...ähm...*
231 *ordentlich machen. Aber im Großen und Ganzen nein.*

In dieser Episode bestätigt sie, dass sie das meiste über Schülerfehler bereits vor dem professional development wusste. Obwohl sie ein wenig aus der Phase des Analysierens von Schülerarbeiten bezüglich Schülerkonzepten mitnehmen konnte, konkretisiert sie dies nicht. Stattdessen geht sie auf Fehler ein, die bei ihr vorkamen, bei den anderen Lehrkräften jedoch nur selten aufgetaucht sind. Dies nutzte sie, um darauf hinzuweisen, dass man auf die Fehler, die ihr bekannt waren, auch achten sollte. Demnach wird die Episode insgesamt als Stabilität des Wissens interpretiert. Dementsprechend begründet sich ihr fachdidaktisches Wissen auf Erfahrungswissen. Das beschreibt ebenso Lehrerin F, wobei sie verstärkt den Unterschied zwischen berufserfahrenen Lehrkräften und Anfängern hervorhebt:

Episode Lehrerin F Z. 238-252:

238 **B** *Ja, wenn ich jetzt . wenn mich der Fehler . zum ersten Mal erwischt,*
239 *für junge Kollegen ist das jetzt, ja also ein junger Kollege hier haben*
240 *mal, bin ja nun schon über 20 Jahre im Schuldienst, deswegen hat*
241 *man schon so viel Erfahrung gesammelt. Da weiß man ja häufig*
242 *schon die Schülerfehler, die so immer die Aufgaben mit sich bringen*
243 *oder /äh/ der Unterricht. Aber als junger Kollege da wird man ja mit*
244 *vielen Fehlerquellen erstmalig konfrontiert. Als das /ähm/ merk ich*
245 *auch, wenn wir jetzt hier jetzt hatte ich ne Praktikantin für ein halbes*
246 *Jahr, dann hatte ich mal ne Referendarin zum Betreuen und da ergibt*
247 *sich das immer im Gespräch. Das hätte ich jetzt gar nicht so gedacht,*
247 *dass die damit Probleme haben. Und das passiert dem dem jungen*
248 *Lehrer ja laufend, dass er das gar nicht gedacht hätte, dass damit /äh/*
249 *Probleme verbunden sind und dass er immer mehr lernt, über immer*
250 *mehr Dinge nachzudenken, die entstehen könnten. Und immer flexib-*
251 *ler reagieren kann. Und seinen Unterricht wird dadurch immer bes-*
252 *ser, wenn er sich das annimmt muss ja nicht sein ((lacht).*

Lehrerin F geht in der Episode darauf ein, dass die Erfahrungen im Umgang mit den Schülern und ihren Lösungen zu mathematischen Aufgaben wesentlich das fachdidaktische Wissen über Schülervorstellungen prägen. Diese besitzt sie aus 20 Jahren Schulzeit. Berufseinsteiger haben die Erfahrung noch nicht und aus ihrer Sicht daher Probleme mit dem Umgang von Schülervorstellungen. Mit steigender Erfahrung (Lernprozess) können sie dann flexibler darauf reagieren. Aufgrund der von ihr beschriebenen Erfahrung, dem Prozess des Lernens von Berufseinsteigern sowie dem Vergleich, den sie in den Gesprächen mit den angehenden Lehrkräften bezüglich des Wissens über Schülerfehler hat, deutet dies darauf hin, dass sie nur geringe Zuwächse zum fachdidaktischen Wissen über Schüler durch das professional development erlangt hat. Bereits zu Beginn verfügte sich daher über ein ausgeprägtes, individuelles Wissen. Geringe Zuwächse werden an dieser Stelle aufgrund der Passage am Beginn der Episode angenommen, da sie dort die erstmalige Begegnung mit Schülerfehlern, wie Lehrerin F sie bei Berufseinsteigern beschreibt, für ihr eigenes Lernen andeutet. Dies führte sie in der direkt davorliegenden Episode wie folgt aus:

Episode Lehrerin F Z. 232-238:

B *Ich habe gesehen, da gibts also auch noch den Gedankengang, den man /äh/ gehen könnte als Schüler ja, und wenn ich dann das im Unterricht bemerke oder wenn ich meinen Unterricht plane, dann /äh/ habe ich das ja im Hinterkopf. Und dann m-kann man ja wieder entsprechend darauf reagieren. Man ist wieder vorbereitet dadrauf. Wenn der Fehler kommt, hat man schon ne Strategie im Kopf, wie kann ich den Fehler aus dem Kopf des Schülers rauskriegen.*

An dieser Stelle geht Lehrerin F darauf ein, dass sie im professional development noch Schülergedankengänge gesehen hat, die es *auch noch* gibt. In diesem Zusammenhang betont sie „den“ in Zeile 232. Dies wird derart interpretiert, dass sie in der Veranstaltung neben der Erfahrung, von der sie berichtet, noch Gedankengänge von Schüler kennengelernt hat, die sie vorher noch nicht bedacht hat. Diese Interpretation wird durch die folgenden Abschnitte gestützt, da sie darauf eingeht, dass sie das im *Hinterkopf* hat, wenn die Schülerfehler im Unterricht auftauchen oder sie Unterricht plant (Z. 235). Das neue Wissen über die Gedankengänge der Schüler kann während der Phase des Analysierens von Schülerarbeiten entstanden sein, da sie zu Beginn erwähnt, dass sie die Gedanken *gesehen* hat und in den unmittelbar davorliegenden Episoden auf die Erfahrungen in dieser Phase des professional development eingegangen ist. Daher wird in diesem Zusammenhang angenommen, dass das Analysieren von Schülerfehlern die Ursache für die Veränderungen des fachdidaktischen Wissens im Sinne des Kennens noch weiterer Gedankengänge von Schülern ist. Dennoch wird vermutet, dass Lehrerin F kaum Änderungen des fachdidaktischen Wissens vollzogen hat, welches sich auf den gesamten Verlauf des Interviews bezieht und zentral in der vorher dargestellten Episode deutlich wird.

Werden die Aussagen von Lehrerin B, C und F zusammen betrachtet, so berichten sie von ähnlichen subjektiven Veränderungen des fachdidaktischen Wissens über Schülervorstellungen. Diese lassen sich vor dem Hintergrund, dass alle drei Lehrerinnen bereits über zehn Jahre Berufserfahrung besitzen, wie folgt charakterisieren:

Gesamthypothese „Erfahrene“ Lehrkräfte
Auf der Basis des täglichen Unterrichts machen Lehrkräfte viele Erfahrungen mit Schülerschwierigkeiten und -vorstellungen, die sich im Laufe der Zeit kumulieren. Diese Erfahrungen ergänzen das individuelle Wissen über Schülervorstellungen immer weiter. Somit verfügen Lehrkräfte, die Schülerfehler im Rahmen ihres Unterrichts untersuchen, bereits über ein ausgeprägtes fachdidaktisches Wissen. Dennoch lernen sie durch das Analysieren von Schülerarbeiten in professional development noch weitere, die sich auf spezielle, noch nicht bekannte Gedankengänge beziehen.

Allgemeiner Zuwachs des fachdidaktischen Wissens über die Schüler

Im Gegensatz dazu berichten andere Lehrkräfte in der Studie von fachdidaktischem Wissen zu Schülern, was sie aus unterschiedlichen Phasen des professional development mitgenommen haben. Beispielsweise führt Lehrerin E Folgendes an:

Episode Lehrerin E Z. 185-191:
185 ***B*** *Ja, also es waren sicherlich nochmal ganz strukturiert dieses Wissen*
186 *über die typischen Schülerfehler, das habe ich mitgenommen.*
187 *...äh...ich habe das Wissen mitgenommen, nochmal das man auch ge-*
188 *zielt durch offene Aufgaben diese Fehler im Grunde genommen ana-*
189 *lysieren kann ...ähm...und natürlich auch nochmal den Fokus auf*
190 *Kernkompetenzen. Also das Wissen über Kernkompetenzen und auch*
191 *nochmal diesen Fokus darauf.*

Sie geht zu Beginn der Episode darauf ein, dass sie aus subjektiver Sicht das *Wissen über die typischen Schülerfehler* (Z. 185-186) mitgenommen hat, was sie als erste Antizipation erwähnt. Sie konkretisiert weder an dieser Stelle des Interviews noch an einer weiteren, welches Wissen sie genau zu Schülervorstellungen mitgenommen hat. Sie geht im Interview zudem darauf ein, dass sie die kennengelernten Schülerschwierigkeiten bei der Analyse der Schülerarbeiten verwendet hat, wobei das Analysieren für sie eine Transferleistung bzw. Anwendung des neu gelernten fachdidaktischen Wissens über die Schüler war. Dementsprechend wird die Episode derart interpretiert, dass sie aus ihrer subjektiven Sicht neues Wissen erworben hat, welches jedoch vom Umfang nicht genau spezifiziert werden kann. Die Analyse von Schülerarbeiten stellte dabei eine Vertiefung des Wissens als Transferleistung dar.

Lehrer H berichtet im Interview über Ähnliches, wobei er auf einen konkreten Inhalt fokussiert:

Episode Lehrer H Z. 509-518:

509 ***I*** *Also, gibts da auch speziell neues Wissen, was Sie über diese Schü-*
510 *lerfehler mitgenommen haben?*
511 ***B*** *Na das, /äh/ was heißt das neue Wissen ja, das neue Wissen das inte-*
512 *ressant-neues Wissen, das Interessante für mich, ich sagte das ja*
513 *schon, /äh/ war dieser Versuch /ähm/ Schülerfehler zu in in gewissen-*
514 *also, dass man das in gewisse Kategorien /ähm/ setzen kann. Und die*
515 *ich als sehr sinnfällig empfand, ohne dass ich mir die Kategorien ge-*
516 *merkt habe. Aber ich fand das /äh/ sehr spannend und ich fand das*
517 *auch überraschend, dass so wenig dazu Untersuchungen da sind, weil*
518 *das ja [...].*

Lehrer H geht darauf ein, dass er neues Wissen über Schülerfehler im Sinne einer Kategorisierung, welche er jedoch nicht reproduzieren kann, aus dem professional development mitgenommen hat (Z. 514). Die Kombination mit der Anregung des Interesses, die an dieser Stelle deutlich wird (Interessanteste), deutet darauf hin, dass das Modell situationales Interesse geweckt hat. In diesem Sinne nimmt er das fachdidaktische Wissen mit, dass man Schülervorstellungen nach bestimmten Merkmalen kategorisieren kann. Die Realisierung geht jedoch nicht aus der Episode hervor. Dementsprechend wird sein Wissenszuwachs, der sich explizit im Interview auf der Basis seiner Aussagen zeigt, als nicht genau bestimmbar interpretiert, wobei er die Möglichkeit hat, dies jederzeit durch die Materialen zu vertiefen, da er weiß, nach was er suchen müsste. Dabei muss berücksichtigt werden, dass er als Teilnehmer der Diagnosegruppe ausschließlich theoretisch über Schülervorstellungen gesprochen hat, ohne sie tatsächlich vorliegen zu haben.

Lehrer I, der ebenfalls aus der Diagnosegruppe stammt, berichtet von anderen Erkenntnissen, die er aus dem professional development mitgenommen hat:

Episode Lehrer I Z. 584-591:

584 ***I*** */äh/ nehmen Sie speziell Wissen zu Schülervorstellungen aus der*
586 *Fortbildung mit?*
587 ***B*** */äh/ ich nehm vor allem dieses Wissen mit, dass das irgendwie bei ja*
588 *sehr verschiedenen Schülern gleiche Vorstellungen gibt, dem man*
589 *auch irgendwie ja vermutlich viel intensiver arbeiten sollte, anstatt*
590 *sich einfach nur drüber zu wundern, wie solche Vorstellungen zu-*
591 *stande kommen.*

Lehrer I berichtet in der Episode über Erfahrungen, die ähnlich zu denen sind, die Lehrkräfte bezüglich des Analysierens von Schülerarbeiten berichten. Dies bezieht sich explizit auf systematische Vorstellungen, die bei *sehr verschiedenen Schülern* (Z. 588) zu finden sind. Dementsprechend werden die Aussagen derart interpretiert, dass Lehrer I aus dem professional development das Wissen über systematisch auftretende Vorstellungen bezüglich mathematischer Konzepte mitnimmt. Zudem deutet der restliche Episodenteil eine erhöhte Motivation aufgrund des fachdidaktischen Wissens über Schüler an, auf die Vorstellungen einzugehen, *anstatt sich einfach nur drüber zu wundern, wie solche Vorstellungen zustande kommen* (Z. 589-591). Die Vorstellungen konkretisiert er nicht, sondern geht im Folgenden auf eine mögliche Ursache für die Änderung ein:

Episode Lehrer I Z. 602-607:

602 ***I*** *Und in welchen Phasen der Fortbildung haben Sie denn verstärkt*
603 *über solche Schülervorstellungen diskutiert?*
604 ***B*** *(6) das war /äh/ meistens in diesen, in diesen, /äh/ /äh/ in diesen Pha-*
605 *sen wo Herr [Fortbildner] dann gewisse Dinge präsentiert hat. Das*
606 *hab ich aber eigentlich so in jeder Veranstaltung eigentlich bisher*
607 */äh/ so wiederentdeckt, dieses Element das immer irgendetwas.*

Auf die Frage nach den Möglichkeiten über Schülervorstellungen diskutieren zu können, geht er auf die Phasen ein, in denen die bisherigen Erkenntnisse der Forschung über das fachdidaktische Wissen über die Schüler präsentiert wurden. Diese konnte er in jeder bisherigen Veranstaltung wiederfinden. Seine Erfahrungen konkretisiert er ein paar Zeilen später:

Episode Lehrer I Z. 613-618:

613 ***I*** *zu reflektieren . finde ich die auch in meinem Unterricht*
614 ***B*** *ja das läuft automatisch eigentlich ab, wenn man das schon mit liest*
615 *dann ...*
616 ***I*** *mh*
617 ***B*** *... fällt einem auf, stimmt eigentlich ja dann kommt man so ins Grü-*
618 *beln.*

An dieser Stelle geht Lehrer I darauf ein, dass er während des Lesen der Präsentation bereits über den Inhalt nachgedacht hat, indem er dabei den eigenen Unterricht reflektiert. In diesem Zusammenhang berichtet er von der Erkenntnis, durch den Abgleich bisherige Erfahrungen aus seinem eigenen Unterricht bezüglich der Vorstellungen der Schüler in der Präsentation wieder zu finden (*fällt einem auf, stimmt eigentlich ja,* Z. 617). Aufgrund dessen fängt er dann an, verstärkt darüber nachzudenken (*dann kommt man so ins Grübeln,* Z.617-618).

Insgesamt kann zwar nicht konkret ermittelt werden, welches fachdidaktische Wissen über die Schüler Lehrer I aus dem professional development mitgenommen hat. Die Aussagen deuten dennoch darauf hin, dass er vor allem das Wissen mitnimmt, dass bestimmte Vorstellungen von Schülern systematisch auftauchen. Die Veränderungen wurden bei ihm unter anderem durch die Phase der Präsentation durch den Fortbildner und das damit angeregte intensive Nachdenken erreicht.

Einen Bezug zwischen dem Lernen über das fachdidaktische Wissen über die Schüler und dem Analysieren von Schülerarbeiten stellt Lehrerin A wie folgt her:

Episode Lehrerin A Z. 322 -331:

322 **I** *ok und /äh/ haben Ihnen spezielle Elemente der Fortbildung geholfen*
323 *mehr über Schülerfehler oder Schülerkonzepte zu lernen?*
234 **B** *Über Schüler, über Arten von Schülerfehlern. Ja.*
325 **I** *Welche Elemente der Fortbildung?*
326 **B** *Ja, wenn, wenn wir die eingescannten Schülerleistungen dann auch*
327 */äh/ kommentiert und begutachtet haben. Wir hatten ja meistens dann*
328 *auch son Material zur Verfügung, dass man dann auch /äh/ rein-*
329 *schreiben konnte und anstreichen konnte, was ist hier passiert oder*
330 *was ist hier nicht passiert. Dass man eben mal den . den Finger in die*
331 *Wunde legt. Das, das macht man ja im Alltag doch eher nicht.*

Lehrerin A geht wie Lehrerin E, Lehrer H und Lehrer I nicht konkret auf fachdidaktisches Wissen über Schüler ein, das sie in dem professional development gelernt hat. Sie berichtet nur, dass sie aus speziellen Elementen der Veranstaltung etwas über Schülerfehler mitgenommen hat (Z. 324). Auf die konkrete Nachfrage nach dem Element, geht sie auf das Analysieren der Schülerarbeiten ein, welches sie intensiv genutzt hat (*Finger in die Wunde, was ist hier passiert,* ... in Z. 330f.). Dies wird als intensives Analysieren der Schülerarbeiten interpretiert, was Lehrerin A im Alltag nicht macht. Zudem wird es als Ursache für den subjektiv berichteten Lernzuwachs in diesem Bereich gewertet.

Die Veränderungen des fachdidaktischen Wissens über die Schüler, die Lehrerin A, Lehrerin E, Lehrer H und Lehrer I erwähnen, lassen sich wie folgt charakterisieren:

Gesamthypothese allgemeiner Lernzuwachs zu Schülervorstellungen
Die Lehrkräfte berichten von einem Lernzuwachs bezüglich des fachdidaktischen Wissens über die Schüler, gehen jedoch nicht konkret auf bestimmte Vorstellungen zu mathematischen Inhalten ein, die sie mitnehmen. Stattdessen erwähnen sie, dass sie einen Lernzuwachs erlebten, indem sie Wissen über typische Schülerfehler, systematisch auftauchende Vorstellungen oder Kategorien von Schülerfehlern gelernt haben. Dies führen sie zum einen auf die Präsentation der wissenschaftlichen Erkenntnisse und zum anderen auf die Analyse von Schülerarbeiten zurück.

Konkreter Zuwachs des fachdidaktischen Wissens über die Schüler

Im Gegensatz zu den bisherigen Fällen des Wissenszuwachses berichteten Lehrerin D sowie Lehrerin G von konkreten Beispielen zu Schülervorstellungen zu mathematischen Inhalten. Beispielsweise geht Lehrerin G auf das Nachvollziehen bzw. Erkennen typischer Schülerfehler ein:

Episode Lehrerin G Z. 220-231:

I *Hat sich da irgendwas über die Ansichten Ihrer Schüler und das Lernen der Mathematik dadurch geändert?*
B *Hm (2) über das Lernen der Mathematik.*
I *Über Schülervorstellungen.*
B *Ja, wie ich vorhin schon sagte, dass man manchmal auch wirklich nachvollziehen kann, was der Schüler sich dabei gedacht hat bei einer solchen ...*
I *mh*
B *... Schülerlösung. Das schon, was man vorher oder sich vorher vielleicht auch so als eine Einzelerscheinung abgetan habe, noch sieht es etwas vielleicht ein typischer Fehler, der immer wieder auftritt. Das kriegt man aber ja auch im Laufe der Jahre mit.*

Lehrerin G kann aufgrund des professional development eher die Schülergedanken nachvollziehen und kennt nun systematisch auftauchende Schülervorstellungen, die sie vorher *vielleicht als eine Einzelerscheinung* (Z. 228-229) betrachtet hätte. Dies entspricht der Gesamthypothese „Schülervorstellungen bzw. Schülerfehler" bezüglich der Beliefs über die Wirkung der Analyse von Schülerarbeiten (vgl. 10.1.2). In einer Episode ganz am Ende des Interviews bringt sie dies mit dem Analysieren von Schülerarbeiten zusammen und nennt es als Ursachen der gemachten Erfahrungen zu typischen Fehlern. In der vorliegenden Episode geht sie trotz der Erkenntnisse darauf ein, dass sie ebenso *im Laufe der Jahre* (Z. 231) erkennt, welche typischen Fehler es gibt. Dies ist ähnlich zu dem Bericht von Lehrerin F, die dies als Unterrichtserfahrung im Umgang mit Schülern bezeichnet hat. Trotz dieser Relativierung wird dies derart interpretiert, dass sie die genannten Erfahrungen im professional development gemacht hat. Dies konkretisiert sie, nachdem der Interviewer Diagnosebögen zu Inhalten der Differentialrechnung als Prompt vorgelegt hat, wie folgt:

<u>Episode Lehrerin G Z. 434-469:</u>

434	***I***	*... da konkret vielleicht sagen, was Ihnen was Sie da mitgenommen*
435		*haben?*
436	***B***	*/ähm/ in Bezug auf diese Aufgaben jetzt hier?*
437	***I***	*ja*
438	***B***	*Naja, das /ähm/ ((holt tief Luft)) ja zum Beispiel was wars denn hier*
439		*bei diesen Aufgaben, jetzt muss ich mir überlegen, was da so für Feh-*
440		*ler aufgetreten sind beim Zeichnen. . also dass wahrscheinlich /ähm/*
441		*m-pff Extrempunkte, Extrempunkte nachher bleiben, . dass Monoto-*
442		*nie nicht beachtet wird . waren nicht da, aber wie man solch eine*
443		*Aufga-ben löst. (3) Ich hab ich, wenn ich jetzt mal ne Lösung noch*
444		*hätte, was Schüler hier so machen können, dann könnt ich wahr-*
445		*scheinlich ein bisschen konkreter werden. Aber im Grunde genom-*
446		*men schon, dass also hier die Eigenschaften einer Funktion und die*
447		*Eigenschaften der Ableitung dann eventuell eins zu eins übertragen*
448		*werden. Dass Funktionswerte übertragen werden, dass also nicht die*
449		*Anstiege betrachtet werden, sondern der Verlauf der Funktion be-*
450		*trachtet wird zum Beispiel und der Verlauf übertragen wird ja solche*
451		*Sachen in diesem Fall.*
452	***I***	*/äh/ und das haben Sie jetzt aktuell auch aus der Fortbildung mitge-*
453		*nommen?*
454	***B***	*Das hab ich auch daraus mitgenommen, ja aus der Fortbildung, also*
455		*was was es für Fehler sind, wenn Schüler hier das zeichnen gab´s ja*
456		*alle möglichen Varianten dazu ja.*
457	***I***	*ok das*
458	***B***	*ja*
	I	*Ist und das haben Sie ja auch aktu-akut aus /äh/ dem Betrachten der*
459		*Schülerlösung mitgenommen?*
460	***B***	*Ja, ja.*
461	***I***	*Weil die Fehler da gemacht ...*
462	***B***	*genau*

I *...wurden.*
B *Weil die Fehler da gemacht worden sind ja, mh (zustimmend).*
I *Dass die Schüler da angefangen hat hier Linearen Sachen zu zeichnen?*
B */äh/ jaaa abschnittsweise zu zeichnen, also hier aneinander gesetzt zum Beispiel, mh.*

Lehrerin G geht in dieser Episode auf der Basis der vorgelegten Diagnosebögen auf spezielle Schülerfehler ein, die sie während des Analysieren der Schülerarbeiten gesehen hat. Dazu nennt sie nach kurzer Überlegung konkrete Schülervorstellungen zum grafischen Differenzieren (hier ist das Zeichnen der Ableitungsfunktion auf Basis der grafisch gegebenen Bestandsfunktion gemeint, Übertrag der Eigenschaften von f auf f', abschnittsweise Linearisierung). Als Ursache für ihr Lernen gibt Lehrerin G auf Nachfrage das Analysieren von Schülerarbeiten an. Dies deutet sie bereits während der Nennung unterschiedlicher Schülerfehler in den Zeilen 441-451 an, da sie konkreter auf mögliche Fehler hätte eingehen können, wenn sie tatsächliche Schülerarbeiten vor sich liegen gehabt hätte.

Bezüglich des algebraischen Differenzierens erwähnt sie nach der Vorlage eines Diagnosebogens Folgendes:

<u>Episode Lehrerin G Z. 419-424:</u>

B *Ja also, dass es auf Grund der Fortbildung, dass ichs leichter erkennen kann welch-w-glaub ich, hätte auch vor vier Jahren genau sagen können, welchen typischen Fehler die Schüler zumindest einige Schüler machen. Bei dieser bei diesen Aufgaben zumindest so, wie sie hier jetzt draufstehen, ja . das ist /äh/ (Aufgaben zum algebraischen Differenzieren lagen vor).*

Lehrerin G erwähnt in dieser Episode, dass sie glaubt, *auch vor vier Jahren [hätte] genau sagen können, welche typischen Fehler die Schüler* (Z. 421) bei Aufgaben zum algebraischen Differenzieren machen. Daher scheint sie aus ihrer Sicht keinen Zuwachs bezüglich des Wissens über Schülerfehler beim algebraischen Differenzieren gehabt zu haben. In einer späteren Episode geht sie noch auf konkrete Schülervorstellungen bezüglich der Stochastik ein:

Episode Lehrerin G Z. 611-629:

B *Hmm (4) Beispiele dafür. Ich muss jetzt erst mal zurückdenken. Wir hatten ja beim letzten Mal . da haben wir uns ja glaub ich . damit befasst und mit der Stochastik . und wenn ich jetzt an die Stochastik denke, an die eine Aufgabe, die ich auch gemacht hatte, (2) das Schüler zum Beispiel nicht klar oftmals unterscheiden zwischen Häufigkeiten und Wahrscheinlichkeiten. Da haben wir dann auch drüber gesprochen, dass also /ähm/ ja Schüler hier keine Unterscheidung vornehmen und nicht die Schlussfolgerung z-von den Häufigkeiten auf die Wahrscheinlichkeiten unbedingt nachvollziehen und dass damit dann auch so etwas wie Wahrscheinlichkeitsverteilungen /ähm/ nicht ganz korrekt verwendete Begriffe sind. Ja, dass also Schüler hier auch nicht genügend hinterfragen oftmals.*
I *ok*
B *mh (zustimmend).*
I *Und das haben Sie, also das war ja gerade in der Phase wo dann Schülerlösungen eingeschaut wurden?*
B *Ja genau, mh (zustimmend).*
I */ähm/ das haben Sie da aus der Phase mitgenommen?*
B *Ja.*

Auf die Frage nach Beispielen zu Schülerfehlern geht Lehrerin G auf die mangelnde Unterscheidung zwischen relativen Häufigkeiten und Wahrscheinlichkeiten ein. Zudem führt sie Schwierigkeiten in der Stochastik an. Die genannten Schülerschwierigkeiten hat sie aus der Phase der Analyse von Schülerarbeiten mitgenommen (Z. 612-622).

Insgesamt nennt Lehrerin G einige Beispiele zum grafischen Differenzieren und zur Stochastik, die sie auf Basis des professional development im Rahmen des Analysierens der Schülerarbeiten kennen gelernt hat, sodass die drei Episoden insgesamt als konkreten Zuwachs des fachdidaktischen Wissens über die Schüler interpretiert werden. Dies zeigt sich im Bereich der Differentialrechnung beim grafischen Differenzieren und nicht beim algebraischen.

Andere Beispiele zum grafischen Differenzieren nennt Lehrerin D:

Episode Lehrerin D Z.62-71:

62 **B** */äh/ die Schülerlösungen /äh/ fand ich sehr interessant. Vor allem*
63 *auch von den anderen Kollegen, die wir uns da angeschaut haben,*
64 *weil ich tatsächlich /ähm/ auf manche Ideen von den Schülern nicht*
65 *gekommen wär. Also wir haben uns daher auch angeschaut, was pas-*
66 *siert, wenn ich /ähm/ die Funktion verschiebe oder strecke. Was pas-*
67 *siert dann mit der Ableitung und /ähm/ /äh/ da zu erkennen, dass bei-*
68 *spielsweise das Verschieben der Funktion auf der y-Achse für die*
69 *Schüler auch einen großen Einfluss auf die /äh/ erste Ableitung ha-*
70 *ben. Das /äh/ war mir im Vorfeld noch nicht so bewusst. Das hatte*
71 *sich in meinem Unterricht noch nicht so gezeigt.*

Die Schülerlösungen im professional development haben das situationale Interesse von Lehrerin D angesprochen, da sie die Lösungen, vor allem die der anderen Lehrkräfte, *sehr interessant* (Z. 62) fand und sie *auf manche Ideen von Schülern nicht gekommen* (Z. 64-65) wäre. Ihr war vor dem professional development (*im Vorfeld* Z. 70) noch nicht klar, dass für Schüler die Verschiebung auf der y-Achse *einen großen Einfluss auf die erste Ableitung* (Z. 69) hat. Das Analysieren der Schülerarbeiten wird dabei als Ursache des neuen Wissens interpretiert, da sie zu Beginn auf die Phase des professional development einging, bevor sie konkret auf die Schülervorstellung Bezug nimmt. Dies ergänzt sie aus einer allgemeinen Perspektive wie folgt:

Episode Lehrerin D Z. 192-197:

192 **B** *Bei mir isses ja so, dass ich /äh/ durch das Studium /äh/ schon einiges*
193 */ähm/ von den aktuellen Sachen mitgenommen habe. /ähm/ konkret*
194 *neu war jetzt /ähm/ für mich noch mal, /äh/ sich damit auseinander-*
195 *zusetzen im Hinblick auf die Oberstufe, welche Fehlvorstellung gibt*
196 *es da wirklich, dass /äh/ war im Studium noch nicht so intensiv her-*
197 *ausgearbeitet worden. Das war jetzt für mich in der Fortbildung neu.*

Lehrerin D stellt in dieser Episode heraus, dass sie Neues zu Schülervorstellungen der Themen der Oberstufe gelernt hat. Dies in Verbindung mit der vorherigen Episode wird derart interpretiert, dass sie einen konkreten Zuwachs des fachdidaktischen Wissens über die Schüler durch das professional development – speziell durch das Analysieren von Schülerarbeiten – erreicht hat.

Zusammenfassend lassen sich die Erfahrungen der beiden Lehrerinnen wie folgt charakterisieren:

Gesamthypothese konkreter Lernzuwachs zu Schülervorstellungen
Die Lehrkräfte berichten von einem Zuwachs des fachdidaktischen Wissens über die Schüler und benennen dazu konkrete Schülervorstellungen, die sie im professional development kennengelernt haben. Dies bezieht sich auf Inhalte des professional development, wie dies beispielsweise das qualitative Vorgehen beim Differenzieren im Sinne des grafischen Ableitens ist. Die Ursache für den Anstieg des Wissens ist das Analysieren von Schülerarbeiten. Während dieser Phase arbeiten sie die benannten Schülervorstellungen bzw. -fehler heraus.

Die folgende Tabelle zeigt die Verteilung der Lehrkräfte auf die drei unterschiedlichen Hypothesen des Lernens über Schülervorstellungen aus Sicht der Lehrkräfte:

Erfahrene	allgemeiner Lernzuwachs	konkreter Lernzuwachs
Lehrerin B	Lehrerin A	Lehrerin D
Lehrerin C	Lehrerin E	Lehrerin G
Lehrerin F	Lehrer H	
	Lehrer I	

Tabelle 34: Zuordnung der Lehrkräfte zu den Hypothesen über den Lernzuwachs des fachdidaktischen Wissens zu Schülern

Die Einordnung der Lehrkräfte zeigt, dass ausschließlich die aus der Schülerarbeitengruppe über konkrete Schülervorstellungen, die sie im professional development kennengelernt haben, berichten. Die beiden aus der Diagnosegruppe berichten hingegen nur von einem allgemeinen Zuwachs, wobei dies auch zwei aus der Schülerarbeitengruppe tun. Es finden sich zudem drei Lehrerinnen der Schülerarbeitengruppe in der Kategorie „Erfahrene". Diese sind davon überzeugt, die dargestellten Schülervorstellungen in den Schülerdokumenten bereits zu kennen.

Zuwachs des fachdidaktischen Wissens über Aufgabenstellungen allgemein

Die Lehrkräfte gehen im Zusammenhang mit dem fachdidaktischen Wissen über das Lehren der Mathematik im Wesentlichen auf Änderungen bezüglich des Wissens über Aufgabenstellungen sowie speziell die Gestaltung von Diagnoseaufgaben ein. Beispielsweise erwähnt Lehrerin A das Verändern von Aufgabenstellungen:

Episode Lehrerin A Z. 303-313:

B *(8) na das Öffnen von Aufgaben. Welche Chancen ich habe oder welche . welche Vielfalt an Möglichkeiten das eigentlich gibt, ne Aufgabe zu öffnen. Auch wieder das Eingrenzen, /äh/ indem ich das für ein /äh/ schwächeren Schüler erreichbar mache. Das hier dass das (2) da hab ich mich vorher nicht so intensiv mehr mit beschäftigt. Seit wir hier in diesem Schulbuchstrudel sind, dann guckt man doch mehr, was so dieses Buch jetzt liefert und dann muss man ja erst mal wieder gucken weil man jetzt den Verlag ((husten)) gewechselt hat, sind die jetzt rot hier oder sind das die Sternchen oder so das ist doch. /ähm/ das ist mir nochmal so richtig klar geworden, dass man das selber auch eigentlich relativ einfach ja öffnen kann.*

Lehrerin A beschreibt das Öffnen und Eingrenzen von Aufgabenstellung als Elemente des professional development, die ihr beim Wissensaufbau geholfen haben. In der Episode geht sie zu Beginn darauf ein, welche Möglichkeiten sie hat, Aufgaben zu öffnen. Dies deutet darauf hin, dass sie aus ihrer Sicht fachdidaktisches Wissen zur Aufgabenkonstruktion mitgenommen hat. Zudem erwähnt sie zum Ende, dass ihr *nochmal so richtig klar geworden* ist, *dass man das selber auch eigentlich relativ einfach öffnen kann* (Z. 312-313). Dies wird in Verbindung mit dem Beginn der Episode derart interpretiert, dass Lehrerin A nun durch das professional development mehr über die Veränderung von Aufgabenstellungen im Sinne des Öffnens und Eingrenzens weiß. Zudem bringt sie das Wissen über Aufgabenstellungen mit dem Differenzieren für unterschiedliche Leistungsniveaus der Schüler in Verbindung, da sie das Eingrenzen als Möglichkeit zur Erreichung schwächerer – wahrscheinlich im Sinne von leistungsschwächeren – erwähnt (*Eingrenzen, indem ich das für ein schwächeren Schüler erreichbar mache* Z. 305-306). Dies wird als Lernen von Wissen über die Gestaltung von Aufgabenstellungen im Sinne des Differenzierens interpretiert. Aus ihrer Sicht sind diese Veränderungen durch die intensive Beschäftigung mit dem Öffnen und Eingrenzen von Aufgaben verursacht worden, da sie sich vor dem professional development (*da hab ich mich vorher nicht so intensiv mehr mit beschäftigt,* Z. 306-307) nicht sehr intensiv mit beschäftigt hat, sondern Aufgaben aus dem Buch verwendet hatte (*Schulbuchstrudel, dann guckt man doch mehr, was so dieses Buch jetzt liefert* Z. 308-309).

Auf das Öffnen von Aufgabenstellungen sowie die Möglichkeit der Differenzierung nach dem Schwierigkeitsgrad geht ebenfalls Lehrerin C ein, wobei sie dies konkreter darstellt:

<u>Episode Lehrerin C Z. 327-339:</u>

B *Naja, ganz wichtig die Anzahl der Operatoren, ja? Dass man eine Aufgabe...äh...öffnet, dass man sie auch...ähm...vom Schwierigkeitsgrad, dass man also innerhalb einer Aufgabe auch differenzieren kann, das habe ich jetzt auch schon versucht, umzusetzen. Das das lief ganz gut und ja, das sind so die Sachen. Einfach die Operatoren vervielfältigen, dass sie praktisch bei derselben Aufgabenstellung vom selben Fachwissen her verschieden herangehen müssen. Dass sie einfach ihre Kompetenzen schulen. Erst lesen und nicht nur abarbeiten, ja? Also das habe ich wirklich schon anhand der Aufgabenstellungen, die habe ich jetzt teilweise schon geändert oder ich suche mir bewusst Aufgaben aus dem Buch heraus, die das auch umsetzen und diese Differenzierung innerhalb einer Aufgabe, das habe ich auch schon versucht mit hineinzunehmen.*

Lehrerin C führt in dieser Episode überwiegend die Operatoren, die in Aufgabenstellungen verwendet werden, um bestimmte Lösungsformen zu intendieren (Berechnungen, Erklärungen, Erläuterungen, ...), an. Damit benennt sie im Gegensatz zu Lehrerin A eine konkrete Möglichkeit, die Aufgaben anhand von Operatoren zu öffnen bzw. sie im Schwierigkeitsgrad anzupassen (Z. 327-330). Dies bezieht sie auf die Differenzierung im Unterricht und die Möglichkeit, durch die Wahl der Operatoren andere Herangehensweisen an mathematische Inhalte zu erreichen. Die direkte Verbindung wird als subjektiv empfundener Zuwachs fachdidaktischen Wissens über Aufgabenstellungen interpretiert, die unterschiedliche Kompetenzen fördern. Die so gestalteten Aufgaben über das reine Abarbeiten hinaus (*Erst lesen und nicht nur abarbeiten* Z. 334-335).

Auf das Ziel der Veränderung der Aufgaben beispielsweise im Sinne der Öffnung geht Lehrer H ein:

<u>Episode Lehrer H Z. 98-106:</u>

B *Also, /äh/ wir werden zum Beispiel /äh/ vor der nächsten Veranstaltung ja auch noch mal solche Aufgaben einsetzen. Ich werde das auch tun, weil mich das auch selbst interessiert, wie die Schüler /ähm/ damit . zurechtkommen. /äh/ was ich sehr interessant finde, das ist dieser Aspekt den er auch He-Herr [Fortbildner] immer wieder /ähm/ bekräftigt, dass wir die Schüler zur /äh/ quasi Textproduktion anregen sollen. /ähm/ das ist etwas, was ich schon /äh/ in der Vergangenheit /äh/ für durchaus wichtig erachtet habe, . wo ich jetzt aber ein kleines bisschen mehr Werkzeuge in die Hand bekommen habe.*

Die Episode deutet an, dass das wertbezogene Interesse von Lehrer H, seine Kognitionen über die Aufgabenstellungen zu erweitern, angeregt worden ist, weil er wissen möchte, *wie die Schüler damit zurechtkommen* (Z. 100-101). Sein Interesse bezieht sich ebenfalls auf die Möglichkeiten, die Schüler anhand bestimmter Aufgabenstellungen zur Textproduktion anzuregen, was bereits vor dem professional development für ihn wichtig war (Z. 101-104) und er durch dieses erlernt hat. Dies wird als Anstieg des fachdidaktischen Wissens über die Aufgabengestaltung mit dem Ziel der Textproduktionsanregung interpretiert, wobei durch Lehrer H nicht genau spezifiziert wurde, welche Werkzeuge er genau meint.

Insgesamt lassen sich die berichteten Veränderungen der Lehrkräfte wie folgt charakterisieren:

Gesamthypothese Wissenszuwachs über Aufgabenstellungen
Die Lehrkräfte erwerben im professional development fachdidaktisches Wissen über das Lehren hinsichtlich der Gestaltung von Aufgaben. Dies bezieht sich auf die Öffnung der Aufgabenstellungen, das Nutzen von Operatoren (auch zur Anregung der Textproduktion) sowie die Erstellung von differenzierenden Aufgabenstellungen bezüglich des Schwierigkeitsgrads.

Zuwachs des fachdidaktischen Wissens über Diagnoseaufgaben

Die Öffnung der Aufgabenstellungen bringt Lehrerin D nun nicht mit Aufgaben allgemein, wie es Lehrerin A und Lehrerin C gemacht haben, sondern speziell mit Diagnoseaufgaben in Verbindung:

Episode Lehrerin D Z. 112-125:

112 ***B*** *Also jetzt die Fortbildung kon-konkret /ähm/ die hat mir /äh/ im Hin-*
113 *blick auf die Diagnose so en bisschen geholfen, dass ich da noch mal*
114 *genauer jetzt weiß, /ähm/ wie sollte ich so ne Diagnose aufbauen,*
115 *dass ich da eben auch auf Offenheit achte, vor allem dass meinem,*
116 *dass ich nicht nur diesen /ähm/ /äh/ sturen Fragebogen mit ja nein,*
117 *den man von früher kennt, einsetze, sondern eben auch noch mal so*
118 *en bisschen /ähm/ weiter mich damit beschäftigt habe, wie kann ich*
119 */ähm/ die Aufgaben öffnen, wie kann ich das alles umformulieren,*
120 *dass die Schüler auch wirklich von sich aus mehr arbeiten müssen*
121 *und auch drüber nachdenken müssen und auch vor allem /ähm/ er-*
122 *läutern müssen, /äh/ was haben sie da sich bei gedacht. /ähm/ das hat*
123 *mir da sehr geholfen, /äh/ hat mir aber auch, kenn ich ja auch schon*

124 *zum Teil vom Studium da haben wir das ja auch /äh/ schon in man-*
125 *chen /ähm/*

Lehrerin D geht in der Episode auf ihr Lernen bezüglich Diagnoseaufgaben ein. Dies betrifft unter anderem das Öffnen von Aufgaben, die Gestaltung der Aufgaben zur eigenständigen Bearbeitung durch die Schüler und zur Erhebung der Schülervorstellungen (Schüler *erläutern müssen, /äh/ was haben sie da sich bei gedacht.* in Z. 121-122). Dementsprechend wird dies als Zuwachs des fachdidaktischen Wissens zur Konstruktion von Diagnoseaufgaben gedeutet, da sie zum einen erwähnt jetzt eher zu wissen, wie man dies umsetzt, und zum anderen mit der Offenheit ein konkretes Kriterium für Diagnoseaufgaben nennt. Lehrerin D erwähnt die Beschäftigung mit der Konstruktion von Diagnoseaufgaben als Ursache für ihren berichteten Wissenszuwachs. Zudem geht sie Beginn des Interviews auf das aktive Arbeiten und das Ausprobieren im Rahmen des professional development als für sie wichtige Elemente ein:

Episode Lehrerin D Z. 32-46:
32 **B** */äh/ an der Fortbildung hat mir /äh/ gut gefallen, dass wir selbst im-*
33 *mer was ausprobieren durften. Wir sind die Aufgaben durchgegan-*
34 *gen, /ähm/ haben da /äh/ selber uns ne Meinung gebildet, was /äh/*
35 *hat uns gut gefallen, was könnten wir selber einsetzen /äh/ dann im*
36 *Unterricht. w-/ähm/ auch gut hat mir da gefallen, dass wir da auch*
37 *konkret nen Diagnosebogen erstellt haben, wo /äh/ den wir da auch*
38 *nutzen könnten /äh/ in diesen /äh/ Situationen. Dass wir da wirklich*
39 *selbständig auch gearbeitet haben, dass wir da auch die Möglichkeit*
40 *hatten, in Gruppen zu arbeiten uns auszutauschen mit anderen Kolle-*
41 *gen, die schon mal etwas /äh/ in der Art im Unterricht gemacht haben.*
42 *Dass man da so verschiedene Meinungen mal gehört hat und auch*
43 *nochmal auf ne andere Idee kommt, die man auf die man selber viel-*
44 *leicht nicht gekommen wäre, von alleine, aber dann hinterher ge-*
45 *merkt hat, dass dass man das so schön im Unterricht umsetzen könnte.*
46 *Das hat mir da sehr gut gefallen.*

In dieser Episode hebt Lehrerin D die Erstellung der Diagnosebögen und die gemeinsame Diskussion über die Aufgabenstellungen als wichtige Merkmale des professional development hervor. Diese Phasen haben ihr emotionales Interesse angeregt, da sie ihr gefallen haben. Daher wird die Erstellung und Diskussion über Diagnosebögen als eine mögliche Lerngelegenheit für das fachdidaktische Wissen über Aufgaben bzw. Diagnoseaufgaben interpretiert. Der direkte

Zusammenhang zwischen dieser Episode und der vorher dargestellten wird deutlich, da sie in beiden Fällen die Erstellung und Erprobung der Diagnoseaufgaben als Ursache nennt.

Wie Lehrerin D berichtet Lehrerin F, dass sie fachdidaktisches Wissen über die Gestaltung von Diagnoseaufgaben mitgenommen hat:

<u>Episode Lehrerin F Z. 610-624:</u>

610 **B** *Jaa, was ah das ist ja so schwierig. Muss vor allem ich drüber nach-*
611 *denken, . konkretes Beispiel. Wissen, was ich (6) also (3) diese Auf-*
612 *gabenstruktur, die er auch bei den Diagnoseaufgaben, woran man zu*
613 *denken hat. So ja, dass man da (3) dass ich was will ich mit der Auf-*
614 *gabe bewirken. Ja, /äh/ kann ich das damit bei den Diagnoseaufga-*
615 *ben, wie, wie sind sie geeignet für diagnostische Zwecke. Das Wissen*
616 *ja das hab ich mitgenom-men. Also ist je-wäre son Beispiel.*
617 **I** *Konstruktion von Diagnoseaufgaben?*
618 **B** *Ja zum Beispiel.*
619 **I** *diiiee ...*
620 **B** *Also bewusst, dass, dass, dass bewusst wird in meinem Kopf, ja man*
621 *macht vieles aber unbewusst und in dem Moment, wo man jetzt konk-*
622 *ret /äh/ ne Handlungsstruktur kriegt oder oder Merkmale einer sol-*
623 *chen Aufgabe kriegt . setzt man das noch mal bewusster ein und /ähm/*
624 *beachtet das halt intensiver.*

Lehrerin F geht auf die Aufgabenstruktur von Diagnoseaufgaben ein, zu der sie im professional development Neues gelernt hat. Zudem zeigt sie auf, dass sie nun weiß, woran man denken muss, was man mit den Diagnoseaufgaben bewirken kann und für welche Zwecke sie geeignet sind (Z. 611-614 sowie *Das Wissen ja das hab ich mitgenommen,* Z. 615-616). Zudem führt sie an, dass sie das Gelernte jetzt bewusster einsetzt bzw. intensiver beachtet, da sie *konkret ne Handlungsstruktur* (Z. 621-622) bzw. *Merkmale einer solchen Aufgabe* (Z. 622-623) im professional development erhalten hat. Dies wird als Anstieg des fachdidaktischen Wissens über Diagnoseaufgaben interpretiert, da sie zum einen auf das eingeht, was sie mitgenommen hat, und zum anderen hervorhebt, es jetzt – nach dem professional development – intensiver zu beachten. Der subjektive Zuwachs bezieht sich auf Merkmale von Diagnoseaufgaben (wird nicht explizit erwähnt), was sie bei der Erstellung von Diagnoseaufgaben beachten muss, was Diagnoseaufgaben bewirken und für welchen Zweck sie geeignet sind. Der letzte Absatz des Interviews wird derart interpretiert, dass Ursachen des Lernens die Präsentation der Handlungsstruktur sowie die Merkmale solcher Diagnoseaufgaben sind.

In der folgenden Episode von Lehrer I wird der Lernzuwachs durch Nachfrage noch etwas konkreter dargestellt:

Episode Lehrer I Z. 561-581:

561 **I** *Ok. /ähm/ was nehmen Sie denn an Wissen aus dieser Fortbildung*
562 *mit?*
563 **B** */äh/ zum Beispiel die ganz klare Aufgabenkategorisieren ...*
564 **I** *mh*
565 **B** *... das ist die Diagnose oder Lernaufgaben.*
566 **I** *mh*
567 **B** *Und dann die die verschiedene Elemente, die man dann ganz bewusst*
568 *auswählen kann. Das ist zum Beispiel etwas, was ich persönlich im*
569 *im im Studium in der Mathedidaktik /äh/ nicht hatte, wie man Aufga-*
570 *ben nach gewissen Kriterien /äh/ konstruiert. Da bin ich sehr dank-*
571 *bar, wenn ich sowas dann im Nachhinein durch Fortbildung /äh/ ge-*
572 *liefert bekomme. /äh/ was auch im im im Referendariat mir /äh/ ge-*
573 *fehlt hat. Das ist so also dieses bisschen so dieses theoretische didak-*
574 *tische Grundgerüst.*
575 **I** *Also nehmen Sie vor allem Wissen zu Aufgabenkonstruktion, was jetzt*
576 *Offenheit Fokussiertheit /äh/ ...*
577 **B** *Ja.*
578 **I** *... bedeutet usw. mit ...*
579 **B** *Ja.*
580 **I** *... und wie man dann auch solche Aufgaben gestalten kann?*
581 **B** *Ja.*

Lehrer I beschreibt, dass er keine Erfahrungen im Konstruieren von *Aufgaben nach gewissen Kriterien* (Z. 569-570) hatte. Das *theoretische didaktische Grundgerüst* (Z. 573-574) hat er erst in diesem professional development erlernt, da er Wissen zu den Merkmalen von Diagnoseaufgaben mitnimmt, was er auf konkrete Nachfrage nach der Offenheit sowie der Fokussiertheit bestätigt (Z. 575-577). Dementsprechend wird die Episode als ein Anstieg des fachdidaktischen Wissens zu Diagnoseaufgaben interpretiert, da er vor dem professional development im Studium und Referendariat keine Lerngelegenheiten zu diesem Thema hatte. Die explizite Ursache für den berichteten Lernzuwachs kann weder aus dieser Episode noch einer anderen des gesamten Interviews ermittelt werden. Er geht an einigen Stellen wie Lehrerin D auf intensive Diskussionen über die Aufgabenstellungen ein, bringt dies jedoch nicht in Verbindung mit dem fachdidaktischen Wissen über Aufgaben bzw. Diagnoseaufgaben. Daher wird dies zwar als mögliche Ursache gedeutet, wobei dies nicht eindeutig ist.

Die bisher benannten Lehrkräfte gehen nicht alle explizit auf die Ursache für den von ihnen berichteten Lernzuwachs ein. Sie deuten zwar an, dass die Diskussion über die Aufgabenstellungen sowie der Input zu Kriterien für die Aufgaben- bzw. Diagnoseaufgabenkonstruktion wichtig für sie war, lassen den Zusammenhang zu dem subjektiv erworbenen Wissen jedoch meist implizit. Im Gegensatz dazu erwähnt Lehrerin E einen direkten Zusammenhang zwischen dem Wissensaufbau über Aufgabenstellungen und der Phase der Präsentation bzw. der Diskussion über die Kriterien:

<u>Episode Lehrerin E Z. 290-303:</u>

B: *Ähm der Einstiegsvortrag hätte auf keinen Fall fehlen dürfen für mich mit dem entsprechenden...äh...Unterbau, aber auch das Auseinandersetzen mit den Aufgaben hätte nicht fehlen dürfen...ähm...Die Schüleraufgaben...äh...fand ich insofern nicht ganz so hilfreich. Was ich aber hilfreich fand, einfach auch nochmal sich darüber nachzudenken, wie kann ich eigentlich eine Aufgabe gestalten, damit ich eben typische Schülerfehler abfrage. Also was macht eigentlich eine Aufgabe wirklich zu einer guten Aufgabe, um...äh...mir mich über meinen den Stand meiner Klasse zu orientieren. Also diese Diskussion auch in der Gruppe waren für mich sehr...sehr hilfreich, nochmal darüber nachzudenken, wie kann ich die Aufgabe eigentlich umgestalten, ...ähm...wie ...ähm...kann man sie öffnen, ohne sie soweit zu öffnen, dass sie dann wieder nicht aussagekräftig ist...äh...das fand ich eine ganz wichtige Diskussion.*

In dieser Episode erläutert Lehrerin E, dass sie gelernt hat, wie man Aufgaben gestalten bzw. umgestalten kann, um typische Schülerfehler mit diesen zu erheben. Dabei zeigt sie auf, dass ihr zum einen der Einführungsvortrag und zum anderen das Nachdenken über die Aufgaben und deren Gestaltung, speziell als Diskussion in der Gruppe, geholfen hat. Dies wird demnach als Ursache für den berichteten Lernzuwachs des fachdidaktischen Wissens über Diagnoseaufgaben interpretiert, weil sie auf die Erhebung von Schülervorstellungen mittels der Aufgaben Bezug nimmt.

Die berichteten Lernzuwächse der Lehrkräfte zu Diagnoseaufgaben lassen sich wie folgt zusammenfassen und charakterisieren:

Gesamthypothese Lernzuwachs zu Diagnoseaufgaben
Die Lehrkräfte erwerben im professional development fachdidaktisches Wissen über Diagnoseaufgaben und deren Einsatz im Unterricht. Dies bezieht sich auf die Kriterien für Diagnoseaufgaben sowie das Ziel des Einsatzes. Die Präsentation der Merkmale oder die Diskussionen in den Gruppen während der Arbeitsphasen sind für die Lehrkräfte explizit bzw. implizit genannte Ursachen für ihren Lernzuwachs.

Zuwachs des fachdidaktischen Wissens über Inhalte der neuen Bildungsstandards

Die Lehrkräfte berichten neben dem Wissen über Aufgaben über einen Lernzuwachs bezüglich des Wissens über das neue Kerncurriculum. Beispielsweise erläuterte Lehrerin B Folgendes:

Episode Lehrerin B Z. 210-216:

I *können Sie da sagen, was konkret ← ((fragend))*
B */ähm/ dass eben diese Punkte /äh/ speziell mit eingebaut werden, was ich eben auch schon gesagt hab, dieses Argumentieren*
I *ok*
B *oder auch /äh/ diese Phasen /ähm/ bei den Modellierungsaufgaben und so, das war ja vorher für mich alles noch en bisschen . ja en offenes Thema, . was nicht so mit eingebaut wurde.*

Lehrerin B berichtet auf die Nachfrage nach Aspekten, dass sie das Argumentieren sowie Modellieren in den Unterricht eingebaut hat, was sie vor dem professional development nicht kannte. An dieser Stelle deutet sich ein subjektiver Lernzuwachs zu den mathematischen Kompetenzen und deren Umsetzung im Unterricht an. Es kann aber nicht genau bestimmt werden, ob sich das neue fachdidaktische Wissen ausschließlich auf die Kenntnis der Begriffe beschränkt oder bereits ein Verständnis der Kompetenzen sowie deren Umsetzung vorhanden ist. Auf das Modellieren geht Lehrerin B in einer späteren Episode des Interviews noch einmal ein:

Episode Lehrerin B Z. 304-309:

B *((stöhnt)) das waren sechs Veranstaltungen . en dicker Hefter ist jetzt zu Hause bei mir. ((lachend)) /ähm/ was Spezielles ja, pff . hab ich eigentlich auch schon alles irgendwie schon mit reingebaut, (2) dieses Modellieren hat mich fasziniert . das . ja also . auch diese* *mündliche Tätigkeit hat mich auch fasziniert. Auch dass wir da Anregungen bekommen haben, wie kann ich sowas bewerten.*

Lehrerin B wiederholt an dieser Stelle, dass sie das Modellieren in ihren Unterricht bereits eingebaut hat. Zudem erwähnt sie zu Beginn, dass sie von dem gesamten professional development nun einen *Hefter* (Z. 304) zu Hause hat. In diesem könnte sie die Inhalte noch einmal im Anschluss an die Veranstaltungen nachschlagen. Insgesamt wird jedoch im gesamten Interview, wie in den beiden dargestellten Episoden, nicht klar, wie tief das Verständnis zu den Kompetenzen ist.

Lehrer H geht im Gegensatz zu Lehrerin B auf ein konkretes Beispiel bezüglich der Herangehensweise an die Differentialrechnung ein:

<u>Episode Lehrer H Z. 50-65:</u>

I *\/ähm/ können Sie das noch mal an einem Beispiel vielleicht deutlich machen?*

B *Ja, /ähm/ beispielsweise hat Herr [Fortbildner] /äh/ nach meinem Dafürhalten einen sehr schönen Einstieg in das Problem des der Änderungsrate Differenzialquotient und dergleichen mehr gegeben, indem das anhand von /äh/ verschiedenen Bewegungen in einem Vergnügungspark, also so so /äh/ was war das son Turm irgendwie, /äh/ betrachtet wurde. Und /äh/ das hab ich quasi eins zu eins eingesetzt in meinem 11er Kurs und es war für mich sehr schön, zu sehen, dass die Schüler innerhalb kürzester Zeit /äh/ quasi von alleine letztlich die /äh/ de-den Fahrplan festgelegt haben: was /äh/ können wir hier ran sehen und was müssen wir noch tun, wo müssen wir noch nachhaken, also wir wissen zwar da gibt es jetzt irgendwelche Extremwerte aber wie wir die genau bestimmen, wissen wir noch nicht, also in die Richtung gehend. Ja, das fand ich also sehr /äh/ angenehm und war auch für die Schüler vom Feedback her sehr ...*

Lehrer H geht in dieser Episode auf eine Aufgabenstellung zu einem Free-Fall-Tower als Einstieg in die Differentialrechnung ein[103], welche er seinem Bericht

---

103 In der Aufgabe zu einem Free-Fall-Tower beschäftigen sich die Schüler mit der Fahrt der Gondel eines solchen Turms. Zuerst beschreiben sie die Fahrt und gehen dann auf die Geschwindigkeiten ein, die der Tower zu bestimmten Zeiten während der Fahrt hat. Dabei bestimmen die Schüler unter anderem aus der Höhen-Zeit-Kurve den Verlauf der Geschwindigkeit und sollen einen passenden Graphen dazu skizzieren. Zudem können in der Aufgabe die Zusammenhänge zwischen der Bestandsfunktion (Höhen-Zeit-Kurve) und der Ableitungsfunktion

nach in seiner Klasse eingesetzt hat und erkannte, dass die Schüler mit Hilfe der Aufgabenstellung selbstständig arbeiten konnten (Z. 58-65). Aufgrund der Vorstellung der Aufgabe durch den Fortbildner und dem Einsatz im Unterricht wird die Kenntnis über den Free-Fall-Tower sowie dem Vorgehen in dieser Aufgabenstellung im Sinne der Verständnisorientierung als ein Zuwachs des fachdidaktischen Wissens über Herangehensweisen an mathematische Themen interpretiert. Dies wird durch mehrere Episoden unterstützt, in denen sich Lehrer H auf den Ansatz der Verständnisorientierung bezieht und den kalkülhaften Zugang zur Mathematik vermindern möchte[104].

Die Herangehensweise an mathematische Inhalte erwähnt Lehrerin E hinsichtlich der Einführung des Hauptsatzes der Differential- und Integralrechnung, wobei das professional development sie in ihrem Wissen bestätigte:

<u>Episode Lehrerin E Z. 61-73:</u>

61 **I** *Und gibt es da bestimmte Elemente, die da mit der Fortbildung, die*
62 *da bestimmt..besonders dazu beigetragen haben?*
63 **B** *Also ich bin nochmal bestärkt worden, ich führe den Hauptsatz der*
64 *Differential- und Integralrechnung bzw. Integralrechnung und Diffe-*
65 *rentialrechnung eigentlich immer mit so einem Heißluftballon ein,*
66 *der eben Höhenkurve und so weiter Steiggeschwindigkeit ähm.., dass*
67 *bin ich einfach nochmal wieder äh..ver...äh...ja. unterstützt wurden,*
68 *dass das eine gute Art und Weise ist, im Grunde genommen Schüler*
69 *an Differential- und Integralrechnung heranzuführen, und das war so*
70 *für mich auch nochmal ein wichtiger Punkt, dass man eben ähm..im*
71 *gegen dem, was so häufig dann auch in Schulbüchern angeboten wird*
72 *eben, dass eben sehr stringent mathematisch zu machen, dass das*
73 *eben doch nicht unbedingt der für die Schüler beste Weg ist.*

Für Lehrerin E erfolgte eine Bestätigung der bisherigen Herangehensweise an die Analysis, bei der sie die Höhenkurve sowie die Steiggeschwindigkeit eines Heißluftballons als Einstieg in die Differential- sowie Integralrechnung verwendet. Für sie war das in diesem Fall kein Lernzuwachs fachdidaktischen Wissen über Herangehensweisen. Dennoch war es für sie wichtig, da sie eine Bestätigung ihres Wissens erfuhr, welches sie unterstützt, das nicht immer *sehr stringent mathematisch zu machen* (Z.72), wie es ihrer Meinung nach in den

(Geschwindigkeitskurve) anhand der markanten Punkte entdeckt werden. Dies ist ein erster qualitativer Zugang zur Ableitung als momentane Änderungsrate (vgl. Kapitel 4.2.2).

104 Diese Episoden werden an dieser Stelle nicht vorgestellt, sondern im folgenden Kapitel zu Beliefs über das Lehren und Lernen thematisiert.

Schulbüchern zu finden ist. Diese Bestätigung könnte motivationale Faktoren begünstigen, welche den tatsächlichen Einsatz des professionellen Wissens im Unterricht bewirkt. Motivationale Aspekte werden in einem folgenden Kapitel näher erläutert.

Zusammenfassend lassen sich die von den Lehrkräften berichteten Lernzuwächse zu Herangehensweisen an mathematische Inhalte wie folgt charakterisieren:

Gesamthypothese Lernzuwachs zu den Bildungsstandards
Die Lehrkräfte erwerben entweder neues fachdidaktisches Wissen über das Lehren der Mathematik im Sinne der neuen Bildungsstandards oder erhalten Bestätigung des bisherigen Wissens. Dies bezieht sich zum einen auf die Kompetenzen und zum anderen auf damit einhergehende Herangehensweisen an mathematische Inhalte.

Die Beliefs über die Wirkung des professional development hinsichtlich des Lernzuwachses des fachdidaktischen Wissens zum Lehren betrifft die drei dargestellten Themen. Diese werden in der folgenden Tabelle den Lehrkräften noch einmal zugeordnet:

Lehrkraft	Aufgaben	Diagnoseaufgaben	Unterricht nach den Bildungsstandards
A	X		
B	X		X
C	X		X
D		X	
E		X	X
F	X	X	
G		X	X
H		X	X
I	X	X	

Tabelle 35: Zuordnung der Lehrkräfte zu den Hypothesen über den Lernzuwachs des fachdidaktischen Wissens zum Lehren

Die Tabelle zeigt keine eindeutigen Typen. Die Lehrkräfte haben jeweils zu unterschiedlichen Aspekten etwas hinzugelernt. Es zeigt sich jedoch, dass die Lehrerinnen A-C, die am ersten nicht auf Diagnose fokussierenden professional development teilgenommen haben, etwas über die Gestaltung von Aufgaben und die restlichen Lehrkräfte alle etwas über Diagnoseaufgaben gelernt haben.

10.2.2 Beliefs zum Lehren und Lernen

In diesem Kapitel werden die stabilen Beliefs sowie solche, die sich aus Sicht der Lehrkräfte geändert haben, dargestellt. Da die Berichte sich meist auf Handlungen beziehen, werden Veränderungen der Handlungen auf Basis des epistemologischen Menschenbildes (Beliefs als Grundlage von Handlungen) als Veränderungen der Beliefs interpretiert (vgl. 2.3.4 sowie 7.2.3). Insgesamt erfolgt die Darstellung anhand ausgewählter Beispielepisoden aus den Interviews aller neun Lehrkräfte, die stellvertretend für eine bestimmte Ausprägung stehen sollen.

Stabilität

Auf die Frage nach Änderungen ihrer Ansichten[105] über das Lehren und Lernen der Mathematik erwähnt Lehrerin D:

Episode Lehrerin D Z. 245-265:

B *Nein also ich /äh/ setze das so im Unterricht um, wie ich das für mich aus dem Studium mitgenommen habe, und denke auch, dass sich da in Zukunft nicht allzu viel erst mal dran ändern wird.*

I *Können Sie da noch mal konkret sagen, was sie damit meinen bezogen auf das Lernen der Schüler?*

B *Also das beim Lernen der Schüler ist es mir wichtig, dass /äh/ meine Schüler sich eigenständig mit den Unterrichtsgegenständen auseinandersetzen, dass ich eben nicht vorne stehe und ihnen einfach ne Regel an die Tafel schreibe, sie die /äh/ abschreiben und dann Übungsaufgaben dazu rechnen, sondern dass sie sich eigenständig, beispielsweise in Form eines Gruppenpuzzles, etwas thematisch erarbeiten, sich gegenseitig das erklären. Das ist mir ganz wichtig, dass man da dann auch dass die Schüler selber das Erklären eben lernen und auch /ähm/ dadurch zeigen, haben sie es wirklich verstanden oder ist das nur ganz oberflächlich geblieben. /äh/ Das ist mir im Unterricht ganz wichtig.*

I *Und durch die Fortbildung hat sich daran jetzt auch nichts weiterhin zu mehr Schülerorientierung oder so geändert?*

B *Also ist jetzt nicht die Schülerorientierung mehr geworden als vorher, weil ich denke, dass mein Unterricht schon eigentlich ziemlich schülerorientiert ist.*

105 In den Interviews wurde das Wort „Ansichten" statt Beliefs oder Überzeugungen verwendet, da dies aus Forschungssicht, intuitiver für die Lehrkräfte zugänglich schien.

Die Aspekte des Lernens, von denen Lehrerin D in der Episode berichtet, werden als konstruktivistische Beliefs gedeutet, da sie sich auf die Selbständigkeit der Schüler, die aktive Wissenskonstruktion im Diskurs, die Gestaltung von Lernumgebungen zum eigenständigen Lernen, den Einsatz kooperativer Lernformen, den Diskurs zwischen den Schülern und das Zurücknehmen der Lehrkraft (*nicht vorne stehe und ihnen einfach ne Regel an die Tafel schreibe, die sie dann abschreiben und dann Übungsaufgaben dazu rechnen, ...* Z. 252f.) beziehen. Diese hat Lehrerin D *aus dem Studium mitgenommen* (Z. 246) und denkt, *dass sich da in Zukunft nicht allzu viel erst mal dran ändern wird* (Z. 246-247). Zudem erwähnt sie zum Ende der Episode, dass sie nicht schülerorientierter durch das professional development vorgeht, da sie denkt, *dass* ihr *Unterricht schon eigentlich ziemlich schülerorientiert ist* (Z. 264-265). Beides scheinen Ursachen für den Erhalt der Beliefs zum Lehren und Lernen zu sein, weil sie keinen Grund angibt, warum sich die Beliefs durch das professional development hätten ändern sollen. Insgesamt werden die Aussagen von Lehrerin D als stabil gebliebene konstruktivistische Beliefs gedeutet, wobei eine Ablehnung transmissiver Beliefs vorhanden ist.

Neben dieser Form der konstruktivistischen Sichtweise, erwähnen Lehrerin E, Lehrerin F und Lehrer I einen Mix aus Transmission und Konstruktivismus. Beispielhaft wird dies anhand der Aussage von Lehrer I dargestellt. Er antwortete auf die Frage nach Änderungen von Ansichten über das Lehren und Lernen der Mathematik:

<u>Episode Lehrer I Z. 189-204:</u>

189 **B** *(5) tja eigentlich nicht, . wobei ich nicht der eig-jetzt auch gewissen-*
190 *ermaßen zurücklehne und sage, dass ich jetzt keine der beiden extre-*
191 *men /äh/ Haltungen vertrete und insofern kann ich da heut etwas ge-*
192 *lassener sagen, dass sich meine Grundhaltung da nicht ändert, weil*
193 *ich nachwievor der Meinung bin, dass /äh/ sämtlichen Arbeitsweisen*
194 */äh/ im Unterricht vorhanden sein sollten. Ich bin also kein Freund*
195 *davon, jetzt nur alleine /äh/ dazustehen, irgendwas darzubieten, weil*
196 *ich dann einfach sehr schnell en schlechtes Gefühl habe, ob die Schü-*
197 *ler überhaupt da folgen können. Ich bin aber auch kein Freund davon,*
198 */äh/ alles /äh/ jetzt /äh/ irgendwie in die Schülerarbeitsphase auszu-*
199 *lagern und dann nur noch son Moderator zu sein. Also ich ...*
200 ***I*** *mh*
201 **B** *... versuche eigentlich /ähm/ alle möglichen Sozialformen mit einzu-*
202 *beziehen, alle möglichen Unterrichtsformen mal mit einzubeziehen,*
203 */äh/ und trotzdem irgendwie immer so die Fäden in der Hand zu be-*
204 *halten, auch wenn ich das nicht durchblicken lasse.*

Lehrer I berichtet von einem Mittelweg zwischen dem Darbieten von Inhalten und Moderieren von Schülerarbeitsphasen, was ihm im Unterricht wichtig ist und sich nicht durch das professional development geändert hat. Daher werden die Aussagen als Beliefs interpretiert, die sich zum einen auf den Lehrer als Moderator von Unterrichtssituationen, in denen die Schüler selbstständig arbeiten und der Lehrer sich zurücknimmt, oder als Darbieter, der lehrerzentriert den Schülern etwas erklärt, beziehen. Dementsprechend vertritt Lehrer I beide Formen der Beliefs zum Lehren und Lernen. Weil er dies aufgrund des professional development nun *etwas gelassener* (Z. 191-192) sieht und sich seine *Grundhaltung da nicht ändert* (Z. 192), wird dies als Stabilität der Beliefs gedeutet. Ähnlich zeigte sich der Wunsch nach einem Mix der Methoden passend zu den beiden Formen der Beliefs bei Lehrerin E (Lernumgebung zu entdeckendem Lernen gestalten und kooperatives Lernen sowie Frontalunterricht und Lehrerzentrierung) und bei Lehrerin F (Einsatz kooperativer Lernformen sowie Frontalunterricht und Lehrerzentrierung). Der Grund für die Stabilität wird in diesem Fall mit dem Wunsch eines Methodenmixes und nicht erlebten Widersprüchen angegeben.

Die Lehrkräfte nennen neben den Beliefs zum Lehren und Lernen, die sich auf das Vorgehen im Unterricht sowie den Einsatz bestimmter Unterrichtsformen bzw. -methoden beziehen, den Umgang mit Fehlern bzw. Fehlvorstellungen sowie Schwierigkeiten der Schüler. In diesem Zusammenhang erwähnt beispielsweise Lehrerin E:

<u>Episode Lehrerin E Z. 106-109:</u>

B *oder gerade produzieren. Und die wissen auch schon, dass sie dann bei mir eben auch in dem Moment sagen können: Ich komme hier einfach gar nicht zurecht und es ihnen nicht negativ ausgelegt wird, das ist einfach ein wichtiger Punkt.*

Für Lehrerin E ist es wichtig, in Arbeitsphasen mit den Schwierigkeiten der Schüler umzugehen. Dabei berichtet sie, dass die Schüler bereits wissen, Schwierigkeiten ansprechen zu können und *es ihnen nicht negativ ausgelegt wird* (Z. 108). Dieser Umgang mit Schwierigkeiten im Unterricht wird als „Schwierigkeiten sind ein natürlicher Teil des Lernens" interpretiert, die mit den Schülern zu besprechen sind und bei deren Auftreten keine Bestrafung erfolgen sollte. Diese Episode befindet sich in einem Teil des Interviews, in dem Lehrerin E auf den Umgang mit Fehlern vor dem professional development eingeht. Dementsprechend werden die Aussagen als stabile Beliefs gedeutet, weil Lehrerin E von keiner Änderung diesbezüglich durch die Veranstaltung berichtete bzw. dies für sie *einfach ein wichtiger Punkt* (Z. 109) ist.

Lehrerin C geht bezogen auf den Umgang mit Fehlern einen Schritt weiter und berichtet über das Handeln im Unterricht, das sie bereits vor dem professional development so einsetzte

Episode Lehrerin C Z. 103-110:

B *Aber das habe ich vorher auch schon gemacht. Das ich also wie gesagt die Schülerlösungen auch an der Tafel stehen lasse und nicht gleich: "oohh ist falsch", sondern ein bisschen, bis die Schüler sich melden: "Hier kann etwas nicht stimmen!" Also, dass die Schüler also praktisch auch von sich aus sagen: "Hier kann etwas nicht passen". Ja? Oder mal eine Schülerarbeit...ähm...groß an die Wand werfen und zu zeigen, was passt und was passt nicht. Also da habe ich schon früher mitgearbeitet, also mit den Fehlern der Schüler.*

Lehrerin C wandte vor dem professional development einen schülerorientierten Umgang mit Schülervorstellungen im Sinne der gemeinsamen Diskussion an. Dementsprechend förderte sie die Korrektur von Fehler durch die Schüler bereits vor der Teilnahme, was sie mit den Worten *Also da habe ich schon früher mitgearbeitet*“ (Z. 109-110) unterstreicht. Dies wird daher als stabile Beliefs gedeutet, die Fehler von den Schülern selbst korrigieren zu lassen, welches zu konstruktivistischen Beliefs zählt, die sich auf den günstigen Umgang mit Fehlern und Schwierigkeiten im Mathematikunterricht beziehen.

Einen Grund, warum sich die Sichtweise von Lehrerin F auf Schüler nicht durch die Analyse von Schülerarbeiten änderte, nennt sie in der folgenden Episode:

Episode Lehrerin F Z. 287-292:

I *ok, /ähm/ und wenn Sie da auf diese Schülerlösungen geguckt haben, ...*

B *mh*

I *... hat das noch mal son Blick auf die Schüler geändert?*

B *(10) da mir viele Schülerlösungen fehlerhafte Schülerlösungen bekannt vorkamen /äh/ kaum.*

Aus Sicht von Lehrerin F ergaben sich keine Änderungen bezogen auf den Blick auf die Schüler. Dies begründet sie mit der Kenntnis möglicher Fehler, die bei bestimmten Aufgaben auftreten können. Dies deutet darauf hin, dass die Erkenntnisse während des Analysierens der Schülerarbeiten mit dem bisherigen Wissen von Lehrerin F übereinstimmten. Daher scheint sich keine Notwendigkeit für eine Änderung von Beliefs zum Lehren und Lernen der Mathematik bezogen auf ihre Schüler ergeben zu haben, da die Beliefs zu den Tätigkeiten und Erkenntnissen passten.

Änderungen

Die Lehrkräfte berichten neben den Handlungen, die sich aufgrund des professional development nicht verändert haben, ebenso über solche, die sich durch neue Erkenntnisse aus den Veranstaltungen und dem eigenen Unterricht auf der Basis der kennengelernten Inhalte, geändert haben. Dies sind zum einen Berichte über Veränderungen zu einem konstruktivistischeren Handeln und zum anderen Verschiebungen zwischen den transmissiven und konstruktivistischen Handlungen im Unterricht. Beispielsweise zeigt die folgende Interviewepisode von Lehrerin C eine Veränderung zu einer konstruktivistischeren Handlungsweise:

Episode Lehrerin C Z. 152-158:

B *Naja konkret, was ich jetzt schon gesagt habe. a) Wie ich...äh...führt man die Aufgaben ein b)...äh...dass man diesen Schülern viel viel mehr Freiräume gibt...äh...zum Reden. Die Aufgaben selber beurteilen lässt, selber ausdiskutieren lässt. In einer gewissen Formen habe ich das immer schon gemacht, aber ich habe das jetzt halt...ähm...versucht zu verstärken. Ja? Dass man eben diese methodischen Sachen mitnimmt, die man jetzt bekommen hat.*

In dieser Episode geht Lehrerin C auf das Geben von Freiräumen für die Schüler, das Ausdiskutieren unter den Schülern und das Beurteilen der Aufgaben durch die Lernenden ein. Obwohl sie diese Formen im Unterricht schon immer einsetzte, berichtet sie davon, versuchen zu wollen, sie *zu verstärken* (Z. 157). Dies wird als Verstärkung konstruktivistischer Beliefs interpretiert, die sich auf das selbstständige Arbeiten der Schüler, das Zurücknehmen der Lehrkraft im Unterricht und den Diskurs zwischen den Schülern beziehen. Ursache ist das professional development, da sie die methodischen Inhalte im Unterricht umsetzen möchte (*Dass man eben diese methodischen Sachen mitnimmt, die man jetzt bekommen hat,* Z. 157-158).

Eine andere Form der Änderung zu einer konstruktivistischeren Handlungsweise berichtet Lehrerin F bezüglich der Differenzierung im Unterricht:

Episode Lehrerin F Z. 380-399:

380 **B** *Jaa doch, das is-also Fortbildung gute Fortbildungen helfen einem*
381 *dabei natürlich, zum Beispiel jetzt bei ner Aufgabe, die ich da gestern*
382 *gemacht hab, /ähm/ das fand ich schon nicht schlecht, vor allen Din-*
383 *gen hab ich meine hellen Köpfe angeregt, zu denken, ja, also (2) die*
384 *dann auch mal, wo man ihnen dann auch zeigen kann, ah da gibts*
385 *noch mehr jetzt, sind jetzt hab ich erst mal eure Grenze ausgereizt*
386 *und jetzt aktiviere ich euer, jetzt ja aktiviere ich euch noch mehr zum*
387 *Nachdenken, weil ihr merkt das kriegen wir jetzt nicht so problemlos*
388 *hin. Wir sind nicht schneller fertig als der Rest, sondern (2) sie an*
389 *dieser Stelle auch mal fördern und auch mal ausreizen, ja. Also, (2)*
390 *muss ich allerdings auch dazu sagen, das würd ich auch nicht in jeder*
391 *Klasse wagen. Die Klasse, die ich jetzt meine, von der ich rede, /ähm/*
392 *die sind an sich immer sehr fleißig gewesen, ja, und sind auch /ähm/*
393 *der Anteil derer die gut logisch, ein gutes logisches Denkvermögen*
394 *haben ist relativ groß, sodass ich das auch wagen kann, dieses Expe-*
395 *riment und sage, das hol ich wieder an irgendner Stelle, wenn ich jetzt*
396 *mal mehr Zeit dafür verbrauchte, weiß ich, ich krieg die wieder rein*
397 *die Zeit, ja. Die den die der Zeitfaktor bleibt nach wie vor. Den ich*
398 *muss den immer im Hinb-Hinterkopf haben. Am Ende wird abgerech-*
399 *net, ja.*

Diese Episode ist ein Beispiel für die Veränderung der Handlungen von Lehrerin G zu verstärkter Differenzierung im Unterricht. Der Einsatz wird als Verstärkung zu konstruktivistischeren Beliefs gedeutet, die sich auf Differenzierung im Unterricht beziehen. Als Ursache für die Veränderung wird das Ziel, die Schüler aller Leistungsniveaus zu fördern, gedeutet, wobei emotionales Interesse hinzutritt, welches sich durch Gefallen der Aktivierung ihrer Schüler ausdrückt (*das fand ich schon nicht schlecht, vor allem habe ich meine hellen Köpfe angeregt zu denken* Z. 382-383). Einschränkend erwähnt Lehrerin G den Zeitfaktor und die Leistungen der Schüler. Dies bedeutet, dass sie die Differenzierung der Aufgabenstellung hinsichtlich der Leistung als sinnvoll erachtet, wenn sie weiß, dass die Schüler die entsprechende Leistungsfähigkeit mitbringen und die mehr benötigte Zeit wieder aufgeholt werden kann.

Neben methodischen Aspekten wie die das selbstständige Lernen der Schüler oder die Differenzierung berichtet Lehrer H von dem Wunsch, verstärkt Realkontexte im Unterricht einsetzen zu wollen:

Episode Lehrer H Z. 248-260:

B *Anders, anders machen, ja, der Versuch /äh/ über zum einen, also, wirklich händische Simulation, also, ich denke da zum Beispiel an die berühmte Gummibärchentüte und /äh/ Wahl und dergleichen mehr, ne. Wenn Bundestagswahl ist, das ist also etwas, was ich auf jeden Fall mir vornehme, das hab ich noch nie gemacht, vornehme und und dann Stichproben ziehen und dergleichen mehr, die eine Seite und die zweite Seite mit Hilfe von Simulationen zu arbeiten. Simulation beispielsweise bezüglich auf Excel und und dergleichen mehr . na und das mehr einzubeziehen, damit ...*

I *ok*

B *... die Schüler, /äh/ die ja diese A-Affinität zum Computer, vielleicht auch ein bisschen mehr also die von der Stelle abholen ne ausleben können.*

Lehrer H möchte im Stochastikunterricht vermehrt Simulationen zu realen Kontexten (Gummibärchentüte, Bundestagswahl) sowie mit Excel (Einsatz neuer Medien passend zu Schülerinteresse) einsetzen. Sein Anliegen ist es, dies *anders[zu] machen* (Z. 248), sich dies vorzunehmen (Z. 251-252), es *mehr* einzubeziehen (Z. 256) und die Schüler *mehr von der Stelle ab[zu]holen* (Z.259). Daher wird diese Episode insgesamt als Verstärkung der konstruktivistischen Beliefs interpretiert, die sich auf den Einsatz von Realkontexten im Unterricht beziehen. Zudem ist eine Änderung hin zur Schülerorientierung angedeutet.

Neben den berichteten Veränderungen der konstruktivistischen Beliefs, gehen die Lehrkräfte auf eine Verschiebung von transmissiven zu konstruktivistischen Beliefs ein. Dies wird im Folgenden dargelegt. Beispielsweise berichtet Lehrer H von einem solchen Perspektivwechsel:

Episode Lehrer H Z. 13-26:

B *Ja jetzt speziell aus der Fortbildung /äh/ da hab ich einiges an Anregungen mitgenommen. /äh/ ich habe das auch speziell jetzt beispielsweise Arbeitsblätter /äh/ in meinen Unterricht eingebaut. /ähm/ was mir sehr gefallen hat, das ist dieser /äh/ oftmals zu verzeichnende Perspektivwechsel und zwar weg von irgendwelchen Kalkülen, abarbeiten von Kalkülen, zu hin zu Aufgaben, /äh/ bei denen es darum geht, dass ich irgendwie etwas /ähm/ qualitativ beschreiben muss. /ähm/ ich weiß, dass das also durchaus /äh/ wichtig ist und dass das auch erwünscht ist und dass es auch in den letzten Jahren bei uns in Sachsen-Anhalt immer wieder mal im Abitur der Fall gewesen, dass*

23 *solche Aufgaben mit auftauchen, ich habe aber . in meinem Lehrer-*
24 *dasein zu wenig Material in den Schulbüchern, zu wenig Material,*
25 *vorgefunden, um das mehr zu bewerkstelligen und das ist im Prinzip*
26 *der wesentliche Punkt, den ich mitgenommen habe.*

In der Episode geht Lehrer H auf einen Beliefchange weg von irgendwelchen Kalkülen, abarbeiten von Kalkülen, hin zu Aufgaben, bei denen es darum geht, dass ich irgendwie etwas qualitativ beschreiben muss (Z. 17-19) ein. Dies hat ihm sehr gefallen, welches als Ansprechen des emotionalen Interesses gedeutet wird. Das emotionale Interesse scheint zudem die Ursache für den Beliefchange zu sein. Dieser ist durch die im professional development erhaltenen Materialien befördert worden, wobei sich in der Episode zeigt, dass Lehrer H bereits vor dem professional development Beliefs bezüglich der Verständnisorientierung besaß. Diese wurden aufgrund des berichteten Perspektivwechsels nun verstärkt, da er Möglichkeiten der Umsetzung erhalten hat. Das Abarbeiten von Kalkülen scheint aufgrund des Perspektivwechsels für Lehrer H an Bedeutung verloren zu haben. Daher wird dies als Wechsel von transmissiven Beliefs (exakte Instruktion bzw. Wiederholung mit der Abarbeitung von Kalkülen) zu einer Verstärkung konstruktivistischer Beliefs (Verständnisorientierung durch qualitative Ansätze) interpretiert, wobei als Ursache erhaltenes Material sowie das emotionale Interesse an dem Perspektivwechsel angenommen wird. Ähnlich zeigt sich dies bei Lehrerin B, die durch das professional development weg von der Wiederholung hin zum Argumentieren und erklären als Aufgaben gekommen ist.

Eine weitere Ursache für eine Verstärkung der Verständnisorientierung benennt Lehrerin G:

Episode Lehrerin G Z. 231-245:

231 **B** *Wenn man verschiedene Klassen hat . und ansonsten überhaupt, das*
232 *. Lernen der Mathematik an sich . ja, wie gesagt, in Verknüpfung mit*
233 *den neuen Lehrplaninhalten schon, dass das auf das inhaltliche mehr*
234 *Wert gelegt wird, und ich finde auch, dass die Schüler gut nachvoll-*
235 *ziehen können oftmals, ja. Das ist so, . wenn man vor zum Beispiel*
236 *vor . zehn Jahren /äh/ Sachen abgefragt hätte, dann konnten sie wahr-*
237 *scheinlich schneller die einzelnen Fakten angeben, aber das sozusa-*
238 *gen zu modellieren und auf Aufgaben anzupassen ist den Schülern*
239 *vielleicht damals nicht so gut gelungen wie heute. Damals hat man*
241 *mehr so diese einzelnen Fertigkeiten trainiert und /ähm/ jetzt dann*
242 *doch die . die Fähigkeit erstmal das mathematische Modell dahinter*
243 *zu sehen und das ist denke ich mal schon etwas, was wir ja auch aus*

der Fortbildung mitnehmen oder was ich aus der Fortbildung mitgenommen habe.

Den Wechsel von einem Lernen einzelner Fakten und einzelnen Fertigkeiten hin zu Modellierungen und dem Verständnis der mathematischen Modelle hat Lehrerin G aus dem professional development mitgenommen. Dies wird an dem Vergleich zwischen dem Lernen *damals* (Z. 239) und dem Lernen heute, über den sie berichtet, deutlich. Die Aussagen werden daher insgesamt als Wechsel von transmissiven zu einer konstruktivistischen Beliefs interpretiert, wobei die Ursache die neuen Lernplaninhalte sind, die *die Schüler* aus ihrer Sicht *gut nachvollziehen können* (Z. 234-235).

Es werden in den Interviewepisoden zu den bisher benannten Änderungen ebenso solche deutlich, die sich auf verschiedene Facetten der jeweiligen Beliefs beziehen. Beispielsweise erwähnt Lehrerin B eine solche Änderung, die sie durch das Nennen eines konkreten Beispiels verstärkt:

<u>Episode Lehrerin B Z. 379-405:</u>

B *Hat sich ja verändert, dass jetzt /ähm/ die Fragestellungen anders werden, dass /äh/ die Schüler mehr zum Argumentieren kommen, dass die Schüler, dass ich nicht mehr diese Massen an Aufgabe, Aufgaben immer, dass ich /äh/ zielstrebiger /äh/ die einzelnen Facetten abarbeite, dass ich nicht sage ein Modell abarbeiten und dann üben, üben, üben, . dass die Zeit hat man nicht, wenn man alles schaffen möchte, dass man sagt so ein Modell haben sie, eine Übungsaufgabe reicht und dann schon wieder, dass sie selbständig daraus dann /äh/ neue Stufen der Aufgabenstellung dann selbständig erlernen. Funktionen beispielsweise, dass man anfängt so dieses Modell machen wir. Wir fangen mit der Normalparabel an bestimmte Schrittweisen abarbeiten, die Funktion zeichnen /äh/ dann /äh/ die Eigenschaften daraus gewinnen und dass man dann sagt, so jetzt Verschiebung auf der y-Achse, dass man dann sagt so jetzt mit ner Wertetabelle Eigenschaften selber rauszuholen, dass sie da doch versuchen, jetzt die Schüler selbständiger zu arbeiten, das ist schon das Ergebnis eigentlich von dieser Weiterbildung. Auch wo man vorher vielleicht gesagt hätte, gemeinsam alles machen und dass jetzt die Schüler doch versuchen selbständig auf Ergebnisse zu kommen.*

I *Also, dass Sie weniger Anleitung geben ...*

B *Ja, ...*

I *... den Schülern und?*

B *...eine konkrete Anleitung zum Anfang und dann versuchen, dass sie dann für den anderen Typ das auch selber herauszubekommen.*
I */ähm/ hatten Sie denn vorher vor der Fortbildung /ähm/ mehr den Unterricht so gestaltet sehr angeleitet und sehr?*
B *Frontal, viel frontal.*

Lehrerin B berichtet, dass sie vor dem professional development den Unterricht meist *frontal* (Z.405) gestaltet hat, wobei sich dies durch *Massen an Aufgaben* (Z. 381) und dem Abarbeiten eines Modells (im Frontalunterricht) mit *üben, üben, üben* im Sinne der Wiederholung als Einschleifen (Z. 383-284) auszeichnet. In ihrem Beispiel zu den Eigenschaften von Parabeln macht sie deutlich, dass die Schüler verstärkt selbstständig arbeiten sollen und sie nicht mehr alles vorführt (nur die Einstiegsaufgabe). Insgesamt wird diese Episode als Wechsel von transmissiven (Frontalunterricht, lehrerzentriert, Wiederholung) zu konstruktivistischen Beliefs (Schüler selbstständig, interpretiert, Lernumgebung gestalten zum entdeckenden Lernen, Lehrer zurücknehmen, aktive Wissenskonstruktion im Sinne des entdeckenden Lernens) interpretiert, da sie von Veränderungen berichtet. Eine konkrete Anleitung zu Beginn ist Lehrerin B wichtig, steht diesem Wechsel aber nicht entgegen, da die Anleitung für das weitere Vorgehen des entdeckenden Lernens aus ihrer Sicht wichtig ist.

Von Änderungen bezüglich Handlungen, die sich auf unterschiedliche Aspekte der Beliefs zum Lehren und Lernen der Mathematik beziehen, berichtet ebenfalls Lehrer H, wobei er zudem auf Ursachen der Änderungen eingeht:

Episode Lehrer H Z. 43-68:

B */ähm/ also von der von der Anlage der Struktur her wird das sicherlich nicht so sein, dass sich der Unterricht /äh/ jetzt irgendwie total ändert. /äh/ ein Beobachter wird sicherlich sagen, dass ich einen lehrerzentrierten Unterricht mache und /äh/ bei mir gibt es in speziell in der Oberstufe /äh/ kaum Gruppenarbeit oder gleichen mehr. Ich lasse eher zu, dass die Schüler durchaus miteinander kommunizieren, wenn sie Aufgaben bearbeiten, was sich /äh/ ändert, partiell ändert, . ist der eine oder andere Punkt, wo ich versuche, durch /äh/ andere Aufgaben als bisher vielleicht auch andere Impulse gegenüber dem Schüler zu setzen.*
I */ähm/ können Sie das noch mal an einem Beispiel vielleicht deutlich machen?*
B *Ja, /ähm/ beispielsweise hat Herr [Fortbildner]/äh/ nach meinem Dafürhalten einen sehr schönen Einstieg in das Problem des der*

Änderungsrate Differenzialquotient und dergleichen mehr gegeben, in dem das anhand von /äh/ verschiedenen Bewegungen in einem Vergnügungspark, also so so /äh/ was war das son Turm irgendwie, /äh/ betrachtet wurde und /äh/ das hab ich quasi eins zu eins eingesetzt in meinem 11er Kurs und es war für mich sehr schön, zu sehen, dass die Schüler innerhalb kürzester Zeit /äh/ quasi von alleine letztlich die /äh/ de-den Fahrplan festgelegt haben. Was /äh/ können wir hier ran sehen und was müssen wir noch tun, wo müssen wir noch nachhaken, also wir wissen zwar, da gibt es jetzt irgendwelche Extremwerte, aber wie wir die genau bestimmen, wissen wir noch nicht. Also in die Richtung gehend, ja, das fand ich also sehr /äh/ angenehm und war auch für die Schüler vom Feedback her sehr ...

Lehrer H beschreibt sich zu Beginn der Episode selbst als jemanden, der einen *lehrerzentrierten Unterricht* macht (Z. 45-46), und geht dabei darauf ein, *speziell in der Oberstufe kaum Gruppenarbeit* einzusetzen (Z.46-47). Dies wird als transmissive Beliefs im Sinne der Lehrerzentrierung und des Frontalunterrichts interpretiert. Trotz dieser berichtet er, es mehr zuzulassen, *dass die Schüler durchaus miteinander kommunizieren, wenn sie Aufgaben bearbeiten* (Z. 48-49). Zudem deutet der Einsatz der Aufgabe zum Freefalltower an, dass die Schüler in der Phase selbstständig gearbeitet haben, ihr Vorwissen als Ausgangsbasis verwandten sowie ein für die Schüler relevanter Realkontext eingesetzt wurde, der mit der Anlage der Aufgabe auf Verständnisorientierung setzt. Insgesamt wird dies als Verschiebung von transmissiven Beliefs zu konstruktivistischen (Schülerdiskussion, Lernumgebung für das entdeckende Lernen gestalten, Realkontexte einsetzen, aktive Wissenskonstruktion, Schüler selbstständig und Verständnisorientierung) gedeutet. Eine Ursache ist der Einsatz der Aufgabe, der durch die Erkenntnisse im Unterricht unterstützt wurde. Dies hat sein emotionales Interesse angesprochen, da er es sehr angenehm fand. Zudem hat er durch die Arbeitsweise der Schüler eine Rückmeldung über das Funktionieren dieser Herangehensweise erhalten.

Die Rückmeldungen der Schüler als mögliche Ursache für veränderte Handlungen benennt ebenso Lehrerin C:

<u>Episode Lehrerin C Z. 278-294:</u>

B *Ja ja. Schon auf alle Fälle. Das ist, ...ähm...der also ich bin jetzt nicht immer 100 Prozent der der Lehrer gewesen, der jetzt nur Frontalunterricht gemacht hat. Das ist jetzt nicht, aber ich versuche doch jetzt wirklich bewusster, ...ähm...die Schüler mit ins Boot zu nehmen und* *dieses konstruktive Lernen so ein bisschen...äh...umzusetzen. Ja? Weil ich eben auch an einigen Beispielen gemerkt habe, ...ähm...a es macht den Schülern mehr Spaß und b...ähm...wenn es den Schülern mehr Spaß macht, bleibt auch mehr hängen. Es ist nur die Gefahr, dass ist, finde ich da gefährlich, die Erkenntnisgewinnung dennoch so zu formulieren oder so sicherzustellen, dass sie dann wirklich auch mathematisch richtig ist, ja? Gerade...ähm...mit den Begrifflichkeiten also da muss ich dann noch ein bisschen gucken, wie man das dann genauer hinkriegt, weil es ist ja dann auch ein Zeitproblem. Wir können ja dann nicht ewig und endlich immer die Schüler basteln lassen machen können. Es steht ja zum Schluss ein Abitur da oder auch Ende der 7 Ende der 8. ist ja etwas abzurechnen, ja? Darum das ist so ein bisschen schwer.*

Lehrerin C hat im Unterricht nicht nur Frontalunterricht eingesetzt. Sie berichtet dennoch von Änderungen hin zu konstruktivistischeren Handlungen, die sie anhand der Einbeziehung der Schüler in den Arbeitsprozess und der Umsetzung des konstruktivistischen Lernens beschreibt. Dies wird als Verstärkung der konstruktivistischen Beliefs im Sinne der Schülerorientierung und des Zurücknehmens der Lehrkraft im Unterricht interpretiert. Die Ursache gibt sie mit ihren Beobachtungen im Unterricht an. Sie möchte dies umsetzen, *weil* sie *eben auch an einigen Beispielen gemerkt* hat, *es macht den Schülern mehr Spaß* (Z.283-284), und sie der Meinung ist, dass die Schüler mehr aus dem Unterricht mitnehmen, wenn es ihnen Spaß macht (Z. 385). Einschränkend ist zu erwähnen, dass sie jedoch noch skeptisch ist, inwiefern diese Form des Unterrichts zu den mathematisch richtigen Ergebnissen führt. Daher sieht sie ein Zeitproblem, weil sie ggf. noch einmal nacharbeiten muss.

Die Lehrkräfte berichten neben den Änderungen zu methodischen Aspekten und Herangehensweisen noch solche bezüglich des Umgangs mit Fehlern im Unterricht bzw. des Stellenwerts der Fehler im Lernprozess. Beispielsweise erwähnt Lehrerin A:

<u>Episode Lehrerin A Z. 433-440:</u>

B *Na das mathematische Problem möchte ich ihnen schon richtig gut erklären. Auch dreimal, auch viermal, auch auf vier Wegen. Aber wenn dann manchmal diese Aufmerksamkeit nicht da ist, dann führt es eben ins Leere. Aber dass dass ich en Schülerfehler sehe und das jetzt andersrum nochmal versuche, zu erklären, das hab ich ja vorher auch gemacht. Das hat jetzt, das hat jetzt durch die Fortbildung sich*

439 *nicht geändert . Dass dass vielleicht die ne Akzeptanz dass ein Schü-*
440 *ler Fehler macht auch welche er macht [...].*

Sie beschreibt, dass sich ihre Sicht auf Fehler geändert hat, indem sie auf die Akzeptanz eingeht, *dass ein Schüler Fehler macht auch welche er macht* (Z.439-440). Da sie vorher auf das Erklären eingeht, das sich nicht geändert hat, und sie durch Wiederholung des Wortes „*dass*“ (Z. 439) eine kurze Denkpause macht, wird die Entstehen der Akzeptanz als Veränderung interpretiert. Dementsprechend ist der konstruktivistische Belief „Fehler als normaler Teil des Lernens“ bei Lehrerin A verstärkt worden. Aus dem gesamten Interview wird anhand der Passagen zu Schülerarbeiten deutlich, dass diese Phase des professional development für Lehrerin A bezüglich Schülervorstellungen wichtig war, da sie dort Schülerfehler analysieren konnte. Daher wird dies als eine mögliche Ursache für die Veränderung des Beliefs gedeutet.

Im Zusammenhang mit dem Umgang mit Schülervorstellungen und speziell Fehlern erwähnt Lehrerin B folgende Veränderung:

Episode Lehrerin B Z. 409-427:
409 ***I*** *Wenn sie einen Fehler machen, dann ist das normal?*
410 ***B*** *Ja, ...*
411 ***I*** *Ok.*
412 ***B*** *... das ist schon Ergebnis. Was die Schüler noch lernen müssten, ist*
413 *bei der Kontrolle, dass sie ihre Fehler auch (2) verbessern. Wir ma-*
414 *chen natürlich immer eine Kontrolle, auch /ähm/ und was mir da*
415 *nicht so gut gefallen hat, in diesem Jahr, dass die Schüler es noch*
416 *nicht gelernt haben, für sich selbständig ihre Fehler zu korrigieren,*
417 *weil sies von mir jahrelang, die zwei Jahre lang, gewohnt waren im-*
418 *mer alles exakt als Tafelbild zu bekommen. Ich hatte vorher immer*
419 *diese Ansicht, alles, was an der Tafel ordentlich war, das ist dann für*
420 *sie auch Maßstab, das müssen se auch können. Und jetzt /äh/ mache*
421 *ich natürlich nicht nochmal ein komplettes Tafelbild. Sie müssen dann*
422 *ganz einfach auch reagieren bei der Kontrolle und daa glaube ich, da*
423 *habe ich auch in den Schülerarbeiten gesehen, dass das teilweise*
424 *nicht korrigiert wurde im Hefter. Da müssen sie aber selber auch jetzt*
425 *die Lernphase, also müssen sie selber auch ein bisschen lernen. Und*
426 *es ist ja auch alles im Lehrbuch auch mit enthalten. Es ist ja nicht so,*
427 *dass sies gar nicht irgendwo nachschlagen können.*

Lehrerin B geht in der Episode darauf ein, dass ihre Schüler Fehler nun vor allem selbst korrigieren sollen. Vor dem professional development hat sie dies durchgeführt. Vorher ist sie ebenfalls davon überzeugt gewesen, ein exaktes Tafelbild zum Lernen darbieten zu müssen, was sie ihrer Aussage nach durch die Teilnahme vermindert hat, da die Lernenden vermehrt selbstständig arbeiten sollen (Nachschlagen im Lehrbuch). Insgesamt wird dies als Verschiebung der Beliefs von einem transmissiv orientierten (Informationsaufbereitung als Tafelbild) zu einem konstruktivistisch orientierten (Fehler als natürlicher Teil des Lernprozesses, Schüler selbstständig, Schüler korrigieren ihre Fehler selbst sowie Lehrer nimmt sich zurück) Umgang mit Fehlern im Unterricht interpretiert. Die Ursache scheint die Teilnahme an dem professional development insgesamt zu sein, da sie darauf eingeht, dass sie dies aufgrund der Teilnahme veränderte (*das ist schon das Ergebnis,* Z. 412 sowie *weil sie es von mir jahrelang [...] gewohnt waren,* Z. 417 vor dem Hintergrund der Ausrichtung des Interviews auf Veränderungen aufgrund der Teilnahme an den Veranstaltungen).

Lehrer I geht im Vergleich zu Lehrerin B bezogen auf Fehler noch einen Schritt weiter, indem er sie als Lernchance beschreibt:

<u>Episode Lehrer I Z. 550-558:</u>

B *Also vielleicht einfach grundsätzlich, dass man das jetzt doch mehr /äh/ versucht, [Fehler] als Gelegenheit wahrzunehmen, drüber ins Gespräch zu kommen und nicht so sehr als Behinderung des Unterrichtsfortgangs.*

I *Also Fehler eher als normale Sache des Lernens zu begreifen um aktiv mit den weiter zu arbeiten?*

B *Stellenweise ist man dann sogar geneigt, für gewisse Fehler dankbar zu sein, weil man dann wunderbar drüber ins Gespräch kommen kann, ja.*

Er betont, dass er Fehler *jetzt doch mehr versucht, als <u>Gelegenheit</u> wahrzunehmen* (Z. 550-551), über die er ins Gespräch kommen möchte, anstatt sie als Behinderung des Unterrichts anzusehen. Zudem stimmt er auf Nachfrage zu, dass für ihn Fehler nun eher normaler Teil des Lernprozesses sind. Dabei erwähnt er, *für gewisse Fehler dankbar zu sein, weil man dann wunder drüber ins Gespräch kommen kann* (Z.556-557). Insgesamt wird dies als Verstärkung der konstruktivistischen Beliefs interpretiert, dass Fehler ein natürlicher Teil des Lernens sind und eine Diskussion mit den Schülern darüber geführt wird.

Eine andere Form des Umgangs mit Fehlern berichtet Lehrerin G, die aufgrund der Veranstaltung verstärkt herausfinden möchte, was sich Schüler bei ihren Lösungen denken:

Episode Lehrerin G Z. 524-532:

B *Also wie gesagt, dass man /äh/ und dass ist das bestimmt, das hätt ich vielleicht auch vorher schon mal sagen können, das ist das, wo ich /äh/ auch sonst nicht unbedingt darauf geachtet habe, aber das, wenn n-Schüler eine /ähm/ nicht ganz korrekte Ran-Herangehensweise haben, und sich das zeigt, dass sie das auch einmal erläutern, was sie sich dabei gedacht haben. Dass man also nicht nur sagt, Mensch das ist falsch und dass das so und so, sondern dass sie einfach auch erläutern, wie sie zu dieser Schlussfolgerung kommen, . also das auf jeden Fall, ja.*

Für sie ist es nach der Teilnahme am professional development wichtig, herauszufinden, warum Schüler zu ihren Schlussfolgerungen kommen, da sie sich ihnen erläutern lassen will, wie sie zu ihrer Lösung gelangt sind. Dies möchte sie nun tun, statt einfach nur zu sagen, dass seine Lösung falsch ist und sie sofort zu korrigieren (*Mensch das ist falsch und dass das so und so*, Z. 529-530). Die Aussagen werden als Verschiebung eines transmissiv orientierten Umgangs mit Fehlern (sofort korrigieren) hin zu einem konstruktivistischeren (Schülerorientierung im Sinne des Herausfindens der dahinterliegenden Konzepte) gedeutet, wobei das wertbezogene Interesse an den hinter den Fehlern liegenden Schülervorstellungen die Ursache für die Veränderung ist.

Die Änderungen zu Beliefs decken sich teilweise mit den Beliefs über die Wirkung, von denen die Lehrkräfte bezogen auf die Analyse von Schülerarbeiten berichten. Dort findet sich unter anderem die Akzeptanz, dass Fehler ein natürlicher Teil des Lernprozesses sind, sowie das Herausfinden von systematischen Fehlern, die eine eigene Logik enthalten und demnach immer wieder auftauchen. Daher könnte es eine Verbindung geben, die an dieser Stelle von Lehrerin G aber nicht genannt wird.

In den folgenden beiden Tabellen werden die Beliefs getrennt nach Transmission und Konstruktivismus bezüglich aller interviewten Lehrkräfte hinsichtlich der Veränderung zusammengefasst. Dabei wird erfasst, ob sich durch das professional development Verringerungen, Stabilität oder Verstärkungen der Beliefs ergeben haben. In den Tabellen ist zu beachten, dass ausschließlich die in den Interviews erwähnten Handlungen bzw. Beliefs dargestellt sind. Einen umfangreichen Blick auf die Ausprägung aller kodierten Beliefs der befragten

Lehrkräfte erlauben die Tabellen daher nicht, weil nicht jeder Befragte auf alle Kodierungen eingegangen ist. Hat eine Lehrkraft nichts zu einem Code erwähnt, ist er nicht aufgelistet. Verringerungen sind mit einem „-“ und Verstärkungen durch ein „+“ dargestellt. Mit „SD“ gekenntzeichnete Lehrkräfte haben die Veränderung aufgrund der Analyse von Schülerarbeiten erlebt. Lehrkräfte, die nur mit einem Buchstaben aufgeführt werden, haben erwähnt, dass sich hinsichtlich der speziellen Ausprägung der Beliefs nichts geändert hat.

Transmission	
Frontalunterricht	A, B^-, C, E, F, H^-
Lehrerzentriert	$A, B^-, C^-, E, F^-, H, I^-$
Exakte Instruktion	A^-, B^-, C, G, H^-
Lehrkraft korrigiert	B^-, G^-
Wiederholung	A^-, B^-, G^-, H, I^-
Wissensvermittlung	A, H

Konstruktivismus	
Aktive Wissenskonstruktion	D, E^+, H^+
Realkontext	C^+, E, F, H^+, I^+
Lernumgebung	D, E, F^+, G^+, H^+
Schülerorientierung	A^+, C, D, E, G^+, I^+
Schüler selbstständig	$A^+, B^+, C^+, D, E^+, F^+, G^+, H^+; I^+$
kooperatives Lernen	A, B^+, D, E, F^+
Lehrkraft zurücknehmen	$A^+, B^+, C^+, D, E^+, F^+, G^+, H^+; I^+$
Differenzierung	$A^+, B^+, C^+, D, E, F^+, G^+$
Schülerdiskussion	$A^+, B^+, C^+, D, E, H^+; I^+$
SuS korrigieren selbst	B^+, C^+
Verständnisorientierung	G^+, H^+, I^+
Fehler normaler Teil des Lernens	$A^+_{SD}, B^+, C, E, G^+_{SD}, H^+$

Tabelle 36: Gegenüberstellung der berichteten Beliefs zum Lehren und Lernen der Mathematik sowie der Veränderung; - Verringerung; + Verstärkung; SD Ursache sind Schülerarbeiten; reiner Buchstabe zeigt Stabilität

Die Zusammenfassung der kodierten Passagen bezüglich der Beliefs zum Lehren und Lernen der Mathematik zeigt, dass die Lehrkräfte nur von Verringerungen der transmissiven Beliefs berichten, wenn sich Änderungen ergeben haben. Dagegen sind nur konstruktivistische verstärkt worden. Falls es Veränderungen gegeben hat, dann haben die Lehrkräfte meist transmissive Beliefs angesprochen, die durch das professional development sowie die damit verbundenen Aktivitäten abgeschwächt und die konstruktivistischen verstärkt worden sind. Auffällig ist zudem, dass bis auf die Lehrkraft im Vorbereitungsdienst alle Lehrkräfte von Veränderungen hin zu dem verstärkenden selbstständigen Arbeiten der Schüler sowie dem eigenen Zurücknehmen aus dem Unterrichtsgeschehen berichten.

Des Weiteren zeigt sich, dass Lehrerin D und E jeweils von wenigen bis keinen Änderungen durch das professional development berichtet haben. Sie haben die nur über zwei Termine stattfindende und insgesamt sechs Wochen umfassende Veranstaltung in Hessen besucht. Die Lehrkräfte, die in Sachsen-Anhalt teilgenommen haben, berichten dagegen von Verstärkungen in mehreren Kategorien.

Es scheint unterschiedliche Ursachen für den Beliefchange zu geben. Diese umfassen das Interesse (emotionales sowie wertbezogenes), die Inhalte der Bildungsstandards und die Analyse der Schülerarbeiten. Es zeigte sich anhand der Interviews, dass die Verstärkung des Beliefs „Fehler als natürlicher Teil des Lernens" meist durch die Analyse der Schülerarbeiten begünstigt worden ist. Zudem erwähnte auch Lehrer I aus der Diagnosegruppe die Verstärkung dieses Beliefs, wobei er nicht explizit auf einen bestimmen Teil des professional development eingeht, der die Ursache der Änderung gewesen ist. Die Ursache der meisten anderen Änderungen der Beliefs scheint auf Basis der Berichte der Lehrkräfte das professional development mit der Orientierung an den neuen Bildungsstandards zu sein.

An einigen Stellen ist das Interesse bzw. der Wunsch, bestimmte Aspekte des professional development im Unterricht umsetzen zu wollen, Ausgangspunkt für die Änderung von Beliefs aus Sicht der Lehrkräfte gewesen. Die Aspekte fachdidaktischer Motivation sowie deren Änderungen werden nun im folgenden Unterkapitel näher beschrieben.

10.2.3 Fachdidaktische Motivation

In diesem Kapitel werden die Hypothesen zur fachdidaktischen Motivation auf Basis der Interviews hergeleitet. Dabei wird zudem darauf eingegangen, inwiefern die Lehrkräfte von Änderungen berichten. Zur Entwicklung der Hypothesen werden speziell solche Interviewepisoden betrachtet, die den zentralen Aspekt am deutlichsten enthalten. Im Anschluss an die Herleitung der Hypothesen werden noch stellvertretend Interviewepisoden hinsichtlich Änderungen analysiert, die mehrere Hypothesen abdecken. Zur Übersichtlichkeit werden die folgenden Darstellungen in fachdidaktische Motivation zu Schülern (10.2.3.1) und zum Lehren getrennt (10.2.3.2).

10.2.3.1 Aspekte fachdidaktischer Motivation zu Schülern

Bei der Gestaltung der Fragebögen zur Erfassung der fachdidaktischen Motivation von Lehrkräften bezüglich der Schüler wurde auf den Umgang mit Schülervorstellungen im Unterricht fokussiert. An dieser Stelle werden nun die Ergebnisse der Interviewanalysen dargestellt. Dazu werden in diesem Unterkapitel die Typisierungen (Ausprägungen der Motivation) hergeleitet. Daher wird bei der Darstellung der einzelnen Kategorien jeweils der Teil der Interviewepisoden betrachtet, der für die Typisierung relevant ist. Dabei ist zu beachten, dass viele Interviewepisoden mehr als nur einen Motivationstypen enthalten.

Motivation zur Erhebung von Schülervorstellungen

Die Erhebung von Schülervorstellungen stellt im Diagnoseprozess den ersten Schritt dar. Lehrerin B geht in der folgenden Interviewepisode darauf nicht direkt ein, sondern lässt dies implizit, indem sie berichtet:

Episode Lehrerin B Z. 294-297:

B *Ich hab immer Schülerleistung eingesammelt. Auch nicht immer mit Bewertung, sondern auch mal immer angekuckt oder. /ähm/ Für mich hat sich jetzt dadurch nicht viel, also für mich persönlich hat sich jetzt dadurch eigentlich nicht viel geändert.*

Sie beschreibt, dass sie vor dem professional development Aufgaben zur Analyse eingesammelt hat. Dabei geht sie nicht auf die direkte Erhebung im Sinne speziell dafür eingesetzter Aufgaben ein. Dennoch wird die Episode derart interpretiert, dass sie zu bestimmten mathematischen Aufgaben im Unterricht die Lösungen der Schüler in Form der *Schülerleistungen eingesammelt* (Z. 294) hat. In diesem Zusammenhang wird die Erhebung als Voraussetzung angesehen, die Dokumente der Schüler analysieren zu können, sodass dies Lehrerin B ohne explizite Nennung des Vorgehens gemacht haben muss. Dementsprechend ist Lehrerin B fachdidaktisch motiviert, Schülervorstellungen im Unterricht zu erheben. Die Ausprägung hat sich durch das professional development nicht geändert, weil Lehrerin B bereits vor der Teilnahme Schülerarbeiten zur Analyse eingesammelt hat. Speziell der Wunsch, sie ohne Bewertung anzuschauen, wird als stabile Motivation gedeutet, Schülervorstellungen im Unterricht zu erheben. Die Ursache für die Motivation bleibt an dieser Stelle offen.

Im Gegensatz dazu nennt Lehrerin E Gründe:

Episode Lehrerin E Z. 167-176:

B *...ähm...Ich würde vielleicht tatsächlich auch nochmal gezielt Aufgaben stellen, um zu gucken, wo liegen eigentlich die Schwierigkeiten. Da würde ich sicherlich auch bei der Aufgabenauswahl nochmal anders gucken. Wie gesagt, ich habe sonst gehe ich normalerweise ja herum und gucke dann im Gespräch, wo liegen die Schwierigkeiten. Da würde ich sicherlich auch nochmal gezielter Aufgaben heraussuchen, die mir vielleicht dann auch gleich die Rückmeldung geben, wo könnten denn die Probleme meiner Schüler liegen. Was ist eigentlich nicht verstanden worden? Wo wird übergeneralisiert? Oder Ähnliches.*

Lehrerin E geht explizit auf den Einsatz von Aufgaben zur Erhebung von Schülervorstellungen ein. Sie möchte damit herausfinden, bei welchen Inhalten ihre Schüler noch Schwierigkeiten haben. Dies führt sie am Ende der Interviewepisode weiter aus, indem sie erwähnt, herausfinden zu wollen, wo die Schüler Probleme haben, was nicht verstanden worden ist und an welchen Stellen übergeneralisiert wird (Z. 173-176). Dies bezieht sich auf das Streben nach der Erweiterung eigener Kognitionen über die Vorstellungen ihrer eigenen Schüler, welches wertbezogenem Interesse entspricht. Dementsprechend wird das wertbezogene Interesse als Ursache für die fachdidaktische Motivation zur Erhebung der Schülervorstellungen anhand von Aufgaben interpretiert.

In der Episode geht Lehrerin E zudem auf die Erhebung von Schülervorstellungen in mündlicher Form ein, indem sie erwähnt, herumzugehen und im Gespräch herauszufinden, an welchen Stellen ihre Schüler Schwierigkeiten mit den mathematischen Themen haben. Daher wird die Motivation, Schülervorstellungen mündlich zu erheben neben der schriftlichen Form als weiterer Aspekt fachdidaktischer Motivation zur Erhebung interpretiert. Des Weiteren werden die Aussagen von Lehrerin B zum Wunsch der schriftlichen statt mündlichen Erhebung als Verstärkung der Motivation gedeutet, Schülervorstellungen im Unterricht erheben zu wollen, weil die Aufgaben ihr *gleich die Rückmeldung geben* (Z.173) und sie vor dem professional development *normalerweise* (Z. 170) diese Aufgabe mündlich ausgeführt hat. Das letzten Absatz erwähnte wertbezogene Interesse wird dabei als Ursache der Änderung gedeutet.
Damit ergibt sich insgesamt folgende Charakterisierung:

Hypothese Erhebung von Schülervorstellungen:
Die „Erhebung von Schülervorstellungen" beschreibt die fachdidaktische Motivation, Schülervorstellungen während des Unterrichts erheben zu wollen. Die Lehrkraft hat in diesem Zusammenhang den Wunsch, die Vorstellungen der Schüler mündlich im Gespräch oder schriftlich anhand von Aufgaben zu erheben. Als Ursache dient unter anderem die Erweiterung der Kognitionen über die eigenen Schüler im Sinne des wertbezogenen Interesses.

Motivation zum Einsatz von Diagnoseaufgaben

Eine spezielle Form der Erhebung von Schülervorstellungen im Unterricht ist der Einsatz von Diagnoseaufgaben, die für die spätere systematische Analyse geeignet sind. Beispielsweise erwähnt Lehrer H zu den Diagnoseaufgaben, die er mit anderen Lehrkräften konstruierte:

<u>Episode Lehrer H Z. 98-101:</u>
98 **B** *Also, /äh/ wir werden zum Beispiel /äh/ vor der nächsten Veranstal-*
99 *tung ja auch noch mal solche Aufgaben einsetzen. Ich werde das auch*
100 *tun, weil mich das auch selbst interessiert, wie die Schüler /ähm/ da-*
101 *mit . zurechtkommen.*

Er möchte die Diagnoseaufgaben im Unterricht einsetzen, um Rückmeldungen über die Aufgaben und den Umgang der Schüler mit diesen zu erhalten. Dies entspricht der Erweiterung der Kognitionen zu den erstellten Aufgaben im Sinne des wertbezogenen Interesses[106]. Insgesamt wird die Episode derart interpretiert, dass Lehrer H fachdidaktisch motiviert ist, Diagnoseaufgaben im Unterricht einzusetzen. Die Motivation ist durch die Aufgabe angeregt worden, die erstellten Diagnoseaufgaben im Unterricht einzusetzen, sodass die Aussagen als Verstärkung der Motivation durch extrinsische Anreize gedeutet werden, wobei ebenfalls das wertbezogene Interesse an den Aufgaben eine zusätzliche Ursache ist.

Über die an das professional development gebundene fachdidaktische Motivation, Diagnoseaufgaben im Unterricht einzusetzen, geht Lehrerin D hinaus:

<u>Episode Lehrerin D Z. 125-135:</u>
125 **B** *Also das haben wir ja auch in manchen Lehrveranstaltungen im Stu-*
126 *dium schon gelernt und eh haben da auch schon drüber gesprochen,*
127 *wie son Diagnosebogen aussehen mö-müsste. Wir haben das jetzt in*

106 Es ist aber zu beachten, dass ebenfalls durch die Aufgabe, die Diagnoseaufgaben zur späteren Analyse einzusetzen, eine externe Steuerung vorliegt, die extrinsische Motivation erzeugt.

der Fortbildung noch mal konkretisiert, vor allem die Schlagworte da noch mal genau gehört, dass man das wirklich gut aufbauen kann son Fragebogen und es für mich im Unterricht so ist, dass ich son Diagnosebogen auch gut einsetzen kann. Das hat ich jetzt in der Oberstufe eher selten gemacht, weil wir ja da in Richtung Abitur nen straffen Zeitplan haben und es leider manchmal nicht /äh/ so umsetzbar war. Ich möchte mich aber jetzt /äh/ da in die Richtung noch en bisschen mehr bemühen, dass das da auch eingesetzt werden kann.

In der Episode geht Lehrerin D auf den Einsatz von Diagnoseaufgaben ein, welchen sie bisher noch nicht oft durchgeführt hat, was als fachdidaktische Motivation gedeutet, die Tätigkeit umsetzen zu wollen. Die Ausprägung der Motivation hat sich verstärkt, da sie dies vor dem professional development *in der Oberstufe eher selten gemacht* (Z. 131-132) hat. Dabei scheint gestiegene Erfolgserwartung hinsichtlich der Konstruktion und des Einsatzes von Diagnosebögen die Ursache für die fachdidaktische Motivation und deren Verstärkung zu sein.

Einen anderen Grund für den Einsatz nennt Lehrerin F, indem sie Konsequenzen aufzeigt, die mit dem Vernachlässigen der Diagnose im Mathematikunterricht aus ihrer Sicht einhergehen:

Episode Lehrerin F Z. 125-127:

B *Ja aber ansonsten /äh/ diagnostiziert man ständig, sonst könnte man, wenn mans nicht machen würde, würde man ja völlig möglicherweise ins M-Messer laufen, wenn man nen Test schreibt.*

Für Lehrerin F ist Diagnose im Unterricht wichtig, weil sie nicht erst mit dem Test die Kompetenz der Schüler diagnostizieren möchte, wenn es zu spät für ein Eingreifen ist (*würde man ja völlig möglicherweise ins Messer laufen, wenn man nen Test schreibt,* Z. 126-127). Dies wird derart gedeutet, dass sie nicht erst im Test wissen möchte, welche Schülervorstellungen in ihrer Klasse vorhanden sind, sondern bereits vorher, damit der Test nicht schlecht ausfällt. Dies könnte aber geschehen, wenn ihr die vorhandenen Schwierigkeiten nicht bewusst sind. Damit hat sich ihre Motivation, im Unterricht zu diagnostizieren, nicht geändert, da sie das ständige Diagnostizieren sowohl auf die Zeit vor als auch nach dem professional development bezieht.

Insgesamt lässt sich dieser Aspekt fachdidaktischer Motivation wie folgt festlegen:

Hypothese Einsatz von Diagnoseaufgaben:
Der „Einsatz von Diagnoseaufgaben" beschreibt den Willen, Diagnoseaufgaben im Unterricht einzusetzen und stellt eine besondere Form der Erhebung von Schülervorstellungen zu mathematischen Themen dar. Ursache ist beispielsweise wertbezogenes Interesse, mehr über die konstruierten Diagnoseaufgaben herauszufinden zu wollen (in Verbindung mit professional development). Zudem ist eine positive Erfolgserwartung bezüglich der Konstruktion die Ursache für den Einsatz.

Motivation zur Analyse von Schülervorstellungen

Im Diagnoseprozess erfolgt nach der Erhebung der Schülervorstellungen die systematische Analyse. Auf diese ist bereits Lehrerin B in der Episode zur Erhebung von Schülervorstellungen im Unterricht eingegangen, da sie die Schülerarbeiten einsammelt, um sie ohne Bewertung durchzuarbeiten. Konkreter geht Lehrerin G auf die Analyse von Schülervorstellungen in der folgenden Episode ein, in der sie berichtet, was sie mit Schülerfehlern machen würde:

Episode Lehrerin G Z. 297-307:
297 ***I*** *Ok . àund /äh/ bezüglich Schülerfehler oder Schülervorstellungen?*
298 ***B*** *Ja, dass also dass ich auch versuche, darüber nachzudenken bzw.*
299 */ähm/ /äh/ zu herauszufinden, woran es denn liegen könnte, wenn be-*
300 *stimmte Fehler häufiger auftreten, dass man auch bestimmte Ansätze*
301 *noch mal überdenkt /ähm/ oder auch in Erarbeitungsphasen nicht nur*
302 *nicht nur erarbeitet. Dann hat man den Satz und dass man immer*
303 *wieder noch auch noch mal durchgeht, auch noch mal auf die An-*
304 *fänge zurück geht, um den Schülern auch klar zu machen, warum*
305 *macht man das jetzt so nicht einfach nur, wir machen das so, sondern*
306 *das ist die Begründung dafür. Und dass man dadurch solche Fehler*
307 *auch hoffentlich zumindest eliminieren kann.*

Sie beschreibt, versuchen zu wollen, *darüber nachzudenken bzw. herauszufinden, woran es denn liegen könnte, wenn bestimmte Fehler häufiger auftreten* (Z. 298-300). Damit bezieht sie sich auf die Analyse von vorliegenden Schülervorstellungen, von denen sie die Ursache der Häufung und damit auch die der Schülervorstellung herausfinden möchte. Dies wird als fachdidaktische Motivation gedeutet, Schülervorstellungen zu analysieren. Der Wunsch der Ursachenfindung ist zudem ein Indiz für wertbezogenes Interesse bezüglich der auftauchenden Vorstellungen, welches als Grund für das Auftreten der Motivation gedeutet wird. Da Lehrerin G auf weitere Nachfrage im Anschluss an die Episode darauf eingeht, dass die Motivation, Lösungen hinsichtlich der Schülervorstellungen und deren Ursachen analysieren zu wollen, durch das professional development verstärkt worden ist, wird dies als positive Änderung interpretiert.

Lehrerin G beschreibt das Analysieren von Schülervorstellungen in der Episode allgemein. Konkreter geht Lehrerin A auf die Analyse ein, indem sie Beispiele benennt:

<u>Episode Lehrerin A Z. 536-547:</u>

I *Aber werten Sie die da jetzt öfter aus?*

B *Ich werte sie öfter für mich aus und ich stelle jetzt speziell auf diese beiden Klassen bezogen fest, dass es oft nicht Fehler sind durch den laufenden Stoff, sondern f-mangelndes Wissen aus dem Vorjahr: Gleichung, Klammerregeln, Binome. Und und das ärgert einen dann eigentlich noch mehr, weil wenn man sie soweit hat, dass sie jetzt eigentlich sagen: ja die die die will uns ja was erklären und die ist auch gar nicht so verkehrt. Wir kommen auch ganz gut hin, aber mir fehlen einfach, die die mir fehlt die Basis. Das ist natürlich für einen Schüler natürlich auch bitter jetzt /äh/ mach mach mach. Wo wo solls auf einmal herkommen. Das das ja es war wieder das Binom. Schön, deswegen ist trotzdem null Punkte, nich, wenn jetzt nichts mehr hinhaut.*

Lehrerin A geht in der Episode darauf ein, dass sie die Schülerfehler auswertet. Dabei stellt sie bezogen auf die beiden Klassen, die sie derzeit unterrichtete, fest, *dass es oft nicht Fehler sind durch den laufenden Stoff, sondern mangelndes Wissen aus dem Vorjahr: Gleichung, Klammerregeln, Binome* (Z. 538-540). Dies sind konkrete Beispiele, die sie bei der Auswertung von Schülerlösungen erkennt. Sie erhält die Beispiele, weil sie Schülerarbeiten jetzt (nach dem professional development) öfter für sich auswertet (Z. 537). Daher wird die Episode als Verstärkung fachdidaktischer Motivation zur Analyse von Schülerarbeiten gedeutet. Eine konkrete Ursache für die auftretende Motivationsform oder deren Verstärkung nennt Lehrerin A in der Episode jedoch nicht. In einer davorliegenden Episode spricht sie jedoch Folgendes an:

<u>Episode Lehrerin A Z. 528-530:</u>

B *(3) naja, dass bei mir bei mir vielleicht mehr ein Begriff dann dahintersteht, was hat der jetzt gerade falsch gemacht. Mh . dass man bestimmte Fehler, die sich häufen, dann einmal öfter anspricht ...*

Aus dieser Episode wird deutlich, dass sie Fehler, die häufiger auftauchen, auch öfter ansprechen möchte. Dementsprechend ist es ihr Ziel, die Schülerfehler in ihren Klassen zu verringern. Die Auswertung der Arbeiten der Lernenden ist dann eine Möglichkeit, herauszufinden, welche Vorstellungen vorliegen, um darauf eingehen zu können. Daher wird dies derart gedeutet, dass sie wertbezogenes Interesse an den vorhandenen Schülerfehlern hat, um im Unterricht darauf eingehen zu können und sie zu verringern. Dies wird als Ursache für das Auswerten der Schülervorstellungen sowie der Verstärkung der Motivation, die Analyse durchzuführen, gedeutet.

Insgesamt lässt sich diese Form der fachdidaktischen Motivation wie folgt charakterisieren:

Hypothese Analyse von Schülervorstellungen:
Das „Analysieren von Schülervorstellungen“ beschreibt den Wunsch, die Leistungen der Schüler zu untersuchen. Dabei steht das wertbezogene Interesse, herausfinden zu wollen, welche Schülervorstellungen vorliegen und welche Ursachen bestimmte falsche Lösungen haben, im Mittelpunkt und ist Ursache für das Auftreten der Motivationsform.

Motivation zur Berücksichtigung von Schülervorstellungen im Unterricht

Im letzten Abschnitt geht Lehrerin A in der zweiten dargestellten Episode auf das Ansprechen der aus der Analyse hervorgehenden Schülervorstellungen ein. Dementsprechend möchte sie nicht nur wissen, welche Schülervorstellungen in ihren Klassen vorhanden sind, sondern auch damit im Unterricht weiterarbeiten, um sie zu verringern. Dies wird als fachdidaktische Motivation festgelegt, Schülervorstellungen im Unterricht zu berücksichtigen. Entsprechende Handlungen können auch auf eine unterrichtsplanerische Komponente ausgerichtet sein, wie die Interviewepisode von Lehrerin G verdeutlicht:

Episode Lehrerin G Z. 306-313:

I *Das heißt, Sie würden jetzt verstärkt noch mal darüber nachdenken, wie kann ich meinen Unterricht so gestalten, dass man bestimmten Fehlern ausweicht?*

B *Zum Beispiel, ja, dass man ausweicht, bzw. wenn sie dann aufgetreten sind bei Schülern, dass man noch mal gezielt mit diesem Schüler daran arbeitet, welcher ja welche /äh/ welche falsche Logik sich da eventuell eingeschlichen hat, um noch mal auf den Anfang zurückzukommen und es noch mal nachvollziehen zu können.*

Auf der Basis der Ergebnisse einer Analyse von Schülerarbeiten hinsichtlich Schülervorstellungen möchte Lehrerin G im folgenden Unterricht die Schülervorstellungen ansprechen. Dazu ist es ihr Wunsch, *gezielt mit dem Schüler daran zu arbeiten* (Z. 310-311), *welche falsche Logik sich da eventuell eingeschlichen hat* (Z. 311-312). Dies wird als fachdidaktische Motivation interpretiert, Schülervorstellungen im Unterricht berücksichtigen zu wollen. Ziel der Thematisierung ist es, vor allem die falschen Vorstellungen zu explizieren, indem die Schüler im Unterricht mit diesen konfrontiert werden. Der Teilaspekt beschreibt die Motivation auf Schülervorstellungen direkt im Unterricht, nachdem sie aufgetreten sind, einzugehen. Die Aussagen werden weiterhin als Verstärkung der Motivation gedeutet, weil die Antwort sich auf die Frage nach Änderungen bezieht. Dabei benennt sie auf Nachfrage das Analysieren von Schülerarbeiten als Ursache für die Veränderung der Motivation, da man in dieser Phase in der Gruppe (während der Gruppenarbeit) explizit über die Fehler nachdenken konnte. Dies zeigt der folgende Abschnitt des Interviews:

Episode Lehrerin G Z. 318-325:

B *Also da finde ich zum Beispiel diese Anfangsphase na gut, dass Schüler-/äh/-lösungen*
I *mh*
B *dargestellt werden und dass man auch darüber spricht /ähm/ in der kleinen Gruppe zunächst mal und dass nachher etwas zusammengefasst wird, auf jeden Fall ja, mh weil dann wird auch n-manchmal, noch der Finger draufgelegt und gesagt, so dass ist dieser eine typische Fehler . und /äh/*

Den Aspekt des Eingehens auf mögliche Schülervorstellungen im Unterricht, der von Lehrerin G im Sinne des Gesprächs mit dem Schüler genannt wurde, beschreibt Lehrerin C in der folgenden Episode mit der Diskussion in der gesamten Klasse:

Episode Lehrerin C Z. 365-380:

B *Naja, als als man denn...ähm...die Schülerleistungen auch wirklich mal...ähm...an an der Wand hatte und das so gesehen habe, da habe ich gesagt: "Mensch! Das müssten die Schüler doch auch mal bewusst sehen." Also diese Perspektive, die wir jetzt als als Fortbildungsteilnehmer hatten, da habe ich gedacht, dass ist doch für Schüler eigentlich auch gar nicht mal so unrecht. Andere sollten sehen a) die anderen schreiben sauber. b) wenn meine Arbeit dran sind, ich* *muss mich schämen. Also man hat ja Erziehung erzieherische Möglichkeiten dadurch und auch zu sehen, ich muss Fehler such, und dann ist es nicht so stur aus dem Buch, da sind ja auch oft Fehler gegeben, Sachen gegeben, wo sagt dann: "Suche den Fehler". Aber das ist doch vielleicht viel interessanter, eine Arbeit zu nehmen, die direkt aus den eigenen Reihen kommt, ja? Und ein Thema, dass sie selber bearbeitet haben und da den Fehler zu suchen. Und das fand ich, ..als ich dann so selber saß und das gesehen habe, habe ich gesagt: "Das wäre jetzt Schülern auch ganz gut."*

Im Gegensatz zu Lehrerin G geht Lehrerin C auf die Thematisierung der Schülerarbeiten im Unterricht ein, indem sie die Lösungen der eigenen Schüler zur Diskussion über Fehler verwenden möchte, weil sie denkt, dass es viel interessanter ist, *eine Arbeit zu nehmen, die direkt aus den eigenen Reihen kommt* (Z. 376-377). Damit zielt sie auf die Diskussion von Schülervorstellungen ab, die sich im Unterricht ergeben und durch das gemeinsame Betrachten direkt besprochen werden, welches als fachdidaktische Motivation gedeutet wird, Schülerfehler im Unterricht zu berücksichtigen.

Des Weiteren war die Erfahrung, die Schülervorstellungen während der Phase betrachten zu können, für Lehrerin C prägend, da sie sich daraus das Ziel gesetzt hat, dass ihre Schüler dies *auch mal bewusst sehen* (Z. 367-368) sollten. Dies scheint ihr unter anderem im Sinne der Orientierung an ihren Schülern wichtig zu sein, indem die Lernenden an ihren eigenen Materialien weiterlernen können. Insgesamt werden die Aussagen daher als Einsatz von authentischen Aufgaben interpretiert, die, wie Lehrerin C beschreibt, als „Suche den Fehler"-Aufgaben gestaltet sind. Zusammen mit dem ersten Teil der Episode wird die Aussagen als Beispiel der Verstärkung der Motivation gedeutet, Schülervorstellungen im Unterricht zu berücksichtigen, die durch Erkenntnisse aus dem Analysieren von Schülerarbeiten begründet ist.

Die unterrichtsplanerische Komponente führt Lehrerin D verstärkt an:

Episode Lehrerin D Z. 73-81:

I *Also haben Sie dann schon /ähm/ Neues aus gerade diesem methodischen Anteil der Fortbildung mitnehmen können?*

B *Genau aus den Schülerlösungen. Da /äh/ war für mich /äh/ viel Neues nochmal dabei. Ich hab noch nicht ganz so viel Erfahrung. Deswegen /ähm/ a- /ähm/ ist das für ich nochmal ganz wichtig, zu sehen, was gibt es alles für /äh/ Ideen der Schüler, was können da alles für Schüler-em-fehler entstehen und dass man das nochmal so sich für sich* *mit-nimmt für den eigenen Unterricht, dass man das nochmal konkreter mitbedenken kann.*

Sie geht an dieser Stelle darauf ein, dass sie noch nicht so viele Erfahrungen mit Schülerfehlern gemacht hat und aus den Schülerlösungen im professional development noch einige Anregungen mitnimmt. Diese sind dann die Ausgangsbasis für den weiteren Unterricht. Daher wird die Episode als Planung des eigenen Unterrichts unter Berücksichtigung der Schülervorstellungen interpretiert, wobei sich wegen der Analyse von Schülerarbeiten im professional development die Motivation verstärkt hat. Dies führt sie in einer folgenden Episode aus:

<u>Episode Lehrerin D Z. 139-149:</u>

B *Ja, wir haben /äh/ ja uns mit den Schülerantworten beschäftigt und das hat sich, /äh/ für mich war das da wesentlich, dass ich für meinen Unterricht jetzt weiß, welche Fehlvorstellung kann es geben. Dass ich die dann eben mit in den Unterricht einbeziehen kann. Dass ich meinen Unterricht danach ausrichten kann, was könnte jetzt alles so entstehen, /ähm/ welche Gedanken könnten die Schüler haben. Dass man dem direkt von Anfang an entgegenwirkt und /äh/ die Schüler in die richtige mathematische Bahn lenken kann und sie nich eben durch irgendwelche Schwierigkeiten, die im Gespräch entstehen können, dann eben in die falsche Bahn lenkt und eben diese Fehlvorstellung noch fördert im Unterricht.*

Diese Interviewepisode zeigt den Grund für die Berücksichtigung der Schülervorstellungen bei der Planung des Unterrichts auf. Lehrerin D möchte aufgrund ihres fachdidaktischen Wissens ihren Unterricht auf mögliche Vorstellungen der Lernenden ausrichten, um denen *direkt von Anfang an entgegen* (Z. 145) zu wirken. Dabei möchte sie vermeiden, dass Schwierigkeiten im Gespräch entstehen, die dann Fehlvorstellungen fördern. Somit werden die Aussagen in den beiden Episoden als fachdidaktische Motivation gedeutet, den Unterricht auf der Basis von Schülervorstellungen zu planen. Die Verstärkung wird in dieser Episode im Vergleich zur vorherigen noch deutlicher, da sie aufgrund der Erkenntnisse während des Analyisieren der Schülerarbeiten *jetzt weiß, welche Fehlvorstellungen kann es geben* (Z. 141), und diese im weiteren Unterricht berücksichtigen möchte.

Insgesamt wird diese Form der fachdidaktischen Motivation auf der Basis der geführten Interviews wie folgt festgelegt:

Hypothese Berücksichtigung von Schülervorstellungen im Unterricht: Die „Berücksichtigung von Schülervorstellungen im Unterricht“ beschreibt die fachdidaktische Motivation, Schülervorstellungen im Unterricht zu beachten. Dazu bedenkt die Lehrkraft entweder bereits bei der Planung des Unterrichts mögliche Schwierigkeiten bzw. Fehlvorstellungen, die bei dem entsprechenden mathematischen Thema mit der eingesetzten Herangehensweise entstehen können, oder geht direkt im Unterricht auf Fehlvorstellungen ein. Bei Letzterem diskutiert sie die Vorstellungen nach dem Auftreten im Unterricht entweder im Einzelgespräch oder mit der gesamten Klasse.

Motivation zur Informierung über Schülervorstellungen

Neben der Motivation, sich mit Handlungen zu beschäftigen, die direkt mit dem Unterricht verbunden sind, erwähnt Lehrerin D die Erweiterung ihres professionellen fachdidaktischen Wissens über Schüler in der Planungsphase von Unterricht. Die folgende Aussage schließt an eine Interviewepisode an, in der sie über Schülerschwierigkeiten zum grafischen Differenzieren und ihre Erkenntnisse aufgrund der für sie unbekannten Schülervorstellungen, die sich in den Schülerarbeiten finden ließen, berichtete:

Episode Lehrerin D Z. 95-107:

B *Jetzt bezogen auf die Fortbildung /ähm/ ist es bei meinem Interesse so gewesen, dass ich dann doch noch mal mehr /ähm/ mich für die Schülervorstellung interessiere, jetzt hinterher, da mir das im Vorfeld nicht so richtig bewusst war, wie vielfältig diese ganze Vorstellungen sein können. Wir haben da ja auch zu verschiedenen Aufgaben uns überlegen sollen, was könnten da jetzt für Fehler auftreten und /ähm/ da fällt es mir manchmal noch en bisschen schwer, /ähm/ mir mir selber zu überlegen, was könnten jetzt gerade die Schüler dabei denken. Und /äh/ in die Richtung ist auch mein Interesse nochmal geweckt worden, mich da noch mehr mit der Literatur auch auseinanderzusetzen. Was gibt es alles so für Fehler und Schülervorstellungen. Dass man da sich noch en bisschen intensiver drauf vorbereitet im Unterricht.*

Aufgrund der Erfahrungen, die Lehrerin D in der Phase der Analyse der Schülerdokumente in Form der ihr nicht bekannten Schülervorstellungen machte, interessiert sie sich verstärkt für die Schülervorstellungen zu mathematischen

Themen. Es bezieht sich in diesem Fall auf die Differentialrechnung sowie speziell das grafische Differenzieren, da sie vielfältige, ihr nicht bekannte Schülervorstellungen kennengelernt hat. Dies wird als wertbezogenes Interesse an Schülervorstelllungen interpretiert, da sie wissen möchte: *Was gibt es alles so für Fehler und Schülervorstellungen* (Z. 105). Das Interesse zielt auf die Erweiterung ihrer Kognitionen zum fachdidaktischen Wissen über die Schüler ab. Dieser Wert wird als Ursache für die Motivation interpretiert, sich *da noch mehr mit der Literatur auch auseinanderzusetzen* (Z.104-105), um sich damit auf den Unterricht vorzubereiten. Das wertbezogene Interesse sowie der Wunsch, auf die Schülervorstellungen im Unterricht vorbereitet zu sein, werden beide als Gründe für den von Lehrerin D in der Episode angesprochenen Bestreben gedeutet, sich intensiv mit der Literatur auseinandersetzen zu wollen. Aufgrund der neuen Erkenntnisse, *wie vielfältig diese ganze Vorstellungen sein können* (Z. 98-99), wird die Analyse der Schülerarbeiten (erlangte die Erkenntnisse durch die Phase) an dieser Stelle als weitere Ursache für die Verstärkung der Motivation interpretiert.

In einer späteren Episode des Interviews geht sie noch einmal auf die Motivation ein, sich mit Schülervorstellungen auseinanderzusetzen:

Episode Lehrerin D Z. 179-185:

I */ähm/ nochmal zur Fortbildung allgemein. Beschreiben Sie mal, welches neue Wissen Sie aus Fortbildungen mitnehmen für den Unterricht.*

B *Also jetzt konkret aus dieser Fortbildung isses für mich so, dass ich mitgenommen habe, dass ich noch mehr mich mit den Schülerfehler und Sch-Schülerfehlvorstellungen im Vorfeld auseinandersetzen muss.*

Die Aussagen werden anhand der vorherigen Episode ebenfalls als fachdidaktische Motivation interpretiert, sich über Schülervorstellungen, beispielsweise in Form einer Literaturrecherche, zu informieren. Das so erlangte Wissen, dient dann als Ausgangspunkt für weitere Tätigkeiten. Die Episode wird wie die vorherige als Motivationsverstärkung interpretiert.

Aus den Analysen der Berichte von Lehrerin D lässt sich nun folgende fachdidaktische Motivationsform charakterisieren:

> **Hypothese Informieren über Schülervorstellungen:**
> Das „Informieren über Schülervorstellungen“ drückt die fachdidaktische Motivation aus, sich mit bekannten Schülervorstellungen vertraut zu machen. Die Motivationsform äußert sich beispielsweise in der Form einer angestrebten Literatursichtung zu diesem Wissen. Die Ursache ist wertbezogenes Interesse zu Schülervorstellungen, das sich in dem Wunsch der Erweiterung der Kognitionen über fachdidaktisches Wissen zeigt.

Veränderungen mehrerer Subfacetten

Die bisherigen Darstellungen umfassen im Wesentlichen Interviewepisoden, in denen fokussiert die Aspekte der herzuleitenden Hypothese enthalten gewesen sind. Daneben gibt es ebenfalls solche, in denen die Lehrkräfte auf mehrere Hypothesen eingehen. Dies zeigt sich unter anderem in der vollständigen Episode von Lehrerin D, welche zum Informieren über Schülervorstellungen betrachtet worden ist:

Episode Lehrerin D Z. 181-192:

B *Also jetzt konkret aus dieser Fortbildung isses für mich so, dass ich*
mitgenommen habe, dass ich noch mehr mich mit den Schülerfehler
und Sch-Schülerfehlvorstellungen im Vorfeld auseinandersetzen
muss. Dass ich im Unterricht diese diagnostizieren sollte und auch
dann in der Nachbereitung diese mir noch mal anschau. Was existiert
da jetzt noch in meiner Klasse und dann eben das Gesamte noch mal
von vorne beginne. Noch mal drüber nachdenk, wie kann man dem
entgegensteuern. Noch mal mehr mit meinen Schülern dadrauf ein-
gehe, dass ich da eben konkret im Unterricht Maßnahmen ergreife,
um vor allem beim /äh/ beim Differenzieren am Anfang den meinen
Schülern da ne Grundlage bilde, damit sie in Richtung Abitur da sich
mitein-mit auseinandersetzen können.

Zu Beginn geht Lehrerin D darauf ein, sich im Vorfeld noch mehr mit den Schülerfehlvorstellungen auseinanderzusetzen. Es bezieht sich auf das Informieren über Schülervorstellungen und wird als Veränderung der fachdidaktischen Motivation diesbezüglich interpretiert[107]. Dies nennt sie als Ausgangspunkt für die

107 Diese Interpretation wird durch andere Episoden von Lehrerin D gestützt, in denen sie erwähnte noch nicht so viel über Schülervorstellungen im Bereich der Analysis zu wissen, da sie dies im Studium nicht so intensiv gelernt hatte.

Durchführung eines Diagnoseprozesses, in dem sie zuerst die Schülervorstellungen diagnostizieren (hier im Sinne des Erhebens der Vorstellungen durch Diagnoseaufgaben), sie in der Nachbereitung analysieren und dann wieder von vorne beginnen möchte, indem sie die Schülervorstellungen im Unterricht bereits während der Planung berücksichtigt (vgl. Z. 182f.). Damit werden die Aussagen von Lehrerin D als Verstärkungen der Motivation interpretiert, welche mit Diagnoseprozesse im Unterricht durchführen zu wollen. Dabei ist der Wunsch, ihre Schüler auf das Abitur vorzubereiten, die Ursache der Verstärkung.

Ein weiteres Beispiel zeigt sich bei Lehrer I bezogen auf den Einsatz von Diagnoseaufgaben, wobei er in den nachfolgend betrachteten Episoden des Interviews zusätzlich auf die Leistungsmotivation eingeht:

<u>Episode Lehrer I Z. 331-345:</u>

331 ***I*** *Das heißt, wenn eher, dann setzen Sie solche Diagnoseaufgaben*
332 *schon seit dem Beginn Ihrer Lehrerkarriere ein und /äh/ und wollen?*
333 ***B*** *Nicht so gezielt. Also, mehr sooo, mehr sooo (3) son bisschen wie ein*
334 *eigener Aha-Effekt, wenn man Aufgaben stellt und wenn einem dann*
335 *hinterher bewusst wird, dass das ne Diagnoseaufgabe war. Wenn*
336 *man dabei sitzt, das auszuwerten, und einem dann plötzlich klar wird,*
337 *dass man da irgendwie ganz verschiedene Ansichten präsentiert be-*
338 *kommt. Das ist ein bisschen zielgerichteter geworden alles. Aber die-*
339 *ses Bemühen an sich, das nachzuvollziehen, das war schon immer da,*
340 *bisher nicht so dieses, ja dieses zielgerichtete Element, dass man sich*
341 *jetzt bewusst schon vorher überlegt, wie kann ich denn der Aufgabe*
342 *jetzt ...*
343 ***I*** *mh*
344 ***B*** *.../äh/ wirklich so gestalten, dass ich nur an einer ganz bestimmten*
345 *Richtung nachfrage.*

Für ihn war das Nachvollziehen der Schülervorstellungen vor dem professional development wichtig. Daher hat sich bezogen auf das Analysieren keine Änderung der fachdidaktischen Motivation ergeben. Dagegen hat sich hinsichtlich der Erhebung aus seiner Sicht verändert, dass er jetzt durch die Kenntnisse aus den Veranstaltungen zielgerichteter diagnostizieren kann. Insgesamt wird dies als Veränderung der fachdidaktischen Motivation, Schülervorstellungen gezielter zu bestimmten mathematischen Themen erheben zu können, interpretiert. Dabei deutet sich eine Verstärkung der Leistungsmotivation an, erfolgreich zielorientiert Diagnosen durchführen zu können. Dies wird ebenfalls durch die folgende Episode deutlich:

Episode Lehrer I Z. 364-367:

364 ***I*** *aber wenn ich das /äh/ bisher richtig verstanden habe, denken Sie*
365 *schon, dass Sie jetzt spezielle Schülervorstellungen besser diagnosti-*
366 *zieren könnten nach der bisherigen?*
367 ***B*** *Ich würde meinen, es gelingt mir . treffsicherer ja.*

In diesem Zusammenhang wird treffsicherer als eine verbesserte Einschätzung über den Erfolg des Diagnostizierens interpretiert, sodass seine Erwartung, die Tätigkeit ausführen zu können, sich positiv verändert hat. Insgesamt wird dies als Änderung der Leistungsmotivation bezogen auf Diagnose im Mathematikunterricht gedeutet.

Zu den genannten Änderungen geht Lehrer I auf den Umgang mit Schülerfehlern ein:

Episode Lehrer I Z. 550-557:

550 ***B*** *Also vielleicht einfach grundsätzlich, dass man das jetzt doch mehr*
551 */äh/ versucht [Fehler] als Gelegenheit wahrzunehmen, drüber ins*
552 *Gespräch zu kommen, und nicht so sehr als Behinderung des Unter-*
553 *richtsfortgangs.*
554 ***I*** *Also Fehler eher als normale Sache des Lernens zu begreifen, um ak-*
555 *tiv mit den weiter zu arbeiten?*
556 ***B*** *Stellenweise ist man dann sogar geneigt, für gewisse Fehler dankbar*
557 *zu sein, weil man dann wunderbar drüber ins Gespräch kommen*
558 *kann, ja.*

Fehler scheinen für Lehrer I durch das professional development verstärkt zu einem natürlichen Element des Lernens geworden zu sein. Dies entspricht der Änderung des Beliefs „Fehler als natürliches Phänomen des Lernens“, was als Ursache für die Motivationsänderung zur Berücksichtigung von Schülervorstellungen im Unterricht im Sinne der individuellen bzw. gemeinsamen Diskussion über diese gedeutet wird.

Veränderungen durch die Analyse von Schülerarbeiten

Die bisherigen Untersuchungen deuteten an, dass das Analysieren der Schülerarbeiten von den Lehrkräften mit Veränderung der fachdidaktischen Motivation zu Schülern in Verbindung gebracht wird. Speziell zeigt sich das bei der „Motivation zum Einsatz von schriftlicher Diagnose“ (vgl. Kapitel 10.1.7) als Belief über die Wirkung aus dem vorherigen Unterkapitel. Der Zusammenhang wird hier mittels exemplarischer Interviewauszüge von Lehrerin A und Lehrerin D noch weiter konkretisiert. Beispielsweise geht Lehrerin A darauf allgemein ein:

<u>Episode Lehrerin A Z. 212-216:</u>

I *Denken Sie denn, dass /ähm/ dieses Reflektieren der Schülerdokumente Ihnen dabei geholfen hat, /ähm/ Schülerfehler besser zu verstehen?*

B *Ja, Schülerfehler zu verstehen auch auch Schülern bei Fehlern zu helfen.*

Ihr hat die Analyse der Schülerarbeiten geholfen, Schülerfehler besser zu verstehen und den Lernenden bei diesen zu helfen. Dies wird als Verbesserung der Leistungsmotivation bezüglich des Analysierens und des Berücksichtigens von Schülervorstellungen im Unterricht interpretiert, da die Erfolgserwartungen, Fehler zu verstehen und Hilfestellungen geben zu können, durch das Analysieren der Schülerarbeiten gestiegen ist. Dies betont sie in ebenfalls in der folgenden Episode, wobei sie dies etwas relativiert:

<u>Episode Lehrerin A Z. 223-234:</u>

I: *Aber Sie denken, sie sind jetzt auf jeden Fall durch die Fortbildung und durch dieses Reflektieren von diesen Schülerdokumenten besser im Erkennen von Schülerfehlern und?*

B: *Ja, obwohl ...*

I: *so*

B: *... sensibilisiert, ja, dass man auch ein bisschen mehr drüber nachdenkt, was ist jetzt passiert, (2) ist er falsch abgebogen, hat er sich verschrieben, hat er sich verrechnet, hat er ganz an-falsch angefangen und dann, naja, dann kommt aber auch die Zeit wieder rein, nich. Ich müsste jetzt die auch die Zeit haben oder etwas mehr Zeit haben, . um das in Ruhe auch wieder auszuwerten. Das ist irgendwo . eiert man immer durch die Mitte dann das.*

Die Episode wird wie die vorherige als Steigerung fachdidaktischer Motivation, Schülervorstellungen zu analysieren, interpretiert, die durch die Phase der Analyse der Schülerarbeiten verursacht worden ist. Dabei relativiert Lehrerin A in der Episode nicht ihre Motivationsänderung, sondern geht auf Hindernisse bei der Umsetzung der motivationskonformen Handlungen durch die vorhandene Zeit ein.

Eine andere Form der Berücksichtigung von Schülervorstellungen im Unterricht findet sich im Interview von Lehrerin D:

Episode Lehrerin D 62-76:

B: */äh/ die Schülerlösungen /äh/ fand ich sehr interessant. Vor allem auch von den anderen Kollegen, die wir uns da angeschaut haben, weil ich tatsächlich /ähm/ auf manche Ideen von den Schülern nicht gekommen wär. Also, wir haben uns daher auch angeschaut, was passiert, wenn ich /ähm/ die Funktion verschiebe oder strecke, was pas-siert dann mit der Ableitung und /ähm/ /äh/ da zu erkennen, dass beispielsweise das Verschieben der Funktion auf der y-Achse für die Schüler auch einen großen Einfluss auf die /äh/ erste Ableitung haben, das /äh/ war mir im Vorfeld noch nicht so bewusst. Das hatte sich in meinem Unterricht noch nicht so gezeigt, aber ich hab da jetzt mitgenommen für den nächsten Durchgang in der E-Phase, dass ich da auf jeden Fall darauf achte, dass man da ganz genau drüber spricht und dann eben auch herausarbeitet, dass dieser Konstante /äh/ Summand den wir da am Ende haben tatsächlich auf die Ableitung keinen Einfluss hat.*

In dieser Episode geht Lehrerin D auf für sie neue Schülervorstellungen ein, die sie durch das Analysieren von Schülerarbeiten im professional development kennengelernt hat. Das Interessiertsein wird in diesem Zusammenhang als Anregung situationalen Interesses (*fand ich sehr interessant* Z. 62) gedeutet, da sie unter anderem *auf manche Ideen von den Schülern nicht gekommen wär*e (Z.64-65). Dies wird zusammen mit dem Wunsch, die kennengelernten Schülervorstellungen in ihrem zukünftigen Unterricht zu berücksichtigen, als Verstärkung der fachdidaktischen Motivation interpretiert, Schülervorstellungen bei der Planung und Durchführung des Unterrichts zu beachten. Da sie ähnliche Zusammenhänge an weiteren Stellen des Interviews ausführt und sich dabei explizit auf das Analysieren von Schülerarbeiten bezieht, wird die Phase des professional development als Ursache der gestiegenen Motivation interpretiert.

In den bisherigen Ausführungen sind die Veränderungen, die die Lehrkräfte berichteten, anhand ausgewählter Beispiele erläutert und analysiert worden. Dabei konnte nicht auf alle Lehrkräfte eingegangen werden. Daher werden die Änderungen durch das professional development zusammenfassend in der folgenden Tabelle dargestellt. Dabei wird illustriert, welche Lehrkräfte von welchen Änderungen berichteten. Zur Darstellung wird jeder betrachtete Code hinsichtlich der Stabilität, der Änderung und der Schülerdokumente als Ursache für die Änderung betrachtet:

Motivationskodierung	Lehrkräfte
Erheben	$A^+, B, C^+, D^+_{SD}, E^+, F, G^+, H^+, I^+$
Diagnoseaufgaben	$C, D^+, E^+, F^+, G^+, H^+, I^+$
Analysieren	$A^+_{SD}, B, C, D^+_{SD}, E^+, F^+, G^+, H^+, I^+$
Im Unterricht berücksichtigen	$A^+, B, C^+_{SD}, D^+_{SD}, F^+_{SD}, G^+_{SD}, H, I^+$
Informieren	D^+_{SD}

Tabelle 37: Zusammenfassung der Änderungen der fachdidaktischen Motivation zu Schülern der interviewten Lehrkräfte. +: Verstärkung; SD: Ursache ist die Analyse von Schülerarbeiten; reine Buchstabe keine Veränderung; nicht erwähnt: Lehrkraft hat sich dazu nicht geäußert

Die Zusammenfassung der Ergebnisse zeigt, dass durch das professional development viele Verstärkungen der einzelnen kodierten Aspekte der Motivation stattgefunden haben. Dies trifft vor allem auf die Lehrkräfte D bis I zu, deren professional development einen Schwerpunkt auf die Diagnose im Mathematikunterricht hatte. Davon grenzen sich die Lehrkräfte aus der ersten Veranstaltung in Sachsen-Anhalt mit dem Fokus auf die Bildungsstandards ab, da die Lehrerinnen A bis C seltener von der Verstärkung der fachdidaktischen Motivation zu Schülern berichten.

Als weiteres Ergebnis zeigt sich, dass die Verstärkung der fachdidaktischen Motivation zu Schülern von einigen Lehrkräften mit der Analyse der Schülerarbeiten im professional development begründet wird. Dementsprechend beeinflusst diese Phase die Entwicklung der Motivation, was beispielsweise bei Lehrerin D sehr stark ausgeprägt ist. Dies betrifft vor allem die Motivation „Schülervorstellungen im Unterricht berücksichtigen“, da dort vier der sieben befragten Lehrkräfte von einem Zusammenhang der Verstärkung und der Analyse von Schülerarbeiten im professional development berichten. Inwiefern jedoch ein Unterschied zu den Lehrkräften aus der Diagnosegruppe vorhanden ist, lässt sich an dieser Stelle nicht feststellen, da die beiden Lehrer ebenfalls von vielen Änderungen berichtet haben.

10.2.3.2 Aspekte fachdidaktischer Motivation zum Lehren

In diesem Unterkapitel werden die Typisierungen der fachdidaktischen Motivation zum Lehren hergleitet. Dabei werden ebenfalls in der Bestimmung der Definition nur die Teile der Interviewepisoden berücksichtigt, die für die Typisierung relevant sind.

Motivation zur Aufgabenerstellung

Die Erstellung von Aufgaben ist für Lehrerin A ein wesentlicher Inhalt des professional development gewesen. Dazu berichtet sie von der Phase der Aufgabenkonstruktion Folgendes:

Episode Lehrerin A Z. 26-33:

26 **B** *Also, ich fand das fand das sehr spannend, /äh/ wie wir manchmal an*
27 *an Formulierungen gefeilt haben, wo ich schon wusste, dass ich das*
28 *nachher mitnehme zu meinen eigenen Schülern und und dann prak-*
29 *tisch sehen konnte, wie wie die damit umgehen, obwohl man manch-*
30 *mal ja auch schon bedenken hatte, sagt, na das werden die bestimmt*
31 *nicht hinkriegen. Dass mans einfach probieren konnte und eben auch*
32 */ähm/ nicht nur für mich, dass es so ne Resonanz gab, weil man man*
33 *eigentlich probiert man ja jeden Tag, aber man unterhält sich ja sel-*
34 *ten dadrüber.*

Sie geht darauf ein, dass sie im professional development an den Aufgabenformulierungen gearbeitet hat, die im Unterricht eingesetzt werden sollten, wobei speziell das Erstellen von Aufgaben angesprochen wird. In der Phase mussten die Lehrkräfte über die Formulierungen nachdenken, damit die Ziele der Aufgaben im Unterricht erfüllt werden. Dies wird als fachdidaktische Motivation gedeutet, Aufgaben zu konstruieren, die dann im Unterricht eingesetzt werden. Ursachen für die Motivation finden sich anhand der emotionalen und der wertbezogenen Komponente des Interesses, weil Lehrerin A zu Beginn darauf eingeht, dass sie es sehr spannend fand (Z. 26), und im weiteren Verlauf erwähnt, dass sie Informationen über die eingesetzten Aufgaben erhält (*dass es so ne Resonanz gab,* Z. 32; *dann praktisch sehen konnte, wie die damit umgehen* Z. 28-29). Letzteres betrifft die Erweiterung der Kognitionen über die erstellten Aufgaben.

In der folgenden Episode geht Lehrerin B auf das Nachdenken über die Vorbereitung des Unterrichts ein, sodass ihre Erkenntnisse über die von Lehrerin A hinausgehen:

Episode Lehrerin B Z. 270-280:

270 **B** */ähm/ erst mal machts mir viel mehr Spaß, wenn man mal andere Me-*
271 *thoden mit einbauen kann und /ähm/ die /ähm/ gemeinsame Arbeit*
272 *auch, die wir dort geleistet haben durch /äh/ die Erstellung der Auf-*
273 *gaben. Das auch umzusetzen, hat uns auch gezeigt oder hat mir auch*
274 *gezeigt, /äh/ dass dass es sich auch mal wieder lohnt, mal wieder en*

neuen Gedanken in die Vorbereitung reinzubringen. Ne, wenn man ja, wie viele Jahre bin ich nun im Schuldienst? 23 Jahre nee, 33, Entschuldigung hab ich mich en bisschen zu jung gemacht, /ähm/ dann ist man natürlich schon so en bisschen eingefleischt und da hat mir das natürlich /äh/ diese /ähm/ Art hat mir den Blickwinkel auf jeden Fall vergrößert.

Lehrerin B hat es Spaß gemacht, andere Methoden einzubauen und neue Aufgaben in der Gruppenarbeit zu erstellen. Dies deutet darauf hin, dass das emotionale Interesse bezüglich der Erstellung von Aufgaben angesprochen worden ist. Dadurch hat sie unter anderem die Erkenntnis gewonnen, dass es lohnenswert ist, *mal wieder en neuen Gedanken in die Vorbereitung reinzubringen* (Z. 274-275). Das lohnende Nachdenken während der Vorbereitung sowie das Ansprechen des emotionalen Interesses bezüglich der Aufgabenkonstruktion im professional development wird zusammenfassend als fachdidaktisches Interesse interpretiert, Aufgaben während der Unterrichtsvorbereitung zu erstellen. Zudem wird die Erkenntnis, *dass es sich auch mal wieder lohnt en neuen Gedanken in die Vorbereitung reinzubringen* (Z. 274f.), als über das professional development hinausgehende Motivation, Aufgaben erstellen zu wollen, gedeutet, sodass dies eine Motivationsverstärkung beschreibt.

Im Gegensatz zu Lehrerin A und Lehrerin B geht Lehrerin F auf die Aufgabenstellung außerhalb des professional development ein, wobei sie Anregungen aus den Veranstaltungen zur Erstellung verwendet:

Episode Lehrerin F Z. 17-21:

B *Einfach das kann auch ne, ich seh ne Aufgabe und habe diese Idee jetzt im Kopf, ja. Da muss ich jetzt nicht die fertige Aufgabe mitnehmen oder ein Arbeitsblatt mit mit fünf solchen Aufgaben, sondern /äh/ Ideen. Und die kann ich auch im Kopf mit nach Hause tragen, ja, um dann die umzusetzen und meine Aufgaben draus zu machen.*

Für Lehrerin F ist es wichtig, aus professional development Ideen mitzunehmen, die sie dann umsetzen möchte, indem sie ihre *Aufgaben draus* (Z. 21) macht. Dementsprechend wird dies als fachdidaktische Motivation interpretiert, für den weiteren Unterricht Aufgaben zu erstellen. Das Wissen über mögliche neue Aufgabenstellungen scheint an dieser Stelle die Ursache der Motivation zu sein, da sie die Ideen aus dem professional development umsetzen und neue Aufgaben gestalten möchte. Dies wird zudem als Verstärkung der Motivation interpretiert, die Erstellung durchzuführen. Die Aufgabenerstellung führt sie in einem späteren Teil des Interviews speziell anhand der Differenzierung weiter aus:

Episode Lehrerin F Z. 180-187:

180 **B** *Nee so also so, dass ich differenziert habe, nicht so so starke Abstu-*
181 *fung, ja, also manchmal mach ich zwei Aufgaben draus, ja, also und*
182 *versuche, immer den Kern beizubehalten, um /äh/ das Vergleichen zu*
183 *erleichtern, weil ich muss, ich muss das immer effektiv zusammenfü-*
184 *gen. Und wenn die, wenn der Kern gleichbleibt, ja, und zum Beispiel*
185 *die etwas schwierigere Aufgabe vorgestellt wird vom Lösungsweg*
186 *und das für die einfachere Aufgabe da drinne steckt dann ist das ef-*
187 *fektiv [...]*

Lehrerin F geht darauf ein, dass sie aus bestimmten Aufgaben zwei macht und den Kern der Aufgabe beibehält. Somit erstellt sie neue Aufgabenstellungen, die entweder schwieriger oder leichter sind, wie sie im weiteren Verlauf der Episode ausführt (*schwierigere Aufgabe; einfachere Aufgabe* Z. 185-186). Da sie nun stärker differenziert (*Nee so also so, dass ich differenziert habe, nicht so so starke Abstufung*. Z. 180-181), wird dies als Verstärkung der Motivation interpretiert. Aus diesem Grund wird der Wunsch nach Leistungsdifferenzierung anhand von Aufgaben als Ursache für die fachdidaktische Motivation gedeutet, Aufgaben mit unterschiedlichen Schwierigkeitsniveaus erstellen zu wollen. Ähnlich findet sich eine Motivationsverstärkung, Aufgaben im Sinne der Binnendifferenzierung erstellen zu wollen, bei Lehrerin G.

Im Gegensatz dazu geht Lehrer I nicht auf Differenzierung mit Aufgaben ein, sondern erwähnt Diagnoseaufgaben:

Episode Lehrer I Z. 338-347:

338 **B** *[...], dass man sich jetzt bewusst schon vorher überlegt, wie kann ich*
339 *denn der Aufgabe jetzt ...*
340 **I** *mh*
341 **B** *... /äh/ wirklich so gestalten, dass ich nur an einer ganz bestimmten*
342 *Richtung nachfrage und nachbohre und mir das anschaue, weil da*
343 *vorher immer so dieses Bestreben da war, sich nicht so sehr auf eine*
344 *Sache zu konzentrieren, sondern bisschen so /äh/ breitgefächerter .*
345 *mathematische Kompetenz abzufragen. Und das was ja dann nach*
346 *hinten losgeht, wenn man dann irgendwie en Überblick verliert*
347 *worans gescheitert ist.*

Lehrer I führt in der Episode an, sich vor dem Einsatz von Diagnoseaufgaben Gedanken über diese zu machen, wobei er sich auf die Aufgabenerstellung bezieht (*dass ich nur an einer ganz bestimmten Richtung nachfrage und nachbohre,* Z. 341-342). Mit Hilfe der Überlegungen denkt er zum einen über die Aufgabengestaltung nach. Zum anderen überlegt er, wie Diagnoseaufgaben optimal aussehen müssten. Dies wird in Kombination mit den „negativen" Erfahrungen, die er mit sehr offenen Aufgaben gemacht hat, als Ansatz für fachdidaktische Motivation interpretiert, fokussierte Aufgaben zu gestalten. Dementsprechend wären das Verlieren des Überblicks bei den sehr offenen Aufgabenstellungen und die neuen Erkenntnisse zur Fokussierung bei Diagnoseaufgaben die Ursache für die fachdidaktische Motivation zur Erstellung neuer Diagnoseaufgaben. Dabei werden die Aussagen von Lehrer I als Verstärkung der Motivation, zielgerichtete Diagnoseaufgaben zu erstellen, gedeutet.

Insgesamt werden die Erkenntnisse in der folgenden Charakterisierung zusammengefasst:

Hypothese Erstellung von Aufgaben:
Die „Erstellung von Aufgaben" beschreibt die fachdidaktische Motivation, Aufgaben allgemein, differenzierende Aufgaben oder Diagnoseaufgaben erstellen zu wollen. Auslöser ist unter anderem wertbezogenes Interesse zu den Aufgaben, emotionales Interesse (Spannung, Gefallen, ...) bei der Aufgabenerstellung, positiver Wert für den Unterricht (lohnend), Wissen über neue Aufgaben, Einsatz von Differenzierung oder Wissen der Eigenschaften von Diagnoseaufgaben.

Motivation zur Veränderung von Aufgabenstellungen

Neben der Erstellung von Aufgaben als fachdidaktische Motivation kann sich in ähnlicher Weise Motivation zur Veränderung gegebener Aufgabenstellungen zeigen. Bei Letzteren gehen die Lehrkräfte verstärkt darauf ein, was sie verändern würden. Beispielsweise beschreibt dies Lehrerin C wie folgt:

Episode Lehrerin C Z. 327-339:

B *Naja, ganz wichtig die Anzahl der Operatoren, ja? Dass man eine Aufgabe...äh...öffnet, dass man sie auch...ähm...vom Schwierigkeitsgrad, dass man also innerhalb einer Aufgabe auch differenzieren kann, das habe ich jetzt auch schon versucht, umzusetzen. Das, das lief ganz gut und ja, das sind so die Sachen. Einfach die Operatoren vervielfältigen, dass sie praktisch bei derselben Aufgabenstellung*

333 *vom selben Fachwissen her verschieden herangehen müssen. Dass*
334 *sie einfach ihre Kompetenzen schulen. Erst lesen und nicht nur abar-*
335 *beiten, ja? Also das habe ich wirklich schon anhand der Aufgaben-*
336 *stellungen, die habe ich jetzt teilweise schon geändert, oder ich suche*
337 *mir bewusst Aufgaben aus dem Buch heraus, die das auch umsetzen*
338 *und diese Differenzierung innerhalb einer Aufgabe, das habe ich*
339 *auch schon versucht, mit hineinzunehmen.*

Sie erwähnt die Wichtigkeit der Operatoren bei Aufgaben. Mit dem unterschiedlichen Einsatz dieser kann man verschiedene Herangehensweisen an den fachlichen Inhalt anregen. Als Ziele der Veränderungen nennt Lehrerin C die Öffnung, Anpassung des Schwierigkeitsgrads im Sinne der Differenzierung und das Schulen unterschiedlicher Kompetenzen (Z. 327-333). Zur Erreichung der Ziele erwähnt sie die Veränderung der Aufgabenstellungen (*Aufgabenstellungen, die habe ich jetzt teilweise schon geändert* Z. 335-336), sodass die Episode als Motivation, Aufgaben verändern zu wollen, interpretiert wird. Die Ziele werden als mögliche Ursache der Motivation angesehen, vorhandene Aufgaben zielgerecht zu verändern. Die Öffnung von Aufgaben stellt dabei eine Möglichkeit der Umsetzung dar.

Lehrerin C geht zudem darauf ein, dass sie das jetzt schon *versucht, mit hineinzunehmen* (Z. 339), wobei sie vorher darauf eingeht, Aufgaben verändert zu haben oder die Differenzierung umzusetzen. Die genannten Aspekte werden insgesamt als Verstärkung der fachdidaktischen Motivation, Aufgaben zu den Zielen des eigenen Unterrichts zu verändern, gedeutet.

Auf Anpassungen von Aufgaben geht Lehrerin A in ihrem Interview ebenfalls ein, wobei sie noch weitere Möglichkeiten nennt, Veränderungen vorzunehmen:

<u>Episode Lehrerin A Z. 98-103:</u>

98 ***B*** *[...], aber dass ich selber auch Spaß habe, an Knobelaufgaben, und*
99 *das ist eben diese dieses dieses Variieren, manchmal das Spielen mit*
100 *den Aufgaben, die die zu öffnen oder eben auch was wegzulassen oder*
101 *was dranzuhängen oder auch was was was rauszuknobeln, was jetzt*
102 *unsere Referenten sich als Einstieg gedacht haben. Das hab ich*
103 *durchaus wiederentdeckt.*

In der Episode geht sie auf das Öffnen, das Weglassen von Aufgabenteilen und das Ergänzen von Aufgaben ein. Die beschriebenen Tätigkeiten stellen Möglichkeiten dar, Aufgaben zu verändern. Passend dazu werden die Aussagen als

Ausdruck von Motivation interpretiert, Aufgaben im Sinne der Öffnung, der Kürzung und der Erweiterung zu umzugestalten. Dabei scheint das emotionale Interesse im Sinne des Spaßes sowie der Knobelei bezogen auf die Aufgabenstellungen die Ursache der fachdidaktischen Motivation zu sein (Z. 98-102). Dies ergänzt sie mit dem indirekten Bezug zur Differenzierung und Schulbuchaufgaben wie folgt:

Episode Lehrerin A Z. 303-313:

303 **B** *(8) Na das Öffnen von Aufgaben, welche Chancen ich habe oder wel-*
304 *che . welche Vielfalt an Möglichkeiten das eigentlich gibt, ne Aufgabe*
305 *zu öffnen, auch wieder das Eingrenzen, /äh/ indem ich das für ein /äh/*
306 *schwächeren Schüler erreichbar mache. Das hier, dass das, (2) da*
307 *hab ich mich vorher nicht so intensiv mehr mit beschäftigt, seit wir*
308 *hier in diesem Schulbuchstrudel sind. Dann kuckt man doch mehr,*
309 *was so dieses Buch jetzt liefert und dann muss man ja erstmal wieder*
310 *gucken, weil man jetzt den Verlag ((husten)) gewechselt hat, sind die*
311 *jetzt rot hier oder sind das die Sternchen oder so. Das ist doch /ähm/*
312 *das ist mir nochmal so richtig klargeworden, dass man das selber*
313 *auch eigentlich relativ einfach ja öffnen kann.*

Diese Episode wird ebenfalls als Ausdruck fachdidaktischer Motivation gedeutet, vorhandene Aufgaben – speziell Schulbuchaufgaben – zu verändern. Dabei werden in dieser Episode zusätzlich eine leistungsmotivationale Komponente (*nochmal so richtig klargeworden, dass man das selber auch eigentlich relativ einfach ja öffnen kann* (Z.312-313)) sowie die Differenzierung als Ursachen der Motivationsform gedeutet.

Die Aussagen von Lehrerin A in beiden Episoden werden zudem als Verstärkung fachdidaktischer Motivation gedeutet, bestehende Aufgaben zu verändern, weil Lehrerin A zum einen das Erweitern, Kürzen und Öffnen wiederentdeckt hat (Z. 303-306) und zum anderen die Erkenntnis gewonnen hat, *dass man das selber auch eigentlich relativ einfach ja öffnen kann* (Z.312-313).

Eine andere Ursache nennt Lehrerin F mit dem Format der vorhandenen Schulbuchaufgaben:

Episode Lehrerin F Z. 52-69:

52 **B** *Ja das mache ich, also, zum Beispiel unsere neuen Lehrbücher die .*
53 *da sind viele schöne Aufgaben drinne, aber was ich bemängel bei vie-*
54 *len Lehrbüchern ist, dass nur, /äh/ dass nicht darauf eingegangen*
55 *wird, dass wir, oder nicht ist vielleicht so absolut, dass häufig nicht*

56 *beachtet wird, dass wir die Schüler mit Operatoren /äh/ oder auf Ope-*
57 *ratoren trainieren, in Anführungsstrichen, sollen. Dass wir sie dran*
58 *gewöhnen sollen, dass sie wissen, was versteht man unter „be-*
59 *rechne", „ermittle", „erläutere", „begründe", „entscheide" ja und*
60 *dass in den Büchern gefragt wird, ja, wie groß ist die mittlere Ände-*
61 *rungsrate, wie groß ist die lokale Änderungsrate und das haufen-*
62 *weise. Dass die Aufgaben kurzschrittig formuliert sind, /äh/ was*
63 *nachher nicht Anliegen einer Prüfung ist. Da ist es nicht so und das*
64 *bemängel ich an den Auf-an den Schulbüchern. Und zwangsläufig*
65 */äh/ oder gezwungenermaßen formuliere ich sie anders. Ich nehme*
66 *natürlich die be-/äh/ Aufgaben aus den Büchern auch, aber /ähm/*
67 *wenn ich ein Arbeitsblatt mache und nutze eine Aufgabe aus dem*
68 *Buch, formuliere ich sie nicht so, das bringt mir ja nichts, ich muss*
69 *den Schüler vorbereiten.*

In dieser Episode nennt Lehrerin F die nicht an die Operatoren angepassten, teilweise zu kleinschrittig formulierten Aufgaben, die in Schulbüchern vorhanden sind. Da sie ihre Schüler auf die Prüfungen vorbereiten möchte, in denen bestimmte, nicht in Schulbuchaufgaben eingesetzte Operatoren enthalten sind, sieht sie sich gezwungen, Aufgaben zu modifizieren (Z. 58-68). Dies wird als Ursache für die fachdidaktische Motivation angesehen, Aufgaben umzuformulieren, was Lehrerin F beispielsweise mit Schulbuchaufgaben durchführt, um sie auf eigenen Arbeitsblättern zu verwenden. Sie ergänzt im weiteren Verlauf des Interviews den Umgang mit Aufgaben im Sinne der Gestaltung von Diagnoseaufgaben:

<u>Episode Lehrerin F Z. 118-125:</u>

118 **B** */äh/ man diagnostiziert ja grundsätzlich, wenn man ne Aufgabe hat.*
119 *Das ist für mich immer Diagnose, wenn man sieht, wo sind die Schwä-*
120 *chen, /äh/ tauchen die gehäuft auf, dann ist das für mich ne Diagnose*
121 *an der Stelle, ja. Aber jetzt so das bewusste Nachdenken drüber, was*
122 *kann man wie kann man noch arbeiten unter anderem, dass ich die*
123 *Aufgabenstellung mal offener gestalte und dann wirklich das Hinter-*
124 *grundwissen des Schülers auch raus kitzele an der Stelle, ja. Das habe*
125 *ich /äh/ sag ich mal bewusster gemacht einfach . dadurch.*

In dieser Episode bezieht sich Lehrerin F auf das Öffnen von Aufgaben, um einen sehr tiefen Einblick in die Vorstellungen der Schüler zu den mathematischen Themen zu erhalten (*das Hintergrundwissen des Schülers auch raus kitzele*

Z.123-124), wobei die Diagnose im Fokus steht. Das Öffnen stellt in diesem Zusammenhang eine Aufgabenveränderung dar. Die Episode wird daher als Ausdruck fachdidaktischer Motivation gedeutet, Aufgaben zu verändern. Dabei ist das wertbezogene Interesse an den Vorstellungen ihrer Schüler die Ursache der Motivationsform. Besonders am Ende der zweiten Episode wird deutlich, dass sie dies durch das professional development jetzt bewusster durchführt. Daher wird dies als Anstieg fachdidaktischer Motivation gedeutet, Aufgaben zieladäquat zu verändern. Die erste Episode deutet dagegen keine erkennbare Veränderung an.

Insgesamt wird der motivationale Aspekt wie folgt charakterisiert:

Hypothese Veränderung von Aufgaben:
Die „Veränderung von Aufgaben“ beschreibt die fachdidaktische Motivation, bereits vorliegende Aufgaben abändern zu wollen. Dabei besteht der Wunsch, Aufgaben zu öffnen, zu reduzieren und zu ergänzen. Differenzierung im Unterricht, Schulen unterschiedlicher Kompetenzen, emotionales Interesse an Aufgaben, zielinadäquate Aufgabenstellungen oder wertbezogenes Interesse an Schülervorstellungen (bei Diagnoseaufgaben) sind dabei Ursachen des Auftretens.

Motivation zur Nachdanken über den Einsatz von Aufgaben

Neben dem tatsächlichen Ändern können Aufgaben nach bestimmten Kriterien für den Unterricht ausgewählt und eingesetzt werden. Dies erwähnt Lehrerin C beispielsweise bezogen auf den Einsatz von Aufgaben in der Episode, die zu „Veränderung von Aufgaben“ zuerst analysiert wurde, und Lehrer H fasst das allgemein:

Episode Lehrer H Z. 47-49:

B *Was sich /äh/ ändert, partiell ändert, . ist der eine oder andere Punkt, wo ich versuche, durch /äh/ andere Aufgaben als bisher vielleicht auch andere Impulse gegenüber dem Schüler zu setzen.*

Er erwähnt an dieser Stelle, durch andere Aufgaben andere Impulse setzen zu können. Dies setzt voraus, dass er vor dem Einsatz „anderer Aufgaben“ darüber nachgedacht haben muss, da ihm Unterschiede bewusst sein müssen. Dies wird als fachdidaktische Motivation interpretiert, über den Einsatz von Aufgaben nachzudenken, wobei die Aussagen zudem als Motivationsverstärkung interpretiert werden. Dies kann sich speziell auf die Auswahl von Aufgaben beziehen, wie dies Lehrer H in der Episode andeutet und Lehrerin E in ihrem Interview explizit erwähnt:

Episode Lehrerin E Z. 167-176:

B *...ähm...ich würde vielleicht tatsächlich auch nochmal gezielt Aufgaben stellen, um zu gucken, wo liegen eigentlich die Schwierigkeiten. Da würde ich sicherlich auch bei der Aufgabenauswahl nochmal anders gucken. Wie gesagt, ich habe, sonst gehe ich normalerweise ja herum und gucke dann im Gespräch, wo liegen die Schwierigkeiten. Da würde ich sicherlich auch nochmal gezielter Aufgaben heraussuchen, die mir vielleicht dann auch gleich die Rückmeldung geben, wo könnten denn die Probleme meiner Schüler liegen. Was ist eigentlich nicht verstanden worden? Wo wird übergeneralisiert? Oder Ähnliches.*

Für sie ist die Erweiterung des Wissens über ihre Schüler im Sinne der vorhandenen Vorstellungen wichtig, was als wertbezogenes Interesse gedeutet wird. Dies scheint zudem die Ursache des Wunsches zu sein, über die Aufgabenauswahl nachdenken zu wollen, um Schülervorstellungen zu erheben. Die Motivation, solche Aufgaben im Unterricht einzusetzen, zählt zur fachdidaktischen Motivation zur Erhebung von Schülervorstellungen (vgl. Kapitel 10.2.3.1). Dagegen wird das gezielte Einsetzen der Aufgaben sowie das Nachdenken über deren Auswahl als fachdidaktische Motivation interpretiert, sich über den Einsatz von Aufgaben Gedanken zu machen, wobei es sich aufgrund des Einsatzziels um Diagnoseaufgaben handelt. Da sie erwähnt, *nochmal anders gucken* (Z. 169-170) zu wollen, werden die Aussagen als Veränderung gedeutet.

Der Einsatz von Aufgaben im Unterricht kann neben der Diagnose ebenfalls durch den direkten Zusammenhang mit dem professional development ausgelöst werden, indem die Lehrkräfte Aufgaben, die sie in den Veranstaltungen kennengelernt haben, im Unterricht einsetzen möchten. Dies kann beispielsweise der Wunsch nach einer Rückmeldung sein, um die Kognitionen über die erstellten Aufgaben zu erweitern. Des Weiteren kann sich das Nachdenken über den Einsatz von Aufgaben auf die Inhalte des professional development beziehen. Dies deutet beispielsweise Lehrerin B an:

Episode Lehrerin B Z. 164-177:

I *Ok und /ähm/ bezüglich der Inhalte der Fortbildung?*

B *Das hatte ich ja teilweise schon gesagt, dass die Inhalte jetzt auch mit eingebaut werden im Unterricht, dass es nicht nur einfach ...*

167 ***I*** *Welche konkret?*
168 ***B*** *Jaa, hatte ich aber auch schon gesagt, diese Modellierungssache ...*
169 ***I*** *ok*
170 ***B*** *... oder diese auch diese Form der Diskussion, /äh/ Argumentieren*
171 *und so, dass ich da viel mehr Wert drauflege, dass ich /äh/ ja früher*
172 *war ich glaub ich auch son Typ, der immer schaffen, schaffen, schaf-*
173 *fen, ganz viele Aufgaben, üben, üben, üben, und dass ich jetzt auch*
174 *das en bisschen verändert habe. Dass ich sage, auch dieses Gespräch*
175 *ist sehr wichtig. Erkläre be-und /äh/ das /ähm/ /äh/ dieses /äh/ Argu-*
176 *mentieren und /ähm/ was wir auch in den Veranstaltungen hatten.*
177 *Das ist en größeren Stellenwert im Jahr für mich genommen hat.*

In dieser Interviewepisode geht Lehrerin B nicht explizit auf den Einsatz von Aufgabenstellungen ein, sondern auf Inhalte, die sie aus dem professional development mitgenommen hat, und im Unterricht einsetzen möchte. Dies betrifft *diese Modellierungssache* (Z. 168) *oder diese Form der Diskussion* sowie *Argumentieren* (Z. 170). Vor allem das Erklären und Argumentieren ist für sie wichtig geworden. Dementsprechend ist es notwendig, dass sie vor dem Einsatz der Aufgabenstellungen über diesen nachdenken muss, indem sie beispielsweise Aufgaben für den Unterricht auswählt. Daher wird die Episode als indirektes Beispiel für fachdidaktische Motivation interpretiert, über den Einsatz bzw. die Auswahl von Aufgaben nachzudenken. Die Aufgaben können dabei schriftlich (u. a. Modellierung) oder mündlich (*auch dieses Gespräch ist sehr wichtig. Erkläre ...* Z. 174-175) sein. Besonders die Verschiebung von Stellenwerten in Bezug auf die Umsetzung von Mathematikunterricht deuten das Auftreten der Motivationsform an. Die Stellenwertverschiebung zeigt ebenfalls, dass sich die Motivation verstärkt hat. Die Verschiebung der Beliefs zum Lehren und Lernen von einer transmissiven Sicht (*schaffen, schaffen, schaffen, ganz viele Aufgaben, üben, üben, üben* Z. 172-173) zu einer konstruktivistischen (Erklärungen, Argumentationen, Modellieren) wird hier als Ursache gedeutet.

Zur Verschiebung von Stellenwerten nennt Lehrerin C die Einbindung von Realkontexten als weiteres Beispiel:

Episode Lehrerin C Z. 175-185:
175 ***B*** *Ja und das habe ich da wieder ein paar Impulse bekommen. Wie ge-*
176 *sagt durch die Fragestellung, Fragestellung ändern, die Aufgaben in-*
177 *teressanter zu machen, so ein bisschen reinzubringen. Auch darauf*
178 *achten, was ich auch gelernt habe, dass man es nicht zu sehr konstru-*
179 *iert, kann ja auch sein. Wenn die Schüler dann sagen: "Was? Da oben*

sitzt ein Angler 20 Meter tief. Was soll da er da angeln? Der angelt doch nicht." Ja, aber so einen so eine konstruierten Aufgaben, dass man da auch vielleicht ein bisschen darauf achtet. Das hat er uns auch so zwei dreimal gezeigt. Wo ich gesagt habe: "Ja, da hat er Recht. Welche Frau kauft 40 Millionen...äh...Melonen?" Macht keiner. Solche Sachen.

Zu Beginn geht sie auf die Änderung von Fragestellungen ein. Danach reflektiert sie über den Einsatz realer Kontexte, wo sie auf echte Kontexte im Vergleich zu konstruierten achten will. Dieser veränderte Fokus sowie das Hinterfragen der konstruierten Aufgaben (*Macht keiner. Solche Sachen.* Z. 184-185) wird wie bei Lehrerin B als Ausgangspunkt für fachdidaktische Motivation und deren Verstärkung gedeutet, über den Einsatz von Aufgaben im Unterricht nachzudenken. Solche Veränderungen des Fokus finden sich beispielsweise noch bezüglich des Einsatzes qualitativer bzw. verständnisorientierter Aufgaben (Lehrer H), von Aufgaben mit Schülerfehlern (Lehrerin A), Differenzierung im Unterricht (Lehrerin G) und Einsatz von Aufgaben zum entdeckenden Lernen (Lehrerin B). Insgesamt hängt diese Motivationsform mit dem Ziel zusammen, Änderungen des Unterrichts vorzunehmen. Dementsprechend lässt sie sich wie folgt charakterisieren:

Hypothese Nachdenken über den Einsatz von Aufgaben:
Das „Nachdenken über den Einsatz von Aufgaben" beschreibt die fachdidaktische Motivation, über den Einsatz und die Auswahl von Aufgaben nachdenken zu wollen. Dies bezieht sich auf die Umsetzung von Veränderungen des Unterrichts, welche die Ursache der Motivationsform ist. Beispiele der Ursachen sind qualitative bzw. verständnisorientierte Aufgaben, Differenzierung im Unterricht oder konstruktivistischere Beliefs.

Motivation zum Einsatz von Herangehensweisen an mathematische Inhalte

Die Aufgabenstellungen, die im Mathematikunterricht eingesetzt werden, hängen mit der Herangehensweise an mathematische Themen zusammen. Dies betont Lehrerin G beispielsweise mit der folgenden Aussage, die sich im Kontext der Variation von Aufgabenstellungen befindet:

<u>Lehrerin G Z. 44-45:</u>

B *Ja, dass man verschiedene also eine ein und denselben Sachverhalt auch auf verschiedene Art und Weise beleuchten kann.*

Für Lehrerin G können unterschiedliche Aufgaben der Ausgangspunkt für verschiedenen Herangehensweisen an mathematische Themen darstellen, da derselbe *Sachverhalt auch auf verschiedene Art und Weise* (Z. 44-45) beleuchtet werden kann. Damit wird dies zum einen als Ausprägung der fachdidaktischen Motivation zur Auswahl von Aufgabenstellungen gedeutet. Zum anderen ist es weiterführend ein Ausdruck fachdidaktischer Motivation, mit den Aufgaben unterschiedliche Herangehensweisen zu verwenden. Dies konkretisiert Lehrer H zuerst allgemein und anschließend an einem Beispiel:

<u>Episode Lehrer H Z. 13-26:</u>

B *Ja, jetzt speziell aus der Fortbildung /äh/ da hab ich einiges an Anregungen mitgenommen. /äh/ ich habe das auch speziell, jetzt beispielsweise Arbeitsblätter, /äh/ in meinen Unterricht eingebaut. /ähm/ was mir sehr gefallen hat, das ist dieser /äh/ oftmals zu verzeichnende Perspektivwechsel und zwar weg von irgendwelchen Kalkülen, abarbeiten von Kalkülen, zu hin zu Aufgaben, /äh/ bei denen es darum geht, dass ich irgendwie etwas /ähm/ qualitativ beschreiben muss. /ähm/ ich weiß, dass das also durchaus /äh/ wichtig ist und dass das auch erwünscht ist und dass es auch in den letzten Jahren bei uns in Sachsen-Anhalt immer wieder mal im Abitur der Fall gewesen, dass solche Aufgaben mit auftauchen, ich habe aber . in meinem Lehrerdasein zu wenig Material in den Schulbüchern, zu wenig Material, vorgefunden, um das mehr zu bewerkstelligen. Und das ist im Prinzip der wesentliche Punkt, den ich mitgenommen habe.*

In dieser Episode geht Lehrer H auf den kalkülorientierten und einen qualitativ beschreibenden Ansatz als Näherung an die Mathematik ein. Zudem beschreibt er einen Perspektivwechsel, der sich für ihn aufgrund der Verwendung der jeweils anderen Herangehensweise ergibt. Das Nachdenken über den Wechsel von kalkülhaften zu qualitativen Aufgaben wird hier als fachdidaktische Motivation gedeutet, unterschiedliche Herangehensweisen im Unterricht berücksichtigen bzw. verwenden zu wollen, wobei dies ebenfalls als Verstärkung der beschreibenden fachdidaktischen Motivation interpretiert wird. Ursache ist dabei emotionales Interesse (*mir sehr gefallen hat,* Z. 16), dass durch das Kennenlernen eines bisher nicht bekannten Ansatzes (hier qualitativ beschreibenden Zugang) angeregt wurde. Dies konkretisiert Lehrer H, indem er seinen bisherigen Ansatz mit den Erfahrungen des Einsatzes der Aufgabe zum Free-Fall-Tower als Einstieg in die Differentialrechnung vergleicht:

Episode Lehrer H Z.68-77:

68 **B** *Ich, ich hätte das /äh/ sicherlich eher quantitativ gestaltet. /äh/ mein*
69 *Einstieg waren dann immer irgendwelche, . sagen wir mal Versuchs-*
70 *reihen, Geschwindigkeiten, die gemessen werden, Momentange-*
71 *schwindigkeiten um oder Bevölkerungszahlenwachstum, was ich so*
72 *habe, wo qualitativ beispielsweise Differenzenquotienten oder so wei-*
73 *ter betrachtet. Wir haben das Wachstumsvorgänge betrachtet wor-*
74 *den, aber mehr quantitativ als qualitativ, und /äh/ bei der qualitativen*
75 *Geschichte, das hat mir irgendwie wo sehr zugesagt. /äh/ die haben*
76 *die Schüler auch selbst bearbeitet. Aber es wurde etwas mehr gerech-*
77 *net . ja bei meinem ursprünglichen Ansatz.*

In dieser Episode wird deutlich, dass Lehrer H aufgrund des professional development nun den qualitativen Zugang zur Differentialrechnung kennengelernt und eingesetzt hat. Das „Zusagen" wird an dieser Stelle als Anregung des emotionalen Interesses gedeutet. Dem qualitativen Ansatz stellt er in der Episode den quantitativen Zugang anhand von Geschwindigkeiten hin zu Momentangeschwindigkeiten gegenüber. Dementsprechend hat er zwischen unterschiedlichen Zugängen gewählt und über deren Einsatz im Unterricht nachgedacht, was sowohl als Ausdruck fachdidaktischer Motivation zum Nachdenken bzw. zur Auswahl unterschiedlicher Herangehensweisen an mathematische Inhalte als auch als Verstärkung dieser interpretiert wird.

Im Gegensatz zur reinen fachdidaktischen Motivation, bestimmte Herangehensweisen im Unterricht zu berücksichtigen, geht Lehrerin E auf einen leistungsmotivationalen Aspekt ein:

Episode Lehrerin E Z. 63-73:

63 **B** *Also ich bin nochmal bestärkt worden, ich führe den Hauptsatz der*
64 *Differential- und Integralrechnung bzw. Integralrechnung und Diffe-*
65 *rentialrechnung eigentlich immer mit so einem Heißluftballon ein,*
66 *der eben Höhenkurve und so weiter Steiggeschwindigkeit ähm.., dass*
67 *bin ich einfach nochmal wieder äh..ver...äh...ja. unterstützt wurden,*
68 *dass das eine gute Art und Weise ist im Grunde genommen Schüler*
69 *an Differential- und Integralrechnung heranzuführen und das war so*
70 *für mich auch nochmal ein wichtiger Punkt, dass man eben ähm..im*

gegen dem, was so häufig dann auch in Schulbüchern angeboten wird eben, dass eben sehr stringent mathematisch zu machen, dass das eben doch nicht unbedingt der für die Schüler beste Weg ist.

Für Lehrerin E war der sachkontextbezogene Ansatz bereits vor dem professional development sehr wichtig, da aus ihrer Sicht der stringent mathematische Weg nicht *unbedingt der für die Schüler beste Weg ist* (Z. 73). Vor diesem Hintergrund erwähnt sie, dass sie *nochmal bestärkt worden* (Z. 63) bzw. *nochmal wieder unterstützt wurden* (Z. 67) ist, ihren Weg zur Einführung in die Differential- und Integralrechnung sowie dem Hauptsatz mit Hilfe des Kontextes über den Flug eines Heißluftballons zu verwenden. Aufgrund der von ihr berichteten Bekräftigung wird geschlossen, dass sie für sich einen guten Ansatz für den Einstieg in die beiden Themengebiete wählt und gestalten kann. Diese Aussagen werden als positive Leistungsmotivation im Sinne der Erfolgserwartung gedeutet. Es könnte zu der fachdidaktischen Motivation führen, die Herangehensweisen an mathematische Themen, hier speziell die Einführung in die Differential- und Integralrechnung, weiter im Unterricht einzusetzen. Eine Änderung der Motivation ist hier nicht eindeutig erkennbar.

Insgesamt wird dieser Aspekt fachdidaktischer Motivation wie folgt festgelegt:

Hypothese Einsatz von Herangehensweisen an mathematische Inhalte:
Der „Einsatz von Herangehensweisen an mathematische Inhalte“ beschreibt die fachdidaktische Motivation, über bestimmte Herangehensweisen an mathematische Inhalte nachdenken, sie auswählen und im Unterricht einsetzen zu wollen. Die Motivationsform hat beispielsweise fachdidaktisches Wissen über Aufgaben, emotionales Interesse oder leistungsmotivationale Erfolgserwartungen als Ursache.

Motivation zum Erklären

Passend zu fachdidaktischem Wissen zum Lehren erwähnt Lehrerin A den Wunsch, Schülern mathematische Inhalte auf multiplen Wegen zu erklären (sie geht auf Merkmale guten Unterrichts ein):

Episode Lehrerin A Z. 433-439:

B *Na das mathematische Problem möchte ich ihnen schon richtig gut erklären, auch dreimal, auch viermal, auch auf vier Wegen, aber wenn dann manchmal diese Aufmerksamkeit nicht da ist, dann führt es eben ins Leere. Aber dass, dass ich en Schülerfehler sehe und das jetzt andersrum nochmal versuche, zu erklären, das hab ich ja vorher auch gemacht. Das hat jetzt, das hat jetzt durch die Fortbildung sich nicht geändert.*

Für Lehrerin A ist das Erklären mathematischer Inhalte wichtig, weil sie ihren Schülern das mathematische Problem *schon richtig gut erklären* (Z. 433-434) will. Dies möchte sie mehrfach (*dreimal auch viermal* Z. 434) und auf unterschiedlichen Wegen ausführen. Speziell möchte sie dies tun, wenn sie Schülerfehlern im Unterricht begegnet. Die Aussagen werden als fachdidaktische Motivation interpretiert, multiple Erklärungen im Unterricht einsetzen zu wollen, um Schüler mathematische Themen darzulegen, wobei sich durch das professional development nichts geändert hat (Z. 438-439). In diesem Zusammenhang wird der Wunsch eines guten Unterrichts als Ursache der Motivationsform gedeutet, da Lehrerin A die Aussage auf die Frage nach diesem erwähnt.

Insgesamt wird dies als Teil fachdidaktischer Motivation wie folgt charakterisiert:

Multiples Erklären:
Das „multiple Erklären“ beschreibt die fachdidaktische Motivation, mathematische Themen bzw. Probleme auf unterschiedlichen Wegen erklären zu wollen. Sie tritt unter anderem als Ursache des Bestrebens nach einem guten Unterricht auf.

Die Episoden zeigen, dass neben der fachdidaktischen Motivation zu Schülern ebenfalls die zum Lehren angesprochen worden ist. Einen expliziten Bezug zu Schülerdokumenten stellen die Lehrkräfte jedoch nicht her. Die Ergebnisse der Analysen zu den Aspekten der fachdidaktischen Motivation zum Lehren und deren Änderung sind in der folgenden Tabelle noch einmal übersichtlich für alle Lehrkräfte zusammengefasst:

Motivationskodierung	Lehrkräfte
Erstellen von Aufgaben	$A, B, C^+, F^+, G^+, H^+, I^+$
Verändern von Aufgaben	$A^+, B^+, C^+, F^+, G^+, I^+$
Nachdenken über den Einsatz	$A^+, B^+, C^+, E^+, F^+, G^+, H^+, I^+$
Herangehensweisen	$A^+, E^+, F^+, G^+, H^+, I^+$
Erklären im Unterricht	A

Tabelle 38: Zusammenfassung der Änderungen der fachdidaktischen Motivation zu Schülern der interviewten Lehrkräfte. +: Verstärkung; SD: Ursache ist die Analyse von Schülerarbeiten; reine Buchstabe keine Veränderung; nicht erwähnt: Lehrkraft hat sich dazu nicht geäußert

Die Veränderungen der Motivation bezüglich der Aspekte des Lehrens, von denen die Lehrkräfte in den Interviews berichten, beziehen sich fast ausschließlich auf die Gestaltung und den Einsatz von Aufgaben. Dabei werden ebenfalls andere Herangehensweisen an mathematische Inhalte beachtet. Motivationale Aspekte, die das multiple Erklären, den Einsatz multipler Darstellungen, die Einbettung von Grundvorstellungen oder Sachkontexte betreffen, haben sich nach der Auffassung der befragten Lehrkräfte nicht geändert. Dies zeigen die eingetragenen Änderungen in Tabelle 38.

Die deutlichsten Änderungen finden sich bei den Lehrkräften, die an dem professional deve-lopment teilgenommen haben (F bis I), das in Sachsen-Anhalt zu Themen der Sekundarstufe II stattgefunden hat. Dort zeigen sich kaum Unterschiede zwischen den Lehrkräften aus der Schülerarbeiten- und der Diagnosegruppe hinsichtlich der fachdidaktischen Motivation zum Lehren. Danach finden sich die Lehrkräfte aus dem professional development zu den Bildungsstandards der Sekundarstufe I (A bis C). Die beiden Lehrerinnen aus Hessen, die an dem kürzesten professional development mit dem Fokus auf die Diagnose teilgenommen haben, berichten dagegen von sehr wenigen Änderungen.

Die bisher beschriebenen Entwicklungen scheinen auf Basis der Interpretationen der Aussagen durch die Aufgabenkonstruktion während des professional development sowie die Behandlung der neuen Bildungsstandards verursacht worden zu sein. Dies findet sich beispielsweise bei der Öffnung und Fokussierung zur Erstellung von Diagnoseaufgaben sowie der Umsetzung des qualitativen Ansatzes zum Umgang mit der Ableitung. Im Gegensatz dazu wird das Analysieren von Schülerarbeiten von keiner Lehrkraft als Grund für Veränderungen der fachdidaktischen Motivation zum Lehren angeführt.

Die wesentlichen Erkenntnisse aus den Interviews werden im folgenden Unterkapitel zusammengefasst und vor der Literatur diskutiert.

10.3 Zusammenfassung und Diskussion

Die quantitativ angelegte Studie wurde im Sinne einer Vertiefung als Form von Mixed-Method-Studien durch einen qualitativen Teil ergänzt. Aus diesem Grund sind Interviews mit freiwillig teilnehmenden Lehrkräften im Anschluss an das professional development durchgeführt worden. Dazu ist der Ansatz des problemzentrierten Interviews gewählt worden, um möglichst viele Informationen über den Einfluss der Veranstaltungen auf die professionelle Kompetenz der teilnehmenden Lehrkräfte sowie mögliche Beliefs über die Wirkung der Analyse der Schülerarbeiten aus Sicht der Lehrkräfte zu erhalten. Die Interviews sind nach der Transkription anhand eines Leitfadens, der sowohl deduktiv aus der Theorie abgeleitete als auch induktiv (wird an den jeweiligen Stellen zum Wissen, den Beliefs und der Motivation noch einmal erläutert) am Material entwickelte Kategorien enthält, kodiert worden. Zudem sind die Kodierungen zur weiteren Absicherung mit einem Studenten diskutiert worden, um zusätzliche Interpretationen des Materials in die Analyse miteinzubeziehen und die Subjektivität zu verringern.

Im Folgenden werden die in den vorherigen Kapiteln dargestellten Ergebnisse auf Basis der Literatur eingeordnet und aufgezeigt, an welchen Stellen sie die bisherige Forschung ergänzen. Dazu wird zuerst auf den Einfluss der Analyse von Schülerarbeiten und dann auf die von den Lehrkräften subjektiv erlebten Änderungen der professionellen Kompetenz eingegangen.

10.3.1 Wirkung der Analyse von Schülerarbeiten

Eine Fragestellung dieser Studie ist es gewesen, herauszufinden, von welchen Beliefs über die Wirkung (Erfahrungen) des Analysierens von Schülerlösungen Lehrkräfte berichten. Die Interviews der sieben Befragten aus der Gruppe mit Schülerlösungen sowie die beiden aus der Gruppe Diagnose sind hinsichtlich dieser Fragestellung kodiert worden. Daraus sind im Rahmen der Studie Hypothesen entwickelt worden. Ein wesentliches Ergebnis dabei ist, dass sowohl bereits aus der Literatur bekannte Einflüsse bezüglich des Fokus auf das Lernen der Schüler als auch bisher nicht benannte Beliefs über die Wirkung ermittelt werden konnten. Diese werden hier zusammenfassend dargestellt:

Hypothesen bezüglich der Beliefs über die Wirkung der Analyse von Schülerarbeiten:

1) Erhöhung der Teilnahmemotivation
2) Kennenlernen und Systematisieren von Schülerleistungen, -vorstellungen und -fehlern
3) Einordnung von Schülerleistungen in das gesamte Feld
4) Einordnung eigener Unterrichtsansätze im Bezug zu anderen Lehrkräften
5) Rückmeldung über eingesetzte Aufgaben
6) Erleben von Schülerreaktionen während der Erhebung
7) Motivation zum Einsatz von Diagnose

Die Hypothesen werden in Kapitel 10.1, S. 332ff., ausführlich beschrieben.

Das Erkennen von Vorstellungen in Schülerarbeiten als Teil des zweiten Beliefs über die Wirkung ist konsistent mit der bisherigen Literatur, weil dort ebenfalls betont wird, dass man das Lernen der Schüler und die Fehler am besten in den Lösungen der Lernenden erkennt (Vescio et al., 2008). Zudem stellten die Schülerarbeiten in den Kursen den Ausgangspunkt für Diskussion über fachliches und fachdidaktisches Wissen dar. Dies ist konsistent mit den Ergebnissen aus den Studien von Bas et al. (2013) sowie Little et al. (2003). Es zeigt ebenfalls, dass die Schülerarbeiten in dieser Studie die Lernenden verstärkt in die Gedanken der Lehrkräfte gebracht haben (vgl. Little et al., 2003). Ob die Lehrkräfte darüber hinaus Hinweise zum Umgang mit Schülervorstellungen im Unterricht erhalten haben, wie es Vescio et al. (2008) in ihrer Studie berichten, wird aus den Antworten nicht explizit deutlich.

Zu den bereits in der Literatur beschriebenen Beliefs über die Wirkung nannten die Lehrkräfte in dieser Studie noch das Systematisieren von Schülerfehlern, die sich in den Lösungen von unterschiedlichen Schulen gleichermaßen finden ließen. Weiterhin scheint bei einigen Lehrkräften die Akzeptanz von Fehlern beim Lernprozess gestiegen zu sein. Diese beiden Aspekte ergänzen somit die Erkenntnisse von Bas et al. (2013) und Little et al. (2003). Die Beliefs über die Wirkung hinsichtlich der Schülerfehler scheinen interessanterweise allgemein aufzutauchen, weil alle sieben Lehrkräfte aus der Schülerarbeitengruppe ohne explizite Aufforderung auf den gesamten Aspekt bzw. Teilaspekte eingegangen sind. Dafür spricht ebenfalls die Konsistenz mit der bisherigen Literatur.

Ein weiterer Belief über die Wirkung der Analyse von Schülerarbeiten, der in Teilen bereits in der Literatur berichtet wird, sind die Rückmeldungen zu den Aufgaben, die die Lehrkräfte im Unterricht eingesetzt haben. Von den möglichen Konsequenzen, die Lehrkräfte auf Basis des Feedbacks ziehen, berichten bereits

Little et al. (2003), die schlussfolgern, dass durch das nochmalige Nachdenken über die Aufgaben unter Berücksichtigung der Rückmeldungen das Lehren und Lernen verbessert werden kann. Dies wird ebenfalls in der vorliegenden Studie deutlich, da die Hypothese zu diesem Belief Konsequenzen für den Unterricht und speziell die eingesetzten Aufgaben enthält. In diesem Zusammenhang sind zum einen die Veränderung von Rahmenbedingungen (Zeit) und zum anderen die Veränderung der Aufgaben seitens der Lehrkräfte erwähnt worden. Ergänzend dazu scheint wertbezogenes Interesse zu Aufgaben durch die Phase im professional development angesprochen worden zu sein, da die Lehrkräfte auf Basis der Rückmeldungen durch die Schülerlösungen ihre Kognitionen über die Aufgaben erweitern konnten, welches eine Erwartung an diese Phase des professional development gewesen zu sein scheint. Das wertbezogene Interesse in Verbindung mit der erhaltenen Rückmeldung ergänzt somit die Forschung von Little et al. (2003)

Die Hypothesen zu den Beliefs mit den Nummern 1, 3, 4, 6 und 7 werden bisher nicht in der Literatur erwähnt und ergänzen somit die bisherige Forschung zum Einfluss des Analysierens von Schülerarbeiten während des professional development (vgl. dazu Kapitel 3.3.2). Sie stellen damit ein wesentliches Ergebnis dieser Arbeit dar. In diesem Zusammenhang scheint die erste Erfahrung verallgemeinerbar, da bis auf eine Lehrkraft alle auf diesen Aspekt eingegangen sind. Somit scheint es für die Lehrkräfte spannend zu sein (situationales Interesse wird angeregt), was sich in den Lösungen der Schüler speziell zu Diagnoseaufgaben finden lässt. Dies erhöht nach den Aussagen der Lehrkräfte die Bereitschaft, die Aufgaben tatsächlich im Unterricht während der Distanzphase zwischen zwei Veranstaltungsterminen einzusetzen. Zudem ermöglicht es aus Sicht der Lehrkräfte eine Verbindung zwischen der Theorie, die in den Veranstaltungen angesprochen wird, und der Praxis, welche das eigene Unterrichtshandeln darstellt. Eine solche Theorie-Praxis-Verschränkung wird als Merkmal effektiven professional developments in der Literatur angeführt (Lipowsky & Rzejak, 2012; Timperley, 2008; Wei et al., 2009; Yoon et al., 2007). Ergänzend dazu stellt es aus Sicht der Lehrkräfte ein Teil der täglichen Arbeit dar, welches ebenfalls effektiv für das Lernen im professional development ist (Blank & las Alas, 2009; Dagen & Bean, 2014; Kedzior & Fifield, 2004). Somit deckt sich die Erfahrung mit Merkmalen für effektives professional development.

Die Reaktionen der Schüler im Unterricht während der Erhebung von Schülerdokumenten und darüber hinaus scheinen ein spezielles Ergebnis zu sein, was auf eine Schule zutrifft. Ausgangspunkt dieser Schlussfolgerung ist, dass beide Lehrkräfte, die über diesen Belief berichten, an der gleichen Schule unterrichten und eng zusammenarbeiten. Darüber hinaus scheint das Erheben der Schülerarbeiten nicht die Ursache der Schülerreaktionen zu sein. Stattdessen kann der Grund für die Reaktionen die Wertschätzung der Schüler sein, da diese Klassen für die Teilnahme ausgewählt worden sind. Dafür sprechen die Aspekte dieses Beliefs, weil die Schüler sich nach Ansicht der beiden Lehrkräfte ernst genommen gefühlt und sich deswegen angestrengt haben.

Insgesamt wird aus den Hypothesen zu den Beliefs der Lehrkräfte über die Wirkung des Analysierens von Schülerarbeiten ersichtlich, dass dies eine Möglichkeit darstellt, das professional development am Lernen der Schüler zu orientieren. Damit wird eine Erkenntnis zum effektiven professional development, das die bisherige Literatur hervorhebt, umgesetzt (Carpenter et al., 2000; Guskey, 2002; Hattie, 2009; Ingvarson et al., 2005; Timperley, 2008). Eine solche Schülerorientierung zeigt sich ebenfalls bei den befragten Lehrkräften über das professional development hinaus an der gesteigerten Motivation, Diagnose im Unterricht einsetzen zu wollen (Belief 7). Zudem sammeln die Lehrkräfte eigene Erfahrungen, die der Einordnung der Schülerleistungen (Belief 3) oder ihrer Unterrichtsansätze (Belief 4) in das gesamte Feld (Unterricht in ganz Sachsen-Anhalt bzw. Hessen und allgemein) dienen. Vor allem die beiden letzteren Beliefs deuten einen Vergleich der eigenen Schüler bzw. des eigenen Unterrichts mit denen von anderen an. Dabei reflektieren die Lehrkräfte ihr eigenes Unterrichtshandeln und die Leistungen ihrer Schüler. Dies ist ein wesentliches Ergebnis und vor allem in Hinblick auf die Reflexion über den eigenen Unterricht interessant, da die Handlungen über die reine Beschäftigung mit den Schülervorstellungen in den Schülerarbeiten hinausgehen. Schließlich ist das Analysieren von Schülerarbeiten daher eine Methode, um Lehrkräfte in professional development zur Reflexion anzuregen, was ein Merkmal effektiven professional developments ist (Lipowsky, 2014; Opfer & Pedder, 2011). Interessanterweise hebt sich diese Form der Erkenntnisse aus den Schülerarbeiten von den Hypothesen der Literatur bezüglich der Leistungen der Schüler ab, da dort davon ausgegangen wird, dass Lehrkräfte ihre Beliefs ändern, wenn sie Verbesserungen der Schülerleistungen erkennen (Guskey, 2002; Timperley, 2008). Dies ist bei Belief 3 und Belief 4 jedoch nicht der Fall. Vielmehr dient es als Einordnung der eigenen Leistung zum Unterrichten. Dies scheint anhand der Daten dieser Studie bereits einen Einfluss auf Aspekte der professionellen Kompetenz zu haben. Die Weiteren werden in dem folgenden Kapitel anhand der professionellen Kompetenz eingeordnet.

10.3.2 Fachdidaktisches Wissen

Die Interviews sind neben den Erfahrungen zur Phase der Schülerarbeiten hinsichtlich Berichte über Änderungen des fachdidaktischen Wissens untersucht worden. Dabei ist zwischen dem Wissen zu Schülern und dem zum Lehren unterschieden worden. Die so erhaltenen Passagen sind systematisiert und geordnet worden. Somit ist es möglich gewesen, drei unterschiedliche Typen der berichteten Veränderung des fachdidaktischen Wissens zu Schülern zu identifizieren. Diese werden im Folgenden diskutiert. Anschließend wird auf das fachdidaktische Wissen zum Lehren eingegangen.

Die Charakterisierungen der drei Typen zum fachdidaktischen Wissen zu Schülern beschreiben unterschiedliche subjektiv berichtete Lernzuwächse.

Hypothesen bezüglich des Lernens zum fachdidaktischen Wissen zu Schülern:

1) bereits erfahrene Lehrkräfte ohne subjektiven Lernzuwachs
2) allgemeiner Lernzuwachs zu Schülervorstellungen
3) konkreter Lernzuwachs zu Schülervorstellungen anhand Schülerarbeiten

Die Hypothesen werden in Kapitel 10.2.1, S. 359ff., beschrieben.

Die drei sich aus den Hypothesen ergebenen Typen unterscheiden sich hinsichtlich des subjektiv berichteten Lernzuwachs bezüglich des fachdidaktischen Wissens. Während Typ 1) so gut wie keinen Zuwachs erlebt hat, beschreibt Typ 2, dass er durch das professional development etwas über Schülervorstellungen gelernt hat, geht aber nicht explizit darauf an, welches Wissen er genau mitgenommen hat. Typ 3 wird hingegen noch konkreter und gibt im Vergleich zum zweiten Typ konkrete Beispiele über neu hinzugelernte Schülervorstellungen an. Interessanterweise finden sich ausschließlich zwei der sieben befragten Lehrkräfte aus der Schülerarbeitengruppe in Typ 3. Die beiden Lehrkräfte aus der Diagnosegruppe finden sich bei Typ 2 und gehen damit nicht konkret auf spezielle aus dem professional development gelernte Schülervorstellungen ein.

Die Hypothesen 2 und 3 sind konsistent mit den bisherigen Ergebnissen zum Einsatz der Analyse von Schülerarbeiten in professional development. Wie in der Studie von Bas et al. (2013) scheinen die Lehrkräfte der beiden Typen subjektiv einen Lernzuwachs zum fachdidaktischen Wissen über Schüler erlebt zu haben. Zudem scheint die Analyse von Schülerarbeiten in Veranstaltungen des professional development mit Lehrkräften unterschiedlicher Schulen und geographischen Regionen innerhalb zweier Bundesländer ebenfalls wie in professional communities, die oft die Analyse von Schülerarbeiten in die Arbeitsprozesse einbinden (Vescio et al., 2008; Wei et al., 2009), den Fokus auf das Lernen der Schüler zu richten. Dies wird deutlich, da die befragten Lehrkräfte zum einen allgemein und zum anderen speziell durch die Schülerarbeiten von einem Lernzuwachs berichten. Ergänzend dazu sind die Ergebnisse konsistent mit den Annahmen über die Wirkung von professional development nach dem Modell von Guskey (2002), da die Änderungen des fachdidaktischen Wissens durch Schülerarbeiten postuliert werden (vgl. auch Lipowsky, 2014; Timperley, 2008).

Der auf der ersten Hypothese basierende Lerntyp ist in den in Kapitel 3.3.2 zusammengefassten Studien mit dem Fokus auf das Lernen der Schüler noch nicht direkt benannt worden. Franke et al. (1998) erwähnen zwar Unterschiede zwischen den drei in ihrer Studie untersuchten Lehrkräfte bezüglich des Lernzuwachses und weisen auf den Einfluss des Vorwissens für das Ausmaß von Änderungen hin, gehen aber nicht auf einen konkret zur Hypothese 1) passenden Fall ein. Dementsprechend ergänzt dieser Fall damit die Forschung von Franke et al. (1998) zum Wissenserwerb durch den Fokus auf Schülerlernen im Zusammenhang mit professional development, um solche Lehrkräfte, die den Belief halten, dass sie durch Unterrichtserfahrung bereits vieles über Schülervorstellungen wissen und wenig Neues durch die Analyse von Schülerarbeiten lernen konnten. Dies scheint an dieser Stelle ebenfalls mit der tatsächlichen Unterrichtserfahrung zusammenzuhängen, da die Lehrkräfte jeweils bereits über 20 Jahre im Schuldienst arbeiten. Dieser Typ ist insofern interessant, da die Lehrkräfte explizit auf die Unterrichtserfahrung eingehen und Aussagen von Lehrerin F mit dem Eindruck von Lehrerin D (Lehrerin im Vorbereitungsdienst) übereinstimmen. Beide besagen, dass man das Wissen über Schülervorstellungen und Schwierigkeiten der Lernenden erst mit zunehmender Unterrichtserfahrung erlangt. Des Weiteren berichteten alle Lehrkräfte des Typs „Erfahrene", sich bereits vor dem professional development mit den Vorstellungen ihrer Schüler auseinandergesetzt zu haben, indem sie beispielweise Lösungen zur Analyse eingesammelt (Lehrerin B), Fehler gemeinsam mit den Schülern besprochen (Lehrerin C) oder Lösungen in Klausuraufgaben auf systematische Fehler untersucht haben (Lehrerin F). Demnach scheint es plausibel, dass Lehrkräfte, die sich bereits vor dem professional development mit Schülervorstellungen beschäftigt haben, den Belief besitzen, nichts oder nicht viel Neues durch die Analyse von Schülerarbeiten gelernt zu haben.

Das fachdidaktische Wissen zum Lehren ist in dieser Studie als zweite Wissenskomponente betrachtet worden. Im Forschungsdesign ist die Hypothese aufgestellt worden, dass dieses Wissen ebenfalls eine abhängige Variable ist.

Dementsprechend ist es das Ziel gewesen, ergänzend zu den Fragebögen herauszufinden, von welchen Änderungen die Lehrkräfte aus ihrer Sicht bezüglich des fachdidaktischen Wissens zum Lehren berichten. Die Lehrkräfte führen im Wesentlichen drei Aspekten des Wissens an, das sie durch das professional development erlernt bzw. erweitert haben:

Hypothesen bezüglich des Lernens zum fachdidaktischen Wissen zum Lehren:

1) Die Lehrkräfte berichten von einem subjektiv wahrgenommenen Wissenszuwachs bezüglich
2) Aufgabenstellungen allgemein,
3) Diagnoseaufgaben und
4) Bildungsstandards.

Die Hypothesen werden in Kapitel 10.2.1, S. 368ff., beschrieben.

Die von den Lehrkräften berichteten Aspekte des fachdidaktischen Wissens finden sich konkret in den Themen der geplanten Veranstaltungen wieder (vgl. Kapitel 7.1). Thematisch sind die Bildungsstandards sowie Aufgaben zu diesen in Sachsen-Anhalt I bearbeitet worden. Ergänzend dazu ist in Hessen und Sachsen-Anhalt II der Fokus auf das Lernen der Schüler im Sinne der Diagnose miteinbezogen worden. Interessanterweise hat keine der befragten Lehrkräfte von einer Veränderung des fachdidaktischen Wissens zum Lehren wie Grundvorstellungen, Darstellungen oder Erklärungen zu den mathematischen Inhalten der Veranstaltungen berichtet. Stattdessen sind sie teilweise auf Sachkontexte eingegangen, die sie bisher noch nicht zu diesen mathematischen Themen betrachtet haben. Diese sind im Rahmen der Bildungsstandards bezüglich möglicher Aufgabenstellungen in den jeweiligen Veranstaltungen besprochen worden. Demnach berichten die befragten Lehrkräfte insgesamt von Wissensänderungen, die sich sehr stark an den Inhalten des professional development orientieren. Ähnlich Ergebnisse zeigt die Studie von Besser et al. (2015). Dort haben Lehrkräfte zum einen professional development speziell zum „Modellieren" und zum anderen über „Problemlösen" besucht. Am Ende sind die Lehrkräfte der „Problemlösengruppe" signifikant besser bezüglich des fachdidaktischen Wissens zum Problemlösen gewesen ist als die Modellierungsgruppe.

Wesentlich an den Ergebnissen der Studie ist ebenfalls das Fehlen der Berichte über einen möglichen Zuwachs an fachlichem Wissen (Bas et al., 2013; Little et al., 2003). Dies schließen die Lehrkräfte sogar teilweise in den Interviews aus, da sie erwähnen, dass dort kein Fokus des professional development lag. Interessanterweise finden sich in den Interviews ebenfalls keine Hinweise über den Zuwachs an Wissen über Unterrichtsstrategien als Möglichkeiten zum Eingehen auf Schülervorstellungen (Vescio et al., 2008; Wei et al., 2009). Vielmehr gibt es allgemeine Aussagen, die andeuten, dass die Lehrkräfte die Schülervorstellungen bei der Planung, Durchführung und Reflexion des Unterrichts berücksichtigen wollen (näher erläutert im folgenden Kapitel zu fachdidaktischer Motivation). Dies könnten dennoch Ansatzpunkte für die Aneignung entsprechenden Wissens über Unterrichtsstrategien sein und müsste in einer vertiefenden Studie näher untersucht werden.

10.3.3 Beliefs zum Lehren und Lernen der Mathematik

Transmissive und konstruktivistische Beliefs sind wie im quantitativen Teil der Studie ebenfalls in den Interviews einbezogen worden. Es ist dabei immer der Fokus auf mögliche Veränderungen gelegt worden, von denen die Lehrkräfte berichten sollten. Dementsprechend sind auf Basis der Interviews Änderungen der Beliefs über das Lehren und Lernen ermittelt worden, wobei diese sich ausschließlich auf subjektiv wahrgenommene und explizit ausdrückbare Aspekte der Beliefs beziehen, welche sich teilweise in der Form von berichteten Handlungen (vgl. epistemologisches Menschenbild) manifestieren. Die Identifizierung von Textstellen sowie deren Kodierung erfolgte auf Basis der theoretischen Ausführungen zur Transmissionsorientierung und zum Konstruktivismus (vgl. 2.3.2). Zudem sind Beliefs über Änderungen anhand der Berichte der Lehrkräfte durch Schlüsselwörter, wie „nach dem professional development“, „hat sich geändert“ oder ähnliches identifiziert worden. Ein wesentliches Ergebnis der so entstandenen Systematisierung ist die Änderung der Beliefs von einer eher transmissionsorientierten zu einer konstruktivistischen Sicht, wobei die Analyse von Schülerarbeiten zum Teil ein Auslöser gewesen ist.

Insgesamt gibt es in dieser Studie keine Lehrkraft, die von einer Verstärkung transmissiv orientierter Beliefs berichtet hat. Änderungen im Sinne von Verstärkungen haben nur bei den Kategorien der konstruktivistischen Beliefs stattgefunden. In diesem Zusammenhang wollen die Lehrkräfte die Schüler vermehrt selbstständig arbeiten lassen und sich aus dem Unterrichtsgeschehen zurücknehmen. Daher scheint dieses Ergebnis, da es bei allen Lehrkräften aufgetreten ist, eine Wirkung zu sein, die die Thematisierung der neuen Bildungsstandards in Verbindung mit der Orientierung an den Gedanken der Schüler im professional development hat. Hinsichtlich der Schülerorientierung sind die Ergebnisse der Studie konsistent mit denen der CGI, da dort ebenfalls durch die Orientierung am Lernen der Schüler eine Änderung der Beliefs hin zu einer schülerorientierten Sichtweise seitens der am professional development teilnehmenden

Lehrkräfte stattgefunden hat (Carpenter et al., 1989; Fennema et al., 1993; Franke et al., 2001). Zudem passen die Ergebnisse zu denen der Studie von Fennema et al. (1996), in der neben Videos und Interviews auch die Diskussion über Schülerlösungen eingesetzt worden ist und die Veranstaltung zu fundamentalen Änderungen der Beliefs beim überwiegenden Teil der Lehrkräfte geführt hat.

In der vorliegenden Studie gibt es sowohl solche Lehrkräfte, die in fast jeder Kategorie der konstruktivistischen Beliefs von Veränderungen im Sinne der Verstärkung berichtet haben, wogegen andere nur wenige Verstärkungen berichten. Die Lehrkraft im Vorbereitungsdienst scheint dabei ein Spezialfall darzustellen, da sie keine Änderungen genannt hat. Vielmehr scheint sie bereits sehr konstruktivistische Beliefs zu haben, da sie fast ausschließlich von solchen Handlungen im Interview berichtet hat. Die unterschiedlichen Berichte der Lehrkräfte über Änderungen sind demnach vergleichbar mit denen der Fallstudie von Franke et al. (1998), da sich dort ebenfalls unterschiedliche Weiten der Verstärkungen der konstruktivistischen Beliefs gezeigt haben. Darin eingeschlossen sind die Ergebnisse der vorliegenden Studie, nach denen einige Beliefs stabil geblieben sind. Dies trat besonders bei den Lehrkräften auf, die einen mittleren Weg zwischen den transmissiven und den konstruktivistischen Handlungen bevorzugen.

Es scheint zudem einen Unterschied zu ergeben, wie lange die Lehrkräfte an einer Veranstaltung zum professional development teilgenommen haben, da die beiden Lehrkräfte aus Hessen von wenigen Änderungen berichten und die aus Sachsen-Anhalt von mehreren. Ob dies tatsächlich mit der Länge des professional development zusammenhängt und dieses Ergebnis konsistent mit den Studien über Beliefchange ist, bei denen dieser Zeit benötigt (beispielsweise Liljedahl et al., 2012), müsste weiter untersucht werden, weil die beiden Lehrkräfte aus Hessen von sehr stark ausgeprägten konstruktivistischen Handlungen (mit dahinterliegenden Beliefs) berichtet haben. Daher müsste man an dieser Stelle noch einmal verstärkt nachforschen, ob dies für eine wie in dieser Studie gestaltete Veranstaltung eine Rolle spielt.

In den Aussagen der Lehrkräfte wird ebenfalls deutlich, dass die beiden Lehrerinnen aus Hessen von keinen Situationen berichten, die sie zu einem Umdenken hätten bewegen können. Dadurch scheint es für die beiden Lehrerinnen keine Irritationen ihrer Beliefs gegeben zu haben. Dies ist dann konsistent mit der Stabilität ihrer Beliefs. Die Lehrkräfte aus Sachsen-Anhalt, deren Beliefs sich geändert haben, gehen dabei meist auf die Umsetzung von Inhalten des professional development (Differenzierung, Modellieren, Argumentieren, …) oder die positiven Reaktionen ihrer Schüler während der Umsetzung (guter Umgang mit eigener Erkundung, …) ein. Dementsprechend hat es für diese Lehrkräfte an verschiedenen Stellen unterschiedliche Ursachen gegeben, die einen Beliefchange hätten verursachen können. Damit sind die Ergebnisse der Studie konsistent mit denen der Literatur über Beliefchange (beispielsweise Liljedahl et al., 2012).

Ein weiteres wesentliches Ergebnis dieser Studie ist, dass die Analyse von Schülerarbeiten eine mögliche Ursache für den Beliefchange zu sein scheint. Die Lehrkräfte gehen in den Interviews nicht explizit auf eine Verbindung zwischen der Analyse der Schülerarbeiten und den Veränderungen ihrer Beliefs (berichtete Handlungen) ein. Einige Aussagen in Verbindung mit den subjektiven Erfahrungen zur Wirkung des Analysierens von Schülerarbeiten (vgl. Kapitel 10.3.1) hinsichtlich der Beliefs zum Lehren und Lernen zeigen aber, dass eine indirekte Verbindung vorhanden zu sein scheint. Die Lehrkräfte berichten beispielsweise, dass sie Fehler nach dem professional development eher als natürlichen Prozess des Lernens akzeptieren und haben erkannt, dass die Schüler von anderen Schulen wie ihre Schüler vergleichbare Fehler machen. Diese und ähnliche Verbindungen finden sich an einigen Stellen der Interviews, wenn man jeweils einen weiteren Kontext des Interviews betrachtet. Daher scheinen, wie im Beispiel angeführt, die subjektiven Berichte über die Wirkung der Analyse der Schülerarbeiten als substantiell neue Erfahrungen einen Beliefchange begünstigen zu können (vgl. dazu Skott, 2015). Zudem zeigen die Beliefs über die Wirkung Ansätze von Reflexionsprozessen über das Lernen der Schüler sowie über das eigene Lehren (Schülerfehler, Ansätze anderer Lehrkräfte, Rückmeldungen über Aufgaben, …), die ebenfalls ein möglicher Auslöser von Beliefchange sein können (vgl. Decker et al., 2015; Decker, 2015). Daher wird vermutet, dass Erfahrungen zur Wirkung der Analyse von Schülerarbeiten als Reflexion oder andere substantiell neue Erkenntnisse Mediatoren zwischen den Schülerlösungen und dem Beliefchange sind. Diese Hypothese könnte durch die Veränderungen der fachdidaktischen Motivation gestützt werden, da die Lehrkräfte dort zum Teil explizit die Verbindung zwischen entsprechenden schülerorientierten Handlungen und der Analyse von Schülerarbeiten berichten. Dies wird im folgenden Kapitel neben der allgemeinen Entwicklung der fachdidaktischen Motivation in den Fokus gerückt.

10.3.4 Fachdidaktische Motivation

Zur Vertiefung der Erkenntnisse anhand des Fragebogens sind die Interviews ebenfalls auf Hinweise möglicher Motivationsänderungen durchgeführt worden. Dazu gehen die Fragen aus dem Leitfaden explizit auf Veränderungen der Interessen, der Handlungen und der Erwartungen, bei bestimmten fachdidaktischen

Handlungen, wie der Diagnose, Erfolg zu erzielen, ein. Die Interviews sind zuerst anhand der theoretischen Konstrukte der Motivation und dem Interesse (siehe Kapitel 2.4) eingeteilt und kodiert worden. Anschließend sind die so erhaltenen Episoden anhand von induktiv am Material erzeugten Kategorien eingeteilt worden. Änderungen sind ähnlich wie bei Beliefs anhand von Schlüsselwörtern bzw. -phrasen identifiziert worden. Wesentliche Ergebnisse sind zum einen die ausgehend vom Material erhaltenen Kategorien fachdidaktischer Motivation zu den Schülern bzw. zum Lehren. Zum anderen berichten die befragten Lehrkräfte von einigen Änderungen, wobei die der Schülerarbeitengruppe teilweise das Analysieren von Lösungen als Grund der Änderung angeben. Die detaillierten Ergebnisse werden im Folgenden anhand der Motivation zu Schülern sowie der zum Lehren getrennt zusammengefasst und diskutiert.

10.3.4.1 Aspekte zu Schülern

Die Kategorien zur fachdidaktischen Motivation zu Schülern stellen ein wesentliches Ergebnis der Studie dar, da diese Motivationsform bisher noch nicht in dieser Form erfasst worden ist. Anhand der Interviews sind die folgenden fünf Kategorien identifiziert worden:

Hypothesen zur fachdidaktischen Motivation zu Schülern

1) Erhebung von Schülervorstellungen
2) Einsatz von Diagnoseaufgaben
3) Analyse von Schülervorstellungen
4) Berücksichtigung der Schülervorstellungen im Unterricht
5) Informieren über Schülervorstellungen

Die Hypothesen werden im Kapitel 10.2.3.1, S. 399ff., ausführlich beschrieben.

Die fünf identifizierten Hypothesen zur fachdidaktischen Motivation zu Schülern beziehen sich auf die aktive Akquise von Wissen über die Schüler bzw. den Einbezug in unterrichtliche Aktivitäten. Zudem finden sich die Aspekte im Prozess der Diagnose wieder. Diese hat zum Ziel, die Schülervorstellungen zu mathematischen Themen zu ermitteln. Dementsprechend ist eine Erhebung (speziell mit Diagnoseaufgaben) sowie die anschließende Analyse Teil eines Diagnoseprozesses (vgl. Kapitel 2.2.2). Zur weiteren Förderung aufgrund der Diagnose werden dann die Vorstellungen im Unterricht berücksichtigt. Das Informieren über Schülervorstellungen kann in diesem Zusammenhang als Ergänzung des Wissens für die Erstellung von Diagnoseaufgaben oder die Berücksichtigung von Schülervorstellungen dienen (vgl. beispielsweise zur Diagnose Hußmann et al., 2007).

Die Beliefs der Lehrkräfte über die Wirkung des professional development hinsichtlich der fachdidaktischen Motivation zu Schülern zeigen, dass die meisten Änderungen bei der Erhebung, der Analyse und der Berücksichtigung im Unterricht stattgefunden haben. Der Einsatz von Diagnoseaufgaben wird zudem durch die Lehrkräfte angesprochen, die an dem professional development zu Themen der Sekundarstufe II teilgenommen haben. Die drei Lehrkräfte aus der ersten Studie aus Sachsen-Anhalt zu den Bildungsstandards der Sekundarstufe I gehen nicht auf Veränderungen zum Einsatz von Diagnoseaufgaben ein. Sie sind im professional development zudem nicht im Fokus gewesen. In diesem Zusammenhang ist es interessant, dass die Lehrkräfte, die das professional development zu den Bildungsstandards der Sekundarstufe II besucht haben, trotz der geringeren Zeit (bis zu vier Monate im Vergleich zu sieben Monaten) tendenziell häufiger von Änderungen berichten. Sie haben durch den Fokus auf Diagnose und die Schülerfehler verstärkt die Möglichkeit gehabt, sich mit beiden Themen auseinanderzusetzen. Daher wird die folgende Hypothese aufgestellt:

Hypothese Entwicklung fachdidaktischer Motivation zu Schüler durch explizite Thematisierung der Inhalte:
Für die Verstärkung fachdidaktischer Motivation zum Einsatz von Diagnoseaufgaben ist eine explizite Thematisierung im professional development notwendig. Ein solches professional development wirkt sich im Vergleich zur Fokussierung auf die Bildungsstandards verstärkt auf die Verstärkung fachdidaktischer Motivation aus.

Dies deckt sich beispielsweise mit den Ergebnissen zu fachdidaktischem Wissen, da dort ebenfalls überwiegend das Wissen verändert worden ist, das explizit thematisiert worden ist.

Die Analyse von Schülerarbeiten wird von einigen Lehrkräften als Argument für die Veränderung fachdidaktischer Motivation zu Schülern genannt. Obwohl dies direkt nur an einigen Stellen der Interviews deutlich geworden ist und sich explizit zuordnen lies, sprechen die meisten Lehrkräfte davon, dass dieses Element nicht hätte fehlen dürfen, da es unterschiedliche Beliefs über die Wirkung hervorgerufen hat (vgl. 10.3.1). Lehrerin D zeigt zudem, dass durch die Dokumente der Schüler einige motivationale Kategorien angesprochen worden sind. Insgesamt erwähnen fünf der sieben Lehrkräfte, die das Analysieren im professional development durchgeführt haben, mindestens einen expliziten Zusammenhang zwischen der Änderung der Motivation und den Schülerarbeiten.

Somit sind die Bezüge zu den Schülerarbeiten ein erster Hinweis, dass dies ein Merkmal ist, das Aspekte der fachdidaktischen Motivation zu Schülern beeinflussen kann. Bemerkenswert ist zudem, dass vier der sieben Lehrkräfte der Schülerarbeitengruppe von einer Verstärkung der Motivation berichten, Schülervorstellungen im Unterricht berücksichtigen zu wollen, und dies auf die Analyse der Schülerarbeiten im professional development zurückführen. Daher scheint dies besonders die erwähnte Motivationsform zu beeinflussen. Daher wird folgende Hypothese aufgestellt:

Hypothese Analyse von Schülerarbeiten verursacht Motivationssteigerung:
Die Analyse von Schülerarbeiten in professional development führt zur Verstärkung von Aspekten der fachdidaktischen Motivation zu Schülern.

Insgesamt ist daher ein wesentliches Ergebnis der vorliegenden Studie, dass der Fokus auf das Lernen der Schüler, speziell durch die Analyse von Schülerarbeiten, einen positiven Einfluss auf die fachdidaktische Motivation (in Form entsprechender, berichteter Handlungen) hat.

Die inhaltlichen Ergebnisse zur fachdidaktischen Motivation bezüglich des Lernens der Schüler sind konsistent mit denen anderer Studien wie aus dem Forschungskomplex um CGI. Dort denken die Lehrkräfte nach der Teilnahme am professional development ebenfalls verstärkt an das Lernen der Schüler (Carpenter et al., 1989; Fennema et al., 1993; Franke et al., 2001). Zudem zeigt dies eine der drei Lehrkräfte aus der Studie von Fennema et al. (1996), da sie das Denken der Schüler verstehen möchte, was auf Interesse an den Vorstellungen der Schüler hindeutet. Die Studie von Bas et al. (2013) ordnet sich ebenfalls in diesen Bereich und passend zu den Ergebnissen dieser Studie ein, weil die Lehrkräfte dort von Handlungen berichten, die darauf abzielen, die Schülervorstellungen besser zu verstehen. Hierbei ist in der vorliegenden Studie neu, dass zum einen die Handlungen zu einer verstärkt schülerorientierten Sicht mit Hilfe der Motivation gedeutet worden sind. Zum anderen konnten mit dem motivationalen Ansatz über die Literatur hinaus weitere Erkenntnisse der Wirkung des professional development gewonnen werden. Beispielsweise ergänzt die Hypothese „Analyse von Schülerarbeiten verursacht Motivationssteigerung" die Ergebnisse von Fennema et al. (1996) um den konkreten Zusammenhang zwischen der Methode im professional development und der Entwicklung der fachdidaktischen Motivation.

Ein weiteres wesentliches Ergebnis dieses Studienteils ist es, dass häufig das situationale Interesse Ursache für berichtete Änderungen der Motivation zu

Schülern ist, welches durch Aspekte des professional development wie beispielsweise das Analysieren von Schülerarbeiten angesprochen worden ist. Allgemein kann daher das Entstehen des situationalen Interesses als Ergebnis der Anregung beschrieben werden. Dies ist konsistent mit den Annahmen des Vierphasenmodells von Hidi und Renninger (2006), nach dem die Anregung durch Eigenschaften der Umwelt wie überraschende Informationen, persönliche Relevanz und Intensität ausgelöst werden. Die Eigenschaften der Umwelt stellen in dem Fall die Inhalte bzw. Methoden im professional development dar, die nach den Aussagen der Lehrkräfte u. a. überraschende Informationen (beispielsweise bestimmte Schülerfehler) enthalten haben. Teilweise scheinen die Lehrkräfte den Übergang in die Stabilisierung des situationalen Interesses vollzogen zu haben, weil sie beispielweise über mehrere Veranstaltungen hinweg immer wieder die im professional development erstellten Aufgaben im Unterricht eingesetzt haben, um sie dann gemeinsam in der Veranstaltung zu analysieren (wertbezogenes Interesse zu den Schülervorstellungen). Wie stark dies bei den unterschiedlichen Lehrkräften ausgeprägt ist, kann jedoch anhand der Daten nicht detailliert beantwortet werden. Insgesamt ist durch das professional development die Basis für die weitere Entwicklung des Interesses zu Schülern gelegt worden, weil das situationale Interesse dazu angeregt worden ist. Inwiefern bei den Lehrkräften dann ein Übergang zum individuellen Interesse durch Internalisierung während oder nach dem professional development stattgefunden hat, kann auf Basis der Daten nicht beantwortet werden. Dazu ist weitere Forschung mit dem Schwerpunkt auf die Beschreibung der Entwicklung von Interessen notwendig.

10.3.4.2 Aspekte zum Lehren

Die fachdidaktische Motivation zum Lehren ist wie die zu Schülern anhand induktiv an den Interviews erzeugter Kategorien systematisiert worden. Diese stellen ein wesentliches Ergebnis der Arbeit dar und sind im Folgenden noch einmal zusammenfassend aufgelistet:

Hypothesen zur fachdidaktischen Motivation zum Lehren

1) Erstellung von Aufgaben
2) Veränderung von Aufgaben
3) Nachdenken über den Einsatz von Aufgaben
4) Einsatz von Herangehensweise an mathematische Inhalte
5) Einsatz von Erklärungen

Die Hypothesen werden im Kapitel 10.2.3.2, S. 418ff., ausführlich beschrieben.

Die Hypothesen weisen einen starken Bezug zu Aufgaben auf, welche ein zentrales Thema in der Mathematik sind (Leuders, 2009). Die verschiedenen Veranstaltungen haben ihren Fokus daraufgelegt. Dies ist vergleichbar mit den Ergebnissen zum fachdidaktischen Wissen über das Lehren, das in 10.3.2 diskutiert worden ist, da dort ebenfalls hauptsächlich Wissen zu Aufgabenstellungen identifiziert werden konnte. Dementsprechend scheinen nur die in den Veranstaltungen fokussierten Bereiche ausschlaggebend für die von den Lehrkräften berichteten Veränderung fachdidaktischer Motivation zum Lehren gewesen zu sein. Ein Transfer zu anderen Bereichen scheint kaum stattgefunden zu haben (vgl. dazu auch 10.3.2 sowie Besser et al. (2015)). Die Motivation zum Einsatz von Herangehensweisen an mathematische Inhalte beschreibt in diesem Zusammenhang keine Ausnahme. Sie wird häufig von den Lehrkräften als Motivation zum Einsatz von anderen Herangehensweisen im Vergleich zu bisher eingesetzten erwähnt. Dabei sind die „neuen" Herangehensweisen jene, die die Lehrkräfte im professional development kennengelernt haben. Der Aspekt des multiplen Erklärens als fünfte Kategorie ist nur von einer Lehrerin erwähnt worden und hat sich aus ihrer Sicht auch nicht durch das professional development verändert.

Die fünf Kategorien zeigen zudem, dass andere Aspekte der fachdidaktischen Motivation wie der Einsatz von Grundvorstellungen oder Darstellungen, die Teil des fachdidaktischen Wissens sind, nicht von den Lehrkräften angesprochen worden sind. Dementsprechend haben zum einen aus Sicht der Lehrkräfte keine Änderungen diesbezüglich stattgefunden. Zum anderen scheinen die Aspekte nicht durch das professional development derart in den Fokus gerückt zu sein, dass sie explizit auf Nachfrage in einem Interview erwähnt worden sind. Daher wird angenommen, dass das professional development so, wie es unter den beiden unterschiedlichen Bedingungen durchgeführt worden ist, die Möglichkeit besitzt, fachdidaktische Motivation zu Aufgaben (Erstellung, Änderungen und Überlegungen zum Einsatz) sowie zum Einsatz von aus der Sicht der Lehrkräfte anderen Herangehensweisen an mathematische Inhalte auszulösen.

Insgesamt sind die Ergebnisse konsistent zu den Annahmen der Entwicklung der Motivation, weil diese in der Auseinandersetzung zwischen den Eigenschaften der Person und der Situation entsteht. Da im professional development aufgrund des Fokus auf Bildungsstandards und Diagnose verstärkt situationale Anreize zu diesen Themen beinhaltet hat, ist beispielsweise die Anregung des situationalen Interesses zu den Inhalten plausibel (vgl. beispielsweise Dresel & Lämmle, 2011; Hidi & Renninger, 2006; Krapp, 1998). Zudem ist es möglich, dass die persönliche Relevanz der Inhalte für die Lehrkräfte und damit der subjektive Wert erhöht worden ist, indem im professional development die praktische Anwendbarkeit betont hat und die Neuheit der Inhalte in den Blick genommen worden ist (vgl. dazu Schiefele, 2014). Dies deutet sich bei den befragten Lehrkräften an, weil sie zum einen von bisher nicht im Unterricht thematisierten Inhalten (beispielsweise Kompetenzen) und zum anderen von der praktischen Anwendbarkeit der im professional development entwickelten Aufgaben berichten.

Ein weiteres wesentliches Ergebnis hinsichtlich der fachdidaktischen Motivation zum Lehren ist, dass keine Lehrkraft einen expliziten Zusammenhang zwischen den Änderungen der Motivation und der Analyse der Schülerdokumente als Nachwirkung dieser Phase hergestellt hat. Die Aspekte zu Aufgabenstellungen, die sich auf die Schülerarbeiten beziehen, finden sich in den Hypothesen im Sinne des Erstellens von Diagnoseaufgaben, des Veränderns hin zu Diagnoseaufgaben und zum Einsatz dieser wieder (vgl. 10.2.3.2). Dementsprechend scheint dies nicht die direkte Auswirkung als Nachwirkung, sondern Voraussetzung für die Schülerarbeiten zu sein, weil erst einmal Aufgaben zur Erhebung der Schülervorstellungen vorhanden sein müssen. In diesem Sinne könnte es aber auch die Motivation sein, die Inhalte der Veranstaltungen im Unterricht umsetzen zu wollen. Damit gäbe es keinen Zusammenhang mit dem Analysieren von Schülerarbeiten. Aus diesem Grund ist an dieser Stelle noch weiterer Forschungsbedarf vorhanden, um dies zu klären.

Die Ergebnisse der Veränderung der Motivation hinsichtlich der behandelten Inhalte in den Veranstaltungen sind konsistent zur Motivationsforschung, wobei dies über das oben eingeordnete Zusammenwirken personaler und situationaler Merkmale hinausgeht. In diesem Zusammenhang ist der subjektive Aufgabenwert (Eccles, 2005) unter anderem Auslöser der unterschiedlichen Kategorien gewesen. Dies ist zudem passend zu Aspekten der Motivationstheorie, da die Lehrkräfte unter anderem einen positiven Wert für den Unterricht im Sinne des Einsatzes anderer Methoden, wie die Differenzierung, die Diagnose, das Schulen unterschiedlicher Kompetenzen, Interesse an Aufgaben und ähnliches als Ursachen für die verschiedenen Kategorien der fachdidaktischen Motivation zu Aufgaben angeben (vgl. 10.2.3.2). Diese Aspekte sind passend zu der Wertkomponente, die bei den Erwartungs-Mal-Wert-Modellen der Motivation genannt werden (vgl. u. a. Atkinson, 1964; Beckmann & Heckhausen, 2010; Eccles, 2005; Eccles & Wigfield, 2002). Dazu passend ist ebenfalls die fachdidaktische Motivation zum Einsatz von Herangehensweisen an mathematische Inhalte, da die Lehrkräfte bei der Veränderung dieser Motivationsform immer angegeben haben, andere Herangehensweisen (solche, die sie bisher nur wenig oder überhaupt nicht eingesetzt haben) im Unterricht umsetzen zu wollen. Die Ursache könnte in Verbindung mit der Lernsituation im professional development als Zusammenwirkung von Personen- und Situationsmerkmalen zu Zielen passend zu motivierten Handlungen, hinter der die fachdidaktische Motivation zum Lehren zu finden ist, geführt haben (Urhahne, 2008). Zudem hat der berichtete Zuwachs an fachdidaktischem Wissen zum Lehren (vgl. 10.2.1), welcher ebenfalls Auslöser für Verstärkung der fachdidaktischen Motivation ist (vgl. Erstellung von Aufgaben, Veränderung von Aufgaben und Einsatz von mathematischen Herangehensweisen in 10.2.3.2), dazu beigetragen, dass die Lehrkräfte die entsprechenden Handlungen umsetzen wollen. Dies ist passend zur der Erwartungskomponenten der Motivation, da durch den Kompetenzzuwachs bei einigen Lehrkräften die Erwartung gestiegen ist, die entsprechenden Handlungen umsetzen zu können, wodurch die entsprechende Motivation gestiegen ist (vgl. zu der Theorie zu Erwartung und Wert beispielsweise Atkinson, 1964; Brunstein & Heckhausen, 2010; Heckhausen & Heckhausen, 2010). Dies hat sich nur zum Teil bei einigen Lehrkräften in den Interviews gezeigt. Zur Verifizierung dieser Hypothesen in Verbindung mit der Theorie der Motivation und speziell zu Erwartung und Wert müssten daher noch weitere Untersuchungen durchgeführt werden.

Die beiden Lehrkräfte mit der geringsten Anzahl an Kontaktstunden haben kaum über Änderungen der Motivation zum Lehren berichtet. Dagegen haben die Lehrkräfte aus Sachsen-Anhalt deutlich häufiger Änderungen angeführt. Eine mögliche Ursache kann daher die Dauer des professional developments sein. In diesem Zusammenhang muss jedoch berücksichtigt werden, dass die Lehrkräfte aus Sachsen-Anhalt bisher kaum Möglichkeiten zur Teilnahme an professional development gehabt haben. Zudem muss beachtet werden, dass die beiden Lehrkräfte aus Hessen bereits über Kenntnisse über die Vorgehensweisen nach dem neuen Kerncurriculum verfügen, welches sich speziell bei der Lehrkraft im Vorbereitungsdienst gezeigt hat, da sie die Inhalte während des Studiums gelernt hat. Die Lehrkräfte aus Sachsen-Anhalt haben dagegen aufgrund der geringen Erfahrung mit professional development noch nicht die Möglichkeit gehabt, sich intensiv mit den neuen Bildungsstandards zu beschäftigen. Insgesamt ist es daher möglich, dass die längere intensive Beschäftigung im Sinne der Dauer einen positiven Einfluss auf die Entwicklung fachdidaktischer Motivation zum Lehren hat. Dies lässt sich anhand der Studiendaten aber nicht eindeutig bestimmen.

Vergleichbare Ergebnisse zu fachdidaktischer Motivation aus anderen Studien sind in der Literatur in der Form, wie sie in dieser Studie zu finden sind, nicht vorhanden, weil die fachdidaktische Motivation noch nicht derart erforscht worden ist. Didaktisches Interesse (Schiefele et al., 2013) oder Enthusiasmus zum Unterrichten (Kunter, 2011b) sind zudem nur im Querschnitt untersucht worden. Forschung zur Entwicklung durch Intervention haben die benannten Studien jeweils nicht durchgeführt. Daher ergänzt die Studie beispielsweise die allgemeinen Operationalisierungen der didaktischen Motivation von Schiefele et al. (2013) bzw. Kunter (2011b) um konkrete mathematikdidaktische Komponenten, wie sie Lehrkräfte nach dem Besuch von professional development angeben. Die Interpretation mittels der fachdidaktischen Motivation kann zudem weiteren Aufschluss auf Wirkungskomponenten von professional development geben und ist eine Möglichkeit, die Ergebnisse anderer Studien noch einmal zu betrachten, wie dies zur fachdidaktischen Motivation zu Schülern durchgeführt worden ist (Kapitel 10.2.3).

IV. Gesamtdiskussion und Ausblick

Im Abschnitt III. dieser Arbeit sind die Ergebnisse der drei Teile dieser Studie getrennt betrachtet worden. An dieser Stelle werden alle Aspekte der Studie zusammengeführt und integriert, wie es bei der Anlage einer Mixed-Methods-Studie im Sinne einer Vertiefung gemacht wird. Dazu werden die Hauptaspekte der drei Teile anhand der drei betrachteten Facetten der professionellen Kompetenz von Mathematiklehrkräften zusammengefasst, verglichen und diskutiert. Ziel ist es, die Gemeinsamkeiten und Unterschiede zwischen den jeweiligen Teilen – speziell der explorativen Analyse des Einflusses des Merkmals „Analysieren von Schülerarbeiten“ gegenüber „Optimierung von Diagnoseaufgaben“ und den qualitativen Analysen – herauszustellen. Dies erfolgt in Kapitel 11. Im Anschluss werden in Kapitel 12 mögliche praktische Implikationen der Ergebnisse dieser Studie sowie sich aus der Studie weiterführende Forschungsfragen aufgezeigt.

11 Zusammenfassung der Ergebnisse und Gesamtdiskussion

In dieser Studie ist die Ausprägung der professionellen Kompetenz (fachdidaktisches Wissen, Beliefs über das Lehren und Lernen, fachdidaktische Motivation) und deren Entwicklung in professional development mit dem Fokus auf das Lernen von Schülern untersucht worden. Speziell betrifft dies den Einfluss der Analyse von Schülerarbeiten als Methode. Dazu sind die beiden Gruppen „Erstellung und Optimierung von Diagnoseaufgaben" und „Analyse von Schülerarbeiten" auf unterschiedliche Entwicklungen untersucht worden. Die befragten Lehrkräfte füllten jeweils füllten jeweils zu Beginn und zum Ende des professional developments Tests zu den drei Facetten der professionellen Kompetenz aus. Im Anschluss an die Teilnahme sind zur Vertiefung mit ausgewählten Lehrkräften Interviews über ihre subjektiv wahrgenommenen Änderungen durch das professional development sowie speziell das Analysieren von Schülerarbeiten geführt worden.

In dem vorliegenden Kapitel erfolgt die Integration der Ergebnisse und Diskussionen der drei Studienziele aus den Kapiteln acht, neun und zehn, die zeigen, dass in allen drei Facetten der professionellen Kompetenz die bisherige Literatur ergänzende Resultate gewonnen werden konnten. Dies betrifft zum einen die Ausprägung der professionellen Kompetenz von Mathematiklehrkräften und zum anderen Hypothesen über deren Entwicklung durch die Fokussierung auf das Lernen der Schüler, speziell mit der Analyse von Schülerarbeiten. Die Erkenntnisse werden im vorliegenden Kapitel zusammengetragen. Dazu wird zuerst in Kapitel 11.1 auf das fachdidaktische Wissen, dann in Kapitel 11.2 auf Beliefs zum Lehren und Lernen und in Kapitel 11.3 auf fachdidaktische Motivation eingegangen. Zu Beginn der drei Kapitel wird jeweils die Ausprägung der jeweiligen Facette der professionellen Kompetenz betrachtet. Darauf aufbauend wird auf die Ergebnisse zur Entwicklung Bezug genommen. In Kapitel 11.4 erfolgt eine Zusammenfassung der Erkenntnisse dieser Studie zum Unterschied zwischen den beiden Gruppen „Schülerarbeiten" und „Diagnose". Abschließend wird in Kapitel 11.5 die Methodik reflektiert, die in dieser Arbeit eingesetzt worden ist.

T. Hahn, *Schülerlösungen in Lehrerfortbildungen*, Mathematikdidaktik im Fokus,
https://doi.org/10.1007/978-3-658-24451-4_11

11.1 Fachdidaktisches Wissen

Das fachdidaktische Wissen ist zu den beiden Themengebieten Funktionen und Differentialrechnung anhand zweier verschiedener Untersuchungsgruppen jeweils zu Beginn und zum Ende einer Veranstaltung zum professional development mittels Fragebögen erhoben worden. Die Daten sind sowohl qualitativ hinsichtlich der inhaltlichen Nennungen als auch quantitativ bezüglich der Anzahl unterschiedlicher Nennungen untersucht worden. Diese Ergebnisse werden in Verbindung mit denen der qualitativen Interviews im Folgenden verglichen und diskutiert.

Ausprägung des fachdidaktischen Wissens

Ein wesentliches Ergebnis zum fachdidaktischen Wissen beider Themenbereiche ist, dass die Lehrkräfte zum Teil wenig unterschiedliche typische Schülervorstellungen zum Thema Funktionen bzw. zur Differentialrechnung benennen. Dies trifft beispielsweise sehr stark auf Übergeneralisierungen hinsichtlich des algebraischen Differenzierens oder auf die Verwechslung der Nullstelle mit der Steigung m bei einer linearen Funktion zu, da jeweils nur etwa 10% diese Kategorien benennen. Im Extrem nannte keine der Befragten eine spezielle Kategorie einer typischen Schülerschwierigkeit; beispielsweise beim grafischen Differenzieren „Verschiebung“, „Spiegelung“ oder „Linearisierung“. Dies ist bemerkenswert, da die selten genannten Fehler wie beispielsweise die Fokussierung auf die Nullstelle bei linearen Funktionen ein typischer Schülerfehler ist (vgl. Nitsch, 2015). Es zeigt sich dennoch, dass die Schwierigkeiten, die von den Lehrkräften erwähnt werden, mit denen aus der Literatur im Wesentlichen übereinstimmen (beispielsweise Eichler et al. (2017) zu misconceptions in der Differentialrechnung). Neue bisher in der Literatur nicht erforschte Kategorien finden sich ausschließlich im Zusammenhang mit Schülerschwierigkeiten zu Exponentialfunktionen, weil dort noch Literatur zu typischen Schülerschwierigkeiten fehlt und Lehrkräfte dazu ebenfalls noch nicht befragt worden sind.

Die Übereinstimmung findet sich ebenfalls beim fachdidaktischen Wissen zum Lehren, wobei vor allem bei den Erklärungen durch die Studie neue Erkenntnisse über die Lehrkräfte gewonnen werden konnten, da dies bisher noch nicht qualitativ untersucht worden ist. Es betrifft beispielsweise die Wahl meist innermathematischer Erklärungen in der Differentialrechnung und übergreifend die sehr vielen unterschiedlichen Erklärungsansätze (11 zu „Was ist eine Funktion?“ und 14 zum Wegfall einer Konstanten während des Ableitens). Damit ergänzt die Studie die theoretischen Kenntnisse über das Lehren der Mathematik wie Grundvorstellungen, Darstellungen, usw. (bsp. Greefrath et al., 2016; Wittmann, 2008), um das tatsächliche Wissen der Lehrkräfte.

Vergleicht man ausschließlich die inhaltlichen Nennungen von Schülerschwierigkeiten zu den beiden in der Studie untersuchten Themen, dann scheinen die typischen Schülerfehler zu Funktionen den Lehrkräften bewusster zu sein als die zur Differentialrechnung, wobei zu beachten ist, dass die Themen anhand zweier unterschiedlicher Stichproben untersucht worden sind. Zu beiden Inhalten gibt es sehr große Differenzen zwischen den Lehrkräften hinsichtlich der Anzahl der genannten Kategorien. Des Weiteren zeigen die einzelnen Lehrkräfte zu den unterschiedlichen Subthemen des fachdidaktischen Wissens bemerkenswerterweise ebenfalls große Diskrepanzen (kaum Korrelationen zwischen den Items). Dies führt insgesamt zu der Hypothese, dass Lehrkräfte in beiden Themengebieten eine Art Schwerpunktwissen besitzen. Das bedeutet, dass sie zu bestimmten Subthemen mehr angeben können als zu anderen. Beispielsweise zeigte sich dies anhand des fachdidaktischen Wissens zu Funktionen, bei dem die Lehrkräfte zwar viele Schülerfehler beim Wechsel vom Graph in die Funktionsgleichung einer linearen Funktion benennen, aber kaum etwas zu Schülerschwierigkeiten im Umgang mit Exponentialfunktionen erwähnt haben. Ähnliches zeigte sich beim fachdidaktischen Wissen zur Differentialrechnung. Damit sind die Ergebnisse der Studie konsistent zu den Befunden von Hadjidemetriou und Williams (2002), welche ebenfalls eine sehr stark variierende Ausprägung des Wissens zu Schülervorstellungen (Funktionen) bei den Lehrkräften fanden. Zudem ergänzt es die Resultate der Autoren, weil das Wissen zum einen quantitativ anhand von Lehrkräften in Sachsen-Anhalt zu Funktionen untersucht worden ist (Querschnitt). Zum anderen sind passende Ergebnisse in einem anderen Themengebiet – Differentialrechnung – ermittelt worden. Die Interviews geben zu der Ausprägung des fachdidaktischen Wissens keinen weiteren Informationen.

Hinsichtlich der Ausprägung des fachdidaktischen Wissens zu Schülerfehlern weisen die quantitativen Daten einen negativen Zusammenhang mit der Lehrerfahrung auf. In den qualitativen Aussagen der Lehrkräfte konnte dagegen hinsichtlich des Lernens zu Schülervorstellungen ein Typ identifiziert werden, der berichtet, kaum einen Wissenszuwachs erlebt zu haben, weil er aus seiner Sicht bereits viel über Schülervorstellungen weiß. Diese Lehrkräfte sind bereits über 20 Jahre im Schuldienst und vertreten die Auffassung, dass man Schülerfehler im täglichen Umgang mit den Lernenden erfährt. Daher wissen sie aus ihrer Sicht mehr über Schülerfehler und -schwierigkeiten als Lehrkräfte zu Beginn ihrer Dienstzeit. Dies bestätigte die jüngste Lehrkraft, die an dieser Studie teilgenommen hat, im Interview. Sie berichtete davon, noch nicht so viel über Schülervorstellungen zu wissen, weil ihr die Erfahrung fehle. Die Ergebnisse der quantitativen Untersuchung und der qualitativen Interviews stehen damit tendenziell im Widerspruch zueinander. Da die quantitativen Ergebnisse mit denen von Krauss und Neubrand et al. (2008) aus einer größeren Stichprobe übereinstimmen und die Korrelation dort themenübergreifend gefunden worden sind, wird davon ausgegangen, dass der negative Zusammenhang passend ist. Jedoch ist aufgrund der Anlage der Studie in diesem Fall keine Überprüfung des Widerspruchs möglich, da die Codes der Interviewten, die sie auf den Fragebögen zur Zuordnung der anonym erhobenen Daten aus dem Pre- und dem Posttest angegeben haben, nicht in den Interviews erfragt worden sind. Insgesamt wird in Verbindung mit der Hypothese über das Schwerpunktwissen die Vermutung aufgestellt, dass das fachdidaktische Wissen im Wesentlichen während der theoretischen Ausbildung an der Universität gelernt wird. Die anschließende praktische Ausübung des Lehrerberufs führt dann zu einem hochgradig individualisierten und fachbezogenen Wissen, welches aus der Integration der subjektiven Lehrerfahrungen hervorgeht und sich mit der Zeit passend zu den Erfahrungen spezialisiert (vgl. dazu Bromme, 2008). Daher ist es zum einen möglich, dass die Hypothese zur Entwicklung des fachdidaktischen Wissens die Berichte der Lehrkräfte aus den qualitativen Interviews, die auf den Einfluss der Lehrerfahrung hinweisen, hinsichtlich der Individualisierung integriert. Zum anderen kann es ebenfalls sein, dass die Lehrkräfte subjektiv davon überzeugt sind, durch die Unterrichtserfahrung viel über beispielsweise Schülervorstellungen zu wissen, ohne tatsächlich explizit vorliegendes umfangreiches fachdidaktisches Wissen zu besitzen (gemachte Erfahrungen überblenden die Wahrnehmung des eigenen Wissens).

Entwicklung des fachdidaktischen Wissens

Im Zusammenhang mit der Entwicklung des fachdidaktischen Wissens bestätigen die qualitativen Ergebnisse die quantitativen, da ausschließlich von Änderungen hinsichtlich des Wissens über Schülervorstellungen passend zu den eingesetzten Fragebögen berichtet worden ist. Damit scheint insgesamt das Wissen über das Lehren im Sinne der Grundvorstellungen, der Darstellungen, der Erklärungen und Sachkontexte kaum durch professional development mit dem Fokus auf das Lernen der Schüler beeinflusst worden zu sein. Ein Transfer im Sinne der Überlegungen zur Verbesserung des Unterrichts passend zu vorhanden Schülervorstellungen hat anhand der Daten nicht stattgefunden. Die Interviews geben zudem Hinweise darauf, dass nicht allgemeines fachdidaktisches Wissen zu Grundvorstellungen, Darstellungen, oder ähnlichen angesprochen wird, sondern Wissen über Sachkontexte zur Gestaltung von Aufgaben für den Mathematikunterricht. Damit scheint das Wissen zum Lehren nicht passend zum Einfluss des professional development operationalisiert worden zu sein.

Im Gegensatz zum fachdidaktischen Wissen zum Lehren wird wie erwartet das Wissen über die Schüler beeinflusst. Dies zeigt sich sowohl in den Interviews (allgemeiner Lernzuwachs, konkreter Lernzuwachs mit Bezug zu Schülerdokumenten) als auch in den quantitativen Daten der Exploration (Hinweise auf das Lernen bezüglich Schülerschwierigkeiten beim grafischen Differenzieren). Der Gruppenvergleich in der explorativen Analyse zeigt aber entgegen der Annahme eines Vorteils durch die Analyse von Schülerarbeiten, dass es hinsichtlich des Wissens über Schülervorstellungen tendenziell einen Vorteil für die Diagnosegruppe gibt. Spekulativ könnte dies daran liegen, dass man sich bei der Gestaltung und Optimierung von Diagnoseaufgaben immer wieder Gedanken über die Inhalte macht, die man konkret diagnostizieren möchte, wogegen man das bei der Analyse nicht macht, sondern sich auf das Identifizieren konzentriert. Dennoch könnte die Analyse von Schülerlösungen einen Vorteil besitzen, da ausschließlich Lehrkräfte der Schülerarbeitengruppe die Fehler „Verschieben“ und „Spiegeln“ zum grafischen Differenzieren genannt haben (sowohl im Interview als auch in den Fragebögen), welche explizit in den Arbeiten der Schüler enthalten gewesen sind. Damit decken sich die Ergebnisse nicht mit den in der Studie von Fölling-Albers et al. (2004) gefundenen Vorteilen des situierten Lernens hinsichtlich des gesamten Lernzuwachses. Dagegen ist das Lernen der beiden speziellen Fehler passend zum situierten Lernen. Ein weiteres Argument ergibt sich aus den Typen des Lernens zum fachdidaktischen Wissen zu Schülern, die aus den Interviews ermittelt worden sind. Dort finden sich ausschließlich Lehrkräfte aus der Schülerarbeitengruppe in dem Typ, der von konkreten Beispielen des Zuwachses an fachdidaktischem Wissen zu Schülern berichtet. Insgesamt wird damit die Hypothese, dass beide Varianten (Erstellung und Optimierung von Diagnoseaufgaben, Analysieren von Schülerarbeiten (speziell für explizit in den Lösungen auftauchende Fehler)) für das Lernen zum fachdidaktischen Wissen über die Schüler förderlich sind, aufgestellt. Diese Annahme ergänzt somit u. a. die Ergebnisse von Bas et al. (2013) und Franke et al. (1998) zur Akquise von Wissen zu Schülervorstellungen zum einen um die leichten Vorteile der Analyse von Schülerarbeiten bei konkreten Schülerfehlern und den lernförderlichen Einfluss der Optimierung von Diagnoseaufgaben.

Die Ergebnisse der beiden Facetten des fachdidaktischen Wissens geben daher Anlass für die Hypothese, dass ein Transfer im Allgemeinen nicht stattfindet, sondern nur das explizit im Lernprozess adressierte Wissen beeinflusst wird. Diese Vermutung ist konsistent mit den Ergebnissen der bisherigen Forschungen (beispielsweise Besser et al., 2015). Die inhaltlichen Ergebnisse zu Schülerschwierigkeiten beim grafischen Differenzieren, bei denen explizit in den Lösungen vorkommende Fehler in den Bögen genannt werden, passt ebenfalls dazu. Interessanterweise tauchen einige Schülervorstellungen, die in den Interviews von Lehrerin D oder G genannt werden, nicht in den Fragebögen auf. Dies könnte entweder bedeuten, dass diese Fehler nur situativ gespeichert worden sind und beim Transfer auf eine andere Aufgabenstellung noch nicht angewandt werden können, oder, dass diese durch eine Verarbeitung der Eindrücke nach dem professional development erst nach einiger Zeit explizit vorliegen (Interview fand einen Monat nach dem Posttest statt).

11.2 Beliefs zum Lehren und Lernen der Mathematik

Die Beliefs zum Lehren und Lernen der Mathematik sind anhand zweier unterschiedlicher Bögen erhoben worden. Zum einen ist eine verkürzte Version der Skalen von Staub und Stern (2002) zu Beliefs eingesetzt worden. Zum anderen sind epistemologische Überzeugungen zur Natur mathematischer Leistungen sowie zum Lehren und Lernen der Mathematik mittels des Bogens nach Blömeke und Müller et al. (2008) erfasst worden. Beide Bögen sind jedoch nur in den längeren Veranstaltungen in Sachsen-Anhalt verwendet worden. Die hessischen Lehrkräfte haben aus Zeitgründen ausschließlich die verkürzte Fassung der Beliefs ausgefüllt. Als Vertiefung der Ergebnisse aus den Tests sind Interviews hinsichtlich der Änderungen der Beliefs durchgeführt worden. Die Ergebnisse aus unterschiedlichen Datenquellen werden an dieser Stelle aufeinander bezogen.

Ausprägung der Beliefs zum Lehren und Lernen

Die Ergebnisse der Analysen haben gezeigt, dass sich die Lehrkräfte gegenüber transmissiven Beliefs eher neutral verhalten und konstruktivistischen zustimmen. Den konstruktivistischen epistemologischen Überzeugungen haben sie ebenfalls zugestimmt, wogegen sie die transmissiven sowie die zur Natur mathematischer Leistungen eher abgelehnt haben. Vergleiche zwischen diesen Werten und denen aus der Literatur zeigen bezüglich der beiden Fragebögen konsistente Ergebnisse (vgl. dazu Laschke & Felbrich, 2013; Voss et al., 2011). Ähnliche Ergebnisse finden sich ebenfalls in der qualitativen Vertiefung, da die interviewten Lehrkräfte erwähnen, dass sie vor dem professional development Handlungen zu transmissiven und konstruktivistischen Beliefs durchgeführt haben. Ergänzend dazu konnten negative Zusammenhänge zwischen den beiden Subfacetten anhand der quantitativen Daten ermittelt werden, die für Beliefs und epistemologische Überzeugungen etwa dem Wert aus der Studie von Voss et al. (2011) entsprechen. Zudem gibt es zwischen den Beliefs und den epistemologischen Überzeugungen signifikante Zusammenhänge, sodass davon ausgegangen wird, dass die Beliefs in Präferenzmustern hinsichtlich der beiden lerntheoretischen Orientierungen vorliegen (vgl. dazu Baumert & Kunter, 2006; Blömeke, Müller et al., 2008).

Vertiefende Analysen der quantitativen Daten zeigten eine bemerkenswerte Abweichung zwischen den beiden Geschlechtern hinsichtlich der Beliefs zum Lehren und Lernen, welche sowohl zu transmissiven als auch zu konstruktivistischen Beliefs statistisch signifikant sind und jeweils einem mittleren Effekt entsprechen. Inhaltlich stimmen Lehrerinnen den konstruktivistischen signifikant stärker zu als Lehrer und lehnen transmissive signifikant eher ab. Zudem ergab sich bei den Lehrerinnen ein negativer Zusammenhang zwischen dem Alter und konstruktivistischen sowie ein positiver bei transmissiven Beliefs, der bei Lehrern jeweils nicht gefunden werden konnte. Diese Unterschiede zwischen den Geschlechtern sind mit einigen anderen Studien und dem Verhalten der Lehrkräfte konsistent (Li, 1999; Singer, 1996; Thorndsen & Turmo, 2012), wobei es ebenfalls Hinweise gibt, dass keine Unterschiede zwischen den beiden Geschlechtern vorhanden sind (Nisbet & Warren, 2000). Die Ergebnisse dieser Studie sprechen aber dafür, dass es einen Unterschied zwischen den beiden Geschlechtern gibt, da die Diskrepanz einem mittleren Effekt entspricht und signifikant ist. Zwar bestätigen die Ergebnisse der epistemologischen Überzeugungen die Unterschiede nicht, sie sind aber auch nicht identisch operationalisiert worden. Sie betreffen zudem eine deutlich kleinere Stichprobe. Die Interviews geben an dieser Stelle keine weiteren Hinweise.

Spannend ist weiterhin, dass die Korrelationen zwischen der Ausprägung des fachdidaktischen Wissens und der Beliefs, wie sie in den Studien um COACTIV gefunden worden sind (beispielsweise bei Besser, 2014; Krauss, Neubrand et al., 2008), nicht in der gleichen Größenordnung repliziert werden konnten. Die Interviews geben an dieser Stelle keine weiteren Erkenntnisse, da in ihnen nicht nach den Zusammenhängen gefragt worden ist und keine passenden Stellen identifiziert werden konnten. Daher müsste weiter untersucht werden, inwiefern die Operationalisierung des fachdidaktischen Wissens und der Beliefs zum Lehren und Lernen einen Einfluss auf den Zusammenhang der beiden Facetten der professionellen Kompetenz hat.

Entwicklung der Beliefs zum Lehren und Lernen der Mathematik

Die explorative Analyse sowie die qualitative Vertiefung zeigen hinsichtlich der Änderung der Beliefs ähnliche Ergebnisse. Beide Teile deuten darauf hin, dass die Lehrkräfte, die an der Studie teilgenommen haben, einen Beliefchange vollzogen haben, da die transmissiven zurückgegangen und die konstruktivistischen Beliefs verstärkt worden sind. In der explorativen Studie konnten dazu keine Unterschiede zwischen den Gruppen „Schülerarbeiten" und „Diagnoseaufgaben" festgestellt werden. Die Ergebnisse der Interviews sind dazu konsistent, da die befragten Lehrkräfte ausschließlich von Änderungen ihres Unterrichtshandelns berichten, die der konstruktivistischen Sichtweise entsprechen. Ergänzend zeigen Ergebnisse der Interviews mögliche Ursachen auf, die den Beliefchange verursacht haben könnten. Die Lehrkräfte führen die Änderungen kaum auf die Phase des Analysierens von Schülerarbeiten oder die Optimierung von Diagnoseaufgaben zurück. Vielmehr verbinden sie die berichteten Änderungen mit neuen Methoden sowie dem Fokus auf das Lernen der Schüler, das sich durch den Unterricht nach den neuen Kerncurricula ergibt. Dabei gehen sie auf die Binnendifferenzierung, das Modellieren, das Argumentieren sowie das Diagnostizieren ein. Damit scheint das Thematisieren des reformorientierten Curriculums in der Kombination mit der Gestaltung von Aufgaben zur Verständnisorientierung die Ursache für den Beliefchange aus Sicht der Lehrkräfte zu sein. Inwiefern ebenfalls die Phasen zur Fokussierung auf das Schülerlernen dazu beigetragen haben, kann aufgrund des Studiendesigns quantitativ nicht beantwortet werden. Die Interviews geben dagegen den Hinweis, dass Beliefs wie „Fehler sind im Lernprozess normal" durch das Analysieren von Schülerarbeiten mit der Erfahrung „an allen Schulen machen Schüler ähnliche Fehler" verstärkt werden. Zudem deuten die Lehrkräfte in den Interviews Zusammenhänge zwischen der sich aus dem Analysieren von Schülerfehlern resultierenden Änderungen fachdidaktischer Motivation zu Schülern und den Änderungen von Beliefs an, sodass dies als Mediationseffekt gewirkt haben könnte. In der quantitativen Untersuchung konnte darauf aufgrund der geringen Stichprobenüberschneidung zwischen Beliefs und Motivation kein Ergebnis ermittelt werden.

Insgesamt zeigt sich aufgrund der Stabilität der Beliefs, den substantiell neuen Erfahrungen (Beliefs über die Wirkung der Analyse von Schülerarbeiten), den signifikanten Abweichungen in der explorativen Studie sowie den berichteten Verstärkungen in den Interviews bei den Lehrkräften ein Beliefchange im Sinne einer Abschwächung transmissiver und Verstärkung konstruktivistischer Beliefs. Damit sind die Veränderungen der Beliefs zum Lehren und Lernen der Mathematik zwar konsistent mit der bisherigen Literatur zur Fokussierung auf das Lernen der Schüler (u. a. Fennema et al., 1996), jedoch scheint auf Basis der Daten die Fokussierung nur einen kleinen Teil des Beliefchange verursacht zu haben. Damit ergänzt die Studie die bisherigen Ergebnisse unter anderem von Fennema et al. (1996) sowie Schorr und Lesh (1998) um die Fokussierung auf reformorientierte Curricula als Ursache des Beliefchange.

Neben der Bestätigung der Ergebnisse hinsichtlich der Ausprägung und der Zusammenhänge der Beliefs zum Lehren und Lernen ergänzt die Studie der bisherigen Forschung (Philipp, 2007; Voss et al., 2011) um mögliche geschlechtsspezifische Unterschieden bezüglich der Beliefs zum Lehren und Lernen der Mathematik. Zudem stützen die Zusammenhängen zwischen Beliefs und epistemologischen Überzeugungen die Annahme von Präferenzmustern (vgl. dazu Baumert & Kunter, 2006; Blömeke, Müller et al., 2008). Darüber hinaus liefert sie Ansätze, welche Phasen des professional development auf Beliefs zum Lehren und Lernen wirken.

11.3 Fachdidaktische Motivation

Die fachdidaktische Motivation ist in dieser Studie erstmals betrachtet und hinsichtlich der Erforschung des Einflusses von professional development auf die professionelle Kompetenz von Mathematiklehrkräften eingesetzt worden. Bisherige Studien zu motivationalen Aspekten von Lehrkräften haben sich mit der Studienwahl, dem Enthusiasmus zum Unterrichten bzw. zum Fach (Kunter, 2011b) oder allgemeinem didaktischen Interesse (Schiefele et al., 2013) beschäftigt. In dieser Studie ist daher das theoretische Konstrukt der fachdidaktischen Motivation als Kombination aus motivationalen Aspekten (Interesse, Leistungsmotivation) und fachdidaktischen Inhalten (Schülervorstellungen, Erklärungen, Darstellungen, Grundvorstellungen) operationalisiert worden und konnte reliabel gemessen werden. Damit ergänzen die Ergebnisse der Studie die Forschung zur Motivation beispielsweise von Kunter (2011b) um spezifisch mathematikdidaktische Motivation. Darüber hinaus konnten anhand der Interviews Motivationsänderungen durch das professional development identifiziert werden, wobei ebenso Objekte (Schülervorstellungen, Herangehensweisen an mathematische Inhalte, ...) auf die die Motivation gerichtet ist, ermittelt worden sind. Dies wird anhand der Ausprägung und der Entwicklung der fachdidaktischen Motivation im Folgenden dargestellt.

Ausprägung der fachdidaktischen Motivation

Ein wesentliches Ergebnis der Studie ist die hohe Ausprägung des Interesses und der Leistungsmotivation zu Schülervorstellungen und zum Lehren, da die befragten Lehrkräfte den Interessensskalen jeweils deutlich zustimmen und eher erfolgsmotiviert sind. Zudem zeigen sich zwischen den Skalen jeweils stark ausgeprägte positive Korrelationen. Dies ist für den Zusammenhang zwischen Interesse und Leistungsmotivation konsistent zu den Annahmen aus dem Erwartungs-mal-Wert-Modell von Eccles (2005), in dem ein positiver Zusammenhang zwischen subjektiver Erfolgswahrscheinlichkeit und Aufgabenwert postuliert wird.

Ein weiteres zentrales Ergebnis ist der positive Zusammenhang zwischen dem Interesse zu Schülern und konstruktivistischen Beliefs sowie der negative zwischen Interesse an Schülern und Transmission. Die Korrelationen konnten auf geschlechtsspezifische Unterschiede zurückgeführt werden, da bei Lehrerinnen die Zusammenhänge zwischen den Motivationsskalen und den Skalen der Beliefs zum Lehren und Lernen stark ausgeprägt sind, wogegen sich bei Lehrern kaum ein Zusammenhang zeigt. Damit deuten die Ergebnisse zur fachdidaktischen Motivation und zu den Unterschieden der Geschlechter hinsichtlich der Beliefs zum Lehren und Lernen an, dass die beiden Geschlechter divergierende Auffassungen vertreten, welche sich in signifikant voneinander abweichenden Denkstrukturen manifestieren.

Die positiven Korrelationen zwischen Interesse bzw. Leistungsmotivation zu Schülern und konstruktivistischen Beliefs sind passend zu der Schülerorientierung in der Theorie des Konstruktivismus, weil die Vorstellungen der Schüler im Unterricht der Ausgangspunkt für das Lernen ist (vgl. dazu Borko & Putnam, 1996; Decker et al., 2015). Diese Übereinstimmung deutet an, dass die fachdidaktische Motivation, wie sie in der Studie definiert und operationalisiert worden ist, valide gemessen worden ist.

Die Ergebnisse der Interviews liefern darüber hinaus weitere Hinweise für eine valide Messung, weil sich u. a. die Kategorien der Motivation zu Schülern auf die Erhebung, die Analyse sowie die Berücksichtigung von Schülervorstellungen im Unterricht beziehen, welche durch das Messinstrument erfragt worden sind. Zudem konnten zum Lehren speziell Motivation zum Umgang mit Aufgabenstellungen, Herangehensweisen an mathematische Inhalte sowie dem multiplen Erklären gefunden werden. Insgesamt ergänzt die vorliegende Studie die Forschung zur Motivation von Lehrkräften um eine spezifisch mathematikdidaktische Komponente, die konkreter ist als das didaktische Interesse bei Schiefele et al. (2013) bzw. Schiefele und Schaffner (2015b) oder der Enthusiasmus zum

Unterrichten bei Kunter (2011b). Inwiefern die Motivationsformen (fachdidaktische Motivation, allgemeines didaktisches Interesse und Enthusiasmus zum Fach bzw. zum Unterrichten) unabhängig voneinander sind, müsste jedoch anhand weiterer Studien geklärt werden.

Die fachdidaktische Motivation zeigt wie die Beliefs zum Lehren und Lernen entgegen einigen Ergebnissen aus der Literatur (vgl. Kapitel 2.4.2 und 2.4.3) ebenfalls kaum Zusammenhänge zu dem erhobenen fachdidaktischen Wissen. Spekulativ könnte es den Ergebnissen des kognitiv-motivationalen Prozessmodells von Vollmeyer (2009b) folgend Mediatoren zwischen den drei untersuchten Facetten der professionellen Kompetenz geben, die in dieser Studie nicht untersucht worden sind. Die Interviews geben darüber keine weiteren Informationen.

Entwicklung der fachdidaktischen Motivation

Die explorative Analyse sowie die qualitativen Interviews zeigen keine eindeutig übereinstimmenden Ergebnisse hinsichtlich der Entwicklung fachdidaktischer Motivation zu Schülern. Die quantitativen Daten deuten an, dass die Lehrkräfte der Schülerarbeitengruppe nach der Teilnahme am professional development signifikant eher erwarten, Schülervorstellungen diagnostizieren zu können. Ein Vorteil der Analyse von Schülerarbeiten gegenüber der Optimierung von Diagnoseaufgaben konnte dagegen in den Interviews nicht eindeutig ermittelt werden, da Lehrkräfte aus beiden Gruppen erwähnen, verstärkt Handlungen hinsichtlich der Diagnose von Schülervorstellungen durchführen zu wollen, jedoch ist ein Vergleich der Ausprägung der Entwicklung kaum möglich, da die Stärke der Änderungen nicht anhand der Interviews ermittelt werden konnten. Da die Interviewten zudem kaum auf die Leistungsmotivation eingehen, wird die Vermutung beibehalten, dass sich das Analysieren von Schülerarbeiten stärker auf die fachdidaktische Motivation zu Schülern auswirkt als die Optimierung von Diagnoseaufgaben. Damit ergänzt dieses Ergebniss die bisherige Forschung, weil bisher keine Studie den Einfluss von professional development auf mathematikdidaktische Motivation untersucht hat.

Des Weiteren hat die Motivation zu Schülern bei manchen interviewten Lehrkräften zur Steigerung des Wissens über Schüler geführt und könnte spekulativ, wie beispielsweise Franke et al. (1998) anhand einer Lehrkraft erwähnen, zu weiteren Steigerungen des fachdidaktischen Wissens führen, weil zur Motivation passende Handlungen durchgeführt werden.

Abgesehen von der Leistungsmotivation zu Schülern sind die anderen drei Subfacetten fachdidaktischer Motivation zum Teil signifikant gesunken (quantitativer explorativer Studienteil). Die Aussagen der Interviewten stehen dazu jedoch im Gegensatz, weil keiner einen Abfall der Motivation erwähnt hat. Betrachtet man speziell die Skalen zur Erfassung der fachdidaktischen Motivation zum Lehren und die Aussagen der Lehrkräfte in den Interviews näher, dann ist erkennbar, dass es kaum eine Übereinstimmung zwischen den Items und den berichteten Veränderungen der Lehrkräfte gibt. Entgegen der Operationalisierung für den Fragenbogen (Erklärungen, Darstellungen oder Grundvorstellungen) berichten die Befragten von Verstärkungen, andere Herangehensweisen an mathematische Inhalte einsetzen und über den Umgang mit Aufgaben in der Planung und Durchführung von Unterricht nachdenken zu wollen. Die Entwicklungen der Motivation beziehen sich damit explizit auf die Inhalte und Tätigkeiten im professional development. Dies ist konsistent mit der Theorie zur Motivationsveränderung, weil Merkmale der Situation einen wesentlichen Einfluss auf diese haben, indem beispielsweise situationales Interesse an Objekten – hier speziell Diagnose, Herangehensweisen an mathematische Inhalte und Aufgaben – ausgelöst wird (Hidi & Renninger, 2006; Krapp, 1998).

Somit konnten die Motivationsverstärkungen wegen der nicht passenden Operationalisierung nicht gemessen werden, weil die Skalen die von Lehrkräften angesprochenen Aspekte nicht beinhalten. Bei einer erneuten Durchführung müsste man demnach eine andere Operationalisierung der fachdidaktischen Motivation zum Lehren wählen, welche sich stärker an den Inhalten des professional developments orientiert, weil sich die von Befragten erwähnten Kategorien mit den Aktivitäten während der Veranstaltungen decken.

Die Verringerung des Interesses zum Lehren und zu Schülern sowie der Leistungsmotivation zum Lehren könnte außerdem auf die hohen Werte zu Beginn des professional development zurückgeführt werden, da nicht ausgeschlossen werden kann, dass die Lehrkräfte erst nach der Beschäftigung mit den Inhalten eine realistische Einschätzung treffen können. Eine andere mögliche Erklärung bezieht die Steigerung der Leistungsmotivation bei der Schülerarbeitengruppe mit ein. Die Motivation zu den im professional development explizit thematisierten Inhalten steigt demnach und die nicht angesprochenen sinken aufgrund der geringen Beschäftigung. Dennoch wäre dies nicht konsistent mit dem Abfall des Interesses an Schülervorstellungen. Insgesamt sind an dieser Stelle daher zur Ursachenklärung vertiefende Studien notwendig. Eine Kontrollgruppe hätte ebenfalls weitere Erklärungen liefern können.

Darüber hinaus konnte kein positiver Einfluss auf die fachdidaktische Motivation zum Lehren durch die Fokussierung auf das Schülerlernen ermittelt werden. Dies zeigt sich zum einen am Abfall der Motivation in beiden Gruppen (quantitativ explorativ). Zum anderen führen die Lehrkräfte in den Interviews die Thematisierung und Bearbeitung von Aufgaben zu den neuen Bildungsstandards mit anderen Herangehensweisen an mathematische Inhalte als Ursache der Motivationssteigerung zum Lehren an, sodass der Fokus auf das Schülerlernen nicht die Ursache gewesen ist.

Zusammenfassend zeigen sich Einflüsse auf die fachdidaktische Motivation zu Schülern und zum Lehren vor allem in den Interviews. Obwohl die Daten der Exploration auf eine Verringerung der fachdidaktischen Motivation zum Lehren hindeuten, wird anhand der Ergebnisse der Interviews angenommen, dass dennoch eine Steigerung vorhanden ist, die sich aber auf vom Fragebogen abweichende Inhalte – speziell bei der Motivation zum Lehren – bezieht. Die Steigerung der Leistungsmotivation zu Schülern, die sich in der Exploration zeigte, kann auf das Analysieren von Schülerarbeiten zurückgeführt werden. Damit eröffnet die Studie die Forschung zur fachdidaktischen Motivation in der Mathematik und zeigt dazu erste Ergebnisse auf, indem u. a. Kategorien der Entwicklungen fachdidaktischer Motivation ermittelt werden konnten, die sich durch ein spezielles professional development zeigen (Erhöhung der Motivation zur Durchführung von Diagnose bzw. dem Umgang mit Aufgaben durch professional development mit dem Fokus auf die entsprechenden Inhalte). Dabei sind Interviews ein geeignetes Erhebungsformat gewesen.

Die Studie hat gezeigt, dass sich fachdidaktische Motivation verändern kann, was teilweise bereits in einer kurzen Zeitspanne geschieht. Die Entwicklung hat vor allem durch die Anregung des situationalen Interesses sowie dem Zusammenwirken von personalen und situationalen Faktoren stattgefunden, was anhand der Interviews ermittelt werden konnte. Dementsprechend wird davon ausgegangen, dass die Veränderungen der Motivation vor allem durch die Erhöhung der persönlichen Bedeutsamkeit (vgl. dazu Schiefele, 2014) sowie dem ausgelösten situationalen Interesse (Hidi & Renninger, 2006) entstanden sind. Inwiefern sich bereits die Ausprägung impliziter oder expliziter Motive geändert hat, kann auf Basis der Daten nicht beantwortet werden. Da eine Änderung individuellen Interesses jedoch nicht ermittelt werden konnte und die Motive wie Beliefs als relativ stabil angesehen werden (Dresel & Lämmle, 2011; Rheinberg & Vollmeyer, 2012), wird davon ausgegangen, dass bisher der Grundstein für eine Veränderung durch die Erhöhung der persönlichen Bedeutsamkeit und des ausgelösten situationalen Interesses erreicht worden ist, weitere Entwicklung aber erst mit fortschreitender Zeit erfolgen.

Die Veränderungen in den Gruppen „Analyse von Schülerarbeiten“ und „Optimierung von Diagnoseaufgaben“ werden im folgenden Unterkapitel noch einmal übersichtlich zusammengefasst.

11.4 Zusammenfassung der Hypothesen zum Einfluss der Gruppe

In den bisherigen Kapiteln zu den Ergebnissen der Studie sind anhand der Daten aus der quantitativen explorativen Analyse und der qualitativen Vertiefung Hypothesen bezüglich der Wirkung aufgestellt worden. Diese zeigen jeweils eine Wirkung der Inhalte sowie der Tätigkeiten auf die professionelle Kompetenz der teilnehmenden Lehrkräfte und werden zur Systematisierung der Ergebnisse im Folgenden in einer Tabelle zusammengefasst. In der Tabelle werden die Unterschiede zwischen den beiden Gruppen dargestellt. Die Diskrepanzen zeigen, dass es keinen eindeutigen Vorteil einer der beiden Untersuchungsbedingungen gegeben hat. Die professionelle Kompetenz der Lehrkräfte beider Gruppen entwickelte sich ähnlich, wobei es jeweils wenige Ausnahmen gegeben hat. Dies wird vor allem aus den Überschneidungen, die sich in der auf der folgenden Seite dargestellten Tabelle zeigen, deutlich.

Teilergebnisse unterstützen sowohl das path model zur Wirkung von professional development (Desimone, 2009) als auch das model of teacher change (Guskey, 2002). Einerseits haben sich direkte Auswirkungen der Veranstaltungen auf die professionelle Kompetenz gezeigt (path model). Andererseits haben sich Änderungen ergeben, da die Lehrkräfte während der Analyse von Schülerarbeiten erkannt haben, dass ihre Schüler mit den neu in dem professional development gestalteten Materialien umgehen können (model of teacher change). Zusammenfassend scheint das interconnected model of professional growth nach Clarke und Hollingsworth (2002) am passendsten, da es beide linearen Modelle beinhaltet und mit ihm flexibel Entwicklungsprozesse beschrieben werden können. Ergänzend dazu sind das Handeln und Umsetzen sowie die Reflexion über die Praxis in der Anlage der Veranstaltungen berücksichtigt worden und werden seitens der Lehrkräfte in der qualitativen Vertiefung als Ursachen oder Änderungen professioneller Kompetenz erwähnt.

		Fachdidaktisches Wissen	**Beliefs zum Lehren und Lernen**	**Fachdidaktische Motivation**
Diagnoseaufgaben optimieren	**Quant. Exploration**	• Steigerung des fachdidaktischen Wissens zu Schülern (ohne konkrete Angaben) • keine Veränderung des fachdidaktischen Wissens über Lehren	• Rückgang Transmission • Verstärkung Konstruktivismus	• Keine Veränderung der Leistungsmotivation zu Schülervorstellungen
	Interview	• Steigerung Wissen über Schülervorstellungen • Veränderung Wissen über Aufgaben, Herangehensweisen und Bildungsstandards	• Verstärkung konstruktivistischer mit teilweiser Abschwächung transmissiver Beliefs	• Motivation zur Erhebung, Analyse von Schülervorstellungen sowie Berücksichtigung dieser im Unterricht steigt • Motivation zu Aufgaben und Herangehensweisen an mathematische Inhalte steigt
Schülerarbeiten analysieren	**Quant. Exploration**	• Steigerung des fachdidaktischen Wissens über Schülerschwierigkeiten + Erlernen bisher nicht bekannter Schülervorstellungen • keine Veränderung des fachdidaktischen Wissens über Lehren	• Rückgang Transmission • Verstärkung Konstruktivismus	• Verstärkung der Leistungsmotivation zu Schülervorstellungen
	Interview	• Steigerung Wissen über Schülervorstellungen (speziell mit konkreten Angaben von Schülervorstellungen aus den analysierten Schülerarbeiten) • Veränderung Wissen über Aufgaben, Herangehensweisen und Bildungsstandards, nicht ursächlich durch die Analyse von Schülerarbeiten	• Verstärkung konstruktivistischer mit teilweiser Abschwächung transmissiver Beliefs • Analyse von Schülerdokumente verstärkt den Belief „Fehler sind natürlicher Bestandteil des Lernens“	• Interesse an Schülervorstellungen steigt • Motivation zur Erhebung, Analyse von Schülervorstellungen sowie Berücksichtigung dies im Unterricht steigt • Motivation zu Aufgaben und Herangehensweisen an mathematische Inhalte steigt

Tabelle 39: Zusammenfassung der Ergebnisse hinsichtlich der Änderungen der professionellen Kompetenz durch die beiden Formen des professional development

11.5 Bewertung der eingesetzten Methoden

In diesem Kapitel werden die Methoden, die zu den Ergebnissen der Studie geführt haben, kritisch reflektiert. Dazu wird zuerst in Kapitel 11.5.1 auf die Auswahl der Stichproben eingegangen. Anschließend wird in Kapitel 11.5.2 die Passung der zur Beantwortung der Forschungsfragen eingesetzten Methoden (Fragebögen und problemzentriertes Interview) kritisch betrachtet. Danach erfolgt die Bewertung der Auswertungsmethoden in Kapitel 11.5.3. Schließlich wird in Kapitel 11.5.4 die Studiendurchführung kritisch bewertet.

11.5.1 Stichprobenauswahl

Im Folgenden wird zwischen der quantitativen Stichprobe (Ausprägung der professionellen Kompetenz und explorative Untersuchung) und der qualitativen (Interviews) unterschieden.

Stichprobe des quantitativen Studienteils

Nicht alle Lehrkräfte haben alle Erhebungsinstrumente ausgefüllt. Die Lehrkräfte aus Sachsen-Anhalt, die als einzige den Test zum fachdidaktischen Wissen zu Funktionen beantwortet haben, kommen aus unterschiedlichen Regionen des Bundeslandes, sodass ein Querschnitt von Lehrkräften, die an professional development teilnehmen, befragt worden ist. Es gibt zudem keinen Hinweis auf Faktoren, die die Ergebnisse systematisch verzerrt haben. Dies trifft in Teilen auch auf die Lehrkräfte zu, die in Sachsen-Anhalt an dem professional development zur Sekundarstufe II teilgenommen haben, wobei die Anzahl aus der weiteren Region um Magdeburg überwiegt und die Stichprobe deutlich kleiner ist, sodass nicht von einem Querschnitt ausgegangen werden kann. Im Vergleich dazu muss bei den Lehrkräften aus Hessen beachtet werden, dass die Stichprobe ausschließlich aus dem Bereich Nord-Ost-Hessen stammt, sodass diese nicht repräsentativ für das Bundesland ist. Zudem könnte es zu einer Verzerrung gekommen sein, weil in Nordhessen die Universität Kassel liegt, die einen Schwerpunkt auf die Lehrerbildung besitzt, weil die Lehrkräfte dadurch im Vergleich zu anderen Regionen möglicherweise eine andere Ausbildung erhalten haben.

Die freiwillige Teilnahme der Lehrkräfte hat die Ergebnisse ebenfalls nicht systematisch verzerrt haben, da es das Ziel gewesen ist, genau von diesen Lehrkräften die professionelle Kompetenz zu erheben. Im Vergleich zu Lehrkräften, die eher nicht an professional development teilnehmen, könnte es sich jedoch um eine positive Auswahl handeln, da die teilnehmenden ggf. motiviert sind, weitere

Ideen in den Unterricht einzubringen. Aufgrund dieses Wunsches könnten sie bereits über eine ausgeprägtere professionelle Kompetenz verfügen (vgl. kognitiv-motivationales Prozessmodell von Vollmeyer (2009), bei dem Motivation über Moderatoren den Wissenserwerb bedingt).

Insgesamt sind die Stichproben geeignet gewesen, die Forschungsfragen zur Ausprägung und Entwicklung (explorativ) zu beantworten, wobei die Einschränken bei der Betrachtung der Ergebnisse zu bedenken sind.

Interviewstichprobe

Die Interviewstichprobe ist zur Vertiefung der Exploration bzw. zum Einfluss des professional development auf die Lehrkräfte gewählt worden. Die Befragten haben jeweils freiwillig an den Interviews teilgenommen, sind aber teilweise nach bestimmten Kriterien ausgewählt worden. Aufgrund der freiwilligen Teilnahme könnte es sich um eine Stichprobe von Lehrkräften handeln, die Interesse an der Weiterentwicklung von professional development besitzen und gerne über ihre Erfahrungen aus den Veranstaltungen reflektieren. Daher kann eine Verzerrung der Ergebnisse zum positiven (berichtete Änderungen) nicht ausgeschlossen werden.

Unter den Interviewten befinden sich Sekundarstufenlehrkräfte mit und ohne Sekundarstufe II, eine Berufsschullehrkraft, eine Lehrkraft im Vorbereitungsdienst, eine Fortbildnerin sowie ein Schulleitungsmitglied. Damit stammen die Befragten aus jeweils unterschiedlichen Kontexten des Berufsfelds, sodass sich die Teilnehmenden in vielen Eigenschaften unterscheiden, was wichtig für die weitere Bewertung der theoretischen Sättigung ist. Dennoch ist zu beachten, dass aus der Gruppe „Schülerarbeiten“ ausschließlich Lehrerinnen und aus der Gruppe „Diagnoseaufgaben“ ausschließlich Lehrer befragt worden sind. Zudem unterscheiden sich die beiden Untergruppen deutlich in der Anzahl, weil aus der Schülerarbeitengruppe sieben der neun befragten Lehrkräfte stammen.

Die Hypothesen über die Wirkung der Analyse von Schülerarbeiten in professional development zeigen auf, dass anhand der qualitativen Daten bereits in der Literatur vorhandene Wirkungen rekonstruiert werden konnten (vgl. 10.3.1). Diese sind durch weitere ergänzt worden, welche bisher nicht erwähnt werden. Insgesamt finden sich dabei viele unterschiedliche Einflüsse u. a. zum Lehren (beispielsweise „Einordnung eigener Unterrichtsansätze im Vergleich zu anderen Lehrkräften“), zum Lernen der Schüler (bspw.: „Einordnung von Schülerleistungen in das gesamte Feld“) sowie übergreifende („Teilnahmemotivation“). Die Ergebnisse sprechen daher dafür, dass wesentliche subjektive Erfahrungen (Beliefs über die Wirkung) der Analyse von Schülerarbeiten ermittelt werden konnten und ein gewisser Grad theoretischer Sättigung erreicht worden ist. Obwohl die Ergebnisse durch die Merkmale der Stichprobe (Verteilung Männer und Frauen; Stichprobenumfang; freiwillige Teilnahme) verzerrt worden sein könnten, wird davon ausgegangen, dass die wesentlichen Beliefs über die Analyse von Schülerarbeiten ermittelt werden konnten, wobei es darüber hinaus noch individuelle (beispielsweise „Schülerreaktionen während des Unterrichtseinsatzes") geben kann. Die Befragung von Lehrkräften aus vielen unterschiedlichen Kontexten des Lehrerberufs ist dafür ein weiteres Argument.

Die Ermittlung der Einflüsse des professional development auf die Facetten der professionellen Kompetenz zeigt, dass unterschiedliche Wirkungen hinsichtlich des fachdidaktischen Wissens, der Beliefs zum Lehren und Lernen sowie der fachdidaktischen Motivation ermittelt werden konnten, welche sich zum Teil mit den theoretischen Annahmen decken (Analyse von Schülerarbeiten wirkt auf fachdidaktisches Wissen zu Schülern). Darüber hinaus passen die Ergebnisse zu den Inhalten des professional development (vgl. 11.1 bis 11.3). Insgesamt wird daher davon ausgegangen, dass wesentliche Einflüsse durch die Interviews ermittelt werden konnten. Dennoch könnten darüber hinaus noch weitere bestehen, die nicht durch die eingesetzten Methoden erfasst werden konnten.

11.5.2 Passung der Erhebungsinstrumente

Zur Befragung der jeweiligen Stichproben sind Tests zur Erfassung der professionellen Kompetenz im quantitativen Teil und das problemzentrierte Interview im qualitativen eingesetzt worden. Der Einsatz wird hier kritisch reflektiert.

Tests zur Erhebung der professionellen Kompetenz

Die Items des Wissenstests sind, an die Konzeptualisierung des Wissenstests von COACTIV (zur Testkonstruktion siehe Krauss et al., 2011) angelehnt, als offene Aufgaben gestaltet worden. Mit der Wahl des offenen Formats konnte fachdidaktisches Wissen erhoben werden, das verständnisorientiert ist, wobei es bei den meisten Items über das Erinnern von Fakten und Prozeduren hinausgeht. Dies zeigte sich besonders bei den Erklärungen, da Vernetzungen zwischen Darstellungen, Grundvorstellungen und Sachkontexten zu einem Thema seitens der Lehrkräfte genannt worden sind. Das Geben multipler Antworten ermöglichte darüber hinaus einen tiefen Einblick in die Ausprägung des fachdidaktischen Wissens. Damit konnte das explizit der Lehrkraft bewusste Wissen zu Schülern und zum Lehren anhand der Items ermittelt werden.

Die Motivation, möglichst viele Antworten zu geben, die zur Verfügung gestellte Bearbeitungsdauer und die zum Teil sehr unklaren Antworten sind jedoch kritische Aspekte der Erhebungsmethode. Ist die Motivation zum Ausfüllen gering, dann verzerrt es die Ergebnisse, weil die Lehrkraft nach wenigen Antworten abbricht. Dies trifft ebenfalls auf zu geringe Zeit zu. Die Einwortantworten könnten jeweils eine Folge gewesen sein. Beides könnte dazu geführt haben, dass das fachdidaktische Wissen der Lehrkräfte tatsächlich stärker ausgeprägt ist, als es die Ergebnisse der Studie zeigen. Es gibt jedoch keine Hinweise darauf, dass dies systematisch die Erhebung beeinflusst hat. Die unklaren Aussagen (beispielsweise zu Schülerfehlern zum algebraischen Differenzieren „Erkennen Kettenregel nicht") könnte dagegen zu einer Verzerrung der Ergebnisse geführt haben, weil nicht eindeutig ermittelt werden konnte, welche Fehler für die Lehrkräfte daraus resultiert. Möglicherweise sind die Items noch nicht eindeutig hinsichtlich des gewünschten Antwortformats gewesen. Ein Lösungsbeispiel hätte ggf. zu einem besseren Verständnis geholfen.

Da COACTIV das fachdidaktische Wissen über ein ähnliches Aufgabenformat mit den gewählten Subfacetten (Erklärungen, …) valide und reliabel erfassen konnte (Krauss et al., 2011) und die Ergebnisse dieser Studie viele inhaltlich zur bisherigen Forschung passende Resultate lieferte (vgl. 8.5.1), wird davon ausgegangen, dass die Erhebung des fachdidaktischen Wissens im Rahmen der Studie valide durchgeführt worden ist.

Im Vergleich zu den offenen Items zum fachdidaktischen Wissen ist bei der Erfassung der Beliefs über das Lehren und Lernen und der fachdidaktischen Motivation auf das Format „Einschätzung von Likertskalen" zurückgegriffen worden. Diese haben sich in dieser Studie wie in der bisherigen Forschung für die Erfassung der Beliefs (beispielsweise Staub & Stern, 2002) und der expliziten Motive als günstig (reliable und valide Messung) und ökonomisch erwiesen (vgl. dazu beispielsweise Lundy, 1985; Peterson et al., 1989; Reuman, 1982). Kürzungen, die im Vorfeld stattgefunden haben, stellen dabei eine Methode dar, Tests für eine zeitökonomischere Erfassung der Konstrukte verglichen zur Ursprungsform zu erhalten (vgl. 6.2.2, 6.2.3, 8.2 und 8.3).

Interviews zur Erfassung der Beliefs über die Wirkung

Die durchgeführten Interviews ermöglichen die Erhebung der subjektiven Erfahrungen (Beliefs) der Lehrkräfte über das interviewte Thema. In der vorliegenden Studie sind dies die Beliefs über die Wirkung des professional development hinsichtlich der Entwicklung der professionellen Kompetenz gewesen (vgl. Kapitel 10). Dabei konnten zum einen die beeinflussten Facetten der professionellen

Kompetenz und zum anderen die Ursachen für deren subjektiv empfundene Entwicklung erfolgreich ermittelt werden.

Das problemzentrierten Interviews erwies sich zudem als vorteilhaft, weil die offene Gestaltung unter Einbezug theoretischer Vorüberlegungen mit der Strukturierung über einen Leitfaden die Vergleichbarkeit zwischen Interviews zulässt. Dies ist in der vorliegenden Studie zentral gewesen, um die Beliefs über die Wirkung der Analyse von Schülerarbeiten sowie die subjektiv erfahrenen Änderungen der professionellen Kompetenz zu erfassen und Hypothesen aus den Berichten der Lehrkräfte abzuleiten.

Es muss jedoch beachtet werden, dass nur explizit bewusste Änderungen durch die Lehrkräfte berichtet worden sind, wobei dies die subjektive Sicht des jeweiligen Interviewten auf die eigene Entwicklung betrifft. Dies muss nicht mit dem tatsächlichen Fortschritt übereinstimmen, da die Berichte beispielsweise (unbewusst) passend zu den eigenen Beliefs ausfallen könnten, damit diese nicht geändert werden müssen (Beliefchange als letzte Alternative; vgl. Kapitel 2.3.3)

Insgesamt erscheint die Wahl der Methode des problemzentrierten Interviews zur Aufstellung der Hypothesen über die Wirkung der Analyse von Schülerarbeiten sowie der Einflüsse auf die professionelle Kompetenz geeignet. Objektive Überprüfungen der Hypothesen müssten jedoch in weiterer Forschung erfolgen.

11.5.3 Kritische Betrachtung der Auswertungsmethoden

Die Auswertung der offenen Items zum fachdidaktischen Wissen erfolgte anhand der Inhaltsanalyse ähnlich wie bei Krauss et al. (2011), sodass ein bereits erfolgreich angewandtes Verfahren eingesetzt worden ist. Die Methode ist in dieser Studie derart modifiziert worden, dass nicht nur Scores, sondern auch inhaltliche Kodierungen als Ergebnis entstanden sind. Diese Vorgehensweise eignete sich in diesem Zusammenhang gut, die inhaltlichen Nennungen der Lehrkräfte zu systematisieren. Dennoch muss beachtet werden, dass die induktiv hergeleiteten Kategorien subjektive Entscheidungen des Wissenschaftlers enthalten. Beispielhaft zeigt sich die Subjektivität bei dem Grad der Verallgemeinerung einer Kategorie, da einige Aussagen der Lehrkräfte zusammengefasst worden sind (beispielsweise enthält die Kategorie „Funktion als Objekt" als Schülerschwierigkeit bei Exponentialfunktionen u. a. das asymptotische Verhalten, wenige markante Punkte, keine Nullstellen, …). Insgesamt ermöglicht die Kodierung aber die Nachvollziehbarkeit der Ergebnisse (Steinke, 2017).

Die Inhaltsanalyse ist zudem bei der Auswertung der Interviews angewandt worden, um ebenfalls die Nachvollziehbarkeit zu erhöhen. Dabei erfolgte eine

Kodierung mittels deduktiver und induktiver Codes. Die so entstandenen inhaltlichen Einteilungen (Vergabe der Codes) sind im Dialog besprochen worden, wobei die subjektive Sichtweise auf das Datenmaterial erweitert werden konnte. Eine weitere Verbesserung bzw. Absicherung der Ergebnisse könnte ein nach der Auswertung der Interviews stattfindender Dialog mit der interviewten Person sein (führte beispielsweise Eichler (2005b) durch). In diesem könnte geklärt werden, inwiefern die Ergebnisse mit den Beliefs des Interviewten übereinstimmen. Ebenfalls wäre eine unabhängige Kodierung der Interviewepisoden durch zwei Beurteiler möglich, wie sie bezüglich des fachdidaktischen Wissens durchgeführt worden ist.

Insgesamt sind die eingesetzten Methoden der Auswertung adäquat zu dem Forschungsvorhaben gewesen.

11.5.4 Bewertung der Studiendurchführung

Die Durchführung der Studie erfolgte anhand eines quasiexperimentellen Designs, bei das Analysieren von Schülerarbeiten systematisch variiert worden ist (zweite Gruppe optimierte Diagnoseaufgaben). Die Durchführung der professional developments mit der jeweiligen Methode fand genau nach dem geplanten Design statt, wobei jedoch eine Kontrollgruppe mit Lehrkräften, die keine Intervention erhalten haben, nicht zustande gekommen ist. Daher sind kausale Schlüsse ausschließlich zwischen den beiden Gruppen möglich. Daneben sind die Stichproben der einzelnen professional developments (Sachsen-Anhalt Sek. I, Hessen und Sachsen-Anhalt Sek. II) zu gering (n=4 bis n=11), um quantitative Aussagen über die Entwicklung der professionellen Kompetenz der Lehrkräfte treffen zu können.

Die Zusammenfassung der Gruppen lieferte in diesem Zusammenhang die Möglichkeit, zu explorieren, welche Einflüsse die Variation des Merkmals auf die Entwicklung der Lehrkräfte haben könnte. Dabei ist jedoch zu beachten, dass es neben dem Gruppenunterschied ebenfalls Differenzen zwischen den Lehrkräften in den jeweiligen Gruppen gibt (Dauer professional development, Themenumfang, Anzahl der Analyse von Schülerarbeiten, …; vgl. auch Kapitel 9). Dementsprechend können sich signifikante Ergebnisse ebenfalls durch die gruppeninternen Differenzen ergeben haben, sodass ein Schluss auf die Variation des Merkmals nicht eindeutig möglich ist. Für die Ableitung weiterer Hypothesen ist das Vorgehen jedoch geeignet gewesen.

Die Kombination aus quantitativen und qualitativen Studienelementen mit der Zusammenführung in der Diskussion am Ende, ermöglichte einen Vergleich zwischen den jeweiligen Ergebnissen, wobei Gemeinsamkeiten und Unterschiede der beiden Blickwinkel ermittelt werden konnten. Das Vorgehen erlaubte speziell den Vergleich zwischen den eher subjektiven (qualitativ, Beliefs über die Wirkung) und eher objektiven (Ergebnisse der Tests) Ergebnissen. Ergänzend zeigten die Unterscheide auf, an welchen Stellen noch weiter geforscht werden kann. Eine Optimierung wäre in diesem Zusammenhang durch den Vergleich der quantitativen und der qualitativen Daten einer Person möglich, sofern man den Code des quantitativen Tests erhält.

Insgesamt würden die Optimierungsvorschläge die Aussagekraft der Studie verbessern, indem sie auf die Limitationen eingehen. Die eingesetzte Durchführung lieferte jedoch für die Ziele der Studie adäquate Daten.

12 Ausblick

In dieser Studie sind neue Erkenntnisse über die Ausprägung der professionellen Kompetenz von Mathematiklehrkräften der Sekundarstufe I sowie speziell der Sekundarstufe II gewonnen worden. Die Ergebnisse zeigen zudem auf, an welchen Stellen weitergeforscht werden kann. Des Weiteren ergeben sich durch die gewonnenen Erkenntnisse Chancen für die Ausbildung und das professional development.

In diesem Kapitel wird zuerst auf Forschungsdesiderate eingegangen, die sich aus den Ergebnissen der vorliegenden Arbeit ableiten lassen (Kapitel 12.1). Einige sind dazu bereits in den Kapitel 8, 9 und 10 benannt worden. An dieser Stelle werden daher die vier wesentlichen herausgearbeitet. Anschließend werden in Kapitel 12.2 einige Konsequenzen für die praktische Gestaltung von professional development hinsichtlich des Fokus auf das Lernen der Schüler dargelegt. Zudem wird auf mögliche Konsequenzen eingegangen, die sich auf Basis der Studie für das professional development und die Ausbildung ergeben.

12.1 Forschungsdesiderate

An dieser Stelle werden die Forschungsdesiderate bezogen auf „Messung des fachdidaktischen Wissens", „Geschlechtsunterschiede bei Beliefs zum Lehren und Lernen", „weitere Abgrenzung fachdidaktischer Motivation" und „Wirkung der Analyse von Schülerarbeiten" als die vier wesentlichen ausgeführt.

1. Messung des fachdidaktischen Wissens

Die Ergebnisse der Studie deuten ein fachdidaktisches Schwerpunktwissen zu den Themengebieten Funktionen und Differentialrechnung an. Dies manifestiert sich unter anderen in der Heterogenität der genannten Schülerfehler und den geringen Zusammenhängen zwischen den Items. In bisherigen Studien konnte dagegen gezeigt werden, dass eine themenübergreifende reliable Messung des

T. Hahn, *Schülerlösungen in Lehrerfortbildungen*, Mathematikdidaktik im Fokus,
https://doi.org/10.1007/978-3-658-24451-4_12

fachdidaktischen Wissens möglich ist (Ball et al., 2008; Blömeke et al., 2010; Kunter et al., 2011). Daher stellt sich aufgrund der Ergebnisse dieser Studie die Frage, ob eine reliable Messung des fachdidaktischen Wissens zu speziellen Themengebieten möglich ist, obwohl in dieser Studie die Hypothese eines Schwerpunktwissens aufgestellt wird. Zur Konstruktion wäre es ggf. möglich, Tests für die unterschiedlichen Teilbereiche zu erstellen. Beispielsweise könnten Schülerfehler anhand von Schülerlösungen zu ähnlichen Inhalten diagnostiziert werden oder zu bestimmten Aufgaben Schülerschwierigkeiten antizipiert werden (unterschiedliche Ableitungsregeln des algebraischen Differenzierens).

2. Unterschiede zwischen Lehrerinnen und Lehrern zu den Beliefs über das Lehren und Lernen

Die Ergebnisse zu den Ausprägungen der Beliefs zum Lehren und Lernen sowie der epistemologischen Überzeugungen sind konsistent mit den Ergebnissen anderer Studien. Interessanterweise konnten in dieser Studie Unterschiede zwischen Lehrerinnen und Lehrern gefunden werden, die andeuten, dass Lehrerinnen im Vergleich zu Lehrern konstruktivistischere Beliefs halten. Bisherige Befunde in der Literatur zeigen diesbezüglich keine eindeutigen Resultate. Daher sind weitere Studien notwendig, die eine mögliche Geschlechtsspezifität hinsichtlich der Beliefs zum Lehren und Lernen anhand von Fragebögen untersuchen. Zudem könnten Unterrichtsbeobachtungen diese Studien ergänzen, indem das Unterrichtsverhalten der Lehrerinnen und Lehrer bezüglich transmissiver und konstruktivistischer Handlungen untersucht wird.

3. Weitere Validierung der fachdidaktischen Motivation

Die fachdidaktische Motivation konnte in dieser Studie als bisher noch nicht betrachteter Teil der Motivation von Mathematiklehrkräften reliabel gemessen werden. Zudem stimmen die Aussagen des Messinstruments mit solchen der Lehrkräfte aus Interviews überein. Insgesamt ergänzt diese Form der Motivation daher die bisherige Forschung zur professionellen Kompetenz. Unklar ist jedoch, inwiefern sich die spezifische Motivationsform von anderen (Enthusiasmus zum Unterrichten oder allgemeines didaktisches Interesse) abgrenzen lässt. Dazu sind vertiefende Studien notwendig, die die verschiedenen Konstrukte anhand einer Stichprobe messen und analysieren, inwiefern die Konstrukte unabhängig voneinander sind. Zudem ist noch unklar, ob die in dieser Studie vorgenommene theoretische Trennung zwischen der fachdidaktischen Motivation zum Lehren und der zu Schülern tatsächlich getrennte Formen sind, weil zwischen ihnen hohe Korrelationen gefunden worden sind. Dazu müsste eine Studie mit einer größeren Stichprobe durchgeführt werden, um Unterschiedshypothese untersuchen zu können.

Bezüglich der inhaltlichen Ausprägung ist die fachdidaktische Motivation als spezifische fachabhängige Motivationsform in dieser Studie nur anhand von gymnasialen Lehrkräften untersucht worden. Insofern könnten weitere Studien zeigen, ob es Unterschiede in dieser Motivationsform zwischen den Lehrkräften unterschiedlicher Lehrämter gibt, wie dies Schiefele und Schaffner (2015b) hinsichtlich allgemeinem didaktischen Interesse herausgefunden haben.

4. Wirkung der Analyse von Schülerarbeiten

Die Ergebnisse der Studie deuten an, dass es kaum Unterschiede zwischen den untersuchten Gruppen „Optimieren von Diagnoseaufgaben" und „Analyse von Schülerarbeiten" hinsichtlich der Entwicklung der professionellen Kompetenz gegeben hat. Dies könnte darauf hindeuten, dass entweder eine falsche Annahme des Vorteils der Analyse von Schülerarbeiten getroffen worden ist. Es könnte aber auch sein, dass das Optimieren von Diagnoseaufgaben ähnliche Auswirkungen auf die untersuchten Facetten der professionellen Kompetenz hat, weil die Lehrkräfte sich ebenfalls intensiv mit beispielsweise misconceptions auseinandersetzen müssen, wenn sie die Diagnoseaufgaben gestalten. Daher wäre es ggf. sinnvoll eine andere Form der Fokussierung auf das Lernen der Schüler zu wählen, die noch theoretischer ausgerichtet ist. Damit könnte dann gezeigt werden, ob die rein theoretische Beschäftigung verglichen mit der praktischen hinsichtlich der Entwicklung der professionellen Kompetenz benachteiligt ist. Zudem ist es ebenfalls möglich, dass andere Studienformen an dieser Stelle weiteren Einblick in die Entwicklung geben könnten. Beispielsweise könnte man die Lehrkräfte im professional development videografieren, um Unterschiede zwischen den beiden Phasen „Optimieren von Diagnoseaufgaben" und „Analyse von Schülerarbeiten" aufzudecken.

Neben den vier genannten Forschungsdesideraten ist es ebenfalls sinnvoll, die Studie noch einmal durchzuführen, um die Ergebnisse zu replizieren. Dabei könnte ggf. das Design optimiert werden, indem eine Kontrollgruppe ohne Intervention eingeschlossen wird. Sinnvoll wäre es ebenfalls geeignet große Forschungsgruppen zu haben, sodass eine quantitative Untersuchung aussagekräftiger als die in dieser Studie durchgeführte Exploration ist.

12.2 Fazit für Ausbildung und *professional development*

Die professionelle Kompetenz von Mathematiklehrkräften ist eines der wesentlichen Einflussmerkmale auf ihre Gestaltung des Unterrichts und das Lernen ihrer Schüler. Diese ist zu Beginn des empirischen Teils der Arbeit untersucht worden, wobei sehr große Unterschiede zwischen den Lehrkräften hinsichtlich des fachdidaktischen Wissens zu den Themen Funktionen bzw. Differentialrechnung gefunden worden sind. Speziell im Bereich der Differentialrechnung ist das Wissen über Schülervorstellungen seitens der Lehrkräfte noch nicht sehr stark ausprägt. Dies ist deckungsgleich mit dem Umfang bisheriger Forschungen zu Schülervorstellungen in der Differentialrechnung, da dort wenig Literatur über systematisch auftauchende Schülerschwierigkeiten zu finden ist. Aufgrund neuer Erkenntnisse (beispielsweise Eichler et al., 2017) und dem Wissenstand der Lehrkräfte ist es sinnvoll, professional development anzubieten, das auf das Lernen zum fachdidaktischen Wissen – speziell zu Schülerschwierigkeiten – fokussiert. So kann das Wissen und die Diagnosekompetenz der Mathematiklehrkräfte zur „Analysis" weiterentwickelt werden. Dabei sind die Angebote nach den Ergebnissen dieser und anderer Studien möglichst nah an den zu entwickelnden Kompetenzen zu planen.

Eine Möglichkeit, dies umzusetzen, ist die Fokussierung auf das Lernen von Schülern. Dazu werden in der bisherigen Literatur Zuwächse des Wissens, Änderungen der Beliefs zu einer schülerorientierten Sichtweise, auf das Lernen der Schüler konzentriertes Unterrichtshandeln sowie Verbesserungen der Schülerleistungen berichtet (vgl. Kapitel 3.3.2). Das Analysieren von Schülerarbeiten ist in diesem Zusammenhang eine spezielle Form der Fokussierung auf das Schülerlernen. Es stellt eine Verbindung zwischen der Theorie während der Veranstaltungen und der Praxis im Unterricht an den Schulen dar. Dabei sind in der Studie neben dem positiven Einfluss auf Facetten der professionellen Kompetenz Beliefs der Lehrkräfte über die Wirkung der Phase anhand von Interviews identifiziert worden. Diese zeigen sechs Gründe für das Einbinden der Phase im professional development auf, welche im Anschluss konkreter hinsichtlich der Vorzüge für das Lernen von Lehrkräften erläutert werden:

1) Erhöhung der Teilnahmemotivation
2) Kennenlernen und Systematisieren von Schülerleistungen, -vorstellungen und -fehlern
3) Einordnung von Schülerleistungen in das gesamte Feld
4) Einordnung eigener Unterrichtsansätze im Bezug zu anderen Lehrkräften

5) Rückmeldung über eingesetzte Aufgaben
6) Motivation zum Einsatz von Diagnose

Diese Gründe zeigen auf, dass die Lehrkräfte es spannend finden, wie ihre Schüler auf neue Aufgaben reagieren oder welche Schülervorstellungen diagnostiziert werden können. Dies zeigt sich in einer erhöhten Teilnahmemotivation (1) und wird durch das Kennenlernen und Systematisieren von Schülervorstellungen konkretisiert (2), da die Lehrkräfte anhand authentischer Schülerarbeiten, die sie in ihrer eigenen Klasse erhobenen haben, Vorstellungen ihrer Schüler gemeinsam mit anderen Lehrkräften herausarbeiten können. Im Anschluss können sie dann konkret mit diesen Erkenntnissen im eigenen Unterricht weiterarbeiten.

Während der Phase machen die Lehrkräfte unter anderem die Erfahrung, dass nicht nur ihre eigenen Schüler bestimmte Schülerschwierigkeiten haben, sondern die der anderen Schulen ähnliche zeigen. Ebenso kann es sein, dass sich bisher als Zufallsprodukt abgestempelte Schülerfehler als systematisch vorkommend herausstellen, sodass die Lehrkräfte anhand der Analyse von Schülerarbeiten praktisch erfahren, welche Schülervorstellungen es zu bestimmten mathematischen Themen gibt. Dabei kann ihnen auffallen, dass sich diese konkret in den Lösungen ihrer eigenen Schüler und nicht nur in der Literatur finden lassen. Passend dazu ist es anhand der Arbeiten seitens der Lehrkräfte möglich, die Leistungen ihrer eigenen Schüler im Bezug zu anderen einzusortieren (3), sodass sie erkennen können, dass nicht nur ihre Schüler, sondern die aller Schulen ähnliche Leistungen zeigen.

Die Lehrkräfte können neben den Aspekten zu Schülern Informationen zu den Ansätzen anderer Lehrkräfte aus den Dokumenten gewinnen, da sie anhand bestimmter Vorgehensweisen der Lernenden in den Lösungen unter anderem erkennen können, worauf andere Lehrkräfte Wert legen und wie sie an bestimmte mathematische Inhalte herangehen (4). Dadurch erhalten die Teilnehmer durch die Analyse Möglichkeiten, sich über Mathematikunterricht auszutauschen und dabei neue Perspektiven zu ihren eigenen Schülern, denen der anderen sowie die Umsetzung im Unterricht zu erhalten. An dieser Stelle sind die Schülerarbeiten die Diskussionsgrundlage.

Im Sinne des professional development kann das Analysieren von Schülerarbeiten dazu genutzt werden, um herauszufinden, wie die Lernenden mit im Rahmen der Veranstaltungen neu erarbeiteten Aufgaben umgehen (5). Dabei können die Lehrkräfte Informationen über das Funktionieren sowie mögliche Ansatzpunkte zur Änderung von Aufgaben erhalten. Dadurch erhalten sie direktes Feedback über neue Aufgabenformate, wie sie unter anderem im Rahmen der Bildungsstandards eingeführt worden sind.

Die Einbindung von Schülerarbeiten zu authentischen im Rahmen des professional development erstellten Lösungen der Schüler bietet zudem die Möglichkeit, den sonst im Rahmen des Unterrichtens alleine durchgeführten Prozess der Diagnose gemeinsam mit anderen Lehrkräften durchlaufen zu können. Damit ist in dieser Studie unter anderem eine Steigerung der Motivation zum Einsatz von Diagnose in den eigenen Klassen nach der Teilnahme am professional development verbunden gewesen (6). Setzen die Lehrkräfte dies dann tatsächlich um, wäre ein stärker an den Schülern und deren Vorstellungen orientierter Mathematikunterricht die Konsequenz, sodass sich die Unterrichtsqualität verbessern sollte.

Zusammenfassend bietet der Einsatz des Analysierens von Schülerarbeiten wie erläutert viele praktische Vorteile, die sich vor allem im Wechselspiel zwischen Theorie und Praxis bemerkbar machen. Daher erscheint es auf Basis der Daten der Studie sinnvoll, diese Methode im professional development mit dem Ziel der Unterrichtsentwicklung einzusetzen. Dies wird vor allem durch die Aussagen der Lehrkräfte aus dem qualitativen Teil der Forschung gestützt, da konkrete Wissensverbesserungen, konstruktivistischere Beliefs sowie Erhöhung des Interesses zu Schülervorstellungen und deren Diagnose durch die Analyse von Schülerarbeiten verbunden gewesen sind.

Literaturverzeichis

Abelson, R. P. (1986). Beliefs Are Like Possessions. *Journal for the Theory of Social Behaviour, 16* (3), 223-250. Zugriff am 08.10.2015. Verfügbar unter http://online-library.wiley.com/doi/10.1111/j.1468-5914.1986.tb00078.x/epdf

Achtziger, A. & Gollwitzer, P. M. (2009). Rubikonmodell der Handlungsphasen. In V. Brandstätter (Hrsg.), *Handbuch der Allgemeinen Psychologie. Motivation und Emotion* (Handbuch der Psychologie, Bd. 11, S. 150-156). Göttingen: Hogrefe.

Achtziger, A. & Gollwitzer, P. M. (2010). Motivation und Volition im Handlungsverlauf. In J. Heckhausen & H. Heckhausen (Hrsg.), *Motivation und Handeln* (4., überarbeitete und erweiterte Auflage, S. 309-335). Berlin: Springer.

Adler, J., Ball, D. L., Krainer, K., Lin, F.-L. & Novotna, J. (2005). Reflections on an emerging field. Researching mathematics teacher education. *Educational Studies in Mathematics, 60* (3), 359-381.

Ainsworth, S. (2006). DeFT. A conceptual framework for considering learning with multiple representations. *Learning and Instruction, 16* (3), 183-198.

Alexander, P. A. & Jetton, T. L. (1996). The Role of Importance and Interest in the Processing of Text. *Educational Psychology Review, 8* (1), 89-121.

Altrichter, H. & Maag Merki, K. (2010). Steuerung der Entwicklung des Schulwesens. In H. Altrichter (Hrsg.), *Handbuch Neue Steuerung im Schulsystem* (Educational Governance, Bd. 7, 1. Aufl, S. 15-39). Wiesbaden: VS Verl. für Sozialwiss.

Amit, M. & Vinner, S. (1990). Some Misconceptions in Calculus: Anecdotes or the Tip of an Iceberg? In G. Booker, P. Cobb & de Mendicuti, Teresa N. (Eds.), *Proceedings of the 14th International Conference of the International Group for the Psychology of Mathematics Education* (Vol. 1, pp. 3-10). Cinvestav, Mexico: PME.

Anderman, E. M. & Wolters, C. A. (2006). Goals, Values, and Affect: Influences on Student Motivation. In P. A. Alexander & P. H. Winne (Hrsg.), *Handbook of educational psychology* (2nd ed., S. 369-389). Mahwah, N.J.: Erlbaum.

Artelt, C. & Gräsel, C. (2009). Diagnostische Kompetenz von Lehrkräften. *Zeitschrift für Pädagogische Psychologie, 23* (34), 157-160.

Artigue, M. (1996). Teaching and Learning elementary Analysis. *Proceedings of the 8th International Congress on Mathematical Education, Selected lectures.* Verfügbar unter Sevilla, Espagne, 14–21 July 1996, pp. 15–29.

Asiala, M., Cottrill, J., Dubinsky, E. & Schwingendorf, K. E. (1997). The Development of Students' Graphical Understanding of the Derivative. *The Journal of Mathematical Behavior, 16* (4), 399-431.

Aspinwall, L. & Miller, L.D. (2001). Diagnosing conflict factors in calculus through students' writings. One teacher's reflection. *The Journal of Mathematical Behavior, 20* (1), 89-107.

Atkinson, J. W. (1957). Motivational determinants of risk-taking behavior. *Psychological Review, 64* (6, Pt.1), 359-372.

Atkinson, J. W. (1964). *An introduction to motivation* (University series in psychology): Van Nostrand.

T. Hahn, *Schülerlösungen in Lehrerfortbildungen*, Mathematikdidaktik im Fokus,
https://doi.org/10.1007/978-3-658-24451-4

Atkinson, J. W., Bastian, J. R., Earl, R. W. & Litwin, G. H. (1960). The achievement motive, goal setting, and probability preferences. *The Journal of Abnormal and Social Psychology, 60* (1), 27-36.

Atkinson, J. W. & Buchroithner, C. (1975). *Einführung in die Motivationsforschung*. Stuttgart: Ernst Klett.

Austin, J. T. & Vancouver, J. B. (1996). Goal Constructs in Psychology: Structure, Process, and Content. *Psychological Bulletin, 120* (3), 338-375.

Baker, B., Cooley, L. & Trigueros, M. (2000). A Calculus Graphing Schema. *Journal for Research in Mathematics Education, 31* (5), 557.

Ball, D. L., Hill, H. C. & Bass, H. (2005). Knowing Mathematics for Teaching. Who Knows Mathematics Well Enough To Teach Third Grade, and How Can We Decide? *American Educator,* 14.

Ball, D. L., Lubienski, S. T. & Mewborn, D. S. (2001). Research on Teaching Mathematics: The Unsolved Problem of Teachers' Mathematical Knowledge. In V. Richardson (Ed.), *Handbook of research on teaching* (4th ed., pp. 433-456). Washington, D.C.: American Educational Research Association.

Ball, D. L., Thames, M. H. & Phelps, G. (2008). Content knowledge for teaching. What Makes It Special? *Journal of Teacher Education, 59* (5), 389-407.

Bandura, A. (1977). Self-efficacy: Toward a Unifying Theory of Behavioral Change. *Psychological Review, 84* (2), 191-215.

Banilower, E. R., Boyd, S. E., Pasley, J. D. & Weiss, I. R. (2006). *Lessons from a Decade of Mathematics and Science Reform. A Capstone Report for the Local Systemic Change through Teacher Enhancement Initiative.* Chapel Hill: Horizon Research, Inc.

Barzel, B. & Ganter, S. (2010). Experimentell zum Funktionsbegriff. *Praxis der Mathematik in der Schule, 52* (31), 14-19.

Barzel, B. & Selter, C. (2015). Die DZLM-Gestaltungsprinzipien für Fortbildungen. *Journal für Mathematik-Didaktik, 36* (2), 259-284.

Bas, S., Gozde Didis, M., Kursat Erbas, A., Cetinkaya, B., Cakiroglu, E. & Alacaci, C. (2013). Teachers as Investigators of Students' Written Work: Does This Approach Provide an Opportunity for Professional Development? In B. Ubuz, C. Haser & M. A. Mariotti (Hrsg.), *Proceeding of the eighth congress of the european society for research in mathematics education* (S. 2936-2945). Antalya: ERME.

Baumert, J. (Hrsg.). (2000). *TIMSS III, dritte internationale Mathematik- und Naturwissenschaftsstudie. Mathematische und naturwissenschaftliche Bildung am Ende der Schullaufbahn. Band 2: Mathematische und physikalische Kompetenzen am Ende der gymnasialen Oberstufe*. Opladen: Leske + Budrich.

Baumert, J. (2009). *Professionswissen von Lehrkräften, kognitiv aktivierender Mathematikunterricht und die Entwicklung von mathematischer Kompetenz (COACTIV). Dokumentation der Erhebungsinstrumente* (Materialien aus der Bildungsforschung, Bd. 83). Berlin: Max-Planck-Inst. für Bildungsforschung.

Baumert, J. & Kunter, M. (2006). Stichwort: Professionelle Kompetenz von Lehrkräften. *Zeitschrift für Erziehungswissenschaft, 9* (4), 469-520.

Baumert, J. & Kunter, M. (2011a). Das Kompetenzmodell von COACTIV. In M. Kunter, J. Baumert, W. Blum, U. Klusmann, S. Krauss & M. Neubrand (Hrsg.), *Professionelle Kompetenz von Lehrkräften. Ergebnisse des Forschungsprogramms COACTIV* (S. 29-53). Münster: Waxmann.

Baumert, J. & Kunter, M. (2011b). Das mathematikspezifische Wissen von Lehrkräften, kognitive Aktivierung im Unterricht und Lernfortschritte von Schülerinnen und Schülern. In M. Kunter, J. Baumert, W. Blum, U. Klusmann, S. Krauss & M. Neubrand (Hrsg.), *Professionelle Kompetenz von Lehrkräften. Ergebnisse des Forschungsprogramms COACTIV* (S. 163-192). Münster: Waxmann.

Baumert, J., Kunter, M., Blum, W., Klusmann, U., Krauss, S. & Neubrand, M. (2011). Professionelle Kompetenz von Lehrkräften, kognitiv aktivierender Unterricht und die mathematische Kompetenz von Schülerinnen und Schülern (COACTIV) - Ein Forschungsprogramm. In M. Kunter, J. Baumert, W. Blum, U. Klusmann, S. Krauss & M. Neubrand (Hrsg.), *Professionelle Kompetenz von Lehrkräften. Ergebnisse des Forschungsprogramms COACTIV* (S. 7-26). Münster: Waxmann.

Bausch, I. (2014). *Mathematikdidaktisches Wissen mit TELPS erfassen und fördern. Ein Instrument zur Unterstützung der Kompetenzdiagnose im Lehramtsstudiengang* (Perspektiven der Mathematikdidaktik). Dordrecht: Springer.

Beckermann, A. (1986). Handeln und Handlungserklärungen. In A. Beckermann (Hrsg.), *Handlungserklärungen* (S. 7-84). Frankfurt am Main: Suhrkamp Verlag.

Beckmann, J. & Heckhausen, H. (2010). Motivation durch Erwartung und Anreiz. In J. Heckhausen & H. Heckhausen (Hrsg.), *Motivation und Handeln* (4., überarbeitete und erweiterte Auflage, S. 105-143). Berlin: Springer.

Bergius, R. (2014). Selbstbild. In M. Wirtz & J. Strohmer (Hrsg.), *Lexikon der Psychologie* (17. vollst. überarb. Aufl., S. 1492). Bern: Hans Huber.

Berliner, D. C. (2001). Learning about and learning from expert teachers. *International Journal of Educational Research, 35* (5), 463-482.

Bernack-Schüler, C., Leuders, T. & Holzäpfel, L. (2015). Understanding Pre-Service Teachers' Belief Change during a Problem Solving Course. In C. Bernack-Schüler, R. Erens, A. Eichler & T. Leuders (Hrsg.), *Views and beliefs in mathematics education. Results of the 19th MAVI Conference* (Freiburger Empirische-Forschung in der Mathematikdidaktik, S. 81-93). Wiesbaden: Springer Spektrum.

Berry, J. S. & Nyman, M. A. (2003). Promoting students' graphical understanding of the calculus. *The Journal of Mathematical Behavior, 22* (4), 479-495.

Besser, M. (2014). *Lehrerprofessionalität und die Qualität von Mathematikunterricht. Quantitative Studien zu Expertise und Überzeugungen von Mathematiklehrkräften* (Research). Wiesbaden: Springer Spektrum.

Besser, M., Leiß, D. & Blum, W. (2015). Theoretische Konzeption und empirische Wirkung einer Lehrerfortbildung am Beispiel des mathematischen Problemlösens. *Journal für Mathematik-Didaktik, 36* (2), 285-313.

Bethge, K., Walter, G. & Wiedemann, B. (2008). *Kernphysik. Eine Einführung* (Springer-Lehrbuch, 3. Aufl.). Berlin, Heidelberg: Springer-Verlag.

Bezuidenhout, J. (1998). First-year university students' understanding of rate of change. *International Journal of Mathematical Education in Science and Technology, 29* (3), 389-399.

Billich-Knapp, M., Künsting, J. & Lipowsky, F. (2012). Profile der Studienwahlmotivation bei Grundschullehramtsstudierenden. *Zeitschrift für Pädagogik, 58* (5), 696-719.

Biza, I., Souyoul, A. & Zachariades, T. (2005). Conceptual Change in Advanced Mathematical Thinking. In M. Bosch (Hrsg.), *Proceedings of the Fourth Congress of the European Society for Research in Mathematics Education* (S. 1727-1736). Sant Feliu de Guíxols, Spain.

Blank, R. K. & las Alas, N. de. (2009). *Effects of Teacher Professional Development on Gains in Student Achievement. How Meta Analysis Provides Scientific Evidence Useful to Education Leaders*. Washington, D. C.: Council of Chief State School Officers.

Blömeke, S. (2002). *Universität und Lehrerausbildung* (Forschung). Bad Heilbrunn/Obb.: Klinkhardt.

Blömeke, S., Felbrich, A. & Müller, C. (2008). Theoretischer Rahmen und Untersuchungsdesign. In S. Blömeke, G. Kaiser & R. Lehmann (Hrsg.), *Professionelle Kompetenz angehender Lehrerinnen und Lehrer. Wissen, Überzeugungen und Lerngelegenheiten deutscher Mathematikstudierender und -referendare. Erste Ergebnisse zur Wirksamkeit der Lehrerausbildung* (S. 15-48). Münster: Waxmann.

Blömeke, S., Gustafsson, J.-E. & Shavelson, R. J. (2015). Beyond Dichotomies. *Zeitschrift für Psychologie, 223* (1), 3-13.

Blömeke, S. & Kaiser, G. (2015). Effects of Motivation on the Beliefs Systems of Future Mathematics Teachers from a Comparative Perspective. In B. Pepin & B. Roesken-Winter (Eds.), *From beliefs to dynamic affect systems in mathematics education* (Advances in Mathematics Education, pp. 227-243). Cham: Springer International Publishing.

Blömeke, S., Kaiser, G. & Lehmann, R. (2008a). Einleitung. In S. Blömeke, G. Kaiser & R. Lehmann (Hrsg.), *Professionelle Kompetenz angehender Lehrerinnen und Lehrer. Wissen, Überzeugungen und Lerngelegenheiten deutscher Mathematikstudierender und -referendare. Erste Ergebnisse zur Wirksamkeit der Lehrerausbildung* (S. 7-13). Münster: Waxmann.

Blömeke, S., Kaiser, G. & Lehmann, R. (Hrsg.). (2008b). *Professionelle Kompetenz angehender Lehrerinnen und Lehrer. Wissen, Überzeugungen und Lerngelegenheiten deutscher Mathematikstudierender und -referendare. Erste Ergebnisse zur Wirksamkeit der Lehrerausbildung.* Münster: Waxmann.

Blömeke, S., Kaiser, G. & Lehmann, R. (Hrsg.). (2010). *TEDS-M 2008. Professionelle Kompetenz und Lerngelegenheiten angehender Mathematiklehrkräfte für die Sekundarstufe I im internationalen Vergleich*. Münster [u.a.]: Waxmann.

Blömeke, S., Müller, C., Felbrich, A. & Kaiser, G. (2008). Epistemologische Überzeugungen zur Mathematik. In S. Blömeke, G. Kaiser & R. Lehmann (Hrsg.), *Professionelle Kompetenz angehender Lehrerinnen und Lehrer. Wissen, Überzeugungen und Lerngelegenheiten deutscher Mathematikstudierender und -referendare. Erste Ergebnisse zur Wirksamkeit der Lehrerausbildung* (S. 219-246). Münster: Waxmann.

Blömeke, S., Seeber, S., Lehmann, R., Kaiser, G., Schwarz, B., Felbrich, A. et al. (2008). Messung des fachbezogenen Wissens angehender Mathematiklehrkräfte. In S. Blömeke, G. Kaiser & R. Lehmann (Hrsg.), *Professionelle Kompetenz angehender Lehrerinnen und Lehrer. Wissen, Überzeugungen und Lerngelegenheiten deutscher Mathematikstudierender und -referendare. Erste Ergebnisse zur Wirksamkeit der Lehrerausbildung* (S. 49-88). Münster: Waxmann.

Blum, W. (2010). Einführung. In W. Blum, C. Drüke-Noe, R. Hartung & O. Köller (Hrsg.), *Bildungsstandards Mathematik: konkret. Sekundarstufe I: Aufgabenbeispiele, Unterrichtsanregungen, Fortbildungsideen; mit CD-ROM* (4. Aufl., S. 14-32). Berlin: Cornelsen Scriptor.

Blum, W., Drüke-Noe, C., Hartung, R. & Köller, O. (Hrsg.). (2010). *Bildungsstandards Mathematik: konkret. Sekundarstufe I: Aufgabenbeispiele, Unterrichtsanregungen, Fortbildungsideen; mit CD-ROM* (4. Aufl.). Berlin: Cornelsen Scriptor.

Blum, W. & Törner, G. (1983). *Didaktik der Analysis* (Moderne Mathematik in elementarer Darstellung, Bd. 20). Göttingen: Vandenhoeck & Ruprecht.

Blum, W., Vogel, S., Drüke-Noe, C. & Roppelt, A. (2015). *Bildungsstandards aktuell: Mathematik in der Sekundarstufe II* (Bildungsstandards aktuell). Braunschweig: Schroedel.

Bonsen, M. & Berkemeyer, N. (2011). Lehrerinnen und Lehrer in Schulentwicklungsprozessen. In E. Terhart, H. Bennewitz & M. Rothland (Hrsg.), *Handbuch der Forschung zum Lehrerberuf* (S. 731-747). Münster: Waxmann.

Borko, H. & Putnam, R. T. (1996). Learning to teach. In D. C. Berliner & R. C. Calfee (Hrsg.), *Handbook of educational psychology* (S. 673-708). New York: Macmillan Library Reference USA, Simon & Schuster Macmillan; Prentice Hall International.

Brandstätter, V., Achtziger, A. & Gollwitzer, P. M. (2015). Motivation und Volition. In A. Schütz, M. Brand, H. Selg & S. Lautenbacher (Hrsg.), *Psychologie. Eine Einführung in ihre Grundlagen und Anwendungsfächer* (5., überarbeitete und erweiterte Auflage, S. 170-186). Stuttgart, Germany: Verlag W. Kohlhammer.

Brandstätter, V., Schüler, J., Puca, R. M. & Lozo, L. (2013). *Allgemeine Psychologie für Bachelor: Motivation und Emotion. Lesen, Hören, Lernen im Web* (Springer-Lehrbuch). Berlin: Springer.

Bromme, R. (2008). Lehrerexpertise. In W. Schneider & M. Hasselhorn (Hrsg.), *Handbuch der Pädagogischen Psychologie* (Handbuch der Psychologie, Bd. 10, [Digitalisat], S. 159-167). Göttingen [u.a.]: Hogrefe.

Bromme, R. (2014). *Der Lehrer als Experte. Zur Psychologie des professionellen Wissens* (Standardwerke aus Psychologie und Pädagogik, Reprints, Bd. 7). Münster: Waxmann.

Bromme, R. & Haag, L. (2008). Forschung zur Lehrerpersönlichkeit. In W. Helsper (Hrsg.), *Handbuch der Schulforschung* (2., durchges. und erw. Aufl, S. 803-819). Wiesbaden: VS, Verl. für Sozialwiss.

Brügelmann, H. (2014). Gilt nach Hattie: Je häufiger, desto besser? Zur Bedeutung von "Evidenzbasierung" für pädagogisches Handeln. In E. Terhart (Hrsg.), *Die Hattie-Studie in der Diskussion. Probleme sichtbar machen* (Bildung kontrovers, 2. Aufl, S. 38-50) [Stuttgart]: Klett.

Bruner, J. S. (1988). Über kognitive Entwicklung. In J. S. Bruner, R. R. Oliver & P. M. Greenfield (Hrsg.), *Studien zur Kognitiven Entwicklung. Eine kooperative Untersuchung am Center for Cognitive Studies der Harvard-Universität* (2. Aufl., S. 21-53). Stuttgart: E. Klett-Cotta.

Bruner, J. S. & Kenney, H. J. (1965). Representation and Mathematics Learning. *Monographs of the Society for Research in Child Development, 30* (1), 50.

Brunner, M., Anders, Y., Hachfeld, A. & Krauss, S. (2011). Diagnostische Fähigkeiten von Mathematiklehrern. In M. Kunter, J. Baumert, W. Blum, U. Klusmann, S. Krauss & M. Neubrand (Hrsg.), *Professionelle Kompetenz von Lehrkräften. Ergebnisse des Forschungsprogramms COACTIV* (S. 215-234). Münster: Waxmann.

Brunner, M., Kunter, M., Krauss, S., Baumert, J., Blum, W., Dubberke, T. et al. (2006). Welche Zusammenhänge bestehen zwischen dem fachspezifischen Professionswissen von Mathematiklehrkräften und ihrer Ausbildung sowie beruflichen Fortbildung? *Zeitschrift für Erziehungswissenschaft, 9* (4), 521-544.

Brunstein, J. C. (2010). Implizite und explizite Motive. In J. Heckhausen & H. Heckhausen (Hrsg.), *Motivation und Handeln* (4., überarbeitete und erweiterte Auflage, S. 237-255). Berlin: Springer.

Brunstein, J. C. & Heckhausen, H. (2010). Leistungsmotivation. In J. Heckhausen & H. Heckhausen (Hrsg.), *Motivation und Handeln* (4., überarbeitete und erweiterte Auflage, S. 145-192). Berlin: Springer.

Büchter, A. & Henn, H.-W. (2010). *Elementare Analysis. Von der Anschauung zur Theorie* (Mathematik Primar- und Sekundarstufe). Heidelberg: Spektrum Akademischer Verlag.

Buck, H. & Denker, J. (2001). *LS Analysis. Mathematisches Unterrichtswerk für das Gymnasium.* Stuttgart: Klett.

Bush, S. B. & Karp, K. S. (2013). Prerequisite algebra skills and associated misconceptions of middle grade students: A review. *The Journal of Mathematical Behavior, 32* (3), 613-632.

Butler, R. (2007). Teachers' Achievement Goal Orientations and Associations With Teachers' Help Seeking: Examination of a Novel Approach to Teacher Motivation. *Journal of Educational Psychology, 99* (2), 241-252.

Calderhead, J. (1996). Teachers: Beliefs and Knowledge. In D. C. Berliner & R. C. Calfee (Hrsg.), *Handbook of educational psychology* (S. 709-725). New York: Macmillan Library Reference USA, Simon & Schuster Macmillan; Prentice Hall International.

Carlson, M. P. (1998). A Cross-Sectional Investigation of the Development of the Function Concept. In A. H. Schoenfeld, J. J. Kaput & E. Dubinsky (Eds.), *Research in collegiate mathematics education* (Issues in mathematics education, v. 7, pp. 114-162). Providence (R.I.): American mathematical society; Mathematical Association of America.

Carpenter, T. P., Fennema, E., Franke, M. L., Levi, L. & Empson, S. B. (2000). *Cognitively guided instruction: A Research-Based Teacher Professional Development Program for Elementary School Mathematics* (Report No. 003), National Center for Improving Student Learning and Achievement in Mathematics and Science. Zugriff am 12.07.2016. Verfügbar unter ncisla.wceruw.org/publications/reports/RR00-3.PDF

Carpenter, T. P., Fennema, E., Peterson, P. L., Chiang, C.-P. & Loef, M. (1989). Using Knowledge of Children's Mathematics Thinking in Classroom Teaching: An Experimental Study. *American Educational Research Journal, 26* (4), 499-531.

Carrillo, J., Climent, N., Contreras, L. C. & Munoz-Catalán, M. C. (2013). Determining Specialized Knowledge for Mathematics Teaching. In B. Ubuz, C. Haser & M. A. Mariotti (Hrsg.), *Proceeding of the eighth congress of the european society for research in mathematics education* (S. 2985-2994). Antalya: ERME.

Caspary, R. (Hrsg.). (2008). *Nur wer Fehler macht, kommt weiter. Wege zu einer neuen Lernkultur* (Herder Spektrum, Bd. 5892, 1. Aufl.). Freiburg im Breisgau: Herder.

Clark, J. M., Cordero, F., Cottrill, J., Czarnocha, B., DeVries, D. J., St. John, D. et al. (1997). Constructing a Schema: The Case of the Chain Rule? *The Journal of Mathematical Behavior, 16* (4), 345-364.

Clarke, D. & Hollingsworth, H. (2002). Elaborating a model of teacher professional growth. *Teaching and Teacher Education, 18* (8), 947-967.

Cohen, J. (2009). *Statistical Power Analysis for the Behavioral Sciences*. New York [u.a.]: Taylor and Francis.

Confrey, J. & Smith, E. (1994). Exponential functions, rates of change, and the multiplicative unit. *Educational Studies in Mathematics, 26* (2-3), 135-164.

Cooney, T. J. (1999). Conceptualizing teachers' ways of knowing. *Educational Studies in Mathematics, 38* (1/3), 163-187.

Cottrill, J. F. (1999). *Students' understanding of the concept of chain rule in first year calculus and the relation to their understanding of composition of functions,* Purdue University. Zugriff am 01.06.2015.

Csikszentmihalyi, M. (1975). *Beyond boredom and anxiety* (The Jossey-Bass behavioral science series). San Francisco, Calif.: Jossey-Bass.

Csikszentmihalyi, M. (1985). *Das flow-Erlebnis. Jenseits von Angst u. Langeweile: im Tun aufgehen* (Konzepte der Humanwissenschaften). Stuttgart: Klett-Cotta.

Dagen, A. S. & Bean, R. M. (2014). High-quality research-based professional development. An essential for enhancing high-quality teaching. In L. E. Martin, S. Kragler, D. J. Quatroche & K. L. Bauserman (Hrsg.), *Handbook of professional development in education. Successful models and practices, PreK-12* (S. 42-63). New York: Guilford Press.

Danckwerts, R. & Vogel, D. (2006). *Analysis verständlich unterrichten* (Mathematik Primar- und Sekundarstufe, 1. Auflage). München: Elsevier; Spektrum Akademischer Verlag.

Daschner, P. (2009). Lehrerfort- und weiterbildung. Professionalisierung im Kontext der Lehrerbildung. In S. Blömeke (Hrsg.), *Handbuch Schule. Theorie - Organisation - Entwicklung* (UTB, Bd. 8392, S. 490-494). Bad Heilbrunn: Klinkhardt.

Deci, E. L. & Ryan, R. M. (1985). *Intrinsic motivation and self-determination in human behavior* (Perspectives in social psychology). New York: Plenum.

Deci, E. L. & Ryan, R. M. (1993). Die Selbstbestimmungstheorie der Motivation und ihre Bedeutung für die Pädagogik. *Zeitschrift für Pädagogik, 39* (2), 223-238.

Decker, A.-T. (2015). *Veränderung berufsbezogener Überzeugungen bei Lehrkräften*. Inauguraldissertation: Gothe Universität Frankfurt am Main.

Decker, A.-T., Kunter, M. & Voss, T. (2015). The relationship between quality of discourse during teacher induction classes and beginning teachers' beliefs. *European Journal of Psychology of Education, 30* (1), 41-61.

Dedekind, B. (2012). *"Darstellen in der Mathematik" als Kompetenz aufbauen*. Kiel: IPN Leibniz-Institut f. d. Pädagogik d. Naturwissenschaften an d. Universität Kiel.

Demtröder, W. (2015). *Experimentalphysik 1. Mechanik und Wärme* (Springer-Lehrbuch, 7. Aufl. 2015). Berlin, Heidelberg: Springer Berlin Heidelberg.

Depaepe, F., Verschaffel, L. & Kelchtermans, G. (2013). Pedagogical content knowledge: A systematic review of the way in which the concept has pervaded mathematics educational research. *Teaching and Teacher Education, 34,* 12-25.

Desimone, L. M. (2009). Improving Impact Studies of Teachers' Professional Development: Toward Better Conceptualizations and Measures. *Educational Researcher, 38* (3), 181-199.

Desimone, L. M., Porter, A. C., Garet, M. S., Yoon, K. S. & Birman, B. F. (2002). Effects of Professional Development on Teachers' Instruction: Results from a Three-year Longitudinal Study. *Educational Evaluation and Policy Analysis, 24* (2), 81-112.

Dewey, J. (1910). *How we think*. Boston: Heath & Co.

Döhrmann, M., Kaiser, G. & Blömeke, S. (2010). Messung des mathematischen und mathematikdidaktischen Wissens: Theoretischer Rahmen und Teststruktur. In S. Blömeke, G. Kaiser & R. Lehmann (Hrsg.), *TEDS-M 2008. Professionelle Kompetenz und Lerngelegenheiten angehender Mathematiklehrkräfte für die Sekundarstufe I im internationalen Vergleich* (S. 169-196). Münster [u.a.]: Waxmann.

Donaldson, M. (1963). *A Study of Children's Thinking*. London: Tavistock Publications.

Döring, N. & Bortz, J. (2016a). Bestimmung von Teststärke, Effektgröße und optimalem Stichprobenumfang. In N. Döring & J. Bortz (Hrsg.), *Forschungsmethoden und Evaluation in den Sozial- und Humanwissenschaften* (Springer-Lehrbuch, 5. vollst. überarb., aktualisierte und erw. Aufl., S. 807-866). Berlin: Springer.

Döring, N. & Bortz, J. (2016b). Datenanalyse. In N. Döring & J. Bortz (Hrsg.), *Forschungsmethoden und Evaluation in den Sozial- und Humanwissenschaften* (Springer-Lehrbuch, 5. vollst. überarb., aktualisierte und erw. Aufl., S. 597-784). Berlin: Springer.

Döring, N. & Bortz, J. (2016c). Datenerhebung. In N. Döring & J. Bortz (Hrsg.), *Forschungsmethoden und Evaluation in den Sozial- und Humanwissenschaften* (Springer-Lehrbuch, 5. vollst. überarb., aktualisierte und erw. Aufl., S. 321-577). Berlin: Springer.

Döring, N. & Bortz, J. (2016d). Empirische Sozialforschung im Überblick. In N. Döring & J. Bortz (Hrsg.), *Forschungsmethoden und Evaluation in den Sozial- und Humanwissenschaften* (Springer-Lehrbuch, 5. vollst. überarb., aktualisierte und erw. Aufl., S. 3-30). Berlin: Springer.

Döring, N. & Bortz, J. (2016e). Operationalisierungen. In N. Döring & J. Bortz (Hrsg.), *Forschungsmethoden und Evaluation in den Sozial- und Humanwissenschaften* (Springer-Lehrbuch, 5. vollst. überarb., aktualisierte und erw. Aufl., S. 221-289). Berlin: Springer.

Dresel, M. & Lämmle, L. (2011). Motivation. In T. Götz (Hrsg.), *Emotion, Motivation und selbstreguliertes Lernen* (StandardWissen Lehramt, Bd. 3481, S. 79-142). Paderborn: Schöningh.

Dubinsky, E. & Wilson, R. T. (2013). High school students' understanding of the function concept. *The Journal of Mathematical Behavior, 32* (1), 83-101.

Duit, R. & Treagust, D. F. (2003). Conceptual change. A powerful framework for improving science teaching and learning. *International Journal of Science Education, 25* (6), 671-688.

Duval, R. (2006). A cognitive analysis of problems of comprehension in a learning of mathematics. *Educational Studies in Mathematics, 61* (1-2), 103-131.

Ebner, N. C. & Freund, A. M. (2009). Annährungs- vs. Vermeidungsmotivation. In V. Brandstätter (Hrsg.), *Handbuch der Allgemeinen Psychologie. Motivation und Emotion* (Handbuch der Psychologie, Bd. 11, S. 72-78). Göttingen: Hogrefe.

Eccles, J. S. (2005). Subjective task value and the Eccles et al. model of achievementrelated choices. In A. J. Elliot & C. S. Dweck (Hrsg.), *Handbook of competence and motivation* (S. 105-121). New York: Guilford Press.

Eccles, J. S., Adler, T. F., Futterman, R., Goff, S. B., Kaczala, C. M. & Meece, J. L. (1983). Expectancies, values, and academic behaviors. In J. T. Spence (Hrsg.), *Achievement and achievement motives. Psychological and sociological approaches* (A Series of books in psychology, S. 75-146). San Francisco: W.H. Freeman.

Eccles, J. S. & Wigfield, A. (2002). Motivational beliefs, values, and goals. *Annual review of psychology, 53,* 109-132.

Eichler, A. (2005a). Individuelle Stochastikcurricula. *Journal für Mathematik-Didaktik, 26* (2), 164-165.

Eichler, A. (2005b). *Individuelle Stochastikcurricula von Lehrerinnen und Lehrern* (Texte zur mathematischen Forschung und Lehre, Bd. 38). Hildesheim: Franzbecker.

Eichler, A. (2007). Individuelle, tatsächliche und realisierte Curricula. Ein ganzheitlicher Blick auf die mathematische Schulpraxis. In D. Lemmermöhle (Hrsg.), *Professionell lehren - erfolgreich lernen* (S. 211-224). Münster: Waxmann.

Eichler, A. & Erens, R. (2015). Domain-specific belief systems of secondary mathematics teachers. In B. Pepin & B. Roesken-Winter (Hrsg.), *From beliefs to dynamic affect systems in mathematics education* (Advances in Mathematics Education, S. 179-200). Cham: Springer International Publishing.

Eichler, A., Gradwohl, J., Hahn, T. & Isaev, V. (unveröffentlicht). *Projektbericht zu Konzepte von Lernenden in der Analysis (KoLA).*

Eichler, A., Hahn, T., Isaev, V. & Gradwohl, J. (2017). Konzepte von Lernenden zu Grundbegriffen der Analysis. In Institut für Mathematik der Universität Potsdam (Hrsg.), *Beiträge zum Mathematikunterricht 2017* (203-206). Münster: WTM, Verl. für Wiss. Texte und Medien.

Eid, M., Gollwitzer, M. & Schmitt, M. (2015). *Statistik und Forschungsmethoden. Mit Online-Materialien* (4., überarbeitete und erweiterte Auflage). Weinheim: Beltz.

Engeser, S., Rheinberg, F., Vollmeyer, R. & Bischoff, J. (2005). Motivation, Flow-Erleben und Lernleistung in universitären Lernsettings. *Zeitschrift für Pädagogische Psychologie, 19* (3), 159-172.

Erath, K. (2017). *Mathematisch diskursive Praktiken des Erklärens. Rekonstruktion von Unterrichtsgesprächen in unterschiedlichen Mikrokulturen* (Dortmunder Beiträge zur Entwicklung und Erforschung des Mathematikunterrichts, Band 27). Wiesbaden: Springer Spektrum.

Ernest, P. (1989). The Knowledge, Beliefs and Attitudes of the Mathematics Teacher: a model. *Journal of Education for Teaching, 15* (1), 13-33.

Fauskanger, J. (2015). Challenges in measuring teachers' knowledge. *Educational Studies in Mathematics, 90* (1), 57-73.

Fennema, E., Carpenter, T. P., Franke, M. L., Levi, L., Jacobs, V. R. & Empson, S. B. (1996). A Longitudinal Study of Learning to Use Children's Thinking in Mathematics Instruction. *Journal for Research in Mathematics Education, 27* (4), 403.

Fennema, E., Franke, M. L., Carpenter, T. P. & Carey, D. A. (1993). Using Children's Mathematical Knowledge in Instruction. *American Educational Research Journal, 30* (3), 555-583.

Fennema, E., Peterson, P. L., Carpenter, T. P. & Lubinski, C. A. (1990). Teachers' attributions and beliefs about girls, boys, and mathematics. *Educational Studies in Mathematics, 21* (1), 55-69.

Fernet, C., Senecal, C., Guay, F., Marsh, H. & Dowson, M. (2008). The Work Tasks Motivation Scale for Teachers (WTMST). *Journal of Career Assessment, 16* (2), 256-279.

Ferrini-Mundy, J. & Graham, K. (1994). Research in Calculus Learning: Understanding of Limits, Derivatives, and Integrals. In J. J. Kaput & E. Dubinsky (Eds.), *Research issues in undergraduate mathematics learning. Preliminary analyses and results* (MAA notes, no. 33, pp. 31-45) [Washington, D.C.]: Mathematical Association of America.

Fives, H. & Buehl, M. M. (2012). Spring cleaning for the "messy" construct of teachers' beliefs: What are they? Which have been examined? What can they tell us? In K. R. Harris, S. Graham, T. Urdan, S. Graham, J. M. Royer & M. Zeidner (Hrsg.), *APA educational psychology handbook, Vol 2: Individual differences and cultural and contextual factors* (S. 471-499). Washington: American Psychological Association.

Fives, H., Lacatena, N. & Gerard, L. (2015). Teachers' beliefs about Teaching (and learning). In H. Fives & M. G. Gill (Hrsg.), *International handbook of research on teachers' beliefs* (Educational psychology handbook, S. 249-265). New York: Routledge.

Flammer, A. (2014). Epistemologie. In M. Wirtz & J. Strohmer (Hrsg.), *Lexikon der Psychologie* (17. vollst. überarb. Aufl., S. 505). Bern: Hans Huber.

Fölling-Albers, M., Hartinger, A. & Mörtl-Hafizović, D. (2004). Situiertes Lernen in der Lehrerbildung. *Zeitschrift für Pädagogik, 50* (5), 527-547.

Franke, M. L., Carpenter, T. P., Fennema, E., Ansell, E. & Behrend, J. (1998). Understanding teachers' self-sustaining, generative change in the context of professional development. *Teaching and Teacher Education, 14* (1), 67-80.

Franke, M. L., Carpenter, T. P., Levi, L. & Fennema, E. (2001). Capturing teachers' generative change: A follow-up study of professional development in mathematics. *American Educational Research Journal, 38* (3), 653-689.

Friedrich, H. (2001). Eine Kategorie zur Beschreibung möglicher Ursachen für Probleme mit dem Grenzwertbegriff. *Journal für Mathematik-Didaktik, 22* (3-4), 207-230.

Furinghetti, F. & Pehkonen, E. (2002). Rethinking Characterizations of Beliefs. In G. C. Leder, E. Pehkonen & G. Törner (Hrsg.), *Beliefs: A Hidden Variable in Mathematics Education?* (Mathematics education library, v. 31, S. 39-57). Dordrecht: Kluwer Academic Publishers.

Fussangel, K., Rürup, M. & Gräsel, C. (2010). Lehrerfortbildung als Unterstützungssystem. In H. Altrichter (Hrsg.), *Handbuch Neue Steuerung im Schulsystem* (Educational Governance, Bd. 7, 1. Aufl, S. 327-354). Wiesbaden: VS Verl. für Sozialwiss.

Garet, M. S., Cronen, S., Eaton, Marian, Kurki, A., Ludwig, M., Jones, W. et al. (2008). *The Impact of Two Professional Development Interventions on Early Reading Instruction and Achievement.* Zugriff am 04.01.2015. Verfügbar unter http://ies.ed.gov/ncee/pdf/20084030.pdf

Garet, M. S., Porter, A. C., Desimone, L. M., Birman, B. F. & Yoon, K. S. (2001). What Makes Professional Development Effective? Results from a National Sample of Teachers. *American Educational Research Journal, 38* (4), 915-945.

Gates, P. (2006). Going beyond belief systems. Exploring a model for the social Influence on mathematics teacher beliefs. *Educational Studies in Mathematics, 63* (3), 347-369.

Girnat, B. (2017). *Individuelle Curricula über den Geometrieunterricht. Eine Analyse von Lehrervorstellungen in den beiden Sekundarstufen* (Freiburger Empirische Forschung in der Mathematikdidaktik, 1. Aufl. 2017). Wiesbaden: Springer Fachmedien Wiesbaden.

Glaser, T. (2014). Selbstwahrnehmungstheorie. In M. Wirtz & J. Strohmer (Hrsg.), *Lexikon der Psychologie* (17. vollst. überarb. Aufl., S. 1505). Bern: Hans Huber.

Gold, A. (2011). *Lernschwierigkeiten. Ursachen, Diagnostik, Intervention* (Kohlhammer-Standards Psychologie, 1. Aufl.). Stuttgart: Kohlhammer.

Goldschmidt, P. & Phelps, G. (2007). *Does Teacher Professional Development Affect Content and Pedagogical Knowledge: How Much and for How Long?* National Center for Research on Evaluation, Standards, and Student Testing (CRESST) Center for the Study of Evaluation (CSE), Graduate School of Education and Information Studies University of California, Los Angeles.

Greefrath, G., Kaiser, G., Blum, W. & Borromeo Ferri, R. (2013). Mathematisches Modellieren – Eine Einführung in theoretische und didaktische Hintergründe. In R. Borromeo Ferri, G. Greefrath & G. Kaiser (Hrsg.), *Mathematisches Modellieren für Schule und Hochschule* (S. 11-37). Wiesbaden: Springer Fachmedien Wiesbaden.

Greefrath, G., Oldenburg, R., Siller, H.-S., Ulm, V. & Weigand, H.-G. (2016). *Didaktik der Analysis.* Berlin, Heidelberg: Springer Berlin Heidelberg.

Green, T. F. (1971). *The Activities of Teaching* (Foundations in education). New York: McGraw-Hill.

Griesel, H., Postel, H. & Suhr, F. (2005). *Elemente der Mathematik 11. Einführung in die Analysis* (Elemente der Mathematik, Dr. A,1). Hannover: Schroedel.

Grigutsch, S., Raatz, U. & Törner, G. (1998). Einstellungen gegenüber Mathematik bei Mathematiklehrern. *Journal für Mathematik-Didaktik, 19* (1), 3-45.

Groeben, N. (1988). Explikation des Konstrukts "subjektive Theorie". In N. Groeben, D. Wahl, J. Schlee & Scheele Brigitte (Hrsg.), *Das Forschungsprogramm Subjektive Theorien. Eine Einführung in die Psychologie des reflexiven Subjekts* (S. 17-29). Tübingen: Francke.

Guskey, T. R. (1998). The age of our accountability. *Journal of Staff Development, 19* (4), 36-44.

Guskey, T. R. (2000). *Evaluating professional development.* Thousand Oaks, Calif.: Corwin Press.

Guskey, T. R. (2002). Professional Development and Teacher Change. *Teachers and Teaching: Theory and Practice, 8* (3/4), 381-391.

Guskey, T. R. (2014). Measuring the Effectiveness of Educators' Professional Development. In L. E. Martin, S. Kragler, D. J. Quatroche & K. L. Bauserman (Hrsg.), *Handbook of professional development in education. Successful models and practices, PreK-12* (S. 447-466). New York: Guilford Press.

Guskey, T. R. & Yoon, K. S. (2009). What Works in Professional Development? *Phi Delta Kappan* (7), 495-500.

Habre, S. & Abboud, M. (2006). Students' conceptual understanding of a function and its derivative in an experimental calculus course. *The Journal of Mathematical Behavior, 25* (1), 57-72.

Hadjidemetriou, C. & Williams, J. (2002). Teachers' pedagogical content knowledge: graphs from a cognitivist to a situated perspective. In A. D. Cockburn & E. Nardi (Eds.), *Proceedings of the 26th Conference of the International Group for the Psychology of Mathematics Education. Bergen, Norway, July 14-18, 2004 : PME 28* (Vol. 3, pp. 57-64). Norwich, U.K.: School of Education and Professional Development, University of East Anglia.

Hähkiöniemi, M. (2006). Associative and reflective connections between the limit of the difference quotient and limiting process. *The Journal of Mathematical Behavior, 25* (2), 170-184.

Hahn, S. & Prediger, S. (2008). Bestand und Änderung — Ein Beitrag zur Didaktischen Rekonstruktion der Analysis. *Journal für Mathematik-Didaktik, 29* (3-4), 163-198.

Hahn, T. & Eichler, A. (2016a). Development of motivation referring KCS and KCT in professional development courses. In S. Zehetmeier, B. Rösken-Winter, D. Potari & M. Ribeiro (Hrsg.), *Proceedings of the Third ERME Topic Conference on Mathematics Teaching, Resources and Teacher Professional Development (ETC3, October 5 to 7, 2016)* (S. 157-166). Berlin: Humbolt-Universität zu Berlin.

Hahn, T. & Eichler, A. (2016b) Einfluss der Reflexion von Schülerdokumenten in Lehrerfortbildungen auf fachdidaktische Aspekte der Motivation. In *Beiträge zum Mathematikunterricht 2016* (S. 353-356). Technische Universität Dortmund.

Hammer, D. (1996). Misconceptions or P-Prims: How May Alternative Perspectives of Cognitive Structure Influence Instructional Perceptions and Intentions? *The Journal of the Learning Science, 5* (2), 97-127.

Handal, B. (2003). Teachers' Mathematical Beliefs: A Review. *The Mathematics Educator, 13* (2), 47-57.

Hannula, M. S. (2014). Affect in Mathematics Education. In S. Lerman (Hrsg.), *Encyclopedia of mathematics education* (S. 23-27). Dordrecht: SpringerReference.

Hannula, M. S., Op't Eynde, P., Schlöglmann, W. & Wedege, T. (2007). Affect and mathematical thinking. In D. Pitta-Pantazi & G. Philippou (Hrsg.), *Proceedings of the Fifth Congress of the European Society for Research in Mathematics Education* (S. 202-208). Department of Education: Univeristy of Cyprus.

Hascher, T. (2011). Forschung zur Wirksamkeit der Lehrerbildung. In E. Terhart, H. Bennewitz & M. Rothland (Hrsg.), *Handbuch der Forschung zum Lehrerberuf* (S. 418-440). Münster: Waxmann.

Hattie, J. (2009). *Visible learning. A synthesis of over 800 meta-analyses relating to achievement.* London: Routledge.

Hattie, J. (2011). *Visible learning for teachers & students. How to maximise school achievement.* London: Routledge.

Hattie, J. (2014). *Lernen sichtbar machen für Lehrpersonen. Überarbeitete deutschsprachige Ausgabe von "Visible Learning for Teachers"* (1., neue Ausg). Baltmannsweiler: Schneider Hohengehren.

Hattie, J., Beywl, W. & Zierer, K. (2014). *Lernen sichtbar machen* (2., korrigierte Aufl). Baltmannsweiler: Schneider-Verl. Hohengehren.

Hawley, W. D. & Valli, L. (2000). Learner-Centered Professional Development. *Phi Delta Kappan, 27,* 7-10.

Heckhausen, H. (1965). Leistungsmotivation. In H. Thomae (Hrsg.), *Allgemeine Psychologie. II. Motivation* (Bd. 2, S. 602-702). Göttingen: Hogrefe.

Heckhausen, H. (1974). *Leistung und Chancengleichheit* (Motivationsforschung, Bd. 2). Göttingen: Verlag für Psychologie.

Heckhausen, H. & Rheinberg, F. (1980). Lernmotivation im Unterricht, erneut betrachtet. *Unterrichtswissenschaften, 8* (1), 7-47.

Heckhausen, J. & Heckhausen, H. (2010). Motivation und Handeln: Einführung und Überblick. In J. Heckhausen & H. Heckhausen (Hrsg.), *Motivation und Handeln* (4., überarbeitete und erweiterte Auflage, S. 1-9). Berlin: Springer.

Hefendehl-Hebeker, L. (1996). Aspekte des Erklärens von Mathematik. *mathematica didactica, 19* (1), 23-38.

Heinrichs, H. (2015). *Diagnostische Kompetenz von Mathematik-Lehramtsstudierenden. Messung und Förderung* (Perspektiven der Mathematikdidaktik). Wiesbaden: Springer Spektrum.

Helmke, A. (2007). *Unterrichtsqualität erfassen, bewerten, verbessern* (Schulisches Qualitätsmanagement, 5. Aufl). Seelze: Klett Kallmeyer.

Helmke, A. (2014). *Unterrichtsqualität und Lehrerprofessionalität. Diagnose, Evaluation und Verbesserung des Unterrichts* (5. Aufl). Seelze-Velber: Kallmeyer.

Helmke, A. & Weinert, F. E. (1997). Bedingungsfaktoren schulischer Leistungen. In F. E. Weinert (Hrsg.), *Psychologie des Unterrichts und der Schule* (Enzyklopädie der Psychologie: Themenbereich D: Praxisgebiete, Bd. 3, S. 71-176). Göttingen: Verlag für Psychologie C.J. Hogrefe.

Herd, E., König, A., Oldenburg, R. & Stanzel, M. (2015). *Lambacher-Schweizer - Mathematik für Gymnasien* (1. Aufl.). Stuttgart: Klett.

Hesse, I. & Latzko, B. (2011). *Diagnostik für Lehrkräfte* (UTB, Bd. 3088, 2. Auflage). Stuttgart: UTB.

Hessisches Kultusministerium. (2011). *Hessischer Referenzrahmen Schulqualität. Qualitätsbereiche, Qualitätsdimensionen und Qualitätskriterien* (Stand: Dezember 2011, überarb. Fassung). Wiesbaden: IQ.

Hessisches Kultusministerium. (2013). *Verordnung zur Durchführung des Hessischen Lehrerbildungsgesetzes,* Hessisches Kultusministerium. Verfügbar unter http://verwaltung.hessen.de/irj/servlet/prt/portal/prtroot/slimp.CMReader/HKM_15/HKM_Internet/med/24f/24f402d8-8af9-ed31-79cd-aa2b417c0cf4,22222222-2222-2222-2222-222222222222,true

Hessisches Kultusministerium. (2016). *Bildungsstandards und Inhaltsfelder. Das neue Kerncurriculum für Hessen Sekundarstufe I – Gymnasium. MATHEMATIK.* Zugriff am 28.05.2016. Verfügbar unter https://kultusministerium.hessen.de/sites/default/files/media/kerncurriculum_mathematik_gymnasium.pdf

Hidi, S. & Anderson, V. (1992). Situational Interest and Its Impact on Reading and Expository Writing. In K. A. Renninger, S. Hidi & A. Krapp (Hrsg.), *The Role of Interest in Learning and Development* (S. 215-238). Hillsdale, N.J.: L. Erlbaum Associates.

Hidi, S. & Harackiewicz, J. M. (2000). Motivating the Academically Unmotivated. A Critical Issue for the 21st Century. *Review of Educational Research, 70* (2), 151-179.

Hidi, S. & Renninger, K. A. (2006). The Four-Phase Model of Interest Development. *Educational Psychologist, 41* (2), 111-127.

Hidi, S., Renninger, K. A. & Krapp, A. (2004). Interest, a Motivational Variable That Combines Affective and Cognitive Functioning. In D. Y. Dai & R. J. Sternberg (Hrsg.), *Motivation, emotion, and cognition. Integrative perspectives on intellectual functioning and development* (The educational psychology series, S. 89-115). Mahwah, N.J.: Lawrence Erlbaum Associates.

Hildebrandt, E. (2008). *Lehrerfortbildung im Beruf. Eine Studie zur Personalentwicklung durch Schulleitung* (Veröffentlichungen der Max-Träger-Stiftung, 1. Aufl). Weinheim, Bergstr: Juventa.

Hill, H. C., Ball, D. L. & Schilling, S. G. (2008). Unpacking Pedagogical Content Knowledge: Conceptualizing and Measuring Teachers' Topic-Specific Knowledge of Students. *Journal for Research in Mathematics Education, 39* (4), 372-400.

Hill, H. C., Blunk, M. L., Charalambous, C. Y., Lewis, J. M., Phelps, G. C., Sleep, L. et al. (2008). Mathematical Knowledge for Teaching and the Mathematical Quality of Instruction: An Exploratory Study. *Cognition and Instruction, 26* (4), 430-511.

Hill, H. C., Schilling, S. G. & Ball, D. L. (2004). Developing Measures of Teachers' Mathematics Knowledge for Teaching. *The Elementary School Journal, 105* (1), 11-30.

Hillje, M. (2012). *Fachdidaktisches Wissen von Lehrerinnen und Lehrern und die didaktische Strukturierung von Mathematikunterricht. Fallanalysen zur kognitiven Aktivierung in Unterrichtsplanungen und realisiertem Unterricht.* (Doctoral dissertation, Oldenburg, Univ., Diss., 2012). Zugriff am 03.06.2015. Verfügbar unter http://oops.uni-oldenburg.de/1603/1/hilfac12.pdf

Hofer, B. K. (1994). *Epistemological beliefs and first-year college students: Motivation and cognition in different instructional contexts.* Paper presented at the annual meeting of the American Psychological Association: Los Angeles.

Hofer, B. K. & Pintrich, P. R. (1997). The Development of Epistemological Theories: Beliefs About Knowledge and Knowing and Their Relation to Learning. *Review of Educational Research, 67* (1), 88-140.

Hoffkamp, A. (2011). Dynamischer Darstellungstransfer bei Funktionen: Annährung an die Konzepte der Analysis. *Praxis der Mathematik in der Schule, 53* (38), 14-19.

Holland, J. L. (1997). *Making vocational choices. A theory of vocational personalities and work environments* (3rd ed.). Odessa, Fla.: Psychological Assessment Resources.

Horvath, A. (2008). *Looking at calculus students' understanding from the inside-out: The relationship between the chain rule and function composition.* Zugriff am 04.05.2016. Verfügbar unter http://sigmaa.maa.org/rume/crume2008/Proceedings/Horvath%20SHORT.pdf

Hußmann, S. & Laakmann, H. (2011). Eine Funktion - viele Gesichter. *Praxis der Mathematik in der Schule, 53* (38), 2-11.

Hußmann, S., Leuders, T. & Prediger, S. (2007). Schülerleistungen verstehen – Diagnose im Alltag. *Praxis der Mathematik in der Schule, 49* (15), 1-8.

Hußmann, S., Thiele, J., Hinz, R., Prediger, S. & Ralle, B. (2013). Gegenstandsorientierte Unterrichtsdesigns entwickeln und erforschen. Fachdidaktische Entwicklungsforschung im Dortmunder Modell. In M. Komorek & S. Prediger (Hrsg.), *Der lange Weg zum Unterrichtsdesign. Zur Begründung und Umsetzung fachdidaktischer Forschungs- und Entwicklungsprogramme* (Fachdidaktische Forschungen, Bd. 5, S. 25-42). Münster: Waxmann.

Ingvarson, L., Meiers, M. & Beavis, A. (2005). Factors Affecting the Impact of Professional Development Programs On Teacher's Knowledge, Practice, Student Outcomes & Efficacy. *Education Policy Analysis Archives, 13* (10).

Jäger, R. S. & Bodensohn, R. (2007). *Die Situation der Lehrerfortbildung im Fach Mathematik aus Sicht der Lehrkräfte. Ergebnisse einer Befragung von Mathematiklehrern.* Bonn: Deutsche Telekomstiftung.

Janetzko, D. (2007). *Eigenlogik. Zur Rolle subjektiver Theorien bei der Bildungsmotivation* (Internationale Hochschulschriften, Bd. 469). Zugl.: Kaiserslautern, Univ., Diss., 2005. Münster: Waxmann. Verfügbar unter http://deposit.d-nb.de/cgi-bin/dokserv?id=2993286&prov=M&dok_var=1&dok_ext=htm

Janvier, C. (1987). Translation process in mathematics education. In C. Janvier (Hrsg.), *Problems of representation in the teaching and learning of mathematics* (S. 27-32). Hillsdale, NJ: L. Erlbaum Associates.

Kagan, D. M. (1992). Professional Growth Among Preservice and Beginning Teachers. *Review of Educational Research, 62* (2), 129-169.

Kaiser, F. G. (2014). Verhalten. In M. Wirtz & J. Strohmer (Hrsg.), *Lexikon der Psychologie* (17. vollst. überarb. Aufl., S. 1741). Bern: Hans Huber.

Kaplan, A., Oztürk, M. & Ocal, M. F. (2015). Relieving of Misconceptions of Derivative Concept with Derive. *International Journal of Research in Education and Science, 1* (1), 64-74.

Kedzior, M. & Fifield, S. (2004). Teacher Professional Development. *Education Policy Brief, 15* (21).

Keller, J. A. (1981). *Grundlagen der Motivation* (U & S Psychologie). München: Urban & Schwarzenberg.

Keller, M. (2011). *Teacher enthusiasm in physics instruction,* Dissertation. Universität Duisburg-Essen. Zugriff am 22.02.2016. Verfügbar unter duepublico.uni-duisburg-essen.de/servlets/DerivateServlet/Derivate-28134/KellerMelanie_Diss

Kennedy, M. M. (1999). *Form and Substance in Mathematics and Science Professional Development.* No. 2. Zugriff am 10.03.2015. Verfügbar unter files.eric.ed.gov/fulltext/ED435552.pdf

Kersten, I. (2015). Kalkülfertigkeiten an der Universität: Mängel erkennen und Konzepte für die Förderung entwickeln. In J. Roth, T. Bauer, H. Koch & S. Prediger (Hrsg.), *Übergänge konstruktiv gestalten. Ansätze für eine zielgruppenspezifische Hochschuldidaktik Mathematik* (Konzepte und Studien zur Hochschuldidaktik und Lehrerbildung Mathematik, S. 33-49). Wiesbaden [Germany]: Springer Spektum.

Kidron, I. (2014). Calculus Teaching and Learning. In S. Lerman (Ed.), *Encyclopedia of mathematics education* (pp. 69-75). Dordrecht: SpringerReference.

Kirchler, E. & Walenta, C. (2010). *Motivation* (UTB, Bd. 3378, 1. Aufl.). Wien: Facultas.wuv.

Kirkpatrick, D. L. & Kirkpatrick, J. D. (2006). *Evaluating training programs. The four levels* (3rd ed.). San Francisco, CA: Berrett-Koehler.

Kirsch, A. (1979). Ein Vorschlag zur visuellen Vermittlung einer Grundvorstellung vom Ableitungsbegriff. *Der Mathematikunterricht* (3), 25-41.

Kleickmann, T. & Möller, K. (2007). Haben Lehrerfortbildungen einen Effekt auf Lernzuwächse bei Schülerinnen und Schülern? In D. Höttecke (Hrsg.), *Naturwissenschaftlicher Unterricht im internationalen Vergleich* (Gesellschaft für Didaktik der Chemie und Physik, Bd. 27, S. 506-508). Münster [u.a.]: LIT.

Kleickmann, T., Möller, K. & Jonen, A. (2006). Die Wirksamkeit von Fortbildungen und die Bedeutung von tutorieller Unterstützung. In R. Hinz (Hrsg.), *Professionelles Handeln in der Grundschule. Entwicklungslinien und Forschungsbefunde* (Entwicklungslinien der Grundschulpädagogik, Bd. 3, S. 121-128). Baltmannsweiler: Schneider-Verl. Hohengehren.

Kleinbeck, U. (2010). Handlungsziele. In J. Heckhausen & H. Heckhausen (Hrsg.), *Motivation und Handeln* (4., überarbeitete und erweiterte Auflage, S. 285-307). Berlin: Springer.

Klieme, E. (2000). Fachleistungen im voruniversitären Mathematik- und Physikunterricht: Theoretische Grundlagen, Kompetenzstufen und Unterrichtsschwerpunkte. In J. Baumert (Hrsg.), *TIMSS III, dritte internationale Mathematik- und Naturwissenschaftsstudie. Mathematische und naturwissenschaftliche Bildung am Ende der Schullaufbahn. Band 2: Mathematische und physikalische Kompetenzen am Ende der gymnasialen Oberstufe* (S. 57-180). Opladen: Leske + Budrich.

Klopp, E. (2014). *Die Struktur epistemologischer Überzeugungen: empirische und theoretische Analysen.* Verfügbar unter scidok.sulb.uni-saarland.de/volltexte/2014/5810/pdf/Arbeitsversion_final_PA_druck_ohne_lebenslauf.pdf

Klusmann, U. (2011). Allgemeine berufliche Motivation und Selbstregulation. In M. Kunter, J. Baumert, W. Blum, U. Klusmann, S. Krauss & M. Neubrand (Hrsg.), *Professionelle Kompetenz von Lehrkräften. Ergebnisse des Forschungsprogramms COACTIV* (S. 277-294). Münster: Waxmann.

Köhler, T. (2014). Aktivierung. In M. Wirtz & J. Strohmer (Hrsg.), *Lexikon der Psychologie* (17. vollst. überarb. Aufl., S. 116). Bern: Hans Huber.

Kolbe, F.-U. & Combe, A. (2008). Lehrerbildung. In W. Helsper (Hrsg.), *Handbuch der Schulforschung* (2., durchges. und erw. Aufl, S. 877-904). Wiesbaden: VS, Verl. für Sozialwiss.

Köller, O. (2014). What works best in school? Hatties Befunde zu Effekten von Schul- und Unterrichtsvariablen auf Schulleistungen. In E. Terhart (Hrsg.), *Die Hattie-Studie in der Diskussion. Probleme sichtbar machen* (Bildung kontrovers, 2. Aufl, S. 24-37) [Stuttgart]: Klett.

Körner, H., Lergenmüller, A., Schmidt, G. & Zacharias, M. (2014). *Mathematik Neue Wege SI - Ausgabe 2013 für G9 in Hessen. Ausgabe 2013 für G9 in Hessen/Arbeitsbuch 7* (Mathematik Neue Wege SI). Braunschweig: Schroedel.

Körner, H., Lergenmüller, A., Schmidt, G. & Zacharias, M. (2015). *Mathematik Neue Wege SI - Ausgabe 2013 für G9 in Hessen. Ausgabe 2013 für G9 in Hessen/Arbeitsbuch 8* (Mathematik Neue Wege SI). Braunschweig: Schroedel.

Kösters, C. (1996). Was stellen sich Schüler unter Funktionen vor? *Mathematik lehren* (75), 9-13.

Krapp, A. (1993). The construct of interest. Characteristics of indvidual interests and interest-related actions from the perspective of a person-object-theory. *Studies in Educational Psychology, 4,* 1-20.

Krapp, A. (1998). Entwicklung und Förderung von Interessen im Unterricht. *Psychologie in Erziehung und Unterricht, 44,* 185-201.

Krapp, A. (1999a). Interest, motivation and learning. An educational-psychological perspective. *European Journal of Psychology of Education, 14* (1), 23-40.

Krapp, A. (1999b). Intrinsische Lernmotivation und Interesse. Forschungsansätze und konzeptuelle Überlegungen. *Zeitschrift für Pädagogik, 45* (3), 387-406.

Krapp, A. (2002). Structural and dynamic aspects of interest development: theoretical considerations from an ontogenetic perspective. *Learning and Instruction, 12* (4), 383-409.

Krapp, A. (2005). Basic needs and the development of interest and intrinsic motivational orientations. *Learning and Instruction, 15* (5), 381-395.

Krapp, A. (2010). Interesse. In D. H. Rost (Hrsg.), *Handwörterbuch pädagogische Psychologie* (Programm PVU, Psychologie-Verlags-Union, 4., überarb. und erw. Aufl., S. 311-323). Weinheim [u.a.]: Beltz.

Krapp, A., Hidi, S. & Renninger, K. A. (1992). Interest, Learning and Development. In K. A. Renninger, S. Hidi & A. Krapp (Hrsg.), *The Role of Interest in Learning and Development* (S. 3-25). Hillsdale, N.J.: L. Erlbaum Associates.

Krauss, S. (2011). Das Experten-Paradigma in der Forschung zum Lehrerberuf. In E. Terhart, H. Bennewitz & M. Rothland (Hrsg.), *Handbuch der Forschung zum Lehrerberuf* (S. 171-191). Münster: Waxmann.

Krauss, S., Baumert, J. & Blum, W. (2008). Secondary mathematics teachers' pedagogical content knowledge and content knowledge: validation of the COACTIV constructs. *ZDM, 40* (5), 873-892.

Krauss, S., Blum, W., Brunner, M., Neubrand, M., Baumert, J., Kunter, M. et al. (2011). Konzeptualisierung und Testkonstruktion zum fachbezogenen Professionswissen von Mathematiklehrkräften. In M. Kunter, J. Baumert, W. Blum, U. Klusmann, S. Krauss & M. Neubrand (Hrsg.), *Professionelle Kompetenz von Lehrkräften. Ergebnisse des Forschungsprogramms COACTIV* (S. 135-161). Münster: Waxmann.

Krauss, S., Brunner, M., Kunter, M., Baumert, J., Blum, W., Neubrand, M. et al. (2008). Pedagogical content knowledge and content knowledge of secondary mathematics teachers. *Journal of Educational Psychology, 100* (3), 716-725.

Krauss, S., Neubrand, M., Blum, W., Baumert, J., Brunner, M., Kunter, M. et al. (2008). Die Untersuchung des professionellen Wissens deutscher Mathematik-Lehrerinnen und -Lehrer im Rahmen der COACTIV-Studie. *Journal für Mathematik-Didaktik, 29* (3-4), 233-258.

Krug, J. S. & Kuhl, U. (2005). Die Entwicklung von Motivförderungsprogrammen. In R. Vollmeyer & J. C. Brunstein (Hrsg.), *Motivationspsychologie und ihre Anwendung* (1. Aufl., S. 167-186). Stuttgart: Kohlhammer.

Krug, J. S. & Kuhl, U. (2006). *Macht, Leistung, Freundschaft. Motive als Erfolgsfaktoren in Wirtschaft, Politik und Spitzensport* (1. Aufl.). Stuttgart: Kohlhammer.

Kuckartz, U. (2014). *Mixed Methods. Methodologie, Forschungsdesigns und Analyseverfahren:* Springer Fachmedien Wiesbaden.

Kuhl, J. (2001). *Motivation und Persönlichkeit. Interaktionen psychischer Systeme*. Göttingen: Hogrefe.

Kuhlemann, S. (2013). Heuristic Strategies Prospective Teacher Students Use in Analyzing Students' Work. In B. Ubuz, C. Haser & M. A. Mariotti (Hrsg.), *Proceeding of the eighth congress of the european society for research in mathematics education* (S. 3145-3154). Antalya: ERME.

Kuhnke, K. (2013). *Vorgehensweisen von Grundschulkindern beim Darstellungswechsel. Eine Untersuchung am Beispiel der Multiplikation im 2. Schuljahr* (SpringerLink : Bücher). Wiesbaden: Springer Spektrum.

Kulgemeyer, C. & Tomczyszyn, E. (2015). Physik erklären – Messung der Erklärensfähigkeit angehender Physiklehrkräfte in einer simulierten Unterrichtssituation. *Zeitschrift für Didaktik der Naturwissenschaften, 21* (1), 111-126.

Kultusministerium Sachsen-Anhalt. (2015). *Fachlehrplan Gymnasium / Fachgymnasium. Mathematik.* Zugriff am 15.08.2016. Verfügbar unter https://www.bildung-lsa.de/pool/RRL_Lehrplaene/Erprobung/Gymnasium/FLP_Mathematik_Gym_LT.pdf

Kunter, M. (2011a). Forschung zur Lehrermotivation. In E. Terhart, H. Bennewitz & M. Rothland (Hrsg.), *Handbuch der Forschung zum Lehrerberuf* (S. 527-539). Münster: Waxmann.

Kunter, M. (2011b). Motivation als Teil der professionellen Kompetenz - Forschungsbefunde zum Enthusiasmus von Lehrkräften. In M. Kunter, J. Baumert, W. Blum, U. Klusmann, S. Krauss & M. Neubrand (Hrsg.), *Professionelle Kompetenz von Lehrkräften. Ergebnisse des Forschungsprogramms COACTIV* (S. 259-275). Münster: Waxmann.

Kunter, M., Baumert, J., Blum, W., Klusmann, U., Krauss, S. & Neubrand, M. (Hrsg.). (2011). *Professionelle Kompetenz von Lehrkräften. Ergebnisse des Forschungsprogramms COACTIV.* Münster: Waxmann.

Kunter, M. & Pohlmann, B. (2015). Lehrer. In E. Wild & J. Möller (Hrsg.), *Pädagogische Psychologie* (2. vollständig überarbeitete und aktualisierte Auflage., S. 261-281). Berlin, Heidelberg: Springer Berlin Heidelberg.

Laakmann, H. (2013). *Darstellungen und Darstellungswechsel als Mittel zur Begriffsbildung. Eine Untersuchung in rechnerunterstützten Lernumgebungen* (Dortmunder Beiträge zur Entwicklung und Erforschung des Mathematikunterrichts, Bd. 11). Wiesbaden: Springer Spektrum.

Lamnek, S. & Krell, C. (2016). *Qualitative Sozialforschung. Mit Online-Material* (6., überarbeitete Auflage). Weinheim: Beltz.

Land Hessen. (2012). *Lehrerbildungsgesetz,* Land Hessen. Zugriff am 13.06.2016. Verfügbar unter https://www.uni-giessen.de/fbz/zentren/zfl/download/downorga/hlbg

Land Hessen. (2016). *Haushaltsplan des Landes Hessen für das Haushaltsjahr 2016.* Zugriff am 28.11.2017. Verfügbar unter https://finanzen.hessen.de/sites/default/files/media/hmdf/gesamtplan_2016.pdf

Land Hessen. (2017). *Haushaltsplan des Landes Hessen für das Haushaltsjahr 2017.* Zugriff am 28.11.2017. Verfügbar unter https://finanzen.hessen.de/sites/default/files/media/hmdf/gesamtplan_2017.pdf

Langens, T. A. (2009). Leistung. In V. Brandstätter (Hrsg.), *Handbuch der Allgemeinen Psychologie. Motivation und Emotion* (Handbuch der Psychologie, Bd. 11, S. 217-224). Göttingen: Hogrefe.

Langens, T. A., Schmalt, H.-D. & Sokolowski, K. (2005). Motivmessung: Grundlagen und Anwendung. In R. Vollmeyer & J. C. Brunstein (Hrsg.), *Motivationspsychologie und ihre Anwendung* (1. Aufl., S. 72-91). Stuttgart: Kohlhammer.

Laschke, C. & Felbrich, A. (2013). Erfassung der Überzeugungen. In C. Laschke & S. Blömeke (Hrsg.), *Teacher education and development study. Learning to teach mathematics (TEDS-M 2008); Dokumentation der Erhebungsinstrumente* (S. 109-129). Münster [u.a.]: Waxmann.

Laschke, C. & Schmotz, C. (2013). Erfassung der Überzeugungen. In C. Laschke & S. Blömeke (Hrsg.), *Teacher education and development study. Learning to teach mathematics (TEDS-M 2008); Dokumentation der Erhebungsinstrumente* (S. 325-345). Münster [u.a.]: Waxmann.

Lauth, G. W., Grünke, M. & Brunstein, J. C. (Hrsg.). (2014). *Interventionen bei Lernstörungen. Förderung, Training und Therapie in der Praxis* (2., überarbeitete und erweiterte). Göttingen, Niedersachs: Hogrefe Verlag.

Lax, P. D. & Terrell, M. S. (2014). *Calculus with applications* (Undergraduate Texts in Mathematics, Second edition). New York: Springer.

Leder, G. C. & Forgasz, H. J. (2002). Measuring Methematical Beliefs and Their Impact on the Learning of Mathematics: A New Approach. In G. C. Leder, E. Pehkonen & G. Törner (Eds.), *Beliefs: A Hidden Variable in Mathematics Education?* (Mathematics education library, v. 31, pp. 95-113). Dordrecht: Kluwer Academic Publishers.

Leder, G. C., Pehkonen, E. & Törner, G. (Hrsg.). (2002). *Beliefs: A Hidden Variable in Mathematics Education?* (Mathematics education library, v. 31). Dordrecht: Kluwer Academic Publishers.

Leder, G. C., Pehkonen, E. & Törner, G. (2002). Setting the Scene. In G. C. Leder, E. Pehkonen & G. Törner (Eds.), *Beliefs: A Hidden Variable in Mathematics Education?* (Mathematics education library, v. 31, pp. 1-10). Dordrecht: Kluwer Academic Publishers.

Leinhardt, G. & Greeno, J. G. (1986). The cognitive skill of teaching. *Journal of Educational Psychology, 78* (2), 75-95.

Leinhardt, G. & Smith, D. A. (1985). Expertise in Mathematics Instruction: Subject Matter Knowledge. *Journal of Educational Psychology, 77* (3), 247-271.

Leinhardt, G., Zaslavksy, O. & Stein, M. K. (1990). Functions, Graphs, and Graphing: Tasks, Learning, and Teaching. *Review of Educational Research, 60* (1), 1-64.

Leiß, D. & Blum, W. (2010). Beschreibung zentraler mathematischer Kompetenzen. In W. Blum, C. Drüke-Noe, R. Hartung & O. Köller (Hrsg.), *Bildungsstandards Mathematik: konkret.*

Sekundarstufe I: Aufgabenbeispiele, Unterrichtsanregungen, Fortbildungsideen; mit CD-ROM (4. Aufl., S. 33-50). Berlin: Cornelsen Scriptor.

Leuders, T. (2009). *Qualität im Mathematikunterricht in der Sekundarstufe I und II* (6. Aufl.). Berlin: Cornelsen Scriptor.

Lewin, K. (1946). Action Research and Minority Problems. *Journal of Social Issues, 2,* 34-46.

Lewin, K., Dembo, T., Festinger, L. & Sears, P. S. (1944). Level of aspiration. In J. McVicker Hunt (Hrsg.), *Personality and the behavior disorders* (S. 333-378). New York: Ronald press company.

Li, Q. (1999). Teachers' beliefs and gender differences in mathematics. A review. *Educational Research, 41* (1), 63-76.

Liljedahl, P., Oesterle, S. & Bernèche, C. (2012). Stability of beliefs in mathematics education: a critical analysis. *Nordic Studies in Mathematics Education, 17* (3-4), 101-118.

Lipowsky, F. (2010). Lernen im Beruf - Empirische Befunde zur Wirksamkeit von Lehrerfortbildung. In F. H. Müller (Hrsg.), *Lehrerinnen und Lehrer lernen. Konzepte und Befunde zur Lehrerfortbildung* (S. 51-70). Münster [u.a.]: Waxmann.

Lipowsky, F. (2014). Theoretische Perspektiven und empirische Befunde zur Wirksamkeit von Lehrerfort- und weiterbildung. In E. Terhart, H. Bennewitz & M. Rothland (Hrsg.), *Handbuch der Forschung zum Lehrerberuf* (2. überarbeitete und aktualisierte Auflage, S. 511-541). Münster, Westf: Waxmann.

Lipowsky, F. (2015). Unterricht. In E. Wild & J. Möller (Hrsg.), *Pädagogische Psychologie* (2. vollständig überarbeitete und aktualisierte Auflage., S. 69-105). Berlin, Heidelberg: Springer Berlin Heidelberg.

Lipowsky, F. & Rzejak, D. (2012). Lehrerinnen und Lehrer als Lerner - Wann gelingt der Rollentausch? - Merkmale und Wirkungen wirksamer Lehrerfortbildungen. In D. Bosse, L. Criblez & T. Hascher (Hrsg.), *Reform der Lehrerbildung in Deutschland, Österreich und der Schweiz* (Theorie und Praxis der Schulpädagogik, Bd. 4, 1., neue Ausg, S. 235-253). Immenhausen: Prolog-Verl.

Little, J. W., Gearhart, M., Curry, M. & Kafka, J. (2003). Looking at Student Work For Teacher Learning, Teacher Community, and School Reform. *Phi Delta Kappan, 85* (3), 184-192.

Locke, E. A. & Latham, G. P. (2002). Building a Practically Useful Theory of Goal Setting and Task Motivation. A 35-year odyssey. *American Psychologist, 57* (9), 705-717.

Lorenz, C. (2012). *Diagnostische Kompetenz von Grundschullehrkräften. Strukturelle Aspekte und Bedingungen* (Schriften aus der Fakultät Humanwissenschaften der Otto-Friedrich-Universität Bamberg, Bd. 9). Bamberg: Univ. of Bamberg Press.

Loucks-Horsley, S., Stiles, K. E., Mundry, S., Love, N. & Hewson, P. W. (2010). *Designing professional development for teachers of science and mathematics* (3rd ed., Expanded ed.). Thousand Oaks, Calif.: Corwin Press.

Lundy, A. (1985). The reliability of the Thematic Apperception Test. *Journal of Personality Assessment, 49* (2), 141-145.

Luneta, K. & Makonye, P. J. (2010). Learner Errors and Misconceptions in elementary Analysis: A case Study of a Grade 12 Class in South Africa. *Acta Didactica Napocensia, 3* (3), 35-46.

Lutz, G. (2014). Reflexion, kognitionsps. In M. Wirtz & J. Strohmer (Hrsg.), *Lexikon der Psychologie* (17. vollst. überarb. Aufl., S. 1398-1399). Bern: Hans Huber.

Maaß, K. (2011). How can teachers' beliefs affect their professional development? *ZDM, 43* (4), 573-586.

Makonye, P. J. (2012). Learner Errors on Calculus Tasks in the NSC Examinations: Towards an Analytical Protocol for Learner Perturbable Concepts in Introductory Differentiation. *The international Journal of Learning, 18* (6), 339-356.

Malle, G. (1993). *Didaktische Probleme der elementaren Algebra. Mit vielen Beispielaufgaben.* Braunschweig: Vieweg.

Malle, G. (2003). Vorstellungen vom Differenzenquotienten fördern. *Mathematik lehren* (118), 57-62.

Martin, L. E., Kragler, S., Quatroche, D. J. & Bauserman, K. L. (2014). Preface. In L. E. Martin, S. Kragler, D. J. Quatroche & K. L. Bauserman (Hrsg.), *Handbook of professional development in education. Successful models and practices, PreK-12* (S. xx-xxvi). New York: Guilford Press.

Mayr, J. & Neuweg, G. H. (2009). Lehrer/innen als zentrale Ressource im Bildungssystem: Rekrutierung und Qualifizierung. In W. Specht (Hrsg.), *Nationaler Bildungsbericht Österreich 2009* (Bd. 2, S. 99-120). Graz: Leykam.

Mayring, P. (2015). *Qualitative Inhaltsanalyse. Grundlagen und Techniken* (Beltz Pädagogik, 12., Neuausgabe, 12., vollständig überarbeitete und aktualisierte Aufl.). Weinheim, Bergstr: Beltz, J.

McClain, K. & Cobb, P. (2001). An Analysis of Development of Sociomathematical Norms in One First-Grade Classroom. *Journal for Research in Mathematics Education, 32* (3), 236.

McClelland, D. C. (1987). Biological Aspects of Human Motivation. In F. Halisch & J. Kuhl (Hrsg.), *Motivation, Intention, and Volition* (S. 11-19). Berlin, Heidelberg: Springer Berlin Heidelberg.

McClelland, D. C., Koestner, R. & Weinberger, J. (1989). How Do Self-Attributed and Implicit Motives Differ? *Psychological Review, 96* (4), 690-702.

McLeod, D. B. (1992). Research on affect in mathematics education: A reconceptualization. In D. A. Grouws (Ed.), *Handbook of research on mathematics teaching and learning* (pp. 575-596). New York: Macmillan; Maxwell Macmillan Canada; Maxwell Macmillan International.

McLeod, D. B. & McLeod, S. H. (2002). Synthesis - Beliefs and mathematics education: Implications for learning, teaching, and research. In G. C. Leder, E. Pehkonen & G. Törner (Eds.), *Beliefs: A Hidden Variable in Mathematics Education?* (Mathematics education library, v. 31, pp. 115-123). Dordrecht: Kluwer Academic Publishers.

Meentzen, U. & Stadler, M. (2010). Wie Lehrkräfte bei der Reflexion über ihren Unterricht unterstützt werden können. Das Fachgruppenportfolio im Programm SINUS-Transfer. In F. H. Müller (Hrsg.), *Lehrerinnen und Lehrer lernen. Konzepte und Befunde zur Lehrerfortbildung* (S. 161-173). Münster [u.a.]: Waxmann.

Mehrabian, A. (1969). Measures of Achieving Tendency. *Educational and Psychological Measurement, 29* (2), 445-451.

Mempel, G. (2013). *Moderatoreffekte bewusster und unbewusster Faktoren auf implizite und explizite Motive sowie die Motivkongruenz,* Dissertation. Humbolt-Univeristät Berlin. Verfügbar unter http://edoc.hu-berlin.de/dissertationen/mempel-gordon-2013-12-05/PDF/mempel.pdf

Mikula, G., Uray, H. & Schwinger, T. (1974). Die Entwicklung einer deutschen Fassung der Mehrabian achievement risk preference scale. *Diagnostica, 22* (2), 87-97.

Miller, R. (1995). *Schulinterne Lehrerfortbildung. Der Schilf-Wegweiser.* Weinheim: Beltz.

Mook, D. G. (1996). *Motivation. The organization of action* (2nd ed.). New York: W.W. Norton.

Moschkovich, J. N. (1998). Students' use of the x-intercept as an instance of a transitional conception. *Educational Studies in Mathematics, 37* (2), 169-197.

Mößle, R. & Loepthien, T. (2014). Selbst. In M. Wirtz & J. Strohmer (Hrsg.), *Lexikon der Psychologie* (17. vollst. überarb. Aufl., S. 1489). Bern: Hans Huber.

Muis, K. R. (2004). Personal Epistemology and Mathematics. A Critical Review and Synthesis of Research. *Review of Educational Research, 74* (3), 317-377.

Myers, D. G. (2014). Motivation und Arbeit. In D. G. Myers (Hrsg.), *Psychologie* (3., vollständig überarbeitete und erweiterte Auflage, S. 437-494). Berlin, Heidelberg: Springer.

Nesher, P. (1987). Towards an Istructional Theory: the Role of Student's Misconceptions. *For the Learning of Mathematics, 7* (3), 33-40.

Nespor, J. (1987). The role of beliefs in the practice of teaching. *Journal of Curriculum Studies, 19* (4), 317-328.

Nisbet, S. & Warren, E. (2000). Primary School Teachers' Beliefs Relating to Mathematics, Teaching and Assessing Mathematics and Factors that Influence these Beliefs. *Mathematics Education Research Journal, 2,* 34-47.

Nitsch, R. (2015). *Diagnose von Lernschwierigkeiten im Bereich funktionaler Zusammenhänge. Eine Studie zu typischen Fehlermustern bei Darstellungswechseln*. Wiesbaden: Springer Spektrum.

Opfer, V. D. & Pedder, D. (2011). Conceptualizing Teacher Professional Learning. *Review of Educational Research, 81* (3), 376-407.

Orhun, N. (2012). Graphical Understanding in Mathematics Education: Derivative Functions and Students' Difficulties. *Procedia - Social and Behavioral Sciences, 55,* 679-684.

Orthmann Bless, D. (2010). Lernschwierigkeiten. In D. H. Rost (Hrsg.), *Handwörterbuch pädagogische Psychologie* (Programm PVU, Psychologie-Verlags-Union, 4., überarb. und erw. Aufl., S. 471-479). Weinheim [u.a.]: Beltz.

Orton, A. (1983). Students' understanding of differentiation. *Educational Studies in Mathematics, 14* (3), 235-250.

Orton, A. (1984). Understanding Rate of Change. *Mathematics in School, 13* (5), 23-26.

Ostermann, A., Leuders, T. & Nückles, M. (2015). Wissen, was Schülerinnen und Schülern schwer fällt. Welche Faktoren beeinflussen die Schwierigkeitseinschätzung von Mathematikaufgaben? *Journal für Mathematik-Didaktik, 36* (1), 45-76.

Pajares, M. F. (1992). Teachers' Beliefs and Educational Research: Cleaning up a Messy Construct. *Review of Educational Research, 62* (3), 307-332.

Pauli, C. (2015). Einen Sachverhalt erklären. *Pädagogik, 67* (3), 44-47.

Pehkonen, E. (1994). On Teachers' Beliefs and Changing Mathematics Teaching. *Journal für Mathematik-Didaktik, 15* (3-4), 177-209.

Pehkonen, E. & Törner, G. (1996). Mathematics beliefs and different aspects of their meaning. *ZDM, 28* (4), 101-108.

Pekrun, R. (1988). *Emotion, Motivation und Persönlichkeit* (Fortschritte der psychologischen Forschung, Bd. 1). München: Psychologie Verlags Union.

Perry, B., Tracey, D. & Howard, P. (1999). Head Mathematics Teachers' Beliefs About the Learning and Teaching of Mathematics. *Mathematics Education Research Journal, 11* (1), 39-53.

Peterson, P. L., Fennema, E., Carpenter, T. P. & Loef, M. (1989). Teacher's Pedagogical Content Beliefs in Mathematics. *Cognition and Instruction, 6* (1), 1-40.

Petri, H. L. (1991). *Motivation. Theory, research, and applications* (3rd ed.). Belmont, Calif.: Wadsworth Pub. Co.

Phelps, G. & Schilling, S. (2004). Developing Measures of Content Knowledge for Teaching Reading. *The Elementary School Journal, 105* (1), 31-48.

Philipp, R. A. (2007). Mathematics Teachers' Beliefs and Affect. In F. K. Lester (Ed.), *Second handbook of research on mathematics teaching and learning* (pp. 257-315). Charlotte, NC: Information Age.

Philippou, G. & Christou, C. (2002). A Study of the Mathematics Teaching efficacy Beliefs of primary Teachers. In G. C. Leder, E. Pehkonen & G. Törner (Eds.), *Beliefs: A Hidden Variable in Mathematics Education?* (Mathematics education library, v. 31, pp. 211-231). Dordrecht: Kluwer Academic Publishers.

Pohlmann, B. & Möller, J. (2010). Fragebogen zur Erfassung der Motivation für die Wahl des Lehramtsstudiums (FEMOLA). *Zeitschrift für Pädagogische Psychologie, 24* (1), 73-84.

Prenzel, M. (1988). *Die Wirkungsweise von Interesse. Ein pädagogisch-psychologisches Erklärungsmodell* (Beiträge zur psychologischen Forschung, Bd. 13). Opladen: Westdt. Verl.

Puca, R. M. (2009). Historische Ansätze der Motivationspsychologie. In V. Brandstätter (Hrsg.), *Handbuch der Allgemeinen Psychologie. Motivation und Emotion* (Handbuch der Psychologie, Bd. 11, S. 109-119). Göttingen: Hogrefe.

Puca, R. M. (2014). Motiv. In M. Wirtz & J. Strohmer (Hrsg.), *Lexikon der Psychologie* (17. vollst. überarb. Aufl., S. 1113-1114). Bern: Hans Huber.

Reinmann, G. & Mandl, H. (2006). Unterrichte und Lernumgebungen gestalten. In A. Krapp & B. Weidenmann (Hrsg.), *Pädagogische Psychologie. Ein Lehrbuch* (Lehrbuch, 5., vollst. überarb. Aufl., S. 613-658). Weinheim [u.a.]: Beltz.

Reinold, M. (2016). *Lehrerfortbildungen zur Förderung prozessbezogener Kompetenzen. Eine Analyse der Effekte auf den Wirkungsebenen Akzeptanz und Überzeugungen.*

Reiss, K. & Hammer, C. (2013). *Grundlagen der Mathematikdidaktik. Eine Einführung für die Sekundarstufe* (Mathematik kompakt). Basel: Birkhäuser.

Renninger, K. A. (2000). Individual Interest and Its Implications for Understanding Intrinsic Motivation. In C. Sansone & J. M. Harackiewicz (Hrsg.), *Intrinsic and Extrinsic Motivation* (S. 373-404). Elsevier.

Retelsdorf, J. & Möller, J. (2012). Grundschule oder Gymnasium? Zur Motivation ein Lehramt zu studieren. *Zeitschrift für Pädagogische Psychologie, 26* (1), 5-17.

Reuman, D. A. (1982). Ipsative behavioral variability and the quality of thematic apperceptive measurement of the achievement motive. *Journal of Personality and Social Psychology, 43* (5), 1098-1110.

Reussner, K. & Pauli, C. (2014). Berufsbezogene Überzeugungen von Lehrerinnen und Lehrern. In E. Terhart, H. Bennewitz & M. Rothland (Hrsg.), *Handbuch der Forschung zum Lehrerberuf* (2. überarbeitete und aktualisierte Auflage, S. 642-661). Münster, Westf: Waxmann.

Reussner, K., Pauli, C. & Elmer, A. (2011). Berufsbezogene Überzeugungen von Lehrerinnen und Lehrern. In E. Terhart, H. Bennewitz & M. Rothland (Hrsg.), *Handbuch der Forschung zum Lehrerberuf.* Münster: Waxmann.

Rheinberg, F. (2009). Motivation. In V. Brandstätter (Hrsg.), *Handbuch der Allgemeinen Psychologie. Motivation und Emotion* (Handbuch der Psychologie, Bd. 11, S. 668-674). Göttingen: Hogrefe.

Rheinberg, F. & Vollmeyer, R. (2012). *Motivation* (Urban-Taschenbücher, Bd. 555, 8., aktual. Aufl.). Stuttgart: Kohlhammer.

Rheinberg, F., Vollmeyer, R. & Burns, B. D. (2001). *FAM: Ein Fragebogen zur Erfassung aktueller Motivation in Lern- und Leistungssituationen (Langversion).* Zugriff am 01.07.2015. Verfügbar unter http://www.psych.uni-potsdam.de/people/rheinberg/messverfahren/famlangfassung.pdf

Richter, D. (2011). Lernen im Beruf. In M. Kunter, J. Baumert, W. Blum, U. Klusmann, S. Krauss & M. Neubrand (Hrsg.), *Professionelle Kompetenz von Lehrkräften. Ergebnisse des Forschungsprogramms COACTIV* (S. 317-325). Münster: Waxmann.

Richter, T. & Schmid, S. (2010). Epistemological beliefs and epistemic strategies in self-regulated learning. *Metacognition and Learning, 5* (1), 47-65.

Rokeach, M. (1968). *Beliefs, attitudes and values. A Theory of Organization and Change* (The Jossey-Bass behavioral science series, 6th impr). San Francisco: Jossey-Bass.

Rolka, K. (2006). *Eine empirische Studie über Beliefs von Lehrenden an der Schnittstelle Mathematikdidaktik und Kognitionspsychologie,* Universität Duisburg-Essen. Zugriff am 19.03.2016. Verfügbar unter duepublico.uni-duisburg-essen.de/servlets/DerivateServlet/Derivate-15754/Dissertation_Katrin_Rolka.pdf

Rösken, B. (2009a). *Die Profession der Mathematiklehrenden - Internationale Studien und Befunde von der Theorie zur Empirie.* Zugriff am 30.10.2014. Verfügbar unter www.telekom-stiftung.de/dts-cms/sites/default/files/core-library/files/impulse/mathematik-entlang-der-bildungskette/download/Lehrkraefte.pdf

Rösken, B. (2009b). *Hidden Dimensions in the Professional Development of Mathematics Teachers -In-Service Education for and with Teachers.* Dissertation: Universität Duisburg-Essen. Zugriff am 12.112015. Verfügbar unter nbn-resolving.de/urn/resolver.pl?urn=urn:nbn:de:hbz:464-20090424-101636-3

Rossi, S. (2015). *Bedingungsfaktoren der Leistungsmotivation und ihre motivationale Wirkung auf die akademische Leistung. Eine empirische Untersuchung an Studienanfängern der Hochschule der Bundesagentur für Arbeit.* Dissertation: Universität Koblenz Landau. Zugriff am 27.01.2016. Verfügbar unter https://kola.opus.hbz-nrw.de/files/896/Onlineversion_SRossi_Dissertation.pdf

Rudolph, U. (2009a). Erwartung und Anreiz. In V. Brandstätter (Hrsg.), *Handbuch der Allgemeinen Psychologie. Motivation und Emotion* (Handbuch der Psychologie, Bd. 11, S. 21-28). Göttingen: Hogrefe.

Rudolph, U. (2009b). *Motivationspsychologie kompakt* (Grundlagen Psychologie, 2., vollst. überarb. Aufl.). Weinheim: Beltz PVU.

Ryan, R. M. & Deci, E. L. (2000). Self-Determinaton Theory and the Facilitation of Intrinsic Motivation, Social Development, and Well-Being. *American Psychologist, 55* (1), 68-78.

Saxe, G. B., Gearhart, M. & Nasir, N.'i. S. (2001). Enhancing students' understanding of mathematics: A Study of three contrasting approaches to professional support. *Journal of Mathematics Teacher Education, 4* (1), 55-79.

Schaffner, E. (2009). *Effekte kognitiver und motivationaler Faktoren auf das Verstehen und Lernen von Texten,* Dissertation. Freie Universität Berlin. Zugriff am 15.02.2016. Verfügbar unter http://www.edocs.fu-berlin.de/diss/servlets/MCRFileNodeServlet/FUDISS_derivate_000000006738/Schaffner_Effekte_habitueller_Lesemotivation_II.pdf

Schaffner, E. & Schiefele, U. (2013). The prediction of reading comprehension by cognitive and motivational factors. Does text accessibility during comprehension testing make a difference? *Learning and Individual Differences, 26,* 42-54.

Scherrmann, A. (2013). Veranschaulichungen statistischer Daten verstehen. Eine Herausforderung für den Mathematikunterricht der Sekundarstufe I. In J. Sprenger, A. Wagner & M. Zimmerman (Hrsg.), *Mathematik lernen, darstellen, deuten, verstehen. Didaktische Sichtweisen vom Kindergarten bis zur Hochschule* (S. 161-176). Wiesbaden: Springer Spektrum.

Schiefele, U. (1996). *Motivation und Lernen mit Texten.* Göttingen: Hogrefe.

Schiefele, U. (2008). Lernmotivation und Interesse. In W. Schneider & M. Hasselhorn (Hrsg.), *Handbuch der Pädagogischen Psychologie* (Handbuch der Psychologie, Bd. 10, [Digitalisat], S. 38-49). Göttingen [u.a.]: Hogrefe.

Schiefele, U. (2009). Situational and Individual Interest. In K. R. Wentzel & A. Wigfield (Hrsg.), *Handbook of motivation at school* (Educational psychology handbook series, S. 197-222). New York: Routledge.

Schiefele, U. (2014). Förderung von Interesse. In G. W. Lauth, M. Grünke & J. C. Brunstein (Hrsg.), *Interventionen bei Lernstörungen. Förderung, Training und Therapie in der Praxis* (2., überarbeitete und erweiterte, S. 251-261). Göttingen, Niedersachs: Hogrefe Verlag.

Schiefele, U., Krapp, A. & Schreyer, I. (1993). Metaanalyse des Zusammenhangs von Interesse und schulischer Leistung. *Zeitschrift für Entwicklungspsychologie und pädagogische Psychologie, 25* (2), 120-148.

Schiefele, U. & Schaffner, E. (2015a). Motivation. In E. Wild & J. Möller (Hrsg.), *Pädagogische Psychologie* (2. vollständig überarbeitete und aktualisierte Auflage., S. 153-175). Berlin, Heidelberg: Springer Berlin Heidelberg.

Schiefele, U. & Schaffner, E. (2015b). Teacher interests, mastery goals, and self-efficacy as predictors of instructional practices and student motivation. *Contemporary Educational Psychology, 42,* 159-171.

Schiefele, U., Streblow, L. & Retelsdorf, J. (2013). Dimensions of teacher interest and their relations to occupational well-being and instructional practices. *Journal for Educational Research Online / Journal für Bildungsforschung Online, 5* (1), 7-37. Zugriff am 15.02.2016. Verfügbar unter www.j-e-r-o.com/index.php/jero/article/download/337/166

Schlag, B. (2013). *Lern- und Leistungsmotivation* (Lehrbuch, 4., überarb. u. aktualisierte Aufl.). Wiesbaden: Springer VS.

Schlee, J. (1988). Menschenbildannahmen: vom Verhalten zum Handeln. In N. Groeben, D. Wahl, J. Schlee & Scheele Brigitte (Hrsg.), *Das Forschungsprogramm Subjektive Theorien. Eine Einführung in die Psychologie des reflexiven Subjekts* (S. 11-17). Tübingen: Francke.

Schlögelhofer, F. (2000). Vom Foto-Graph zum Funktions-Graph. *Mathematik lehren* (103), 16-17.

Schlöglmann, W. (2015). Warum ist es für den Mathematikunterricht wichtig, Inhalte gut zu erklären? In G. Kadunz (Hrsg.), *Semiotische Perspektiven auf das Lernen von Mathematik* (Springer-Lehrbuch Masterclass, S. 205-224). Berlin: Springer Spektrum.

Schmalt, H.-D. (2014). Anreiz. In M. Wirtz & J. Strohmer (Hrsg.), *Lexikon der Psychologie* (17. vollst. überarb. Aufl., S. 162). Bern: Hans Huber.

Schmidt, G., Henning, K. & Lergenmüller, A. (2011). *Mathematik neue Wege. Arbeitsbuch für Gymnasien. Analysis.* (Mathematik Neue Wege SII, Dr. A,1). Braunschweig: Schroedel.

Schmotz, C., Felbrich, A. & Kaiser, G. (2010). Überzeugungen angehender Mathematiklehrkräfte für die Sekundarstufe I im internationalen Vergleich. In S. Blömeke, G. Kaiser & R. Lehmann (Hrsg.), *TEDS-M 2008. Professionelle Kompetenz und Lerngelegenheiten angehender Mathematiklehrkräfte für die Sekundarstufe I im internationalen Vergleich* (S. 279-305). Münster [u.a.]: Waxmann.

Schneider, K. & Schmalt, H.-D. (2000). *Motivation* (Kohlhammer Standards Psychologie. Basisbuch, 3., überarb. und erw. Aufl.). Stuttgart: Kohlhammer.

Schoenfeld, A. H. (1983). Beyond the Purely Cognitive: Belief Systems, Social Cognitions, and Metacognitions As Driving Forces in Intellectual Performance. *Cognitive Science, 7,* 329-363.

Schoenfeld, A. H. (1998). Toward a theory of teaching-in-context. *Issues in Education, 4* (1), 1-94.

Schoenfeld, A. H. (2008). A theory of teaching and its applications. In G. Törner & B. Sriraman (Eds.), *Beliefs and mathematics. Festschrift in honor of Günter Toerner's 60th birthday* (The

Montana mathematics enthusiast: monograph series in mathematics education, pp. 31-37). Charlotte, NC: Information Age Pub.

Schoenfeld, A. H. (2011a). *How we think. A theory of goal-oriented decision making and its educational applications* (Alan H. Schoenfeld). New York [u.a.]: Routledge.

Schoenfeld, A. H. (2011b). Toward professional development for teachers grounded in a theory of decision making. *ZDM, 43* (4), 457-469.

Schoenfeld, A. H. (2015). What Counts, When? - Reflections on Beliefs, Affect, Attitude, Orientations, Habits of Mind, Grain Size, Time Scale, Theory and Method. In B. Pepin & B. Roesken-Winter (Eds.), *From beliefs to dynamic affect systems in mathematics education* (Advances in Mathematics Education, pp. 395-404). Cham: Springer International Publishing.

Scholz, I. (2010). *Pädagogische Differenzierung* (UTB S (Small-Format), 3401 : Profile, 1. Aufl.). Stuttgart: UTB : Profile.

Schommer, M. (1994). An emerging conceptualization of epistemological beliefs and their role in learning. In R. Garner & P. A. Alexander (Hrsg.), *Beliefs about text and instruction with text* (S. 25-39). Hillsdale, N.J.: L. Erlbaum Associates.

Schommer-Aikins, M. (2004). Explaining the Epistemological Belief System. Introducing the Embedded Systemic Model and Coordinated Research Approach. *Educational Psychologist, 39* (1), 19-29.

Schorr, R. Y. (2000). Impact at the student level: a study of the effects of a teacher development intervention on students' mathematical thinking. *The Journal of Mathematical Behavior, 19* (2), 209-231.

Schorr, R. Y. & Lesh, R. (1998). Using thought-revealing activities to stimulate new instructional models for teachers. In S. B. Berenson, K. R. Dawkins, M. Blanton, Coulombe, Wendy, N., J. Kolb, Norwood Karen et al. (Hrsg.), *Proceedings of the Twentieth Annual Meeting of the North American Chapter of the International Group for the Psychology of Mathematics Education* (S. 723-729). Columbus, OH: ERIC Clearinghouse for Science, Mathematics, and Environmental Education.

Schrader, F.-W. (2010). Diagnostische Kompetenz von Eltern und Lehrern. In D. H. Rost (Hrsg.), *Handwörterbuch pädagogische Psychologie* (Programm PVU, Psychologie-Verlags-Union, 4., überarb. und erw. Aufl., S. 102-108). Weinheim [u.a.]: Beltz.

Schüler, J. (2009). Selbstbewertungsmodell der Leistungsmotivation. In V. Brandstätter (Hrsg.), *Handbuch der Allgemeinen Psychologie. Motivation und Emotion* (Handbuch der Psychologie, Bd. 11, S. 135-141). Göttingen: Hogrefe.

Schüler, J., Brandstätter, V., Wegner, M. & Baumann, N. (2015). Testing the convergent and discriminant validity of three implicit motive measures. PSE, OMT, and MMG. *Motivation and Emotion, 39* (6), 839-857.

Schultheiss, O. C. & Brunstein, J. C. (2001). Assessment of Implicit Motives With a Research Version of the TAT: Picture Profiles, Gender Differences, and Relations to Other Personality Measures. *Journal of Personality Assessment, 77* (1), 71-86.

Selden, A., Selden, J., Hauk, S. & Mason, A. (2000). Why Can't Calculus Students Access their Knowledge to Solve Non-routine Problems? In J. J. Kaput, A. H. Schoenfeld & E. Dubinsky (Eds.), *Research in collegiate mathematics education IV* (Issues in mathematics education, v. 8, pp. 128-153). Providence, R.I.: American mathematical society; Mathematical Association of America.

Seymour, J. R. & Lehrer, R. (2006). Tracing the evolution of pedagogical content knowledge as the development of interanimated discourses. *Journal of the Learning Sciences, 15* (4), 549-582.

Shulman, L. S. (1986). Those Who Understand: Knowledge Growth in Teaching. *Educational Researcher, 15* (2), 4-14.

Shulman, L. S. (1987). Knowledge and Teaching: Foundations of the New Reform. *Harvard Educational Review, 57* (1), 1-22.

Simon, M. A. & Blume, G. W. (1994). Mathematical Modeling as a Component of Understanding Ratio-as-Measure: A Study of Prospective Elementary Teachers. *The Journal of Mathematical Behavior, 13* (2), 183-197.

Singer, E. R. (1996). Espoused teaching paradigms of college faculty. *Research in Higher Education, 37* (6), 659-679.

Siyepu, S. W. (2013). An exploration of students' errors in derivatives in a university of technology. *The Journal of Mathematical Behavior, 32* (3), 577-592.

Skott, J. (2001). The Emerging Practices of a Novice Teacher: The Roles of His School Mathematics Images. *Journal of Mathematics Teacher Education, 4* (1), 3-28.

Skott, J. (2015). Towards a participatory approach to "beliefs" in mathematics education. In B. Pepin & B. Roesken-Winter (Eds.), *From beliefs to dynamic affect systems in mathematics education* (Advances in Mathematics Education, pp. 3-23). Cham: Springer International Publishing.

Smith, J. P., diSessa, A. A. & Roschelle, J. (1993). Misconceptions Reconceived: A Constructivist Analysis of Knowledge in Transition. *The Journal of Learning Science, 3* (2), 115-163.

Sokolowski, K. & Heckhausen, H. (2010). Soziale Bindung: Anschlussmotivation und Intimitätsmotivation. In J. Heckhausen & H. Heckhausen (Hrsg.), *Motivation und Handeln* (4., überarbeitete und erweiterte Auflage, S. 193-210). Berlin: Springer.

Sowder, J. T. (2007). The Mathematical Education and Development of Teachers. In F. K. Lester (Ed.), *Second handbook of research on mathematics teaching and learning* (pp. 157-223). Charlotte, NC: Information Age.

Statistisches Bundesamt. (2014). *Bildungsfinanzbericht 2014.* Zugriff am 21.01.2015. Verfügbar unter https://www.destatis.de/DE/Publikationen/Thematisch/BildungForschungKultur/Bildung-KulturFinanzen/Bildungsfinanzbericht.html

Staub, F. C. & Stern, E. (2002). The Nature of Teachers' Pedagogical Content Beliefs Matters for Students' Achievement Gains: Quasi-Experimental Evidence From Elementary Mathematics. *Journal of Educational Psychology, 94* (2), 344-355.

Steinke, I. (2017). Gütekriterien qualitativer Forschung. In U. Flick, E. v. v. Kardorff & I. Steinke (Hrsg.), *Qualitative Forschung. Ein Handbuch* (Rororo Rowohlts Enzyklopädie, Bd. 55628, Originalausgabe, 12. Auflage, S. 319-331). Reinbek bei Hamburg: rowohlts enzyklopädie im Rowohlt Taschenbuch Verlag.

Steinmayr, R. & Spinath, B. (2007). Predicting School Achievement from Motivation and Personality. *Zeitschrift für Pädagogische Psychologie, 21* (3/4), 207-216.

Stern, E. (1997). Mathematik. In F. E. Weinert (Hrsg.), *Psychologie des Unterrichts und der Schule* (Enzyklopädie der Psychologie: Themenbereich D: Praxisgebiete, Bd. 3, S. 397-426). Göttingen: Verlag für Psychologie C.J. Hogrefe.

Strahan, D. (2003). Promoting a Collaborative Professional Culture in Three Elementary Schools That Have Beaten the Odds. *The Elementary School Journal, 104* (2), 127-146.

Suk Lee, Y., Baik, J. & Charlesworth, R. (2006). Differential effects of kindergarten teacher's beliefs about developmentally appropriate practice on their use of scaffolding following inservice training. *Teaching and Teacher Education, 22* (7), 935-945.

Sykes, G. (1996). Reform of and as professional development. *Phi Delta Kappan, 77,* 465-467.

Tall, D. O. (2010). *A Sensible approach to the Calculus. Paper presented at the the National and International Meeting on the Teaching of Calculus*. Verfügbar unter homepages.warwick.ac.uk/staff/David.Tall/pdfs/dot2010a-sensible-calculus.pdf

Tall, D. O. & Vinner, S. (1981). Concept Image and Concept Definition in Mathematics with particular reference to Limits and Continuity. *Educational Studies in Mathematics, 12* (2), 151-169.

Terhart, E. (2000). *Perspektiven der Lehrerbildung in Deutschland. Abschlussbericht der von der Kultusministerkonferenz eingesetzten Kommission* (Beltz-Pädagogik). Weinheim [u.a.]: Beltz.

Terhart, E. (2006). Was wissen wir über gute Lehrer? *Pädagogik, 58* (5), 42-47.

Terhart, E. (2010). Personalauswahl, Personaleinsatz und Personalentwicklung an Schulen. In H. Altrichter (Hrsg.), *Handbuch Neue Steuerung im Schulsystem* (Educational Governance, Bd. 7, 1. Aufl, S. 255-275). Wiesbaden: VS Verl. für Sozialwiss.

Theißen, H. (2009). Mythos Bierschaumzerfall. Ein Analogon für den radioaktiven Zerfall? *PhyDid A - Physik und Didaktik in der Schule und Hochschule, 8* (2), 49-57. Zugriff am 24.08.2016. Verfügbar unter www.phydid.de/index.php/phydid/article/download/87/85

Thompson, A. (1992). Teachers' Beliefs and Conceptions: A Synthesis of the Research. In D. A. Grouws (Ed.), *Handbook of research on mathematics teaching and learning* (pp. 127-146). New York: Macmillan; Maxwell Macmillan Canada; Maxwell Macmillan International.

Thompson, P. W. (1994). Images of rate and operational understanding of the fundamental theorem of calculus. *Educational Studies in Mathematics, 26* (2-3), 229-274.

Thorndsen, I. & Turmo, A. (2012). Gender differences in teachers' beliefs and primary school schidrens's achievement in mathematics. *Problems of Education in the 21st century* (39), 159-170.

Tietze, U.-P., Klika, M. & Wolpers, H. (2000). *Der Mathematikunterricht der Sekundarstufe II. Band 1. Fachdidaktische Grundfragen - Didaktik der Analysis* (Aus dem Programm Didaktik der Mathematik, Bd. 1, 2., durchges. Aufl). Braunschweig [u.a.]: Vieweg.

Timperley, H. (2008). *Teacher professional learning and development*. Brüssel: International Academy of Education / International Bureau of Education.

Timperley, H., Wilson, A., Barrar, H. & Fung, I. (2007). *Teacher Professional Learning and Development. Best Evidence Synthesis Iteration (BES)*. Wellington, N.Z.: Ministry of Education.

Toh, T. L. (2009). On In-Service Mathematics Teachers' Content Knowledge of Calculus and Related Concepts. *The Mathematics Educator, 12* (1), 69-86.

Törner, G. (2015). Verborgene Bedingungs- und Gelingensfaktoren bei Fortbildungsmaßnahmen in der Lehrerbildung Mathematik – subjektive Erfahrungen aus einer deutschen Perspektive. *Journal für Mathematik-Didaktik, 36* (2), 195-232.

Tretter, C. (2013). *Analysis I*. Basel: Springer Basel.

Uguroglu, M. E. & Walberg, H. J. (1979). Motivation and Achievement. A Quantitative Synthesis. *American Educational Research Journal, 16* (4), 375-389.

Urhahne, D. (2006). Die Bedeutung domänenspezifischer epistemologischer Überzeugungen für Motivation, Selbstkonzept und Lernstrategien von Studierenden. *Zeitschrift für Pädagogische Psychologie, 20* (3), 189-198.

Urhahne, D. (2008). Sieben Arten der Lernmotivation. *Psychologische Rundschau, 59* (3), 150-166.

Urhahne, D. & Hopf, M. (2004). Epistemologische Überzeugungen in den Naturwissenschaften und ihre Zusammenhänge mit Motivation, Selbstkonzept und Lernstrategien. *Zeitschrift für Didaktik der Naturwissenschaften, 10,* 71-87.

Vacc, N. N. & Bright, G. W. (1999). Elementary Preservice Teachers' Changing Beliefs and Instructional Use of Children's Mathematical Thinking. *Journal for Research in Mathematics Education, 30* (1), 89.

Valero, D., Nikitin, J. & Freund, A. M. (2015). The effect of age and time perspective on implicit motives. *Motivation and Emotion, 39* (2), 175-181.

Vescio, V., Ross, D. & Adams, A. (2008). A review of research on the impact of professional learning communities on teaching practice and student learning. *Teaching and Teacher Education, 24* (1), 80-91.

Vinner, S. (1983). Concept definition, concept image and the notion of function. *International Journal of Mathematical Education in Science and Technology, 14* (3), 293-305.

Vinner, S. & Dreyfus, T. (1989). Images and Definitions for the Concept of Function. *Journal for Research in Mathematics Education, 20* (4), 356-366.

Visser-Wijnveen, G. J., Stes, A. & van Petegem, P. (2012). Development and validation of a questionnaire measuring teachers' motivations for teaching in higher education. *Higher Education, 64* (3), 421-436.

Vollmeyer, R. (2005). Einführung: Ein Ordnungsschema zur Integration verschiedener Motivationskomponenten. In R. Vollmeyer & J. C. Brunstein (Hrsg.), *Motivationspsychologie und ihre Anwendung* (1. Aufl., S. 9-19). Stuttgart: Kohlhammer.

Vollmeyer, R. (2009a). Motivationspsychologie des Lernens. In V. Brandstätter (Hrsg.), *Handbuch der Allgemeinen Psychologie. Motivation und Emotion* (Handbuch der Psychologie, Bd. 11, S. 335-346). Göttingen: Hogrefe.

Vollmeyer, R. (2009b). Motivationspsychologie des Lernens. In V. Brandstätter (Hrsg.), *Handbuch der Allgemeinen Psychologie. Motivation und Emotion* (Handbuch der Psychologie, Bd. 11, S. 335-346). Göttingen: Hogrefe.

Vollmeyer, R. & Rheinberg, F. (1998). Motivationale Einflüsse auf Erwerb und Anwendung von Wissen in einem computersimulierten System. *Zeitschrift für Pädagogische Psychologie, 12* (1), 11-23.

Vollmeyer, R. & Rheinberg, F. (1999). Motivation and metacognition when learning a complex system. *European Journal of Psychology of Education, 14* (4), 541-554.

Vollmeyer, R. & Rheinberg, F. (2000). Does motivation affect performance via persistence? *Learning and Instruction, 10* (4), 293-309.

Vollrath, H.-J. (1989). Funktionales Denken. *Journal für Mathematik-Didaktik, 10* (1), 3-37.

Vollrath, H.-J. & Weigand, H.-G. (2007). *Algebra in der Sekundarstufe* (Mathematik Primar- und Sekundarstufe, 3. Aufl). München [u.a.]: Spektrum, Akad. Verl.

Vom Hofe, R. (1992). Grundvorstellungen mathematischer Inhalte als didaktisches Modell. *Journal für Mathematik-Didaktik, 13* (4), 345-364.

Vom Hofe, R. (1995). *Grundvorstellungen mathematischer Inhalte* (Texte zur Didaktik der Mathematik). Heidelberg: Spektrum, Akad. Verl.

Vom Hofe, R. (1996). Über die Ursprünge des Grundvorstellungskonzepts in der deutschen Mathematikdidaktik. *Journal für Mathematik-Didaktik, 17* (3-4), 238-264.

Vom Hofe, R. (2003). Grundbildung durch Grundvorstellungen. *Mathematik lehren, 118,* 4-8.

Voss, T., Kleickmann, T., Kunter, M. & Hachfeld, A. (2011). Überzeugungen von Mathematiklehrkräften. In M. Kunter, J. Baumert, W. Blum, U. Klusmann, S. Krauss & M. Neubrand (Hrsg.), *Professionelle Kompetenz von Lehrkräften. Ergebnisse des Forschungsprogramms COACTIV* (S. 235-257). Münster: Waxmann.

Wagner, A. & Wörn, C. (2011). *Erklären lernen - Mathematik verstehen. Ein Praxisbuch mit Lernangeboten* (1. Aufl.). Seelze: Kallmeyer.

Wagner, R. F. (2014). Lernen und Motivation. In R. F. Wagner, A. Hinz, A. Rausch & B. Becker (Hrsg.), *Modul Pädagogische Psychologie* (2., überarbeitete und erweiterte Auflage, S. 23-57). Bad Heilbrunn: Klinkhardt.

Waldis, M. (2012). *Interesse an Mathematik. Zum Einfluss des Unterrichts auf das Interesse von Schülerinnen und Schülern der Sekundarstufe I* (Empirische Erziehungswissenschaft, Bd. 34). Münster [u.a.]: Waxmann.

Wartha, S. & Schulz, A. (2011). *Aufbau von Grundvorstellungen (nicht nur) bei besonderen Schwierigkeiten im Rechnen* (gek. Ausg). Kiel: IPN Leibniz-Institut f. d. Pädagogik d. Naturwissenschaften an d. Universität Kiel.

Weber, E. & Dorko, A. (2014). Students' and experts' schemes for rate of change and its representations. *The Journal of Mathematical Behavior, 34,* 14-32.

Wegge, J. & Schmidt Klaus-Helmut (2009). Zielsetzungstheorie. In V. Brandstätter (Hrsg.), *Handbuch der Allgemeinen Psychologie. Motivation und Emotion* (Handbuch der Psychologie, Bd. 11, S. 174-181). Göttingen: Hogrefe.

Wegner, E. & Nückles, M. (2014). Epistemologische Überzeugungen. In M. Wirtz & J. Strohmer (Hrsg.), *Lexikon der Psychologie* (17. vollst. überarb. Aufl., S. 505). Bern: Hans Huber.

Wei, R. C., Darling-Hammond, L., Andree, A., Richardson, N. & Orphanos, S. (2009). *Professional Learning in the Learning Profession. A Status Report on Teacher Development in the U.S. and Abroad. Technical Report.* Dallas.

Weiner, B. (1985). An Attributional Theory of Achievement Motivation and Emotion. *Psychological Review, 92* (4), 548-573.

Weinert, F. E. (2002). Vergleichende Leistungsmessungen in Schulen - eine umstrittene Selbstverständlichkeit. In F. E. Weinert (Hrsg.), *Leistungsmessungen in Schulen* (Pädagogik, 2. unveränderte Auflage, S. 17-32). Weinheim: Beltz.

Wellenreuther, M. (2008). *Lehren und Lernen - aber wie? Empirisch-experimentelle Forschungen zum Lehren und Lernen im Unterricht* (Grundlagen der Schulpädagogik, Bd. 50, 4. unveränd. Aufl.). Baltmannsweiler: Schneider Verl. Hohengehren.

Wessel, J. (2015). *Grundvorstellungen und Vorgehensweisen bei der Subtraktion. Stoffdidaktische Analysen und empirische Befunde von Schülerinnen und Schülern des 1. Schuljahres* (1. Aufl. 2015). Wiesbaden: Springer Spektrum.

Wiesner, H. (2009). Schülervorstellungen und Unterricht. In M. Hopf, H. Schecker & H. Wiesner (Hrsg.), *Physikdidaktik kompakt* (S. 54-62). Köln: Aulis-Verl.

Wilbert, J. (2010). *Förderung der Motivation bei Lernstörungen* (Fördern lernen, 17: Prävention). Stuttgart: Kohlhammer. Verfügbar unter https://content-select.com/media/moz_viewer/517a5307-e6e0-472a-868d-1b855dbbeaba

Wilkie, K. J. (2014). Upper primary school teachers' mathematical knowledge for teaching functional thinking in algebra. *Journal of Mathematics Teacher Education, 17* (5), 397-428.

Willems, A. S. (2011). *Bedingungen des situationalen Interesses im Mathematikunterricht. Eine mehrebenenanalytische Perspektive* (Empirische Erziehungswissenschaft, Bd. 30). Münster: Waxmann.

Wilson, M. & Cooney, T. J. (2002). Mathematics Teacher change and Development. The Role of Beliefs. In G. C. Leder, E. Pehkonen & G. Törner (Eds.), *Beliefs: A Hidden Variable in Mathematics Education?* (Mathematics education library, v. 31, pp. 127-147). Dordrecht: Kluwer Academic Publishers.

Wittmann, G. (2008). *Elementare Funktionen und ihre Anwendungen* (Mathematik Primar- und Sekundarstufe). Heidelberg: Spektrum, Akad.-Verl.

Witzel, A. (1989). Das problemzentrierte Interview. In G. Jüttemann (Hrsg.), *Qualitative Forschung in der Psychologie. Grundfragen, Verfahrensweisen, Anwendungsfelder* (2., Aufl., S. 227-255). Heidelberg: Asanger.

Witzel, A. (2000). Das problemzentrierte Interview. *FQS Forum Qualitative Social Research, 1* (1). Zugriff am 05.05.2017. Verfügbar unter http://www.qualitative-research.net/index.php/fqs/article/view/1132/2519

Wood, T. & Sellers, P. (1996). Assessment of a Problem-Centered Mathematics Program: Third Grade. *Journal for Research in Mathematics Education, 27* (3), 337-353.

Woolfolk, A. (2014). *Pädagogische Psychologie* (Pearson Studium - Psychologie, 12., aktualisierte Auflage). Hallbergmoos: Pearson Studium.

Yoon, K. S., Duncan, T., Lee, S. W.-Y., Scarloss, B. & Shapley, K. L. (2007). *Reviewing the evidence on how teacher professional development affects student achievement.* issues & Answers Report: 33. Zugriff am 21.01.2015. Verfügbar unter files.eric.ed.gov/fulltext/ED498548.pdf

Young-Loveridge, J., Sharma, S., Taylor, M. & Hawera, N. (2006). Students' Perspectives on the Nature of Mathematics. In F. Ell (Ed.), *Findings from the New Zealand Numeracy Development Projects 2005* (pp. 55-64). Wellington, N.Z.: Ministry of Education.

Ziegler, A. & Dresel, M. (2009). Motivationstraining. In V. Brandstätter (Hrsg.), *Handbuch der Allgemeinen Psychologie. Motivation und Emotion* (Handbuch der Psychologie, Bd. 11, S. 392-402). Göttingen: Hogrefe.

Printed by Printforce, the Netherlands